【翔知羽白OD系列丛书】

# 组织发展

第三版

ORGANIZATION DEVELOPMENT

A Practitioner's Guide for OD and HR

## OD和HR实践者指南

[英] 张美恩 Mee-Yan Cheung-Judge
[英] 琳达·霍尔比奇 Linda Holbeche 著
阎 明 曹小川 夏钰姣 译



浙江人民出版社

**图书在版编目（CIP）数据**

组织发展 ：OD和HR实践者指南 ：第三版 / （英）张美恩（Mee-Yan Cheung-Judge），（英）琳达·霍尔比奇（Linda Holbeche）著 ；阎明，曹小川，夏钰姣译．—杭州 ：浙江人民出版社，2023.9（2024.8重印）

ISBN 978-7-213-11136-5

Ⅰ．①组… Ⅱ．①张… ②琳… ③阎… ④曹… ⑤夏… Ⅲ．①企业管理-组织管理 Ⅳ．①F272.9

中国国家版本馆CIP数据核字(2023)第122059号

浙江省版权局
著作权合同登记章
图字：11-2023-256号



**组织发展：OD和HR实践者指南（第三版）**

[英] 张美恩（Mee-Yan Cheung-Judge） [英] 琳达·霍尔比奇（Linda Holbeche） 著
阎 明 曹小川 夏钰姣 译

出版发行：浙江人民出版社（杭州市环城北路177号 邮编 310006）
市场部电话：(0571)85061682 85176516
责任编辑：吴玲霞 责任印务：程 琳
责任校对：陈 春 王欢燕 姚建国 封面设计：厉 琳
营销编辑：陈雯怡 陈芊如 张紫懿
电脑制版：杭州天一图文制作有限公司
印 刷：杭州广育多莉印刷有限公司
开 本：710毫米×1000毫米 1/16 印 张：37
字 数：571.80千字 插 页：3
版 次：2023年9月第1版 印 次：2024年8月第2次印刷
书 号：ISBN 978-7-213-11136-5
定 价：96.00元

# OD咨询循环图

1 进入/初始接触/立约
Entry/Initial contact/Contracting
2 数据收集
Data Collection
3 数据分析
Data Analysis
Feedback
4 反馈
Action Planning
5 行动计划
6 采取行动
Action Taking
Evaluation
7 评估
8 结束
Termination

2017年11月，翔知羽白主办的首届中国OD实践者（CODP）年会现场，Mee-Yan博士在中国第一次进行公开分享（摄于上海）

2018年9月，翔知羽白主办的“有影响力的组织诊断”课程现场（摄于上海）

2020 年 6 月，“OD 大师成长故事系列” 线上课程采访截屏

2020 年 9 月，翔知羽白主办的第四届中国 OD 实践者（CODP）年会会前线上工作坊截屏

# 中文版推荐者赞誉

（以下赞誉按推荐者姓氏字母先后排序）

回想数年前刚接触OD时，《组织发展：OD和HR实践者指南》就是我踏入这个领域的领路人。这是一本难得的好书，其中对于OD的历史及理论概览，以及人力资源与组织发展的实践案例的梳理，都是HR以及OD实践者很好的指引。随着这些年OD相关理论及实践的不断更新，尤其是新冠疫情对工作及组织范式的重大影响，Mee-Yan（张美恩）博士及Linda（琳达）教授在后疫情时代适时对书中相关章节做了更新及增补，并带来了本书的第三版。相信这个新版定能帮助更多的HR及OD实践者更好地完善和发展组织！

**——董燕华，罗姆化学亚洲区人力资源负责人**

欣喜地看到翔知羽白引进翻译了此书的第三版。Mee-Yan是一位智者、仁者、开发者和实践者，毕生奉献于OD的应用、推广和传播。此书在第二版的基础上又有所添加及更新，是OD实践者的必备书。

**——冯燕君博士，August Leadership合伙人**

参与翔知羽白一系列OD课程的学习，对我作为一名HR业务伙伴支持高度混沌复杂下的组织和团队起到了非常重要的作用。在我实践中遇到各种困惑时，翻阅Mee-Yan的《组织发展:OD和HR实践者指南》总能找到点燃我信心的话语，也往往让我茅塞顿开。在开启了OD视角，持续把OD心法和手法运用于我服务的业务组织之后，切身体会了HRBP给业务带来真正价值的喜悦感与满足感。非常欣喜这本书的第三版中文版即将面世，相信这本书会带给亲爱的OD

和HR实践者同仁们新的助力，强烈推荐！

**——葛欣，蔚来文化与内部传播负责人&工业化集群HRBP负责人**

喜闻Mee-Yan的《组织发展》新书即将付梓，这是她送给中国OD实践者的一份礼物！她对OD的热爱与热情至今都在影响着我，她在OD领域的真知灼见对我们每个人来说，都是难得的指南针。

Mee-Yan在书中为OD实践者们展开了一幅关于OD实践的完整且实用的画卷。在新版里，她所增添的组织健康的内容将与原有的组织变革的有关内容，提供有关组织动态演化和组织状态良好性的一系列洞见，这些洞见可以成为理解组织的非常实用的框架，每个人都可以基于这些框架去实践和积累经验。

这本书最奇妙的地方是，琳达·霍尔比奇站在HR视角描述了有关OD理念与方法的运用，这一部分就是一个个实践案例，透过这部分内容，我们认识到组织内部的HR就是OD的实践者。如果你是一个组织内部的HR从业者，仅仅阅读这部分都会让你受益匪浅。

**——黄建东，一起做OD创始人**

每每有人问学习OD要读什么书，我总是第一时间推荐《组织发展：HR和OD实践者指南》。本书如同作者Mee-Yan的专业生命，兼容并蓄地将OD的各个流派理论吸收其中，同时又独到犀利地把她在实践中的洞察和选择娓娓道来，理论和实践在她身上、在这本书里融为一体，充满生命力，让我体会着OD就是这样一门"致广大而尽精微"的学科，OD实践者就是这样一种"以人为本、以自我为工具"的人生角色。

**——黄莺（徽娘），资深组织发展顾问、本慧咨询创始人**

自从多年前接触NTL的OD课程，我就对OD心怀热爱，近些年我在各种组织中和业务领导及HR团队致力以OD助力业务转型。翔知羽白OD中心引入和翻译的《组织发展：OD和HR实践者指南》是难得的一本将理论和实践结合，不仅适用于外部顾问，也对组织内部HR如何构建和培养OD能力提供了深入而有实操性指导的书。书中还带入OD领域全球最新的一些研究成果和案例，对

OD感兴趣的人士来说，本书是宝贵的学习指南。学OD，行OD，我们笃行致远，砥砺前行，让OD为组织转型添翼！

**——李晓虹，博世（中国）投资有限公司执行副总裁**

近年来，翔知羽白引进的《组织发展：OD和HR实践者指南》已经成为很多中国企业OD实践者的必备书。即将出版的第三版在原先的基础上增加了组织健康相关的内容，强调组织对绩效与健康保持同等关注的重要性，并指出提升组织健康的思路与方法。这对于企业领导者如何在经济下行、外在环境复杂多变形势下，带领组织转身向内，实现可持续发展具有重要的现实意义。翔知羽白在此之际推出第三版中文版可谓恰逢其时，相信会令关注组织健康的企业管理者、OD与HR实践者获益良多。

**——乔学军，香港大学中国商业学院组织发展客席讲师、**
**马来西亚老子文化学院院长**

Mee-Yan在圈内久负盛名，今有幸拜读她的最新著作，言简意赅，厚积薄发，功力深厚，兼顾了新手与老手不同的学习诉求。特别喜欢“你的影响力不会无端被授予”这句话，呼应了我常常提出的观点“OD是干出来的”，极具理论到实践的穿透力。望她的OD精神和个人魅力影响裨益更多的从业者和业务领导者。

**——施重凌，霍尼韦尔中国卓越运营研究院顾问总监**

Mee-Yan是一位在组织发展领域令人景仰的前辈，也是一位富有成效的实践大家。她的书不仅能给我们提供清晰的组织发展理论及方法论的阐述和讲解，更重要的是，能从她择选理论和阐述理论的过程中理解这些理论发展出来的社会脉络和社会肌理。那也是Mee-Yan作为一名组织发展顾问，让自己实践着床的根基。本书值得所有从事组织发展专业工作的伙伴们认真阅读。

**——陶文博士，人与组织发展实验室创始人、**
**团体领导力发展实验室联合创始人**

我有幸上过Mee-Yan的课，那时她已然生病，抱病长途从英国飞来却依然神采奕奕。课堂上的她风趣幽默，谈吐充满张力，让我印象深刻。OD领域的老师让我敬佩的，往往是年长者，大概不仅因为这个领域需要对组织有系统性和全局性的认知及实践，更重要的是，OD最好的工具，就是他自己：一个可以借由生命的种种因缘，把自己的主张和理念都活出来的人。Mee-Yan应该就是这样的人吧，她写的这本实践者指南，值得大家时不时地拿出来温故知新。

**——王丽君，阿里巴巴集团人力资源资深总监**

无论是组织内的领导者，还是OD和HR实践者，都可以从本书里汲取到丰富的养分。简洁而全面的内容，让OD老手和新手都可以夯实自己的OD知识基础；更难能可贵的是作者力透纸背的点拨。此书对OD核心原则的坚守以及对临在状态的强调，可以帮助读者摆脱浮躁的心态。对于帮助打造具有高信任度、强烈的社群感、尊重人性的健康组织，深具指导意义。

**——王小红博士，简致咨询创始合伙人、塔维斯托克（Tavistock）认证组织系统变革顾问**

本书是组织发展领域的经典之作，涵盖了这一方向的诸多重要议题。经过疫情的洗礼，两位作者又作出更新，力求贴近当前的管理情景。对于后疫情时代的组织发展从业者而言，本书是有力的赋能。

**——杨崑博士，壹念教练创始合伙人、《组织动力》一书作者**

一直以来，我对于OD理论知识的更新迭代抱有热情，非常有幸作为第一批读者读到Mee-Yan的《组织发展:HR和OD实践者指南》第三版，更新章节和调整的地方对企业的变革和发展有了更深入的剖析，调整后的内容更贴近HR和OD工作者的工作环境，尤其为处在企业变革期的HR提供了全新的视角。此外，如何提升自己的临在状态及对组织的生活的影响，也是需要各位HR不断修行的，相信大家可以从新书中获得更多能量。

**——俞银芳，恒瑞医药HRD**

作为一名在OD领域探索了近10年的老兵，阅读Mee-Yan的《组织发展:HR和OD实践者指南》第三版，总有一种温故知新、拨云见日的感觉伴随左右。作为企业内部的HR，我非常感恩Mee-Yan为我们贴心地设置了“致内部OD实践者”的建议栏，这几乎就是手把手地教我们如何在内部建立关系、人脉和影响力，从而依托这些关键的“启动点”展开工作来支持组织的发展。

**——郑旭，恒生电子人力资源COE中心负责人**

OD，组织发展，是战略的孪生兄弟，或者说姐妹。和战略不同，组织发展存在于大多数组织和领导者的盲点中，然而往往看不见的才是最重要的。在科技和各类破坏性创新层出不穷的今天，企业、政府、公益、学校等各类组织都在经历着前所未有的系统性挑战。如何在不确定和复杂当中守正出奇，本书给我们提供了一个不可多得的详尽、全息、与时俱进的组织视角。

**—— 徐莉俐，麻省理工u.lab中国合伙人**

# 英文版推荐者赞誉

我们会推荐这本书给在英国国家医疗服务体系（NHS）工作的所有OD实践者。我们从自身经验中知道，无论对于那些新投身OD领域的人，还是那些更有经验的人，这都是一本必备手册。这个新版对我们的NHS OD社区尤其具有价值，特别是它专门针对内部HR和OD顾问的新增内容和精辟见解。

**——卡伦·杜曼和保罗·泰勒·皮特，NHS OD专家体系的联合负责人**

这一最新版本的OD和HR理论、实践和观点的经典概要，增加了这个领域最新发展的内容，并进一步整合了之前版本中出现的趋势。读者将受益于作者对理论和实践的全面了解，以及她们对当前发展和21世纪20年代组织挑战的观点。这一版本应该在每个实践者的参考文献图书馆中占有一席之地。

**——罗伯特·J.马夏克博士，《对话式过程咨询：行动中的生成式意义创造》作者，《对话式OD：转型性变革的理论与实践》联合主编**

这本组织发展领域的经典之作的第三版，其所具有的国际性、跨学科性、实践性和学术性，是独一无二的。这些经验丰富的作者向我们展示了OD如何适用于世界各地的各类组织。多亏了她们，OD才能依旧生机勃勃。

**——W.华纳·伯克博士，哥伦比亚大学师范学院心理学和教育学教授**

思路清晰又令人信服，我最喜欢的OD指南，甚至比以前的版本更好——没有人能像作者一样让OD理论和实践如此深入浅出。建立在这个基础之上的

OD领域必将改变世界。本书是如此丰富的资源和礼物，全球各地的实践者很幸运可以用它来作为自己的向导。

**——格兰达·欧阳，人类系统动力学（HSD）学院创始人**

有幸阅读这一脍炙人口的里程碑式著作的第三版，该领域的两位天才巨人提供了一个光明而有意义的有效路线图，清晰、准确、紧贴时代和发展动向，无可挑剔地以其最纯粹的形式提炼了75年来组织发展经过考验的智慧精粹。本书如同一股清新的空气，对实践者来说充满了可行的建议，对研究者和学者来说是一本严谨而权威的参考指南，对好奇心强烈的人来说是一种乐趣，对那些非常关心其员工和组织成功的人来说是必读书目。

**——彼得罗·卡塔尼亚MBA MSM，米兰Alef咨询和Ayros出版社创始人**

能读到Mee-Yan（张美恩）博士和琳达·霍尔比奇博士为HR和OD实践者写的本书第三版，我感到非常兴奋。它提供了关于OD工作循环的更详细的指导和案例，并增加了与组织健康、文化变革和运用自我相关的新内容。作为中国的一名OD实践者，我迫不及待地想把它介绍给我们的OD社群。

**——心梅（Maria），翔知羽白OD中心创始人**

之前的版本在提升新加坡政府OD社群的能力方面发挥了重要作用。本版及其所有新增内容将继续成为我们部门以及其他部门领导者和实践者的必读参考。本书的实用价值不仅有证可循，还获得了与当前组织挑战相关的研究的支撑。除了更新和实用的内容之外，每一章都浓缩了我们这个时代两位传奇人物的鲜活经验和积累的智慧。

**——克拉伦斯·奇亚，新加坡政府新加坡公务员学院领导力与组织发展研究所所长**

这可能是关于OD未来的最佳文本。首先，它将OD和HR结合在一起，这在当今复杂变化的时代是非常必要的。其次，它强调了在组织中有效性和健康都很重要，这是该领域创始人创建它的一部分原因。再次，第五章关于介入的讨论非常清晰、有根据和实用，是这个概念的最佳版本。最后，它将传统OD与不那么线性、不那么有“计划性”的复杂、快速变化的世界进行了比较。它也得到了扎实的研究，并对OD和HR领域带来了重要的实践意义。

**——大卫·W.杰米森博士，《组织发展评论》主编**

这是唯一一本指导我走完大型复杂变革项目所有阶段的必备书。它既有价值又富有智慧，能立即应用于实际工作。我目睹了应用本书内容所带来的切实收益。

**——劳伦斯·菲特，葛兰素史克副总裁**

# 中文版序

翻阅手中这本500多页的《组织发展：OD和HR实践者指南》第三版的中文手稿时，内心感受到一种从未有过的厚重。这份厚重感不仅因为第三版比第二版又增添了150多页内容和几个新的章节，更因为看到它就会想到本书的作者之一——我们无比敬爱的Mee-Yan（张美恩）老师，内心顿时涌现无数个瞬间和画面，以及万千感慨，以至于不知从何下笔。

Mee-Yan在2022年8月因感染新冠病毒意外离世，而就在当年6月，她还发邮件告诉我自己的日程排得满满的，直到秋天才有时间支持我们的一个线上系列，配合第三版中文版的发布……收到她离世消息的那一刻，我感到无比的震惊和悲痛，痛惜这位影响了全球无数OD实践者，对中国的OD发展倾注了那么多爱与支持的前辈这么快就离开了我们。

令我们倍感欣慰的是，翔知羽白OD中心（IOC）有幸引进和翻译了《组织发展：OD和HR实践者指南》第三版，让Mee-Yan的OD精神和实践理念继续照亮中国的OD实践者和HR伙伴们的探索前行之路。我也想借此序言分享过去几年与Mee-Yan接触的过程中，关于这位大师级OD实践者那些令我感叹的点点滴滴，以此来表达我对她的致敬和缅怀。同时，也让读者可以透过这些点点滴滴，更好地领会书中那些丰富的理论到实践的指南背后，那些让客户组织不断突破自身、释放组织潜能、绽放人性光辉的OD魔法来自什么？

首次见到Mee-Yan还是在2017年11月，我们有幸邀请到她作为首届中国OD实践者（CODP）年会的主讲嘉宾，她特地从英国飞来上海，与我们相处了一周的时间。那一周有太多终生难忘的记忆，有几个小故事很想和大家分享。

Mee-Yan是在周日下午抵达上海的，由于之前在Zoom视频会议上已经见过她几次，所以见面时感觉像老朋友一样。她个头不高，很和蔼，如果她不说英语的话，看上去完全就像个上海本地优雅的老太太。晚餐期间她简单介绍了自己，她是在美国出生和长大的，在美国读到博士，她的丈夫是英国人，所以就在英国定居了。她问了我很多关于怎么与OD结缘，一路成长的经历，以及我为何创办了IOC……我讲的时候，她一直在静静地听，我讲了很多，都不好意思占了她那么多时间。她听完后没有多说什么，我就只当是首次见面的聊天了。随后令我很意外和感动的是，她在年会结束前的讲话上，以及年会前后的工作坊期间提到我和IOC所做的事时，都给予了极大的肯定。我这才明白那天的晚餐她并不是走过场地听听而已。后来跟她的多次邮件往来，以及她引介年会嘉宾和资深老师给我们时，都不吝对我和IOC所做的事给予热情洋溢的赞赏和肯定，让我和团队伙伴们感受到爱的联结，也受到极大的鼓舞！

回到那周的故事，周一上午我们跟Mee-Yan碰年会和年会前后各一天的工作坊的准备工作。会前和会后工作坊定向邀了一些老学员和客户，所以Mee-Yan说工作坊内容完全可以根据我们这群人的需要现场调整，我也相信以她的功力这应该完全没问题，但还是问了她不少问题。忽然有一刻，她停了下来，轻轻地向我探询："心梅（Maria)，你对这个工作坊是不是有点焦虑?"我愣了一下，但很快向内扫描了一下，发现的确是的。在她问我之前，我丝毫没有意识到自己有点焦虑，因为这个工作坊毕竟是老学员和客户付费的工作坊，我们的工作坊内容还没有确定下来，难免心里是有点不踏实的。她听后说知道了，然后很快跟我们从前期收集的大家感兴趣的议题中敲定了几个我们最有感觉的议题。然后她说:"接下来我需要6个小时的工作量集成一个与这几个议题有关的PPT。"我的确松了口气……这虽然是很小的一件事，但一直令我印象深刻，这是那周与她在一起工作的过程中，让我感受到她对事背后人的敏感性的第一个触点。

在会前工作坊期间，她在人的多层系统上的扫描能力也让我非常惊叹。工作坊的茶歇期间，她会走过来跟我交流几句，会提到她对这个团体的动力有何观察，哪些个体的行为模式引发了她的关注。我很惊讶地问她，如何在讲授内容的同时又能关注到团体、人际、个体这么多层面的动态?她说这的确不容易，但你一旦有意识地开始关注这些了，就会逐步发展出这种能力。OD能力中非常强调关注人、关注系统、关注过程，而当你见到这些能力同时展现于一身是什么样时还是很被震撼的。后来再读她的书时，不时能联想到她的很多行为画面，感觉她就像一本行走的教科书，一位灵动的应用行为科学家，也就不意外Mee-Yan为何能承载和促动那么复杂的组织变革项目了。说到这里，不禁又想感慨一下，Mee-Yan在第二版原有章节的基础上又补充了不少实操性很强的工具和方法，以及每个实践环节对OD实践者的肺腑之言，毫无保留的心法传授，特别是提醒实践者伙伴们对人的系统保持好奇，保持谦卑和敬畏之心。

继续回到那周最记忆深刻的事。还是周三那个会前工作坊，午餐前Mee-Yan把我单独叫到一边说，昨晚接到了她的英国医生的电话，医生告诉她医学诊断报告出来了，确诊是三级淋巴癌，要求她马上回国做手术。但她回复医生说：不能现在回去，最快也得周六，这一周的安排是半年前就约好的承诺。然后又叮嘱我不要把这个消息告诉其他人，不要影响工作坊和明天的年会。我听后很震惊，但又不能告诉其他人，那两天内心都七上八下的，很不是滋味。但她在那天的工作坊和周四的年会上就像完全没发生任何事情一样，丝毫看不出任何情绪波动，谈笑自如。我真是太感佩了。

2017年11月，Mee-Yan回国后不久，就给亲戚朋友发了一封信。在信中，她很透明地分享了医生的诊断结果和后续会进行的大致治疗计划。同时，她也花了更多的篇幅分享自己和家人面对这件事的状态。特别说到她活出了生命的每一天，家庭给了她很多温暖和支持，她没有任何遗憾……后来她还建了一个网页，不时分享一些她治疗期间的心路历程，每每读到她的文字，都能感受到她强大的精神力量，似乎病痛丝毫没有对她的意志产生任何影响。她在住院期间还继续完成了一些书稿、一份与资深人士合作的全球“运用自我”的调研报告。

2018年5月，我惊喜地收到Mee-Yan的一封邮件，医生告诉她，治疗已经告一段落，总体情况不错，可以允许她在9月恢复工作和旅行。她在邮件中说自己有几个高优先级的事项，支持高质量的OD教育是其中之一，然后说：心梅，IOC有什么需要我支持的，不必客气，跟我说。我好感动，她刚刚有所恢复，就这么深深地牵挂着OD教育在中国的发展，关心着、支持着IOC。

于是，我们和Mee-Yan有了珍贵的第二次合作。她恢复后的第一个国际差旅就来到了上海，我们在2018年9月开办了她非常有特色的“有影响力的组织诊断”（Diagnosis with Impact）课程，这是一门OD进阶课。课程期间，我们有幸听Mee-Yan分享了一些令人叹为观止的大型组织变革的案例，这些案例从支持亚洲某政府机构的变革、支持中东的客户，到支持跨国企业的大规模转型，所涉及的客户系统的复杂性、变革的复杂性都是超乎想象的。这些案例不仅让我们更鲜活地看到她在本书中所讲的OD实践者是“以理论为基础，过程为导向，人本价值为驱动”这句话所蕴含的力量，也让我们更立体地感受到她在OD大图中所强调的“大我”介入和运用自我所带来的独特魅力。

Mee-Yan在讲到支持某跨国企业数字化转型的案例时，播放了一段这个变革项目组内部拍摄的变革历程的视频，估计是这个视频又唤起了很多记忆，她在现场不禁眼睛有些湿润，很动情地讲了一段话，现场的学员无不为之动容。我大致记得她这样说道：“我这么弱小的一个女子，何德何能可以促动这么大的一个组织的转型？有时我也不敢相信眼前发生的这些，但这就是OD的魅力，当你遵循了OD原理，做好了过程设计，调动了组织内的人参与的能量，这些神奇就会发生……”那一刻，我看到了她和我们一样，也有内心忐忑的时候，也有脆弱的时候，她大师级的能力和令人赞叹的生命状态也是一步步发展起来的。记得有一次聊天时，她提到自己年轻时脾气还挺大、个性挺倔的，完全不是我们今天看到的样子，但她从未停止过自己的学习和个人成长的功课，她每年都会参加一些可以扩展自己的学习。她曾提到自己去参加课程的事，由于她都这么知名了，她的参与让课程老师都很不自在，但她完全没把自己当回事，就是全然做一名学生。她从不掩饰真实的自己，也不太把自己当回事。她总是很神奇地可以用很短的时间跟很多人建立信任。几乎所有有幸参与过这两次Mee-Yan来中国的工作坊的同学，都对她表达了无比的喜爱和敬仰。

或许这就是OD的魔法，OD实践者的终身学习和运用自我的修炼。感恩Mee-Yan用她点点滴滴的行为向我们展现了一位大师级OD实践者的风采，她活出了OD的精神和价值观，既高度关注行业和业务在发生什么，又在所有的互动中展现着商业世界里往往容易被忽略的人的那一面。她致力于让人得以参与和贡献想法，让彼此看见，让多元性得到尊重和欣赏。她活出了强大的系统影响力，她始终关注着组织作为一个整体如何共同去向想去的地方；她始终扫描着系统的多个层面，并在系统的不同层面发挥着各种影响力，催化着变革的发生。她活出了强大的运用自我，真实而有力量，充满爱又不失原则，在各种复杂不确定的情景下促动着当下的改变发生，激发着生命的活力。

透过这些我们有幸参与经历的点滴故事，期望大家对本书的作者之一Mee-Yan有更多感性的认识，也对OD产生更大的好奇。随着你开始有机会获得一些OD体验和实践的机会，你会发现本书真是一本实践者的宝典，每次有了些实践体感后再阅读又会有新的领悟和收获。你也可以先从本书的下部OD视角如何助力HR所关切的一系列议题开始阅读，那些章节涉及组织设计、组织转型和文化变革、组织敏捷性、员工敬业度等，更贴合HR日常所熟悉的情景，你会收益良多。

此外，我心怀感恩的还有两位最初将本书的第二版推荐给我的导师。一位是美国完形OSD中心的主席约翰·卡特（John Carter）博士，当时他提到本书作者在OD经典的核心理论基础上特别地强调了将“运用自我”贯穿其中，很有特色。另外一位是安妮·莱特温（Anne Litwin）博士，她是在NTL授课多年的教授，也是我们IOC的合作伙伴。她特别欣赏本书的作者用非常简明易懂的语言和带着多年咨询实践的心得将OD理论和实践如此清晰地呈现，她表示自己作为一名资深的OD人士读这本书都觉得非常受益。感恩他们的推荐和引鉴，让我和翔知羽白OD中心有幸与Mee-Yan结缘，这本书第二版的中文版在2017年出版，受到了国内广大OD和HR伙伴们的喜爱，被称为OD领域人手必备的“圣经”“枕边书”，填补了当年我们国内还没有一本系统性介绍OD理论和实践指南书的空白。

最后，期待这本凝结了Mee-Yan一生OD实践和力透纸背的OD精神的经典著作，如灯塔般照亮更多中国的HR和OD实践者探索前行的路；也期待更多心怀热望助力业务和组织，让组织、团队和个体绽放生命力的伙伴们，勇敢地踏入这个需要爱和勇气，需要不怕犯错、不断扩展运用自我，需要保有终生学习精神的专业领域。让我们致敬前辈，砥砺前行，共勉！

翔知羽白OD中心创始人　心梅（Maria）

2023年7月于上海

# 英文版序

自2010年我们开始撰写本书的第一版以来的十多年里，甚至自本书第二版出版的2015年以来，组织运作所处的环境已经发生了难以置信的变化——尤其因为新冠疫情。组织内部也发生了很大的变化——组织如何运营、组织与客户或用户及其自身员工的关系方面都在变化。在巨大的不确定性下，很多组织都在努力应对，短期的解决方案层出不穷。许多领导人已经意识到，当前的组织运行方式存在各种各样的漏洞，他们展望未来时也会心生畏惧。人们越来越认识到，组织必须变得灵活和有韧性，才能在这种环境下茁壮成长。那些担任HR和OD角色的人在继续寻找（或争先恐后地采用）不同的方式来支持他们的组织及其领导者应对复杂和混乱——祈祷当他们这样做时能收获新的见解和新的做事方式。

我们认识到这种情况以及组织、OD和HR实践者面临的挑战，因此我们增加了三个新章节——关于什么是组织健康，如何在组织中建立OD的影响力，以及如何建立有利于创新的文化。我们了解到人们觉得本书的前两版很有用，所以我们在空间允许的情况下保留并更新了原有的材料。

第三版延续了前几版的实践导向，从而能继续对各种各样的人带来帮助——从入门级的人到有经验的人，从希望学习该领域的新手到希望有一本书帮助他们反思和回顾实践的有经验的实践者。我们从前两版的读者反馈中得知，非常有经验的实践者通过本书坚定或重新焕发了他们的热情。第三版中的一些章节对那些有兴趣更好地应对变革且渴望学习建立可持续的组织健康的技能的领导者也很有用。

我们从一些读者对第一版的评论中了解到，有人感觉阅读时就像是在读两本不同的书，我们对此并不感到奇怪，因为我们并没有打算写一本整合性的书。相反，我们希望产生互补的见解。作为两个在背景和实践上都非常不同又全心投入的人，我们之所以选择走到一起，是因为我们有着共同的热情，那就是支持HR和OD实践者更好地建立有效和健康的组织。

那么这个版本和之前的版本有什么不同呢？这个版本有几个新章节。

在本书的上部，有关OD的部分（第一至十三章），Mee-Yan增加了两个新章节——一章关于组织健康，一章关于如何在组织中建立OD的影响力。Mee-Yan对第二版保留下来的11个章节做了更新和修订，为不同的章节添加了更多的理论。第十章和第十一章有相当大篇幅的改动：第十一章重点讨论了“运用自我”，第十章聚焦于OD能力。

Mee-Yan删除了自己部分的后记。作为替代，她在最后一章中整合了关于实践者需要具备未来智慧的想法，即如何增加OD的价值。

从结构上讲，书的上部为5辑。第一辑：“OD的历史和理论概览”，分为历史简述与理论概览两章。第二辑：“OD工作循环”有4章，涵盖了OD循环的四个关键阶段——进入和签约、诊断、介入和评估（第六章有一个新的结尾，“总结和评估速查指南”，读者会发现其很有用，这是对于他们需要了解的内容的一个实践性总结）。第三辑：“OD与变革”有3章，涵盖了平衡两种变革方法、变革的台前和幕后要素，以及行为改变是否容易实现。在第八章末尾，新增了一节变革实施能力，将变革的下游过程也包括进来。第四辑：“OD实践者”有2章——OD实践者、组织发展中的权力与政治。第五辑：“其他想法”有2个新章节，一章是关于什么是组织和组织健康，一章是关于如何提升自己的临在状态，扩展自己的空间和对组织的影响力。第十二章体现了Mee-Yan的决心和努力，即看看我们是否可以有一个宽松的规范框架来指导OD工作。就我们的变革目标而言，我们希望帮助发展什么样的健康组织？第十三章源于Mee-Yan的愿望，即OD作为一个独立的专业继续蓬勃发展，成为所有组织不可或缺的功能。所以，不要问“OD的未来是什么？”本章鼓励实践者意识到，OD的未来掌握在OD社群的手中，我们的工作是让这个未来成为永久的现实。

在本书的下部，有关HR的部分，琳达增加了一章，并根据不断变化的环境对上一版的章节进行了修订和更新。其中包括在技术进步和全球疫情危机的背景下，工作性质、工作实践和劳动力方面发生的一些根本性变化。在第十四章“HR与OD的关系”中，琳达建议HR采用OD的框架，提出HR和OD专业人士的合作有助于提升组织有效性，这是双方的共同目标。

接下来的章节介绍了HR帮助建立一个灵活、有韧性和“随机应变”的组织的不同方式。关于创新和学习的新章节反映了建立组织能力和个人能力的迫切必要性，这不仅是竞争优势的来源，也在为员工创造公平待遇，即通过提高员工技能，帮助他们应对21世纪就业市场的挑战。同样，员工敬业度应该是高质量员工体验的体现。第十九章提出了HR支持一线管理者和个人创造更高的参与度和幸福感的实用方法。最后几章——关于建立有效的领导力，包括共享领导，展望HR如何建立健康、敏捷和有韧性的组织，在动荡的环境中茁壮成长——包括HR如何为组织向前发展增加深远而持久的价值的各种建议。

本书下部的各章顺序如下：

- HR与OD的关系
- 组织设计
- 转型与文化变革
- 建立组织的敏捷性及韧性
- 有利于创新和学习的文化
- 员工敬业环境的营造
- 有效领导力的培养
- 后记：迈向更好的明天

可以说，近年来发生的事件使有经验的OD/HR的贡献比以往任何时候都更有价值。我们希望本书能帮助你应对持续转型的需求，或在复杂的变化中开展有影响力的介入，或在整个组织内建立持续变革和适应的能力。

我们认识到，所有这些都不容易，但我们相信，实现的可能性会大于挑战。我们祝您旅途愉快！

Mee-Yan的公司Quality&Equality制作了40多个关于OD各种问题的视频，其中许多将是本书内容的补充。通过访问Q&E的YouTube频道或在Q&E网站上查找，你可以观看该系列短视频（https：//www.quality-equality.com/）。

# 译者序——用好这本OD“魔法书”

OD是有“魔力”的！我第一次感受到OD的“魔力”是参加美国NTL两位教授Anne、Teressa主讲的“OD专业能力认证课”（2015年由翔知羽白OD中心引入）。也是经由那场课，我决心投身OD领域。第二次深刻感受到OD的“魔力”，就来自近距离接触本书的作者之一Mee-Yan（张美恩）。2016年，我参与翻译、审校了本书的第二版。2017年书籍在中国出版发行，翔知羽白OD中心也邀请了Mee-Yan来中国为第一届中国OD实践者年会（CODP）做演讲嘉宾。其间，我多次和Mee-Yan交流，也参加了她的课程和演讲。Mee-Yan令人大开眼界的OD实践经历分享、深入浅出的专业讲解，以及由内而外散发的人格魅力，让我真正领略了大师级OD人的修为，也坚定了我成为一名OD实践者的决心。

Mee-Yan把她对OD的理解和实践心得浓缩到了这本书中。如果你也想感受OD的“魔力”，我推荐你阅读此书，它会为你打开通往OD世界之门。我想从一名译者和实践者的视角，为你用好这本书提供一些小建议，希望能帮助你更好“解锁”这本大部头的著作：

- 如果你是OD的初学者，心怀好奇，想通过一本书了解OD、OD如何工作。这本书的第一章会告诉你OD领域的缘起、哪些重要的先驱奠定了这个领域的基石以及OD领域为何如此重视价值观。然后你可以认真阅读本书的第三至六章，这些章节完整还原了一名OD实践者和客户共同工作的过程。读完你就会明白，为何OD如此重视“过程”的力量。正如Mee-Yan所说的：“OD循环圈是我们的导航图，帮助我们了解如何与客户组织肩并肩的工作、支持好他们——从签约到数据收集、数据分析和反馈，再到和客户一起设计介入，将系统从状态A转化到状态B。”

● 如果你是一位HR工作者，对OD的了解也不多，我建议你可以从书的下半部分开始读。本书的第二位作者琳达（Linda）在全球HR界享有盛誉，并对OD有着深刻的理解。她撰写的第十四至二十章，从贴近HR实践的视角分享了OD如何与HR结合，从而创造更大的价值。你可以选取感兴趣的话题对应的章节开始阅读，但第十四章一定不要跳过。之后，你可以不时地选择书的上半部分的章节来阅读，逐步加深对OD的了解。

● 如果你是一位资深OD实践者，我相信本书的第二章会帮助你不断深化OD理论根基，也提供了阶段性发展聚焦的方向（比如选择某个理论，持续展开相关学习和实践）。和Mee-Yan交流、学习期间，她反复提醒我们，不要停留在只学工具和方法的阶段，要成为一名优秀的OD专业人士，一个“关口”就是对理论的学习。掌握了理论，我们就可以自己创造出适合客户和介入场景的工具。正如OD之父勒温说过的：“没有什么比好的理论更具实践价值。”另外，对于OD实践者，“运用自我”是终身的修炼。书的第十、十一、十三章会促进我们的反思，让我们在这个方面的精进获得丰富的养料。

● 如果你对变革很感兴趣，想了解OD方式的组织变革和其他变革管理的不同之处，如何驾驭复杂大型的变革，以及怎样让行为发生改变，我相信本书第三辑的3章（第七至九章）与变革有关的内容会带给你很多启发。另外，还可以参考本书下半部分的第十六章（关于复杂的转型性变革，如并购可以怎样开展）。

● 如果你是一名业务背景的管理者，希望加深对组织的理解，相信本书的第十二章（关于什么是组织和组织健康）以及下半部分的很多章节（关于组织设计、组织敏捷性和韧性、领导力等）会带给你一些新的视角。

● 如果你读过本书的第二版，那你要好好读一读这一版的作者序言，里面详细说明了第三版相比第二版的变化。我的提醒：除了关注新增的3章（上半部分的第十二、十三章，下半部分的第十八章），还有一些章节做了大幅的修改，如第二、五、六、八、十、十一、十六、十七、十九章。这些章节中，作者增加了较多新的内容，也对原先的一些内容做了删减、改写。你如果有兴趣，可以对照第二版书阅读，变动的部分也许会带给你一些不一样的启发。

在我的OD实践中，我曾多次见证了OD给客户带来的改变，感受到自己在这段旅程中的转变。这本书一直相伴左右，已成为我的“手边书”和“工作指南”。我无数次从中获得启发和力量。很多洞见、介入方法和策略，我都直接借鉴了书中内容，略加调整后应用在现实场景中，效果也常常令人惊喜。所以，别把本书当作放在架子上却不会用的“经典”，把它作为你成为一名真正OD实践者旅程上的“垫脚石”和“手杖”。我相信这也是Mee-Yan的期待。

感谢和我一起翻译了本书的夏钰姣、曹小川。钰姣和小川参与了翔知羽白OD中心诸多OD引进课程的翻译，合作的国外老师都对他们表示了由衷的认可。作为翻译三人组，我们用了半年多的时间，一起将这本书从英文转为中文。我们共同修订了第二版书保留内容的一些翻译，统一定义了书中的关键词，就英文表述不容易理解的地方一起反复交流中文译法。玉铰和小川的细致、专业和用心为本书的翻译作出了巨大贡献！

好了，现在这本OD“魔法书”就在你的面前，等待你来探索！里面的各种“宝藏”是两位作者给每一位读者的无私馈赠！好好阅读它，更要好好用它。

翔知羽白OD中心合伙人　阎明（Morris）

# 致 谢

## 来自张美恩（Mee-Yan）

我想感谢我的客户，与他们中的许多人一起工作十分愉快，我也从他们每个人身上都学到了很多。在做OD的过程中，他们真的是我终生学习的伙伴。

我也要感谢我的丈夫斯图尔特，感谢他在这段充满挑战的封闭期内给予我无价的鼓励和帮助，支持我完成本书。我还要感谢我的两个了不起的“虎女”，露丝和丽贝卡，她们向我倾注的爱，她们对我的信任，以及恰到好处的鞭策。

## 来自琳达（Linda）

我永远感谢我亲爱的丈夫巴尼，他的宽容、支持和鼓励一直激励着我。

## 来自两位作者

我们非常感谢所有提供案例研究并与我们分享其见解的个人和组织，特别是威弗莱公司人力资源总监斯蒂芬妮·阿特金森和凯洛格公司人力资源副总裁萨姆·托马斯·贝里。

我们还要感谢科乾出版社的团队——斯蒂芬·邓内尔、安妮·玛丽·海尼、菲利帕·菲松、玛丽·林斯和莉迪亚·克罗宁——一直激励我们，并感谢他们为本书的出版付出的辛苦。

# 目 录
CONTENTS

## 第二辑 OD工作循环

# 上部

# 组织发展：OD实践者指南

# 第一辑

# OD的历史和理论概览

在本书的第一辑里，我将对组织发展（Organization Development，以下简称OD）的历史和发展历程以及我们实践的理论基础进行概述。人们对OD领域的了解程度有限，关于它的起源也是众说纷纭。OD领域源于早期创始人的价值取向，源于他们在第二次世界大战后为理解人类的行为而进行的“意义构建”，以及在应用行为科学方面获得的研究成果。与其他学术领域一样，OD的发展不是一个线性过程，也并非由那些早期的参与者系统规划的。当时，美国出现了一批来自不同学术机构的思想家，受价值观、学术背景的影响，以及出于改变身处环境的渴望，他们踏上了一条特别的道路，即试图探究组织是如何运作的、组织的运作方式对系统中的个体产生了怎样的影响，以及个人之间、团体之间和整个系统内存在的动态交互。之后，由于机缘巧合与心意使然，这些不同的学术团体和实践者通过各种会议和社交活动聚集在一起，交流他们的研究发现。OD就这样应运而生了。这个知识领域具有一场运动的特征，其发起者是不同的个体和机构，他们各自扮演不同的角色，构建了一套知识体系，形成了这一领域的共同基础，并最终让OD在一个非常明确的价值框架中成为“行动中的理论”。

尽管不同的流派对于该领域的边界一直存在争论，但是它的一些核心特征是非常清晰的。它们包括：（1）关注利用基于应用行为科学的过程使组织有效实现目标（取得最佳绩效），同时也关注组织健康的持续改善；（2）基于OD的原则设计过程，其中包括研究数据、构建该领域概念和实践框架的理论定位以及强大的价值观基础；（3）对于所有实践者而言，“运用自我”具有重要意义。OD领域的实践是在“有生命的系统”（即由人组成的组织）中开展的，因此需要从生命系统的角度和作为人类的多个维度（心理的、社会的、情感方面的、个人偏好、人生历程、关系导向等）来了解我们自己，这也是在任何社会系统中成为一个有效介入者的先决条件。这些特点同时也指明了一个OD实践者需要具备的特征。详见第十章关于OD实践者的内容。

第二章着重阐述了建构这一领域和实践的核心理论。理论是一个实践性议题，正如库尔特·勒温（Kurt Lewin）所说，“没有什么比理论更具实用价值”，理论塑造实践，实践构建理论。考虑到有上百种理论塑造了OD实践者的实践，仅着重讲述其中八个重要的理论实有一些风险。然而，这八个理论是其中最基础的，它们都要求实践者改变他们的工作方式。这个转变有多大，取决于长期以来实践者工作的主导性方式是怎样的。最后，一系列特定的行为经济学方面的研究影响了OD实践者处理行为改变的方式，我们会在第九章进行详述，这一节中就暂不展开了。

这两章内容会为大家了解OD领域打下基础。注意这些核心理论是如何影响我们的介入实践的。

# 第一章　何谓OD及OD的历史简述

组织发展（OD）目前还不是一个为人熟知的领域，客户经常会抛出“OD是什么”一类的问题。就连很多组织发展实践者（OD Practitioners）也感觉到，即使他们具备对该领域的直观了解，也很难准确地解释什么是OD。随着时间的推移，OD这个词已然蒙上一层神秘的面纱，就连这一领域的资深人士之间的辩论也充斥在各种OD出版物上。我认为，是时候将这层神秘的面纱揭开了。倘若我们不能对OD进行清晰的阐述，就很难去积累知识、促进研究、推动讨论，这一领域也就无法走向充满生命力的未来。

在这一章里，我将就以下几个方面进行阐述：

1. OD的目标、特点和定义。

2. OD发展的简要历史。

3. 构建OD领域的关键创始人。

4. OD命名的由来。

5. 指导OD实践的价值观。

6. OD实践者的角色。

我希望这几方面的阐述能够对读者有所帮助，让你们能更加自信、从容、清晰地向客户解释OD，包括这一领域涉及哪些内容，OD试图为工作场所带来什么，以及它的核心特征如何帮助组织变得更加高效、更富人性化，特别是在变革动荡期，OD为何是不可或缺的知识领域。

## OD的目标、特点和定义

埃德加·沙因（Edgar Schein，1965）曾提出，所有组织，无论规模和类型如何，都会面临两类问题：

- 面对迅速变化的环境，如何不断适应外部。
- 为帮助组织顺利适应外部，怎样相应地整合内部。

沙因将组织应对变革的有效适应能力称为“适应性应对循环”（adaptive coping cycle），并将其作为反映组织有效性的一个标志。上述两个维度也将OD实践者与战略专家紧密联系在一起：战略专家辅助高层领导做出决策，使组织能够更好地适应外部环境，从而保持活力；而OD实践者要帮助高层领导相应地发展组织内部，为实现组织远大的外部目标提供保障。OD实践者和战略专家如同手足，OD可以帮助组织做好充足的内部准备，从而实现具有挑战性的、远大的外部目标。

下列定义揭示了OD实践的核心，即提升个体、团队和整个组织的机能。

- OD是一个系统性的过程，它将“应用行为科学”的理论及实践应用在组织身上，以提高个体和组织的有效性为目的。（French and Bell，1999）
- OD（及其相关的技术）是一个致力于组织提升的过程。（Margulies，1978）
- OD是指为了提升组织有效性，促进其健康发展而开展的所有计划性的介入。（Beckhard，1969）
- OD将组织看作一个系统整体来建立并维持其健康发展。（Schein，1988a、b）
- 组织的振兴，需将个体、团体和组织的目标进行整合，不仅要为客户和社群提供有效服务，还要让产品及工作生活的品质得到提升。（Lippitt and Lippitt，1975）
- OD的目标是通过兼顾人和组织的需求，提升组织有效性。（Rainey Tolbert and Hanafin，2006）
- 组织在完成工作、实现目标的过程中建立了大量的流程，OD就是理解并改善所有这些实质性流程的一种组织过程。（Vaill，1989）

如果OD实践者认真对待这些目标，那么他们的承诺将不仅仅是改善一种状况，而是确保这种改善是可持续的，即让改变成为发展的同义词。OD实践者所设计出来的任何过程都需要附带一个部分，即让组织成员学会在没有外界持续帮助的情况下保持组织的发展。这一点使OD区别于其他咨询领域。OD目标的第二特征也被下面的两则定义所证实：

● OD是一系列为了帮助组织建立并维持系统整体的健康发展而开展的活动，这些活动需要管理者、雇员和帮助者的共同参与。(Schein，1988a、b)

● OD是为了使组织的问题解决和流程更新得到改善所做的长期努力……它需要变革推动者或催化者的助力，运用包括行动研究在内的应用行为科学的理论和技术。(French and Bell，1999)

基于以上这些定义，OD及其实践者的特点可归纳如下：

● 我们作为“过程专家”，帮助组织改善任何实质性过程（如计划、团队会议和人际关系、领导和员工关系、有效沟通等）。

● 即使客户需要我们处理组织的某一特定问题，我们始终关注“系统整体”的视角。

● 我们致力于优化组织的问题解决及自我完善的过程。

● OD的首要实践者是组织中的领导者或管理者（因为他们是组织健康的守护者），而不是HR或者OD专家。

● OD实践者是组织中的领导者（OD首要实践者）的“帮助者和催化师”。

● 我们运用应用行为科学的技术，帮助组织健康发展。

● 我们以理论为基础，过程为导向，价值观为驱动。

基于这些定义，为便于参考，我制作了两张表格。表1.1归纳了OD的定义，表1.2则概括了这个领域的主要特点。

| 表1.1　何谓OD | |
|---|---|
| OD是什么 | OD是应用行为科学的一个领域，扩展了我们对个人和团体行为的理解。这个领域的相关知识能指导我们通过改善绩效和内部健康来提升组织有效性（特别是在变革时期） |
| OD如何运作 | 运用源于应用行为科学的方法、研究和理论的团体动力和人际动力过程，促进团体和组织的自组织发展 |
| OD的成果 | 提高有利于成员的组织有效性（绩效），同时保持组织的健康，以可持续的方式支持在系统内工作的人员 |
| OD的价值理念 | 尊重个体的差异性，追求各种形式的社会公平正义。坚信终身学习——强调个人和组织的“自我更新”能力 |

| 表1.2　OD的特点 | |
|---|---|
| 知识来源 | 与应用行为科学相关的学科，如社会学、心理学、社会心理学、临床心理学、人类学、管理学、职业心理学、组织行为学、行为经济学等众多学科 |
| 目的 | 提升组织有效性（绩效）、改善系统内部健康 |
| 关注点 | 系统整体（系统中各个部分的整合和联结） |
| 强调 | 通过设计和运用过程（任何团体过程、社会过程等），而不是关于内容的专家知识来支持客户 |
| 角色 | 第三方角色，帮助和支持系统完成各自的工作 |
| 定位 | 设计和开展有计划的介入，也能应对临时生发的状况；介入从客户和我们接触的那一刻开始；数据收集变成介入，互动引发反思，反思带来数据，数据支持行动，行动又回到反思，这样一个行动循环（行动研究） |
| 目标 | 社会系统中由人构成的系统 |
| 应用 | 在行动中应用理论，用经验塑造工作理论，用理论指导方法，用结果分析改进行动中的理论 |
| 价值取向 | 坚定不移的人本主义（shamelessly humanistic），矢志维护对所有人的尊重，不断为社会平等和公正而斗争，并追求终身学习 |

## OD发展的简要历史

20世纪50年代，美国的一些社会心理学研究机构和商学院发现，传统的工业心理学已经无法完整解释组织的复杂运作，个体心理学方面的研究对于帮助解决组织面临的产业和生产问题也捉襟见肘。各行各业的领导者纷纷找到这些专业学者寻求帮助，他们希望能更好地了解自己的组织是如何运作的，同时也想知道作为一个领导者，他们能做些什么来改善其组织的运作和提升其组织的绩效。现有理论和组织现状之间的差距日益明显。最初的这些咨询带来了实践知识的拓展，帮助人们了解到团体和组织是如何运作的，同时也建立起OD重要的双重关注——将理论和实践联系起来，推动组织的发展。这将OD树立成一个“实践性”领域，早期的不少学者也就成为OD的奠基人——他们开创性的工作和实践的经验塑造了一个独树一帜的领域。

OD的早期发展同时受到两方面的影响，一个是当时重要的社会运动，另一个是那些在建立该领域过程中扮演了重要角色的个体（Gallos，2006）。在OD的形成和发展中，所涉及的关键性事件包括下列几项。

- **美国国家训练实验室（NTL）对团体动力和领导力的重要贡献：**NTL 1947年在美国成立，其目的是推动应用行为科学的发展，以及培养变革推动者，帮助组织获得有效的领导力。NTL被认为是体验式学习的发源地，并在之后的70年时间里，孵化出众多OD理论。
- **团体训练法（T Group）以及其他实验教学项目的诞生：**T Group是一种小型的、非结构化的团体实验式培训。参与者从他们自身的行为和不断演化的团体动力中获得学习。这一方式在美国最早由勒温和他的研究生开创，在英国首创这种研究方式的则是塔维斯托克研究所（Tavistock Institute）。实验式的体验旨在让个体清晰地观察到人际动力是如何发展演化的，以及团体在个人发展和自我觉察的提升方面所发挥的重要作用。T Group在企业里的早期应用，推动了针对领导者的系统化培训和发展，成为建立高效工作环境的关键介入手段。卡尔·罗杰斯（Carl Rogers，1968）认为，T Group是20世纪最重要的社会发明。
- **20世纪50年代大规模的人际关系运动：**这一运动同时推动了社会心理学和发展心理学的进步。它也唤起了人们对不少话题的关注，包括自我表达、个体能动性、人的潜能释放以及个人成长的内在需求等，这些话题让人们更加渴望了解在个体发展的过程中工作的意义是什么、职场该是怎样的。这成了不少早期OD奠基者选择的研究方向。
- **源于英国塔维斯托克研究所的“社会技术系统”（STS）思想：**1947年，在英国海尔默的一个煤矿，特里斯特（Trist）提出了这一概念，之后由班福德（Bamford）和莱斯（Rice）进一步完善。他们认为，组织既是一个社会系统也是一个技术系统，当开展的介入能将重要的社会因素（团体关系）和技术革新结合起来时，就能够提高生产力、减少损失并降低成本。对STS的后续研究表明，运用STS对组织进行介入，的确会提升组织的有效性、效率和士气；反之亦然，如果组织在变革的过程中仅仅着眼于技术系统，而忽略了人际社会系统，变革将很难持续（Rice，1958；Trist，1960；Trist and Bamforth，1951）。

- **调查研究方法的发展：**莱克特（Likert）和曼恩（Mann）联合底特律爱迪生公司首创了调查反馈，运用调查的结果来进行改善。这种方法包括两个步骤：第一步是通过调查问卷采集数据来确定雇员对各种因素的认知，其主要关注点会放在组织的管理上；第二步被曼恩称作“连锁会议”，即将数据反馈给领导者和管理者，从而创建改善策略。这种调研方法帮助组织领导者了解特定行动会对组织内不同的人员带来怎样的影响，进而如何影响组织绩效。莱克特和曼恩认为，如果领导者重视调研呈现的因果关系，那么他们将会获得数据来指导他们改善组织。莱克特和曼恩的研究为许多学者搭建了一个清晰的平台，使他们能在包括个体、团体、团体之间、分支机构和整个组织在内的各个社会系统中，进行新工作方法的阐明和实践（Mann，1957；Likert，1961、1967）。

## 构建OD领域的关键创始人

社会运动为OD领域的诞生提供了重要的大背景，但还有诸多个人通过学术研究和咨询工作在搭建该领域知识基础方面发挥了重要作用。我们很难将所有人逐一列举。以下这些人以及他们的研究生为OD领域的构建和开拓，做出了决定性的贡献。

- **库尔特·勒温（Kurt Lewin，OD的核心创始人）：**勒温为该领域提供了最核心的理论根基——行动研究理论、团体理论和变革理论。沙因评价勒温是当代应用行为科学、行动研究和计划性变革领域之父。他是第一个在其著作中提及团体动力（group dynamics）的人，也最先提出团体对其成员行为塑造的重要性。同时，他致力于通过自己的工作在社会上推广民主价值观，这对OD也产生了深远影响。

- **罗恩·利比特（Ron Lippitt）：**利比特是勒温在麻省理工学院团体动力研究中心最早的职员，也是1946年T Group的第一批培训师之一。1947年，他成为团体发展国家训练实验室（National Training Laboratory in Group Development）的创始人之一，该机构最初在缅因州的贝塞尔举行为期3周的培训活动。随着这一夏季活动的慢慢演变，NTL应用行为科学研究中心（NTL Institute for Applied Behavioural Science）诞生了。他和李·布拉德福特（Lee Bradford）在1946年共同发明了白板纸，便于在OD活动和培训中记录、检索及展示数据。

- **埃德加·沙因（Edgar Schein）：**沙因是麻省理工斯隆管理学院的教授。他在OD领域的多个方面都取得了显著的成就，其中包括职业发展、团体过程咨询和组织文化。他提出了非常超前的“职业锚”概念，这一概念和工具帮助组织将无条件动机与管理员工职业通道的组织方式相结合。他被认为是第一个提出“企业文化”这一术语的人。沙因向我们揭示了过程咨询是支撑OD领域的核心哲学，而不仅仅是一种工具。

- **道格拉斯·麦克格雷戈（Douglas McGregor）：**麦克格雷戈因其经典之作《企业的人性面》（*The Human Side of Enterprise*，1960）而被人们所熟知。这本书自1960年问世以来，对于管理者产生了重大的影响。麦克格雷戈是最早开展咨询工作的教授之一，也是最早和企业合作将T Group技术运用到复杂的组织中的行为科学家之一。

- **伦西斯·莱克特（Rensis Likert）：**莱克特认为，为组织树起一面镜子，帮助组织内的成员看清自己以及反思如何改善彼此之间的关系是极为重要的。他早期在这方面的研究使得组织调研得到了应用。之后，他的研究为民主式领导的优越性提供了有力证据。民主式的领导者是以团体为优先、以目标为导向的，他们与工作团队共同制定决策。这种领导风格和独裁主义、一对一的领导风格截然不同（1961，1967）。

- **鲍勃·坦南勃姆（Bob Tannenbaum）：**坦南勃姆在芝加哥大学商学院获得了劳资关系专业的博士学位。他作为最早进行“团队建设”项目的研究人士而为人熟知，这个项目于1952—1953年在加利福尼亚州中国湖的美国海军军械测试基地开展。随后，他发表了许多关于团队建设工作的文章，与阿特·谢德林（Art Shedline）在加州大学洛杉矶分校开创了首个OD非学位培训项目。

- **克里斯·阿吉里斯（Chris Argyris）：**阿吉里斯是1957年继鲍勃·坦南勃姆之后第一批开展团队建设活动的人之一。他对实验室训练、OD和组织学习等相关理论及研究做出了深远的贡献。在他所著的数本关于OD的著作中，《介入理论和方法》（*Intervention Theory and Method*，1970）是该领域的经典之作。他强调了收集有效信息和给予客户知情选择对获得客户内部持续承诺的重要性。

● **理查德·贝克哈德（Richard Beckhard）**：贝克哈德对OD领域的形成和拓展有着重要的贡献。他的职业生涯从戏剧开始，但他对如何提升大型会议中沟通的有效性非常感兴趣。他更换职业后的第一个重要任务就是举办1950年的白宫儿童和青少年事务会议，该会议的与会者多达6000人。由此，他开始关注大型会议的筹划以及与会者的参与讨论。他开发了OD领域首批重要的非学位培训项目之一——NTL组织培训和发展专家项目（PSOTD）。

● **赫伯特·谢帕德（Herbert Shepard）**：谢帕德在麻省理工学院获得博士学位之后，进入埃索标准石油公司雇员关系部门担任助理研究员。他在企业中的大量实践以及所参与的NTL工作，对OD领域的形成产生了重要的影响。1960年，他在凯斯理工学院建立了第一个致力于培养OD专家的博士项目。谢帕德在埃索各大炼油厂内不断进行OD实验，为OD实践者提供了重要的经验知识。他的工作带来两个特别重要的启示：一是OD项目的领导与开展需要高层管理者的积极参与；二是岗位上的应用实践尤为重要。

● **罗伯特·布莱克（Robert Blake）**：第二次世界大战期间，布莱克曾在美国陆军航空队的心理研究中心任职。他认为，在寻找帮助方案时，从系统出发比从系统内的孤立个体出发更为有效。之后，他花了16个月的时间在塔维斯托克研究所，家庭团体疗法对他产生了很大影响。回到美国之后，他接受了哈佛大学的任命，但最后加入了贝塞尔的NTL项目，并担任了6年T Group的教员。布莱克为T Group的改进做出了重要的贡献。

正如之前所说，这一份人物名单不甚详尽，但这些早期奠基者的研究和著作，为OD领域的建立打下了最重要的基础。

## OD命名的由来

我们已无从得知究竟是谁提出“OD”这个术语的。比较明确的是，两个早期的介入项目对OD这一学科的命名产生了影响（Beckhard，1969）。

1959年，道格拉斯·麦克格雷戈和理查德·贝克哈德与通用磨坊公司的杜威·鲍尔奇（Dewey Balch）一起启动了对整个公司的文化变革，这个项目被称作“自下而上的管理”。麦克格雷戈想要将这个项目记录下来，他知道倘若将论文题目定为“自下而上的管理”，学术界不会完全认可；此外，因为项目涉及整个组织，他们也不希望将它称为“管理发展”。所以他们认为“OD”这个名称更加贴切，意指整个系统的改变。

同年，赫伯特·谢帕德和罗伯特·布莱克在新泽西州贝威的埃索炼油厂进行一个文化变革项目。他们为这个项目设计了一个名为“管理方格”（managerial grid）的教育项目。埃索公司数以百计的经理和主管参加了这个项目。谢帕德和布莱克决定将他们所做的工作称为“组织发展”，因为他们的关注点在于系统整体的文化改变，其目标是让组织健康发展。

上述两个重要的介入工作同时使用“OD”这个名词并非巧合，因为这两个项目均有以下特点，而且这些特点至今仍是该领域的主要特性：

- 涉及整个系统的；
- 有计划的变革；
- 关注的不是系统中的某个部分，而是系统整体；
- 关注企业中的社会面或人性面；
- 目标是提升组织的有效性。

正如之前我们讨论过的，这是OD领域的五个核心特点。最后，我们要来谈一谈推动OD作为一个专业领域正式诞生的另外四个方面的发展。

## 国家训练实验室（NTL）的诞生

1947年2月，库尔特·勒温突然去世。同年夏天，班恩（Benne）、布拉德福特和利比特在缅因州贝塞尔的高德学院（Gould Academy）举办了一个为期3周的培训。正是从这一次培训开始，发展出了国家训练实验室，之后被称为NTL应用行为科学研究中心。基于贝塞尔积累的经验，NTL建立了许多实验训练中心。几乎每个NTL的创立者都在贝塞尔实验室里做过指导。用沙因的话来说，任何参与过T group以及在其中担任过指导的人，都被这段体验凝聚起来，并由此成为OD实践者社群中的一员。

## 组织发展网络（ODN）的诞生

早期的创始人们在成功帮助企业变革之后，会将这些工作记录下来，这让后来者们也对组织改变的知识和可能性兴奋不已、跃跃欲试，并开始纷纷涌入这个领域。1964年，一小群实践者开始定期聚在一起交流想法、经验和学识，其中很大一部分人成了NTL的毕业生或教员。在他们建立了这一关系网络之后，其他同仁也要求加入。瓦尔纳·布克（Warner Burke）曾任NTL的OD教员负责人，后来成为NTL发起的新组织——组织发展网络（ODN）的第一任执行理事。如今，ODN已从美国扩展到欧洲和亚洲，并在世界其他地区设有小型分支机构。

## OD出版物

自20世纪50年代以来，OD出版物激增，但回头再看，以下4本具有重要意义的出版物正式开启了OD领域的专业知识记载：

1. OD系列丛书，该系列最早由艾迪生-韦斯利（Addison-Wesley）出版，由6本薄薄的平装书组成。沃伦·班尼斯（Warren Bennis）、埃德加·沙因和理查德·贝克哈德在1967年编撰了这一系列的书。时至今日，这些书依然是OD领域的经典之作。

2. 《OD实践者》（*OD Practitioner*），现名为《OD评论》（*OD Review*），创刊于1968年，是第一本让实践者分享实践知识、探索新理论的期刊。

3. 《组织发展：运用行为科学介入改善组织》（*Organization Developments: Behavioural Science Interventions for Organization Improvement*），第一本OD教科书，弗兰奇（French）和贝尔（Bell）在1978年撰写。

4. 瓦尔纳·布克在1982年出版的第二本经典教科书。

在随后的几十年里，学者们在OD领域发表了许多重要的著作，包括韦斯伯德（Weisbord）的《高效率工作场所》（*Productive Workplace*，1987），罗斯韦尔（Rothwell）、沙利文（Sullivan）和麦克林（McLean）的《实践组织发展》（*Practice Organization Development*）自1995年第一版至今已有4个版本，书中收录了许多关键的OD贡献者的文章。

这些出版物有助于将OD领域纳入学术体系，它们解释了这一领域包含哪些内容，也强调了该领域的工作者是如何进行实践的。艾迪生-韦斯利的OD系列丛书更加偏向学术理论，《OD实践者》更偏向于实践；弗兰奇和贝尔撰写的教科书则为相关专业的本科生教学提供了可能。

### 咨询实践和教育项目

对OD专业领域的演变影响最大的，莫过于早期创始人开展的咨询实践。尽管研究工作对推进该领域一直起着重要的作用，但在真实组织中脚踏实地的实践经验为OD实践的完善提供了丰富的数据。这些早期咨询工作带给我们的宝贵经验，比如如何推动并管理变革，帮助我们建立了这个领域的知识基础。例如，谢帕德在埃索、麦克格雷戈在美国联合碳化物公司、坦南勃姆在美国海军位于中国湖的军械试验基地，以及克里斯·阿吉里斯在IBM和埃克森石油公司与其CEO及高层管理者一起开展的工作等。

对OD实践者日益增长的需求催生了许多非学位项目和学术项目。坦南勃姆和阿特·谢德林创立了第一个OD非学位培训项目——加州大学洛杉矶分校组织发展学习社群。此外，还有许多团体发展的项目，例如，NTL的团体发展项目就是由班恩、布拉德福特和利比特创立的为期3周的学习课程项目。只有那些加入该领域的人最终通过培训获得正式的学术认证（对专业知识和实践能力的双重认可），OD实践者在实践中所依据的标准才现雏形。在OD教育项目发展的鼎盛时期，仅美国就有30多个博士和其他认证项目。

## 指导OD实践的价值观

到目前为止，我们已经简要描述了使OD成为一个独特领域的各个方面要素，但没有哪个方面比这两条更重要：指导我们工作的价值观以及OD实践者所扮演的独特角色。

20世纪四五十年代，一系列强大的运动席卷全球，如人际关系运动、人类潜能运动、平等和多元化运动、社会参与运动（包括客户权利、公民权利）等，这些运动对OD领域的生成起到了重要的作用。那些在当时发起和支持这些运动的人，对一系列价值观有着强烈的认同，而OD领域也遵循了这些价值观。例如，创造条件满足职场中每个人成长的内在需求，建立一个能释放人的潜能的工作场所，让每个个体拥有平等的权利去拓展自己的能动性、提升自我表达、追求种族平等和其他形式的公平正义。随着时间的推移，OD奠基者们不断拓展实践，这些观念得到了他们的大力支持。这些价值观被视为OD核心价值观：

- 民主和参与；
- 对终身学习和实验尝试的开放态度；
- 公平和公正——每个个体都有价值；
- 有效信息和知情选择；
- 恪守对企业人性面的尊重；
- 所有人都有权发挥自己的潜力。

对于这些早期的创始者来说，这些价值观是“实践价值观”——帮助他们创建适合的介入方法，支持组织实现最优绩效。他们认为，如果有效地遵守这些价值观，就能让组织里的人协力解决组织多方面的问题。同时还能帮助组织在变化的环境中，找到应对重大挑战的长远之计。正是这些价值观给予了实践者们指引和方向。

如此就出现一个问题：倘若一个人不认同这些价值观，还可以称自己为OD实践者吗？这是一个切实的问题，因为OD的价值观中有不少是与当今组织的价值观焦点相悖的。从某种程度上来说，答案是肯定的，但是实践者自身作为工具的潜力会被严重削弱。这是因为实践者如果仅仅运用工具方法却不身体力行这些价值观，他们最终会感到内在的空虚。特别是当客户对建议方法的可行性提出疑问的时候，实践者倘若自己都不认同介入方法背后的这些价值观，就无法帮助客户消除困惑、实现目标。因此，OD实践者面临的挑战是如何在不违背其核心价值观的情况下，在不断变化的工作环境中调整他们的方法。

由此，我们需要对价值观（values）和道德观（ethics）进行区别。价值观是对我们和这个领域的实践者至关重要的信念的根基，而道德观是指导我们如何在这个领域进行实践的准则（Tschudy，2006）。

OD作为一个专业领域，除了格勒尔曼等人（Gellermann *et al*，1990）早前对该领域的道德指导方针进行了一些研究，目前并没有一套公开出版、集体认同的道德指导方针。然而，OD社群中的实践者在各自实践中都体现出了一系列的指导原则，这些原则让他们团结得更为紧密。因此可以肯定地推断，实践者们秉持的许多道德指导方针已经转化为他们的实践。

以下道德准则是OD道德观的总结。在OD实践中，我们相信：

- 客户和咨询顾问之间的协作关系至关重要——从共同决定顾问的任务说明和预期成果，到决定如何获取有效的数据、如何共同分析这些数据，以及如何选择最佳的介入路径、最终要评估什么等。
- OD实践者是帮助者（helper），不是指导变革的大师或专家。真正指导变革的是组织的领导者和管理者。
- 在任何咨询关系中，为了搭建帮助的平台，顾问的关键工作都是尊重并投入时间和精力与客户建立诚实、可信的高质量关系。
- OD实践者要集中精力支持和教育客户，让客户学习如何开展可持续的变革工作，这样客户就不会对他们产生不必要的依赖，从而确保未来任何变革计划的成功实施。
- 尽管OD实践者也可以对相关内容提出建议，但是他们最主要的任务是关注客户共同到达他们向往的目的地所需要的过程。
- 虽然OD实践者的咨询可能专注于系统的单个部分，但他们的主要方法始终是基于整体系统的。
- OD实践者坚守终身学习的信念，因此实践者在客户系统中开展工作的同时也在进行自身的修炼，这是默认的立场。
- OD实践者知道如何在工作完成后退出。他们从与客户签订合同的那一刻起就知道如何建立客户的内部能力，以便客户系统能够在内部维持变革的效果。
- OD实践者自身不具备系统所需的技能、知识时，他们会引入其他资源。
- OD实践者相信直接、真实和开放的沟通，因此在沟通过程中，他们会以身作则，并将这种行为传递给客户。
- OD实践者相信，为客户增加真正的价值优先于自己的商业收益。
- OD实践者深信要为当地或国际上有需要的人提供无偿服务。

这些指导OD实践者开展实践的道德原则是OD核心价值观不可或缺的一部分，这些核心价值观也是该领域的擎天柱石。正是这些价值观的践行，让OD

实践如此与众不同。

## OD实践者的角色

以上这些道德准则可以看作OD实践者的工作规则。OD实践者的角色可以用马夏克所说的第三方变革推动者来概括，这与那些专家指导式的顾问截然不同。马夏克（Marshak，2006：15）这样描述第三方变革推动者所扮演的角色：

> 在OD实践者帮助某个组织实现理想改变的过程中，OD实践者本身并不是负责人。相反地，OD实践者作为第三方变革推动者，帮助一个或多个负责人以及系统自身实现期望的改变。

作为第三方推动者，OD实践者相信，邀请他们介入的系统实际上是可以解决自己的问题、选择自身前进道路的。因为内部智慧存在于组织的各个部分，OD实践者的工作与其说是领导，不如说是引导——设计合适类型的过程来帮助激发这种智慧。这种做法更多的是从专家式的咨询转变为协作式的帮助。在实践中，这意味着在没有事先咨询客户的情况下，不进入OD循环的任何阶段；这还意味着要关注客户的观点，万不可提出某一个自己希望客户能够采纳的方向，而要与客户合作，帮助他们辨别哪种结果对他们来说是合适的——因此，这种方法始终是与客户的利益相关者群体建立联合伙伴关系。

假如OD实践者相信：尽管存在内部政治复杂性，客户系统能够也应当在帮助下完全参与到自己的工作中。通过这种方式，OD实践者将表明他们真正理解了OD实践的要点。当他们接受了第三方变革推动者这一角色，OD实践者自然就会走向合作与协作的立场——支持客户系统明确自己的目标，以及为了实现目标应采取的方法和可调配的内部资源。马夏克将此称为"客户自我引导的变革"（Marshak，2006：17）。

这种做法并不意味着OD实践者不具备任何内容方面的专业知识，而只是说明无论OD实践者具备什么，如对组织和人际动力如何运作的深刻了解，他们都要用其来教育、指导、支持、发展和引导客户完成工作。同时也意味着，有时由于客户系统能力和承载力问题，OD实践者也愿意有稍微多一些方向的指导。此外，倘若客户存在盲区和机能失调的内部政治体系，OD实践者也会和客户直面这些问题并给予他们方向。但是归根结底，OD实践者的承诺并不是将他们的观念强加给客户，而是为客户搭建平台，让客户完成客户自己的工作。大多数时候，第三方变革推动者最重要的介入是："建议并引导参与性过程来收集诊断数据、做出知情决策，以及让客户系统全力投入变革。"（Marshak，2006：18）

这些话听上去有道理，但是许多业内人士都知道要想将它们落于实践是多么困难。我们对权力、控制、认可和尊重的内在需求，以及客户希望我们作为专家的外界期待，这两者的叠加往往使得我们很容易就进入指导专家式的工作模式。这就是为什么"自我作为工具"这一理念在OD实践者自我发展的道路上如此重要。

## 在帮助关系中，自我是最重要的工具

"自我作为工具"这一概念是OD独有的特性之一。1981年，贝克哈德在《OD实践者》期刊发表的一篇文章中指出，为了在这个"助人行业"中工作，OD实践者需要花很多精力关注自身，以及承担更多的义务做好自己的工作，不依靠他人（主要是客户）来满足自己的需求。他说："如果我通过客户来满足自己的需求，我会让他们陷入大麻烦。"他告诫OD实践者们要提高自己帮助别人的能力，要更多学习做到以下几点：

- 提升他们对模糊性和个体差异的容忍度；
- 检视他们的控制需求和控制角色；
- 降低他们对于外部认可和反馈的需求；
- 能够为了更高意义上的乐趣和人性需求去工作。

简单的事实是，OD实践者首先需要修炼自己更深层次的内功，提高自身帮助支持人类系统的能力，然后才能也将会赢得帮助他人的权利。

这种深层次的自我觉察将帮助你接受这样一个事实，即你"自己"是任何咨询场景下的终极工具。这种独特的实践只存在于OD，在战略规划师或其他技术咨询专家那里是找不到的。其他方法有它们的贡献，但你也需要为自己根本上是在不同的领域工作而感到自豪。第十章将充分讨论运用自我的概念。

## 总　结

时至今日，在美国，有关OD“是新是旧”“是已日薄西山还是欣欣向荣”的争论从未停息。这样的争论可以被视作这个领域正在经历“中年危机”，而美国的OD实践者们正在努力重申这个领域的重要意义。虽然这样的争论也有其益处，但我认为对于OD社群来说，更合适的问题是：

- 该领域的身份和边界是什么？随着该领域的继续发展，社群应该坚持什么？需要放弃什么？
- 定义该领域、设定其边界并且仍然有意义的核心特征有哪些？随着时间的推移和实践的演变，其中一些特征应该被保留或丢弃吗？
- 什么样的价值观将继续成为我们的实践支柱？如何加强行为科学知识在过程工作中的应用，从而实现OD的魔力？
- OD实践者需要与客户建立怎样的关系，从而为客户树立学习的榜样，让客户可以在其自身系统内保持协作的状态？
- OD的哪些独特性有助于维护公民社会、民主、公平和多样性，尊重人类价值？

在这一章中，我已经对OD的简要历史、该领域是如何得名的、OD包含的内容以及它的目标、特点和定义进行了回顾，同时也概括了OD的两个独特支柱——OD的价值观和OD实践者所扮演的角色。我希望通过这些回顾，能让实践者同行们为OD领域的初心感到自豪。

眼下职场环境日益动荡，但作为OD实践者的我们应深信OD领域对职场可以发挥的积极作用。沙因对此作了精辟描述：

> 我们需要意识到，现在看来理所当然的日常组织工作中，有多少是从OD延伸过去的：有效沟通、团队建设、团体间竞争的管理及变革管理，这仅仅是几个例子。
>
> （Schein，2006a：xviii）

在该领域继续前行的路上，实践者不断面临着挑战，我们需要不断调整和适应来帮助组织更有效地运行，同时也不能违背自身核心价值观和理想。确实，综观该领域70年的发展历程，OD实践者一直都面临这样的挑战：一方面要坚守核心的原则和价值观；另一方面要保持对外部环境的敏感，不断质疑并改进自身实践，避免OD实践与组织以及组织所处的市场环境脱节。

OD在发展过程中经历过变革，也经历过进化（Mirvis，2006）。有时，新的实践和理论的出现，是为了抗衡职场中看似不可取的做法。例如，早期的OD工作是为了应对当时以“机械方式”看待组织、忽视为组织工作的人的主流做法。还有一些时候，实践者尝试新的工作方法，希望保持“对环境的敏感”，例如运用全系统方式开展变革。OD领域也因为不同个体的加入和实践而不断演化，其实践基于以下三个方面：（a）他们的理想和价值观；（b）他们的学术背景；（c）他们所在的组织类型和面临的具体问题。其结果就是，基于不同前提假设的多样实践在这一领域百花齐放——毕竟，任何领域都是这样发展演进的。

最后，作为实践者应当如何提升自我，才能让我们在变革过程中作为“利器”发挥更有效的作用？此类问题的答案对于OD领域的未来发展至关重要。在之后的章节中我们会继续探讨。对于我们来说，去亲身证实早期的创始者们所看到的工作环境、个人潜力和创造力发展与组织绩效之间的关联，是很重要的。OD实践者需要分享他们的信念，即如果这样的关联管理得当，组织的成功将得到保障。因此，OD实践者要努力地将理论和价值观落地到实践中去，继而通过实践的验证来推动理论的发展。不管工作环境变得如何不利，OD实践者承诺要让组织变得更加健康、更有成效，让组织内的员工都能拥有更好的状态。在第十章中，我们将讨论OD的核心胜任力。第十二章是这一版本的新章节，我们将探讨什么是组织健康。

# 第二章　OD的理论和实践——理论概览

## OD实践的基石

渴望成为大师的新手经常会问："OD实践者需要掌握哪些技能来支持实践?"问题的背后体现了提问者对了解OD实践有哪些组成部分的渴望。为了回答这个问题，让我们回顾一下OD实践者的典型发展旅程。

许多OD实践者一开始是以工具为导向的技师，他们的主要兴趣在于尽可能多地积累工具，以便运用这些工具来服务其他人。慢慢地，他们发现有一种咨询关系能提升他们的实践，因此越发对OD咨询方法感兴趣，学习在OD工作的各个阶段，如何在错综复杂的咨询关系中摸索前行。随着旅程的继续，实践者经常发现，尽管有了工具、技术和咨询模板，他们的实践仍然时常略感空泛。他们不确定，如果客户不喜欢他们的设计并对当前的行动产生疑问时要如何应对。正是从这个时候开始，绝大多数的OD实践者意识到，他们需要更坚实的理论基础，以便能够实时设计各种介入措施。在这一阶段，他们可以通过将自己珍视的价值观融入实践来更进一步。到那时，他们已经足够精通，知道自己的掌控感并不依赖于任何外部资源，而是依赖于自己。他们领悟到"自我作为工具"的力量，更有动力寻找自身需要开展的更深层次的内在工作。正是在达到这一发展阶段时，实践者将会感觉到他们的发展之旅已进入"最后一段路"——不过这并不是说可以期待真正达到完美。

当然，旅程中的各个阶段之间很少会有十分明确的区分，进阶的过程是高度个性化的。每一个阶段都可能会面临多重成长挑战，但如果OD实践者想完善自己的实践，就要努力达成所有阶段。

从对实践者发展旅程的回顾中，可以总结出OD实践的组成部分：

- **工具和技术**：能让实践者帮助系统实现自我改变的介入，属于"行动中的理论”（见第五章）；

- **OD咨询循环：**实践者在帮助客户的过程中需要关注的内容，包括与系统接触的几个阶段，以及主要工作单元的划分（见第三至第六章）；
- **理论假设：**这些是我们的“理论框架”，为指导实践者工作的基本原则打下了坚实基础。对于理论假设的掌握不仅可以帮助实践者知道要找寻什么，还能帮助他们建立可供验证的假设。理论假设为我们的设计提供了平台，让我们在诊断和介入设计阶段可以选择合适的行动（见第二章）；
- **OD的价值观和道德观：**给予我们工作的规范和道德指引，是我们实践的方向舵或者说是“容器”（见第一章）；
- **运用自我：**我们自身就是发动机——将自己视为用来开展工作的工具。要想对外发挥影响力，我们就需要先向内探索自我（见第十章）。

对于选择OD作为专业领域的人来说，修炼“自我作为工具”是一生的旅程。这也正是本书的内容，即如何一次又一次地掌握OD实践的每一个组成部分。接下来，我将聚焦OD的理论基础。

## OD的理论基础

本章节将：

1. 回顾研究、理论和实践之间的关系，以及OD理论是如何发展的。
2. 回顾塑造OD实践的八大核心理论。
3. 从理论视角看OD工作的“诊断阶段”和“介入阶段”的方法论启示及实践启示。

## 理论和实践的关系

OD作为一个实践领域，其实践主要基于各种行为科学的核心理论和研究。在早期（20世纪40年代），理论和实践并不存在割裂，因为像库尔特·勒温等人是同步进行开创性研究及理论化的，再通过新的实践来验证他们的诸多理论洞见。事实上，在早期阶段，OD成了基础社会和组织研究的行动“分支”。就像勒温说的："没有什么比好的理论更具实践价值。"所以20世纪40—70年代，研究和实践相对紧密地联系在了一起。到了80年代，事情发生了变化，组织心理学的学术工作从早先的心理学系转到了商学院。也就是从那时起，研究和理论的联系被大大地弱化了。邦克等人（Bunker *et al*，2005）批评了OD理论和实践之间不断扩大的断层，并鼓励实践者们借助两种行动来不断强化这个领域：一是更多地将基于理论的研究转化为对实践有用的知识；二是发明可以用于组织介入的新方法和概念，这些方法和概念反过来又可以指导理论。他们的担忧体现了众多OD奠基者的观点：理论对塑造实践至关重要。

## 有哪些理论？

OD归属于应用行为科学领域，这意味着OD实践者从广泛的理论中积累知识，这些理论告诉他们人类行为如何发生，以及他们需要做什么来帮助改变人们的行为。每一种理论都为实践者提供了不同的视角来看待他们的处境，指引他们对这种处境生成独特的理解。

很少有实践者会仅仅遵循某一种理论。要开展适当的介入，实践者就需要具备综合的视角。正如伯克（Burke，2006）所说，没有一个单独的理论或概念模型可以代表或者涵盖整个OD的理论领域或实践。

伯克向读者介绍了一系列对OD咨询实践产生影响的"迷你"理论。他用"迷你"来形容并不是因为他认为这些理论在概念上缺乏分量，而是因为每个理论都只解释了一部分的组织行为和有效性。伯克所说的"迷你"理论和代表人物包括：

- **个体层面的变革方法：**马斯洛（Maslow，1954）和赫兹伯格（Herzberg，1974b）——需求理论，弗罗姆（Vroom，1964）和劳勒（Lawler，1972，1973）——工作满意度理论，哈克曼和奥尔德姆（Hackman and Oldham，1975）和斯金纳（Skinner，1971）；
- **T Group的变革方法：**勒温（Lewin，1958）、阿吉里斯（Argyris，1964）和拜昂（Bion，1961）；
- **全系统的变革方法：**李克特（Likert，1967）、劳伦斯和洛施（Lawrence and Lorsch，1968）、莱文森（Levinson，1972）。

伯克还指出了几位人物，他们对OD实践的重大影响与其说是通过理论，不如说是通过他们在特定领域的描述性工作，这些人物及其贡献包括：

- 布雷克和莫顿（Blake and Mouton，1978）的管理方格，一种管理风格模型；
- 基于实践的贡献者，比如拜克赫德（Beckhard，1969）、沙因（Schein，1969）或者沃顿（Walton，1969）；
- 本尼斯（Bennis，1966、1967、1969、1970）的工作，总体而言是解释性和激发性的。

伯克对这些理论家和实践家的分析独具慧眼，读者应该花更多时间去了解（Bradford and Burke，2005）。

图2.1展示了OD所根植的理论基础。其理论根基可分为两层：其中一些诞生的时间较早（图示中根基较深的），对我们的思想产生了深远的影响；另一些相对近期出现（因此它们的根基就浅些），但也给我们的实践带来了重要的影响。

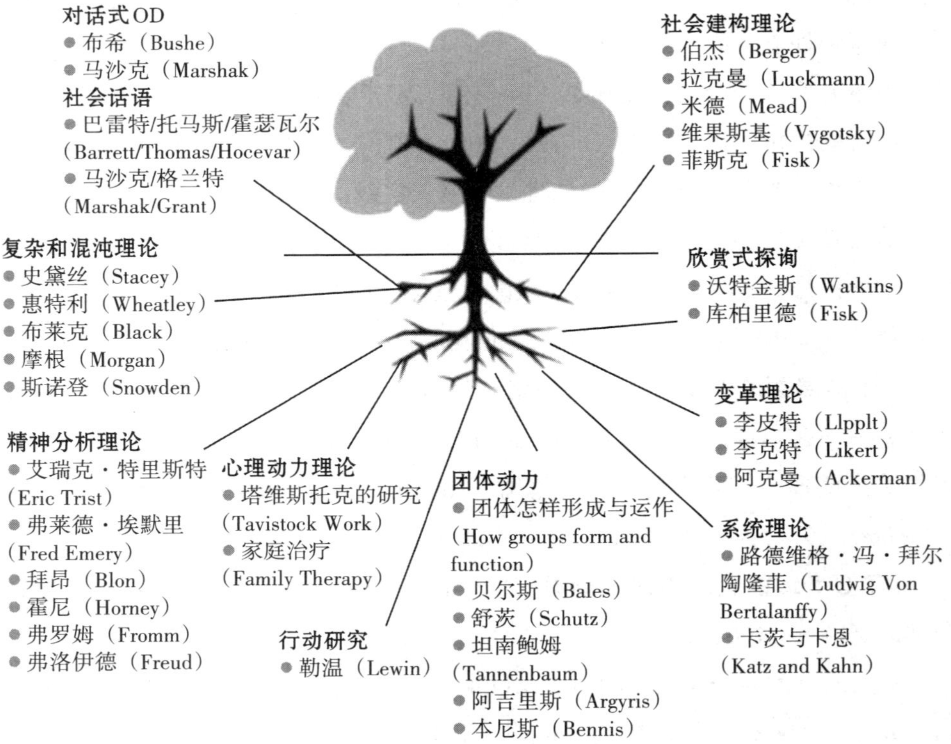


图2.1　OD的理论根基

按照最近一次对OD理论的统计，其相关的理论比图中显示的要多，那么OD实践者应该参考多少理论呢？只要现实可行，就值得对尽可能多的理论形成一个基本的了解，因为每一种理论都将提供一些独特的见解，帮助实践者更好地理解人性、人类行为和系统动力，生成支持人们经历艰难变革的心理洞察。但由于这不是一项容易的任务，我建议实践者从我所说的对OD咨询实践有重大影响的八个核心理论开始，因为其他很多理论都是从它们衍生出来的。我知道会有一些同事对哪些理论是核心、哪些不是核心持有不同的观点，但如果我是个新手，我会将这八个理论作为起点，然后在此基础上继续发展。

## 塑造OD实践的八大核心理论

这一部分，我将主要关注八个核心理论，它们为OD实践者在OD咨询的各个阶段提供了清晰的实践参考点。

有必要澄清的是，尽管本章是关于理论的，但我的目的并不是对理论进行大量的学术评估。相反地，我的目的是从实践者的角度对每一种理论进行"点到为止"的描述。对理论的深入掌握应该是每个实践者的长期目标。一个人实践的稳健性取决于他对这些不同理论复杂之处理解的透彻程度，以及对这些理论的应用、反思，并反过来加强或修正理论基础的能力。

我们涉及的八大核心理论包括：

1. 系统理论（System theory）；
2. 行动研究理论（Action Research theory）；
3. 变革理论（Change theories）：场域理论（Field theory）、团体动力（Group Dynamics）和变革的三阶段模型（Three-step Model of Change）；
4. 社会建构理论（Social Constructionism）：欣赏式探询（Appreciative Inquiry）；
5. 复杂和混沌理论（Complexity and Chaos theories）；
6. 人类系统动力学（Human Systems Dynamics）；
7. 对话式OD（Dialogical OD）；
8. 社会话语理论（Social Discourse theory）。

## 系统理论

路德维希·冯·贝塔朗菲（Ludwing Von Bertalanffy）在1950年首先提出了通用系统理论的原则。卡茨（Katz）与卡恩（Kahn）最早于1966年在组织中应用开放系统理论。按照弗伦奇和贝尔（French and Bell，1999：82）的观点，系统理论是理解组织动力和组织变革最有效的概念工具之一。

什么是“系统”？用OD的术语来说，它可以是一个个体、一个团队、一个子单元、一个单元、一个分支或是整个组织。以下对“系统”的定义有助于澄清这一概念：

- “一系列客观存在体以及这些客观存在体之间的关系和其特性间的关系”（Hall and Fagen，1956）。
- “系统是一组彼此之间存在互动的元素”（Von Bertalanffy，1956）。
- “一个有组织的、统一的整体，它由两个或者更多的独立部分、组件或子系统构成，并与它所处的上级系统环境有着可辨认的边界”（Kast and Rosenzweig，1985）。
- “一个系统是一群相互关联的部分的组合体。‘组合体’与‘相互关联’这两个词描述了相互依赖的元素形成一个实体，这个实体就是系统。因此，当采用系统的方法时，一个人首先识别每个个体部件，再努力理解它们集体互动的本质”（Hanna，1988）。

**表2.1　系统理论的核心概念**

| | 概念摘要 |
|---|---|
| 要点 | ● 组织是一个开放的系统，持续地与环境互动，对其产生影响或者被其影响；这种互动反过来会影响组织的内部构件，帮助组织持续生成保持活力所需要的产出。<br>● 没有系统能在真空的环境中存在，它需要提取资源，满足它所处的环境的要求（输入要求），同时为了证明自己在市场/世界的位置（输出要求），它向不同的利益相关方提供合理水平的服务、产品和产出。 |

续表

| | 概念摘要 |
|---|---|
| 要点 | ● 一个组织要想保持活力，就必须对外部（环境）的输入保持关注，察觉这些输入因素对组织的影响，一步步地调整输出，从而保持与环境相关（输入会引发系统性变化）。<br>● 组织是一个动态系统，处于不断适应与改进的状态中。（Senge，1990）<br>● 系统通过持续的分化和整合的过程来发展。（Weisbord，1987）<br>● 环境扫描是一项重要的行动——机构要想生存，就要对外保持觉察，对内随时调适。这项任务是领导者肩负的大任。（Katz and Kahn，1978）<br>● 一个系统由许多部分（子系统）组成。系统各部分关系的质量对系统的运作十分重要。<br>● 所有的子系统是相互关联和相互依赖的。在分隔状态下，没有什么是可以获得滋养与成长的，不管是个体、团体、组织还是国家。（Von Bertalanffy，1950）<br>● 子系统包含着关于整体的重要信息。<br>● 当系统的一部分受到影响，所有的部分都会受到影响（其中一些可以被感知，一些则不能）。<br>● 每个系统既是其子系统所处的环境，同时又是一个更大的整体系统的子系统。<br>● 了解系统的每一件事是不可能的，但保持对动态的关注会给我们提供线索。 |
| 启示 | ● 转型性变革将会来自环境（对系统的输入），这要求系统反思它的输出、它所有的组成部分，以及各个部分之间的关系。<br>● 组织中某一部分的变化会影响其他部分。留意计划外的结果很重要。<br>● 系统性对齐（alignment）是使系统恢复足够的一致性的必要努力。<br>● 可持续的变革需要至少介入系统的三个层面。<br>● 控制一个系统的变化几乎不可能，但影响系统的变化、避免计划外的结果是可能的。关注复杂的相互依赖性是每一个变革推动者的关键工作。<br>● 没有哪个高层能掌握改变组织所需的全部数据。<br>● 可靠的数据需要从系统各个部分提取。必须利用系统丰富多元的智慧。 |

## 行动研究理论

库尔特·勒温关于有计划的变革方法由四个要素组成：场域理论、团体动力、行动研究和变革的三阶段模型。许多人倾向于把这些看作勒温研究中相互独立的要素，但他自己将这些看作统一的整体，要让有计划的变革发生，这些要素缺一不可（Allport，1948；Bargal and Bar，1992；Burnes，2004；Kippenberger，1998a；Smith，2001）。尽管这四个理论被诟病早已过时，但它们依然是OD实践的理论支柱。

鲜有社会科学家能像库尔特·勒温一样获得如此高度的赞誉。托尔曼（Tolman）在纪念库尔特·勒温的讲话中曾说：“作为临床医生的弗洛伊德和作为实验主义者的勒温，这两个人的名字在我们心理学历史上排在所有人的前面。”埃德加·沙因（Edgar Schein，1980：239）则把勒温称为“应用行为科学的当代理论之父”。

勒温工作的核心是以人本主义信念致力于通过化解冲突（不论是宗教的、种族的、婚姻的还是产业的）建立公民社会（civil society）。对他而言，化解社会冲突的关键是通过学习促进有计划的变革，从而使得个体可以理解并重构对自己周边世界的认知。这里我会重点谈一下他的第一个主要理论：行动研究。

表2.2　行动研究理论的核心概念

| | 概念摘要 |
|---|---|
| 要点 | ● 行动研究是一个反复的、循环的四步过程：诊断、计划、采取行动和评估行动。这个过程以螺旋式的步骤进行，每一步都包含了一个“计划—行动—调查行动结果”的循环。在这个迭代的过程中，研究引发行动，行动引发评估和进一步的行动。<br>● 在实践中，“行动研究”这个词是反过来的：先进行研究（诊断数据），再根据对研究数据的解读开展行动。<br>● 行动研究试图实现两重目的，即让行动更有效，同时围绕行动建立科学的知识体系。<br>● 行动在这个背景下指的是用于解决问题、改善状况而设计的项目和介入手段。<br>● 整个过程是协作式的。咨询顾问将与组织或社群成员一起工作，民主平等地共同开展探询。通过共同制订有效的计划并执行，领导者、成员以及他们的利益相关者所面临的重要问题得以解决。<br>● 行动研究的方法赋能当事人，帮助他们获得独立开展行动的能力，这样对外部专家的依赖性就会降低，持续性也因此更好。<br>● 行动研究的方法能产生关于变革过程的主题以及过程本身的新知识。 |

续表

| | 概念摘要 |
| --- | --- |
| 启示 | ● 行动研究的理论基础源自格式塔心理学。格式塔心理学强调变革要想成功,就必须帮助个体对他们的整体状况进行反思并获得新的洞见。<br>● 最理想的方式是和系统中的成员协作,按照系统成员期望的方向来变革。<br>● 在变革的实施阶段要想获得持续牵引,我们需要尽早让涉及的核心成员、团队成为研究者、联合调查者、联合计划者,因为自己动手做的时候,学习效果最好,也最有意愿将他们所学的应用于实践。<br>● 决策由那些参与制定的人来实施才是效果最好的。<br>● 变革领导者的主要角色是帮助系统局部的领导者承担起责任,与自己的员工和社群一起开展行动研究。<br>● 行动研究建立在坚定追求"民主"的基础上,能自由地进行和测试各种探询对在变革中获得学习至关重要(勒温基于团体的、迭代的变革学习方法与复杂理论家们信奉的自组织的概念很相似)。<br>● 团体学习是变革过程的核心,学习能力使得团体和组织可以识别支撑当前组织运转的"秩序生成规则",并因此知道如何改变规则、推动变化发生。一旦组织可以帮助团体进入这个"学习区",那它就可以自组织进行改变。 |

行动研究是OD领域的基石，构成了这个领域理论和实践的基础。勒温（Lewin，1947b：143—53）相信行动研究可以同时满足个体在变革过程中的多项需求：

● 对于社会问题的成因和动力的相关知识的渴求；

● 对于理解社会变革规律的需求；

● 实践者与那些正经历变革的人（系统成员）之间更紧密协作与共同探询的需求；

● 为加强变革动机而获得关于真实世界问题的更丰富数据的需求；

● 受问题影响的人们寻找切实可行解决方案的需求；

● 在变革的过程中始终保持学习状态的重要性。

勒温曾建议："不脱离研究采取行动，也不脱离行动开展研究。"这一观点的重要性很难领会，除非你在介入中直接体验到它的实用价值。可以说，没有什么介入方式能像源自这个理论视角的介入一样有效。

## 变革理论：场域理论、团体动力和变革的三阶段模型

勒温是心理学家中第一个论述“团体动力”概念和指出团体对于塑造成员行为的重要性的人（Allport，1948；Bargal and Bar，1992）。“动力”（dynamics）这个词源于希腊语，意指力量。团体动力指的是团体中正在运作的各种力量。对这些力量的研究——什么会让它们产生，哪些条件会使它们改变，它们会带来什么结果等——就构成了团体动力理论。勒温关于团体动力的先驱性工作不仅为我们理解团体打下了基础，也帮助我们意识到有必要为团体成员提供一个过程，让他们能够致力于改变自己的行为。

场域理论是理解团体行为的一种方法，这种方法试图描绘出行为发生的场域的整体性和复杂性。勒温认为个体的行为是团体环境（即场域）影响下的产物。相应地，行为的改变也将来自场域中力量的改变。

勒温的三阶段模型（解冻、改变、再冻结）与场域理论是高度相关的。勒温认为，人们的行为建立在一个准稳态的平衡（quasi-stationary equilibrium）上，而这个平衡由驱动力和约束力构成的复杂场域支撑。这种平衡需要先被打破（解冻），否则新的行为就很难被采用。所以这个理念包括解冻（打破现状）、改变（创造由行动研究方法支持的学习动机），以及随后的再冻结（试图用一种新的准稳态的平衡再次让团体稳定下来，这样新的行为就不会轻易退化）。

表2.3　场域理论、团体动力和变革的三阶段模型的核心概念

| | 概念摘要 |
|---|---|
| 场域理论与团体动力 | ● 如果主要从动机或需求看，一个人的行为会受其性格影响，但同时行为还受到其所在的团体环境或场域的影响。一个人所属的团体是其认知、情感与行动的基础（Allport，1948；Lewin，1948，1951）。<br>● 想要理解团体行为，需先描绘出个体行为发生的场域的整体性与复杂性。<br>● 勒温（Lewin，1943）认为，当下的状态（现状）是由一系列复杂的象征性互动与力量维持着的，这些互动和力量会影响团体的结构与个体的行为。因此，个体行为是团体环境或场域的产物。<br>● 勒温强调，一个团体内部行为的惯例和模式不仅仅是相反的力量作用的结果，这些惯例和模式有其自身的价值，同时对强化团体规范也有积极的作用。 |

续表

| | 概念摘要 |
|---|---|
| 场域理论与团体动力 | ● 一旦我们能理解团体内正在运作的力量的类型、个体成员对这些力量赋予的价值,以及他们怎样让自己服从于这些力量,我们就能理解团体成员的行为。 |
| 三阶段变革模型 | ● 第一阶段解冻(unfreezing):对于勒温而言,人的行为建立在一个准稳态的平衡上,这个平衡由复杂的场域力量支撑。在旧行为被抛弃(忘却)、新行为被成功接受之前,需要先打破平衡(解冻)。这将会创造学习和改变的动机。<br>● 第二阶段改变(moving):这主要是一个学习的阶段,过程中个体和团体从忘却过去中走出来,理解新时期对他们的要求,开始逐步把可用的选择或更可接受的行为组合在一起以利于自身。<br>● 第三阶段再冻结(refreezing):这个阶段团体会努力让一个新的准稳态平衡得以维持,以确保新行为不会轻易退化。新行为必须在某种程度上与学习者的其他行为、个性和环境相匹配。否则,就会导致新一轮的否认(Schein,1996)。 |
| 通过这三个理论看变革 | ● 行动研究强调变革要想有效就必须在团体层面发生,且必须是一个参与式、协作式的过程,让涉及的相关人士都参与进来(Allport,1948;Bargal and Bar,1992;French and Bell,1978;Lewin,1947)。<br>● 变革的焦点要放在团体行为而不是个体行为上(Bernstein,1968;Dent and Goldberg,1999)。勒温(Lewin,1947)认为,把关注点放在改变个体行为上可谓徒劳,因为孤立的个体会受团体压力的束缚而选择遵从。<br>● 变革在团体层面的关注点应该集中在个体活动的场域和诸如团体规范、角色、互动和社会化过程等要素上,来创造"失衡"与改变(Schein,1988a、b)。<br>● 任何行为上的改变,都源自场域内的力量或大或小的改变。<br>● 从组织的角度,再冻结阶段常要求关于组织文化、规范、政策和实践的改变能够固化下来。<br>● 如果我们想改变某一个体的态度或行为,却又不想改变个体所在团体的同样态度或行为,那么这一个体就会成为一个异类,要么屈从于团体的压力回到团队的行列中,要么被彻底排斥。勒温说过:"只要团体标准没有改变,个体就会抗拒改变,个体越远离团体标准,其抗拒就越强烈。如果团体标准本身改变了,由个体和团体标准之间的关系所形成的抗拒就被消除了。"(Lewin,1958:210) |

续表

| | 概念摘要 |
|---|---|
| 通过这三个理论看变革 | ● 埃德加·沙因(Schein,1996)在勒温的三阶段变革理论基础上进一步提出要实现解冻的三个必要流程:一是否认现状的有效性,二是引发内疚感或生存焦虑,三是创造心理安全感。然而,他明确指出,除非建立了足够的心理安全感,否则否认现状的信息会被否认或者以其他方式被抵制,这样生存焦虑就无法被感知,变革也就因此不会发生。<br>● 勒温不认为组织是僵化的或者固化的,相反地,他认为"改变和稳定是相对的概念;团体生活中绝对少不了改变,区别仅仅在于改变的量和形上"(Lewin,1947)。 |

## 社会建构理论：欣赏式探询

社会建构理论注重揭示个体和团体如何参与创造了他们认知的现实。它涉及研究社会现象是怎样被人们创造、制度化并发展为传统的。该理论认为，社会建构的现实主要通过辩证互动逐步演变，并按照人们对它的解读和认识被再次加工。这不同于现实主义，现实主义认为外部世界独立于我们对它的描述而存在，这些描述包括认知、想法、语言、信仰和欲望。

表2.4　社会建构理论和欣赏式探询的核心概念

| | 概念摘要 |
|---|---|
| 要点 | **社会建构理论**<br>● 所有现实均为社会建构的产物。<br>● 世界并不会客观地呈现给观察者,它是通过人们的经验被认知,而人的经验很大程度上受到语言、历史和文化特性的影响。<br>● 知识由社会过程来维系——在某个时候如何理解现实取决于当时有效的沟通惯例。<br>● 话语和叙事是很重要的过程。社会参与者经常用自己偏爱的叙事来创造自己想要的结果。<br>● 现实是多重的,人们关注什么,什么就成为他们的现实。<br>● 人们使用的语言帮助他们创造了现实。<br>● 意义构建来自人们彼此之间的互动,现实就在那个时候被创造或建构了。<br>● 提出问题这一举动以及所提问题的类型会在某些重要方面影响团体或组织。 |

续表

| | 概念摘要 |
|---|---|
| 要点 | ● 人们的反应并非针对客观实体或事件，而是针对该事件的意义。<br>● 意义不是事物和事件的属性，而是人与人之间的一种建构。<br>● 整体优先于部分——关系中的互联性对于创造集体共享的现实非常重要。<br>● 人类系统有能力把想象创造成现实。<br>● 领导者或者变革推动者需要关注集体行动在制定任何团体、组织或社会的价值观与愿景时怎样发挥重要作用。<br>● 在每个社会中，组织或团体时刻都在进行意义建构，而他们构建的意义会影响他们的行动。<br>**欣赏式探询(AI)(源于社会建构理论)**<br>● 人类组织就像开放的书本。一个组织的故事是由组织中的成员不断共同书写的，而研究的主题则出于成员们的选择。<br>● 欣赏式探询相信每个组织中总有些东西是有效的。通过关注那些有效的部分，组织会获得前进的能量和自信。所以，欣赏式探询不去关注如何修补破碎的东西，而是创造大家共同渴望的东西；不是强加命令，而是创造能让所有人的声音被听见并得到重视的系统，在这样的系统中，推动组织沿着梦想轨道前进真正成为每一个成员的责任。<br>● 在欣赏式探询中，领导者的任务是要整合我们的优势，使得我们的弱势变得无关紧要。 |
| 启示 | ● 在变革中，领导者需要关注组织成员的意义建构过程，并通过探询过程和集体意义建构来顺势管理变革。<br>● 人类系统的发展方向取决于他们学习什么和最常被问到什么。<br>● 对于领导者或变革推动者来说，要抉择的是什么主题能够帮助系统整体创造变革的能量?<br>● 领导者要创造对话，鼓励人们搞清现状的意义。<br>● 运用社会建构理论进行的变革倾向于协作式的、高度参与性的、包容的、涉及整个系统的，以探索和寻找为中心，致力于“分权式领导”。这个方法论强调“关系至上”。<br>● 探询和变革不是分开的，它们同时发生(同时性原则)。探询亦是介入，为变革播下种子。我们提出的问题为我们的发现打下基础。<br>● 当运用欣赏式探询的方法时，领导者寻求通过对系统“正向变革核心”的描述来帮助系统工作，并围绕这个正向核心展开对话。然后他们就会努力把这个核心的能量直接与变革议程连接起来，这样一些过去一直被认为不可能发生的变革就会突然且民主式地被激活。 |

续表

| | 概念摘要 |
|---|---|
| 启示 | ● 当人们能带着一些过往最好的东西前行时，他们在通往未来的旅程中就会感到更加自信从容。<br>● 欣赏式探询的一个核心是提问的艺术和实践，提出的问题要能增强系统理解、预测与强化正向潜能的能力。<br>● 变革技巧将重点放在运用故事、意象和诗歌等与右脑相关的方法上。<br>● 组织不需要被维修，它们需要的是持续的肯定。更准确地讲，组织系统需要被欣赏。每次对未来的新的积极投射，都是对过去或现在欣赏式理解的产物。 |

社会建构理论的起源与米德（Mead，1934）的研究相关，她发现，儿童通过吸收同化一个共享的符号表现系统来学习与他人互动，这个系统继而又帮助儿童理解社会情境的意义。她的研究与维果斯基（Vygotsky）在20世纪30年代早期的研究几乎同步。维果斯基认为，儿童会把与他人的对话内化，并逐渐地获得对他们所处环境的社会意义和文化意义的理解。这些意义在语言和认知之间起着中介作用。事实上，我们无法按照情境本身去理解它，而只能如绝大多数人类学家提醒的那样，通过我们自身的文化概念和语言结构去理解。我们应当去探寻人们如何赋予世界意义，而非世界是什么。

建构主义伴随着彼得·伯杰（Peter Berger）和托马斯·拉克曼（Thomas Luckmann）1966年出版的著作《现实的社会建构》（*The Social Construction of Reality*）在美国轰动一时。他们认为，所有的知识，包括关于日常现实最基本的、被视为理所当然的常识，都是由社会互动形成并维系的。

这项理论对于实践者的重要意义在于它关于现实的一种信念：如果现实是由社会建构的，那么通过给系统注入不一样的对话、故事和叙述，现实就可以被更改。而且，变革领导者需要接受“现实不是单一维度的”，因此他们在工作中需要处理不同利益相关团体对于变革的不同理解。

## 复杂和混沌理论

最近的20年时间里，不管是学者还是实践者都开始尝试通过复杂理论看待组织，这对我们如何看待组织的自然运作以及组织应被怎样构建和改变有着重大的影响。帕斯卡莱等人（Pascale *et al*，2000：1-2）这样描述复杂科学：

> 我们正在进入另一次科学复兴……有人叫它‘复杂科学’，这门科学与生命的神秘性展开搏斗，并通过对三门科学的综合探究推动其向前发展：（1）生命科学（如生物学、医学和生态学）领域的突破性发现；（2）社会科学（如社会学、心理学和经济学）的洞见；（3）硬科学（如物理学、数学和信息科技）的新发展。这门科学取得的成果令人振奋，不仅揭示了有关生命的全新洞见，也开辟了管理的新途径。

复杂和混沌理论源于自然科学的不同学科，其中包括天文学、化学、进化生物学、地质学和气象学，这些学科纷纷揭示了一个道理：不均衡是一个动态系统发展的必要条件（Prigogine and Stengers，1984）。

布莱克（Black，2000）强调，复杂和混沌理论实际上包含了各式各样的理论、想法和研究项目，它们对何谓“复杂”都有不同的解读。由于这并不是一个单一的概念，所以他认为我们必须用复数形式的“复杂和混沌理论”（complexity and chaos theories）来指代。

将复杂和混沌理论应用在组织和领导力上，得到了维特利（Wheatley，1992）、摩根（Morgan，1997）、布莱克（Black，2000）及史黛丝等人（Stacey *et al*，2002）及史黛丝（Stacey，2003）、斯诺登（Snowden，2002）、斯诺登和斯坦布里奇（Snowden and Stan bridge，2004）的支持。他们向组织该如何看待变革及其运作方式发起了挑战。用理查德·帕斯卡莱（Richard Pascale）的话来讲，“简单来说，当社会、社群和组织面临适应性变革（即偏离‘一切照旧’轨道的变化）的时候，社会工程学就不起作用了，而且它从来就没有发挥过作用”（Pascale，2006）。

按照这样的观点，组织就像自然界中的复杂系统，被看作动态的、非线性的。这类系统的行动结果在细节上无法预料，但就像气体或液体的涡流，它受到一些简单的秩序生成规则的控制。因此，领导者和变革推动者需要接受变革无法由他们来管理的事实，他们能做的就是支持组织朝向“混沌边缘”发展，并自我管理其变革旅程。

表2.5 复杂和混沌理论的核心概念

| 重点课题 | 概念摘要 |
| --- | --- |
| 基本信息 | ● 所有组织都面临未知的特定未来。学习能力对于穿越未知找到方向至关重要。<br>● 所有的组织都是矛盾体。一方面，组织被诸多力量拉着趋向稳定，这些力量包括整合、维护控制、人们对于安全感和确定性的渴望，以及对环境的适应；另一方面，组织又被完全相反的力量拉向不稳定平衡，这些力量包括由人们对兴奋、创新和自主行动的渴望驱使的分权和去中心化。<br>● 如果组织屈服于稳定性的拉力，它就会僵化、不能轻易改变；如果它屈服于不稳定性的拉力，它就会分裂。<br>● 任何一个在固有不可预知的环境中寻求稳定平衡关系的组织必然会走向失败。<br>● 系统是不断变化的，因果关系的定律在这里似乎不再适用。<br>● 秩序以一种动态、非线性和不可预测的方式出现，行为模式通过自组织的过程以无规律的形式呈现。<br>● 在不可预知的环境中，事情发生的微观层面往往也是最强有力的变革过程发生的地方，在这里，关系、互动、小型实验和简单规则塑造着新兴模式。 |
| 组织 | ● 组织作为“复杂的适应性系统”，想要生存，就需要在混沌的边缘运作，并通过自发的自组织变革过程来不断回应所处环境的变化。<br>● “混沌边缘”(edge of chaos)是由克里斯·兰顿(Chris Langton)创造的一个术语，经过斯图尔特·考夫曼(Stuart Kauffman，1995)的普及变得大众化。根据他们的观点，任何组织的成功都取决于它们在稳定和不稳定的边界(混沌边缘)上维持生存的能力。组织在绝大多数时间内都处于混沌的边缘，组织需要学会在这种有限的不稳定性中运转。在这种运转情况下，组织应该把无序视作一个值得欢迎的伙伴，并积极地利用这种不稳定性。这样，组织的新的未来可能就将通过组织成员释放创造力、不断重塑组织而实现。<br>● 所有组织内的反馈都是以非线性的网络或环路形式发生的。通过反馈，组织不仅会去适应所处环境，还会创造环境。<br>● 所有系统内的变革推动者都不能控制系统的长远未来。他们不能建立特定的框架来使系统成功，同样地，他们也不能对长期发展进行按部就班地分析推理、计划或者意识形态控制。系统内的变革推动者只能针对短期发展做这些事情。<br>● 团体内的政治互动和学习会培养自发性的自组织。 |

续表

| 重点课题 | 概念摘要 |
| --- | --- |
| 组织 | ● 在低确定性和低一致性的环境中(史黛丝提出的概念),组织变革的推动者之间需要很强的互动。他们需要一起工作来寻找开拓生存路径的不同方法,每种方法的可预测性程度不一。<br>● 一般而言,太强的内部文化对组织是不利的——组织最不希望看到的就是“团体盲思”(group think)。组织需要通过培育想法的多样性和灵活性来促进观点差异,抑制使人顺从的强大压力,这些都是组织取得长期成功的先决条件。<br>● 组织设计需要被重新考虑——复杂性要求组织重新思考等级制度和控制的本质(拒绝因果关系、自上而下、指挥控制的方法)。组织必须关注自组织原则的培养,而不是过于迷恋秩序和控制。<br>● 组织的敏捷性来自对尝试并呈现不同观点的积极鼓励,甚至允许打破规则。领导者要意识到人们需要一定的自由来获得自身的权力、创新地思考并以新的方式运作。<br>● 实现这些的关键是一种灵活的去中心化的结构(Jenner,1998)。布朗和艾森哈特(Brown and Eisenhardt,1997)把这种灵活的结构称为“半结构”(semi-structures),它的“稳固性足以开展有组织的变革,但又不至于过分稳固而阻碍变革”。<br>● 长期计划已经不具有现实意义,甚至是一种障碍。战略的重点不应该是将先前的意图变成现实,而应该是强调对意外、巧合、偶然和人与人之间复杂而持续的互动保持开放。<br>● 长期发展是一个自发性的自组织过程,新的战略方向可能会在这种过程中出现。<br>● 组织要鼓励学习,特别是围绕人们该如何看待不稳定性的学习。如果未来在原则上讲对任何复杂性系统都是不可知的,组织就必须发展双环学习(double-loop learning)。对管理者来说,基于他们过去行动成功的反馈来调整行为已不足够,他们还需要根据正在发生的事件、反思过去采取行动的假设(心智模式)的适用性来调整行为。 |
| 变革 | ● 这一范式的要点是,变革是不能被管理的。实践者能够期望的是通过引导系统内的能量流动来与复杂和混沌共处。<br>● 变革不能被驱使,但必须被培育和支持。<br>● 作为动态系统,组织需要思考怎样利用小的改变来创造大的影响。<br>● 要推动系统到混沌边缘,有三个重要的变量,即连接、多样性和信息流。如果稳定系统内的变革推动者能建立更好的连接,在这些连接中有更高的多样性,信息传递的量得以增加,那么系统就能走向混沌边缘。 |

续表

| 重点课题 | 概念摘要 |
| --- | --- |
| 变革 | ● 史黛丝(Stacey,1996)增添了另外两个变量:系统内被控制的焦虑水平和权力差异。<br>● 如果焦虑被太严格地控制,就没有了改变或创新的空间。如果焦虑过多,就会有像无头苍蝇一样做事的倾向,或者建立唬人的无益防御。如果组织的不同部分间存在高度权力差异从而造成控制过多,创新力和变革的意愿可能就会被抑制。反之,如果控制机制太薄弱,系统又会陷入混乱或者出现肆意的行为。<br>● 为了让组织能通过自组织进行改变,一些作者提出组织需要按照民主的原则运作,也就是让其成员有自组织的自由。必须授权给那些了解相关议题并能获得最广泛信息的人(平衡的权力分配、以客户为中心、持续学习的战略、以服务社群为导向)。<br>● 全系统协作式探询等类似介入手段会帮助建立连接,并使差异性浮现。<br>● 刺激一下处于混沌边缘的系统可能会产生涟漪式的改变,就像某种多米诺效应(Bak,1997)。我们无法管控这样的变化,但可以对其施加影响。 |

## 人类系统动力学

人类系统动力学（HSD）是一种基于理论的实践，用于观察、理解和影响不可预测的改变。这一思想流派的创始人是格伦达·欧阳（Glenda Eoyang），她有着普及HSD的愿景：“世界各地的人都能茁壮成长，因为我们清晰地看到模式，寻求理解，并勇敢地将动荡和不确定性转化为所有人的可能性。”

这种方法受到了非线性科学的影响，包括混沌理论和复杂性科学。HSD模型和方法已经应用于世界各地动荡环境中的各种挑战。例如：

- 英国政府应对贫困；
- 英国国家医疗服务体系应对COVID-19；
- 跨专业医学教育（南非）；
- 学校改革和教师专业发展（美国）；
- 复杂社会介入的评估（新西兰）；
- 在线和面对面的领导力教练；
- 为世界各地的社交网络、社群和组织规划不确定的未来。

该理论有三组相互交织的概念，使HSD非常实用。

**适应性行动**（Adaptative Action）。首先，HSD支持个人、团队和机构在适应不断变化的环境时采用一个简单的学习和行动循环。这个过程叫作适应性行动，由三个简单的问题组成：什么（WHAT）？——收集观察和数据；那又怎样（SO WHAT）？——支持意义建构和创新；现在如何（NOW WHAT）？——走向行动。每个“现在如何？”会转变复杂系统的模式，产生新的、不可预测的反应。涌现的变化将推动“什么？”，开始新一轮的适应性行动。

除了适应性行动，HSD方法的核心还包括另外两个实践：模式逻辑（Pattern Logic）和探询（Inquiry）。

**模式逻辑**为复杂的自组织系统中正在显露的行为建立了模型。在自组织系统中，改变是由系统边界内复杂的、不可知的互动引起的。人类系统中自组织模式的例子包括员工敬业度、团队绩效与个人健康和福祉。这种自然生发的系统性行为无法预测或控制，但可以加以影响。模式逻辑的三个条件允许观察者和参与者以有意义的方式看待系统的当前状态，理解系统变化时的潜在力量和路径，并当系统的未来不断生成时选择可以影响未来的行动。模式逻辑中的自组织系统的三个条件，包括“容器”（使系统维持一体）、“差异”（赋予改变的意义和潜力）和“交互”（将系统的各个部分相互连接，并将个人和团体的潜力转化为实际改变）。

**探询**包括一系列帮助人们应对不可预测变化的实践。在极度不确定的时期，答案无从知晓，因此问题驱动着最有效的系统互动。在HSD中，有4条简单的规则可以帮助实践者在个人生活和工作中实践探询：

- 将评判变成好奇
- 将冲突变成共同探索
- 将防御变成自省
- 将假设变成问题

适应性行动、模式逻辑和探询为人类系统动力学的实践奠定了基础。每个实践者都可以利用这些概念和方法来发展自己的适应能力，从而在不确定和动荡的时代茁壮成长。有关HSD和人类系统动力学研究所（Human Systems Dynamics Institute）的更多信息，请访问www.hsdinstitute.org，或参考《适应性行动：利用组织中的不确定性》（*Adaptive Action：Leveraging uncertainty in your organization*，Eoyang and Holladay，2013）。请注意，在第九章中，我们将通过一个案例进一步讨论HSD的CDE（容器、差异和交互）概念，以说明如何用它来改变行为。有关HSD及其应用的概述，请参见表2.6。

**表2.6　HSD的核心概念和可能的应用**

| | 概念摘要 |
|---|---|
| 启示和应用 | HSD适用于不同层级的人类系统。HSD的模型和方法可以用来影响身体、情绪或认知健康相关的人际模式，还可用于影响团队绩效、团体冲突、机构战略和社群发展的模式。在人类互动的任何层面上，HSD都揭示了潜在的动态，提供了实用而强大的行动选择。<br>HSD是灵活的。它可以在短期和紧急需求中被个人使用；也可以支持全球网络共享理解和行动，即使观点多样，时间跨度很长；还可以用来设计物理空间，激发艺术创造力，让社会冲突得以浮现并化解，规划不确定的未来，支持人们从成瘾中恢复。<br>HSD实践的模式由6条简单规则构成：<br>✓ 保持探询。在不确定的时期，一个好问题比任何答案都有用。<br>✓ 在差异中找到能量。利用共同点建立稳定，但允许差异展现突破性改变的机会和潜力。<br>✓ 自如缩放(Zoom in and Zoom out)。复杂系统的变化发生在每一个层面。个人、团队、组织和社群共同影响着变化。一个有效的变革推动者既可以缩小关注面从而影响个人，也可以放大关注面从而改变公共政策，并在两者之间的各种层面的系统开展工作。<br>✓ 寻找真相，有效行动。在人类系统动力学中，理解不会导致改变。真相本身不会带来变革，变革需要采取有效的行动。因此，在HSD变革努力中，我们依赖于对真相的洞察，并通过有效行动带来影响。<br>✓ 与故事和影响力建立连接。虽然个体互动和情绪反应在变革管理中很重要，但它们可能是暂时的和具有误导性的。当它们激发和指导行动时，它们产生的故事和影响力才是变革的目标。<br>✓ 庆祝生活！复杂的变化是严峻的，但它也充满了壮丽的惊喜和无限的可能性。HSD社群致力于体验和分享人类系统复杂动态中产生的奇迹和惊叹。 |

续表

| | 概念摘要 |
|---|---|
| 启示和应用 | HSD关键原则的可能应用（如何使用这些原则）<br>适应性行动塑造了我们对复杂系统的应用和影响。我们要问：<br>● 什么？<br>◇ 此时此刻观察到的模式是什么？<br>◇ 什么样的边界与该系统有关，且与未来影响该系统的能力有关？<br>◇ 什么样的差异会产生影响？<br>◇ 什么连接运作得很好，什么连接不正常？<br>◇ 什么东西卡住了，什么东西在变化？<br>● 那又怎样？<br>◇ 那么，系统中有哪些张力？<br>◇ 那么，什么样的约束条件会影响正在发生或没有发生的事情呢？<br>◇ 那么，系统为变革积蓄了什么样的能量呢？<br>◇ 那么，在关注层面的外部和内部正在发生什么？<br>◇ 那么，有什么可能性呢？<br>● 现在如何？<br>◇ 现在，考虑到我们所知道的和我们所拥有的力量，有哪些行动的选择？<br>◇ 现在，潜在的风险和好处是什么？<br>◇ 现在，接下来会发生什么？我们该如何应对？<br>◇ 现在，什么沟通是必要的？<br>◇ 现在，成功会是什么样子？<br>“现在如何？”中包括的行动会影响系统的状态，并可以转变为一些新的模式。至此，这个过程进入下一个“什么？”。这一循环是一场持续不断的“舞蹈”，通过不断感知、学习和行动来观察、理解和影响复杂人类系统中的模式。 |

## 对话式OD

2015年春，一本掷地有声的著作《对话式OD：转型性变革的理论和实践》（*Dialogic Organization Development: The Theory and Practice of Transformational Change*，Bushe and Marshak，2015）问世了。这本书如此重要的原因是：两位作者（布希和马夏克）把OD过去50年的历程和演化做了汇总，融合学术和实践案例，建立了一项综合实践理论，即对话式OD。通过2013年的《OD实践者》期刊冬季特刊以及2015年的这本著作，他们发现了对话式介入取得成功背后的逻辑及其方法依据等。通过他们的工作，又一个知识体系得以汇聚和建立，那些与这一理论导向或紧密或泛泛地契合的各种出版物，以更好的连贯性被汇集到了一起。

OD是建立在一套民主和人本主义价值观上的，因此它一直注重让人们面对面地聚在一起，共同应对他们关心的问题。通过聚在一起，人们能够彼此展开生成性对话，找到共同前进的方法。这种“行动中的价值”为OD实践中的对话方法建立了坚实的基础。

这种对话方法在机械式变革方法占据主流地位的时期就一直被使用，但在那时只被当作一种介入方式，而不是一个连贯的变革框架。在早期，大部分的OD实践者都不具备现今我们所拥有的方法论或应用行为科学知识。随着对话式方法的涌现（在27—68种之间，取决于你询问的对象以及计算方式），这一关键时刻终于到来——两位学术界杰出的学者和实践者对这个“应用中的理论”进行了回顾性分析，检视了这一方法的哲学基础和知识基础，对比了大多数其他OD介入方式，反思了善用这一方法总能带来更好也更持续的结果的原因。

参加过T group（NTL提供T group培训已近70年）培训的实践者都知道，这种对话式的变革方法深深植根于体验式的“实验教育”的设计中。T group之所以能对参加的人产生深远的影响，原因就在于通过社会话语和对话，个体基本的心理模式会被打破，会有替代性图景生成，个体可以在此做出选择——是否有足够的勇气走出自身的限制，走向这些替代选项。1952—1953年，坦南鲍姆在中国湖的美国军方中开展的团队发展项目以及沙因的过程咨询都建立在这个基础上。沙因创建了“文化岛屿”（cultural islands）这一概念，即过程顾问维护一个安全的空间，使成员能够谈论“难以言说的”话题。这种方法认为，通过社会话语和对话的力量，能让改变发生。任何OD介入的目的都不纯粹是解决人们或团队的问题，因为人类团体中问题会一直存在，但通过过程介入，能促使系统成员学会如何利用这些过程来进行自我更新、不断适应未来。常言道，OD实践者的主要职责是通过探询和对话帮助系统“自我揭示”。

复杂和混沌理论为这个方法增加了另一个维度。既然没有人能预测系统在某一时刻需要面对什么样的变化，OD介入的作用就是提升系统的自组织能力、发掘系统局部的智慧，从而使系统的能力得到进化，打破社会、文化、心理和范式的束缚，获得持续发展。

在这样的复杂情况下，OD实践者的角色也需要进化。我们无法管理变革，因为变革推动者是自主行动的，而且网络成员间一直在进行动态互动（这会加剧复杂和混沌），这时我们的工作就是要留意变化中出现的事物，并推动系统朝着替代性活动模式发展，帮助系统变得更敏捷、更适应变化，而不是人为地把他们推上一条既定的变革道路。

布希和马夏克的工作既杰出又有意义，他们不仅回顾了我们的发展历程，让我们能够串联起这个领域的实践，而且进一步形成了一个重要的理论导向。

在我看来，这一新旧结合的理论导向并不意味着我们要抛弃旧观念，而是要对旧观念做些补充、调整和转变，让我们能更好地帮助所服务的组织。我对此有信心——因为许多OD实践者已经对OD的核心价值观深信不疑，也因为我们近乎本能地知道可以利用对话式的方法来帮助系统发展，这是一个早已融入我们血液的理念。事实上，诊断式OD和对话式OD在我们不断编织OD领域知识的斑斓锦图的历程中提供了不同的色彩。在这样的历程中，有时理论先出现并指导我们的实践，而有时是我们的实践先发展到一定程度，再得出可行的理论，对话式OD就属于后一种。

表2.7 对话式OD的核心概念

| | 概念摘要 |
|---|---|
| 基本信息 | ● 对话式方法在OD领域里存在已超过50年。对话式OD变革过程基于社会建构主义，涉及支撑社会现实的叙事的变换。它有着“解释性”的起源。<br>● 这一变革理论导向和社会建构主义很相似，两者认为所有的现实都是通过语言、文字、叙事和故事，社会性地建构起来的。组织是一种意义建构系统，每一刻都有各种形式的互动在其中发生，意义就通过这些互动形成和被重塑。 |

续表

| | 概念摘要 |
|---|---|
| 基本信息 | ● 佩吉·霍尔曼(Peggy Holman,2013)认为,对话式OD致力于让系统内不同的人们关注开放的互动,从而催化出预期外的、持久的观念和行为改变。<br>● 对话式OD实践的一个基本假设是变革通过改变系统内的对话而发生。<br>● 尽管对话式OD不做诊断,但它会进行提问并鼓励人们探询;差别是,对话式OD不进行实证探询(empirical inquiry),探询的目的也不是找到“真相”。<br>● 对话式OD认为只有当探询与解决众人共同的挑战相关时,才可能带来转型。<br>● 成功运用对话式OD需要的条件包括(Bushe,2013;Holman,2013):<br>——有一个对社群足够重要、需要系统合力来解决的问题;<br>——将问题/挑战重构为以可能性为中心、关注未来的议题,让其对社群成员个人也是有意义的(提出可能性导向的问题);<br>——让合适的一群人聚在一起开展对话(鼓励多样性);<br>——召集活动并通过设计生成性图景的运用方法激发新的想法,催化社群自我生成的变革提案(敞开怀抱、提供灵活框架并创造安全感)。 |
| 变革 | ● 对话式OD的通用模式建立在一个假设上,即当任何团体、组织或社群成员日常思想的改变致使他们的日常决定和行为也发生转变的时候,变革就会发生,而且将会进一步带来这些社会单元的文化颠覆和变革。<br>● 对话式OD的著作者认为,通过对话,系统成员过去使用的语言、故事和叙事发生改变,从而引发系统成员思想、行动和行为的重大扭转,此时就发生了对话式OD变革。<br>● 这样意义重大的变革产生于生成性图景(generative image),布希(Bushe,2013)把这种生成性图景定义为想法、措辞、物体、图像、宣言、故事或新词语。按照他的说法,生成性图景有两个特性:一是它让我们得以看见决定和行动的新的替代方案,因为这些图景富有力量,可以颠覆我们的指导性假设,并提出针对当前现实的根本性问题,而这一现实之前可能一直被认为是理所应当的;二是这类图景呈现了吸引人们的新的可能性,唤起或增强了他们改变的欲望。<br>● 本质上,生成性图景是一种自然生发现象(emergence phenomenon),会唤起很多不同的意义,因此给它下一个严格的定义是不合适的。 |

续表

| | 概念摘要 |
| --- | --- |
| 变革 | ● 过去曾对“世界应如何应对生态问题”这一课题产生重要影响的生成性图景是“可持续发展”，在商业世界中则是“信任的成本更低”“错误为我们加速成长提供了良机”“光有才华没有合作又能怎样”。尽管这些听起来像是不错的语录，但事实并非如此，它们都是团体成员之间在相当长一段时间里深度探询和对话后的结果。<br>● 当我们用对话式的实践让系统中的人们开展会话、解决他们的问题时，我们不仅是在解决当下的问题，还会留下一个进化版的系统，这个进化版的系统具有更好的方向感和人与人之间更强的连接，具有能够跨越过去无法逾越的界限的能量和意愿（Holman，2013）。<br>● 对话式变革过程的成功需要两个条件：一是提出对的问题，并用恰当的词汇表述，这是成败的关键；二是让正确组合的人参与对话，比如来自组织不同层级的人、不同的利益相关者，或者来自外部的人等。 |
| OD实践者的角色 | ● 对话式OD实践者的角色更像一个过程顾问而不是引导者，因为我们更主要的是扮演一个探询过程的召集人——就像沙因说过的，我们不会带着预设的议程进入工作场景，因为我们不控制结果，结果会自己出现。重点是，我们不会费尽力气确保参与者提供我们认为应该获得的结果。对话式OD实践者设计真正的开放式体验，在这些体验中，参与者对获得他们想要的结果有控制权，与我们想要他们获得什么无关。<br>● 作为对话式OD实践者，我们的职责是要建立支持社群成员的过程，让他们能够发现生成性图景，激发新的想法，自愿改变他们的选择、决定和行为。<br>● 在对话式OD中，OD实践者扮演的更关键的角色不是引导者，而是作为一个“容器”。要做到这一点，实践者首先要成为一个设计者和规划师，建立条件让自生自律的对话发生；接下来要关照好社群成员的互动。有效“容器”的另一个特征是构建高质量的问题，帮助成员集中注意力、专心于互动。<br>● “容器”的质量取决于召集、领导对话式变革项目的人的品质和性格。重要的是知道何时该紧紧抓住一个议题不放、何时该放手，以及能解读并跟随一个团体的能量流动，创建一种不焦虑的临在状态。布希（Bushe，2013）谈到了作为“容器”的人的心理成熟度以及和社群共创“容器”的重要性。<br>● 认清我们是制造现实或建构意义的过程的一部分非常重要。我们不是客观评论系统工作的旁观者，而需要对带进工作中的现实和意义保持警觉。 |

《OD实践者》期刊的2013冬季特刊关于“对话式OD”这个主题做了详尽的论述，而布希和马夏克的新书更是提供了一场学习的盛宴，因此在本书中我不再对这个理论导向做全面的回顾了，但我希望表2.7能帮读者大致了解这一新兴的变革理论。我想声明，这个表格中的很多内容都源自《OD实践者》2013冬季特刊关于对话式OD的系列文章。

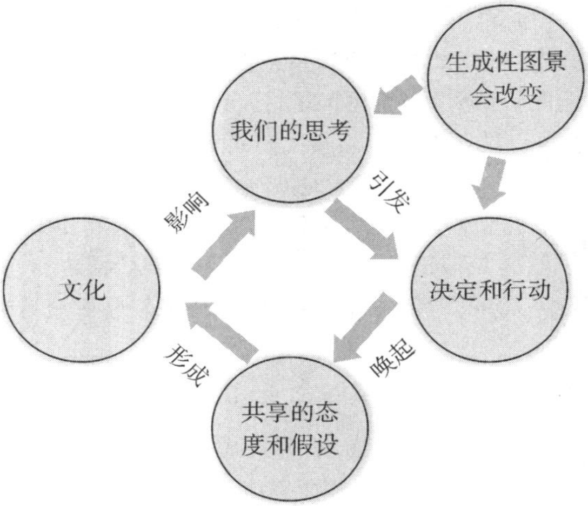


图2.2　变革的对话式理论（Bushe，2013）

## 社会话语理论

早在21世纪初，组织话语研究这一新领域就出现了（Grant *et al*，2004）。该领域的发展记录在《应用行为科学杂志》的两期特刊上（Vol. 36，No. 2，2000；Vol. 46，No. 1，2010）。作者们认为，基于话语来理解和管理变革的方法相对没有得到充分利用。他们希望在组织变革中推广递归话语（recursive discourse）的使用。根据马夏克等人（Marshak *et al*，2015）的研究，有五个概念对变革的研究至关重要：话语、文本、语境、叙事和交谈。

话语是日常交际实践的一部分，是社会互动和社会结构的组成部分。因此，话语在构成现实中起着核心作用。话语产生规则、身份、语境、价值观和程序，进而决定社会实践。

话语体现在文本中，文本有多种类型（Yates and Orlikowski，1992），包括书面文件、演讲、法令、图片和符号。它们反过来又被转化成各种文本形式，如叙事、修辞、隐喻、幽默和反讽。

话语不会脱离语境而存在，也不具有独立于语境的意义，即使它们创造了语境。语境的概念是基础性的，不是附带发生的；社会话语理论通过历史和社会语境考察组织中的话语。

话语是通过许多不同类型的交际实践进行的，其中两种是叙事和交谈。叙事通常用于传达支持改变或支持现状的主流理由。因此，改变叙事有助于改变意识、思维方式或社会共识。这也可以通过对话式探询来实现，尤其是与当权者进行对话式探询，挑战他们预设的理由。通过交谈或开展替代性对话，个人可以找到行动的意义和资源。

理解这种创造意义的话语方式将有助于我们欣赏基于话语的方法，并运用这种方法来理解和开展组织变革的实践。正如马夏克和格兰特（Marshak and Grant，2011：228）所说，"构建与变革相关的叙事，并通过交谈进行沟通，对于人们如何思考、描述和理解变革至关重要"。

在第九章中，社会话语理论作为一种改变行为的方式将被进一步讨论。表2.8总结了其关键概念和洞见。

**表2.8 社会话语理论的核心概念**

| 前提假设 | 可能的启示 |
| --- | --- |
| 话语是建设性的：改变主导话语会引发变革 | ● 看看主导话语和行为之间的联系，问问是什么叙事、故事、隐喻等使得事物保持原样。<br>● 可以有意识地计划和管理替代性话语吗？<br>● 如何建立和维持有助于实现预期变革的话语？ |
| 有多个层次、互相关联的话语影响着变革 | ● 不同层次的话语如何相互影响？<br>● 通常情况下或在特定情况下，某些层次的话语是否比其他的话语更有影响力？<br>● 所有层次都必须改变吗？ |
| 变革叙事是通过交谈构建和传播的 | ● 某些类型的交谈比其他类型的交谈更有影响力吗？<br>● 建立变革的交谈与维持现状的交谈不同吗？<br>● 我们应该如何改变那些在日常交谈中强化主流叙事的交谈？ |

续表

| 前提假设 | 可能的启示 |
| --- | --- |
| 权力过程塑造了关于变革的主导话语 | ● 谁是对实现预期变革最具影响力的参与者？如何改变他们的话语和交谈以支持变革？<br>● 如何调动权力来改变占主导地位的话语？ |
| 存在替代性话语，并可加以借鉴 | ● 替代性话语的来源是什么？尽管有主导性话语，替代性话语是如何得以保持的？<br>● 如何识别和使用可能存在于多个层次的替代性话语来推进和支持我们的变革？<br>● 利用政治进程来压制反对我们变革的话语有什么用处？ |
| 变革话语产生于一个不断迭代和递归的过程 | ● 在一个持续的迭代和递归过程中，如何建立和维护关于变革的话语？<br>● 由于与期望的变革相关的话语可能会不断发生变化，我们如何对新的机会保持关注，从而推进我们的变革举措？ |

来源：改编自 *Toward a Discourse-centered Understan ding of Organisation Change* 一文中的"表1：研究者和变革推动者要思考的问题"，该文发表于 *Journal of Applied Behavioural Science*（2011，47：204），作者 David Grant 和 Robert J. Marshak。

## 理论观点的方法论启示和实践启示

一个项目的需求、性质和范围对我们选择诊断和介入方法的影响是不容忽视的。然而，在诊断和介入时，实践者还需要扎实的理论基础来指导自己做决定。否则，诊断过程就会面临被实践者或客户的认知透镜（perceptual lens）主导，或更糟的是同时被两者的认知透镜主导的风险。在这一节里，我会就每个理论如何支持实践者在这些OD阶段思考和决策进行说明。

在表2.9中，我列出了每种理论如何帮助实践者塑造看待问题的方式。只有将这些理论洞见融合在一起，我们才能扩展好奇心，收集更好的数据，同时进行更可靠的数据分析。在现实中，OD实践者很少会依赖单一理论来指导自己的工作，对所有理论博采众长、综合运用，才能使实践者的工作取得不凡的成就。

理论的妙处在于一旦理解了它们，它们就能指引实践者更好地、实时地设计介入方式。以下实践启示展示了一部分理论洞见可以如何影响实践者的设计思考。

表2.9　不同理论观点对OD实践者诊断阶段的实践启示

| 理　论 | 实践启示 |
| --- | --- |
| 行动研究理论 | ● 让受变革影响的人参与进来，让他们成为变革原因的“联合调查者”，一起参与分析当前现实，讨论他们需要前往的未来。<br>● 努力提升人们之间相互探询的数量和质量，从而让他们能彼此学习，并收集丰富多元的信息。<br>● 从高层领导那里获得明确的承诺：给那些参与信息收集的人一定的决策权以便实现真正的变革。<br>● 建立一个由那些变革实施必会涉及的关键人员组成的临时诊断团队。 |
| 勒温的变革理论 | ● 关注团体动力以及团体内存在的各种强大力量。<br>● 为了改变这些力量和促进变革，有计划地将人们组合起来并让其参与诊断活动。这样诊断活动就会成为引发“解冻”的关键学习机会。<br>● 斟酌变革领导者需要给那些被要求改变的人传递怎样的信息，从而既能让那些人产生足够的生存焦虑，又能确保其心理安全感。<br>● 在诊断阶段，要清楚需要进行什么样的“解冻”工作。 |
| 系统理论 | ● 借助混合多元的团体来获得有关变革的不同视角。这有助于一种整体观的生成，让人们清楚必须做些什么才能使组织有一个安全的未来。<br>● 运用诊断活动来帮助人们更好地理解重要的相互依赖的领域，支持他们发现一条新的前进道路，让不同的子系统能在那些互相依赖的领域中一同良好运作。<br>● 运用能提升单元间协作并重视不同团体间关系的过程。<br>● 在任何可能的时候，将外部的人员和数据带入组织，刺激组织对问题的思考。<br>● 让人们接触组织所处的外部世界，确保他们对外界保持敏感，而不会局限于自己的看法。 |

续表

| 理论 | 实践启示 |
| --- | --- |
| 复杂和混沌理论 | ● 努力打造复杂理论家提出的五个重要变量，这些变量有助于组织保持敏捷，它们包括连接、差异性、信息、权力差异和焦虑级别。帮助系统向“混沌边缘”移动，以便他们能实现自组织。<br>● 最大化内部成员开展自组织的自由度，这样他们就能发现适合自己所处局部的行动。<br>● 最小化等级权力的使用，确保每个人都真正有能力发现系统哪里需要改变。<br>● 在微观层面开展诊断：对局部数据和整体数据保持同样的关注度。 |
| 欣赏式探询 | ● 确保探询的主题、话题、问题是积极的。这将使组织把关注力放在过去的最佳方面，并找出什么对未来会是最有利的。<br>● 帮助组织发现它的“正向核心”，从那里开启变革之旅，“正向核心”还可以用来使进步最大化。<br>● 确保过程是整体性的、包容的、高度参与的和协作式的。<br>● 尽可能多地运用右脑式的方法收集数据，比如故事板、绘画、意象、诗歌等。<br>● 把对话作为人们互动的主要方式，而不要聚焦在劝导上。 |
| 对话式理论 | ● 让人们聚在一起分享他们在某一特定工作领域（组织中希望转变的领域）的经历。收集故事并将其分类，然后让人们再次谈论他们想在这些故事中改变什么，以及他们将如何着手改变这些领域。<br>● 如果两个职能间协同困难，将它们的代表们召集在一起，让他们各自写下对另一个职能的叙述。请他们分享对彼此职能的叙述、这些叙述的来源以及这些叙述对协作的影响。下一阶段将这两个职能的代表们混合，要求他们创建新的替代性“生成性图景”，这将为他们提供向前发展的新的可能性，然后采取实现这些新可能性的行动。 |

## 系统理论和行动研究理论的方法论启示

实践者在设计介入时尽可能考虑纳入一部分以下做法：

● 派一个团队（最好是一个混合团队）调查外部世界，并将外部数据带回系统局部（开展他们自己的诊断）。

● 将所有系统内成员和外界人员之间的接触面最大化，如提供服务的人和接受服务的人、投资者和资金的接受者、政策制定者和受到政策影响的人。他们应该彼此交流观点，互相帮助来获得对事情更完整的看法。

- 提供机会，让系统局部的成员可以彼此访谈，从而帮助他们更全面地理解组织中相互依赖的领域，继而能从整体的角度去思考和行动。
- 帮助系统局部的领导者做好准备并分配清晰的角色给他们，以便他们能领导变革，让他人共同参与找出细化的解决方案，并与员工分享数据、信息和目标成果。提高领导者的技能，使得领导者能够和那些受到变革影响的人开展对话，寻求他们对实施方案的看法（最佳的领导力发展策略）。
- 大量借助关键人物作为研究者来调查当前问题，设计过程让他们和其他人就如何改进特定领域的绩效开展共创。
- 每个受到变革影响的人都应该有机会表达对于这些过程的意见，并能就他们想要的过程进行投票表决，即实践“分布式领导力”（distributed leadership）。
- 尽可能运用全系统方法论，把那些需要负责及支持变革实施的相关人士全部聚集在一起，设计过程来帮助他们：
  - 共同分析当前的现实和需要改变的地方；
  - 就如何变革集思广益；
  - 共同协作来实施变革；
  - 分享并理解变革的必要性。

### 勒温理论（团体动力、场域理论、三阶段模型）的方法论启示

尽可能在设计过程时考虑纳入一部分以下做法：

- 总是在团体或子团体的层面开展工作。总是让尽可能多的团体参与进来，因为如果一个团体被孤立，它就会僵化。介入者的工作不是要改变团体，而是设立过程让团体通过有质量的互动来改变彼此。
- 了解并学习如何应对影响团队动力的三个问题——包容、情感和控制。设计过程让参与者们有机会分享欢笑和暖意，以及共享（平等的）控制。在包容上多花费些精力，不管你是在个体、人际、团体还是全系统层面工作。
- 关注个体将自己归入的“成员团体”（membership group）和“参照团体”（reference group）。在尝试其他介入前，先改变参照团体，因为通过改变我们目标人群的参照团体，我们能快速追踪那些团体之间的改变。

- 创造“文化岛屿”的体验，让个体能尝试不同的规范和做事方式。确保足够多的人参与进来，以便扭转现实的规范。
- 绝不以整个组织为介入目标（除非组织的规模很小）。善用意见领袖和引爆点。把人们按不同的类别划分，比如：类别1为政治上至关重要的，类别2为在实施阶段很重要的，类别3为能力非常关键的。与不同类别的人一起工作，创造临界效应。
- 借助新兴人才来触达高层领导者，例如让高层领导提名他们看中的新兴领导者来支持变革介入。
- 运用方法让人们有机会找到自己与变革的关联，建立改变的自驱力。让他们想象变革将会给他们及其团队和组织带来什么。
- 让人们有意识地感知其所处的场域，以及影响他们行为的力量。分析之后，给他们机会来问“那又怎样”以及“现在如何”。
- 把整个场域汇聚在一起，同时“演示”限制力和驱动力，这样团体就会对这些影响他们自身和彼此的力量有更好的理解。在适当的情况下，可以把外部的力量（比如真实的客户、伙伴、支持者等）引入进来，截断强大的当前场域，从而帮助团体改变。
- 努力创造沙因提到的“解冻”组织所需的三个条件：否定现状的有效性、引发内疚或生存焦虑、创造心理安全感。
- 运用高参与性的方法来收集数据，将之作为“解冻”的一部分。
- 当人们关注到场域和各种力量后，让他们参与并帮助确定“再冻结”的可行方法。

## 复杂和混沌理论及社会建构理论的方法论启示

尽可能在设计过程时考虑纳入一部分以下做法：

- 使用对话式方法，如焦点讨论的艺术，来帮助人们厘清现状并与他人一起找到能帮助他们致力于变革的可能方法。为了改变范式，需要以结构化的方式进行对话和探询，而不是劝导。
- 让人们有机会可以讲述自己对现实的看法和为现状建构的意义。创造机会让系统局部的“微型”团体的成员参与进来、一起共创。

- 借用关注能量的方法。调动人们的激情和价值观，帮助人们公开并分享那些对他们重要的事物。运用一定过程使他们重视通过自组织让事情发生。
- 借助人际关系网来传播正向“病毒”，在系统局部点燃尽可能多的“星星之火”。
- 关注工作场景的社会方面以及人们怎么看待自己工作的社会意义。工作满意度与他们为谁工作、和谁一起工作有关。
- 运用创意性的艺术媒介（戏剧、音乐、故事板的方式）来挖掘人们创造力的一面，引导他们更顺畅地表达对他们重要的东西。
- 使用强有力的语言和标志来创造变革的愿景。
- 运用积极心理学和基于优势的方法开展介入。

人类系统动力学和社会话语理论的方法论启示将在第九章讲述。

## 总　结

本章阐述的这些理论洞见对我们实践的启示是不可估量的。它们为我们进行强有力的设计工作搭建了一个平台，也为我们提供了关于个体、团体和组织如何运作的洞见。这些理论相得益彰，让我们在调查和介入组织及团体面临的问题时，可以获得更宽广的理解。这些来自不同理论的洞见的绚丽交织，让OD方法变得非常神奇。

在诊断阶段，你可以借助系统理论来帮助自己理解组织当前的问题在哪里，以及它们是怎样被系统其他部分强化的。对系统的整体观会提醒你，变革领导者还要对哪些地方给予关注。社会建构理论能帮助你理解组织中占主导地位的叙事的意义建构过程，明白该怎样调节成员间社交互动的类型、频率和质量，以便让主导性叙事受到挑战，让替代性叙事得以植入。行动研究理论有助于你激发系统局部的领导者和成员，让他们参与到数据的收集和分析中，并把他们获得的数据反馈给社群。这样做将让客户系统感到这是他们自己的决定，并因此积极支持实施相关决定。

在介入阶段，你可以利用勒温的不同理论洞见，了解如何调节你需要改变的团队的场域力量。三阶段模型还能帮助你反思工作的顺序。复杂混沌理论能帮你调动起小微团体，为他们创造条件实现自组织，进而带来他们希望看到的改变。通过探询，HSD方法将帮助成员发现他们想要改变的模式，然后围绕他们的差异、相似性和交互质量开展工作，从而实现改变。对话式OD和社会话语理论帮助我们诊断构成组织现实的文本、语境、叙事和交谈类型。通过诊断数据，它们还可以支持组织寻找替代方案来改变语境和文本。而系统理论和复杂理论的结合会帮助你从容不迫地完成变革过程——既能运筹帷幄，又能够见机行事。

第三至第六章将进一步说明这些理论概念的应用。

# 第二辑

# OD 工作循环

在这一部分中，我会简要介绍OD咨询循环及其主要工作阶段。有些人可能想知道，在一个风云变幻的复杂世界中，这样一幅图是否仍有存在的必要。事实上，当我提到OD循环，我经常得到这样的反应："说真的！你自己也不信这些线性的步骤和阶段了吧?"这种怀疑伴随复杂性和混沌理论以及对话式OD的使用而递增。虽然我对世界的变化持现实态度，为OD领域的与时俱进感到振奋，但有些原始概念仍然具有价值。OD循环及其关键阶段即这类原始概念之一，对于支持实践者有效处理与客户的任何咨询工作的复杂动态至关重要。OD循环既不是一种改变方法，也不是一种介入。它是一张地图，为顾问在混乱、非线性的咨询过程和关系中指引方向，随着咨询关系和过程的发展，需要通过多次迭代，不断适应。

在第三章中，我将带你浏览OD循环图，并解释该图的所有组成部分，以便勾勒出各个阶段。然后，我将从内部和外部顾问的视角谈一谈进入和立约部分。如果没有进入和立约，OD实践者就不会有工作。我们要牢记并尊重一个要点，即在任何顾问进入之前，客户系统作为一个实体有其自身的完整性。因此，重要的是不带评判地接纳客户。OD实践者在进入、接触和立约阶段所做的事情会创造条件，这些条件对咨询关系奏效、成功起着重要作用。譬如，如果没有与真正的客户团体订立清晰的合约，OD实践者将不得不在之后的咨询过程中花时间来调整关系或解决出现的问题。还有，如果OD实践者只是在费用条款上达成了一致而在工作的范畴上含糊不清，那么他们势必要与客户来来回回地就工作的流程进行协商。如果不与客户坐下来说清楚为了工作上的协同双方期待的伙伴关系，我们将很难取得理想的成效。在复杂和混乱的环境中，这两个阶段构成了指导OD实践者适应、承担风险和支持客户走出舒适区的锚。

在第四章中，我将关注诊断阶段，并探讨在这个阶段怎样以OD方式工作。诊断是帮助顾问动员系统成员来衡量提出的问题是否是真正的问题的一种方法，更不用说可以获取不同团体的观点，询问他们如何从自己的角度看待委托简报中描述的这些问题。这一阶段的挑战是要能够激发系统成员开展自我诊断工作，担任联合调查者，这样他们不仅能够收集数据，而且能够理解数据，并以自组织的方式找到改变系统的方法。在OD中，我们致力于使用任何相关方法来支持系统成员在诊断过程中不成为被动旁观者。如果做得好，我们的工作就是让系统向自己展示自己——因为一旦他们发现了数据，他们就准备好采取行动、实现组织改进。但这一承诺需要OD实践者愿意放弃专家角色，满足于扮演流程角色或“容器”角色。OD实践者们在促进客户之间的联合探询精神方面的默认立场，是为了确保人们能够建立自己的自我更新能力。如果设计得当，这一阶段还将包括一些初步介入。

在第五章中，我们将研究介入阶段。虽然介入的方法和技术伴随复杂环境在不断发展，但由于人性的恒定性，介入设计的核心原则仍然保持不变。在本章中，我们将探讨介入设计背后的许多关键原则和理论基础，这是介入严谨科学的一面。一旦掌握了这些原则，OD实践者将在实时展开中体验到介入美妙的创造性生成的一面。正是通过让系统成员共同参与设计并共同运行一些更正式的介入措施，真正的能力建设才能实现。随着介入在执行过程中的展开，客户将学习如何应对突发事件、如何改变策略、如何“即时”重新设计。这样一来，随着客户与我们合作的深入，系统的自组织能力将不断提高。通过这种方式，客户不仅学会了如何设计介入，还学会了如何处理生成性想法、关注模式，并通过这个过程变得能够支持自己的可持续发展，因为他们对如何持续改进自己更有信心了。

这一辑最后一章是关于评估的。正如威廉·布鲁斯·卡梅伦（不是爱因斯坦）所说，“能被计算的东西不一定有价值，有价值的东西不一定能被计算”。如果评估过程会加重负担并产生不相关的数据，那么该过程将变得冗余并面临淘汰。在OD中，我们进行评估的方式更类似于迈克尔·奎恩·巴顿（Michael Quinn Patton，2010）的工作，他引入了“发展性评估”（Developmental Evaluation）一词，这是一种在复杂动态环境中进行创新性、适应性发展的评估方式。发展性评估不同于过程中的改善、问责或总结性评价。在发展性评估中，我们旨在与客户，特别是与那些系统内的创新者，共同构想、设计并测试新的方法，不断去适应，从而最终实现组织的长远发展。这种发展性评估需要敏锐的评估头脑，批判性地看待变革的进展。这种前瞻性的能力有助于使评估不再仅仅被视为一种历史存档活动，而是事关未来趋势的可能。

当然，对于获得外部资金的组织而言，总结性评估仍然是重要的，因为双方都需要看到资金是否花在了正确的项目上并取得了预期的结果。但是，总结性（最终的）评估发生在一切都结束之后。OD感兴趣的是将评估视为发生在高度不确定、动态和涌现环境中的一种持续介入。因此，任何评估工作的一个更重要目的是帮助项目不断发展，变得越来越具创新性和适应性，以便在所有评估步骤中都有持续的发展成果。从这个意义上讲，评估是一个持续的过程，在这个过程中，OD实践者的作用是通过鼓励系统使用实时和快速的反馈过程来跟踪发展过程中任何特定介入的影响和结果，从而激发和刺激创新和适应过程。通过这种方式，评估过程将会成为一个持续且有影响力的发展性介入，对于即时结果和系统成员的行为均产生重大影响。

对于大多数内部的OD实践者来说，他们会面临证明OD介入价值的压力，重视评估对于OD实践者来说很重要，但需要提醒的是，不要将OD循环的这一阶段视为最终状态，而应将其视为不断发展的状态。

# 第三章　OD理论与实践：OD循环及进入与订立合约阶段

第二章简述了OD咨询循环是如何作为我们实践的五大主要构件之一的。OD循环是指导OD实践者应该如何管理帮助过程（helping process）的规范——从你被找来帮助解决相关问题，再到介入、评估和结束，它帮助提醒你需要采取哪些主要行动来尽可能保证整个过程的完整性。基于行动研究理论的OD循环是一个持续迭代的过程，这种循环往复的特性意味着你会在不同的时间回到同一个阶段。在OD领域里，OD的实践和流程对组织的独特贡献远大于我们在内容方面的专业性贡献，规范性流程是一个重要的导航工具或地图。关于OD循环，布鲁克（Bruke）、弗朗奇（French）和贝尔（Bell）等人都撰写了精彩的篇章。本章的目的是想简化并总结OD的核心实践和流程，并对如何在组织中实施给予实用指导。

本章会涵盖三个方面的内容：

1. OD咨询循环概述。
2. 阶段一：进入—初始接触。
3. 阶段二：订立合约。

第四至第六章会对诊断、介入和评估阶段进行更详细的讲解。

## OD咨询循环概述：六大基本组成

早在1993年，在一次NTL的学习项目中，一批OD入门者请项目的培训师总结一下“OD实践者是做什么的、他们需要哪些技能、OD涉及的所有内容之间的关联”。培训师们花了一个晚上的时间第一次绘制出一张OD大图——关于OD的知识和技能概览（见图3.1）。此后，这张图经历了多次修改，这里的版本

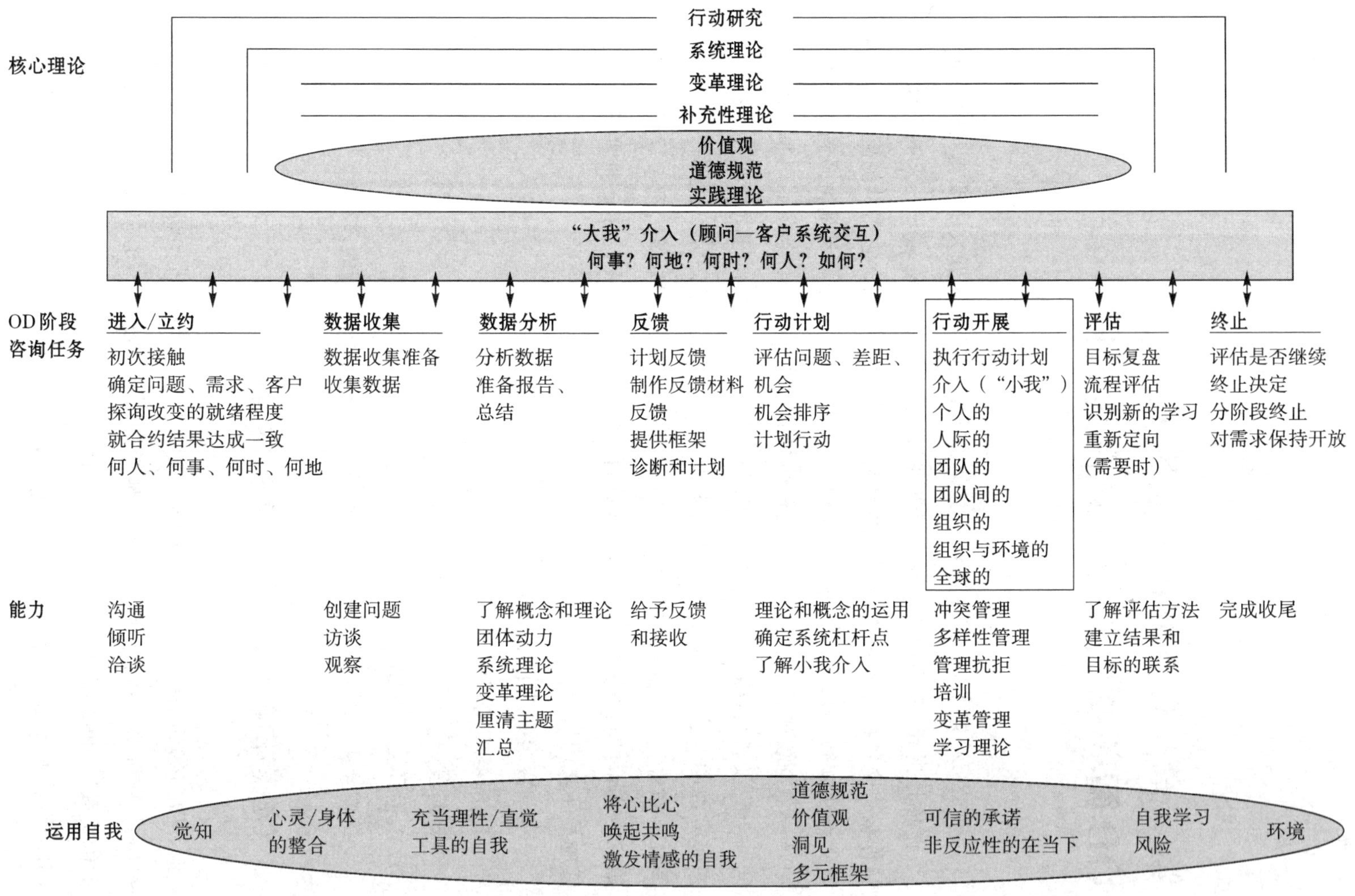


图3.1 OD大图：关于OD的知识和技能概览［Tschudy（2006），*NTL Handbook of Organization Develpment and Change.*］

是楚迪在2006年发表的（Tschudy，2006）。这张图对于理解OD实践者实际在做什么非常关键，因此我会在详细讨论整个OD循环之前先对这六个方面做一些介绍。

## 核心理论

OD实践的主要源头是行为科学的不同理论（见第二章）和学科，它们为OD实践者在诊断阶段要寻找什么，以及用什么介入手段来促使人类系统向理想目标靠近提供了丰富多元的视角。

## 价值观与道德规范

OD的实践受实践者价值观的指引。OD的价值观和道德规范的起源可以追溯到20世纪四五十年代一系列有影响力的运动，包括人际关系、人类潜能、平权和多元以及社会参与（客户权利、公民权利）。这些价值观是我们实践的立足点，尤其是那些指导我们如何开展设计工作和选择变革支持方式的价值观。OD的价值观是一系列实践不可或缺的“容器”（见第一章）。

## “大我”介入

“大我”介入是组织发展的核心支柱。OD实践者高度关注与客户建立信任、可靠、透明的双向关系。从我们见到客户那一刻起到这段关系的结束，自我的运用使整个咨询过程聚合在一起。这要求OD实践者能够反观内省自己在帮助关系中带入了什么，即辨识让关系强化和破裂的因素。关注关系的建立是为了“赢取我们帮助的权利”——让我们能获得足够的信任，除去发挥引导作用外，在情况需要时也能做些唤起共鸣或激发情感的事（见第十章）。

## OD阶段

OD咨询循环包括八个阶段，完形（Gestalt）的同仁们称之为“工作单元”。它们建立在行动研究的基础上，即将严谨的科学方法应用于组织内真实问题和议题的事实发现及实验。

这八个阶段分别为：

- 进入—初始接触；订立合约；
- 数据收集；
- 数据分析；
- 数据反馈；
- 行动计划；
- 行动开展；
- 评估；
- 结束。

尽管从表面上看，OD咨询循环与市场上其他的咨询循环没有什么差别，但OD循环的八个阶段除了给实践者和客户的工作提供方向之外，同时还追求：

- 通过数据收集获得对议题的共同理解；
- 顾问与组织内部人员共同合作进行数据分析和数据反馈；
- 通过提升系统成员的能力以及他们对于行动计划、介入设计和最佳执行方式的知识和了解来解决问题；
- 在各个阶段提升系统成员的洞察力和能力，让系统不仅愿意主动参与和追求变革，同时还能够自我持续下去。

OD实践者总是会让组织内的领导者和相关人员一起参与，帮助确定问题、收集和分析数据并反馈给各方利益相关者，从而共同规划当前所需的行动。这些过程会不断反复进行直至所有重要问题都浮出水面并得到解决。因此，让OD实践者脱颖而出的是他们通过OD咨询循环交付的承诺，即提升系统成员的参与以实现可持续的结果。

最后，重要的是不要将OD咨询循环视为一系列步骤。相反，它们应该被视为周期性和有机的阶段，而不是线性的阶段。例如，如果在数据收集阶段，发现组织需要不同的结果——你和客户都没有想到的结果——那么你必须回去与客户重新审视合同。如果你已经计划并进行了介入，但发现没有按预期进行，那么你必须和客户一起回到规划板前，重新审视数据，并重新计划另一个适当的介入。如果你进行了中途评估，意识到有新的领域需要关注，那么就得重新审视合同的范围，重新检查数据，并重新确定需要怎样的变革结果和能使你达到目标的变革过程。从这个意义上说，OD循环是一个动态工具，在每个阶段都会有反馈来纠正咨询过程，帮助双方发挥各自的角色来支持变革过程。

### 能力

为了在不同的OD阶段开展工作和执行子任务，OD实践者需要具备一些核心能力并达到较高水平。实践者们需要严肃对待OD的学习和发展，而OD领域本身也要对OD实践者的培训提出更严格的标准。在表3.1中，你会发现它是集技术与流程、硬技能与软技能于一体的。这一话题会在第十章深入探讨。

### 运用自我

OD实践者使用的核心工具是自身，这是“大我”介入的基础。无论在哪个阶段，你借助自己的觉知、理性和直觉，通过同理、鼓励、挑战去帮助客户转变。你要培养自己非反应性的临在状态以及对客户的承诺，从而营造一个安全的环境，帮助客户通过不同的视角来检视自己的处境。当你能够基于自己的价值观和道德规范，在介入时敢冒险、在直言时有技巧，你就实现了“大我”介入。可以说，推动OD流程前进的可靠引擎正是“自我”。我们会在第十章里探索OD的这一关键领域。

OD循环的六个关键组成部分为OD咨询的动态过程注入了活力。在利用OD循环的这八个阶段进行导航的途中，OD实践者需要具备扎实的理论背景、坚定的价值观和足够的能力来驾驭咨询任务。在这个过程中，最重要的是OD实践者通过“运用自我”和他们对关系的承诺，赢得帮助客户的权利，唤起客户共鸣并激发客户情感，这样在他们离开客户系统之际，他们已经帮助客户实现了咨询委托。在许多意义上，如果OD实践者能够学会利用“大我”，这张OD咨询地图将成为OD实践者的发展指南。

在接下来的两部分，我将讲述OD循环的前两个阶段——进入与订立合约。

## 阶段一：进入—初始接触

这是我们工作中的一个重要阶段。简单地说，没有接触就无法进入，没有进入就不会有委托，没有委托就签订不了任何工作。除此之外，如何处理这个阶段会为我们想要与客户建立的关系定下基调，同时也是在为诊断工作和介入工作搭建平台。

表3.1　进入—初始接触阶段的任务及技能总结

| 任务 | 技能 |
|---|---|
| ● 初始接触；<br>● 沟通交流你是谁，确认客户是谁；<br>● 帮助客户明确定义他们的问题和需求；<br>● 分析最初接触时不同利益相关者对问题的不同看法——帮助客户探索不同的观点；<br>● 初步评估哪些人要纳入客户列表（哪些人会对流程产生影响并会对变革计划有看法）；<br>● 探寻客户就所述问题开展行动的就绪程度；<br>● 探寻组织的能力以及变革能获得多少支持资源；<br>● 探寻不同的利益相关者想要的结果；<br>● 感受组织的背景、文化及其环境中存在的各种力量类型。 | ● 有效沟通技能——探询技能和深度聆听技能，帮助客户对自身状况进行诊断；<br>● 良好的战略思维和分析能力——确定问题的范围；<br>● 政治能力——能够洞悉组织内的政治——帮助客户探寻不同利益相关者（无须这些人在场的情况下）对问题的看法；<br>● 坚持务实精神，对组织实施变革项目的能力——需要投入的员工时间、财务资源及就绪度——进行评估；<br>● 保持对客户及其组织的直觉感知能力；<br>● 规划项目的能力，项目的大小、长短、规模，都要清晰地呈现给客户；<br>● 发挥影响及赢得信任的能力；<br>● 运用一系列理论框架快速评估问题的能力；<br>● 良好的人际互动、关系建立技能，赢得信任的能力。 |

所以该如何进行与客户的第一次接触呢？不管你是组织内部人士还是外部顾问，可能都希望客户慕名来请你帮忙。想被别人需要，这是人之常情，但现实并非如此。主要是因为那些需要你服务的目标对象：

- 或公事繁忙、应接不暇，你压根不会出现在他们的“雷达屏幕”上；
- 或对OD没有足够的了解，也就不会来找你帮忙；
- 或对HR职能部门能做什么、不能做什么抱有成见，如果OD设在HR下面，这种成见就会自动延伸到你身上。

因此，在现实中，大部分人需要主动做大量事情来“精心设计”初始接触。

## 致内部的OD实践者

你需要做的第一件事就是接受你身处环境的政治性，因此你必须在相对短的时间里建立一个有力的影响地位。大部分被视为位于“支持职能”的人很少能轻易获得权力。但是没有权力（影响力、信用或势力等），就很难有效发挥OD的作用。

如果你没能成功“进入”，千万别回过头来责怪组织没有人支持。相反，你需要去摸清组织需要什么并证明你所能提供的价值。记住，开展接触、进入和订立合约是你的工作。下面的五个步骤或许可以助你起步，特别当你是刚进入组织的新人。

**第一**，找出与OD职能紧密关联的关键利益相关者并获得其对OD的看法。有些人会同时出现在两个或多个类别中：

- 招聘你的人；
- 你要去服务和支持的目标对象——一般来说是领导变革的高层业务条线领导；
- 潜在的赞助者——会在董事会层面替OD背书的人；
- 有财务资源支持OD项目的人；
- 你的上级；
- 与你同一级别的重要同事和战略盟友，特别是那些已经直接接触到决策者的人，如战略官、核心职能的资深HR伙伴等。

**第二**，在组织内部找一位导师，带你熟悉多方利益相关者“割据”的复杂政治形势，了解这些不同的利益相关者在工作中面临的挑战，以及他们对你和OD可能会有的期望。这些有助于你将自己的服务与他们的需求相链接。

罗列组织中占据关键政治地位的人，会让你得到第一份主动接触者名单。千万别想着酒香不怕巷子深，只是安守在HR、LD（Learning Development，学习与发展）或OD的位置上，期盼他人主动找上门来。

**第三**，与所有这些关键的政治角色约见半个小时。为什么是半个小时？因为预约较短时间会增加他们同意见你的可能性。利用你对会见对象的了解，如他们的角色、工作重点及行事风格，细心准备每一次约谈。在会议前尽可能多地收集其领导的部门的数据，如员工调查数据、客户满意度指数、公司绩效指数排名、影响其绩效的关键事件等。在会面中，将以下内容纳入你的计划（不一定按此顺序）：

- **自我介绍**。基于你对会面者的了解来准备如何介绍自己。例如，对于一个ISTJ类型（MBTI人格类型的一种）的领导者，比较可取的做法是聚焦在事实上，比如过往项目的记录、评估及标准等。而对于一个ENFP型的领导者而言，可能就要多谈谈自己的热情、经历以及工作中感到兴奋的事情。对方首先需要对你有足够的了解，才能决定是否跟你敞开心扉，谈论他们的问题。要确保你的介绍只占用几分钟，这个阶段时间不宜太长，可以把要点提前写下来，帮助你平衡内容和时间。通常情况下，在自我介绍前先邀请对方分享一下自己也很关键。
- **了解他们的工作日程、工作重点及其在组织中所处部分的关键问题**。询问他们作为领导者的愿景、重要的组织议题和业务议题以及他们是如何管理自己部门与其他部门的衔接界面的。如有合适时机，可以委婉地询问一下他们最担心的问题是什么（有没有什么事让他们晚上睡不好觉）。基于他们分享的内容，提取关键主题回应，让他们感受到你是一个不错的聆听者，也有敏锐的洞察力。如时机合适，还可以分享你为这次会面收集的额外数据。
- **了解他们**。从一些能展示你对这些人的兴趣的问题开始会谈。一些不错的个人问题包括："你会怎样描述自己的职业道路""工作中最让你兴奋的是什么""职业生涯中最自豪的一刻是什么时候"。要从正面发问，这一点非常关键，这会让他们感受到你肯定式的工作风格。（如前所说，这一步也可以放在一开始。）
- **探索你如何为他们的工作加分**。在他们分享完自己的挑战和工作重点之后，询问他们是否有哪些方面是你和同事能提供帮助的。若他们暂时没有头绪，就和他们分享你（基于从其他人那里获得的启示）所准备的一些具体的支持方案。你或许可以用以前的项目或经验为例，给他们提供一些你能为之做什么的想法。询问对方后续是否能通过邮件联系或再次约谈，便于再跟他们分享你对如何提供帮助的想法。
- **简要介绍OD及其对业务的价值**。如果有机会，与他们分享你准备好的关于OD及其方法的内容，那么你可以就OD职能做些什么、OD是什么以及OD如何为领导者或大的系统结构提供价值等，准备几页纸的总结随身携带以备不时之需。根据你们谈话的内容，你还可以提议给他们发送其他资料。我把这个称为“五分钟OD教学时刻”。

基于经验，谈话通常不会这么有条不紊地进行，重要的是你要跟随他们的节奏建立初步的融洽关系，并留下正面的印象，这是在为你获得后续的工作邀约打基础。

**第四**，每次约见之后给约见对象写邮件，总结谈话中的要点，并就你能为他们提供的支持谈一些具体想法。可以考虑为他们提供一次“试吃”，从而让他们能够“品鉴”到你能提供的支持。但请注意，你的提议一定要具体，这会为他们日后再来找你铺路，帮助你获得更大的工作机会。

**第五**，当你与所有利益相关者访谈完毕，花充足的时间梳理访谈收集到的所有需求，利用访谈前做的调查和从这些访谈中收获的有关组织的信息（其战略重点、你从外部监管机构获得的重要信息、其竞争者等），着手制作你的第一份 OD方案。带着这份方案去找你的老板和其他重要相关人士，如合作伙伴和赞助者，获取他们的反馈，最好能够就你应该聚焦的对象、内容以及OD工作的重点达成大方向上的一致（一份初步总体合约）。尽管这可能是一个还需要大量修改的初步方案，但至少你主动提出了一个正式计划，展示你在组织内怎样施展OD的“魔法”，同时附上草拟的评估标准。这样，你就是在为自己建立一个积极主动、以客户为中心、以结果为导向的形象。

内部的OD实践者面临的挑战之一，在于你面对的不是市场，你没有选择接谁的活、拒绝接谁的活这样奢侈的机会。因此，对于内部顾问，更需要锻炼自我管理和耐心，去与你不欢迎或不喜欢的客户合作。所以类似对客户这样的评价性问题，如“我喜欢这个客户吗？”“我觉得我们能一起合作吗？”“首次会面之后我感觉怎么样——厌烦、沮丧还是兴奋？”等，并不会让你有客户选择权，尤其是当你OD工作的承诺是对关键人物提供支持时，一切为了系统整体，不管你感受怎样。然而，这种挑战对于内部实践者亦有益处，它会加速你“自我运用”的提升。你不得不关注自己对他人的内在反应，还需要挑战自我，重视价值观取向。我的意思是，践行你信奉的价值观。你让自己进入的深度学习曲线将帮助你提升自我管理、持续发展并磨炼自我成为变革的工具。此外，大部分外部的实践者有资格问自己上面那些问题，但通常情况下他们也无法轻易拒绝工作，尤其是遇到有影响力、有意思的工作。

## 致外部的OD实践者

外部顾问几乎都是因为潜在客户的投标邀请或通过推荐而进入一个组织。对于一个大规模的项目，他们通过公开招标程序进入。不管外部顾问是如何进入系统的，他们仍然需要经历内部实践者的大部分初始接触步骤，包括和客户一起确定利益相关者并拜访他们，明确委托，得到系统内不同群体共同的承诺。出于成本考虑，外部顾问鲜少会主动计划来与直接客户群体之外的更大范围的人接触。但在许多情况下，内部的变革推动部署会是一步重要的棋，因为在不产生额外成本的情况下，你能够通过对内部团队的协调组织，获得可靠的数据，以帮助确定变革目标和方向。考虑成本影响时，你的策略必须是全方位的。

你需要接触多少人，取决于项目的预算以及客户的人脉关系。对于一个拥有良好人脉的客户，你能很快建立政治背景图并开始如上文描述的那样与尽可能多的关键人物接触。但是，如果客户在组织内还没有建立很好的关系，你就需要鼓励其招募其他了解情况的同事，以获取项目需求的数据和承诺。

关于预算——如果项目预算不足以支持你做接触工作的部分，你就需要扩大内部变革推动者网络来做这项工作，或者降低自己的收费去做你认为重要的工作。

进入和重新进入应当同时考虑，但我想分享的是变革项目结束后做什么是重要的。

当某一个项目结束了，但显然后续仍需进行持续的维护工作时，外部顾问需要找到一定的方式确保能够继续与客户保持联系、维护关系（这一点同样适用于内部人士）。

以下这些方式供参考：

- 在项目结束6个月后，致电或拜访每位客户。把这种项目后的回访写进正式的合约是一个不错的主意（如果客户不用为之付费会更好）。这样的回访让你能够跟进项目进展，鼓励客户组织继续评估的流程，从而能衡量项目的长期影响，确定是否存在他们应该关注的新的进展。重要的是，你能够巩固关系并且让客户感到与你交谈有助于他们获得更清晰的思路，而有没有带来更多的工作则是次要的。

● 邀请关键客户们一起吃早餐或下班后见面，谈谈他们正感到头疼的话题。利用这样的方式既让他们彼此联结，又激起他们的思考。这样的接触将帮助你找到他们各自面临的挑战。在这步之后，如果你发现自己能够帮助他们当中的某些人，你可以直接与他们个人联系，并提议可以做的事情。

● 当你读到一篇有意思的文章，觉得某些客户可能会感兴趣，可以发给他们，并告诉他们是文章的哪一部分让你想到了他们。

● 如果你真的需要更多工作，可以直接请你的客户为你推荐。对于大多数客户而言，如果他们喜欢并认可你工作的价值，都会毫不犹豫地帮忙做推荐。

如果你能通过上述某一做法得到新工作，那自然是好事。但需要提醒的是，不要花费太多心思试图通过这些方式获得更多的工作机会。记住，你的主要目的是要维护与客户建立起来的关系，让客户感知到你的善意和合约履行后你的关心。

## 阶段二：订立合约

在订立有效合约之前，OD实践者需要先回答三个问题；

● 谁是我的客户？

● 任务合约（task contract）——这项工作关乎什么？具体的任务、可交付的产出、范围、方法以及成功的标准是什么？

● 关系合约（relationship contract）——我想要及需要与关键客户们建立一种什么样的关系才能确保项目成功？

## 谁是我的客户？

这不是一个简单的问题，通常在开始时我们没有明确的答案。你的客户是一个还是一群？如果是后者，如何起草合约？实践者常会把邀请他们的人视为主要客户，并肩负起对他们的责任。但现实情况是，你要对谁负责往往比这复杂得多。

首先，至少有四种类型的客户，你可能需要与他们接触，并且在订立合约时需要考虑：

- 主要客户——与你有主要联系并明确你要对他负责的人（不是联络人）。
- 联系和联络客户——这个人为外部顾问提供各种服务，如安排会议、活动及完成后勤和技术方面的工作。这个人不一定是行政人员也可能是你的中层或高层客户，其行政管理团队被要求为你提供支持。
- 影子客户——围绕在主要客户周围的人（主要客户的同事或上级领导），即那些关键客户在关键决定上要听从的人以及影响主要客户“心理领域”的人。影子客户通常比主要客户对咨询产生更大的影响。
- 外围客户——对项目有影响的、你需要与其接触或在特定情况下需要其参与的任何个人、团体或次级团体。
- 利益相关者群体——包括可能会受项目影响的人以及因此会选择干预的人。①

想要订好合约，关键在于一开始就弄清主要客户是如何看待现状的，他认为需要解决什么问题、他对项目的愿景，以及他认为谁能帮到变革和组织。帮助主要客户理解复杂的客户群体，可能是你需要做的基于系统理论的第一件事。在此过程中，希望你也能帮助主要客户了解他对客户群体的内在感受，例如他们的心理安全感、他们与特定个人或群体的特殊联系、在获得认可方面的需求等。

---

① 来自NTL Massarik和Pei-Carptenter的相关材料。

**表3.2　订立合约阶段的任务和技能总结**

| 任　务 | 技　能 |
| --- | --- |
| ● 明晰并确认该项目相关的客户群体；<br>● 获得不同相关方对项目的目的和交付成果的确认；<br>● 初步讨论评估及衡量标准的选择；<br>● 对客户要负责处理的问题类型达成一致；<br>● 对顾问要负责处理的问题类型达成一致；<br>● 对项目的范围（日期和预算）达成一致；<br>● 明确管理项目的内部联络人；<br>● 管理上的共识：顾问向谁汇报？项目监督者或监管委员会想多久开一次会或听取报告？合约中常常会附一份Excel表格，列明时间、阶段、里程碑等；<br>● 就你和客户如何合作达成一致：商定关系合约中应包含的内容，如多久见一次面以及如何给予彼此反馈；<br>● 对于外部实践者，在双方签订正式合约之前，就付款时间表及其他正式的法律事务达成一致，如版权等。 | ● 利用系统性方法分析客户群体的能力，不用大费周章就能接近不同客户获得信息的能力；<br>● 了解评估方法，引导客户把交付结果转化为衡量标准的能力（客户需要与你一起设定评估流程和衡量标准）；<br>● 能读懂不同客户的"情绪信息"——他们对于项目的感受；<br>● 能就管理实践者与客户的边界进行清晰的沟通，并就谁负责什么达成一致；<br>● 了解监督和问责流程的重要性；<br>● 良好的项目管理能力——将项目范围转化成明确时间、里程碑等内容的项目计划的能力；<br>● 帮助客户制定预算并计算所需资源的基本财务管理能力；<br>● 与组织内不同的个体及团体建立信任的能力；<br>● 在需要时进行现场教练的能力；<br>● 能够在过程中设置主要里程碑，并掌握跟踪此类里程碑交付的专业知识。 |

重要的是要注意这样一个事实，即与你的主要客户签订的合约若仅基于他对形势的看法，可能会使项目陷入困境。在签订合约之前，要先问问自己是否已经摸清了不同利益相关者之间的复杂关系，是否了解各方对变革目标的看法。对现状缺乏清晰、系统的把握可能会在后续阶段带来很大麻烦。有关"谁是客户"以及"在订立合约阶段你需要与之做些什么"的概念，在阿吉里斯（Argyris，1970）对于介入的定义以及伯克（Burke，1997）对OD客户的定义中都有描述：

介入是以帮助为目的，进入由两人或多人、团体或事物组成的正在运行的关系系统中。

我认为在OD咨询中我们的客户从来都不是一个个体，不管是什么职位或角色，组织中任何特定的团队或子系统或它们中的任何组合……事实上，我开始把我的客户看成是一种系统内部及其周围的人与人、单元与单元之间的关系或连接界面……这种“之间性”（in-between-ness）存在是我咨询工作的主要对象……我所关注的视角里把客户定义为关系和连接界面，而非个体或单元。

阿吉里斯和伯克是在告诫我们，客户永远不止一个，在政治领域游刃有余，对于获得对这项工作的准确看法至关重要。

在复杂的客户系统中建立合约的实用方法是什么？第一，与主要客户一起来看他要解决的问题，如结果产出、目标群体、他正在考虑的方法论类型、评估标准以及不同的利益相关者所处的政治立场。然后询问客户其他的利益相关者会如何看待你们的讨论。这时主要客户常常会开始意识到单靠他自己没有足够的数据来订立一个实质性的合约，并认识到为了确定合约的内容有让其他利益相关者加入讨论的必要性。第二，如果没有足够的时间，我通常会把合约进行“分块”处理，先订立一个步骤的内容，并抱着在订立合约的第二阶段（如诊断实施）把相关的客户群体都纳入进来的打算。

需要注意的是，切勿让主要客户觉得他们的观点没有价值，而要帮助他们理解，你的立场是为了扩展他们对于谁需要参与进来的认知，这样不仅能够在确定项目最终目标之前获得更广泛的视角，还能确保他们以后不会因为忘记了一些关键个人或团体的观点而被指责。如果由于时间和与这些人接触的限制，上述方法行不通，那么你最初的合约最好只涵盖诊断工作的第一阶段，并明确说明在你们一起分析完诊断数据后将对合约进行回顾。这可以确保你以更可靠的基础签订主合约。有人可能会觉得这存在风险，因为你们还没有签署完整的合同。但没有全面了解情况就签订全面合同的风险也很高。处理的方式没有对错之分，只不过需要你在做订立合约阶段的工作时保持敏锐。

## 什么是任务合约？

这是客户和实践者之间有关工作内容的正式约定，涵盖的内容包含：核心任务、交付结果、范围、方法、时间轴以及体现项目有效实施的标准。

任务合约一般包括两部分：第一部分是商务内容，包括所有法律、监管、责任问题说明以及OD项目的总体费用和支付时间；第二部分是工作内容，采购部门会将它视作补充材料，但事实上这是整个项目从头到尾你要参考的主要文件。

工作内容通常会包含以下要素：

1. 咨询任务的性质；
2. 交付产出及期望结果；
3. （诊断过程）收集数据会使用的方法选项；
4. 帮助达成预期结果会使用的方法选项；
5. 组织打算投入项目的资源；
6. 你的角色、内部变革小组的角色等，以及各方如何共同协力完成任务；
7. 如何开展评估及监督工作，具体来说，如何进行评估、由谁进行、何时进行，以及基于什么指标进行评估；
8. 合约费用和发票或付款计划。

关于方法：有时在非常早期的阶段无法确定方法，因此可以列出“选项”。

## 什么是关系合约？

关系合约是关于我们在工作过程中如何管理我们和客户系统之间关系的约定。在OD中，清楚工作中的关系与了解任务如何完成一样重要。关系合约涵盖了工作的协作方面：你和客户将如何一起发现、学习和采取行动去实现理想变革，以及当出现“麻烦”时，你和客户需要如何携手排除故障。最后，你将如何处理反馈系统，以确保有效数据能被反馈给正确的各方。

韦斯伯德（Weisbord，1973）点明了任务合约与关系合约对于项目的顺利完成是不可或缺的。

我说的合约是什么？指的是双方明确表达对彼此的期待，有对话，也有书面的文件，让顾问和客户能明确三部分关键内容：

（1）各方期待从关系中获得什么；

（2）各方将在什么时候投入多少时间、多少成本；

（3）双方运作的基本规则。

有一种方式是使用基本规则（ground rules）讲清楚你们期望的关系，以及为了使这种关系有效运作，双方需要注意的方面。一方对另一方的期望可能包括：

- 如何让彼此了解项目的进程；
- 如何给予对方反馈；
- 如何评估介入；
- 如果你从影子客户那里得到了相冲突的指令你将怎么办；
- 如何与变革团队一起工作，以确保不同的管理方之间有清晰的边界；
- 双方期望投入项目的时间是多少，以什么样的角色投入项目；
- 为保证你们共同给予项目足够的支持，你们见面或电话沟通的频率应该是怎样的；
- 在变革项目过程中，客户期望从你这里获得哪些方面的辅导及能力提升的帮助；
- 在高风险项目中，什么样的情况会导致任何一方终止合同。

关于“如何”：在关系合同中，“如何”一词指的是你和客户将使用的实现该约定内容的过程。

有时候，在订立基本规则的过程中，直觉可能会告诉你这样的关系是否奏效，帮助你判断这个合约是否可行。倾听这些直觉信息并对自己和客户诚实很重要。你可能想要与客户分享自己的疑虑，并清楚解释为什么你有这种感觉。你可能需要帮助客户重新考虑变革项目的处理方式，以及需要进行哪些改变来确保项目是可行的。或者，可以考虑将合约分成几个部分——一次只做一个阶段，不做更多的承诺。大多数客户都喜欢这样，因为这对双方都有疑虑的关系来说风险更小。对于你来说，重要的是确保你要做的任何部分都会为客户增加价值。

### 合约的迭代

最后，合约不应该是一份“一劳永逸”的文件——签署后到项目做完，没人会再去看它。最好的办法是把订立合约看成是一个不断迭代的过程。韦斯伯德（Weisbord，2006）提醒我们：“合约的订立就像季节的重复和持续更新一样。”在他看来，即便我们有一份长期合约，我们也应该为每一次会议准备一个单独的合约；即便我们跟老板约定了支持他的下属部门，在开始工作之前，我们同样需要将此延伸并与该团队再订立一个合约。如果由某一介入引发了一些事情需要进行另一个介入的话，我们就应该与牵涉的主要团体订立一个临时合约。换句话说，合约的订立永远没有句号。在与某个团队、个人或整个系统每一次打交道的过程中，我们需要不断提醒自己：“我清楚自己在做什么吗？我的目的是什么？我有足够的数据进行下去吗？”

## 总　结

OD的存在是为了通过实践者和客户的关系来建立组织的有效性。这种关系基于行动研究循环或OD咨询循环，需要八个阶段或八个不同但相互交织的“工作单元”才能让OD实现双管齐下的目标。

所有的OD关系始于客户与实践者的最初接触。不管它以什么形式进行，一旦开启就有重要动态发生，引起客户的前期疑问，如我能信任这个人吗？他能帮到我吗？目前他抓住了我说的问题吗？他有足够的经验做好这类工作吗？鉴于会有这些动态发生，实践者对于这些早期的接洽就需非常重视，了解在最初接触时所需做的事情和技能并为此做足准备。下一章会讲述实践者能够做些什么来确保他们通过最初的接触高概率获得“入场券”。

从接触到成功地进入，再下一步就自然进入订立合约阶段。这是OD流程中最关键的步骤之一，是你与客户共同约定工作的范围和性质以及你们想完成工作的方式的时候。在OD订立合约过程中，重要的是要记住，客户固然是你围绕的中心，但是除了主要客户，还有四种其他客户类型，你需要让他们也参与进来。你需要利用订立合约的过程，明晰客户群体是谁以及他们想要从项目获得的结果，既要确定内容，还要明确你与客户群体的合作关系形式。如果你把这部分做好了，你就帮助客户提升了在未来帮到组织的技能。合约谈判的部分应该作为你的价值观和帮助行为的示范。

订立合约是一个反复的、不断更新的过程。伴随你利用行动研究框架，收集数据来扩展你和客户对问题的看法，你们需要对合约进行回顾。正是这种学习态度使OD的合约成为一个“动态的”“有生命的”文件。记住，光有任务合约还不够，还要有关系合约。

合约阶段已经开启，现在准备进入下一个阶段——你需要哪些数据以及如何收集数据。

# 第四章　OD理论与实践：诊断阶段

在OD咨询循环中，诊断覆盖了四个阶段：数据收集、数据分析、数据反馈与行动计划（见图3.1）。诊断对于任何变革与发展项目都是非常关键的，其原因主要有以下几点：

● 如果对形势和涉及的问题没有恰当的理解，任何计划的介入都将失大于得。

● 项目启动者——无论是个体还是团体，都会倾向于从自己的专业、部门及个人的角度来看问题，所以他们提供的数据在他们自己看来可能是有效的，但罕有能够完全代表整个系统的。

● 你作为顾问，同样会基于自己过往的项目经验、熟悉的专业领域去看问题。不单这一点，你是谁、你的价值观和你的心智模式也会影响你的观点。因此，你需要建立一些保障措施来防止上述这些因素干扰你对变革过程的诊断。

● 诊断活动为改变人们对手头问题的看法奠定了基础；因此，你探寻的内容和探寻的方式，要么会使组织被调动起来，要么会让它继续循着老路前进。由于诊断本身就是一项介入活动，因此设计恰当的流程有助于为下一阶段的变革设定节奏。

本章将会涉及以下内容：

1. OD诊断及诊断过程更广泛的目标。

2. 诊断过程的任务和技能总结。

3. 诊断阶段的政治考虑。

4. 不同类型的数据。

5. 数据收集方式及如何确保数据收集过程能实现目标。

6. 数据分析：如何把不同的数据整合在一起。

7. 数据反馈与行动计划。

## OD诊断及诊断过程更广泛的目标

朱莉·诺兰（Julie Nolan）为诊断提供了一个综合的定义：

> 组织诊断是组织成员与OD实践者之间的一个合作过程——旨在收集相关信息并加以处理，然后反馈给客户系统，通过这种方式来建立承诺、聚合能量并找到行动方案的方向。组织诊断要识别“现状”（what is）和“对应的未来可能性”（what could be），并设法在两者之间搭建桥梁，为之后的介入建立基础。
>
> （Nolan，2006：193）

诊断的**首要目标**是收集足够、可靠和具有代表性的数据，这些数据不仅能让组织和你更清楚如何推动，还能为介入阶段的决策奠定坚实的基础。如果这一诊断阶段计划得当，该过程将帮助你获得动力，更快地实现变革目标。因此，在规划诊断流程时务必记住诊断更广泛的目标，主要包括：

- 关注人们在诊断阶段的反应。在所有OD诊断过程中，你需要关注人们对诊断过程本身的反应。伯克曾建议：诊断就像孩子往池塘里扔石子，我们OD实践者的任务就是观察石子的落点以及石子激起的涟漪。涟漪可能会提供一些意料之外的数据，可能需要提前调整合约。
- 在诊断阶段，必须确保多方人士的参与，以获得更多对变革议程的认可。整个诊断过程必须设计成能让关键利益相关方（个体和团体）参与贡献的，他们在实施阶段的支持对于项目的成功不可或缺。然而，为了获得他们的承诺，必须设计一个意义建构过程，必须向他们提供相关数据供他们思考和行动，必须让不同的观点浮出水面，必须帮助人们自愿重新审视自己的心智模式，以便建立共同的背景。在诊断阶段，关键是要帮助这些不同的团体为找到集体的、可实施的解决方案做好准备。在诊断过程结束时，如果人们更积极地参与变革议程，并准备以更大的自主性和承诺迈向下一阶段，就说明诊断是成功的。
- 建立系统自身的连接。诊断过程还应旨在增加不同利益相关者之间的联系，以便在组织内交换不同的意见。希望通过一个有意义的对话过程，组织中不同部门的成员能够相互了解，愿意在现实问题上共同努力，并在这个过程中了解和尊重彼此的观点，实现权力的均衡。当来自系统不同部分的所有声音都被听到时，人们将开始超越自己所在的部分，看到整体。

诊断阶段的一个重大挑战是：如何使数据不被你和客户先入为主的一些认知"污染"。我想说明的是，所有OD实践者与领导者，当他们对组织现状进行探询时，脑海中都会有一些可见或不可见的固有模式。这些视角一般是潜意识里的，因此常被忽视。就像滤镜一样，它们让一些数据凸显，让另外一些数据弱化，或导致一些OD实践者与组织都未察觉到的扭曲。这种"认知滤镜"（基于历史、背景、范式、个人需求等）会自然发生，很难阻止。然而，控制它们对数据的影响是有可能的，途径有：（1）使用多个利益相关方的观点，有目的性地追求多样化，以听到"平衡"的观点；（2）借助多种诊断模型来收集数据。诊断模型尤其能最小化你和客户的偏见，并能引导其他团体对数据的意义建构过程。

针对不同的目的，存在多种诊断框架。有些工具和框架可用于观察个体与团队的运作，有些则只用于检视团队与工作组的健康，还有一些框架为组织勾勒出现有的文化，或者分析合作伙伴关系的优势，或客户对服务的态度。无论在哪个需要评估的领域，都有现成的工具。OD实践者最常依赖的诊断模型是大系统模型，其中最著名的有韦斯伯德（Weisbord，1978）的六盒模型（Six-Box Model）、纳德勒和图什曼（Nadler and Tushman，1989）的一致性模型（Congruence Model）、伯克—利特温模型（Burke and Litwin，1992）以及加尔布雷思（Galbraith，2002）的星模型（Star Model）。当然还有许多其他模型，每个模型都有助于组织领导者分析组织某些方面的问题。

在本章中，我们将更多地关注诊断过程，而不是涉及系统不同层面的诸多框架。

## 诊断过程的任务和技能总结

诊断阶段有4个应该按序进行的分阶段，但这几个分阶段如何协同，如数据解读、反馈和行动规划，取决于数据收集过程的结果。表4.1有助于分析如何综合考虑每个分阶段的问题。

**表4.1　诊断过程的任务和技能总结**

| 任务 | 技能 |
|---|---|
| ● 分析出哪类数据能获得委托人和其他利益相关者的信任；<br>● 做好准备为数据收集方法提供建议；<br>● 制定时间表，考虑好资源需求和后勤支持；<br>● 分析数据收集的“政治性”方面，包括会影响不同利益群体的数据类别；<br>● 考虑哪些人需要先被数据说服，才会愿意支持变革议程；<br>● 思考在分享诊断数据之前，需要谁确认，可以和谁分享（治理问题）；<br>● 考虑到组织文化，设计最适合的诊断方式和途径；<br>● 决定谁来参与数据分析及解读，谁来反馈数据给核心决策人群；<br>● 决定应该让谁听取反馈，以及应该让谁来帮助计划适当的介入；<br>● 制定不同的介入选项，包括方法与流程等；<br>● 重阅并修改合约以满足项目的总体需求。 | ● 有能力诊断出客户系统中的政治形势；<br>● 有能力设计与开展数据收集；<br>● 有能力培训与指导内部变革团队如何开展诊断工作；<br>● 有能力使用结构框架、大系统模型以及其他具体的理论方法来指导数据分析；<br>● 有能力分析反馈数据并设计选项；<br>● 有能力进行清楚的演示陈述并支持他人进行演示陈述；<br>● 有能力引导联合行动计划会议，让不同观点得以呈现，帮助不同群体找到共同的基础并让他们找到共同的道路一起走向变革目标；<br>● 有能力支持多个利益相关群体一起分析数据，公开讨论，将不同意见放到桌面上从而建立共识；<br>● 能够对不同群体开展反馈，寻找共同点，同时允许不同利益相关者群体提出不同意见；<br>● 有能力支持不同利益相关群体开展行动计划。 |

## 诊断阶段的政治考虑

OD实践者在诊断阶段的第一要务是收集政治数据，否则就会像没有乐谱指挥管弦乐队一样。任何组织都有不同的政治形势，存在正式的和非正式的权力基础与联盟、隐藏的决策过程、暗箱操作等，这些常比正式途径更影响变革过程和产出。因此，在进行诊断规划时，首先要做的一件事就是考虑“终局”——问你自己：“为了变革实施的成功，需要将谁纳入进来？谁应被告知？

谁应一起参与?”这样，等到了实施阶段，帮助组织实现其目标所需的能量与条件皆已到位。从这个角度而言，明晰阻碍系统的政治力量并尝试转变永远不会为时过早（更多内容可参考勒温的场域理论和团体动力）。

无论是怎样的OD规划，回答以下这些预诊断问题会帮助你和你的团队开启诊断过程的设计。最好能将参与支持这个过程的内部变革团队召集到一起，他们对于其中一些问题的看法很关键。

## 预诊断问题

- 该组织的政治形势是怎样的？它可能如何影响诊断的开展？
- 考虑到客户愿意投入的资源和时间，收集数据最有效的方法是什么？
- 如何让诊断过程超越客户的期望，并在工作早期提升你的可信度？
- 项目需要哪些被关键利益相关者视为有效和可信的数据来充分支持和指导变革方向？
- 考虑到组织文化，什么样的数据能支持客户做出有依据的选择并制订行动计划？
- 考虑到组织目前的文化，你应采用哪种框架和流程来建构与分析数据以确保其可接受度？比如，在工程公司硬性数据最有用，因为工程师们习惯基于这些可量化的硬性数据进行决策；与之相反，在艺术与传媒类公司，人们对仅基于硬性数据的诊断无感，他们注重对事情的感受以及他们的支持者对变革的情感反应。
- 组织中不同层级的人分别需要什么样的数据？你需要哪些数据以增加不同层级的人们对变革的支持和投入？
- 考虑到组织层级，你如何保证每个层级都有关键的人能够发声，同时确保不让顶层的人觉得不安？
- 为了让这些关键人群觉得数据可信及有用，你将使用哪些理论概念框架来决定数据收集和分析的途径与方式？
- 如果你需要外部数据，你需要从关键的利益相关者群体中获得谁的许可才能实现这些外部数据的收集过程？
- 哪种数据收集方式能让你更好地利用内部的变革推动者？他们需要接受

哪些培训？

### 诊断阶段需要哪些人的参与？

这些问题旨在让人们参与进来，因为他们的影响力对成功实施很关键，且/或因为他们有数据要共享：

- **决策者**——谁是系统内的决策者？项目展开后需要谁来支持变革议程？
- **会影响决策者的人**——谁能直达决策者并能影响他们的想法和行动？
- **关键实施者**——谁是系统要依赖的确保成功实施变革的关键人选及群体？
- **会影响关键实施者的人**——谁能影响关键实施群体，比如他们的老板、支持的同事，或者有时是他们的工会？
- **关键政治角色**——从政治角度看，谁是有影响力的？你需要让他们参与数据收集的设计与开展过程，使他们不仅对数据信服，还愿意协助传播这些数据。
- **关键职能群体**——哪个或哪些部门将肩负实施的重任？应该在数据收集的哪个阶段让其加入，以保证从其职能出发的专业思考能贯穿始终？

当这些关键群体界定清楚后，就可以考虑如何让他们参与到诊断的每一步，促使其支持变革。那么，要“怎么做”？

首先，你可以在第一轮的访谈中借用其中一些问题。其次，你可以要求客户邀请组织中不同部门的人加入，以便共同设计诊断过程。重要的是，你必须明确指出，原则上，被邀请的人要能够提供有关其所在组织部分以及整个组织的实际政治背景的数据。如果你的客户不知道邀请谁，那么你可能需要花时间进行一些实时指导，让客户明白在规划任何变革时，了解系统的政治环境有多么重要。他们可以不用知道所有的答案，但他们确实需要意识到，将需要组织中可能对这些问题有答案的其他人的帮助。

无论选择哪种方式去获取政治数据，你都要以完成表4.2所示的内容为目的。在你和客户完成了这张表格之后，就可以着手计划诊断过程了。

| 表4.2　诊断阶段有关“谁”的问题 | | |
|---|---|---|
| 有关“谁”的问题 | 合适人选（名字） | 邀请此人的最佳人选 |
| 应该邀请谁加入变革队伍?(他们受人尊重,并有很好的口碑;他们符合变革团队人员规范的标准;他们能够向高层领导汇报,并让其他人了解情况) | | |
| 谁来负责收集各类数据并加入诊断团队?(赢得他们的心是很重要的,这一步将有助于他们的意义建构过程) | | |
| 谁来帮助我们切分收集的数据并组建数据分析团队?(他们对于数据的认可度和他们的意义建构过程,是他们对变革做出承诺的关键) | | |
| 需要谁认可数据才能批准下一阶段的工作? 我们需要向多少人或团体展示数据?(进一步扩大参与面) | | |
| 谁来将数据展示给不同的群体?(由谁来做这个既有影响力又有公信力的信息传递者? 不同的群体由同一个人还是不同的人传递?) | | |
| 谁应作为变革公共活动的重要参与者、赞助者?(从而他会被认为是变革的拥护者;这场变革活动需要哪些类型的人才网络、有影响力的关键信使、潜在的推动者和塑造者?) | | |
| 应该组合哪些不同团体来参加不同的诊断活动,以便他们能够从对话中受益,分享不同观点,迈向系统协同? | | |
| 谁能作为变革团队个体成员的导师?(哪些老人需要接触鲜活、直言不讳的年轻人才,作为他们反向学习的对象;这也是一种权力均衡的介入) | | |

在“政治性”诊断之旅开始之时，你可能只依靠一些假设和直觉来引导自己，但当数据开始呈现，你马上会意识到还需要什么样的数据、哪些人的参与来帮助组织自我转变。同时，你需要重新审视自己的假设的可能性很高。

最后要说明的是，关于所问的这些问题，我并不想营造出数据收集主要是通过政治性角度的错觉。它不应该是这样的。诊断阶段的核心依然是获取可靠有效的数据，从而帮助组织和你做出恰当的介入决策。通过揭开组织隐形的面纱，提醒客户特别关注权力差异领域中的人际动态，你其实是在扩展他们应对未来变化的能力。

## 不同类型的数据

当与客户交谈时，他们往往不清楚数据实际上意味着什么。他们把数据等同于你访谈别人时得到的答案，或者你做的问卷调查的结果。实际上，你可以采集各种各样的数据，为了提高数据的可靠性和有效性，也需要多种数据来源。可采集的数据类型包括：

- **硬性数据**——例如交易数据、投资回报率（ROI）。比如在过去的两轮政策变化之后，员工人才流动率、行业标杆统计数据、退货比例、中层管理者参与多元化和包容性发展项目后不满率的变化、工伤事故率等。任何提供统计数据、数字和比率的数据都属于硬性数据。
- **软性数据**——例如员工对组织有何感受、问卷调查所发现的员工忠诚度以及员工对组织提出的方向改变的承诺度、孩子们离开寄养家庭时画的画、客户的质量反馈、品牌价值的市场调研数据等。
- **能量层面的数据**——员工目前对于所提变革议程的感受、能量状态和热情。它有多消耗能量？是否有些部分被视为令人扫兴的？整体士气和态度等。
- **就绪度和能力数据**——执行新议程的员工是否都已做好准备并具备实施变革的能力？还是有些裹足不前？
- **政治数据**——各种权力团体之间的差异对变革议程是起支持引导作用还是阻碍作用？
- **胜任力数据**——那些必须转变其工作方式的团体是否能够承担起新的责

任并让改变维持下去？

- **外部数据**——与组织存在利益关系的外部相关方关于变革议程的感受和观点；他们如何表达自己的观点，以及可能向竞争对手泄露哪些类型的数据等。
- **竞争对手数据**——同领域的竞争对手在做什么？变革议程会怎样帮助或阻碍组织在市场中的表现？
- **专业数据**——根据变革议程的侧重点，你可能需要获得额外的专业信息，例如财务会计的最佳实践、人力资源薪酬和奖励的最佳实践等。

## 理论洞见：诊断时该寻找哪些数据？

当我们在探询需要收集什么类型的数据时，可以从诸多理论视角中获得一些洞见，而每个理论也会有不同的侧重点（请参阅第二章的表2.9）。表4.3展示了每种理论为我们指明的数据类型。在诊断阶段的开头通盘筹划是一个好习惯。

**表4.3 不同理论视角对数据搜寻的影响**

| 理论 | 引导我们寻找的数据类型 |
| --- | --- |
| 系统理论 | ●系统理论研究下的组织是一个开放而非封闭的系统，不断发展其与所有外部利益相关者的关系。<br>● 系统理论侧重于检视组织变量之间的连接界面和相互依赖性。它还关注关系的质量、互动和连接界面，以及输入、输出和产出过程之间是否一致。<br>● 作为一个系统的各部分之间协同关系的品质、各部分之间跨界合作的水平、与外部合作伙伴的合作质量以及组织生活的其余细微方面，都成为我们诊断工作的侧重领域。 |
| 复杂性理论 | ●复杂性理论引导诊断聚焦组织如何应对环境变化、如何使自身适应改变，以及如何应对组织“随机事件”的发生。组织诉说其历史采用的故事情节，不同历史节点对系统产生的影响，组织应对反馈的方式，组织主动寻找或刻意回避的反馈类型，组织与环境相处的能力，以及组织的变革历史会成为你数据收集过程的重点。 |

续表

| 理　论 | 引导我们寻找的数据类型 |
| --- | --- |
| 复杂性理论 | ● 关注点会落在局部层面发生了什么，以及局部区域如何在变革时期发生自组织的转变；连接的丰富度、各部分连接起来形成的影响；信息流动的速度、方向和影响；多样性的程度和处理——尊重多样性对系统的价值；权力差异的大小，如若权力被均衡会带来什么样的反响和创新；最后是领导者如何在动荡时期控制焦虑。<br>● 关注点会落在组织有哪些模式，以及这些模式将如何与数据显示的模式进行比较。关注不同群体对数据的感受、能量的流动及其流动模式，这些都会对变革项目产生影响。 |
| 社会建构主义和欣赏式探询 | ●这个理论会特别注重找寻组织中现存的叙事类型，众所周知、口口相传的主流故事，文化样板以及人们之间（尤其是在变革时期）开展对话的频率和类型。<br>● 在欣赏式探询中，诊断的重点将放在最好时刻、最佳实践、最佳决定，以及任何可以帮助组织找到支持自身改变的正向核心。<br>● 诊断者会更像是一个人类学家，去研究团体、社区以及他们如何一边维持当前现实一边持续构建新的现实。新的现实对构建者的影响是什么。 |
| 对话和社会话语理论 | ● 关注揭示让组织处在当前位置的话语、文本、语境、叙事和对话。这些可能具有“控制”作用，使组织保持现状，难以开展变革。<br>● 关注在权力有差异的不同组织利益相关者之间隐藏的意义协商过程的作用下，主流的思维方式、特权叙事和根深蒂固的心智模式是如何被创造和强化的。<br>● 哪些主流话语在被认为是可以接受的、正当的和可理解的同时，还排除了某些对话的方式。<br>● 是什么强化了那些主流话语的“可接受”？<br>● 变革推动者能引入什么生成性意象和隐喻来转换谈话的能量和方向？例如，不是“根据投资者的标准进行发展”，而是“进行可持续发展，这样就不需要进一步的投资”。<br>● 什么样的批判性提问会达到挑战当前假设并使系统做好行动准备的效果？ |

续表

| 理论 | 引导我们寻找的数据类型 |
| --- | --- |
| 人类系统动力学 | ● 我们在组织中看到了什么样的模式将系统维系在一起?<br>● 不同的职能部门和群体有什么相似之处? 在这些相似之处中,是否有可以用来改变模式的重要相似之处?<br>● 在不同群体之间存在的所有差异中,消除哪一些会对模式的转变起作用?<br>● 我们目前的互动质量如何? 我们准备做出什么样的改变来调整我们互动的质量,从而转变模式?<br>● 我们在局部能做些什么小事来创造一些不同?<br>● 那些简单的人类系统动力学规则在这种情况下可行吗? 我们如何引入它们? |

事实上，你的责任是要引导客户分析什么样的数据是他们需要的，但最终是客户来决定他们想收集什么数据。然而，不管你和客户选择收集什么样的数据，决策时应该将以下因素纳入考量：

● 数据必须足够可靠且有效，让你和客户在接下来计划必要行动时可以有充足的信心。

● 数据应该是（你在政治分析中确定的）主要利益相关方所重视的。

● 数据本身以及数据收集的过程，应该对组织及其员工从现实状况走向未来发展起最大推动作用。

● 人们在看到并认可这些数据之后，会获得驱动组织向前的动力。

● 数据应能给你信心（基于自己的直觉和判断）来设计介入。

## 数据收集方式及如何确保数据收集过程能实现目标

数据收集方式的选择取决于任务的性质、时间要求、你希望参与其中的内部推动者的能力，以及能让你和组织有效了解如何改变系统的数据类型。OD中使用的大多数数据收集方法旨在获得三样东西：获得对眼下情况最可靠和有效的解读，以确定达到未来理想状态的可能方法；唤起系统成员的好奇心，让他们自己参与行动研究；开始动员关键成员，激发他们的承诺，确保这一点对成功实施非常关键。因此，应设计一系列诊断方法，以实现不同的目的。以下三个示例说明了根据项目规模的不同需要不同的诊断方法：

- 在某个一对一教练项目中，诊断过程可能涉及由顾问或被教练者主导的与被教练者的主管、同事和客户的访谈，最近的360度反馈数据和被教练者的自我评估。
- 在某个团队建设项目中，诊断过程可能再次涉及对使用该团队服务的人的问卷调查、与该团队有联合项目的其他团队的一对一访谈、与团队经理的访谈、团队成员与其同事的交叉访谈、与目标团队其他服务对象的访谈，以及目标团队自身的自我评估。
- 在某个帮助两个部门建立更好的合作关系的项目中，诊断过程可能涉及将两个部门的成员聚在一起，分享过去合作的故事；从这些故事中提取主题；然后让混合小组提出如何增加正面故事，减少更多负面故事的发生。你可以建立对话圈，让每个部门的成员加入（每个对话圈都有一个目标领域，供两个部门交流信息和改进）。在对话圈结束时，两个部门内的小组可以一起工作，就如何支持实现更好的合作提出建议。另外，还有一些部门也可能对两个目标部门产生重要影响。你需要慎重思考从谁那里收集数据，以及哪些数据类型将有助于改变系统。

### 不同类型的数据收集方法

数据收集的方法繁多，以下仅列举部分：

- 关于组织不同方面表现的**现有文件**，例如贸易数据、消费者反馈、战略重点交付、年度报告、监管合规报告、同行评估、部门主管报告、过去十年的项目成功率或失败率等。
- 与你所需研究的领域有切实数据的人进行**一对一访谈**，比如顾客服务主管、组织年度审查主管。选择那些在政治上或专业上有影响力的人。
- 以**单一单元焦点小组**的形式来开展问题的讨论或相关议题的自我评估。
- 通过**混合单元焦点小组**来分享如何更好地管理变革议程及促进单元间的交叉学习。
- **在网上发布变革议程**，以征求组织中不同部分会受变革项目影响的人的意见，并将他们的意见也发布在网上。

- **外部访问**以收集有价值的信息。组建一个核心小组，访问一个或多个外部利益相关方组织，然后进行诊断性讨论——例如，外部组织有什么？它有哪些惯例仪式？与我们相比，其优势和劣势是什么？
- **直接观察**。花时间观察人们在组织内部以及跨部门和跨活动的行为。
- **问卷调查**可以同时向同一组织中的多人收集数据。你可以把问题在组织内网发布，邀请人们做出回应。即使你可能不会收到很多回复，但是仅看到这些问题也可能引发人们的思考。
- **“探询剧场”**。邀请一组表演者演绎组织相关特征的不同场景，如组织的能量水平、协作的频率和互动的质量等，然后邀请混合的群体来确认或指出对所描绘内容的疑义并提供其他数据。
- **故事板**。邀请人们描述在选定情况下通常会发生的故事。
- **涂鸦**。在办公室的入口处放置白板，人们可以用图画或者评论的方式来发表他们对相关议题的看法或对组织的感想。
- **讲故事**。通过故事的讲述，回顾组织发展过程中的重要历史性时刻及其面对过往变化的反应方式，由此帮助组织应对未来的变化。还可以结集出版一本故事手册，便于领导者与团队协商时使用。
- 对能量、系统的流动（特别是面临重大挑战的时候）进行**文化测绘**（Culture Mapping）。
- **整体系统的“高杠杆”方法**。霍尔曼等人的《变革手册》（Holman et al，2007）列举出了超过60种“高杠杆”方法。如举办一场未来探索会议，从中追溯过往历史并且探寻系统的现状之于国际、国家、企业、个人的认知。每一种方法都会是数据收集的绝佳途径。

请记住，所有这些方法的背后都隐藏着设计好问题这一核心技能，以及避免偏见和不适当的先入之见的困难。很少有问题或探询方式是中立的，好的问题可以帮助打开心扉并深化反思。正如大卫·库柏莱德（David Cooperrider）经常说的，我们的问题是“决定性的”：这些问题可以将我们客户的注意力集中到正确的议题上，也可以将注意力转移到其他议题上。所有的问题就像种下的种子。所以，重要的是你应在正式问询那些问题之前，先跟不同的人去做测试。

表4.4是一份清单，帮助我们在数据收集阶段考虑各种决策。

**表4.4　数据收集方法选择的决策列表**

| 问题列表 | 回　答 |
| --- | --- |
| 1. 什么类型的数据能给予组织足够信息做出关于下一步的选择？ | |
| 2. 考虑到组织的文化背景，哪些数据收集方法的混合或搭配是现实的，且能成功收集足够的定性和定量数据，既能满足不同利益相关者的需求，又能在时间和资源的限制下保证团队成功进行分析？ | |
| 3. 谁是和你一同收集数据的“合适”人选（从你的政治数据来看）？他们是否具备相应的能力？如果没有，你有什么培养计划来支持他们具备这些能力？ | |
| 4. 一些方法相较其他方法需要更多的时间和金钱。数据收集的时间花费和资金预算是多少？客户可以负担吗？ | |
| 5. 你是否充分掌握了你们所选的数据收集方法并能支持客户使用？ | |

## 数据分析：如何把不同的数据整合在一起

数据收集一旦完成，你需要帮助客户决定以下问题：

- 谁来参与数据分析？
- 数据将被如何分析？
- 谁来帮助把各种数据整合在一起，并创建一个清晰的演示文稿以反馈给不同的利益相关者？

基于政治分析的结果，你要把那些对实施阶段起关键作用的人的名单“藏在袖中”。在工作中，我总是会试图让这些关键人士参与到数据收集的过程中，那么他们就会顺其自然地跻身分析团队。但如果没法这样做，你有必要向组织高层获得让这些人参与进来的许可。在OD实践中，实践者不应单独对数据进行分析。参与分析和了解数据的组织内部人士越多越好。不管你做什么，你的目标是要尽早让客户（而不是你）承认这些数据。话虽如此，我通常会先对数据进行初步整理以获得对数据的感觉，以便一方面成为把握项目前进路线的人士之一，另一方面评估数据的复杂性——也就是说，如果数据非常复杂，我就会预先了解可以设立怎样的流程来进行数据拆分，使数据分析更为简单明了。

在需要让很多人参与的情况下，你可以让一组人进行数据收集，另一组人去做分析，重要的是要有一部分成员同时参与了两者以确保过程的连续性。或者，如果有许多不同类型的数据并且你估计数据量会很庞大，建立多个团队来收集和分析不同类型的数据，也不失为一个良策。例如，一个团队组织问卷调查并梳理结果，一个团队负责所有焦点小组工作并记录输出，还有一个团队检阅所有的硬性数据和汇报趋势等。确保与所有团队就保密的重要性达成一致。在适当的时候，你需要安排一个活动将所有得到的数据和洞察发现汇总在一起。

项目越大，数据的整合越要早开始。譬如说，当你在选择临时变革结构时，你可能想要设立以下要素：

- 一个协调诊断过程的后台团队，其成员清楚了解你正在追踪的数据类型是什么以及为什么。
- 一份清晰的说明，让每个参与收集和分析数据的人员知道他们要做什么、如何做，以及他们要负责交付的是什么。
- 为参与成员提供他们所需的充分的培训。如果你不确定他们是否能在培训后具备所有必要技能，你就需要引入有专业能力的人来帮助他们。
- 清晰的数据分析流程，让那些收集数据的团队知道如何处理他们收集的数据。
- 每个数据收集和分析团队都要有自己的团队领导，他们要负责统揽整个过程，并做好与后台团队的连接。

数据分析以及之后的数据反馈阶段的主要目的：

- 帮助客户了解所有浮现的事实和主题，以及那些提供数据的人的看法。
- 帮助客户从理解数据到承认数据，从而使他们有动力利用这些信息来计划下一阶段的工作。

- 确保客户对未来充满激情，并愿意投入规划和实施阶段的行动。当然，尽管主人翁感会在过程中逐步升级，但如果从一开始你就让所有或大多数关键人士及团体参与其中，那他们一早就已经开始有一定程度的主人翁感。

表4.5是我在某个项目中数据收集及分析方式的示例。

**表4.5　收集和分析数据的示例**

| 数据收集方法 | 数据分析方法 |
|---|---|
| 检阅硬性数据 | 总结趋势和数据。如果有与竞争对手相关的基准数据，请使用。展示对组织有影响的特定领域的未来趋势，并鼓励探索性的讨论。使用“如果……会怎么样”的问题。对选定的重要研究领域作出结论。 |
| 参访外部竞争者 | 在访问之前，为参访团队准备一份观察和调查领域清单。在访问后，使用问题和提示来促进团队的观察。先把对于“是什么?”的答案汇总，接着问“那又怎样?”，持续问“那又怎样?”直到潜在影响被充分考虑。然后问是否有“现在怎么办?”的答案出现。如果团队还没有准备好，将他们分成小组作进一步讨论，稍后(在较短时间内)给出讨论答案。 |
| 网络调查问卷 | 根据样本量，使用不同的定量方法分析数据，例如，如果问卷使用李克特式的，则使用因子分析。寻找这些重要统计输出的共同主题。 |
| 焦点小组<br>(使用故事板方法) | 分析及报告主要故事情节和主题，由参与者投票决定畅想未来时更喜欢的故事是哪个。不同的故事情节会聚集不同的能量。 |
| 一对一访谈 | 提炼每个问题所获答案中存在的模式，找到特定群体在看待同一事物时观点的相似处和差异性。如果鼓励使用绘画、隐喻或任何生成性意象，那么把它们放在一起，看看它们是否提供了进一步的数据反馈。 |

当所有小组都完成了各自的分析，你需要召集每个小组的代表一起把所有不同的数据串成一个连贯的故事。这将会被反馈给组织中的其他关键人士和团体，为行动计划阶段做好准备。

## 数据反馈与行动计划

你在数据反馈阶段的工作是要调动客户的能量，让他们渴望进入变革的下一阶段。

如何组织数据反馈取决于如下内容：目标小组、目标小组的大小、你有多少时间、你需要召开几次会议，及你与指导小组就会议里谁来做怎样的决定达成的共识。例如，在一个小时内将数据呈现给（不超过10个人的）高管团队，与在半天内将其呈现给三个最高层级的领导（多达50人），做法截然不同。

如果可能的话，我通常会把给高层团队的报告展示放在最后。为什么呢？因为反馈数据的过程也是诊断过程的一部分。在人们面对这些初次整理过的数据的过程中会呈现出更多的数据，如果你此刻仍然打算将参与范围扩大——让那些迄今为止回避参加任何诊断会议的人也参与进来，那么这一点将尤为重要。他们对数据的反应和理解会给你更多的信息。

我更愿意在我们收集了其他反馈会议的数据和能量之后给予高层团队完整的报告，确保有充足的数据来创建行动计划的初稿。换句话说，在向董事层反馈之时你已经可以讲出完整的故事。如果将数据过早地提交给董事层，并且他们开始根据这些初步数据进行决策，就很难再以真正开放的选项来处理其他反馈会议。

数据呈现有很多方式。最重要的是要牢记你做这件事的目的：你的目标是要把数据传递给客户并调动他们的能量，让他们有意愿做出改变的承诺。

反馈数据应以尽可能简单的形式进行总结呈现，但"不能损及客户领会信息的系统性意义的能力"（Burke，1982：209）。换句话说，你需要避免数据过载，但又不能弱化数据的有效性。你可以尝试以创新的方法去做展示，例如，如果你在诊断期间使用了"探询剧场"的方法，你可以让同一批表演者将数据主题表演出来。

### 数据反馈环节需要关注的心理因素

纳德勒（Nadler，1977）指出，人们在参加数据反馈会议时常伴有（部分或所有）以下感受：

- 焦虑：一定程度的不确定性，不知道会发生些什么；
- 防御：担心他们可能会听到不利的消息，可能会受到攻击；
- 恐惧：人们可能会由于各种各样的原因感到害怕，从不理想的结果到担心遭受惩罚；
- 希望：他们可能会听到帮助改善情况的消息，打开通往令人兴奋的未来的大门。

你需要让人们可以把这些感受表达出来，但又不能使会议脱离正轨。

## 你的观点

重要的是确保你的个人观点和你对数据的解读不会与实际数据混淆，应尽可能保持数据的“纯粹”。但是，你对数据的解读也是十分必要的，这样在初始数据展示完毕、不同群体也据此展开了讨论和分享之后，你就可以分享自己的观点了。表4.6可以帮助你规划在数据反馈会议中的演示呈现。

表4.6 演示大纲示例

| 环节 | 流程 |
| --- | --- |
| 开场白 | ● 向小组总结（作为提醒）：<br>项目委托；<br>本阶段的目的；<br>你做了什么以及为什么这么做（方法论）；<br>参与者有谁（数据来源的总人数和人员类型）。<br>● 说明本次会议的目的和会议大纲。 |
| 数据呈现 | ● 一次一组，每组呈现完后接受问答。<br>● 注意：如果分组很多，就先做完所有数据呈现，然后一起提问和回答。 |
| 将听众打散，分小组讨论这些问题 | ● 哪些是让我印象深刻的关键点？为什么？<br>● 哪些是最让人吃惊的点？<br>● 听到这些信息的时候是什么感受？<br>● 我们作为一个组织最应该注意的数据是什么？ |

续表

| 环节 | 流程 |
|---|---|
| 重新回到大组 | ● 请小组代表口头报告他们听到的内容，或使用大白板来展示他们的回答。<br>● 当所有人都汇报完毕，引导整个大组进行如上四个问题的会谈。你的目标是要让大组就下一步做什么达成一些共识。<br>● 检查发起这项工作的环境是否发生了变化。<br>● 如果发生变化，则询问他们如何看待诊断数据（以检查环境中是否存在真正的质的变化。如果没有，则继续问下一个“总结性问题”）。<br>● 鉴于我们发起该变革项目的原因，真正需要我们处理的是哪些数据？<br>● 通过投票或举手来查看共识度。<br>● 如果大家还有精力，继续进行一次简短的公开会议，让人们就在处理那些数据时“如何做”提出一些初步想法，或得到组建任务组的许可，以开始变革实施工作。 |
| 投票 | ● 大家对讨论中需要采取行动的领域以及如何最好地解决这些问题进行投票。 |
| 开放空间论坛（可选） | ●（如果时间允许）大家决定想参加哪些行动，并讨论如何开始。 |
| 行动计划（可选） | ● 让小组参与确定最终的行动计划。决策制定过程要非常明确，这对计划获批以及获取资源非常重要。明确其他组织成员将如何了解今天的结果。 |

我在表4.6中将行动计划标为可选，是因为我认为人们在处理数据时通常需要时间“酝酿”，不应操之过急地进入行动计划。虽然在某些情况下，人们可能想要立马开始计划行动，但作为顾问，你的职责是要确保在推动大家做最后的行动计划之前，他们对于数据已有充分的思考和交流。

## 总 结

OD工作总是始于对客户系统的特质和情境的理解，即从他们的角度和背景出发。获取数据以理解影响系统的议题，并指引你和客户如何最好地应对当下情况。收集数据的方式和数据的质量会影响你的介入策略，最终会影响到整体变革方向。因此，把这些重要的技能和诀窍通过言传身教传授给你的客户组织，让其生成数据、为维护自身系统持续而不断做出决策，这是实践者的职责所在。

同时需要记住的是，诊断绝不是一个单纯收集数据的过程。正如我之前引用过的勒温的话，“研究系统的过程也是改变它的过程”。一旦你开始进行调查，“干扰”过程也就开始了——通过设置的框架，人们开始反思现状。如果你将系统的不同部分连接在一起讨论组织的未来，你就将把系统推向它们从未去过的地方。如果你让人们去研究他们服务的客户，通过面对面的交谈，他们将获得关于如何更好地服务及取悦客户的新知识——也因此他们会愿意尝试新的做事方式。所以，你需要从介入者的角度规划整个诊断过程，利用行动研究方法来加强系统成员的参与；把不同的人混在一起，改变他们的环境，帮助他们发现其正向核心，并寻找机会点燃星星之火，你希望这会演变成一场自组织运动。这样，当人们一旦有了愿景和线索，便会推动系统向目标进发。在这种情况下，诊断和介入之间的界限会非常模糊，因此有时我会把诊断阶段称为“介入前试验场”。在下一章中，你会发现许多有效介入的标准同样也适用于这一阶段。

# 第五章 OD理论与实践：介入阶段

当诊断阶段完成且现状分析也已获得反馈，客户便已经准备好与OD实践者一起制订行动计划了。制订行动计划的主要目的：明确需要采取哪些步骤（和介入）以实现变革目标。这一阶段是OD工作的行动推进阶段，即“理论付诸实践”。在这一阶段，我们的理论、模型、有关组织/团体/个体的概念性框架，还有我们的价值观，都将被用来帮助客户系统设计合适的流程，以支持其成长、变革和适应。

有必要铭记的一点是，不应将介入仅视为与改进工作或解决组织内的某种缺陷相关。在组织、团体或个体健康发展的时期，介入也同样重要，需要进行常规的维护工作，或者巩固并拓展优势，为未来做好准备，并预见未来的变革。利用欣赏式探询的方式，探寻过去的优异成果，并将之用于创造卓越未来——这就是一个非常好的例子。介入即带来转变，你不仅可以将一个系统从糟糕变为良好，还可以将系统从良好转向卓越。例如，在国际原子能机构及其总干事获得诺贝尔奖后，他们问外部顾问：“我们如何抓住让我们获奖的原因，并让这些条件持续下去？”

介入设计的类型繁多，可以是一对一的教练会谈，也可以是为期两天的团队建设活动；可以是为期6个月的客户支持流程再造项目，也可以是为期两年的全球性重组。从小团体开会解决问题，到800人齐聚共创组织战略方向。无论介入的形式如何，其背后都交杂着实践者的各种理论假设、判断、价值观和对应用行为科学的理解。所有这些因素的结合，使实践者能够“实时”成功地开展任何介入的设计和执行。

实践者使用的介入措施非常广泛，而且自OD诞生以来，方法和技巧数量也已大量增长，这使得我们已经几乎不可能详细列举所有的介入技巧。本章不关注具体的工具或方法论，而探讨“怎样做”，侧重于所有介入设计背后的基本原则。换言之，我意在向你展示所有设计工作背后的一些首要原则。我希望，一旦你了解了这些首要原则，你就能一边享受乐趣，一边满怀信心地设计出有效的介入措施，在不依赖特定工具的情况下，为你的客户系统提供良好的服务。当你的经验累积到一定水平时，你将能够实时地在系统的任何层面设计介入，也就是“随时随地”。

在本章，我会介绍以下方面：

1. OD介入的定义。
2. OD介入的重要标准。
3. 设计介入（跨维度设计）——回顾三个“介入立方”模型。
4. 介入的层面和类型。
5. 基于三个“介入立方”模型、介入层面和类型的概念，对跨维度检查清单的总结。
6. 创建介入策略——为设计有效介入构建标准。
7. 介入涉及的任务和技能汇总。

## OD介入的定义及重要标准

**OD介入**（OD intervention）指的是在以实现改进、维护健康或促进增长为目标的组织发展项目中，由客户和OD实践者共同设计并实施的一系列有计划的行动。以下来自OD大师们的定义有助于总结出介入行动的特点：

> 介入指的是旨在帮助组织提升有效性的一套有序的、有计划的行动或事件。介入措施有目的地打破现状，有意识地使一个组织或一个子单元改变成不同的、更有效的状态。
>
> （Cummings and Worley，2001：142）

> 一次介入是指一项变革努力或一个变革过程。它意味着有意识地进入一个正在运行的系统，以启动或者引入变革。
>
> （Rothwell *et al*，1995：11）

> OD介入是一套有组织的活动，由被选定的组织部门来参与，开展一系列旨在促成组织改进的任务。介入是为产生理想改变而采取的行动。
>
> （French and Bell 1999：118）

> 你所做的任何有计划的、有目的的行动，旨在帮助客户系统成长、改变和/或适应。这些行动可以针对个人、人际（二人、三人）、团体、团体间或整个系统。
>
> （NTL介入专题讲师工作坊）

> 介入就是进入一个正在运行的关系系统，来到两个人或多个人、团体或事物之间，目的在于帮助他们。在此定义中，有一个重要而暗含的假设需要明确，即该系统是独立存在于介入者之外的。
>
> （Argyris 1970：15）

如果我们把以上定义的各要素综合起来形成一个**综合定义**的话，那么介入即是：

- 进入某一现存系统；
- 通过结构化、有计划的行动；
- 针对目标个体、团体、多个团体间或整个组织；
- 打破现状，并使系统转变为一种不同的状态；
- 目的是改进和发展。

这一系列定义的背后，是关于有效介入的若干套标准，这些标准对于指导介入的设计至关重要。这是因为每一项介入措施都是对现有系统的一系列干扰，OD实践者需要保持警惕，关注介入措施对整个组织以及在系统中工作的人的影响。因此，在开始探讨“怎样”设计介入措施之前，有必要回顾一下有效介入的标准。

## OD介入的关键标准

关于有效性标准，许多早期的OD大师都有过论述，值得回顾。例如：

**勒温**的三个阶段：解冻、改变、再冻结。解冻是为了创造条件，使客户摆脱现状。他们得到帮助，放松与过往事物的心智和情感联系。这种放松需要达到让个人准备好考虑改变的地步。改变阶段是人们准备好激励自己、以足够的能量前进、追逐新世界的时候。当理想的变革状态即将到来时，介入的重心需要迁移，转而在组织的结构中建立新的仪式、习惯和行为。这些新的做事方式必须在组织中生根，成为半永久的状态。勒温的研究为OD实践者提供了关于介入顺序的洞察，还向我们表明：如果系统没有准备好，但我们试图深入而剧烈地开展介入，那么系统将会采取自然防御的姿势，拒绝介入。

**沙因**则更进一步，通过增加另外三个条件，扩展了勒温的三个阶段，指出介入者可以创造这些条件来提升他们的有效性。首先，对当前现实的否定：需要面对当前现实中“不合适”的方面。这会诱发组织成员自身的生存焦虑（如果我们不改变，我们将会看到组织崩溃并为此负责吗?）。但这种焦虑会让成员无法动弹，除非他们在心理上得到组织领导层的支持。沙因指出，在解冻组织时，必须做出一个深思熟虑的决定，在系统成员中创造一种焦虑状态，从而创造改变系统的驱动力。这种焦虑需要来自事实，这些事实告诉我们，人们坚持的行为会损害组织，每个人都应该有义务阻止这种情况的发生。但是，他们能否动员自己改变，取决于是否有足够的心理安全感来帮助他们改变；如果没有，焦虑就会让人瘫痪。因此，公式似乎是，“提供有效的信息，让人们产生对未来的焦虑，然后提供支持，让人们有安全感地做出改变”。

**贝克哈德和哈里斯**（Beckhard and Harris，1977）谈到了“实际”与“理想”状态的标准。他们指出，如果“未来可能的状态”与“现状”之间没有张力，介入就不会有动力。贝克哈德的变革公式具体说明了这一标准——对现状的不满＋共同的愿景＋知道如何采取最初的实际步骤，这几项加起来必须大于人们感知的变革成本（心理、财务、位置依恋等各种形式的），变革才会发生。换言之，设计介入时，我们需要注意这一公式的平衡。例如：

a. 提供帮助，使组织成员对当前运作方式的不满浮出水面（如果他们没有意识到这种不满）；

b. 做一些塑造愿景的工作，增强人们对改变现状的愿望（共同愿景）；

c. 向人们展示这种变革是可行的（最初的实际步骤），并且涉及的风险很低。

注意到了这一标准，介入行动产生实效的可能性就会提高。

对于贝克哈德和哈里斯而言，关注张力很重要，他们要求OD实践者在人们经历“过渡状态”的时候提供支持。虽然他们认为，构想未来的理想状态对于引发人们向前迈进的愿望至关重要，但他们更关心我们如何支持客户，为所有各方“管理好这一状态”。

**汉纳**（Hanna，1988）是贝克哈德的学生，他建议在处理过渡状态的挑战时，需要计划进一步的介入，给予人们指导。他列举了介入者可以在设计介入时做的五件事：

- 对变革做出真正或更坚定的承诺；
- 必要的技能培训，不要花太多时间争论是否合理；
- 投入足够的资源，让人们得到帮助，事情就会迅速发生，进而稳定人心，创造动力；
- 克服旧习惯，公开挑战旧的做事方式，提出替代方案，鼓励人们把玩和实验新的方式；
- 管理环境——保有足够的高管支持和榜样示范，以及对新行为的奖励，并确保变革与组织成功被关联起来等。

**伯克**（Burke，1982：215、216）指出，OD实践者在介入阶段需要注意三个条件：

- 响应客户实际的和感觉到的变革需求；
- 让客户参与变革的规划和实施（介入）；
- 促成组织文化的变革。

对于OD实践者而言，这三项标准提供了令人印象深刻的指南。伯克非常清楚地说明了：如果我们没有了解数据的含义而直接介入，并且没有帮助客户将数据的含义与他们的真实感受（关于他们自己和组织真正需要什么）联系起来，那么我们成功介入的机会将是渺茫的。与贝克哈德和哈里斯的观点类似，伯克认为需要做的工作是：确保组织成员在参与诊断工作时开始介入。正如沙因（1969）所指出的，进入人的系统进行诊断，就是一种介入。诊断和反馈会产生能量，促使人们采取适当的行动步骤。最后，对于伯克而言，如果介入没有触及组织的文化，相当于根本没有介入。

**阿吉里斯**（Argyris，1970：17—19）也做出了重大贡献，帮助我们思考哪些标准将引导我们进行有效的介入。他指出了三个标准：

- **有效且有用的信息**——这意味着所提供的诊断数据应准确反映组织中人员的感知和感受，以及他们眼中的主要关切和问题。换言之，当他们读到这些信息时，其中的数据应反映他们在工作场所中关于这些问题的体验——他们能回想起在系统内工作的复杂性和随之而来的挫折感。必须让他们看到已经捕获的信息得到了认真对待，而且他们希望看到改变的东西已经提上了议事日程，否则他们无法推进行动计划。
- **自由选择**——“决策的中心在客户系统中”，没有一个决策是自动的、预定的、强加的。根据阿吉里斯的说法，“当组织成员能够选择一项行动，并在内部引发的防御最少，此时的选择就是自由的……因此，自由选择意味着，成员能够探索尽可能多的、他们认为重要的替代方案，并选择最符合他们需求的方案”。这个标准意味着，关于应该做什么的决定权，掌握在客户手中，不应强迫他们采取行动。OD实践者的角色是第三方推动者。
- **内部承诺**——客户对他们要做的选择负责，并对实施自己的选择有责任感。要鼓励组织成员根据自己的选择采取行动，因为在个人和组织层面，他们都有需要回应的真正需求。

为了达到这一组关于有效信息、自由选择、内部承诺的标准，需要从OD循环一开始就让客户参与进来，明确呈现出来的真正问题，在整个组织中测试此类问题，在介入说明文档中指定可交付成果，并让系统成员参与对自己的系统开展的行动研究，向自己揭示自己。要让他们参与分析数据、呈现数据，并加入变革团队开展行动规划。这样做就响应了伯克关于介入的三个关切。此外，客户参与规划和实施介入，也直接响应了他们实际的和感受到的变革需求。最重要的是，通过使用OD方法来指导整个循环，新的行为方式将帮助组织成员复盘有效或无效的做法，并选择尝试新的感受和思维方式。这样，介入也将促成组织文化的变革。

通过介绍上述内容，OD介入方法已现端倪。虽然可能显得有所赘述，但我想再次总结如下，以便读者参考：

- 介入的设计始终是与客户协作式、迭代式地进行探究、选择和行动的过程。

● 坚信客户系统是一个持续进行的、自我响应的单元，它有权控制自己的命运——OD实践者的角色是维护或增强客户的自主性系统。

● 介入始终是有明确意图的——基于对介入成果的因果认识。所有介入措施都旨在实现一个目标。

● 由三个条件支持：有效信息、自由且知情的选择、客户对所做选择的内部承诺。

● 通常有多个“正确”的选择。因此，OD实践者不必纠结于是否做出了正确的方法论选择。所有选择均基于：

○ 背景环境（客户面对的现实情况是什么?）；

○ 可用数据（数据告诉我们什么?）；

○ 理论（应用行为科学的原理）；

○ 顾问和设计团队的经验；

○ 顾问和设计团队的直觉。

此外，还有一些OD介入标准与上述知名学者阐述的标准一样有用：

● 我们在开展介入时，深度不应超过为手头问题提供持久解决方案所需的层面；广度也不应超出系统/个人可以为解决问题和开展变革而投入的能量和资源水平。

● 以上标准类似于“强度”标准，科恩和史密斯（Cohen and Smith，1976）将其称为顾问希望的介入强度、力度或影响力。强度可以是低、中或高。在个人层面上，介入不要太深，产生影响力即可，不要对个人施加过多压力。在组织层面上，介入要考虑组织准备好在价值观上做出怎样的集体改变，不应苛求组织做出比这更激进的改变。顾问控制介入强度的方式，不仅包括介入的设计，还包括用词的选择、语音语调的转折和肢体语言线索。

这组标准是为了确保介入的范围与客户的准备度相匹配。如果两者不匹配，再好的介入也会误入歧途。因此，我们需要关注客户的准备度，并怀着明确的意图去发挥我们的影响力。

了解了各种有效的介入标准，我们接下来将研究介入的设计。

## 设计介入（跨维度设计）——回顾三个“介入立方”模型

在设计介入措施的过程中，在决定使用什么工具和方式之前，介入者需要考虑的可变因素（维度）有很多。对介入措施的各种可变因素的相互对照，正是早期一些OD奠基人试图做的，即以一个立体模型的形式来诠释OD介入的不同类型。伴随现在OD工作的日益复杂，各种更复杂的介入技巧层出不穷，有些人可能会认为这些早期奠基人的理论已经过时。但是，我相信这三个立方模型背后所体现的知识严谨度，可以告诉我们怎样从基本原理出发来思考介入。通过回顾这三种三维模型，介入者将能够开始思考在创建介入策略时实际应用哪些维度。

### 施穆克和迈尔斯（1976）

在施穆克和迈尔斯（Schmuck and Miles）发表立方模型之前，伯克和霍恩斯坦（Burke and Hornstein，1972）已经提出了一个单一维度的分类法——他们只列出了六类介入：团队建设、冲突管理、调查反馈、技术结构、培训及其他，然后将不同的介入方式归入每个类别之下。施穆克和迈尔斯首创了三维模型，设计出了一个立方体，鼓励实践者思考三件事之间的相互作用：a. 所诊断的问题；b. 关注的焦点；c. 介入的模式。请参考图5.1，详细了解这一模型。

如果我们认为这个立方体由许多较小的立方体组成，每个立方体对应上述a、b和c的每一种可能的组合，那么只有一部分小立方体所表示的组合是合适的。例如，如果诊断出的问题是决策，关注的焦点是团队，那么介入模式只能是提供过程咨询和教练辅导，或者培训。如果诊断出的问题是文化和氛围，关注的焦点是整个组织，那么介入的模式就是建立OD任务小组。

通过关注“问题/议题、针对谁、介入模式”这三种特定类型，OD实践者将能实时地设计介入。

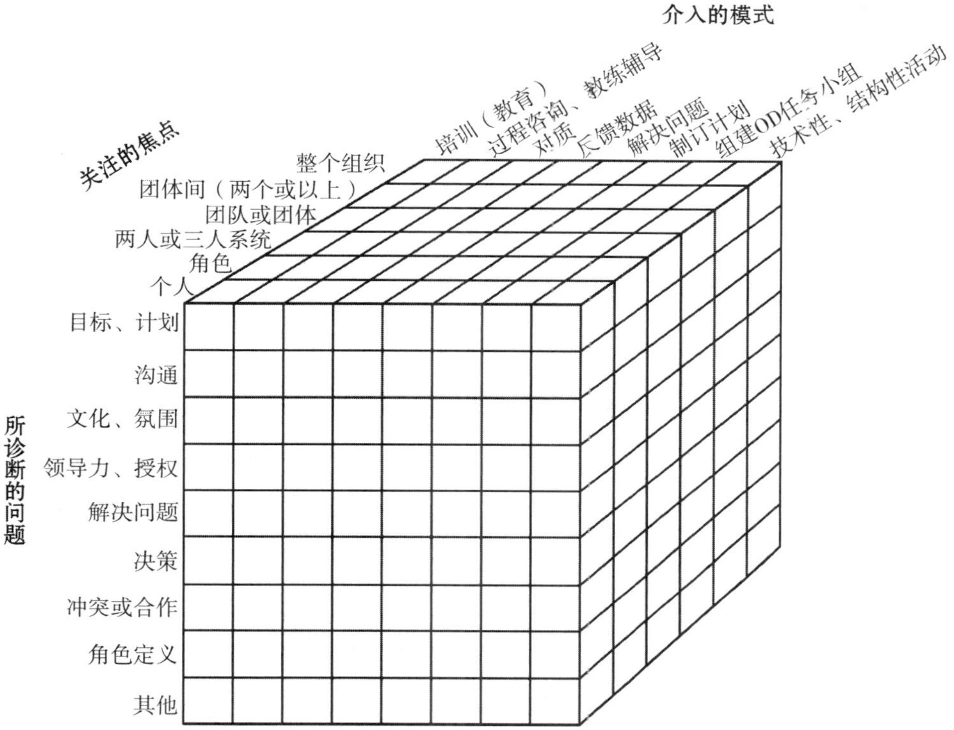


图5.1　OD立方模型（Schmuck and Miles，1976）

## 布雷克和莫顿（1985）

接下来试图对介入措施进行分类的是布雷克和莫顿（Blake and Mouton，1985），他们创建了最为综合的介入分类法，叫作“顾问立方”（Consulcube），它也是一个三维立方模型，不过有100个小单位。他们概括出来的三个维度是指：

第一，介入类型（顾问在做什么）。包括5个基本类型：

- **接纳**——顾问传递给客户价值感、重视感、接纳和支持的感觉，使他们能够成长和前行；
- **催化**——顾问帮助客户生成数据和信息，从而重建客户的认知；
- **对质**——顾问指出客户信念和行动中的价值矛盾点；
- **处方**——顾问告诉客户如何解决问题；

● **理论及原理**——顾问教授客户相关的行为科学理论，让客户学会自己诊断并解决自身问题。

第二，导致客户问题的焦点议题。布雷克和莫顿概括出了四个核心领域：权力与权威、士气与凝聚力、规范与行为标准、目标与目的。

第三，变革单元，也就是咨询的目标。他们提出了五个单元：个体、团体、团体间、组织以及更大的社会系统（如社区乃至社会）。

图5.2展示了该立方模型。例如，有一个团体（变革单元），其问题是关于目标和目的（核心议题），诊断后顾问提出最合适的介入是理论及原理（介入类型），并由此运用行为原理，帮助这个团队诊断出为什么他们会对目标和目的存在困惑。这一选择背后可能存在顾问的假设，如在团队中有隐性冲突，并且这一冲突以目的问题的形式显现出来；也有可能顾问诊断出的问题是团队士气，那么顾问也许会决定采用接纳的方式来鼓励团队，让他们能够继续前行。

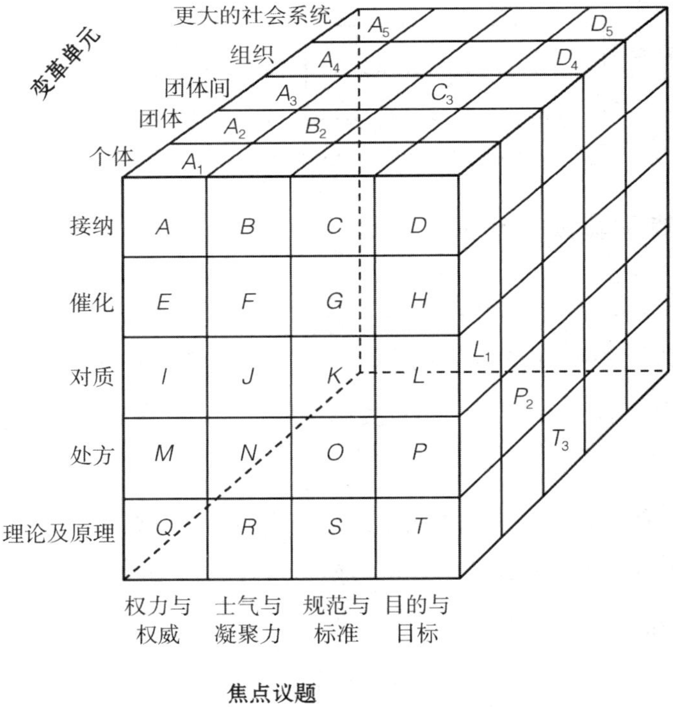


图5.2　布雷克和莫顿的“顾问立方”模型（Blake and Mouton，1976。经Scientific Methods，Inc.准许复制）

## 莱迪的立方模型（1994）

布兰顿·莱迪（Brendan Reddy）为这一介入模型专门写了一本书。图5.3所示的莱迪立方模型包含：

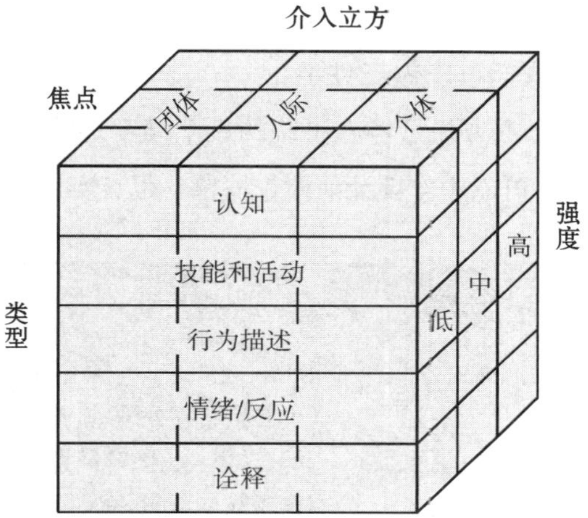


图5.3　莱迪的介入立方模型（Reddy，1994：82）

- **介入焦点**：团体、人际、个体。
- **介入类型**：
  - ○ 认知：抽象的，智力或思想导向的；
  - ○ 技能与活动：建议合适的技能学习和培训；
  - ○ 行为描述：顾问描述自己观察到的行为；
  - ○ 情绪/反应：顾问描述团体中的情绪和感受因素；
  - ○ 诠释：对正在动态发生的情况作出假设或理解，试图激发成员讨论他们对正在发生的事情的思考和感受。
- **强度**：（低、中、高）莱迪对此的解释是“顾问希望的介入强度、力度或影响力”（Reddy，1994：83）。

尽管这个立方模型的主要焦点是过程顾问与团体展开的工作，但其概念有着更广泛的适用范围。例如，如果介入焦点是在人际层面，而介入类型是诠释（分享直觉、假设，以激发两个个体一起解决问题），那么就可能需要较高的强度，因为低强度也许无法扫除障碍。

## 三个“介入立方”模型提供了什么？

施穆克和迈尔斯早在40多年之前，就率先试图帮助实践者采用三维的视角看待介入，这着实令人惊叹。这三个立方模型给予了实践者想象力和框架，让他们能够定制自己的介入立方模型，以指导有效的介入设计。为了汲取这些学界先锋的研究智慧，我们可以做三件事。

第一，我把这三个立方模型各自围绕的三个维度都整合到一起，组成了一张六个类别的检查清单，可以用作设计前检查清单，很有实用价值。详见表5.1。

表5.1 三个立方模型的设计前检查清单

| 维 度 | 作者在问什么 | 来自这些立方的设计前检查清单 |
|---|---|---|
| 所诊断的问题 | ● 诊断出来的问题<br>● 焦点议题（问题领域） | 你知道正在处理的、诊断出的问题是什么吗？目标、沟通、文化、领导力、冲突、角色定义等？在这些问题中，是否有明确和主要的焦点问题，如士气和凝聚力、权力和权威、规范和标准、目标和目的？有必要明确诊断出的焦点问题是什么。 |
| 针对的团体 | ● 关注焦点（谁、哪个层面）<br>● 变革单元（针对的团体）<br>● 关注（团体、人际或个人） | 你知道自己的介入措施将针对多少个系统层面吗？大型社会系统、组织、群体间、团体、两人、三人、角色、个人等？即使诊断出的问题是一样的，不同的关注焦点是否需要不同类型的介入措施？ |
| 相关的介入类型 | ● 介入方式<br>● 介入种类<br>● 介入类型 | 一旦知晓了诊断出的问题、议题和介入需要针对的系统层面，接下来就需要研究背景环境（如新闻编辑室、工厂车间）、分配的资源，以及其他限制条件/机会——有可能开展什么类型的介入？有可能同时开展哪些介入的组合？如过程咨询、对质、培训、做实际工作、任务小组、行为改变等。 |
| 介入强度 | ● 强度（高、中、低） | 考虑到需要看到的介入成果以及诊断出的问题的根基有多深，你需要使用多大强度（高、中、低）的介入？介入者希望的介入强度、力度或影响力有多大？ |

第二，你可以保留立方模型这一概念框架，然后用你认为很重要的理论分类取代模型中的分类，从而创建自己的介入立方模型。一旦建立了这样一个工具，你就有了可以与客户分享的工具或地图。例如，使用施穆克和迈尔斯的立方模型，你可以将自己经历过的具体真实案例，分别输入“所诊断的问题”“关注的焦点”和“介入的模式”。又如，可以将立方体中的议题替换为以下客户实际议题：

| | |
|---|---|
| **所诊断的问题** | ● 战略实施失败<br>● 拒绝分享知识<br>● 歧视性文化<br>● 僵化的威权主义领导风格<br>● 对问题的态度(隐藏而非分享)<br>● 决策缓慢<br>● 顺从的态度得到回报<br>● 死板的角色定义等 |
| **关注的焦点** | ● 整个组织<br>● 研发部<br>● PMO和区域负责人之间<br>● 总部HR和当地HR<br>● 所有国家的负责人<br>● 在先驱国家市场中占主导地位的领导者 |
| **介入的模式** | ● 大型团体介入，旨在获得对企业战略目标的承诺<br>● 过程咨询<br>● 对话循环<br>● 疑难问题任务小组<br>● 领导力发展计划 |

第三，你可以利用我从这三个立方模型整合出来的概念框架，并添加其他类型和层面的变量，开始为客户创建定制化的介入策略。表5.2举例说明了如何根据“类型”问题来设计有效介入。这张表汇总了三个立方模型的概念及“类型”，总结了介入方案设计的检查清单。

**表5.2 基于“类型”问题设计有效介入措施的示例**

| 目标变革领域 | 介入方式、种类或类型 | 规 模 | 强 度 |
| --- | --- | --- | --- |
| 顶层团队优柔寡断 | ● 团体过程咨询。<br>● 来自下层领导者的反向反馈，关于组织其余部分要求最高领导层为他们指引方向。 | 中小团体 | 中高 |
| 战略规划程序不一致 | ● 梳理战略规划专业人员的胜任力，看看问题出在他们的胜任力，还是顶层团队提供的混杂方向。 | 小团体 | 低 |
| | ● 召集一个由二层和三层领导者组成的小组，与战略规划者一起更新规划程序，进行有限的磋商，然后进行一轮规划。 | 小团体 | 低 |
| 让大多数员工参与战略规划流程，以获得数据、敬业度、主人翁精神 | ● 与战略规划者和领导者一起设计一个大型战略制定活动，为最高两层的领导者分配不同的前期角色，并让第三层领导者参与进来，引导分组活动。<br>● 将数据汇集在一起，鼓励人们根据他们获得的各种数据源，发出自己的声音，分享各自的个人愿景；然后投票（但不要在此阶段做出主人翁精神的承诺，因为还有一个阶段要走）。 | 大团体 | 中（不仅仅是技能训练，更是鼓励人们发出自己的声音，表达价值观以及对组织的个人愿景） |
| 解决最高三层领导者之间缺乏方向一致性的问题 | ● 召开一次管理会议（最高三层领导者），研究战略规划日活动产生的数据；设计一个流程，让不同级别的领导者混合到一起，在商定首要战略重点之前，先提出选择标准。在这个小组确定标准后，让他们再次按级别分开，并商定战略重点。引导他们的讨论过程，特别是在存在分歧时。<br>● 商定如何开展实施过程，需要通知谁、如何通知，如何将其转化为工作方案，以及需要向自己和他人提供何种支持，以监测这些战略优先事项的交付情况。 | 中型团体 | 从低到中到高不等，具体取决于过程 |

诊断出的问题：在方向和战略重点方面，最高两层的领导者之间缺乏领导一致性。

## 介入的层面和类型

我们已经理解了如何用跨维度的方式看待介入，接下来，我想将实践者需要考虑的可变因素（维度）清单进一步扩展。这可能看似是一个比较复杂的话题，但事实上并非如此。我会在这一小节概括以下内容：

1. 在介入设计中，系统层面的含义是什么？
2. 介入类型的含义是什么？
3. 将类型和层面结合起来，建立有效介入标准的清单。
4. 不同层面的介入工具和技巧。

### 在介入设计中，系统层面的含义是什么？

在介入中，应该把注意力放在你所介入的系统层面上，并从三个立方的角度来看。所谓介入的系统层面，在三个立方中分别被称为“关注的焦点”“变革单元”和“焦点”。系统层面可能是个体、团队或者组织。以不同层面为目标的活动，其预期影响也会有很大差异。根据一位NTL的同事菲尔·米克斯（Phil Mix）的观点，在OD中，实践者至少会与系统的9个层面交锋。而且，在OD观念里，除非介入措施能够至少渗透到系统的3个层面，否则很难取得可持续的变革。所以，介入活动能够影响到的系统层面越多，其效果就越佳。但是，介入措施还是必须有一个瞄准的主要目标或者变革单元。

在设计工作中，你需要问自己：“为了使这次介入有效，我需要介入多少系统层面？主要层面是哪一个？”

我们先来看一看系统的9个层面：

- **个体内在层面**——聚焦点在于个体，通常涉及个体思维模式、范式、价值观以及深层假设的转变；或者是聚焦在清除障碍，例如，让个人能释放所有压抑着的情绪，使其能继续前往下一个发展阶段。
- **人际层面**——聚焦点在于人与人之间（如二人、三人之间），即个体间的关系需要厘清之处。譬如，将两个部门主管之间的互动风格从竞争转变为协作，或者一些合作伙伴需要更好地互相理解各自关于一个战略议题的看法，因而需要获得支持，让他们能为了组织的利益更好地相处、更有效地合作。

- **团体层面**——重点是团体动态、团体成员之间的关系、团体成员如何互动、团体的使命、他们能否成功交付结果、他们能否满足彼此的归属感需求，同一团体内是否有子团体（团体内部层面）、他们如何处理冲突，是否有遵从性与合规性的力量在运作等。
- **团体之间层面**——一个事业部下的两个单元（如同属管理层支持办公室的战略专员和OD专员）需要更为无缝地合作，了解彼此在战略制定和实施过程中的不同角色。帮助团体之间有效地合作，并展现对彼此之间相互依存关系的理解，这就是一种团体之间层面的介入。
- **单元内部层面**——同一职能部门下的不同子单元（如HR业务伙伴、L&D单元、薪酬福利组等）需要学会互相支持彼此的工作，并使用程序和流程，让整个职能部门的产出前后一致，并获得其他部门的认同。此外，他们还要知道如何助力树立品牌，这对于他们的服务对象而言是重要的。
- **单元之间层面**——不同部门（如市场营销部和销售部，或推广活动部和资金筹集部）需要理解彼此的核心工作，并学会互相配合，使得组织获得成功。
- **有界系统层面**——环境发生了很大的变化，整个组织需要调整并采用新的战略和使命，以保证在环境中能够继续生存。
- **系统网络层面**——多个组织，例如一些以老年群体为目标客户的组织，联合起来共创2025年全国范围的老年关怀的愿景。
- **环境中的全系统层面**——一个组织把它的所有供应商、客户、投资方、合作伙伴、员工以及志愿者组织起来，探索一个实际可行的未来方向，让他们能继续在其核心使命的领域内产生重大影响。

明确了系统层面以后，介入者接下来要做的是确定能够运用什么类型的介入。

## 介入类型的含义是什么？

在这种语境下，类型的含义很广泛，可以表示“分类”“维度”，或“聚焦的变革领域”。这一概念为实践者提供了如何设计介入过程的关键洞察。

在文献中，当作者们谈及介入类型时，是指以下6种概念中的一种：

- **目标变革领域**——如莱迪的立方模型（Reddy，1994）所示，某一类型的介入措施可以帮助人们增加对某件事的知识和理解（认知），或提高做某件事的能力（技能和活动），或者改变现有的行为（行为描述），或者释放积压已久的情绪并学会怎样利用情绪帮助我们反思（情绪/反应），或者是扭转范式（诠释）。
- **以任务为核心或以过程为核心**——对于以任务为核心的介入措施，人们集中在一起创建计划、解决问题、改进产品或者提升效率。对于以过程为核心的介入措施，人们聚集在一起解决冲突，学习怎样最有效地在一个多元化的团队里工作，学习在共建社群未来之前先看到整个社群的需要，等等。当然，你也可以两方面都做，譬如，学习一个能帮助团队更有效地改进服务的过程，这样他们便能重复使用这一过程。
- **结构化的与非结构化的介入**——结构化的介入是指有着包含每一个后勤细节的详细计划的方案；所有参与者都被带领到活动中，并且很可能有详细的项目计划来“制作”这一活动。非结构化的、自然生发的活动中，会有一个大致的计划，但是活动的形式主要是让参与者自组织，最终去到的地方由他们的能量带领。在非结构化的介入中，“人类实验室”是其中最有名的一类。当然，也可以有既高度结构化又自然生发的活动，如“欣赏式探询峰会”。
- **实施介入的渠道**——有些介入的实施方式是讲座和知识输入，有些则主要是体验式活动，还有一些是对话加讨论式的活动，或者通过参与艺术、音乐及戏剧、户外活动、外部参观等形式进行。简而言之，这指的是实施介入的主要过程。
- **团体的大小**——团体的规模是小型、中型（如两个部门合并起来），还是大型（整个组织）？
- **介入强度**——介入的程度有多深（高、中、低）？

在设计过程中，实践者必须明确介入的类型和层面。在介入类型中，需要进一步考虑介入的关注点是应该更多在于任务，还是在于完成工作的过程。基于任务的介入是否需要高度结构化和计划周密的过程？还是说这个过程的自组织程度可以更高一些？至于“介入应通过什么渠道针对目标团体实施”，取决于介入目标、规模、持续时间和组织偏好的沟通方式。虽然这一细致的工作听起来很重复，但其目的是确保你在介入设计中获得一定程度的轻松自如，这种轻松自如不会在一夜之间发生，但设计原则中的“科学元素”将帮助你实现。多多把玩这些设计原则，你将能更快地成为“行家”，善于组合各种维度，让合适的设计触手可及。表5.2也用实例说明了这一点。

## 基于三个“介入立方”模型、介入层面和类型的概念，对跨维度检查清单的总结

为了帮助你将我介绍的各种概念整合起来，我构建了表5.2，用一个真实的咨询案例，说明了如何使用这些首要原则，设计各种介入措施以改善现状。应当指出，所列的概念中没有一个是应该单独使用的；相反，来自三个立方中的概念应该是交叉引用的。例如，如果介入是为了增加对某件事的知识和理解（认知），那么介入的实施渠道将包括知识输入。如果要使用的渠道是讲座，那么这样的活动很可能可以容纳更大的团体，并且强度很可能较低。但是，如果目标领域是关于转变范式的，那么介入就应该是体验式的、结构松散的，发生在一个较小的团体中，明确指向系统的人际层面，强度很可能较高。

明确了介入的层面和类型之后，你的下一步行动是帮助客户考虑是否应该使用一些方法论/工具和技巧，或者是否最好量身定制一个介入措施。表5.3提供了一系列介入类型的举例，你可以向客户展示此表。但有必要说明的是，无论你和客户一起选择了哪种方法，都需要根据组织的实际情况加以改编。请注意，这并不是一份详尽无遗的介入措施清单。

**表5.3 按层面划分的各种介入类型举例**

| 个体层面介入 | 人际层面介入 | 团体层面介入 | 团体间层面介入 | 全系统/组织层面介入 |
| --- | --- | --- | --- | --- |
| ● 教练辅导<br>● 导师<br>● 团体训练法<br>● 心理咨询<br>● 人生和职业规划支持<br>● 教育<br>● 行为示范<br>● 个人咨询 | ● 第三方冲突解决<br>● 角色谈判<br>● 过程咨询<br>● 双方讲故事<br>● 互相依赖练习<br>● 角色互换<br>● 工作影子活动<br>● 伙伴式工作 | ● 团队建设<br>● 职责表<br>● 过程咨询<br>● 角色分析<br>● (初始)团队建设活动<br>● 创建愿景<br>● 决策改进<br>● 非结构化的团体培训 | ● 界面讨论<br>● 第三方主持的团体层面的调解<br>● 相互的调查反馈<br>● 旨在建立互相依存意识的团体间活动<br>● 子单元重组 | ● 组织设计<br>● 欣赏式探询峰会<br>● 未来探索<br>● 组织镜像<br>● 实时战略变革<br>● 伙伴与客户会议 |

其他适合大型团体的方法论系列并没有在此展示。赫尔曼等人（Holman *et al*）的《变革手册》（*The Change Handbook*，2007）记录了68种方法。

在设计介入措施时，介入者还需要注意四点：

● 一定要带着一张设计检查清单与客户开展合作，这样可以确保你们在开始设计前，已具备所需的全部信息。或者，也可以让客户参与这项工作，请他们提出自己的设计检查清单。有了一张与客户共同设计的检查清单，那些将与你一起开展联合设计的人们将会更有信心地完成工作。

● 一定要愿意在介入设计中使用不止一种方法论。组合不同方法论是一种健康的做法，只要这些方法论之间有连贯性，组合起来将有助于取得更多成果。有时，将一些方法论结合在一起，可以产生一套强有力的介入措施。

● 一定要根据咨询案例的实情，对方法加以改编和定制。切勿拿来一个“现成”的工具，就直接应用于客户。我从未照搬过任何一个工具，所以如果你不完全依照方法论的基本原则，也不必感到内疚。

● 一定要愿意测试客户提出的任何创新想法。请注意，谈起方法论，我们可能会感到相当麻木。正因如此，如果出现了一些新的想法，请一定要尝试一下，并鼓励客户团体在你将他们的方法论“OD化”之后，继续创新。请随身携带教育材料（如设计模板、规程和理论），以便随时参考，在机会出现时进行实时教学。不要被你掌握的工具和技术所束缚。

最后，请参阅表5.4，了解在设计过程中可能需要考虑的其他因素。

| 表5.4 设计介入方案时需要进一步考虑的因素 |
| --- |
| 介入者在设计阶段还需考虑以下因素 |
| ● 实践者（和内部变革团队）从诊断数据和直觉判断中发现有什么特别突出的地方，会影响介入方案的类型、顺序、时机？<br>● 基于各种理论观点的不同设计选择。<br>● 考虑到资源（时间和金钱预算）问题的不同设计选择。<br>● 介入措施需要以多快的速度完成。<br>● 采取介入措施时，该系统的能力和准备度的问题。<br>● 为取得理想结果，介入应该深入的程度（风险程度）。<br>● 关于变革（以及变革介入），系统内目前的焦虑程度如何？<br>● 什么流程有助于增强系统的自主性？<br>● 当前权力格局将如何影响介入的实施？<br>● 我们如何在第一轮测试运行时抓住所有反馈？稍后当我们开始在不同的区域和职能部门中同时实施介入时，又如何获取反馈？<br>● 谁将密切关注反馈数据并调整我们的介入计划，以确保我们取得成功？<br>● 是否有某些技能需要不断积累？这些技能是什么？谁来不断积累？ |

## 创建介入策略——为设计有效介入构建标准

为了实现系统的转变，决定需要设计/实施什么介入，这一过程就是OD实践者的核心工作。因此，对于OD实践者来说，要做好介入，远远不只是从“工具袋”里拽出一两个介入工具应用到咨询案例上那么简单。为了创建出被弗伦奇和贝尔（French and Bell，1999：146）称为“整体制胜打法”（overall game plan）的介入策略，需要采取多个步骤。他们认为，一个介入策略计划能帮助介入者：

> 整合需要面对的问题或机遇、项目的理想产出，以及实施各种介入措施的顺序和时机。介入策略的基础，是诊断结果和客户系统的理想目标。

介入策略是一份结果文件，它总结了你的意图，指引着你和客户执行并监控你们计划中的介入行动。然而，要完成这份介入策略，介入者需要经历四个主要步骤。本节里我会分步进行讨论，说明每一个步骤是如何促进创建介入策略的。这四步是：

1. 回答一份设计之前的问题清单；
2. 回答一份关于设计的问题清单；
3. 对照一份OD实践者需要参考的设计标准；
4. 列出所有计划进行的介入并进行排序。

有人可能会问："这些步骤是不是有些太过头了，特别是当我只是在规划一个一次性、小规模的项目时？"回答是：没错，可能是有点过头了，因为只有大型项目才真正需要介入策略。但是，从我的经验来看，完成这些步骤，可以让实践者获得一定程度的安心，而这种安心是很难通过做其他事情获得的。所以对于我来说，无论是半天的董事会，还是三天的管理层闭关会议，我都要跟客户一起经历思考过程。这样，在到达最终项目阶段时，因为经过了我们周密的思考，双方都会很安心，相信项目能够有效开展。我给你的建议是，尽量完成这些步骤，掌握设计介入方案的基本原则。几次实践以后，你便会有信心将这四步巧妙地转化为你自己的介入设计方法，或者采用你认为合适的任何清单。你不应被检查清单牵着鼻子走，相反，你的清单应该为你所用。

友情提示：以下四个清单看起来可能非常重复。我的目的是为你在实际设计时提供一些参考资料。因此，如果你已经阅读了足够多关于介入的知识，请在此停止阅读，因为大多数介入设计的技巧已经介绍过了。只有当你的确有理由使用这些清单时，再来回顾。接下来，你可以直接跳到本章后面的"列出所有计划进行的介入并排序"一目。

## 回答一份设计前问题清单

- 介入的目的是什么？你想达成的目标是什么？

- 诊断出的问题是什么？
- 关注的焦点是什么？或者说介入所针对的变革单元/系统层面是什么？想达成什么？
- 需要实施介入的目标变革领域（焦点议题）是哪些？
- 实践者（和内部变革团队）从诊断数据和直觉判断中发现有什么特别突出的地方，会影响介入方案的类型、顺序、时机？
- 系统内的焦虑程度如何？这是你在设计介入方案时需要留心的。
- 系统的准备度和能力如何？
- 根据目前的准备度和能力状态，系统能处理多少风险？
- 什么样的流程有助于提升系统的自主性？

**怎样使用这一清单？**首先，显而易见的是，必须花一些时间查看诊断数据，回顾一下你与各个客户的每场谈话，并且将这一问题清单运用到数据上。其次，如果你是与一个内部变革团队一起合作，最好召开一次会议，带领他们看一遍所有清单上的问题，获得来自他们视角的答案。最好什么时候做这件事呢？我发现在数据反馈会议结束时几乎不可能，首先是因为人们还沉浸在刚刚得知的数据中，并且需要时间来思考这些数据（即发酵时间）。因此，我会等数据反馈会议结束几天以后再开这场会。

一旦你和客户一起过完上述的问题清单，你们便有了充足的信息开始做设计了。根据你和客户所达成的协议，你可以自行准备一些方案选项，在下一次会议时与客户一起讨论这些选项，并初步决定下一步行动；你也可以带领一个内部团队，共同开展设计工作。

无论哪种途径，你仍旧需要抽出几个小时，在房间里独自检查一遍下一组设计问题。一开始，有些问题看上去会显得有些重复（事实上的确就是重复的），但是在现在这个阶段，你需要有比上一轮更为细致的答案。

## 回顾并回答一份关于设计的问题清单

**围绕目的、层面、范围：**

- 我们想达成什么？哪些衡量标准能让我们知道成功与否？
- 我们的介入是针对系统哪些层面？为了保证可持续的效果，有多少系统层面需要介入？

- 目标变革领域是哪些？不同的目标领域是否需要不同的介入类型？
- 活动形式应该倾向于以任务为主吗？如果是，我们需要让参与者完成并学习什么任务？还是应该以过程为主？如果是，那么目标团队需要在哪个过程上做得更好？

**围绕渠道、团体、规模：**

- 根据我们对团体的了解，活动应该是结构严谨的还是更为自然生发的？活动会鼓励多少自组织的过程？什么活动更适合这个团体？什么活动会带来更好的成果？
- 实施介入的最佳渠道是什么？哪些渠道组合起来效果最好？
- 这一介入方案应该针对多大的团体实施？是一次性针对整个系统，还是先从一些小型团体着手，最后再针对全系统的大型团体？

**围绕理论、资源、速度、系统能力及心理状态的设计选项：**

- 根据组织可提供的资源（时间和预算），我们可以考虑哪些设计选项？
- 根据行业的性质，我们可以考虑哪些设计选项？例如，他们是否可能让同一个职能部门的所有人同时离岗聚在一起？
- 需要以多快的速度完成介入？
- 如果我们决定进行这一介入，该系统是否有能力及充足的准备度？
- 为取得理想结果，介入应该进行多深（风险程度）？
- 综上所述，基于不同的理论视角，我们可以想出哪些不同的设计选项？

**围绕顾问的角色、介入模式、实施者：**

- 顾问必须承担的介入角色是什么？
- 介入模式是什么？
- 应该由谁来实施介入？

**怎样使用这一清单？**第一，利用它来帮助你发现介入的选项。你需要再一次花上几小时考虑这些设计问题。希望最终能有几个设计选项出现，这些选项在进一步完善之后，便可带去与客户讨论。最好的做法是，对于你想到的每一种介入选项，写一份简要介绍，描述其过程的运作方式、希望达成的目标、执行介入的人员以及需要的资源（人、资金和场地）。如果各种介入选项方案有利有弊，也要准备好与客户分享这一信息。专业的做法是，为每一个选项准备足够多的细节，让客户可以做出知情的选择和决策。

第二，在你的下一次客户会议上，也可以花些时间（不超过30分钟）带领客户过一遍设计问题清单，然后向他们展示你的设计。这样做是为了让他们了解设计的过程，帮助他们成为你的得力合作伙伴，一起做出知情选择。你甚至可以专门安排一场旨在提升客户技能的活动，帮助他们学会如何考虑设计问题，让他们在整个介入领域变得更懂行。

第三，你可以与客户一起完成初期的设计工作，将技能提升与设计活动合二为一。你会发现这么做通常是非常令人愉快的，因为尽管客户不如你内行，但他们常能提出一些你想不到的新鲜想法。在这之后，你仍需进一步完善他们的初步想法，建立一份恰当的介入计划。

我还记得，当我与一组客户分享了这些概念以后，他们真的接手了设计会议，想出了一些我从未想到过的、极具创意的介入方法，我在那时感受到的喜悦至今难以忘怀。客户的智慧毋庸置疑，他们需要的不过是我们分享的概念工具，用来引导有效的设计工作。

初步设计完成以后，对照下一个清单再检查一次，会让你受益良多。

## 参考一份设计标准清单

在本节里，我把所有的设计标准总结在一张表格里（见表5.5），并配上进一步的注解供实践者参考。

表5.5 OD有效介入的设计标准

| 有效介入的标准 | 对OD实践者的设计工作意味着什么？ |
|---|---|
| 明确介入目的 | OD实践者在订立合约阶段就需要把这一点厘清。更为理想的做法是，将希望的结果转化成可以衡量的指标，这也能在设计阶段起到帮助。重要的是，每次会议上，每当有不同的数据输入时，你都要与客户再次确认介入目的是否已经改变或修改。在计划时，如果你意识到介入目的不切实际，你需要向客户反馈，并帮助他们将目的切分成不同阶段。 |

续表

| 有效介入的标准 | 对OD实践者的设计工作意味着什么？ |
| --- | --- |
| 明确介入针对的目标团体或变革单元 | 列出介入阶段需要开展工作的各个团体，尤其是关键团体（即成功实施所需要特别依赖的团体和个人）。根据他们的身份、他们在实施阶段中扮演的角色、他们对变革的态度、他们的正式与非正式的权利基础等，我们必须设计能调动他们参与的介入方案。变革单元的概念还可以帮助我们做出决定，为了支持我们针对关键团体要实现的变革，是否需要介入整个部门或整个组织。 |
| 明确介入针对的是哪些系统层面（针对九个层面中的多少个） | 在设计介入方案时，我们需要明确前期概括出来的九个系统层面中，哪些层面是我们需要针对的。明确这一点，对我们的设计工作具有重要的指导意义。实践者需要牢记，虽然我们会有一个首要目标层面，但持续有效的OD介入通常至少需要针对三个层面。 |
| 明确要改变的具体领域，即莱迪的立方模型（任务为核心或过程为核心） | 一旦确定了目标变革单元，我们需要明确为获得成功变革，要重点关注哪些领域。我们是否需要目标变革单元对某件事有更好的理解？是否需要他们掌握新技能、转换范式、了解一个流程？认清是以任务还是以过程为重，有助于我们的设计工作。 |
| 根据系统的准备度与能力，明确介入的合适深度（风险） | 所谓深度，指的是对于个人的自我意识或者组织的身份认同而言，介入有多深、涉及多少价值观、激起多少情绪、触碰到多少核心的地方。OD的原则是，介入层面的深度不应超过持续有效地处理手上的问题所需要涉及的层面，以及系统的能量和资源可以承诺的程度。太过冒险（太深入）的介入会击破系统，特别是当系统既没有准备好也没有能力应付这样的体验时，或者还有更为简单的方式可以取得相似的结果时。 |
| 尽可能让活动的安排既包含体验式学习，也包含概念性学习 | 我们所希望给人们、团体和组织带去的变革，都不是通过空谈就能实现的。尽管有些介入可以通过这一渠道实现（尤其当目的是增加他们的理性知识时），大多数有影响力的介入都是体验式的、对心脑同时发力的、能创造变革情境的个人体验的，这样才能产生足够的自发性力量来促成转变。在我看来，最有效的介入结构应该是2/3的活动基于体验，1/3留作概念性讨论。 |

续表

| 有效介入的标准 | 对OD实践者的设计工作意味着什么？ |
| --- | --- |
| 组织介入活动以使目标团体得到释放，而不是产生焦虑和防御 | 沙因(Schein，1996:27)评论道，在变革中开启解冻的关键是"认可无论在个人还是团体层面，变革都是一个深层的心理动态过程"。<br>当人们面对变革的需要时，必须做到以下三件事才能产生行动：<br>● 对现状的有效性产生不确认感；<br>● 引发愧疚感或者生存焦虑；<br>● 创造心理安全感。<br>沙因认为，"除非创建了足够的心理安全感，否则反面信息会被否认或以其他方式引起防御，这样人们就不会感到生存焦虑，导致什么改变都不会发生。人们首先需要感到不会有损失，也不会丢脸，然后才会接受新信息，反对旧行为"。所以，在安排介入活动时，我们应该注意用什么方法来建立心理安全感。 |
| 组织介入活动以增强系统的自主性 | 介入过程应当设计成让参与者不但能从中学到如何解决一个问题、改进一种实践、发明新的做事方法，而且还能通过这一过程学会如何学习。换句话说，一个好的介入方案是，在团体完成任务之时，他们也掌握了完成任务的过程。如果是一个团队建设活动，一个好的介入措施不只是让培训师单方面帮助人们改进沟通，而且是要人们通过参与这一活动，学会自己将来如何更好地沟通。要做到这一点，最有效的方法就是让参与者全身心地参与到活动里来——不只是角色性的参与，而且是带着他们的思想、信念、感受和努力参与进来。 |
| 组织介入活动以帮助生成有效的信息，鼓励自由的知情选择，并在此过程中确保客户的内部承诺(阿吉里斯) | 如果某一介入的目的是确保目标团体对变革议程的承诺，那么介入的设计需要能帮助目标团体得出自身变革的理由。借助这些设计的过程(如安排一场与变革领导者的对话来辩论变革的优劣面)，创造机会让人们对信息进行反思，并决定是否支持变革；这样一来，当最终决定做出转变时，他们会带着明确的承诺，转向新的变革议程。这一点对于我们怎样设计介入过程有重大意义。 |
| 利用介入帮助系统实现更为一致的沟通，处理好隐性和显性的讨论过程(马夏克) | 马夏克(2006)指出，我们的很多沟通都是隐性的。事实上，在变革过程中，变革的6个维度中有5个都是隐性的。并不是说所有事情都必须是显性的，除非它阻碍了变革的进程。所以，只要有可能，我们就应该教会系统的成员如何把事情摆在桌面上来谈，而不是藏在桌子底下，这样可以使沟通变得更加一致和健康。 |

表5.5概括了设计有效介入的10个OD标准。作为一个实用主义者，我知道不是所有介入方法都符合这些标准。然而，这些标准包含的洞见会提升我们向客户提供有效介入方案的机会。

**总结这一清单的潜在运用方式：**第一，当你构建好介入措施后，你可以对照这个清单进行全面的检查。如果有好几个问题你不能回答，那么你需要重新审视一下设计。第二，你可以把这一清单改编成简单的图表，作为辅助教材带给客户，帮助他们在评估介入时变得更在行。第三，当你的客户想探索其他介入类型时，你可以用这一清单来给他们提供指导。

## 列出所有计划进行的介入并排序

完成介入设计以后，即使是一个小项目，你需要实施的行动也不止一个；而对于一个复杂项目，肯定有不少活动和行动要协调。协调或排序的方式应该基于一些关键原则和实际因素。

实际因素包括：

- 我们可以用多快的速度准备好介入措施并开始实施？
- 内部变革团队需要多长时间的培训和支持，才能准备好开始？
- 后勤安排的复杂程度如何？我们需要多长时间准备以保证顺利进行？

**排序介入行动的关键原则**

为了帮助OD实践者做好排序决定，我把这些关键原则转变成问题，其中有些观点选自毕尔（Beer，1980）的著作：

- **尽可能取得早期成功**——哪些介入措施应该先行，因为这些措施容易执行，并且成功执行这些措施可以为更有风险的措施带来可能性？
- **尽可能保证有效性**——哪些介入措施可以帮助建立其他介入所要求的准备度、内驱力、知识和技能？
- **尽可能多的诊断数据**——哪些介入措施可以给我们提供数据，帮助验证主要活动的设计？
- **尽可能快**——为了取得一些早期的成功，哪一介入措施可以相对较快地执行？
- **尽可能相关**——哪些介入措施一旦执行成功，可以让关键人群体会到这一变革与他们日常工作是高度契合的，从而激励他们更多地参与？

- **尽可能减少心理上和组织上的负担**——哪些介入措施产生的心理焦虑最少、引发的防御也最少，可以避免人们抗拒未来的介入措施？
- **尽可能高效率**——如何排序各项介入措施，以节约组织的资源（如时间、精力和资金）？

**最终确定介入策略**

至此，你应该已经准备好最终确定的介入策略了，也就是确定本阶段的“整体制胜打法”。这一制胜打法的架构如表5.6所示。

| 表5.6　介入策略大纲 |
|---|
| ● 明确的介入方向和目的<br>● 介入所针对的人/团体/变革单元的明确清单<br>● 明确的介入活动清单<br>● 清晰的时间表<br>● 清晰的活动之间衔接的顺序<br>● 将会实施介入的团队(除你之外的人)(如果是一整套复杂的介入方案的话)<br>● 预算<br>● 把以上各项整合起来的项目计划<br>● 问责制汇报架构或讨论会<br>● 关键路径——由后勤支持团队管理 |

对于一个较为复杂的项目来说，赢得你的客户组织对介入计划（形式可以是一份项目计划）的赞同是很重要的。事实上，这应该成为你和客户商定的详细（第二阶段）合约。实际上，这也成了你的工作蓝图。一旦来到这一阶段，事情相对来说已经确定了。但是，你也知道，事情从不会完全按照你的预期发展，团队也需要学会应对突发情况，才能采纳介入计划。但是，有了一个计划，无论何时情况发生了变化、计划偏离了方向，你和客户随时都可以回溯到原来的计划。

最后，也是非常重要的一点，你在整个介入设计阶段都会参考各种理论观点，因为从中你可以找到清晰的方法论指导。如果在OD循环过程的一开始就将理论牢记在心，你便能设计出强有力的介入方案，因为理论观点给了你坚实的基础。我已经在第二章将各种理论及其应用整理过了，所以这里就不再赘述了。

最后，我想总结一下介入的任务和技能。

## 介入涉及的任务和技能汇总

OD循环的八个工作阶段中，介入是最难总结的。在此阶段需要完成的任务以及OD实践者需要具备的技能和知识类型，取决于他们正在进行的介入类型和层面。例如，如果你被要求支持一个组织从职能孤岛转向跨流程泡泡状的组织结构，那么需要做的事情将与计划一个700人参加的战略规划会议有很大差异，后者也不同于规划一场为期四天、以决定组织未来为议题的领导层外出日活动。因此，在本章的最后一节中，我将尝试主要从相对复杂项目的角度，总结介入阶段所需的任务和技能（见表5.7）。你需要根据介入项目的类型，对此清单进行缩减或改编。

**表5.7　介入阶段涉及的任务和所需技能**

| 任　务 | 技　能 |
| --- | --- |
| 1. 基于数据反馈和行动方案决策，与客户共同决定可以帮助该组织实现其变革目标的一系列介入措施。<br>2. 决策一旦做出，你需要组建内部团队，并选择教他们如何设计介入，或让他们参与共同设计介入；如果以上两者都不可能，则应基于清晰的理论和方法论假设，由你来主导介入方案的设计。还需为介入的实施顺序提供建议。<br>3.（即使你是和内部客户团队一起合作，也需）主动寻求关键决策者对详细的设计方案的批准，尤其是当该介入措施存在一定程度的风险时。<br>4. 制订实施计划——计算出所需资源，用在何处、与谁一起使用。设计沟通方案来征集大家的参与，成立一个活动管理小组，建立集中的行政后备支持。 | ● 在组织考虑运用哪些介入措施时，带头提供想法和方法论（或至少足够了解并能指导该组织系统做决定，或者能引入该领域的专家以提供设计支持）。<br>● 在设计阶段带入足够的理论理解，确保设计出的方法是有理论指导的。<br>● 有足够的经验知道如何对介入措施进行排序——针对“哪一个目标团体应先进行以获得足够动力来有效推广介入方案”提出建议。<br>● 有能力构建实施计划——帮助客户计算出执行介入方案实际需要的资源，并支持他们解决后勤支持问题。<br>● 致力于合作，向客户分享介入方案将如何进行，并确保在每一个阶段做出不同决定时有客户参与——记住，这是客户的项目。 |

续表

| 任务 | 技能 |
|---|---|
| 5. 如果合适且得到决策者允许，则培训内部人员来执行介入，或者向被请来分担介入执行工作的其他外部服务供应商说明情况。<br>6. 如果有必要试点执行已设计好的介入措施，则应与一些团体开展试点，为调整介入积累数据。<br>7.（如果方案是一套较复杂的介入措施，则需）成立故障排除团队（你是团队成员之一），协调各种介入措施的执行。<br>8. 对介入的影响建立监控流程和机制，调整方法以确保获得早期成功。<br>9. 组成一个沟通资源小组，并向其提供监控数据，以便其向组织成员沟通早期可见的成功，保持势头。<br>10. 对接受较慢的团体保持关注，看看他们还需要什么支持以提升对变革议程的参与度。<br>11. 协调各实施小组，确保他们都朝着同一方向发力。<br>12. 设立临时架构和流程来收集评估数据。 | ● 称职的培训师——在合适的情况下，设计发展项目来培训内部人员，使其有能力支持介入方案的执行。<br>● 在介入活动中关注“此时此刻”的体会——你的以及大家的——并跟踪能否实现理想的结果；如果不能，则在必要时做出调整。<br>● 能在介入阶段利用自己的临在状态，为客户打造一个“安全的容器”，因为此时的生存焦虑和学习焦虑都会很高。<br>● 能帮助客户将抗拒视为可以理解、可以应对、无须征服的体验。<br>● 在介入阶段要分担责任，而不能培养依赖性。<br>● 培养客户的独立性，让他们在介入阶段完成时能自我支持并自我更新。 |

## 总　结

从我们与客户接触的那一刻起，介入便开始了。从那一刻起，所有你说的、示意的、暗示的、建议的、质疑的，都开始对客户系统产生影响。你以什么方式订立合约（包括任务的和关系的合约）、你以什么方式支持他们明确系统需要何种数据来就介入做出知情决定——所有这些都是你“行动中的理论”。

介入的全部目的，就是帮助客户系统从当前现状转变到理想状态；因此，你选择的过程、“做什么”、“如何做”以及“谁去做”，都应该是协作的结果。因为客户做得越多，他们对成果越有主人翁意识，也越能学会如何取得这些结果——不只是这一次，而是今后的一次又一次。如果在诊断数据反馈会议以后，客户前进的能量不足，那么最为关键的是考虑可以马上进行怎样的介入，帮助客户参与进来、对数据负起责任。

在介入过程中，OD实践者需要关注整个过程，协助客户系统应对多个决策点，做出介入选择、执行介入行动、监控介入过程，并调整方法以取得理想成果。

尽管我们将介入中“自我为工具”的概念放到第十章才讨论，但我们需要提醒自己：在整个介入阶段，都需关注伯克和河吉里斯所教导的，对我们的角色负责。高效介入者掌握了足够多的应用行为科学原则，清楚这一阶段所需要的任务和技能，充分了解了什么才是有效的介入，并且懂得如何让客户参与进来，将原则转化成介入策略。正是成功执行了介入策略，使组织获得了改进，才让人感到这一工作有如此多的收获。这是我们OD实践者应当继往开来的一大领域。

我鼓励读者在自己参与的每一个项目中，都创建一张定制化版本的表5.7。你可以将第二列改为“变革团队”胜任力。这样一份文件（最好与你的客户共同完成）可以帮助你培养客户以系统视角看待介入的能力。

# 第六章　OD的理论与实践：评估阶段

通过评估，我们可以确保介入和变革计划依照其初衷发挥作用，即能够并且已经在组织目标的领域产生了影响。如果数据表明实际情况并非如此，我们将进一步调整，以确保这些意图得到满足。然而，评估是在OD中最常被忽视的阶段。

难怪在30年的OD教学中，我最常听到以下一些问题：

“你如何知道OD产生效果了？”

“OD的投资回报是什么？”

“我们如何评估工作的有效性？”

“我们和客户如何知道我们确实创造了价值？”

本章将涵盖如下内容：

1. 评估的三个根源。

2. OD评估作为OD工作循环的一部分。

3. 什么是评估？有哪些评估指标？衡量什么？如何衡量？

   a. 四个层面以及第五层面——投资回报率（ROI）

   b. 系统层面评估框架和时间线

   c. 任务导向的指标与过程导向的指标

4. 评估涉及的任务和技能。

5. 如何打造评估文化，并使其融入OD工作？

6. 总结和评估速查指南。

本章旨在概述与OD评估相关的问题，希望以此提高读者的信心：无论面临何种挑战，OD实践者往往可以证明，OD介入不仅是有效的，而且持续且意图清晰的OD介入（特别是以OD计划的形式，支持组织的战略计划）将为组织的长期生存能力创造巨大的价值。

## 评估的三个根源

评估有三个根源。评估最初始于教育领域，任职于大学的社会科学研究人员在政府教育部门的委托下，通过评估学生成绩以及教师和机构的有效性探究教育方案的有效性。首次发表的结果（1886）可以在《全美教育协会第35次会议论文和演讲集》（*Journal of Proceedings and Addresses of the 35th Meeting of the National Education Association*）中找到。

1942年，拉尔夫·泰勒（Ralph Tyler）推出了一种多用途模型，专注于追踪过程改进，而不仅仅是学生的学习成果。1965年，美国通过了一项法案，旨在确保政府资助的所有项目都必须通过一套标准规程的评估；此后，评估作为一个领域开始在各个维度上成长起来。

在OD中，库尔特·勒温（Kurt Lewin）在行动研究方面的工作及其关于领导风格对团体动力的影响的研究，强调了需要根据数据，反思如何改进这些过程的实际运作方式，以产生系统所需的影响力。20世纪60—70年代，罗伯特·斯塔克斯（Robert Stakes，响应式方法）、迈克尔·斯克里文（Michael Scriven，无目标评估、总结性评估和形成性评估）、迈克尔·巴顿（Michael Patton，实用取向的评估、发展性评估）的研究工作扩展了我们对评估过程——是什么、为什么、怎么做——的思考。

评估的第三个根源来自培训和发展领域。1959年，柯克帕特里克（Kirkpatrick）发表了一系列关于“四个评估层面”的文章。然后，菲利普斯（Phillips）在1996年发表的文章中为柯克帕特里克的四个评估层面增加了第五个层面，强调了衡量投资回报率（ROI）的重要性。他向该领域的其他人展示了成本效益比分析是可以进行的。

## OD评估作为OD工作循环的一部分

评估是OD工作循环的最后一个阶段，也是行动研究框架的关键步骤。这一阶段的规划应该在项目开始订立合约阶段就启动，这样它才能成为OD持续工作循环的一部分。从这个意义上说，评估既是一个面向未来的事件，也是对过去发生的事情所做的一部分记录。每个阶段收集的数据，将为你和客户纠正方向，帮助你们判断目前的介入措施是否有效，预期成果是否正在变成现实，以及是否需要适当的调整。这对长期转型变革项目尤为适用，因为终点遥遥无期，有的仅是变革在进一步迈进之前的休息点，使计划能被重新调整并让之前的变革成果得到巩固。巴顿（Patton）在《发展性评估》（*Developmental Evaluation*，2010）一书中，深入浅出地探讨了这种评估方法。

我们对评估阶段的思考和处理方式，受到了勒温的行动研究模型的重要影响。行动研究法是一种迭代、循环的过程，分四个步骤：诊断、规划、采取行动、评估行动。这一方法的源头是约翰·杜威（John Dewey），他认为需要让研究和行动配对起来，才能解决真实世界中的问题。具体做法是让支持行动的系统成员参与进来，获得他们的情感投入和承诺。然后，这些系统成员就会积极参与到诊断、规划、采取行动、反思和评估行动效果的过程中。

图6.1是一个经过扩展的行动研究的模型，按顺序显示了评估中的各个步骤。评估作为一种持续的活动，需要从一开始就一些事项与客户达成清晰的共识——成功的标准，以及如何在工作开始之前衡量介入的有效性。这是一个关键的起点，因为一旦任务明确了，系统成员将与咨询团队一起参与评估和持续反馈（诊断），权衡各种行动方案。使可选的介入措施范围缩小，然后实施介入，评估将在这整个旅程中成为一个迭代、循环的过程。

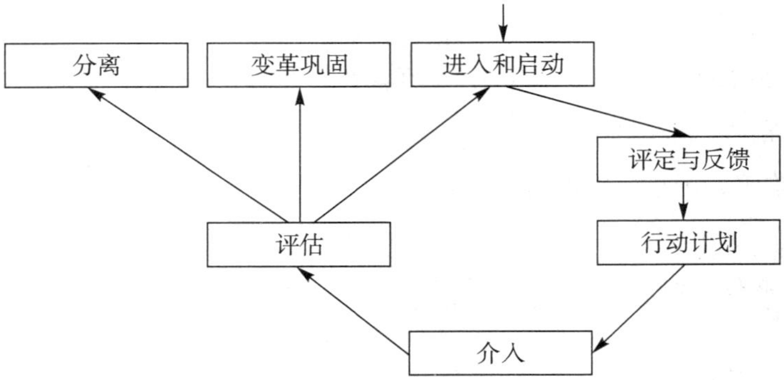


图6.1　行动研究的扩展模型举例［改编自McLean and Sullivan（1989）］

图6.2是行动研究模型的一个更详细的版本，展示了评估在OD工作循环中的位置。此图强调的是，评估几乎出现在行动研究循环的每一个步骤中。一旦确定了变革目标，在进入介入设计之前，首先需要决定评估层面（组织、个人、变革举措）。在实施介入期间，评估过程将追踪介入能否在这些层面促成变革，而且这一循环将持续进行。评估在多个层面进行，但其中一定包括形成性层面（介入期间进行的评估）、总结性层面（介入完成后立即进行的评估）和纵贯性层面（介入完成后的特定时间进行的评估，如6个月后）。

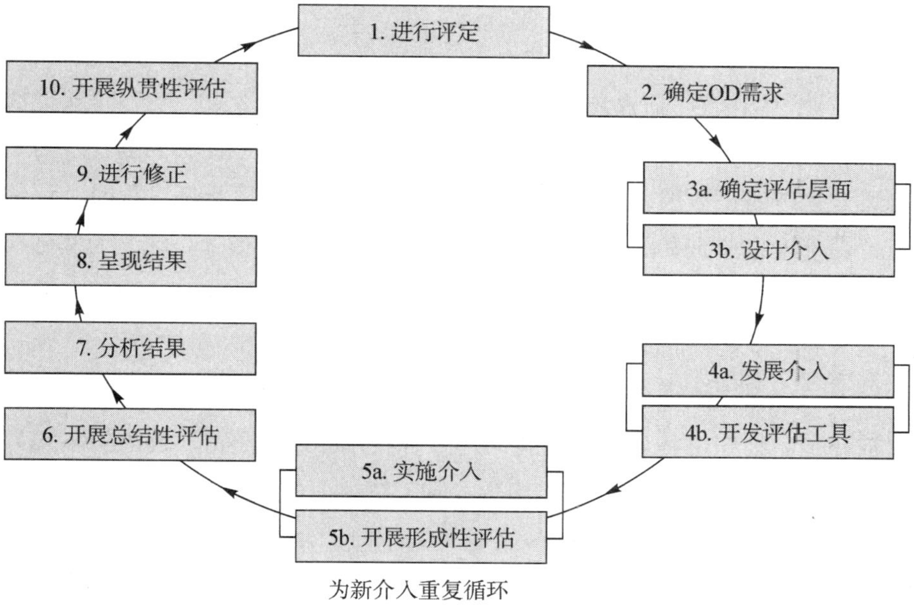


图6.2　组织发展评估模型［改编自Gary M. McLean，Roland Sullivan and William J.Ruthwell（1995）编辑的*Practicing Organization Development*一书第10章“Evaluation”］

## 什么是评估？有哪些评估指标？衡量什么？如何衡量？

在OD循环中，评估一直是被缩短或省略的阶段。许多OD实践者在开展这一阶段的工作时感到很矛盾。可能导致这种现象的原因如下：

1. 与“纯研究”或“硬科学”不同，OD中的评估与社会科学的结果分析有关，往往涉及多个变量，所以很难确定因果关系。因此，要“证明”什么导致了什么结果并不容易。许多较大的转型项目还应用了复杂的过程和工具，很难明确地将导致结果的原因分离出来。

2. 在评估界中，“证明和改进”与“时间和金钱”之间确实存在矛盾（Cady *et al*，2010）。要对所有的介入措施进行严格的高质量评估，所需的努力、时间、金钱的成本非常高。如果成本太高，组织就需要平衡收益（证明介入措施是否有效、为什么有效以及未来如何改进）和成本（将人们从正常工作中抽出来，收入损失、咨询费、人力成本、所需额外技术的成本等）。这种张力导致了一个问题，即应该选择什么：介入还是评估？

3. 另外，OD的评估视角与其他评估模式不同，更像是巴顿的“发展性评估”概念。巴顿使用的比喻是烹饪，“我们在烹饪时，可以品尝到酱汁或汤。根据味道是太咸还是太淡，会采取不同的行动。一个人经历烹饪过程时，评估就变成了一个体验式的事件，它以行动为中心，以个人/价值（口味）为基础，以合作为背景，是自我反思的，也是‘情境反应’的”（Evered，1985：439）。此时，评估的科学就变成了一门艺术。

以上三个因素使评估成了许多OD实践者感到害怕的话题。但我的建议是，不要被吓倒。你知道并且已经看到OD介入措施的效果。你需要做的是：a）研究和学习如何进行评估；b）在组织中找到了解评估过程的人，并得到他们的支持和教育。这个领域必须接受的一个事实是，我们有义务回答客户提出的一些宏观问题——“这有用吗？”“我们在这件事有什么收获？”

## 什么是评估？有哪些评估指标？

简而言之，评估是一个评定过程，旨在评定开展的工作是否实现以及在多大程度上实现了预期的目标。一种更详细的定义如下：

> 评估是一系列有计划的信息收集和分析活动，旨在为负责变革管理的人们提供一份关于变革效果和/或进展的有效评定。
>
> （Beckhard and Harris，1977：86）

评估指标指的是用于评定结果的具体衡量标准。某一具体指标是否能作为一项OD举措的有效衡量标准，取决于OD举措的目标。如果OD项目的目标是改善客户关系，那么客户反馈评分提升和销量提升都是有效的指标。选择评估指标时，相关因素还包括组织希望通过OD项目实现什么结果，以及根据可用资源而选择的方法论是否足以有效实现这些结果。大多数评估采用的指标都不止一个。

## 我们要衡量什么？

我们在评估中要衡量什么？答案是非常情境性的——完全取决于计划/项目/介入的目标，以及变革针对的领域。一旦澄清了这些领域，就可以决定要衡量什么、为什么要衡量它，以及如何衡量。为了回答这个问题，我将用四种常用的方法作为示例：

- 柯克帕特里克的四个衡量层面；
- 菲利普斯的第五层面——投资回报率的计算；
- 不同层面的系统评估——如个人绩效、团体绩效、组织绩效、变革计划绩效，以及在不同时间范围内的衡量——在变革之前、早期、中期、结束状态和变革之后；
- 任务导向的指标与过程导向的指标。

### 柯克帕特里克的四个衡量层面

评估的四个层面模型虽然最初用于培训领域，但后来已被运用于各种变革举措（Russ-Eft *et al*，2008），我们将在培训领域之外使用这种方法。

这四个层面是：

**第一层面**：反应（满意度：人们对变革介入有怎样的反应？）

**第二层面**：学习（内容掌握：人们是否学到了可能有助于改变其范式的新知？）

**第三层面**：行为（在职行为改变：人们改变了哪些行为？行为朝着哪些方向发生了变化？）

**第四层面**：成果（组织影响：通过这一系列介入取得了哪些成果？）

让我们看一下每个层面需要衡量的内容：

- **反应**主要是对系统成员进行民意调查，了解他们的反应以及对介入的满意度。有时这被称为“满意表单”（happy sheet），但可能会比这更复杂。这一层面的范围是了解参与者对介入的“当下”反应。

● **学习**是评估参与者对一个变革主题/领域的原则、事实和技巧的理解和吸收程度。由于OD实践者始终致力于将OD技能和胜任力传授给系统成员，因此需要评估你的客户是否已经掌握了我们行业的一些技能（例如，如何开展有效的会议，如何与服务的用户开展欣赏式探询访谈，如何解决冲突等），以便他们能够自力更生。这有时称为“双循环学习”。

● **行为**将评估带入组织环境中——评估者感兴趣的是介入是否促成了反应和学习之外的真正变革的实施。衡量通常围绕个人和团队在履行各自角色时的“在职”行为改变。这些改变需要介入前后的衡量和观察，例如，政府机构在政策制定中是否变得更加以公民为中心？或是自动考虑了某些政府决策对所有公民整体的影响？

● **结果**的衡量通常是最困难而复杂的。这一层面旨在衡量OD介入对组织的影响，衡量过程旨在探究介入对整个组织的影响。因此，衡量过程的焦点可能集中在：降低员工流动率或缺勤率，提高生产质量，提升客户满意度，提高盈利能力，减少种族和性别骚扰投诉等。组织影响的衡量指标可以分为主要和次要指标。最主要的一个指标可能是政府机构在提供服务时变得更以公民为中心。次要指标可以衡量交付时间——公民投诉响应时间是否已从两天缩短到一天？——特别是在敏感领域，如公共房屋停电后恢复电力。

考虑这四个层面是有益的，尤其当你将这四个层面与以三种方式开展的评估结合起来，即形成性（活动期间进行的评估）、总结性（活动结束后立即进行的评估）和纵贯性（在介入完成后的指定时间进行的评估，如活动结束后6个月）方式。因此，如果你在一个部门就“如何在工作场所建立包容性文化”这一主题开展对话循环，那么在形成性、总结性和纵贯性这三个维度上衡量这四个层面将提供丰富的数据，帮助你了解包容性是否得到了增强。

**第五层面——投资回报率**

菲利普斯在柯克帕特里克的四个层面的基础上增加了第五个层面，即投资回报率（ROI）。这是一个与OD相关的主题，因为当组织领导者要求我们证明“OD的价值”时，他们多数指的是ROI。他们想知道OD工作（特别当组织内部有OD职能时）能否通过财务回报来证明其合理性。虽然ROI主要与金钱有关，而且其公式也是通用的，但计算过程与其说是一门科学，不如说是一门艺术，原因如下：

1. 为了计算ROI，你需要一组指标，并且需要为每个指标分配一个货币价值。分配货币价值的过程是高度个性化的，取决于OD活动的性质、所选的指标，以及决策者对这些指标的看法。例如，用金钱来衡量旷工（按天计算）不同于为客户提供糟糕的服务。

2. 另一个原因是，较为硬性的指标较为可见、有形、容易衡量，而较为软性的指标较为不可见、无形、难以衡量。“无形”这个词可能有点误导，因为有时软性数据会比硬性数据对组织产生更重大的影响，但很难转化为货币价值。例如，种族骚扰投诉的减少更容易计算，而黑人员工心理安全感的增加则可能较难计算。

我相信OD实践者处理的大多数指标都可以分配货币价值，因为在任何组织中，都有足够感兴趣的同事（如来自财务、监管、项目规划等职能部门）对评估这一主题感兴趣，乐意与你合作，以有条不紊、合情合理的方式进行计算。评估是一个可以将感兴趣的多方聚集在一起的主题，这是OD实践者常常忽视的一点。关键要点是，不太有形的指标通常会给了解评估的人们带来有意思的挑战，因此你一定不能回避这些指标。

## 案例示范

让我们以一个拥有1000多名员工的部门开展的“对话循环”介入为例，他们讨论的是“如何在工作场所建立包容性文化”。我们事先决定，结果的衡量标准应包括：

- 种族骚扰投诉案件数量减少；
- 部门内10个团队之间的冲突减少；
- 3个职能团体之间的员工协作增加（其中一个职能团体的大多数员工是黑人）；
- 以更统一的形象面向所服务的用户。

确定这些结果的衡量标准后，你可以为每个结果指标分配货币价值。有了货币价值，连同开展介入的成本（顾问成本和员工时间的使用），就可以计算出这一活动的投资回报率。

表6.1举例展示了我在工作中使用过的一系列指标。从这一清单中，

你可以看到许多类型的指标，没有一个统一的公式可用于为所有指标分配货币价值。每个指标都必须由非常了解该类型活动的人加以考虑和研究，然后才能分配货币价值。

表6.1　基于客户所选衡量标准的货币指标示例清单

| 指标示例 | 指标示例 |
|---|---|
| ● 员工保留率提升<br>● 工作表现中的失误减少<br>● 销售数据上升<br>● 客户投诉减少<br>● 员工完成某项工作的时间从4小时降至2小时<br>● 计划外缺勤率下降<br>● 性骚扰或种族歧视投诉减少<br>● 客户满意度指数上升<br>● 新技术投入使效率从6个月完成60%，提升至4.5个月完成80%<br>● 创新从想法到投入市场的时间缩短<br>● 事故停工率下降（预防措施促成事故率下降）<br>● 核心工作流程步骤与时间的缩减<br>● 发展项目的推出达成100%的目标 | ● 员工代表对介入活动的反应<br>● 学习的深度和在工作中对新方法的运用<br>● 更好的公众形象<br>● 客户对品牌的认知度<br>● 各部门对政策的采纳率<br>● 与员工流动率相关的员工满意度<br>● 工作组冲突频率——解决问题所用的时间<br>● 工作组合作——因为合作而减少流程步骤<br>● 团队绩效——绩效提升的纵贯映射<br>● 直接上级解决个体之间冲突所用的时间<br>● 对管理者和领导者的评分及其与个人绩效的关联<br>● 心理压力水平的下降<br>● 幸福感的提升<br>● 通过调查结果了解到心理契约的改善 |

我们如何设置评估指标？需要做些什么？

我建议你：（a）借鉴将参与变革介入的人们的意见；（b）利用懂得如何开展评估的其他同事的专长；（c）支付与该领域的外部专家的一次性咨询费用。内部专家通常可以从财务、项目管理和/或研究部门找到。

无论哪个领域需要设定指标，我都会去找负责该领域的一线领导者，因为他们离需要衡量的运营领域或职能领域更近，只要给他们时间和良好的引导，他们就一定能计算出该领域指标的货币价值。

由于目的和使用的衡量指标不同，每个项目的具体策略可能会有所不同，但是ROI的基本公式是不变的。

ROI的计算公式：

$$ROI=\frac{项目净收益}{项目成本}\times 100\%$$

计算投资收益率之前，你需要知道：(a) 介入措施的总成本；(b) 介入措施的净收益。后者涉及将介入对组织产生的影响力数据转化为货币价值。这就需要你和客户为被你们选为“因变量”的衡量指标——赋予价值。

举个例子，假设变革项目是一系列重要的客户关系活动。你已经实施了一些介入措施，而在启动阶段，你的客户和你已经认定，介入措施会影响以下方面（因变量）：

- 通过优化流程，缩短客户响应时间；
- 客户投诉率下降；
- 客户满意度提升；
- 销售额增长；
- 客户留存率提升。

表6.2举例说明了组织可能会如何为这5个影响变量赋予价值。

**表6.2　为影响变量赋予财务价值举例**

| 影响变量 | 为每个变量赋予的财务价值 |
| --- | --- |
| 通过优化流程，缩短客户响应时间 | 例如，因为流程优化，平均响应时间从6小时缩短至4小时，计算由此产生的价值。即2小时员工工资和福利（乘以做这项工作的员工数）＋客户关系经理对于每周处理客户咨询数量的增加所赋予的价值＋对于来自客户的好感赋予的价值＝货币价值。 |
| 客户投诉率下降 | 计算处理每一起投诉所花费的每小时时间成本＋每季度向客户支出的经济补偿。然后，考虑处理投诉所花费时间减少的百分比，以及减少的补偿金额，即可计算价值。 |
| 客户满意度上升 | 计算来自满意的客户产生的“好感”因素的价值，做一个保守估算：a)好感是否会带来更多销售额；b)好感是否会引发更多推荐，进而带来新客户。 |
| 销售增加 | 计算额外销售的利润贡献。 |
| 客户留存率上升 | 计算每一个留存客户的价值及其平均支出，对比客户流失及其平均支出流失。 |

将这5个方面的价值相加得出总价值，减去客户关系活动的成本，再除以该项目的成本，即可计算出此OD介入的ROI。ROI通常用百分比来表示。

例如，如果预计的项目净收益是800000英镑，客户关系项目花费了250000英镑，ROI计算如下：

$$ROI=\frac{800000-250000}{250000}\times 100\%$$

$$ROI=\frac{550000}{250000}\times 100\%$$

$$=220\%$$

这意味着在项目里每投资1英镑，在剔除成本后净收益约为2.20英镑。

让我们再来看另一个例子。如果我们进行的是员工敬业度项目，基于分配给衡量指标的价值，我们的项目净收益（为一系列衡量指标的累加值）为581000英镑，运行这个项目的成本是229000英镑，则该项目的ROI计算如下：

$$ROI=\frac{581000-229000}{229000}\times 100\%$$

$$ROI=\frac{352000}{229000}\times 100\%$$

$$=154\%$$

这意味着在项目里每投资1英镑，在剔除成本后净收益约为1.5英镑。

---

计算ROI时，明智的做法是遵循10条指导原则（Phillips，2002），采用保守（精准、不夸大）的估计，确保这样的变革影响力研究能够被复制推广，使其成为组织评估实践的重要组成部分（见表6.3）。更详细的解释，可参见来自菲利普斯的以下内容。

表6.3　实施ROI衡量的十大原则

| | |
|---|---|
| 1. 讲述完整的故事 | 在进行较高层面的评估时，必须在较低层面收集数据。ROI是一个重要的衡量标准，但它只是解释项目全部影响力的五种必要衡量标准之一。低层面数据也会提供重要信息，因此必须将其纳入分析。 |

续表

| | |
|---|---|
| 2. 节约重要资源 | 计划进行较高层面的评估时，之前层面的评估并不一定要全面。为了讲述完整的故事，较低层面的衡量标准是关键而不能省略的，但可以简化以节约资源。 |
| 3. 增强可信度 | 收集和分析数据时，只使用可靠的数据来源。可信度是在衡量和评估过程中最重要的因素。如果缺失可信度，结果将毫无意义。采用最可靠的数据来源，有助于提升人们对数据分析与结果的质量和准确度的看法。 |
| 4. 保守估计 | 分析数据时，选择最保守的计算方式。这个原则是评估过程的核心。保守方式会让ROI降低，但有助于在目标受众心目中建立所需的可信度。 |
| 5. 对其他因素的考虑 | 必须至少使用一种方法，将项目产生的影响力区分开来加以评估。这一步是必要的。如果没有的话，评估结果会被认为是非常不准确和夸大的。 |
| 6. 对数据缺失的考虑 | 如果无法获得特定季度的业绩改善数据，那就应该假定这期间几乎没有发生业绩改善。如果没有把握却假定发生了业绩改善，将有损评估的可信度。 |
| 7. 针对误差，调整估计 | 针对潜在误差，调整对业绩改善的估计。在财务报告和成本收益信息中，使用估计值非常普遍。为了在业绩改善项目的ROI测算中提升所用估计数据的可信度，可对估计值以一定的置信水平进行加权，针对潜在误差加以调整。 |
| 8. 去除极值 | 极端数据和未经证实的主张不应该用于ROI计算。面对极端数据时，应采取措施进行保守分析。例如，如果数据列表中大部分数值都在30—70之间，只有一个100，那么100会被视为异常值或极端数据。极端数据会歪曲结果，应在分析时剔除。 |
| 9. 对于短期项目，衡量全年收益 | 分析短期项目的ROI时，应该只采用第一年的（全年）收益。如果多数业绩改善项目无法很快实现收益，那么此类项目很可能就不值得投入成本。对于规模更大、持续时间跨越一年或更长时间的项目，则应衡量多年的收益。 |
| 10. 分离出所有项目成本 | 在ROI分析中应该充分考虑项目成本。从需求分析的成本开始，到最后评估的成本，所有项目成本都要用表格分项列出。作为保守策略的一部分，为了尽可能降低ROI的估计，应该充分考虑各项成本。 |

来源：改编自Phillips（2002）。

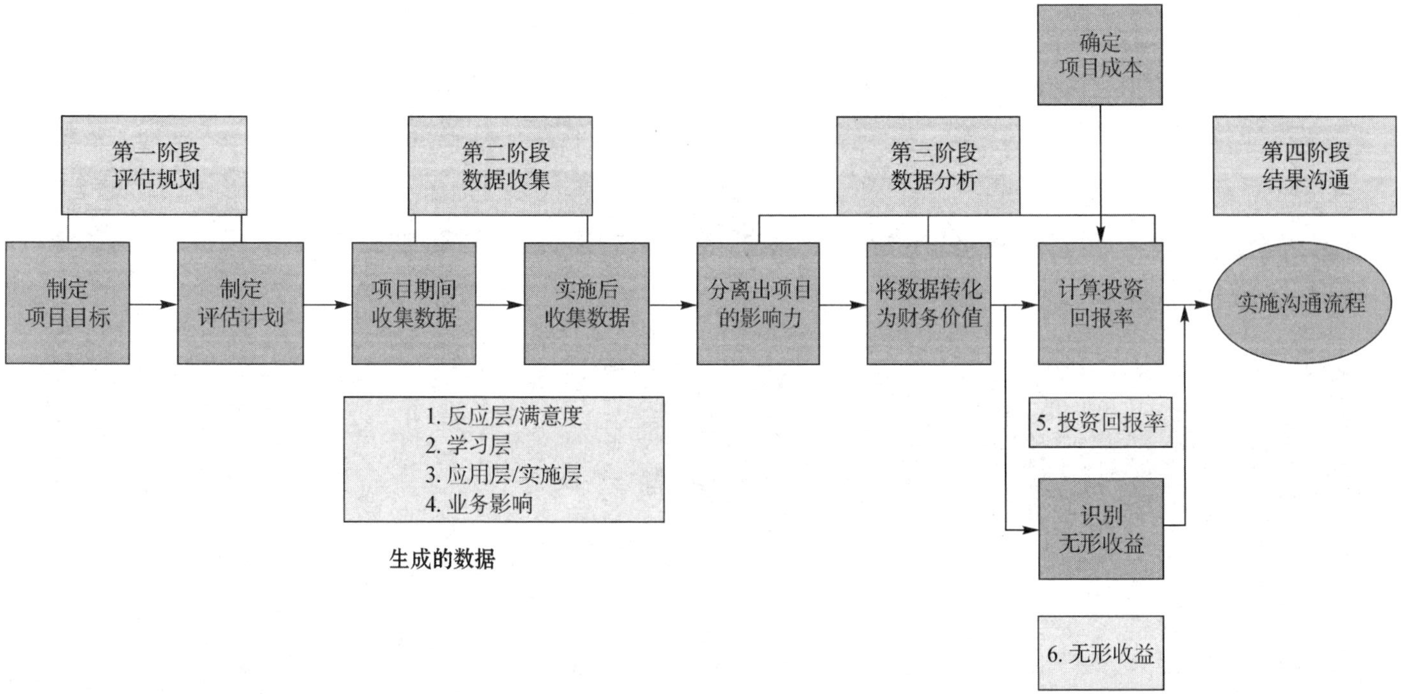


图 6.3　投资回报率方法论模型［改编自 Jack J.Phillips，Ron Stone and Patricia P. Phillips（2001）的 *The Human Resources Scorecard：Measuring the return on investment*］

## 系统层面评估框架和时间线

2013年，普塞（Prosci）进行了一项研究，询问了超过822名受访者如何衡量和汇报变革的有效性，衡量了变革是否在个人层面和组织层面发生，以及变革管理的运用创造了什么价值。结果通过对受访者回复的综合分析，产生了一个变革衡量框架。

在此框架中，实践者指出了三个有趣的问题：

1. 个体是否在行为中将变革落到了实处？

2. 组织从变革举措中实现了多少价值？

3. 实践者在变革管理上做得如何？

前两个层面关注个体和组织成效，衡量的是变革的成果；第三层面衡量的是实施变革管理的成功度。根据普塞建议，我们依次研究每一个层面的三个时间段（早期、中期、晚期），以多层面的视角衡量变革管理。在此，我们使用普塞模型的一个变体，其中包含四个层面和五个时间段。

让我们来看一看各个变革层面。

对于组织绩效层面，关注点在于变革举措对组织产生的整体成效和成果。这一维度探究的是介入措施是否带来了预期的收益和绩效改善。在组织绩效层面上，人们经常问到的关键问题与变革的性质和目标有关，例如，调整组织结构，旨在节省成本；开展文化变革项目，促进公司内部的多元和包容行为，旨在减少与多元化相关的冲突，并加强不同团队之间的合作；为所有80位高层领导各配备一名教练，旨在让他们成为员工的引导型领导者。根据变革议程和具体指标（如成本、收入、效率、风险、关系质量、骚扰案件数量的上升或下降、调查结果的改进等），组织在这一层面衡量特定介入的总体结果。

对于团体绩效层面，如果这个团体是一个工作团队，那么最常见的评估问题包括：介入是否促成了团队成员之间更好地沟通？团队成员之间是否有更多的知识共享和协作？团队成员互相之间是否更加以礼相待？团队的整体绩效是否比以前改善得更快？团队中的缺勤率是否降低？

对于个人绩效指标，评估人员面临的一个有意思的问题是：如何衡量个人的过渡和转型旅程？（例如，通过衡量个人对变革的自我觉察、理解和承诺的提升）无论系统层面的变化如何，当组织中的个人经历工作方式的变化时，都会在个体层面上取得进展。哪些指标将有助于揭示个体行为、心智模式等方面的转变？柯克帕特里克的四个层面在这里可能很有用。

对于变革管理绩效这一层面，关注点在于变革管理对于促进组织取得变革成果所发挥的重要贡献。许多咨询公司对变革管理加以评估，目的是证明有效的变革管理对于交付变革成果所做的贡献。变革管理流程是否有效推动了“采纳”（个体开始以新的方式工作）和“运用”（更熟练、能力更强）？这种衡量很有意思，因为它研究的是变革方法的有效性。在这个层面，我们可以将传统变革方法和OD变革方法进行比较，探究是否存在差异。当然，这最后一项衡量标准也与前三个层面中的一个或多个密切相关。

至于时间线，当我们追踪变革进展时，应该在开展介入之前就开始追踪，然后在变革的早期、中期和变革完成时持续追踪，并在变革项目结束后的一个固定时间点上再次追踪。在这五个时间段分别衡量以上四个层面的变革成果（即跨越时间维度，对变革成果加以衡量），有助于对变革影响力形成全面的评估。从这些累积的数据中，我们希望了解：（1）组织从变革举措中实现了多少价值；（2）团体健康状况的改善程度——在绩效和健康度上；（3）个人如何在行为中将变革落到实处；（4）实践者开展变革管理的有效性。

**表6.4　包含四个绩效层面和五个时间段的多层维度**

| | 变革前 | 早期 | 中期 | 末期 | 变革后 |
|---|---|---|---|---|---|
| 组织绩效 | | | | | |
| 团体绩效 | | | | | |
| 个体绩效 | | | | | |
| 变革管理绩效 | | | | | |

最后，我们谈一下需要衡量什么。人们的一个常见问题是：需要衡量的是一个特定介入措施的影响力，还是多个不同介入措施的综合效果，抑或是一个OD项目的整体影响力？这个问题不存在一刀切的明确答案。有必要帮助客户根

据其组织的要求，厘清需要衡量的是什么。当客户询问做这个项目能否产生效果时，你需要确认客户关注的是项目的整体影响力，还是你们共同决定使用的多个介入措施的影响力。我的看法是，在较为复杂的项目中，不必过于关心特定介入的影响力，反而应该关注衡量一系列介入措施的总体影响力。然而，这也会影响到评估时机的选取。

另一个需要考虑的因素是项目规模。如果你正在开展相对较小的项目，往往你会被要求衡量特定介入措施（如团队建设）的效果。请记住，取决于介入措施旨在实现的目标，衡量的内容会有很大差异。

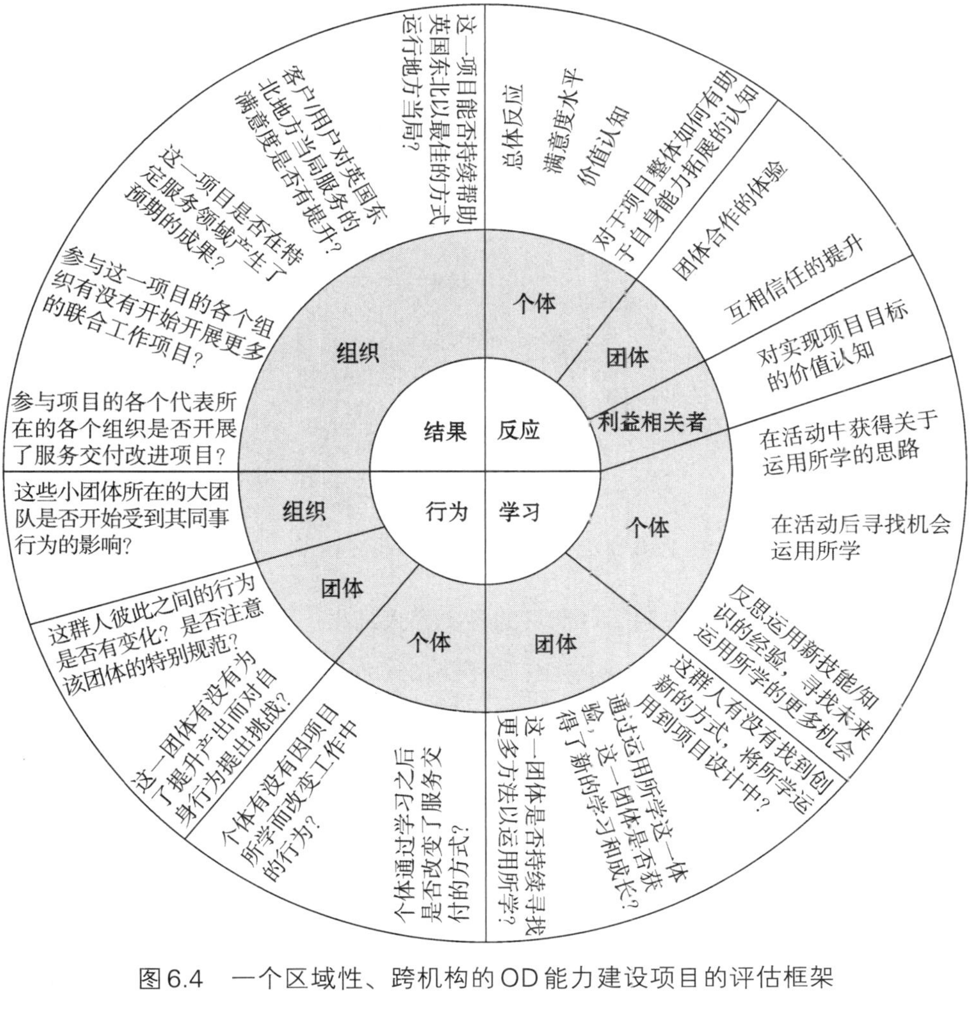


图6.4 一个区域性、跨机构的OD能力建设项目的评估框架

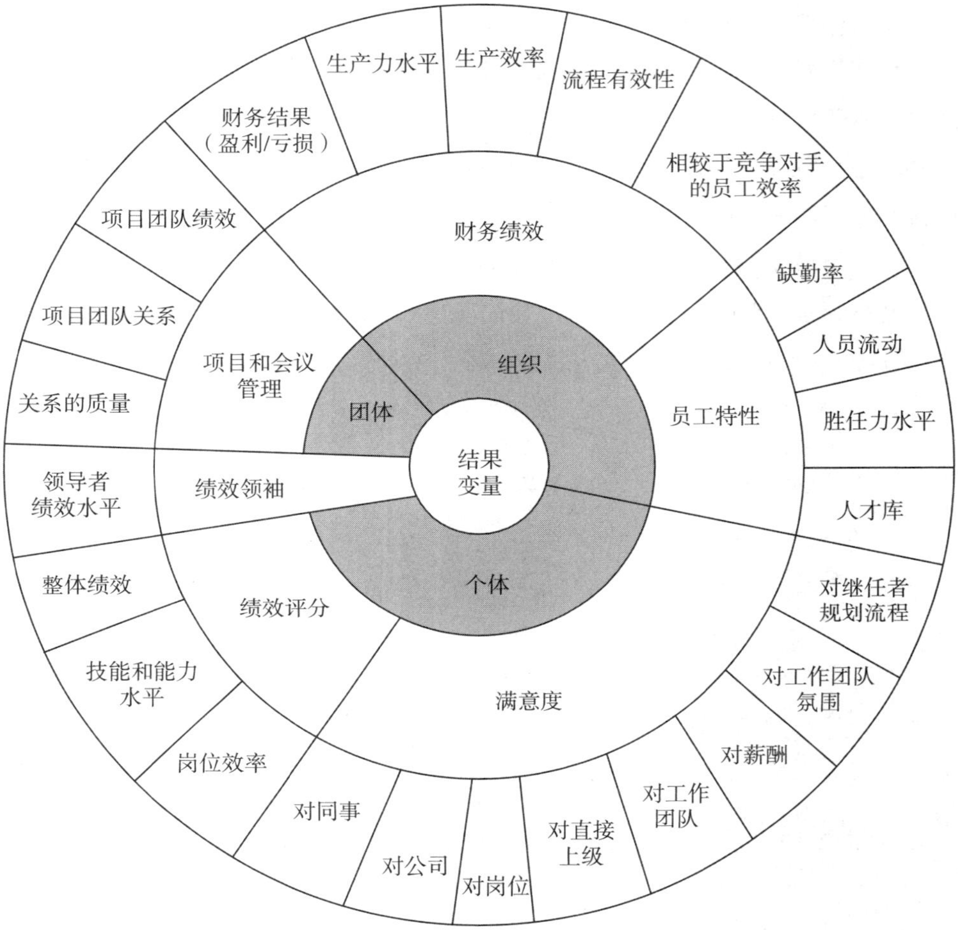


图6.5　一个转型项目的评估框架

图6.4和图6.5举例说明了可衡量的各类介入结果。图6.4总结了在英国东北部进行的一个为期12个月、区域性、跨机构的OD能力建设项目的评估。图6.5改编自波拉斯与博格（Porras and Berg，1978）在另一个转型项目中使用的框架。

## 任务导向的指标与过程导向的指标

尽管OD实践者及其客户都理解任务产出指标的重要性——因为此类指标有助于具体地展示OD举措如何支持组织——但是，OD实践者同样重视过程产出指标，因为我们希望客户能看到我们采用的方法论的过程价值，即通过变革过程建立组织的长期更新能力。所以，当评估过程而非评估结果时，需要分清衡量对象的区别。关于任务导向和过程导向这一辩论，戈伦比威斯基等人（Golembiewski *et al*，1976）的研究提供了一些见解。根据他们的研究，OD实践者需要争取实现并衡量的变革结果分为3种类型：

- **阿尔法（α）变革**是指介入前与介入后的差异。例如，如果在一项解决冲突的介入之后，冲突的频率降低了，就可以说发生了阿尔法变革。

- **贝塔（β）变革**是对衡量维度的重新评估。衡量的不是介入后冲突是增加还是减少了，而是人们对于冲突的定义是否发生了认知上的转变。例如，如果人们对冲突的理解发生了转变，认识到冲突并没有好坏之分，团队以更强的分辨力来看待差异——团队成员理解什么时候冲突是合理的、什么时候不是，哪些条件会促成团队从冲突中收获协同成果等——那么贝塔变革就发生了。

- **伽马（γ）变革**是对影响团队或组织的关键领域进行彻底的认知重构、定义重写和概念重建。此类变革结果是从一个状态到另一个状态的转变。用同样的例子来说明，在介入后，系统的成员可能意识到，为了实现更健康的工作关系，他们需要关注系统作为一个整体是如何运作的——例如，如何澄清角色和职责，如何共享知识，需要什么支撑结构，需要如何衔接各种工作流程。从长期来看，正是这种整体的系统性改善帮助团队更好地协同。从只关注冲突管理，到建立更整体的协作式组织文化，是伽马变革的内涵。有能力以一种更全面的方式理解问题的高度和广度（从系统的视角，并具备解决问题的相应能力）——这就是伽马变革的结果。

OD实践者面临的张力在于，一方面要坚守向组织提供过程价值的承诺，另一方面要记住客户需要获得的是结果——例如，更高的利润、营业额和生产力，以及更低的成本。

必须澄清的是，想要在一个项目中衡量图6.4和图6.5列出的所有领域是不现实的，这些是仅供你参考的选项。然而，在完成初始咨询之后，有必要为你的客户拟定一个评估框架，帮助他们识别出最重要的结果变量，这些是客户糅合了利益相关者的视角，希望OD项目最终实现的结果。有时，给客户更多选项有助于他们进行选择。

## 评估方法

有很多可用的评估方法。在OD领域，评估就是一项介入措施，因此你可以从诸多介入技巧中获得借鉴。选择哪一种方法取决于评估的目的。重要的是，关于要衡量什么，应由你的客户基于一些因素来决定，例如可用的资源与能力（见第五章）。在这里，我只想提出两个你在评估时需要关注的“怎样做”问题。一个是关于评估的方法，表6.5提供了适用于不同系统层面的一系列评估方法，仅供参考。另一个问题是关于评估的过程，表6.6列出了可以与客户一同使用的一个评估过程。

表6.5　评估方法举例

| 任何层面 | 个　体 | 团　体 | 整个组织层面 |
| --- | --- | --- | --- |
| ● 访谈<br>● 问卷<br>● 观察<br>● 焦点小组<br>● 二手信息<br>● 供应商反馈<br>● 客户反馈 | ● 个体访谈<br>● 标准化评估工具<br>● 180度或360度评估<br>● 通过在岗观察了解实际运用情况<br>● 通过测试和测评来衡量学习/知识/技能的获得或增强程度<br>● 自我评分和测评<br>● 平级同事反馈<br>● 直接上级反馈 | ● 团体访谈<br>● 焦点小组<br>● 跨团体复盘<br>● 通过行动计划来展现团体共识的实施进度<br>● 其他合作伙伴对某一团体的绩效的反馈<br>● 在岗观察整个团体<br>● 跟进问卷<br>● 跨部门复盘 | ● 问卷调查<br>● 业绩指数<br>● 具体绩效记录和运营数据<br>● 出资者反馈<br>● 客户和用户反馈<br>● 合作伙伴和战略同盟反馈 |

表6.6　开启评估过程的问题

| 关键问题 | 更多细节 |
| --- | --- |
| 我收集这些数据的意图是什么？ | ● 我/我们将如何使用这些数据？ |
| 我们如何重新审视关键要素？ | ● 我们的项目目标是什么？<br>● 我们想要实现什么？<br>● 我们如何知道自己已经实现了最初目标？<br>● 我们想要实现的目标真的重要吗？ |

续表

| 关键问题 | 更多细节 |
| --- | --- |
| 我们想要衡量什么？在哪个层面？ | ● 参与者的反应<br>● 参与者的学习<br>● 参与者在工作中的学以致用<br>● 行为方式的改变<br>● 系统的改善<br>● 关系的改善<br>● 文化的改变<br>● ROI<br>● 其他 |
| 我们的衡量标准是否平衡？ | 平衡的衡量标准需要：<br>● 深入辩论什么应该、什么不应该衡量，以及哪些结果会为介入措施的影响力提供最有力的证据<br>● 软指标——态度、氛围、反应<br>● 硬指标——产出、质量、成本、时间 |
| 我们将如何进一步持续开展评估之旅？ | ● 制定评估计划(评估过程)<br>● 规划数据收集<br>● 数据收集过程<br>● 沟通结果<br>● 反馈评估数据之后，由谁来总结行动要点，并调整变革项目？ |

## 评估涉及的任务和技能

我曾提到，评估在OD教育中是一个鲜有涉及的主题，因此大多数OD实践者对于如何开展评估知之甚少。对于参与OD教育工作的人们而言，现在是时候将评估这一主题引入OD教育课程了。

应用行为社会科学中的评估，具有与硬科学不同的内涵。前者具有复杂的变量组合，很难提炼出对特定领域的单因素影响力。当有多个因素影响特定结果时，纯粹的因果关系将难以确定。话虽如此，对于OD实践者而言，找到可行的方法来展示其工作的价值是非常重要的。对于OD评估，重要的是我们不仅要回顾过去，承担评估中的“历史学家”角色，更要展望未来，预见我们将来应该在哪些方面做得更好（Patton，2010）。因此，应鼓励所有OD实践者制定相关的过程规范，以便在与客户订立合约的阶段使用，让评估阶段成为OD工作的一个明确的组成部分。表6.7给出了评估所需技能的建议列表。

**表6.7　OD实践者在评估阶段所需的任务和技能**

| 任　务 | 技　能 |
|---|---|
| ● 参考在启动阶段确立的介入目的及预期结果。 | ● 需要具备政治敏锐性，确保多个利益相关者能就OD项目的期望目标各抒己见。 |
| ● 基于介入的性质、给定的预算、时间框架以及组织内部人员的参与程度，帮助客户判断他们的目标能否实现。 | ● 理解评估在OD循环中的作用，了解如何在订立合约阶段提出评估这一话题；具备足够的知识，能基于项目的性质，判断哪些目标可以实现，哪些不能实现。 |
| ● 帮助客户确认评估的总体领域，以及对应的相关指标。 | ● 知道如何将评估方法和途径嵌入OD工作项目。 |
| ● 在初始合约中纳入评估领域和指标，并在合约条款中注明“待中期复盘”。 | ● 了解如何实施评估标准，以及获得评估标准的具体方法。 |
| ● 从介入伊始就建立追踪机制，确保收集整个项目生命周期的评估数据，利用这些数据调整介入方式。 | ● 知道如何在整个OD项目中设定评估追踪过程，以获取数据。<br>● 能够整合所收集的数据，为客户提供定期报告。 |
| ● 让内部的变革推动者参与收集用于评估的数据，提升他们对项目的主人翁意识。利用评估过程，增强变革过程的能量水平和承诺度。 | ● 了解并熟悉如何计算ROI，明确所选指标的货币价值。 |
| ● 向客户提供具有内在一致性的评估数据，让客户参与数据分析。 | ● 能够让多个利益相关者团体共同完成以上所述的工作。 |
| ● 帮助客户决定采取哪些行动来调整介入的结果——加强有效的部分，应对无效的部分，设计进一步的介入等。 | ● 能建立长期策略，帮助组织将评估视为战略规划工作的一个必要部分。 |

评估是OD循环的关键阶段之一。为了将OD循环嵌入组织文化，我们需要帮助组织将评估视为组织发展工作的一部分。关于如何做到这一点，在结束本章之前，我提供八个提示。

## 如何打造评估文化，并使其融入OD工作？

在这个复杂的时代，OD要想谋求生存和发展，你我需要在衡量和展示我们的工作有效性方面多费心思。为了减轻评估工作的压力，我们需要让评估成为组织运作程序中不可分割的一部分。这样一来，不仅能增强OD服务采购者与使用者对OD领域的信心，还能让人们更愿意学习OD的运作方式。以下八个策略性步骤，有助于将评估融入你的OD工作。有些步骤对于内部OD实践者相对容易一些，但是外部OD实践者也能获得影响力，将现有客户往这些方向引导。

### 从订立合约阶段就开始讨论评估

当你第一次与潜在客户一起探索项目时，就需要将评估问题作为订立合约相关问题的一部分加以讨论。下面列出的问题，可以成为你在最初对话中的指南。

**具体项目问题：**

1. 通过做这个项目，你期望得到什么？

2. 对你而言，成功是什么样子的？

3. 如果我去问组织中其他利益相关者，他们希望从这个项目中获得什么结果，他们会怎么回答？会与你的观点相似还是不同？

4. 什么类型的衡量指标能够让项目中的关键决策者满意？采用这些指标的原因有哪些？

**通用型问题：**

1. 组织有效性对你和你的组织意味着什么？

2. 为了实现上述目标，你需要在OD方面投入什么努力？

3. 哪些问题（组织变量）会影响我们工作的成果？你直觉认为这背后的原因是什么？

4. 如何充分控制这些组织变量，让你能判断它们之间的因果关系？

5. 对于你认为很可能被介入措施影响的领域，你会怎样去衡量介入的影响力？

6. 你期望并想要通过这场变革实现什么？

7. 你认为哪些人应该参与这项评估研究？数据应该如何被使用？由谁来使用？

8. 这些评估数据该由谁来负责，以便这场变革能对领导者、管理者和员工产生所需的影响力？

针对以上问题的回答，将有助于评估框架的设立，指引你在设计阶段之前就了解应该如何评估介入。

## 使OD项目与组织战略目标保持一致

大多数高层领导者都生活在“输入”（input）和“输出”（output）的世界里。他们对影响组织的外部因素保持着高度觉察，这也是他们及高管团队需要管理的。同时，他们还知道组织需要怎样的“绩效输出”才能不断生产，保住其在市场/世界上的地位。但是，他们很少会关注“产出过程”（throughput）——使得组织的内部变量协调一致，以支撑战略目标。所以你的角色是确保领导者们明白，为了实现外部的宏图，需要有人来支持领导者进行相应的调整（如组织文化、组织设计、系统和流程、人员能力、氛围、技能匹配度等），确保整个组织能步调一致地迈向其目标。由于大多数领导者并没有将战略计划和OD计划协调一致的习惯，大多数组织在实现其战略雄心上都以黯淡收尾。因此，你的目标是帮助高层领导者在每当有新的战略计划时，就启动一个OD计划。通过帮助领导者拥有匹配一致的外部和内部计划，你不仅可以在OD评估与组织实现战略目标的能力衡量之间建立起联系，更能让OD跻身组织的“权力精英”层。这是有助于有效评估的第二个条件。

## 将OD举措与核心业务领域联系起来

接下来，需要将OD计划和介入措施与高层领导者最关心的核心业务领域联系起来。例如，特定地区市场份额的增长，供应链某些方面的成本削减，有效的劳动力部署（将成本保持在最低水平），将人才作为关键竞争工具（出色的人力资本），比竞争对手更快地交付研发和创新（先于竞争对手推出产品），保持客户忠诚度（以卓越服务开展竞争）等。来自不同行业的不同组织，会有不同的压力点。但关键要点在于，如果你有效地支持组织实现了更高的目标，那么你在组织中的声望就会提高。作为内部OD实践者，你需要研究一下应该将时间投入哪些项目上——主要是从组织或领导层的视角。有许多（好心的）OD实践者一直在开展一些与组织重点事项关联度较低的OD项目，如果你就是这类OD实践者，那么你需要准备好将此类项目交给其他人，或者建议组织放弃此类项目。

## 与其他专业人士建立战略伙伴关系，不断改进评估方法论

同一组织中会有多个职能部门都对评估方法论感兴趣。因此，为了开阔视角、拓宽资源，你需要与其他领域（如战略、社会研究、项目管理、HR、财务）的同事建立战略联盟。至少，你需要探索是否存在一个适用于企业所有职能/项目的评估框架。如果有的话，那么你可以与他人合作创建或重启一个连贯一致的研究框架，从而展示OD的价值。完成这个框架之后，如果变革工作需要外部供应商支持，也有必要向他们分享这一框架。

## 持续教育客户，使其认识评估的价值

我们已经提到教育领导者的重要性，这是为了让他们了解评估对于一个持续学习与持续改进的文化的作用。帮助领导者看到OD举措的过程价值和成果，有助于让他们成为更知情的客户。这一概念可参见图6.2、表6.1和表6.2。提升领导层认识的另一种方法是将评估纳入领导力发展项目，帮助领导人对评估产生兴趣，不仅是对OD项目的评估，还包括其他战略项目的评估。在领导层会议上，帮助高层领导者设计和主持讨论环节，邀请其他人共同参与讨论，找到他们认为对组织的整体健康有重要意义的评估指标。

最后，建立一个“OD之友”顾问小组（确保其中一部分成员是受高层领导者提携的后进），让每个OD项目的过程价值都能被显化。作为幕后支持和监督的团体，这个小组将对组织内其他关键人物产生长远的教育影响。上述的任何

一种做法都有助于客户看到，评估是我们工作中不可分割的一部分。

### 鼓励高层领导者发起OD项目并定义衡量指标

第六个方面是促进高层领导者成为所有OD项目的真正发起者。例如，假设组织在上一次员工调查中的敬业度得分非常低，在你（OD实践者）得出结论认为这是一个需要介入的关键领域之前，更好的做法是创造一个机会向高层领导团队展示这些数据，让他们主动探询和探索这些数据对他们意味着什么，并决定这种情况是否需要引起注意。此时，你可以与这些领导者一起决定OD项目的目的，明确他们希望项目实现的一系列成果，以及他们对于项目成功的定义。让高层领导者知道他们是这个项目的发起者。如果有乐于助人的HR同事为了节省高层领导的时间，自告奋勇要当项目的发起者，你需要与这位HR同事协商，并回到高层领导者那里，要求由他们直接发起项目。

### 高层领导者对评估数据承担责任，决定评估的参与者、方法和时间

一旦在合约订立阶段确立了项目的价值，你就需要和高层领导者达成共识，决定谁应该参与确定评估的指标和标准，什么时候适合开展评估，以及应该使用什么方法来开展评估。如果领导者尚未准备好进行这一讨论，那么OD实践者就应该起草一些书面内容，等可行的时机出现时，立即回过头来与高层领导者再做沟通，获得他们的批准。

为什么这点如此重要？让对变革可能持有不同看法的多个利益相关者对评估数据承担责任，可以确保评估数据出来时，没有人会不相信结果。

请高层领导者决定谁应该参与到评估中来，意味着你的评估团队中必然会有这些高层领导者信任和提携的后进，或者他们可靠的第二把手。领导者提名了这些人，也会更容易接受评估数据，因为这些数据来自他们信任的人——而不是HR或OD。这个条件能为评估提供支持。

这是评估政治性的一面，OD实践者往往会忽视这些并因此付出代价。

### 将优秀的评估实践撰写成研究案例向他人展示

最后，评估是一个亟须更多知识传播共享的领域。在我搜寻有关这一领域

的文章时，能找到的发表资料甚少。作为实践者，如果你为自己引入的变革项目完成了优秀的评估工作，那就很有必要撰写成文并发表，或者至少在同事之间分享。

介绍完了你所需要关注的八个领域，接下来让我们在本章末尾探讨评估者的任务和技能。

## 总结和评估速查指南

OD领域的存在是为了确保组织实现有效性，这既是为了在组织中工作的人们，也是为了受益于组织的人们。OD实践者将理论付诸实践，设计介入措施，帮助组织实现有效性。在这个过程中，你我都意在创造益处，而不是造成伤害。有时候，你的客户和你都认为实现了预期目标；有时候，你认为没有实现过程目标，但你的客户很满意；有时候，你感觉自己做得很好，但客户却认为结果不理想。在这个不一致的背后，有一系列的复杂问题，比如权力、你和所服务的客户之间共同的（或不同的）理解和范式、科学的与有机的评估范式和方法论之间的张力，以及你在将评估作为你与客户的核心工作的一部分这件事上是否足够努力。

本章中，我从概念、方法论和实践的维度介绍了OD的评估方式。通过将评估置于介入过程（OD循环）的中心，通过将评估纳入组织日常，通过教育组织领导者如何评估OD介入，你帮助自己作为OD实践者与客户一起见证OD的价值。

在战术层面，你需要注意如下五点：

- 与你的客户合作开展评估（行动研究模型）；
- 从进入和订立合约阶段开始，建立研究（评估）策略并向客户说明；
- 建立与诊断模型相联系的研究（评估）设计，并在OD咨询循环的每个阶段持续使用；
- 研究其他学科中的业务衡量指标，了解这方面的最新讨论；
- 引领、教授、提供有效的方法，在评估中收集和分析数据。

（Burke，1982）

本章旨在提醒OD社群重视评估与业务衡量指标。如果真能实现，那么我希望你会乐于推广OD的积极价值，帮助OD创造一个强有力的未来。是时候让我们从OD领域的先行者那里接过接力棒了，他们重视评估，但他们的实践并未被继承——过去20年OD领域一直缺乏对评估的重大研究，就足以证明这一点。

重新树立OD领域作为价值贡献者品牌的使命，已经落到了这一代实践者身上。OD并没有死亡，OD也没有衰败（Bradford and Burke，2005），OD依然生机勃勃（Gallos，2006），特别是在英国和欧洲。是时候让这一领域的后来者怀着饱满的热情和专业精神，致力于评估工作，以挽回先行者（美国同行）的声誉了。当你和我这样做的时候，不仅将造福于OD领域，你我也将从中受益，因为通过评估我们向服务对象证明了我们的价值——毕竟，那是我们从事这一职业的意义所在。

附录：评估速查指南

| 问　题 | 内　容 |
| --- | --- |
| 时　机 | 评估可以在变革的任何阶段进行：<br>**预先（计划）：**计划过程进行得如何？计划的质量如何？等等。<br>**发展：**你是否准备好了一切事项？需要检测哪些问题才能了解早期发展工作是否按计划进行？<br>**实施早期：**你是否具备了所有能力？是否有任何漏洞会使变革变得脆弱？根据早期实施结果，你需要做什么/调整什么？<br>**实施中期：**一旦变革开始实施，你需要密切关注什么才能了解过程的进展情况？（参阅下面的评估类型）<br>**实施深入：**重点在于是否落实了合适的强化措施，让变革具有可持续性——这是勒温的“再冻结”概念。<br>**总体成果：**对照变革的最初目的/愿景，在规划阶段明确的所有维度上，你是否都在接近想要实现的目标？<br>评估的整合式方法是将评估标准和类型纳入最初规划，并且在不同阶段有一个明确的评估顺序。 |

续表

| 问　题 | 内　容 |
| --- | --- |
| 关键概念 | **形成性评估**：着眼于变革过程，目的是测试变革的发展方向是否处于正轨，确保尽早按需调整（就像对学生进行突击测验，检查其学习是否有效）。<br>**总结性评估**：着眼于在重大变革举措接近尾声时变革累积的影响力。总结性评估有助于变革团队了解变革项目的成功概率。如果在变革旅程中没有进行形成性评估，那么总结性评估产生的积极作用将会减弱，因为调整行动的机会已经错过。 |
| 评估类型 | **过程评估——两种类型**：（a）预期的变革过程（参考业务模式、基础设施变化、IT等系统流程、程序变更等）是否实现了你希望的目标？过程是否太笨拙、太拐弯抹角、难以使用或不容易被用户理解？（b）变革过程是否创造了一个变革品牌，能被所有国家和地区的所有变革领导者理解和实施？<br>**能力评估**：领导实施变革的人，以及在实地执行变革时扮演守护天使角色的人，是否有合适的能力来实施变革？<br>**财务评估**：根据实施数据，你是否正在按计划实现财务目标？例如，成本是否在下降？利润是否上升？销售额是否在上升？最终的企业目标是胜利在望，还是遥不可及？<br>**评估对人的影响力**：在你赖以实施变革的人员中，有多少比例的人员已经具备主人翁意识，致力于变革计划？他们对变革有何感受？是否已经形成了多数群体，可以开始重新设定或创造新的规范？是否向抗拒变革的人提供了支持，帮助他们理解变革？在这个阶段，团队将寻求增加对变革的心理倾向，并为发挥自身作用的人提供更高的能量水平。<br>**实现重要里程碑**：这是一种成果评估（而不是对整体变革目标的评估），有必要追踪进度。<br>还有其他类型的评估：<br>**客观主义方法**：针对可衡量的变革，关键在于找到可验证的证据。这一方法寻求方法论上的严谨性。主要是收集变革"前后对比"的事实和数据，但事实和数据可在评估的不同阶段中汇报。<br>**主观主义方法**：关键在于大致了解变革参与者的主观经验或感知——数据会告诉你是否需要进一步的激励，才能让他们通过危险的J曲线（情况先变得更糟，然后才变得更好）。有时，这种方法被称为"社会建构主义"评估模型，它认为现实是社会建构的，不一定是客观的评估。<br>人们可以使用OD理论来塑造评估方法，例如，**欣赏式探询**（什么进展得非常顺利）以及**以解决方案为本的方法或"成功案例"评估方法**（着眼于成功的案例场景——你离这些条件有多近或多远），等等。 |

续表

| 问　题 | 内　容 |
| --- | --- |
| 评估的关键原则 | 1. 记住项目的原始愿景——除非这一愿景被改变，否则这将始终是你决定性的标准。<br>2. 让决策者参与进来，设定“不可协商”的必备衡量标准——鼓励他们思考具体的衡量标准，而不是空洞的概念问题。这有助于他们澄清自己真正想要的、具体的理想成果。<br>3. 让将要实施变革的人们参与进来，共同定义有效且稳健的指标，这些指标将向他们（和你）表明实施进展——鼓励他们从一开始就建立这些指标，这样当变革工作变得繁忙时，将数据送到中心不会是一件额外的工作。<br>4. 确定系统局部领导者需要的自由度，以确保评估对他们有意义；在此之前，你要向他们明确传达有哪些不可协商、必须提交的数据，以及提交的时间和形式。<br>5. 务必使正在衡量的内容和方式公开透明，以便人们知道自己需要履行什么职责，以及不履行的后果。<br>6. 让负责实施的人（尤其是领导者）真正负起责任。<br>7. 始终参考现有的基线数据。<br>8. 虽然OD很讲求而且致力于追踪以人为本的数据，但它不应该优先于其他类型的评估。<br>9. 评估过程必须精简易行，耗时应远少于变革实施的时间。 |
| 最　后 | **在OD中，评估是介入的一种关键形式**，因此就像任何其他介入一样，你需要问：(a)这种介入的目的是什么？(b)谁想要获得评估数据？(c)什么类型的数据对他们有意义？(d)需要几个层面的系统数据，才能帮助你维持多层面的系统变革工作？(e)哪些人值得信赖，从而让他们领导或主持评估（介入工作），并听取他们的结论？ |

# 第三辑

# OD与变革

目前的现实是，变革正在发生变化，这并不是什么新鲜事。但是，让我们中的许多人深感惊讶的是，变革中的失败率仍高得惊人，就好像人们都没有学会应该如何调整变革方式，提高变革的成功率。这种情况是不是以下列出的一些原因所导致的？

- 变革围绕的核心重点依然是结构、系统和技术系统，而不是员工敬业度、行为改变及提升系统成员的变革能力。变革的风格依然是“说与劝”，倡导而非探询；依然是通过说服获得支持，而非通过有意义的参与获得承诺。
- 员工通常因为参与不足而对新的工作方式承诺度较低。经历了几次这种变革循环后，他们感到厌倦麻木，变得愤世嫉俗、缺乏信任。
- 组织中的权力精英仍然是传统变革范式的掌舵人，若要采取不同的方式应对变革，包括开展实验以及任何承担风险的做法，都将不受他们待见。
- 系统成员的变革能力（基层领导者）无法跟上。他们在变革推动者角色中没能接受足够的培训和发展。其中很多人都未曾受过相关指导，不知如何处理变革的不同维度。这继而有损于系统自我进化成“常变常新”的组织的能力。
- 对于重大的转型性变革，来自组织外部的咨询公司往往被过度依赖。许多组织没有内部资源，当外部咨询公司离开后，难以接管并在组织内嵌入变革。

在这样的背景下，我想在本书的这一部分中重点介绍三个方面：在第七章中，我将鼓励读者学习如何妥善把握两种截然相反的应对变革的方式，即传统方式与OD和复杂性方式。我之所以将第七章命名为“活在混沌与变革的边缘”，因为这正是大多数实践者所面临的处境。我们一方面处在传统变革文化主导的世界中，另一方面迎接着令人兴奋、不断演变的OD及复杂性科学的变革范式。这一章旨在探索这两种变革方法各自的长处和显著特点，以及这对于在两种方法“中间地带”开展实践的我们有何启发。我还希望OD实践者能具有政治敏锐度，懂得如何征得组织精英的批准，同时以隐性的方式开展实验，采用OD的变革方法。

第八章将关注如何平衡变革幕后和台前的各种需求及角色——这也是在混沌地带工作所需的策略。重点在于，任何变革旅程都需要强大的幕后支撑——处理财务、资源、人力、治理、临时变革架构等——作为支持台前工作的容器，让台前能专心应对因复杂变化的环境而不断浮现的员工敬业问题。这一章中还加入了关于如何融合台前幕后两个世界的实践备注，供读者参考。这是注重实践的一章，实用多过励志。

第八章结尾有一节关于变革实施能力的内容，我希望将读者的注意力引导到这样一个事实上，即如果不关注变革旅程的另一半（即实施过程），就很难收获成功的果实。

第九章从实践角度探讨了如何转换模式，特别是促成行为改变。几十年来，文化变革已经成为一个热点词汇；我们都知道，如果一家企业要实现其变革议程，那么整个组织中的员工行为方式都需要改变。正如伯克（Burke）一再强调的，实现文化变革是有效介入的关键标准之一。但实际上，大多数变革推动者仍然觉得文化变革令人生畏，许多人不知如何从变革之初就开始着手改变文化和行为。

这三章旨在为你提供一些思路，探讨如何留在变革的“混沌边缘”——交杂着稳定与不稳定、新与旧、大数据规划与力求自然流现。我希望通过在本书这一部分采用务实的立场，你将学会博采众长——传统变革方法、OD方法和复杂性理论视角——充分利用对任何变革旅程都有必要的、最有帮助的部分，确保足够的灵活度和敏捷性，夺得转型性变革的头彩。

最后，在应对变革时，我们需要关注作为变革工具的自己，即我们如何进行咨询、我们有怎样的行为、如何通过自己的行为和风格来体现系统转型最终要达成的状态。我们必须尽可能在处理所有关系的时候保持纯粹，特别是针对那些容易让我们进入“猝不及防、丧失觉察”状态的人。我们的首要工作是要成为改变自身行为的专家，再去支持他人实现深度变革。拥抱OD复杂性与混沌原则，并且保持政治敏锐度和务实精神，是获得更多力量去影响变革工作的明智途径。

最终，我希望这三章将有助于：

- 减轻你的困惑和内疚，让你能从容地坚持自己使用的变革范式和方法，同时不让你的同事觉得你已经过时；
- 当传统方法仍被权力精英视为变革的唯一途径时，帮助内部实践者以务实态度继续生存在这样的环境中；
- 检查你的范式和实践，确保你有充分的能力支持那些信任你的人，与他们一起开展变革；
- 让你的知识和能力得到更新和充实，使你的变革工作更充满活力和效率；有许多令人兴奋的复杂性变革作者和实践者值得我们去学习借鉴，并以此更新我们的实践；
- 向你展示如何将变革的三个方面融合在一起以支持客户的变革工作。

# 第七章　活在混沌与变革的边缘

## 导　言

首先，我想就两个在这个部分经常会使用的概念进行澄清。一个是“复杂自适应性系统”（complex adaptive system），另一个是“混沌边缘”（edge of chaos）。

“复杂自适应性系统”已经被复杂及混沌理论领域的作者们给予了定义。根据HSD的格伦达·欧阳（Glenda Eoyang，2010）在其教学课程中给出的定义，“复杂自适应性系统是多个独立行动者的集合，他们有以无法预测的方式行动的自由，并且他们的行动是相互关联的——任一行动者的行动都会改变其他行动者的所处环境”。复杂自适应系统的例子包括股票市场、不同的人群、蚁群、蜂群、互联网、任何网络、花园和人类。这些都是由多个相互关联的行动者组成的不同的生命体集合，而这些行动者都具备改变能力及从经验中学习的能力。

因此在现实中，所有的组织都属于复杂自适应性系统，即与生俱来拥有自适应性。诚然，我们的假设是所有生命系统都天生具备自适应性，但现实中它们没有按该方式行动，因为有各种因素限制了它们天性的施展。奥斯本（Osborne）和辛森（Hinson）在其咨询工作中（Change Fusion，2014）发现了6种影响系统适应能力的因素：适应驱动性、安全性、观点的多样性、稳定性、互联性和控制性。为了释放系统的适应性，需要将这6个因素调节到合适的水平。举个例子，如果控制性和稳定性高，而适应驱动性、互联性、多样性和安全性低，适应的天然能力就会被限制。因此，我们在谈论有关复杂自适应性变革方法时，谈的是为了释放系统的适应能力，变革过程需要做些什么。

另一个概念是**“混沌边缘”**，包括两层含义。第一层含义指的是一种生存状态或条件，即活在稳定和不稳定的边界上。尽管活在这个状态中可能会让人感到困惑，但也提供了一些无法想象的机会，让人们可以开展实验、变得敏捷——有点像布里奇斯（Bridges）在他关于转型的著作中提到的“过渡地带（neutral zone）”（2004）。

“混沌边缘”一词的第二种用法，指的是活在这个地带中的特征（流程）。譬如，如果一个组织选择在混沌边缘建立一些模式，其中可能包括：刚刚足够的程序，不多也不少；有足够明确的参数，但没有太多的规则，而且不会太刻板，每个人都可以在参数范围内行动；拥有互通有无的关系等。这些特征能在以下诊断表格中看到：

| 三种地带的“可能状态” | | |
|---|---|---|
| 混　沌 | 混沌边缘 | 秩　序 |
| 极少程序 | 刚刚足够的程序 | 太多程序 |
| 混乱无序 | 清晰的参数和要点 | 太多规则 |
| 困惑 | “做什么”比“怎么做”更清楚 | 刻板 |
| 冒险 | 基于数据和过往学习的冒险 | 低/无风险 |
| 太多连接 | 每个人可以在参数范围内行动 | 只有目的性的连接 |
| 完全自由，每个人都能行动 | 两者平衡，兼而有之 | 指挥和控制 |
| 非正式的接触 | 互通有无的关系 | 正式的接触 |
| 八卦 | 所有人共享信息 | 隔阂 |
| 无目的 | 有灵活的目标 | 详细起草的严密计划 |

来源：LMYCJ，Q&E 改编自 Stacey（1992）。

讨论了这两个概念后，我们现在继续介绍本章的内容：

1. OD实践者的两难困境。
2. 什么是传统的变革范式？
3. OD变革的原则是什么？
4. 对我们的变革实践有什么启示？
5. 关于变革用词的补充。

## OD实践者的两难困境

许多OD实践者都知道，有序规划和控制的传统变革方法的效用越来越有限——事实上，如果最高领导层坚持认为这应是占主导地位的变革方法，甚至可能使变革工作变得更脆弱。OD实践者面临的两难困境是，一方面他们知道变革中的当前现实牢牢扎根于复杂、动荡、自然生发、时而混乱的背景环境中，但另一方面他们自己可能缺乏灵活性，难以摆脱机械应对变化的方式。这种困境经常让我们陷入焦虑的情绪中，而领导层则捍卫着自己的信仰体系。

变革由传统方法支配，是值得警惕的现象，但也要承认，每个变革项目都需要一定的基础设施（如预算制定、资源分配、规模和范围决策、合法合规），需要协调良好的计划（公司、职能、区域、当地层面的计划，以及可交付指标），还需要子项目规划等。这些是任何治理机构都关注的“必需品”。因此结论是，无论如何，传统方法将一直继续存在。

幸运的是，传统方法也在转变和适应。例如：

- 在怀抱着不同理念的变革领导者中，有一种共识正在艰难地缓慢形成：现在的变革过程中有太多无法预测和意料的动力因素。人们感受到了“自催化过程”（这意味着改变是自然发生的）的兴起，并由此发展出了关于“系统如何向解体阶段转型”的主流假设。

- 很多传统的变革管理者们（这样的角色现在依然有很多）已认识到：当前的变革方法难以为继，无法帮助组织足够快速地行动并更多地开展自组织；因而作为必要的生存策略，组织需要更大的灵活性和自主性。两家大型咨询公司表示，由于公式化的方法，他们70%以上的变革项目未能达成重要里程碑，其中一些项目正在为这些曾经过测试和验证的公式化方法寻求OD输入。

- 那些一直以来从中心开展变革的组织已经看到：集中式的变革领导方法未能帮助员工抓住机会，在系统局部层面采取简单行动，发现持续浮现的模式。基于经验，变革推动者都知道，集中式变革项目往往会导致人们丧失迅速开展各种细小努力、产生潜在重大影响的能力。

- 睿智且思虑周密的领导者心里知道：当前根深蒂固的文化假设和行为模式，正在阻碍复杂变革所需的“分布式领导力”的成长。分布式领寻力需要组织中没有层级职权的人们能够采取行动、广泛传播、打破现状、推动并创造替代模式，使组织更具适应力并保持敏捷。

## 案　例

让我们用我最近的一些经历作为案例，浅窥传统变革方法的主导地位：

● 某跨国制药公司花费数百万英镑，聘请了强有力的外部项目管理专家，来告诉最高领导层应该如何重组全球组织架构，而且只让排名前100位的高层领导者参与。

● 另一家跨国能源公司用一个“四步法”来推行全球多元化和包容性人才管理方法，却没有充分考虑到组织所处的多元的全球文化背景。

● 某英国公共部门机构为了开展涉及整个组织的公共服务转型，让高层领导颁布指令，规定每个部门需要在什么时限内做什么事情，几乎没让员工参与就匆忙做了所有安排。

● 另一家制药企业斥巨资引入了一家外部咨询公司，来帮助处理因其质量标准不合规而引发的监管裁决，但没有让所涉及的生产车间和系统的其他部门参与进来一同找出质量问题，也没有争取获得他们的支持来解决问题。

---

这几个近期的案例展现了很多内外部OD实践者会面临的主要挑战，如以下三种挑战：

1. 大多数组织中的权力精英和主导决策者们，基本上仍旧是传统的忠实追随者——尽管从体验角度，他们的确接触到了外部环境正在发生的主要变化。

2. 许多OD实践者发现，选择其他方式开展变革是困难且不安全的，因为他们知道如果偏离传统变革方式太多，就可能被拒绝，并丧失可信度和影响力。

3. 组织内部的合作伙伴中，很少有人完整理解了OD和复杂性变革方法，也缺乏一个能互相勉励的紧密社群。

所有OD实践者都面临着这样的两难困境：一方面要忠实于OD的变革方法，另一方面要保持务实态度以赢得可信度。编写本书这一关于变革的部分，就是我为了增强你的“OK感”而做的努力，希望你能满怀信心（而不是内疚），在OD的核心理论和原则的指导下，更有效也更愿意用不同的方式去引领变革。

## 什么是传统的变革范式？

这种方法有许多不同的叫法——传统变革法、经典法、专家主导式变革法、牛顿变革法等。出于一致性考虑，我会用“传统变革方法”来指代。表7.1是一份综合列表，基于多个信息来源汇总了传统变革方法的特点，尤其收集了奥尔森和欧阳（Olson & Eoyang，2001）以及马夏克（Marshak，1993）的观点，他们简明扼要地抓住了这一范式背后的许多关键假设。这些特点以检查清单的形式呈现，便于你带着这张清单与领导团队开展对话，盘点你们的组织目前采用的变革方法。

表7.1　传统变革方法的特点

| 打钩栏 | 主导方法 | 备注 |
| --- | --- | --- |
| | 变革往往是由位居高层或外部(如咨询公司)的人、而不是由真正了解变革相关情况的人来计划和管理——这样的变革可视为一种“精英领导”的过程。 | |
| | 变革以更线性的方式发生，并且人们认为变革是可以预测的，所以可以用项目管理流程来开展变革。以项目管理主导的方式取代了以人为本的方式。 | |
| | 我们对变革的关注焦点在于经济、效率和效能，而非组织和人的发展；特别重视如何修理结构/系统；变革的出发点往往是对缺陷的关注。 | |
| | 智慧源于高层，高级管理者是负责提供变革愿景的人，而高层需要有更大的管理控制权——控制意味着我们需要提供规章制度。 | |
| | 变革领导力模式是“操纵和指挥”，发出的信号是命运已经确定，所以一切沟通都是关于逐级向下正确开展变革，并要求在短时间内交付成果。 | |
| | 可以说我们的变革方法更多的是透过公式在领导，很大程度上沿用了理性、官僚的框架，其假设由机械观主导。 | |
| | 可以推论出我们的变革方法假设，即人是被动的——如果我们告诉他们应该这么走，他们就都会跟着这么走；人性维度在任何变革努力中的优先级都很低。 | |

续表

| 打钩栏 | 主导方法 | 备注 |
| --- | --- | --- |
| | 我们关注指标/测量标准、线性的变革路径和循证的决策标准，并不关注能量、想象力和通过变革努力去释放人的能力。 | |

这个列表上似乎都是老旧过时的做法，很难想象还有组织会采用这样的假设来应对变革；但令人惊讶的是，太多OD实践者在应对组织变革时感到不安全的原因，正是由于许多组织仍然这样做。

要摆脱这种传统的变革方法，一种做法是采用“两极管理”的方式，同时使用新旧两种方法，保持两极的优点，并学会管理任何一极的缺点带来的危险。通过拥抱两极的优势，OD实践者将使自己更容易被权力精英所接受，从而获得一个平台，可以更有效地影响组织，转变其对变革的观点。

表7.2列出了马夏克对传统方法和OD变革方法的对比，并提供了综合使用这两种方法的可能性，尤其是在介入的设计工作方面。我已经多次使用这种策略：一方面，你可以满足高层领导的期望（你仍将专注于任务、项目管理、线性和机械的变革方法）；另一方面，你可以隐性或显性地将OD方法注入变革过程。对我来说，这就是作为实践者活在混沌边缘的意义所在。

**表7.2 传统变革方法与OD变革方法**

| 变革方法 | 侧重点 | 方 式 | 主导价值 | 管理变革的方式 |
| --- | --- | --- | --- | --- |
| 传统变革方法 | 结果 | 精英式流程——由专家领导 | 以经济为重心 | 操纵和指挥——命运已定，逐级下达 |
| OD变革方法 | 过程和结果并重 | 参与式流程——高层领导者设立清晰的参数范围，由员工领导 | 人本主义——以人为中心，以人为实现经济利益的关键途径 | 引导和吸引——给人们机会表达想法，邀请人们共同构建并重塑/扭转命运 |

来源：改编自罗伯特·马夏克一项在英国NTL OD证书课程中的教学幻灯片。

让我们用一个实践例子来说明如何达成这种平衡。

如果你发现自己活在悬而未决的两极之间，那么在订立合约阶段应考虑以下几点：

- 安排一次会议，聚集所有高管团队成员，共同应对宏观问题（见第8章），确保大家对变革项目需达成的结果、收益水平、明确而不容协商的参数（价值、资源、交付等）有一个集体共识。最后，询问高管团队，他们会考虑纳入哪些人对这些宏观问题的看法。他们很可能每个人都会给你几个人的名字，所以这样一来，你已经找到了一种让更多人参与这个过程的隐性方法。
- 在同一场会议上，询问他们该由谁来主持变革团队，以及变革团队的治理结构应该是什么样的。还要问他们，哪些人的意见不能被忽视，应该在变革的不同阶段让哪些人参与进来。这样，以一种不太明显的方式，你和变革团队已经协商达成了一定的自由度，可以让更多人一起参与变革过程。
- 最后，如果你觉得可以进一步试试运气，可以问问他们，你和变革团队可以和谁一起测试一些想法，特别是高管团队已经同意的想法。别忘记询问他们何时想就你刚刚设法协商达成的那些“额外”流程听取汇报。
- 通过以上步骤，你将能够开始参与式的变革过程。

在订立合约的会议上，有必要复述你之前听到的那些不容协商的参数，检查你是否将这些参数把握准确了。如果高管团队看到你已经清楚他们的参数，就会有心理安全感。如果你对这些参数感到满意，就向他们保证你将在这些参数范围内开展变革。如果你不满意，请尝试再次讨论这些不满意的方面，看看能否获得更多的自由度。重要的是要保持信心，相信如果你能够为变革议程带来最终的成功，那么“怎样做”并不像你担心的那样重要，只要：

1. 你在约定的参数范围内开展变革；
2. 你能成功实现他们的要求。

这些情况需要你具有政治敏锐度，并在系统的各个层面建立联盟。

## OD变革的原则是什么？

许多OD变革原则分散在整本书中，因此值得快速扫描一下全书，尝试建立你自己的OD变革原则。以下汇总了一些非常实用的OD变革原则：

● 以终为始。尽可能早地让成功实施变革所需的人们参与进来，帮助他们理解变革，并获得他们的承诺。

● 变革越复杂，越有必要将整个系统聚在一起，共同找到变革对于每个人的意义，并就如何继续变革旅程征求他们的多种观点。

● 在人们聚在一起搭建平台以成功实施变革之前，要让每个人的看法都能被听见，并处理他们的分歧。让分歧浮出水面，是建立共识的必经之路。

● 人们不抗拒变革，只是抗拒被迫变革。人们会支持他们所创造的事物，尤其是当他们可以自愿地做出自己的选择的时候。

● 可持续变革的关键，是要让人们释放出自我激发的能量，投入他们深切关心的问题。

● 在变革旅程的终点，个人和系统的同步发展将会保证变革的可持续性。换句话说，需将发展视为变革的同义词。

● 系统性思考和系统协同一致，是确保变革过程前后连贯的关键。

● 变革不是一件事，而是一系列针对系统具体层面的介入，既有计划好的介入，也有自然生发的介入。

**表7.3 组织变革的传统方法和复杂自适应性方法**

| 传统变革方法 | 复杂自适应性变革方法 |
| --- | --- |
| 基于预测的完善计划；严格的规范 | 关注自然生发的事情所做的轻计划；松散的规范 |
| 等级制、命令式的 | 分布式领导力和影响力 |
| 部分、无交集的孤岛、低连接度 | 整体、互相依存、高连接度 |
| 关注集中领导的计划，密切注视变革是否按计划开展 | 关注系统局部领导的角色，观察变革是如何随机展开的 |
| 关注系统、结构和过程 | 关注模式和行为 |
| 倾向于标准化的方法，不欢迎偏差 | 发现、探索、试验，欢迎多样性 |
| 已知的解决方案 | 解决方案未知（无法提前知道） |
| 指明方向的大计划 | 小即美，以小见大（充分利用机会和意外运气） |
| 计划、反思、学习和再计划 | 行动、实验、反思和看到，然后学习和计划 |

续表

| 传统变革方法 | 复杂自适应性变革方法 |
| --- | --- |
| 项目导向 | 运动散播 |

来源：改编自史Stacey，Euyong，Quade，Osborre等人的著作。

## 对我们的变革实践有什么启示？

表7.3对传统和复杂自适应性的变革模型进行了对比。但是，为了帮助读者将表7.1、7.2和7.3组合在一起，明确如何从每种变革方法中获得最佳效果，并找到对其变革实践的意义，我试图通过以下几点来说明“怎样做”：

1. **积极推进OD和复杂性变革方法，并在你所服务的组织中为自己创造所需的“接受度”**。我们需要向客户进行展示和教育，使其了解OD和复杂性变革的视角，并开始挑战他们，促使他们改变开展变革的方式。与此同时，我们也需要在传统文化中保持“可以被接受”，这就需要我们善于使用项目管理方法，并采用传统变革管理方法中一些强势的方面，以获得影响力。

2. **为确保安全，隐性地将OD原则融入变革方法论；同时也要显性地使用OD和复杂性变革方法论，帮助客户学会用不同的方式开展变革**。尤其在建立起足够的可信度之前，你需要足够敏感，确保不踏入被组织视为“异类”的雷池，以避免遭到排斥。但是，这并不妨碍你将OD和复杂性方法隐性地灌输或糅合到传统变革方法中。寻找各种机会，特别是与指定的变革团队或积极的系统局部领导者合作，以显性的方式，直接教导他们将OD和复杂性变革视角纳入“新”的变革方法中——在这一新范式中，我们需要不断思考新的策略，以影响和教育传统客户。

3. **将OD/复杂性变革方法嵌入正式的领导力发展项目，并借助变革过程对领导者进行“实时”教育**。OD实践者无论在什么客户系统中工作，与领导层打交道时都需要有格外明确的意图，借助有效的领导力发展项目，向领导者介绍OD的系统性和复杂性视角，并结合他们所处系统局部的变革实例进一步传授，然后同步采用两种变革方法。我们还必须不断努力寻找创新的方法，将这一领导力发展元素嵌入我们合作的各种变革团队和变革推动者之中。这样一来，我们将帮助组织建立一支运用共同方式引领每一个变革项目的领导者团队。

4. **增强我们应对对立两极的能力**。为了支持复杂环境下的变革，我们需要知道如何应对各类相互依存而非相互排斥的两极。这些对立的两极总是会制造很多让你和其他人感到不舒服的张力。我们的倾向是把它们当问题来努力解决，但实际上它们只是需要管理的对立两极，而不是需要被解决的问题。这种应对高模糊性和张力的能力，是你作为复杂世界中的变革推动者的一项核心胜任力。因此，知道如何应对两极情况是一种宝贵财富。有关内容详见www.polaritymanagement.com。

无论你需要面对的两极情况是什么，首先需要做好的是：一方面要成为专业的OD实践者，另一方面要在系统内通过构建关系，建立影响力，赢得打破现存变革工作模式的资格。我们需要尽力借助对立两极的“有利面”，而不要被“不利面”牵绊。表7.4概述了其他一些两极类型，这些需要你花工夫琢磨，才能更敏锐地在复杂环境中支持变革。

表7.4 OD实践者在变革中需要面对的对立两极的类型

| | | |
|---|---|---|
| 幕后方法vs台前方法 | 分析/理性vs直觉 | 科学vs艺术，硬科学vs软科学 |
| 事实、数据vs情绪、感受 | 内容创造vs员工参与 | 利润和成本意识vs以客户为中心 |
| 现实主导vs梦想激励 | 快速工作vs缓慢工作 | 头脑、分析、任务导向vs对话式导向 |
| 以任务为中心vs以人为中心 | 顶层趋势指引vs基层大众创新 | 细致的规划vs抓住机遇、随机应变 |

## 关于变革用语的补充

运用对话理论，摆脱将变革强加于人的传统方式，我们也需要使用体现新方法的语言。因此，我们可以避免使用关于变革的传统词语和短语：

“管理变革”；

“处理抗拒”；

“允许他们……”；

“不遵守，就离开……”；

“给他们机会去……”；

“如何获得支持，变革项目或计划”。

可以转而使用以下词语和叙述方式：

“邀请人们参与”；

“来帮助我们塑造变革举措”；

“从变革旅程中可以期待何种体验”；

“旅程协调者”；

“从你所在的位置，你如何看待这一变革？”

“我们请顾问来支持系统的成员，帮助大家自己驾驭变革……”；

“邀请他们加入我们，一同创建让他们自己觉得有意义的流程”；

“我们在这里与你们同行，支持你们靠自己的自我组织，实现你们希望看到的事情”。

你会发现，其中一些短语并不容易使用，但我希望你能看清其背后的意图。改变意象，改变文字、上下文、叙述和对话，正是改变我们变革方式的一部分。

## 总 结

鉴于大多数组织仍在运用盛行的传统变革模式，我们鼓励读者能够通权达变，对这两种模式采取“既要/也要”的态度，汲取传统变革方式的精华，然后与OD系统性和复杂性方法进行融合，而后者应作为我们主导的专业基础。OD实践者应坚持务实态度，秉持权变理论的精神，适应我们所处的环境，相应地提供支持。这是我希望通过这一部分的几章表达的重点。

我们可以继续从各处收集经证明有效的各种方法，支持我们的客户在多样化的背景下开展变革工作，同时在不妥协我们的价值观、专业操守、原则和意图的前提下，确保我们不仅是“可以接受的”而且是“有效的”变革推动者。我相信，OD领域一直是一个可以承载不同观点和实践的更大、更具包容性的容器，一切都是为了更好地服务于我们支持的对象。

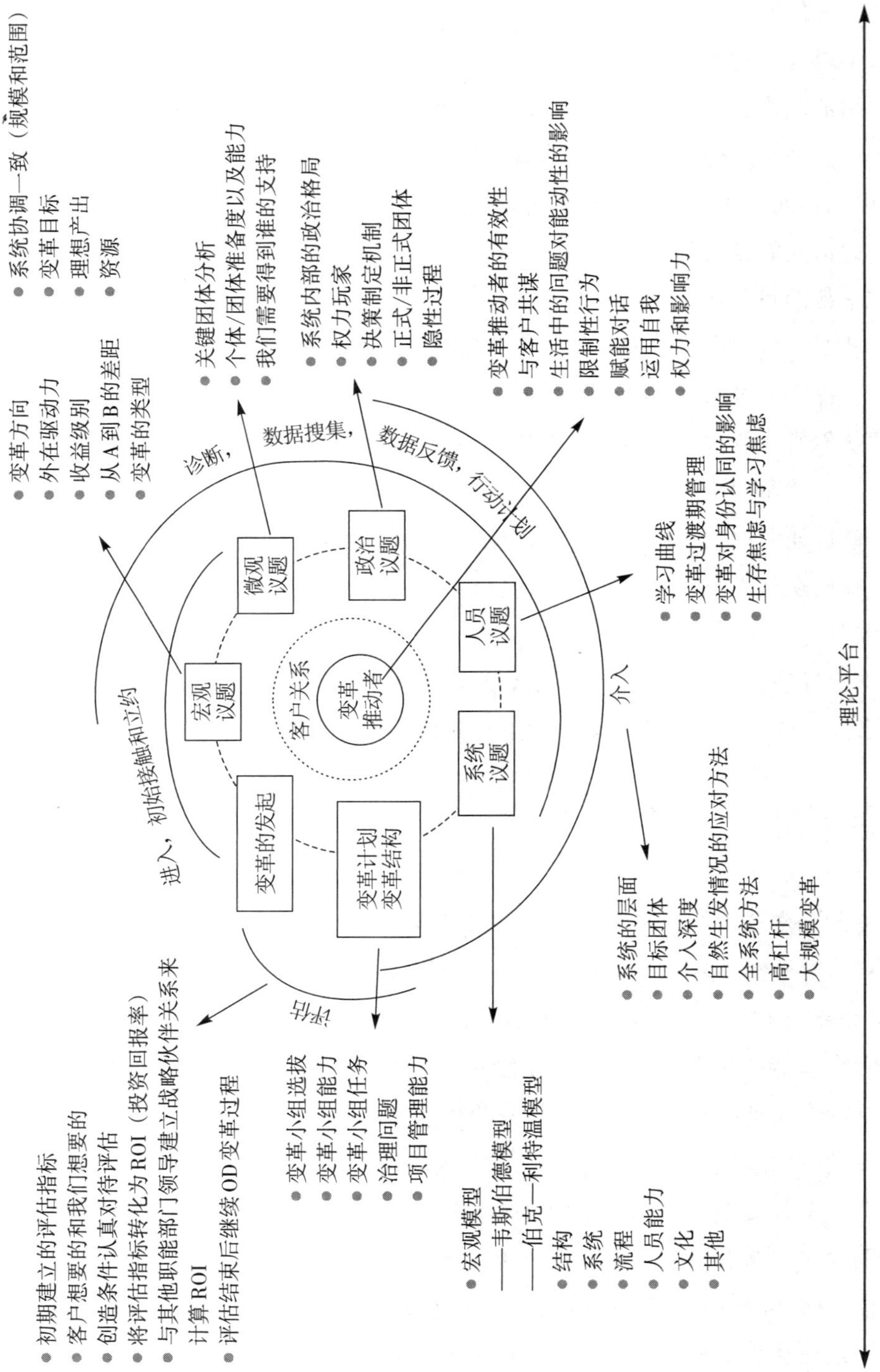


图 7.1　OD 变革地图（LMYCY@Q&E Consultancy and Training Services.）

图7.1是我在NTL OD证书课程的教学计划中构建的。我希望在此分享这张自己努力总结的OD变革地图，其中我将OD循环作为基本过程，并结合了实践者需要注意的所有关键变革领域。这张图作出了描述，但非总结，也不详尽。不过，通过说明变革工作的广度，我想鼓励大家的一点是，有必要建立一张类似的个人地图，指导你自己的变革工作。这就是我想表达的意思：当你在实践中日臻成熟时，你也应该更多采用综合性的方式开展工作。

# 第八章　变革的幕后要素和台前要素

## 概　览

本章的目标是将传统、OD、复杂与混沌这三类理论及实践结合起来，透过其协同价值，帮助实践者们在传统变革工作的世界中，获得力量和影响力，同时依然有效秉持OD的核心价值观和方法。

在变革过程中，有许多变革要素需要所有变革推动者或变革团队加以关注。我选择关注以下两个关键领域：

1. 幕后要素（后勤、规划、基础体系架构等支持变革的要素）。

2. 台前要素（人的维度和参与度问题）。

在本章的最后，我还会谈一谈变革实施能力，以及此种能力对于确保变革成效所起的作用。

## 幕后要素（变革工作的宏观层面）

幕后变革要素，也称为**宏观**议题——要进行任何形式的变革规划，必须首先澄清此类至关重要的组织议题。

以下的宏观议题清单虽然并不详尽，但囊括了大多数传统变革领导者关心却未能清晰表述的关键领域。表8.1的设计，旨在让作为变革推动者的你能够独自或与其他人一起，澄清你们面临的是关于什么的变革。当你在设计焦点小组时，这些问题可以成为数据收集阶段中集体意义构建过程的一部分。

在变革初期阐明这些宏观议题，特别是向除了变革发起者之外的其他相关团体阐明，不仅是一种审时度势的做法，更是让组织开始动员人们参与变革的一种隐性方法。例如，你可以建议以下团体提供数据：变革发起者、临时变革

**表8.1　幕后宏观问题清单**

| 宏观问题清单 | 谁可以提供数据？ | 收集数据最合适的方法是什么？ |
|---|---|---|
| A. 这场变革关乎什么？想变成什么样？终点是什么？如何描述终点？组织现在所在的位置和它需要到达的位置之间的距离有多远？ | | |
| B. 基于业务的变革理由是什么？为什么要改变？基于益处的变革理由是什么？如果我们达成了变革目的，我们获得的益处是什么？ | | |
| C. 为了使这场变革值得去争取，至少要获得怎样的收益（最低收益水平）？这场变革要为组织创造什么价值，才会让我们有理由付出努力？ | | |
| D. 这是一种什么类型的变革？变革的本质或焦点是什么？变革的范围和规模会是怎样的？ | | |
| E. 这场变革需要什么类型的资源？我们是否需要一个变革幕后团队来促进和统筹变革？ | | |
| F. 我们需要什么样的临时变革架构来支持变革旅程？ | | |
| G. 变革会创造哪些系统性问题？让系统协调一致的工作量会有多大？ | | |

团队、有自己观点的跨职能成员、员工（尤其是将受到变革冲击的团体），以及将在组织中实施变革的人们。实践备注1提供了你可以采用的方法。正如之前所提到的，这份清单经过调整也可用作参与度练习的一部分。通过这种方法，个体也可以在集体意识的语境中，完成对变革项目的意义建构。

让我们简要看几个问题。

A. 这场变革关乎什么？

变革启动时，询问系统领导者们一个简单又能带来重要影响的问题会很有帮助，比如“这是一场关于什么的变革？”当你这样问时，对方的反应也许是皱着眉头径直反问你：“你是什么意思？这是一个架构重组变革项目。”你给出回

**实践备注1 可通过多种方式获得宏观问题清单的答案**

| | | |
|---|---|---|
| 你可以用宏观议题清单来设计一个2—3小时的活动。你可以邀请变革发起者及其最重视的利益相关方，一起明确变革议题。<br>你可以利用这样的活动来分享相关信息，吸引出席活动的人参与到变革中。<br>如果你不能把整个团队聚在一起，可以为不同团体分别举办不同的活动，但目标仍然是让整个团队一起来看从这类活动中收集的数据。 | 培训当地领导者，让他们帮助举办这种焦点小组的研讨活动，这也是促进他们担任“分布式领导”角色的方式之一。<br>这样，我们也可以通过培训和沟通会，协助他们形成自己对变革的理解，这样他们就能解决自己个人的困惑和疑问。<br>通过这种方式，当他们自己召集举行焦点小组会议时，能更有信心，因为他们认为变革不仅仅可行，而且对组织的生存是至关重要的。 | 设计一份短小的在线调查问卷，邀请组织里相关部门的每个人从自己的视角分享对变革的看法——这些都是系统协调一致问题的数据来源。<br>邀请另一群人来学习如何整理数据，并请他们向高管层和/或治理机构汇报来自在线调查的数据。 |
| 使用从最初一批焦点小组采集的数据，创建一个有教育意义的选择题工具，鼓励人们猜选部分问题的答案。<br>向小组展示如何运用意象（如赛车、爬山等），开展这类具有诊断性、又能促进意义构建的团队活动。 | 培训主管/其他当地领导者，让他们主持信息沟通会议。为当地领导者准备好信息资料包，强化他们支持变革的角色。考虑在每场信息沟通会开始时使用选择题工具。给那些在问卷调查中得分高的人发奖。 | 设立“行动研究”活动，让人们加入不同团队，调研其他部门是如何考虑这些宏观议题的。<br>让高潜人才和一线员工一起就这些宏观议题与关键领导者开展访谈。<br>同样，让他们参与整理数据。<br>利用每一次机会，让来自不同系统的人聚到一起，让他们成为联合调查者，这样可以帮助他们找到变革对于他们个人的意义。 |

答："是的，我知道这是一个架构重组变革项目，但是真正要变革的是什么？当我们搭起新的组织架构，你和组织希望看到的是什么？你希望这场变革能为组织达成什么？背后的原因是什么？"

问这些问题的实际益处在于，可以了解变革发起者能否用一段话，甚至一句话来总结变革的实质（这对于未来的沟通会很有帮助）。如果他们犹豫着回答不上，意味着可能出现了以下情况：

- 并不明确这是一场关于什么的变革；
- 赞同这场变革的人，还没有想清楚变革真正的目标是什么；
- 他们不清楚组织要开展何种程度的变革；
- 不知道组织达到变革终点后，能否真正受益。

由于变革从本质上是自然生发的，不能期待人们给出斩钉截铁的回答。但是通常而言，那些可以坚持己见、清晰阐述"这场变革是关于什么的、想达成的目标是什么"的领导和那些做不到这一点的领导之间，是有显著差别的。

**B. 业务理由和益处理由**

基于业务的和基于益处的变革理由有什么区别？业务理由更关注的是组织在面临内部挑战或外部环境压力时，为什么有必要回应或选择回应。为了说明重大转型性变革的业务理由，需要采用外部视角，检视环境中发生了什么，导致组织必须开展变革才能生存下去。内部驱动的变革的业务理由通常（但不是必然）基于缺点视角——有什么东西不起作用，或者可以运作得更好，或者需要做得更好。因此，倡导变革的人能清晰且合乎逻辑地说明，为什么业务/组织需要走上这条变革之路。

与之相反，基于益处的变革理由，往往来自已经应对了竞争问题的组织，因而这些组织能更上层楼、获得更大的市场份额、因提供更高质量的客户服务而著称等等。当然，有时虽然变革的益处可能寥寥，但由于业务理由非常迫切，组织也不得不进行变革。也有时，益处理由已经非常充分，无须业务理由来支持变革需求。重要的是牢记在什么背景下必须开展变革，以及组织领导采用什么叙事方式来动员人们行动起来。

**C. 获得什么水平的收益才值得开展变革？**

厘清了业务理由和益处理由之后，变革发起者的下一个问题是，通过明确可以实现的最佳收益水平以及相关风险，判断这场变革是否值得继续开展——尤其是变革的规模和范围大于组织目前的承载力和能力的情况下。

没有人能预知未来，但是通过帮助客户充分利用分析能力和直觉，预测变革在潜在风险下能获得的收益水平，将有助于组织做出最关键的决策之一，即以我们目前的承载力和能力，并考虑到其他风险因素，我们能否实现可以接受的最低收益？那种收益看起来将是怎样的？假如获得的是这种有限的收益，是否值得投入这场变革？维持现状或推迟启动变革是不是我们更好的选择？我们是否需要重新全盘考虑一下？

这类对话的主要目的并不是要帮组织成员改变是否变革的决策，而是帮助他们在一个更宽广的维度上思考变革的本质，以及如何最优地推进这场变革旅程，确保其至少达到最低的“可接受水平”。这是一种迂回式的塑造愿景的方式。

表8.2　收益水平

| 级　别 | 含　义 | 我们应该或必须达到的级别 |
|---|---|---|
| 级别1 | 最低收益 | |
| 级别2 | 可接受的收益 | |
| 级别3 | 超出可接受的收益 | |
| 级别4 | 卓越收益 | |
| 级别5 | 最佳收益 | |

**D.变革的类型（变革的本质和焦点）**

人类系统在不断增加的复杂性中运作，对于你和你的客户而言，将变革分为不同类型（而非笼统地将所有变革视为“复杂变革”）是否还有价值？我相信是有的。即使已默认具有复杂性视角，大致了解变革的种类仍可以帮助你有意识地关注最相关的过程，从而有效支持系统层面的协调一致和涉及的人员。

变革有很多种，表8.3列的是最主要的几种类型。

表8.3　变革的类型

| 一类变革 | 对　比 | 另一类变革 |
|---|---|---|
| 事务性的 | | 转型性的 |
| 渐进的和持续的 | | 彻底的和中断性的 |
| 进化式的 | | 革命式的 |
| 局部的 | | 整个系统的 |
| 持续的流动 | | 松散片段式的 |
| 计划的 | | 生发的 |

根据伯克（Burke，2002）和纳德勒（Nadler，1998）的定义，我们知道所有组织在消除问题和提升效率时，都会经历事务性的、渐进性的、持续性的变革。这些变革不一定规模小，但它们是持续改进努力的一部分。

转型性的、彻底的、中断性的变革是从拉丁词根“transformare”而来，意思是“改变形状”。这是一种由外部环境的根本性转变所带来的复杂的、大范围的变化。其要求在结构、文化和关键生产过程上**彻底**打破现状。**中断性**则意味完全打破常规运行方式，组织也需要根除多年的习惯。

后面这类变革被认为是**深层**变革，因为它要求人们的价值观、渴望和行为发生**内在**转变，并与流程、战略、实践和系统的**外在**转变匹配起来。在深层变革中，组织并非仅仅着手做一些新事情，而是建立用新的方式做事情的能力。换句话说，它培养了持续变革的能力。敏捷性通常是组织学习如何应对深层变革的结果。

进化式变革对比革命式变革，以及持续性变革对比松散片段式变革，与事务性变革对比转型性变革有着相似的本质。

在复杂和混沌学科学家的文献中，例如根据史黛西（见图8.1）和斯诺登（见图8.2）的观点，变革有四类：简单的、繁杂的、复杂的、混沌的，这些分类所代表的意义与表8.3所列分类又有不同：

- **简单的变革**（simple change）就像制作一个蛋糕，你有可遵循的食谱，只要照着做就可以烤出像样的蛋糕。

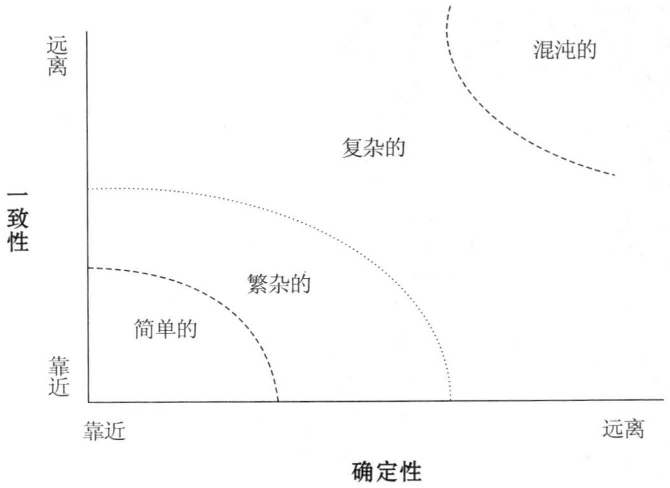


图8.1 史黛西（Stacey）矩阵

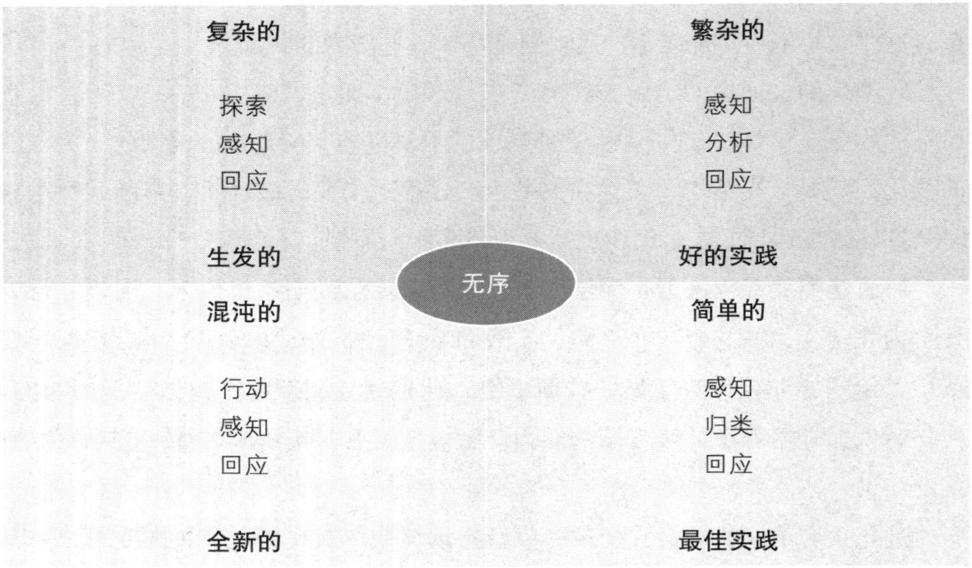


图8.2 肯尼芬（Cynefin）框架（Snowden，2002）

● **繁杂的变革**（complicated change）不简单但是依然是可操作的，就像制造一架飞机，非常繁杂，但是只要有顶尖的工程师和一本可信赖的工程手册，飞机就可以造出来。

● **复杂的变革**（complex change）通常被视作一种变革**类型**，但实际上它更像是我们生活的环境，因此变革的本质是复杂的。当即便你有**大数据**，未来也不可知时，变革是复杂的；当局部性理解无法揭示整个错综复杂的事实、网络和关系时，变革是复杂的；当因与果难以追踪，尤其是当既不可能预测和控制未来、也无法通过控制自然来改善我们的生活时，我们就处于复杂变革的领域之中。

- **混沌的变革**（chaotic change）——当动态环境中存在固有的多样性和不确定性时，需要持续的解读和感知。同时，还有一群变革推动者个体，他们可以以不可预测的方式自由地行动，他们的行动相互联系，一个推动者的行动可以（也将会）改变其他推动者面对的环境。这些具有多重相互联系的推动者使变革很难预测，而且也很容易陷入失控和混沌的状态。

当处理复杂变革时，转变心智模式/思维范式是关键所在。事实上，你仍然可以继续制订计划，但无法预测结果会怎样，所以不能只依赖于计划，而要发现模式和机会，摸索出下一步行动的线索。采取更相关的行动，即用“轻手轻脚”的方法，学会“小题大作”，打破局部模式，与生成的新模式共舞，这些都是在复杂环境中有效工作的组成部分。

OD实践者需要关注自己支持的是哪一类变革，因为这会对运用的方式、资源分配、速度和变革实践等产生影响。以下清单概述了辨别变革类型会产生的影响：

1. 幕后基础设施支持的规模，设立这一基础设施的广度，“变革项目办公室”的角色和治理方式。

2. 与受变革影响的人们开展工作，需要多大的强度，投入多少努力；在各种过程中，需要在哪一个层面、从多早开始将实现行为变化作为目标？我们知道如何实现行为变化吗？

3. 组织需要建立和配置什么类型和规模的分布式变革领导力，尤其是在当地领导者和中层管理者中，何时需要到位？

4. 需要经验丰富的变革领导者提供怎样的支持？

5. 变革需要达成什么水平的系统协同一致（结构、流程、政策、胜任力、运营规程、品牌、行为、合作伙伴关系等）？

6. 在每个阶段与不同利益相关方进行何种方式和层面的沟通？

7. 为了取得可持续的成果，我们的组织变革需要在多少不同层面进行努力（如个体层面、团体或工作单元层面、团体之间或者不同工作单元之间的关系，以及整体系统层面)?

表8.4的设计是为了帮助我们思考不同变革类型之间的动态关系、对实践的影响、任务划分的规模/范围，以及需要哪些类型和范围的资源。在这张表格中，我没有界定什么属于“简单变革”、什么属于“繁杂/复杂变革”，因为每个组织都会有自己的定义方式。

**E. 变革需要什么类型的资源?**

变革举措需要哪些类型的资源，取决于以下因素:

- 变革举措的规模和范围;
- 组织的地域范围;
- 达成主要里程碑的速度要求;
- 变革发生领域的复杂程度;
- 变革的重要性和战略性意义有多大，变革举措是否对错误有一定容忍度;
- 变革举措的强度（所需的工作量、时间、资源、速度等）和复杂程度（相互依赖的程度、需要进行介入的范围和程度）;
- 能（或不能）承受的风险水平。

基于表8.4，需要回答诸如“是否应该通过一般管理流程来开展变革工作”等问题。能否委任一些当地领导者在开展日常工作的同时实施变革？能否将变革议程融入各种日常执行的项目？变革工作是否必须要通过幕后办公室完成，而且由全职变革推动者来运作办公室，才能确保将所有工作分支整合起来，并在一定时间内完成变革，同时不丧失以人为中心的框架？

**表8.4　变革的类型、对实践的影响以及任务划分**

| 对实践有影响的领域 | “较简单”变革的任务/资源问题 | 繁杂/复杂变革的任务/资源问题 |
|---|---|---|
| 幕后基础设施支持的规模；设立幕后设施的广度；“变革协调办公室”的角色和治理方式。 | 我们到底是否需要设立幕后基础设施？由一个小团队来进行协调工作是否足够？这些工作在他们目前的岗位职责范围里吗？ | 需要设立完善的幕后基础设施，支持变革过程，配以适当数量和类型的人员，如OD、沟通、财务、HR、活动策划、项目管理、战略规划等。 |

续表

| 对实践有影响的领域 | "较简单"变革的任务/资源问题 | 繁杂/复杂变革的任务/资源问题 |
| --- | --- | --- |
| 受变革影响的人们开展工作的强度和投入的努力；在各种过程中，需要从多早开始将实现行为变化作为目标。 | 应在早期就邀请将受变革影响的人们参与设计变革并共同计划如何实施。行为变化也应尽早提出。 | 不仅是将会受变革影响的人们，实际上整个系统都需要共同参与变革的设计，请大家基于自己的现况以及变革可能对自己的影响发表意见。要和系统中尽可能多的团体探讨，确立需要转变的行为，越早越好。 |
| 组织需要建立和配置的分布式变革领导力的类型和规模，尤其是在当地领导者和中层管理者中。 | 确定由谁来领导、支持、加强、奖赏、修正以及内化变革是至关重要的。尽早确立人选，帮助他们明白变革的意义，为他们分配一个可以选择加入或退出的支持者角色，让他们在当地支持变革。 | 要求是相似的，不同的是工作的深度和规模需要覆盖整个系统。我们需要为中层管理人员做一次大规模的团体介入活动，将变革管理的技能嵌入到领导力发展项目中，赋予当地领导者清晰的角色，越早越好。 |
| 所需的变革支持——尤其是为了推进变革，需要经验丰富的变革领导者提供多少支持。 | 组建一个了解变革事项内容的跨专业团队，并配以当地 HR/OD 人员的支持，可能就足够了。 | 这种规模的变革需要的不只是一个由不同专业人员组成的"变革之旅办公室"的支持，还有必要安排一些资深的内部领导者进入治理和变革架构中。如果变革规模非常庞大，为不同团体在不同阶段(特别是在初期设置阶段)提供不同的 OD 支持，这既是必要的，也是有用的。 |
| 系统协同一致的水平。 | 在达成主要里程碑的同时或之后，应尽早开展持续性的系统协同一致工作。 | 需要持续进行全系统的协调一致工作——各方应在变革开始时就规划好，从第一天就开展协调一致的工作。 |

续表

| 对实践有影响的领域 | "较简单"变革的任务/资源问题 | 繁杂/复杂变革的任务/资源问题 |
|---|---|---|
| 与不同利益相关方进行沟通的层面和方式。 | 沟通工作可嵌入"常规""持续"的沟通渠道中。 | 沟通工作需要同时关注内部与外部。最好有"变革特设"的沟通品牌和渠道，由沟通专业人员提供支持。 |
| 我们需要针对多少不同层面进行组织变革介入？ | 所有可持续的变革，都需要至少三个层面的系统介入，例如基于不同类型的变革有如下一些层面：个人内在、人与人之间、团体内部、团体之间、部门内部、部门之间、整个系统、系统之间。 | 对于这一规模的变革，目标介入几乎肯定需要尽可能多地涵盖左侧提到的层面，而且介入强度和频率都需要更高。需要内部和外部OD实践者共同支持这种规模的变革。 |

变革承载力不足会给变革结果带来的影响

变革承载力不足会给变革工作带来的负面影响比我们想象中的还要大。在我的经验中，有很多变革办公室都遭遇过以下的问题：

- 花费了太长的时间蓄力启动；
- 没能抓住意料之外的机会来推进变革；
- 无法维持变革的势头；
- 由于变革小组成员往往是在繁重的日常工作之外，同时负责变革任务，因此无法完成令人印象深刻和高质量的变革工作；
- 变革的实施"雷声大雨点小"。

很多组织并没有看到变革举措失败的高昂代价，将部署资源、推行变革视为一种没有必要的负担。有些组织的领导想法还要疯狂——"一旦宣布需要变革，一切自会发生，不需要投入额外的资源"。不做长远打算去组织足够人力、打造变革承载力，这样的变革项目从一开始就注定着失败。这不可避免地会让承担变革工作的人感到疲惫不堪——随之而来的是焦虑的升级，士气和变革进程由此削弱。更糟糕的是，他们作为领导者的信誉会受质疑。米勒（Miller,

2013）在一篇关于变革的文章中详细阐述了这种情景，指出变革在组织中失败的主要原因是人们被变革举措的数量和速度压得疲惫不堪，无法为变革做好必要的工作。

与人才管理的协同一致

为了让高管更愿意安排切实的全职人力资源投入支持变革，一种做法是使人才管理与变革资源协同一致。我经常（借助事实和数据）向组织和领导者发出挑战，促使他们认识到，整体系统的变革可以为实现以下目标提供肥沃土壤：

- 让人才得到历练，使他们亲身经历“实时战略性”领导力发展体验，这样的工作会让他们对组织有系统性的全局观。这是至关重要的，因为通过参与涉及全系统变革举措的工作，他们将从自己部门/地域/业务单元的狭窄视角中脱离出来，开始看到自己的部分与整体组织的关系。
- 收集这些人才的数据，看看他们在专业技术角色之外，在不同的环境中工作时，自身强项和待发展领域是否有变化。他们在变革办公室参与的工作，能为他们是否适合转到通用管理岗位，或是继续留在专家路径上提供数据。更适合在通用管理路径上发展的人才，会展现更综合的能力——既具有战略思维也关注细节、能和不同类型的人打交道、人际敏感度强、结果导向、能以更广的角度思考问题，他们更擅长系统性的思考。适合在专家路径上发展的人才，在其专业领域中不断精进会有更大价值，不用苛求他们具备通用管理者的技能组合。
- 组建跨职能的人才库以支持变革工作，组织相当于在搭建未来领导者的社群——他们通过在变革之旅中携手合作，发现自己在此过程中也发生了改变，并且依靠大家的支持继续自我发展之路。这样，未来到了一定时候，就能打造出一个核心领导班子，协助组织实现文化的关键转变。

组织如决定使用这种方式，其效果非常显著（Tanser和Lee描述了我于2012年帮助他们的案例）。利用变革的机会发展和锻炼人才，组织可以确保变革与发展成为同义词。

**F. 临时变革架构**

临时变革架构听上去像是个比较官僚的话题，但若加以有效运用也可以成为一个很有价值的激发参与度的工具，有助于获得利益相关方的参与和承诺。

任何变革举措都可考虑设立至少以下4类团体：

1. **变革项目办公室**，也称为项目管理办公室（往往也称为变革团队办公室或PMO）；

2. **指导小组**，也可以叫作治理小组；

3. **参考小组**，可以由专题或内容专家组成，他们可在变革团队需要指导的事项上提供专家建议/洞察（可以同时有不止一个参考小组）；

4. **倡导小组**或个体赞助者。

变革项目需要设立多少这样的临时变革架构，取决于组织的内部政治局势的复杂程度（即有多少类型的团体或个人需要在变革举措中被赋予正式角色）、变革的复杂程度、后勤因素（人员分布有多广），以及组织的文化环境。一些规模较小的组织在进行深度转型变革时，多达40%—50%的人会以不同角色参与其中，这样能大大提升变革实施的速度——因为通过采用这些临时变革架构，可以加速参与者的个人意义构建之旅。这种高参与度的结果是，实施迅速且成功的变革成为可能。

实践备注2中描述了这四种类型的临时变革架构涉及的角色、职权范围、主要活动以及成员。

实践备注为各种临时变革架构提供了一个理想的设计。所谓“理想的”，指的是如果组织的文化支持人们参与变革，并愿意建立所有临时架构，以拓展变革的参与过程（这被称为“通过正式角色参与”），那么这些临时架构将可以有效地吸引、招募、提高参与度，并帮助很多人通过在变革架构中担任角色，从而理解变革。临时的变革架构能成为一个动态的参与平台，让实现实时行为变化的机会最大化。最后，为了保证核心变革团队的成功，组织还需要投资为他们提供所需的合适支持。

| 实践备注2　四种类型的临时变革架构：职权范围、任务以及成员 | | | |
|---|---|---|---|
| 团体类型 | 职权范围 | 主要活动(示例) | 成　员 |
| 变革协调办公室 | 职权范围：<br>他们的工作是协调，有时候领导各工作分支完成工作，确保共同协作，成功实施变革。<br>在变革举措一开始，他们的开会频率应根据需要尽可能密集，至少一周一次，让变革获得一个强有力的开始。<br>这包括团队启动会议以及其他初期的培训项目。 | 邀请尽可能多的利益相关方参与进来：<br>● 筹建核心小组并策划如何激发他们参与<br>● 协调变革过程的设计<br>● 规划具体变革领域的范围(进行必要的诊断工作，测试各种选择的可行性)<br>● 计算需要的资源并且征求这些资源；<br>● 实施一部分变革介入<br>● 管理跨职能团队<br>● 监督并协调变革步骤的执行<br>● 成为当地的沟通中心<br>● 建立评估流程<br>● 定期向指导小组进行汇报 | 包括内部任命的一位变革领导者，以及各个工作分支的领导者和支持人员，如战略性项目规划、财务、HR/OD实践者、行政支持、沟通专员。<br>参与人员条件——成员应具备很强的：<br>● 绩效表现<br>● 人际关系技能<br>● 结果导向<br>● 主动性<br>● 学习态度<br>● 团队精神<br>● 创新意识<br>● 良好的信誉<br>● 内容专长 |
| 指导小组 | 变革团队/办公室对指导小组负责，并定期向其汇报。<br>指导小组对变革举措进行整体指导。<br>这还是一个把握方向、制定并批准关键决策的治理小组。<br>会议频率：在启动阶段的各种闭关会议结束后，每月一次会议。 | ● 他们和变革团队成员一起参加初期的工作坊，制定出宏观层面的问题清单，还可能会一起描绘出初始的旅程蓝图。<br>● 他们和变革团队一起学习可用的方法，并找到变革举措的最佳方案。<br>● 他们会在变革团队与员工和经理们进行沟通时现身并给予帮助。<br>● 他们会向最高决策者解释变革理由。<br>● 对变革推动者给予个人支持。 | 成员由最高领导层委任。理想的条件是：<br>● 对变革举措感兴趣并且相信变革<br>● 对组织的未来有很强的承诺<br>● 对业务有战略性洞察<br>● 被尊重并在组织中有极高信誉度<br>● 核心业务能力很强<br>● 和权力精英有很好的联系 |

续表

| 团体类型 | 职权范围 | 主要活动（示例） | 成　员 |
|---|---|---|---|
| 参考小组 | 这是主题专家小组，变革协调团队在需要时可以咨询他们。根据人们需要的核心技能/专业知识，可以有不止一个参考小组。<br>会议频率：在初期启动会议后，可根据团队需要，随时召开会议。 | 这些小组在变革项目初期发挥重要的功能，帮助变革团队确定需要重点聚焦的内容领域、团队需要的数据，以及有效决策需要的最新信息。<br>将要求参考小组成员自愿与变革团队一起参加初期培训，了解如何应对复杂变革（这是一种教育那些原本不会参加此类培训的资深人员的隐性方式）。 | 任何为变革提供多元视角的内容/主题专家。大部分专家很可能因为级别太高或者太忙而无暇成为变革团队成员，但他们需要有意愿位居二线支持变革。<br>最终，我们希望这个团体能享受与变革团队合作的乐趣，并拓展自身领导技能，进而也成为变革的关键推动者。 |
| 倡导者和赞助者 | 倡导者或赞助者的角色是从个人层面对变革团队和团队成员表现出兴趣，从而表达对变革的个人支持。 | 他们的关键角色是作为公开的变革支持者，并亲自打头阵或向他人解释自己支持变革的原因。<br>与个体变革推动者定期会面，并回应变革办公室提出的请求。 | ● 在位的高层人士<br>● 相信变革的方向<br>● 愿意向他人倡导变革<br>● 对发展他人感兴趣<br>● 想要学习并成为变革榜样 |

G. 变革需要使哪些系统性问题协同一致？

请回顾第二章有关系统理论的内容。系统理论关于变革的方法主要有两部分：

● 开放系统的概念——很多组织在接收了来自外部环境的输入和反馈后，需要调整自己的输出（产品和服务），以求在动荡的大环境中生存下来。一旦确定了输出的调整，组织就需要使其“产出过程”协同一致，如内部能力、架构、系统、政策、其他基础设施等，以支持组织的战略目标。最终，所有组织努力追求的，都是让内部运作匹配变化中的外部需求，理想情况是能与外部需求变化的速度同步。

● 由于系统有很多部分环环相扣（在层级上相连），同时又互相依存，当一个部分发生变化，不可避免地会影响到其他部分。过去，不少变革项目（特别是架构重组）运行时，只关注一个特定目标领域，而没有考虑到需要和其他部分协调一致。这么多架构重组项目以失败告终也就不足为奇了。为了确保变革的可持续性，考虑所需的影响力广度是非常重要的。系统协同一致的工作量，取决于变革的范围和规模。

变革发起者、治理小组和变革团队有必要尽早开展对话，共同明确需要关注的与变革举措相关的系统性议题，从而实现变革实施的可持续性。

例如，如果变革举措的主要目的是架构重组和组织设计，那么需要考虑的关键协同问题就是：还有其他哪些方面也需要调整，才能实现改变架构的目的？关键流程是否需要改动？哪些职能之间的关系和合作需要更紧密？新的架构对最高领导者和中层管理者在能力和特征上有什么新的要求？是否有需要调整的HR政策？领导者角色是否需要拓展？

应列出需要关注的“首要”和“次要”的协同一致议题。组织可以定义对于自身而言的首要和次要——首要议题可以指“核心的”或“关键的通关因素”，它们能够帮助其他因素自然地协同一致。最后，最重要的协同一致问题是：“什么样的心态、范式或思考能支持变革？为了从一开始转变这些内在模式，最明智的方式是什么？”

采用诊断章节中所列的系统模型，往往有助于系统协同一致工作。实践备注3是基于伯克—利特温（Burke-Litwin）模型给出的一份系统性的问卷，作为例子有助于我们理解如何讨论变革中的系统协同一致议题。

在将宏观清单上的议题尽数过完之后，我们可以制订出一份有力的变革计划草稿。然而，这份草稿只算完成了计划的一半，另一半将来自于台前议题。

**实践备注3 系统协同一致问题（基于伯克与利特温的研究）**

1. 引导我们进行变革的外界因素是什么？

领导团队在以下行动中是否有担任主要角色：

- 评估大环境/竞争者；
- 制定战略；
- 使文化和领导力行为协同一致，促进战略落地。

2. 达成变革目的，对实现我们的使命和愿景有什么帮助？为了持续积极响应我们所处的环境，我们还需要做什么？变革会帮助我们在市场上保持竞争力、与时俱进吗？

3. 我们现在的战略还有效吗？我们是否需要重新回顾战略规划和内容，以求保持一致？我们的文化能否有效支持使命和战略？我们需要关注哪些方面的协同一致，以确保组织各要素之间的关联？

4. 我们的领导者们的有效性如何？其行为是否体现出我们的价值观，并引导组织遵循战略方向？为了支持变革，我们应该发展和培养什么样的领导行为，让他们能带领组织朝新的目的地前进？

5. 我们的管理层（组织的“中流砥柱”）在管理“输入和输出”循环时的效率怎样？他们能否有效管理工作单元的氛围？为了支持变革，他们需要在哪些方面进一步发展自己？

6. 我们的组织架构能否有效地帮助我们统筹任务，实现战略？由于我们的变革，是否需要一个新的组织设计？

7. 我们的系统和流程如何支持我们的文化？这些系统和流程是胜任其职还是官僚气息浓厚？我们需要培养什么样的新模式来支持变革目标？

8. 个体是否知道对他们的期待是什么？是否知道他们所做的贡献并受到激励？我们的绩效管理系统、薪酬奖励政策和实践是否需要调整？

9. 我们的业绩水平在多大程度上帮助我们在市场上保持竞争力？我们需要考虑哪些新的输出，以支持变革目标的达成？

## 台前要素（人的维度和参与度问题）

台前要素是变革的**心脏**和**灵魂**。只有在人们心甘情愿地改变行为时，变革才算成功。所以说，台前要素是变革的**心脏**。

基本上，台前要素涉及以下方面：

- 尽可能地激励人们拥抱变革，积极参与、开展有意义的对话、发表观点、得到倾听、根据共享的数据做出知情选择；
- 鼓励人们在变革过程中更多地进行自组织，支持他们在一定范围内做成一些事，并帮助他们运用他们想要的影响力在变革过程中打造他们想要的未来；

- 和大家一起合作，共同创造出有利于行为发生改变的条件。

## 微观议题清单

有大量的“台前要素”需要变革推动者注意，但我想主要聚焦于以下几个方面：

a. 找到那些与变革相关的**关键**个体和团体；

b. 了解这些关键团体对于变革的态度、他们对变革的支持度，以及他们影响他人支持变革的能力；

c. 如何利用团体动力来激发和支持关键团体成员的个人改变；

d. 对于关键团体，需要向他们提供什么样的能力，让他们可以在变革过程中自我支持；

e. 支持员工和团队处理好个人和团体层面的抗拒。支持变革推动者学习如何利用抗拒产生的能量，帮助变革旅程做出调整和进化。

重要的是，要认识到台前要素是组织发展实践的心脏，因此OD实践者应该不遗余力地运用行为科学的研究数据和实践经验，确保系统变革和人才发展齐头并进。如果到变革之旅的最后，人员和系统均未获得相应发展，那变革就等于没有发生。

让我们依次看看这五个问题。

**A. 定义：谁是关键团体？**

会被定义为“关键”的个体和团体，是指成功实施变革必须依靠的人，因为需要他们的技能、知识和能力才能取得良好的变革成果。他们是否接受变革会产生决定性影响，因为他们的角色是新的做事方式的守护天使。

举例来说，如果一个近海石油天然气平台要实施一个新的安全程序，所涉及的关键团体不仅是负责安全的专业人员，也包括操作和工班主管，以及所有每天根据安全程序执行操作的操作员。

如果某组织想要为消费者打造非凡体验，建立一套全新的线上销售系统，一个关键团体就是每天操作这一销售系统的销售人员——他们负责处理订单、及时派发产品，并确保产品毫发无损地抵达客户手中。除此之外，还有一个关键团体是处理客户询问和投诉的电话中心人员，他们与消费者的互动也是创造“非凡体验”品牌的关键之所在。

同样支持关键团体产生这些行为的，是那些负责强化系统和流程的人，例如将这些人员招聘进来的人，培训并引导这些人员营造“非凡体验”品牌的人，决定采用什么奖励和薪酬机制的人，以及在绩效管理系统中实施质量标准、落实客户“非凡体验”行为的直线经理及其支持人员。但是主要的关键团体，仍然是那些直接决定变革能否成功实施的人们。

**B. 了解关键团体对于变革的态度、他们对变革的支持度，以及他们影响他人支持变革的能力**

任何变革项目的初期，都有必要组织一个跨层级、跨职能的团队，确定执行变革需要依靠的关键团体和个体。同时，有必要尽可能理解大环境，即理解关键推动者/团体所在的各种微系统，以及环境如何影响他们的行为和他们对变革的认知。

一旦我们确定了这些关键团体和个体，需要进一步提出关于他们的诊断性问题。例如：

- 他们目前对于变革的态度是怎样的？他们准备好向变革迈进了吗？从心理层面来说，他们需要有多深的转变？
- 什么样的参与和转化过程能够最好地支持他们成为变革议程的主人？
- 需要创造什么样的条件，才能让他们有能力进行自己的行动研究，并且共同构建不同的路径，促成变革之旅达到理想目的地？
- 他们对哪些团体有身份认同感？或者说他们属于哪些团体？或者说他们愿意为哪些团体做倡导者？
- 他们需要提升哪些能力，以及需要什么样的资源来帮助他们实现变革？

为了获得进一步的数据，了解如何给予不同关键团体和个体最好的支持，你应该从两个维度关注他们：他们可以支持变革的权力和影响力，以及他们对于变革的承诺度。

表8.5和图8.3展示了从这两个维度对关键团体加以分类的两种方法。这两张图表以及图8.4都基于实践者同行以往的工作成果进行了改编，遗憾的是我没能查询到它们的确切出处。

**表8.5　对变革的承诺度和支持变革的能力与权力**

| 关键人士/团体 | 对变革的承诺度 | | | 促成变革的能力 | | |
|---|---|---|---|---|---|---|
| | 高 | 中 | 低 | 高 | 中 | 低 |
| | | | | | | |
| | | | | | | |
| | | | | | | |
| | | | | | | |
| | | | | | | |
| | | | | | | |
| | | | | | | |

**变革的准备度**

| 支持或阻碍变革的权力和影响力 | 低 | 中 | 高 |
|---|---|---|---|
| 高 | 7 | 8 | 9 |
| 中 | 4 | 5 | 6 |
| 低 | 1 | 2 | 3 |

图8.3　衡量关键团体的准备度和能力

说明：1. 把关键团体的名字放进相应的格子里；2. 应该对那些在“高准备度”一栏（3、6、9格）中出现的人给予支持；3. 应该帮助在8和5格子中的人找到变革对于他们个人的意义。

**变革与战略的契合度**

| 执行的难度 | 低 | 中 | 高 |
|---|---|---|---|
| 高 | 不值得 | 重新考虑或分块处理变革 | 如果必须进行就冒险试一把 |
| 中 | 不值得 | 取决于收益水平 | 值得冒险尝试 |
| 低 | 不值得 | 有可能的状态 | 绝佳的状态 |

图8.4　我们在哪？我们需要分块处理变革吗？

最理想的情况是，关键团体的大部分人对变革有很高的承诺并已为变革做好准备，他们有足够的权力和影响力来让变革发生（例如列在图8.3第6、8、9格的人），但是现实中很少有那种情况。我们常容易遇到低承诺低准备度但却拥有高权力高影响力的人，或者是中等准备度甚至是高准备度但却只有低权力和影响力的人。重要的是，如果我们不对人群的准备度和变革能力进行分类，我们就无从了解变革的难易程度。那么，我们也就无从知道如何在变革的旅程中给到他们最好的支持。一旦完成了分类，你就能够设法采用团体动力过程，提升关键团体的承诺度和准备度；如果他们的承诺度已经很高，但影响力却较低，那么就需要设法提升他们的能见度和影响力。下一个问题的分析中提供了更多点子。

**C. 如何利用团体动力来激发和支持关键团体中个体的改变**

下一步，为了帮助你了解如何在变革旅程中支持关键团体和个人，你需要从团体动力的角度去分析出他们目前所处的位置。探索以下问题，能给你带来帮助：谁能够影响哪些人？谁拥有很高的大众声望，可以赢得并利用哪些人的尊重？谁可以针对哪些人产生多少影响力？如果我们在变革过程中提升一部分人的能见度，他们能否在所在区域带领变革行动？能取得什么成效？哪些人是潜在的变革早期支持者？让他们加入高声望变革推动者的工作团队或者设计团队，是否有助于人们更积极地投身到变革中？

理解团体动力，有助于变革推动者更了解如何设计变革过程，帮助关键团体走上自己的变革之旅。设计过程本身就可以是一个激发参与的机会。将图8.3中各个格子里的人各选一些组织在一起，共同设计一个流程来探讨宏观议题清单——这一方式被证明非常有效。一个重要技巧是，要让不同关键团体与组织中的其他团体有“最大化的”互动接触，这种方法称为最大混合法。

最大混合法有助于邀请来自组织不同部分的人们，与他们不认识的、组织其他部分的成员合作，共同构建组织的未来。这会帮助他们：

- 集合不同团体对于变革的不同观点；
- 找寻变革对于自己个人的意义——变革是什么，为什么要变革，以及如何变革；
- 理解与自己不同的人们的观点，同时保持对组织的忠诚；

- 除了来自自己个人角色的观点之外，能拥有更大的全局观；
- 积极看待在多元化的背景下发表自己的观点，并通过自组织来寻找有意义的前行道路；
- 能够建立对于变革的系统全局观。

如果你采用了这样的设计，就可以给人们分享观点、发挥影响力、支持彼此的机会；并且让他们从自己的观点出发去争辩为什么要（不要）进行变革，变革中要关注什么，以及哪些系统性问题让他们担忧。他们可以提供反馈，并且有机会共同建构变革规划的过程。OD实践者需要关注整个团体过程，确保共同工作的这一过程能帮助团体：（1）从他人的观点中学到东西；（2）逐步形成一个社群（行动社群）。

在这样的团体过程分析的最后，应该有清晰的数据显示这些关键团体及个人是否认为对变革的支持投入是值得的；或者，如果这是一场不能商量、必须进行的变革，他们怎样实施变革，才能让自己和团体的士气和驱动力受到的负面影响降到最低。而且，通过让各个团体在共同构建的过程中探索宏观议题，变革团队应该对于执行变革的难易度掌握了足够的数据。

**D.对于关键团体，我们需要帮他们建立什么水平的能力，让他们可以在变革过程中自我支持？**

为了确保变革势头能够持续，并且有足够的变革推动者（有时叫作“守护天使”）来巩固变革，你要了解目标变革领导者需要建立什么能力、技能、专业知识和本领。

所有变革发起者和治理团队需要问的基本问题是“变革项目全程中的各个时间点上，需要怎样的能力建设？”

尽管大家都觉得这理所应当，然而大多数变革团队得到的能力发展和支持都非常之少或根本没有。通常，这会导致变革的领导力不足，负责领导变革的人不知道要做些什么以及如何领导。

下面是我曾使用过的一个为变革推动者培养变革能力的项目例子：

## 案　例

**某变革团队能力建设项目**

- 应对复杂变革的介绍；
- 变革及介入方式中人的维度；
- 如何处理变革所涉及的心理层面；
- 如何成为有效的引导者；
- 如何评估变革过程；
- 领导变革过程中的自我觉知及自我运用。

很重要的一点是，要和负责领导力发展的同事共同策划这个项目，并确保不仅仅是总部的，各个分支的变革推动者也能得到这样的发展机会。最近，在一个公共组织中，总部和分支领导者（最多一次有500人）共同参加了5次工作坊，学习了如何开展大型团体介入，如何运用人类系统动力学（HSD）方法应对有冲突的多元团体，如何运用引导技巧，如何运用系统思维来引领转型性变革，以及学习如何设计介入措施。领导者们发现，通过这一能力建设项目，现有的文化和行为模式被打破了，为之后进一步的行为层面介入开辟了道路。

有了这种能力发展项目，其结果（领导们通常并不知道）必然是你不仅赋予人们领导变革的能力，而且帮助他们打破现有的行为模式，更多地运用以人为中心的方法，鼓励人们深入参与。

**E. 改变我们对于抗拒的看法，学习如何运用“抗拒能量”**

对于变革的反应多种多样——从“我们终于要这么做了”到“这样的变革会怎样帮助我们解决核心问题?”“我们搞错问题了”“这绝对不是应对变革的正确方法”以及“如果变革失败，我、我的团队或者组织的诚信会受什么影响?”

著名完形心理学家爱德温·耐维斯（Edwin Nevis，1987）曾建议领导者们将对变革的各种反应视为团体意识（觉知）的地形图，变革推动者需要通过探索让这张地图显现出来，使其成为关键的变革数据的一部分，并清晰地认识到应如何让不同团体参与变革。你应该尽己所能，帮助领导者在应对抗拒时，发挥身先士卒的榜样力量，采用“健康”“有效”的观点。

关于抗拒，可以采用如下有益的观点，帮助领导者以新的方式面对抗拒者：

- 不同的人面临着不同的现实，这也会影响他们看待变革的方式，因而需要从多重现实的角度看待抗拒，每一种角度都会为变革办公室带来不同的数据。

- 尽管抗拒大多数源于理性，但常会透过情绪性的方式表达出来——你需要知道如何处理理性和感性这两个维度。

- 将抗拒看作人们在表达自己是谁、自己的主张是什么，并对此予以尊重。

- 抗拒让你有机会拓宽和加深你对变革所处环境的理解，这能帮助你表达你对于什么事情应该以什么方式发生的个人看法。

- 抗拒不是一种“全盘接受或全盘否定”的现象。可以将抗拒视为一种矛盾心态，也就是赞成某些方面，但不认同全部——将抗拒看作是指引你去“敲另一扇门”，与抗拒者互动。

- 大多数人的抗拒是真诚的，因为这来自他们不同但诚实的观点。如果我们尊重他们的真诚，他们就会尊重变革过程。

- 抗拒往往带有创造力，以合适的方式加以挑战可以引导这种创造力，找到不同的变革方式。当抗拒的创造力获得适当的运用，不仅能让抗拒者获得满足感，认同抗拒者的人们也会获得心理安全感。

- 当抗拒没有合理的表达途径，通常就会变成“受压迫者”和“压迫者”之间的斗争，而这肯定是任何变革团队都不想看到的。

领导者有必要理解抗拒，发展出对抗拒源头的好奇心，接受总有不同观点这一事实，认识到抗拒是完全正常的。正如大卫·怀特（David Whyte，1994）指出的，“我认为如果没有人提出有关自己是谁、自己如何融入这个世界这样的现实问题，你不可能真正处理好变革”。

采用这样一种态度：运用抗拒产生的能量场，而不是去压制它。作为实践者，我们的任务是运用流程，从抗拒中提取丰富的数据，并利用抗拒的能量，进一步让个人和团体参与进来。我们千万不能“站队”，因为所有有关变革的立场和观点都是真实和合理的。参考实践备注4，了解处理抗拒的可行方法。

| 实践备注4　如何运用抗拒能量 | |
|---|---|
| 设计一个介入，让所有抗拒者有机会表达他们抗拒的原因。在聆听他们分享的自己的原因以后，询问他们组织需要做些什么以减少他们的疑虑。收集他们的建议，并开始以一种大家看得见的方式落实他们的建议，展现组织对他们及其想法的尊重。有些抗拒者会在此之后成为变革的拥护者。<br>让人们根据自己对变革给予多少支持排成一列，例如从0分到10分。排列完成后，让人们和站在旁边的人解释自己选择站在那个点的原因是什么。这会给抗拒者表达自己想法的机会。 | 把变革拥护者和抗拒者组织在一起，现场交流彼此对变革的优劣势的看法（让双方通过分享新的观点，能够互相倾听、互相影响）。<br>对话活动之后，让抗拒者和拥护者结对，就抗拒者有疑问的方面开展行动研究，并在他们一起开展数据分析之后，共同呈现反馈。<br>组织一场2小时（午餐时间）的工作坊，人数控制在30人以内。在房间的四个角落放置4块白板，每块白板上写一个问题，分别是：<br>● 我对于这项变革有哪些反对意见？<br>● 我为什么支持这项变革？<br>● 我对于这项变革有哪些担忧？（列出我所有的担忧）<br>● 如果我准备好开展这一变革，我对高层领导者想提些什么要求？<br>活动安排：<br>● 高层领导者开场，表达对变革以及这一活动的期望。 |
| 当他们分享自己的观点时，将抗拒者对于变革的抱怨重点记录在白板纸上，然后将每一条观点列在一张白板纸上，张贴在房间的不同位置。接着鼓励大家（尤其是在列队中处于最高分、最低分两端的人）走到白板纸前，和大家一起讨论。通过这一方式，可以让异见获得正当性，并鼓励同事之间通过对话化解分歧。<br>活动最后，最好能给予抗拒者一项任务，让他们帮助组织决定如何以最佳的方式开展变革。<br>譬如，可以让他们成立一个短期工作小组来解决他们的某一疑虑。 | ● 活动指引——拿好午餐，走到每一块白板前：1）和站在该白板前的其他同事讨论；2）表达你的观点并写下来。<br>● 给大家30分钟时间，在每块白板上留下自己对问题的看法。<br>● 然后邀请最先在每块板上写下意见的人，代表大家向大组汇报关键点。<br>● 全部汇报完后，请大家分享让自己印象深刻的观点。在分享进行到适当阶段时，向大家宣布所有数据都会被收录，在所有工作坊全部完成后，会再次召集大家共同审视这些数据，并共同决定如何向前推进。<br>● 确保抗拒者有机会参与到工作小组中，解决他们自己提出的议题。 |

## 变革实施能力

到目前为止，本章主要关注“上游”的变革问题，研究了幕后和台前要素，以及如何建立变革架构、完成规划以启动变革。但这并不足以实现成功的变革结果。任何变革要取得成功，既要处理好上游问题，又要确保有效地开展变革的实施旅程（即下游过程）。在本章最后一节中，我将探讨一些有助于提高变革成功概率的能力。

1995年，科特（Kotter）发现，只有30%的变革项目是成功的，而这个数字在15年后并没有改变（Keller and Price，2011）。又过了10年，从坊间消息来看，成功率基本保持不变。如此低下的成效持续多年不变的原因是什么？

第一，“变革实施”作为一个主题，在变革文献中经常被忽视：大多数变革文献大量探讨如何应对各种上游变革过程，但无论是学术界还是实践圈，关于变革实施的文章著作非常少。另外，关于这个主题的培训和发展活动也非常少。

第二，在大多数变革过程中，一旦说明了变革的业务理由，授予了资源和权限，建立了变革团队，起草了项目计划之后，人们就开始松了一口气，将努力程度降低了几个档次。这是因为直到那时之前，工作一直非常紧张且政治化，大多数变革推动者觉得此时自己的工作已经完成，倾向于开始放松。他们中的许多人表现得好像已经忘记了变革才刚刚开始。

第三，规划阶段和实施阶段的性质存在重大差异。正如托斯等人（Tawse *et al*，2019）指出的，规划与实施需要一系列不同的思维过程和情感体验。执行详细而复杂的实施过程，需要一套完全不同的技能。这就是为什么托斯等人（2019）将从规划到实施的过渡称为“险恶的鸿沟”，仅凭规划中的良好意图根本无法也不可能到达彼岸。这些作者用一个高度相关的类比来解释这一现象。他们指出，为了有效开展实施过程，实施团队的心态应该像足球教练，而不是像那些对变革的知识或概念最感兴趣的项目策划者或战略家。就像体育教练一样，实施者需要意识到，即使制订了战术攻略或比赛计划，招募了最佳球员，工作也不会因此而停止。为了实现这些计划，必须进行艰苦的训练、沟通、激励，并发展团队精神。此外，当比赛开始时，教练继续“实时、实地”，从战略和战术两个层面，与团队一起工作。这个类比几乎完美地抓住了实施旅程的本质。人力资源需要改变：新的技能矩阵需要建立，合适的实施领导者需要到位，根据情况调整实施速度和支持。

那么，谁应该拥有这种能力？答案是组织，因为这不仅仅是个体变革推动者的能力问题，还是企业心态问题，即重视并愿意适当投资，以建立这些能力。如果这种培养实施能力的方式在组织中是一种常规做法，那么当需要部署资源、改变实施团队时，就会有足够的人能够胜任实施过程的工作。如果组织中不存在这样的能力，那么在实施团队成立后，就应该立即为团队成员提供相关的能力建设方案。

## 在实施过程中，我们需要注意哪些方面？

为了成功实施变革，变革领导者在实施期间需要充分注意四个关键领域：

1. 根据实施数据，继续投入精力调整计划，并确保PMO（项目管理办公室）等临时变革架构在变革期间继续发展，并保持有效性。

2. 专注于开展各类广泛的改进措施（里程碑），保持变革势头，让各利益相关者满意，确保获得他们的认可和支持。

3. 除了改进措施之外，变革还需要在实施中旨在提升组织健康度，让变革在组织中可以持续下去。

4. 特别留心关注如何将变革转化为可持续的财务成果（对私营部门而言）或可持续的服务改进（对非营利组织而言）。

## 什么是变革实施能力？

专门关于“变革实施能力”的文章著作非常少。然而，麦肯锡关于这一主题的全球调查（2014）提供了切实可用的数据（Johnston *et al*，2017；Scott and Tesvic，2014）。该调查中的变革实施能力包括以下：

1. **了解你的背景环境**——要知道并没有适合所有人的、放之四海而皆准的方法，因此实施过程需要在推进的过程中进行调整。

2. **继续在整个组织的所有层面，培育对变革的明确承诺和主人翁精神**，因为抗拒和缺乏管理层支持会使实施过程偏离轨道。

3. 能通过评估风险值和实施难易度，**调整变革的关注重点，重新安排优先次序**。

4. 确保有**足够的资源和能力**来执行变革，并明确角色责任。

5. 对于实施过程中的具体行动，实行明确的问责制。

6. 能在实施过程中做到持续改进，必要时能迅速采取行动，修改变革计划。

7. 从第一天开始规划，以**变革的长期可持续性为目标**，注重提升组织健康度。

8. 能建立和**运行一个有效的项目管理办公室**，能用标准变革过程获得一致性，同时将背景环境铭记在心。

关于变革实施能力，布莱克伯恩等人（Blackburn *et al*，2011）补充道：

1. 不要止步于愿景和行动计划；要制定一些强有力的主题，激发组织的动力。

2. 确保每个人都对变革有主人翁精神——借助军事化和市场营销风格的推广活动赢得人们的支持。

3. 不仅要关注短期的业绩增长，还要关注定期的组织健康检查。

4. 在扩大规模之前，开展测试和学习。

实践备注5是我整理的一个表格，可用于解释以上的一些变革实施能力的含义。编制此表的同时，我还为变革团队提供了一些自我评估问题，可用于评估他们如何在实施过程中持续提高自身有效性。

建议实施团队定期开会讨论这些问题，明确自身在建立必要实施能力方面的现状。

| 实践备注5　追踪实施有效性的相关问题 | |
|---|---|
| 变革实施的关键能力领域 | 可用的自我评估问题 |
| 1. **了解你的背景环境**：这一点很重要，因为实施过程需要根据地域、行业、国家、变革目标和时间尺度来调整，更毋提组织目标了。变革开始时，变革团队需要记住，没有放之四海而皆准的方法可以确保变革成功。特别是在大规模变革中，组织必须清楚自身具体情况，相应规划实施方法。对于在不同背景环境下工作的人，也有必要明确哪些是可以（不可以）商量的。 | 1. 在推出变革的过程中，是否将当地和区域的背景环境铭记在心？<br>2. 跨文化背景环境对于变革实施有何影响？推行变革的过程中，需要考虑当地的哪些情况？<br>3. 在变革实施过程中，针对当地和区域的背景环境，有没有需要考虑的性别、种族、民族问题——无论是从组织价值观的角度（对人的承诺），还是从外部声誉的角度？<br>4. 是否考虑过如何配合当地劳动委员会或工会条例？（请记住每个国家都有不同的行业立法。） |
| 2. **整个组织所有层面对变革的明确承诺和主人翁精神**：在全球调查中，三分之二的受访者表示，整个组织对变革的承诺和主人翁精神是影响转型/实施成果的最重要的因素。<br>为了确保变革顺利度过危险的J曲线（情况好转之前会先恶化），并在走出曲线时依然斗志昂扬，在变革实施过程中，组织的所有层面对于变革的主人翁精神是非常必要的。<br>以下方式可以加强主人翁精神：<br>● 明确**具体目标的问责制**；<br>● 明确**关键参与个体的激励机制**。 | 5. 变革实施期间，采取了什么行动以维护或加强组织所有层面的主人翁精神？<br>6. 实施变革的人们肩负何种程度的责任？如何确保问责制落地？<br>7. 应该建立怎样的低密度监测流程，同时确保人们能意识到监测的存在？<br>8. HR部门是否考虑过如何确保向负责实施变革的人们提供个体激励机制？ |

续表

| 变革实施的关键能力领域 | 可用的自我评估问题 |
| --- | --- |
| 2a. **“主人翁精神”和“承诺”涉及的远不止“协同一致”，还需要恰到好处的造势**：承诺是一种心理层面的投入程度，可以驱动个体的主动行动——当人们意识到失败可能给组织带来不利后果时，这种承诺应该变得更加强烈。<br>建立承诺需要“**恰到好处的造势**”，不断调整“变革故事”，抓住大部队的想象力，保持人们的参与度。运用和挖掘社交网络的影响力，发挥其关键作用，在整个企业中传播令人信服的变革故事——这是影响变革的一个重要途径。 | 9. 在沟通方面，还需要做些什么来“造势”，从而刺激主人翁精神和承诺在组织各个层面的传播？初始的故事线是什么？现在是否仍然有效？需要改变吗？<br>10. 人们是否了解变革失败的不利后果？如何在不引起恐惧的情况下进行沟通，进一步促进主动行动，增加个人投入更多精力和时间的意愿？<br>11. 在变革基础设施中，是否提供了合适的支持流程？如何明确知晓这一点？是否应该在定期调研中提出这个问题？这是谁的工作？ |
| 2b. **在实施阶段，主人翁精神和承诺也需要成为一种领导力风格**，可在两个方面体现出来：<br>（1）设定大胆的期望、明确的责任。<br>（2）强调领导力“发出挑战”和“提供支持”的双重维度（领导力要有权威性，也要有咨询性——在某些情况下两者都需要）。这将需要领导者投入大量的时间和关注。<br>实施过程中，领导者要坚持不懈地推动和鼓励下属，同时也要愿意做出艰难的抉择。需要领导者开展的活动包括：不断分配和重新分配角色；征求反馈；迅速解决问题；持续在当地层面建立能力。 | 12. 采取了什么行动帮助领导者理解为了保持变革顺利进展，在变革实施期间需要一种特定的领导力风格？<br>13. 为领导者提供了哪些资源以提高他们领导变革实施过程的能力？<br>14. 应与负责领导力发展的同事建立怎样的合作伙伴关系，便于他们提供支持，共同加强领导力核心？<br>15. 关于领导者对下属的推动和鼓励这项工作，由谁来对领导者进行支持和问责？ |

续表

| 变革实施的关键能力领域 | 可用的自我评估问题 |
| --- | --- |
| 3. **能持续调整变革领域的优先次序：**实施过程中，领导者需要提高重新确定变革领域的优先次序的能力。这是因为在变革之初，往往会开展更多举措以启动变革。但如果所有这些举措都持续下去，会造成组织的资源过于分散。因此在实施阶段，组织选择不做什么和选择做什么一样重要。<br>这就要求变革领导者知道如何：<br>● 辨别哪些变革项目具有较高的价值，并且易于实施。从这些项目开始，建立势头(以价值和难易度为标准)。<br>● 计算变革风险，充分评估可能会破坏变革实施或造成企业重大损失的所有意外结果。这种评估必须是基于事实的，并能通过有力的数据来证明风险的性质。<br>● 根据各个变革领域的风险值，重新排列其优先次序，减少各种行动可能带来的负面力量。通过采取未雨绸缪的措施、制订应急计划和监测，可以实现这一点。留意那些消耗宝贵资源的僵尸项目。<br>优先次序的确定不应是一次性的，而应作为一种核心工具，用于根据现有数据灵活分配资源。 | 16. 根据评估数据，多久检查一次变革的优先次序，并进行重新排序？<br>17. 是否对风险因素进行跟踪？是否(在实施过程中)对正在变化的风险进行跟踪？如果是的话，这可能会对优先排序产生什么影响？<br>18. 应该用什么标准来定期检查变革举措的优先次序？<br>19. 是否有耗费资源却不太重要的“僵尸”项目？<br>20. 应该用怎样的过渡流程来结束这些项目，或将其归入其他更重要的优先事项？<br>21. 还有哪些优先事项需要加强，并投入更多时间和资源？<br>22. 是否需要将新的项目引入变革计划中？<br>23. 哪些人应该参与评估优先事项，从而使重新确定优先事项的过程体现“全面”“系统”的观点？ |
| 4. **有足够的能力和资源以执行变革：**在实施期间，我们需要不断提供有能力的人，让他们掌舵和支持实施过程。他们的技能和驱动力是应对快速发展和往往模糊不清的挑战所必需的。 | 24. 已经具备哪些实施能力，目前缺乏哪些能力，这些将影响变革实施的成功。变革团队能否非常具体地说明自身需要具备哪些类型的技能？ |

续表

| 变革实施的关键能力领域 | 可用的自我评估问题 |
|---|---|
| 关于谁应该支持变革的决定,不能基于谁恰好有空。如果没有足够的有能力的变革实施者,那么有效的能力建设将是转型项目成功的核心。编制全部团队成员的详细技能表格是有益的做法。项目管理办公室需要全面了解哪些职能、管理、技术技能将与转型项目所涉及的各种角色要求匹配起来。<br>在这之后,需要进行严格的技能建设进展评估,促进持续的学习循环,让各个层面的人都能发展新的才能。因此,能力建设项目是任何成功转型的核心。<br>除了人力资源,项目管理办公室还需要什么其他资源? | 25. 是否尝试过以变革实施要求为基础,编制一个技能表格?<br>26. 如何使变革实施者的招募成为人才管理和领导力发展的一部分?<br>27. 怎样的能力建设项目有助于提高现有团队的能力?能力建设项目应该是怎样的?<br>28. 在实施阶段,如何发现自身并不具备合适的能力?<br>29. 人力资源、学习发展、变革领导者这三类人是否在并肩合作——不仅确保变革项目获得合适的技能人才,而且还培养出一支能在变革后继续引领组织的领导队伍,同时丰富人才储备管道? |
| 5. **对实施过程中的具体行动有明确的问责制:**在善于实施变革的组织中,往往有以下做法在支持变革实施:<br>● 有每个人都能遵守的标准协议/程序/原则,变革团队中也有明确的责任,他们会遵守这些程序,尽管他们需要考虑到不同的背景环境。<br>● 在变革过程中,定期对员工的个人目标和指标进行评估。<br>● 所有变革成员在其专业领域和变革角色两方面,都能得到适当的反馈和持续的辅导。<br>● 实施过程中,领导者继续定期开展绩效谈话。他们需要制定流程以发现问题,并给予员工有效的反馈。 | 30. 谁负责评估变革团队和交付团队的绩效?他们能得到怎样的辅导反馈?<br>31. 是否有全部变革推动者都需要遵守的标准程序和原则?如果有,他们知道这些程序是什么吗?如何提醒他们?如何监测他们的遵守情况?<br>32. 对于没有100%脱离自己专业领域工作的变革推动者,他们如何获得关于自己专业领域工作和变革角色两方面的反馈?<br>33. 如何向管理人员和员工传达这样的消息:无论你是否直接参与变革项目,都应该支持属于你工作角色范畴内的、与变革实施相关的职责? |

续表

| 变革实施的关键能力领域 | 可用的自我评估问题 |
| --- | --- |
| 6. **在实施过程中不断改进，并在需要时迅速采取行动，制订替代计划**：成功实施变革的挑战在于一方面要跟踪改进措施里程碑的达成情况，另一方面要明确有多少个实施难度较大的改进措施。如果某些改进措施难以实施，那么对各种因素的快速诊断，有助于进一步了解阻碍改进措施达成的原因。然后，可以制订替代计划和流程，保持新的活力，使系统朝着实现这些改进的方向发展。<br>在实施过程中，需要确保：<br>(a)变革项目具有清晰明确、毫不含糊的衡量标准和里程碑。<br>(b)在变革项目中，要鼓励员工主动出击，为变革做贡献。<br>(c)变革项目要关注实实在在的行为变化。<br>(d)铭记短期业绩增长并非全部目标，也要定期开展组织健康检查。 | 34. 实施过程中，使用了哪些具体的改进措施里程碑？每个人都清楚这些里程碑吗？他们是否知道如何去实现这些里程碑？<br>35. 如果没有达到里程碑，由谁负责转变和调整变革过程，以确保能按计划实现改进措施里程碑？实施过程中，鼓励员工达到怎样的参与度——如何参与测试、尝试、反馈？<br>36. 所有的变革改进措施是否都有清晰明确、毫不含糊的衡量标准和里程碑？每个人是否都明白它们是什么，以及他们个人负责的部分是什么？<br>37. 是否有系统性的举措以推动行为变化？如何建立广泛、深刻的变革“激情”，以影响行为变化？ |
| 7. **从第一天起就为变革的长期可持续性进行规划。有必要在变革指标中嵌入组织健康愿景(详见第十二章)。**<br>任何变革项目都为组织提供了一个提升健康度的机会，而一个健康的组织更有能力确保变革的可持续性。一个领域的变革，需要其他领域的变革来加强(系统协同一致)。<br>第十二章介绍了麦肯锡的组织健康模型，其中有四个秘诀可以使组织变得越来越健康：<br>● 人才和知识核心<br>● 市场塑造者<br>● 领导力工厂<br>● 持续改进引擎 | **人才和知识核心：**<br>38. 在整个组织中，调动了多大比例的人才以加速其所在领域的变革实施？需要建设哪些能力，以确保这些人才将成为变革后新世界中的重要守护天使？在他们当中培育了这些技能之后，他们在变革后将获得怎样的任命？<br>**市场塑造者：**<br>39. 在这场变革中，需要做些什么来加深和拓宽对客户和竞争对手的理解？<br>40. 为了支持人们将这种理解转化为持续创新力，需要做些什么？<br>41. 是否善于持续扫描外部环境，并教导各级领导者不断加强外部洞察力？是否善于鼓励领导者将外部市场洞察转化为创新行动组合？ |

续表

| 变革实施的关键能力领域 | 可用的自我评估问题 |
| --- | --- |
| 为了获得实施能力，变革团队需要在变革目标背后设定组织健康目标，有更大的“脚手架”才能支撑起变革目标。<br>在变革旅程中，要不断询问变革团队是否关注了这四种健康秘诀中的任何一种。 | **领导力工厂：**<br>42. 变革实施过程中，变革推动者拥有哪些类型的领导经验？可以开展哪种类型的领导力发展项目，以持续在各级建立强大的领导力？<br>43. 新世界中，中层管理人员将扮演关键的实施角色并执行各种变革——在提高他们的主人翁精神和能力方面，目前的重点是什么？<br>**持续改进引擎：**<br>44. 虽然我们知道不可能所有人都参与，但在实施过程中，我们需要做更多工作，让大多数员工参与到推动绩效和创新中来，并在不同地点和地区收集并分享洞察及知识，打造变革的可持续性。 |
| 8. **有效管理变革项目，使用标准变革流程：**变革的成功实施，有赖于一个有效的、获得授权的项目管理办公室（PMO）的支持——这是一个正式的临时架构，负责领导和监测变革的进展。这需要一个清晰的治理架构、明确的角色和目标。领导者在四个层面上对结果负责：<br>● 执行指导委员会对变革项目总体负责；<br>● 项目管理办公室负责协调变革项目；<br>● 高管赞助者提供领导和指导；<br>● 变革举措团队负责实现各自目标和里程碑。<br>需要有一些每个人都要遵守、没有商量余地的标准。需要有员工的标准操作程序，以及确保这些程序得到遵守的方法。需要建立流程以识别问题，并向员工提供有效反馈。 | 45. 从变革的范围和政治维度来看，组织是否已经明确了PMO中的各种角色？什么类型的人适合担任这些角色？另外，变革团队是否与负责人才管理的同事合作，研究在人才储备管道中，可以将谁抽调出来负责涉及“整个系统”的变革工作？<br>46. 一旦建立了团队，应该有一场正式的团队启动会，支持这群员工成为一个团队，商定基本规则，在整个系统内并肩合作。这种介入以前做过吗？<br>47. 是否已经建立治理架构？PMO应该多久向他们报告一次？<br>48. 是否已为各个变革团队制定了条款、程序和政策？这些内容是否已经广而告之？各个变革团队是否得到了实施这些内容的支持？是否就如何监测这些内容的实施达成了协议？ |

续表

| 变革实施的关键能力领域 | 可用的自我评估问题 |
| --- | --- |
| 实施过程中，会出现未预见的障碍和困难。可以在PMO之下设立一个分支，不同变革团队均可向其寻求帮助。这一分支也可从系统层面识别有效实施变革的潜在障碍，并设计机制加以应对，但它应在正式的PMO下工作。<br>麦肯锡的研究表明，如果存在这样的架构，转型成功的概率可提升三倍。他们称之为可以识别和应对变革障碍的“新一代PMO”。 | 49. 为了支持新的行为，需要怎样的思维模式——PMO和新一代PMO是否考虑过如何定义、重新定义、培育这样的思维模式？此外，他们将如何以身作则，促成新行为？ |
| 9. **不要止步于愿景和行动计划；通过制定几个强有力的主题，激发组织的动力：**<br>变革失败的主要原因是员工的抗拒，以及与预期变革背道而驰的管理行为。因此，在实施过程中，变革团队需要在高层领导的支持下，对变革所需的管理行为类型进行规定，并以身作则——围绕几个强有力的变革主题，激发组织的动力。如果在实施过程中，变革项目是围绕容易理解的主题开展的（通过恰到好处的造势，提升信心），那么成功概率可提升六倍。<br>麦肯锡对这一方法的阐述是，在变革实施过程中，综合利用军事化和市场营销风格的推广活动，赢得、保证、增强人们对变革的支持。这有助于人们理解为什么应该参与变革，同时也规定了对他们的要求。<br>总部面临的挑战是，思考哪些工作可以由总部发起，但后续必须促成同事之间的有机传播，依靠自愿行动，而不是高层的推动触达广泛的受众。 | 50. 如何打造一支变革沟通团队，其中不仅包括沟通专业人员，还包括来自公关、销售、营销以及OD的专业人员，每个成员都具备以人为本的专业知识和经验？这个团队的工作目标是：(a)在变革开始的时候，减少人们的抗拒；(b)在日常工作中，提升人们执行变革计划的承诺。<br>51. 在组织的所有工作中，这场变革需要采用、坚持、宣传哪些**鼓舞人心**的主题，从而恰到好处地造势，提升人们的信心？<br>52. 是否明确了哪些规定需要军事化地严格遵守，哪些领域的变化可以是自愿的，或由当地或个人层面主导的？<br>53. 是否在愿景和全局观之间建立了清晰的联系并为不同团体制定了详细活动？<br>54. 如何让每个人都知道变革项目的方向和进展情况？<br>55. 如何在加强管理者的正式变革职责与动员组织内部开展自我引导的变革之间取得平衡？ |

续表

| 变革实施的关键能力领域 | 可用的自我评估问题 |
|---|---|
| 10. **扩大规模之前，先进行测试和学习，不要指望一个试点就够了：** 在任何大规模的变革项目中，都有必要在推广之前，对改进措施进行试点。试点在变革团队中通常不是一种受欢迎的做法，因为人们要么没有耐心等待，要么反感试点占用实际变革的资源。然而，如果变革是复杂的、有许多不可预测的因素影响，就应该在不同地点、地区、职能部门进行测试，在不同的试点/试验背景环境中取得一致的数据，表明变革的可行性。"一开始慢，是为了后续更安全的快"这句话很有用。 | 56. 是否养成了对变革推出过程加以测试和定制的习惯？<br>57. 如果出现了急于求成的情况，其背后的推动者是谁？用什么方式可以阻止这种缺乏耐心的情况？<br>58. 为了判断试点举措是否可行，需要采用明确的标准。如果在不同的背景环境下进行试点，还需要决定允许有多大程度的差异。主要需要的是一种方法，用于判断试点的评价标准是否健全。<br>59. 从试点转向大规模实施时，是否需要新的评价标准？如何将规模的扩大纳入考虑因素？<br>60. 由谁负责对试点进行监测和评价？为了及时调整，发现早期预警信号的最佳方式是什么？ |

总结而言，众所周知，变革实施不仅很难做好，而且在每一个转型项目中，实施过程的不同阶段都会出现重大的价值流失。有些举措永远不会开花结果；有些举措的优先级很高，却缺乏合适的实施能力；有些领域因为资源不足而被忽视了；有些开局不错，但却无法维持下去。因此，任何变革团队都应将保障实施过程并在这一艰难旅程中保留（甚至增加）更多价值视为己任。此外，具备实施能力的益处已在麦肯锡的调查中得到了很好的印证。所以，让我们用以下这组数据，总结一下为什么具备变革实施能力是有益的。

## 具备有效的变革实施能力，有哪些益处？

2014年，麦肯锡在其全球调查中询问了2079名高管（后来又有151名高管加入了调查）一个问题："有效的变革实施是否重要？"他们的回答都是"是的，非常重要"（Johnston *et al*，2017；Scott and Tesvic，2014）。问及原因时，调查对象指出了"优秀实施者"的作用。该调查将"优秀实施者"定义为这样的公司：(a）实施能力得分排名在前25%；(b）变革期间在一系列财务业绩指标上取得了卓越表现。他们所说的"卓越表现"是指，排名前25%的实施者在五年内实现全部或大部分变革目标的能力比排名末25%的实施者强得多。

| 过去五年尝试开展变革的组织中，实现了全部或大部分目标的比例 | |
|---|---|
| 实施能力排名前25% 的优秀组织，n=563 | 76% |
| 实施能力排名前25%—50% 的优秀组织，n=547 | 51% |
| 实施能力排名末25%—50% 的组织，n=553 | 32% |
| 实施能力排名末25% 的组织，n=567 | 16% |

换言之，在五年中，实施能力排名前25%的组织实现了大部分变革目标的比例，是排名后25%组织的4.75倍。除此之外，在变革结束两年后，这些公司仍然保持着比实施能力较弱者高出一倍的财务收益水平。这是一个令人印象深刻的数据，表明了具备强大的变革实施能力，对于想要或需要实现变革的组织而言有多么重要。

重要的是，每个组织都要逐步建立起自己的实施能力，不仅仅是针对一个变革项目，而是针对所有的变革举措。在整个组织中发展有效的变革领导力，将成为其超越其他组织的竞争优势的一部分。

## 总　结

所有的台前工作都是为了确保人们有足够的空间去参与变革过程——从各自领域带来他人没有的数据，支持大家找到变革对于自己的意义，让大家产生掌控自己未来的能动性，让大家获得发言权——因为所有变革对于人的心理认同和自主性都是有影响的。台前工作关注的既是激发参与度，又是从组织各个部分的人们那里收集有效的数据。

所有的幕后工作都是为了确保以尽可能理性和逻辑的方式处理和规划变革——尤其是复杂的变革，更需要运作有效的后台办公室。

为了帮助一个组织穿越复杂的变革旅程，我们需要运用各种渠道、方式和方法来支持组织，没有捷径或速成法。如果只关注幕后要素而忽略了台前要素，那就注定会失败，因为组织不仅是一个活生生的系统，而且也与其他活生生的系统相连——这种互相影响会生成不同形式的新情况，变革推动者必须去面对。

如果你只关注台前因素而忽略成本、风险、合规要求、收益水平、支持变革所需的基础设施、变革时间表以及变革产出，那么你仍将处于脆弱境地——因为虽然激发了大家的热情和承诺，但却没有足够的承载力去实施变革。

所以，虽然OD、复杂和混沌变革方式应成为你看待和应对复杂变革的主要视角，但是作为实践者，你也要像四大咨询公司的顾问那样，深谙如何计算变革成本、设定衡量标准、衡量变革，以及运用合适的项目管理工具支持变革。应采用“两者兼修”而非“厚此薄彼”的方法。我们的任务是充分运用我们的能力，整合台前和幕后要素，制订出高效能的变革计划。

让我以表8.6结束这一章。表8.6展现了在一个综合计划中，可能会涉及哪些类型的议题，以及如何规划介入方式，全面应对台前和幕后议题。譬如，你可以为**关键**团体和个体举办一个活动，让他们列出大部分的幕后议题。通过让他们参与这一范围的界定，可以增强他们的参与度，同时招募到合适的人选，使其以大家看得见的方式领导变革。

全面应对幕后和台前议题，有助于我们为变革成功奠定基础。

**表8.6　台前和幕后要素的整合**

| 台前要素 | 幕后要素 |
| --- | --- |
| 1. 对于每一个工作领域，谁是我们的“**关键**”团体？要靠他们才能成功实施变革。<br>2. 这些关键团体的“**准备度**”和“**能力**”如何？<br>3. 我们需要管理哪些“**心理过渡**”问题？<br>● 结束过去<br>● 中间地带<br>● 新的开始<br>4. 我们如何确保维持和提升关键团体的**能力**以支持变革的实施？<br>5. 我们如何激发关键团体的**参与度**，让他们来支持变革？ | 1. 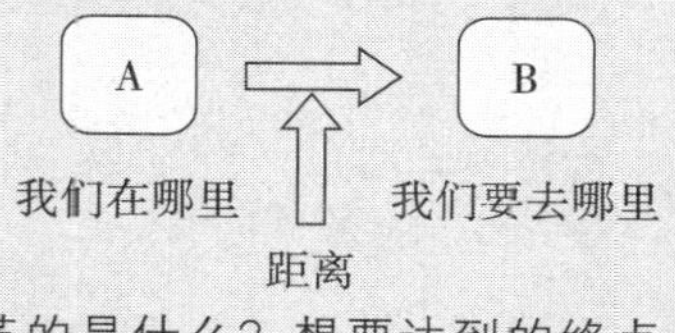<br>要变革的是什么？想要达到的终点是什么？从我们现在所在的地方到我们要去的地方，距离有多远？<br>2. 这一变革是哪种类型的？有多少“**大**”的方面我们要进行变革？变革的重点是哪些：架构、文化、系统/流程、领导力、人、操作协议等？ |

续表

| 台前要素 | 幕后要素 |
| --- | --- |
| 6. 谁应该**以大家看得见的方式领导变革**实施工作？我们如何帮助他们做好准备承担这一角色？<br>7. 我们需要对哪些其他**利益相关者**进行相关信息同步？<br>8. 我们需要应对哪些**人力资源相关议题**？怎样处理最好？<br>9. 哪些人应纳入**临时变革架构**以提供可持续的变革势头？<br>10. 我们应该做些什么来"**鼓舞人心**"？应该让谁来负责这件事情？ | 3. 变革的业务理由和益处理由各是什么？我们需要以达到什么水平的收益作为目标？<br>4. 我们如何为每个领域设定清晰的交付成果——衡量成功的标准是什么？<br>5. 变革的顺序是什么？我们应该首先启动哪个领域？我们应该先做些什么来稳定人心？<br>6. 变革需要在何种时间、财务、政策及价值因素的范围之内开展？<br>7. 我们如何"**保卫**"变革阶段的产能？谁应该负责这项任务？<br>8. 我们应该开展哪些系统协同一致工作以实现变革的可持续性？<br>9. 变革计划是什么样的？谁负责通盘统筹？ |

# 第九章　行为是否容易改变

## 概　述

改变作为动词的含义有以下三点：（1）变更或使……不一样；（2）使……从一个状态到另一个状态；（3）用一个东西换另一个东西。这些都是关于要求人们改变他们的习惯、传统和实践，从一种形式转变为另一种形式的。正如以下引文所言：

> 问题的核心从来都是改变人们的行为。卓有成效的变革的关键挑战不是战略，也不是系统……而是需要“人们在做什么”发生重大转变。
>
> （John P. Kotter and Dan S. Cohen，2002）

然而，人们经常听到类似这样的话，“一旦我们完成结构调整，就开始考虑人和行为的部分”，或者“人们会醒悟的，所以让我们先做这件事，他们会看明白并跟着做”。这类说法表达了对组织变革的扭曲看法。玛格丽特·惠特利（Margaret Wheatley）和迈伦·凯勒·罗杰斯（Myron Kellner-Rogers）在1998年的一次公开演讲中给出了这样的简洁表述：

> 组织变革失败的原因是从深层次上误解了人们是谁以及组织内部正在发生什么。只有先纠正了这样的误解，我们才有可能看到成效和希望。

研究显示，大约70%的变革项目会失败是因为：

- 项目落地的结果远低于预期；
- 组织又退回最初的起始点；

- 项目没能获得足够支持，因此未能启动。

但是，剩下变革成功的30%有一个共同的特点——它们都能改变个体员工的行为。现实情况是，每一个变革项目，无论规模大小，都要求员工换一种工作方式，有时候甚至会是涉及多个方面的、彻底的转变。能否在变革过程中帮助员工心甘情愿地改变其行为通常是决定成败的关键。

组织中谁有权力主动要求员工在思考方式和行为方式两方面同时发生转变？谁有权力要求员工从一种生存状态换成另一种状态，从一个舒适掌控的状态转变为心理上迷失方向的状态，要求他们的行为从一种方式变为另一种方式？

当然，简单的答案是雇主。当个人同意在一个组织中任职时，他们会自愿放弃部分权力，或接受该组织对其生活的一部分拥有权力，尤其是当该组织要求他们在日常工作和变革中遵守规定以建立一致性时。但问题是，组织要求员工做哪些改变是合理的？充分运用他们的专业知识、技能和能力以及可接受的工作岗位的绩效表现——这些是合情合理的，但是组织是否有权力要求员工变成另一种类型的人、在工作时改变自己的方法和个性偏好？这是一个哲学问题，也是一个公民自由的问题。我们很少真正就这一问题展开辩论，但它确实有被充分讨论的必要。因为我相信，如果组织的领导者对他们是否有权力要求员工改变其行为有小小的不安，他们可能会变得更为谦逊，更愿意尝试和更有同情心，并采取更柔和的方式获得想要的行为转变，而不是一味依靠强制、要求或羞辱等手段。在行为改变方面，领导者需要学习如何在OD的支持下，创造有助于员工主动改变其行为的条件。

本章我们将会讨论：

1. 看待文化和行为改变的三种不同视角。
2. 实现行为改变的四种不同方式。
    - a. 转变行为从转变语言开始。
    - b. 助推理论和系统一、系统二思维。
    - c. 借助团体动力撬动行为改变。
    - d. CDE——借助人类系统动力学方法转变团体之间的行为。
3. 结论：对于实践者的实践启发。

# 看待文化和行为改变的三种不同视角

在第八章里，我们讨论了很多有关“关键群体分析”的内容，关键群体是指那些对成功实施变革不可或缺的群体。然而，这只构成了成功实施的一半，另一半就是组织在促进这些团体的文化和行为转变方面采取了哪些行动，因为没有这一半，变革结果就不可能持续。

我们可以找到超过300条对文化的定义，但其要点可以归纳为**组织内部共同持有且相对稳定的信念和态度**。这种观点认为，任何组织的文化都来自它的信念系统和基本假设（一旦模式形成，通常会变成潜意识的存在），这些往往通过对成功行为构成的正式归纳或非正式学习得出。而后再被转化为可相传的态度及价值观，这些态度和价值观又透过可观察的行为展现。

通常，文化意味着人们在这里**思考**和**做事**的方式。文化这个词，其拉丁词根的意思是种植的行为。能产出结果的任何做法都会被保留并成为人们不断重复的模式，一直到它不再起作用。即使到了那个时刻，对团体来说也很难摆脱原来牢固的模式，因为它已经成为个人和集体行为的规范了。

这样的话，模式的形成取决于领导者眼中他们所采取的“成功行动”，这些行动通常来源于重要的核心价值观，并被转化为系统成员的规范和行为。集体行为反过来又会强化核心价值观。这一过程得到大量的符号、标识、政策、故事、道德准则、显性和隐性信念、特定语言的使用、价值观和原则的支持，有时也体现在组织架构和组织使用的隐喻等方面。这其中也包括了那些被认定为组织英雄的人。这一系列强化因素的叠加使得改变文化和行为模式成为一项令人生畏的任务。

文化一旦形成，其评估性内涵随即展现——因为组织可以借其清晰地描述什么是“可接受的”行为和“不可接受的”行为，以及相应的奖罚。

图9.1阐释了塑造文化的重要因素，而在每一个文化变革项目中我们都会有不少因素要去处理。

## 文化的反向运作

从我多年支持文化变革项目的经验来看，从某种程度上说，现有的四步法、

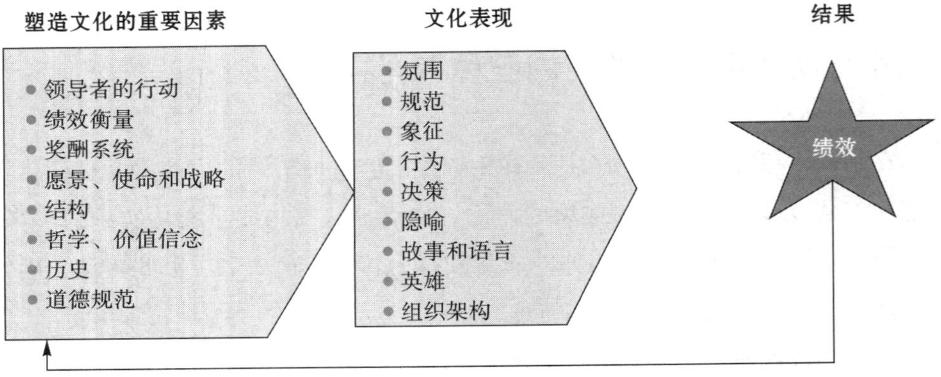


图9.1 塑造文化的重要因素

六步法或者五阶段等方法一直都不能让我满意，因为这些方法太过机械化，花费的时间也过长。反之，我主要会采用三种不同的方式来看待文化变革项目中的行为改变，因为它们能让所有人在面对文化变革时多几分释然。

**实用性视角**。如图9.1所示，你可以反向思考，首先聚焦于组织想要的结果（通常是变革目标），然后聚焦于“匹配”和支持变革目标实现的行为类型和强化因素，接下来关注需要引入哪些塑造文化的因素来固化行为（如道德规范、愿景、奖励体系等）。这种方法更侧重于事实性与实用性。它降低了客户感觉自己的行为被贴上了不良标签的风险，帮助客户变得更加放松，让实践者能够更好地建立流程，让系统内的人员自己发现并处理问题，探询：“如果这是我们的目标，那么**合适**的行为可能会是怎样的？在不同的情形下，如果我们工作互动的对象体验到了这样的行为，他们会怎么评价我们？”这一视角并没有聚焦于“文化变革”，它关注的是如何使行为与所期望的一致。

**人类学视角**。第二种关于文化变革的观点来自人类学视角。

## 人类学的文化视角

在有关文化的研究中，有两种观点：

- 第一种观点更聚焦于文化的机械和科学视角，这种视角把文化定义为一个组织所拥有的一部分，文化被视为组织的组成部分之一。因此，文化变革往往就被视为模块化设计，而组织所需要的文化必须被塑造、操纵和设计。虽然这种视角扎根于系统思考，但其在文化变革方面的有效性不高，尤其是与下一个视角对比。

● 第二种关于文化的观点来自人类学视角。它认为文化不是组织所拥有的，组织就是文化。因此，文化不仅是作为组织的一个组成部分，而且是组织解读外部世界和内部运作流程的无处不在的范式。人类学视角的**关键点**在于：文化并非存在于人们的**内部**或**外部**，而是在人们**之间**。文化变革的目的是要改变个体之间、团体之间及组织之间（in-between-ness）的品质。因此文化调整和整合是一项日常事务，尤其是在个体和团体发生改变的过程中。这种方法通常旨在帮助人们转变他们自己之间的模式。或者说，我们鼓励“从文化角度思考”（例如，我们能从文化角度思考在变革中所做的每件事）而不是“考虑到文化”（例如，如何开展文化变革）。这种文化观给我们许多人带来了希望，因为我们/我本能地知道这是看待行为改变的正确方法——关注每一项事务，不断寻找机会提升个体、团体和系统之间界面和交互的品质。

● 模式vs文化变革视角。最后一个观点是停止使用“文化变革”这一术语，并重新用一个不太复杂的概念指代它，例如“转换模式”——这一术语因被复杂混沌理论学家广泛运用而为人所知。

接下来就要谈谈什么是模式。

## 模式的概念

韦氏词典把模式定义为事情发生或完成的有规律的、重复的方式；它一旦形成就成为被模仿的对象，并作为模型被重复使用；这一构造会成为某个人、某个团体或某个机构的特性、行为、倾向或其他可观察特征方面的可靠样本。

模式的概念起源于不同的科学领域，现在重要的是要承认其来源于生物界，生物界中所有的生物都有自己的运作模式。在植物、动物和人身上，存在一种为了生存和繁衍而随环境变化不断调整自身模式的倾向。

在OD领域，沙因（Schein，2004）在阐述文化时是这样定义模式的：

> 文化是一种共享的基本假设模式——在团体解决外部适应问题和内部整合问题的过程中被习得，因其运作良好而被认为有效，并因此被作为感

知、思考和感觉这些问题的正确方法传授给新成员。

人类系统动力学（HSD）学派著名思想家和实践者格伦达·欧阳（Glenda Eoyang）把模式定义为“具有时间和空间意义的可识别的相似性、差异和关系”。

也就是说，模式比“文化”更易被识别和辨认，任何系统成员都可以在一定帮助下去理解和使用。这也是我们为什么聚焦于**模式转换**而不是**文化变革**的原因，这样可以使行为改变更容易，也更能被组织内的成员所理解。

团体的模式，类似于个体的模式，也是可观察度极高的。团体内的成员不仅可以辨认出它们，还可以推测出支撑这些模式的简单规则。因此，不同于从价值观、信念系统、核心原则、道德规范、范式、心智模式、道德行为（以上都是形成这些简单规则的重要背景）这类重量级概念下手，我们聚焦于行为模式，以及如何用简单的规则描述这些模式，这让整个文化变革旅程看起来不再那么遥不可及。

可持续的文化变革需要自发自愿，而真正的行为改变则需要以下几点：

1. 意义构建的过程，例如，组织想要让某些人的行为发生转变，一定要基于这些人自己对“为什么需要这类改变”的理解；

2. 激发员工产生更想了解行为模式概念的动力；

3. 评估行为模式与组织所需是否匹配的技术；

4. 人们学会如何积小步成大步来支持自己的转变。

因此，对OD实践者来说，关键点是用更可行的方法支持系统成员选择他们想走的道路，这样，成功的机会将会显著提高。

在OD实践框架中，至关重要的一点是你要创建变革过程来支持系统成员完成自己的行动研究、分析自己收集的模式数据，通过观察这样的模式对他们所期望达到的新状态的意义，成员将愿意付诸行动。通过运用适应性行动（Adaptive Action）的概念（是什么？那又怎样？现在如何？），系统和成员被赋能找到语言和概念来完成自己的工作，并得到他们参与设计的流程的支持。

在这三个文化变革视角的支持下，我开始在工作中使用更简单的概念，从变革项目的第一天开始就关注到模式和行为——通常以不易察觉的方式并会使用一些下面将谈到的方法。当事情开始转变时，我会开启一场回顾性的讨论——询问人们观察到了什么以及可能发生了些什么，这反过来又创造了一个可以向系统展示如何运用这些概念和理论来继续调整行为的机会，这也是变革过程非常重要的一部分。

## 实现行为改变的四种不同方式

我将会聚焦于有助于模式转变工作的四种方式，这些是我们从变革第一天开始就需要使用的。我先简短介绍一下这四种方式，然后分享一些实践案例。这四种方式是：

1. 转变行为从转变语言开始——社会话语理论；

2. 理查德·泰勒（Richard Thaler）的助推理论和丹尼尔·卡纳曼（Daniel Kahneman）的系统一和系统二思维；

3. 利用团体动力转变行为；

4. 利用CDE——人类系统动力学方法帮助转变团体间层面的行为。

### 转变行为从转变语言开始——社会话语理论

社会话语思考很大程度上是基于社会建构论的主要前提，它是变革领域的核心概念，并在第二章中已做过阐述。我想重申其中的一些核心见解以及如何将之应用于实践。

伯格和卢克曼（Berger and Luckmann，1966）曾说过，所有的知识（包括那些日常现实中最理所当然的常识）都是透过社会交互而产生与维持的。不管是何种情况下的意义建构过程，都来自我们与其他人之间的互动，在互动过程中，现实情况被实时解读、辩论、创造或构建。那些带来新叙述或强化原有叙述的对话将通过语言持续进行下去，通常也不会受到挑战，从而塑造了成员对自己处境的看法。

1995年，巴雷特等人（Barrett *et al*）在《话语在大型变革中的中心角色：一种社会建构的视角》（*The Central Role of Discourse in Large-Scale Change: A social construction perspective*）一文中强调了这个概念，他们认为变革发生在人们原有的谈话方式被另一种方式所取代的时候。作者认为，有效的变革要求组织成员改变他们对组织事件的理解和回应的认知基模（cognitive schemas），语言塑造了我们思考事物的方式和内容。当新的语言开始引发新的行动时，它反过来也会触发不同的行动可能性，基本假设和信念也由此发生转变。

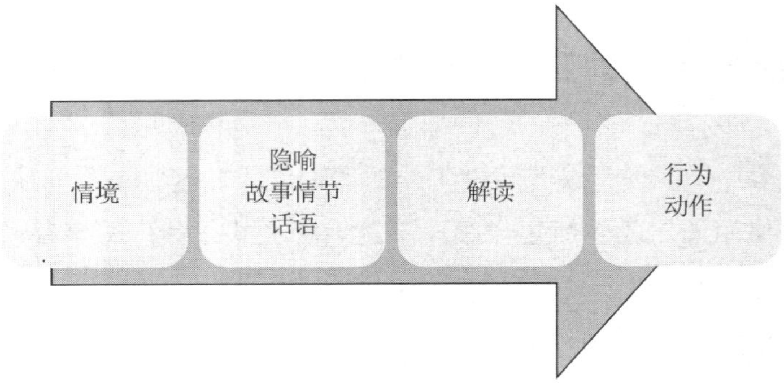


图9.2　语言塑造意义和行动（Marshak，2002）

这一点也获得了马夏克和格兰特（Marshak and Grant，2011）的认同，他们相信“谈话反映了谈话者如何看待现实，同时谈话会影响并塑造行动”。图9.2展示了马沙克关于谈话和行动之间的关系以及语言如何塑造意义和行动的示意图。

表9.1是我为了解释和举例说明谈话如何引发不同行动而创建的，读者可以考虑将其用于自己的教学中。我相信所有人都经历过或目睹过这种情况：不同的叙述常会产生不同的能量并引发人们对自身状况的不同看法，或导致他们做出未加细想的行动，或者同时引发这两种情况。

令人奇怪的是，尽管我们很多人都相信改变语言的力量，这一简单的介入方式却并未被实践者广泛使用。我不知道是不是因为在传统思维里，客户重视的是专业性（因为这是他们认为自己在为之买单的），有些实践者可能觉得如此简单的介入难以给人留下深刻印象。的确，我的一个高管客户曾向我抱怨她的OD团队，“他们告诉我改变始于每一场对话，简直是胡说八道”。如果你的老板和她类似，那么你可能会对在变革中应用该理论失去信心。

表9.1　不同的谈话如何引发不同的行动

| 一种表述 | 可能的行动 | 另一种表述 | 可能的行动 |
| --- | --- | --- | --- |
| 环境的趋势不断变化、愈演愈烈，搞得我们精疲力尽。 | 我们已经力不从心，就让我们静观其变，看看趋势会如何发展吧。 | 目前环境中出现的挑战是艰难的，但是我们以前也经历过类似的挑战，所以我们知道我们有能力找到新的运作方式，帮助我们提高一两个档次。 | 我们现在要安排一些时间来解决关键问题，这样，当未来我们真的面临这些挑战时，我们才能成竹在胸。 |
| 人们都只顾着自己的地盘，沿着这条单行道很难走下去。 | 我想当我们得不到回报时，我们应该放弃努力、不再支持他们——是时候让他们也吃点亏。 | 大家的能力都过强，我们能做些什么让他们之间的合作可以更容易些？ | 我想如果我们设身处地从他们的视角考虑问题，他们会希望从我们这里得到哪些帮助，从而也会愿意和我们有更多的合作呢？ |
| 我们努力了三年想制定组织的战略，但是一直没有成功。我们还要再来一次吗？ | 这个过程既过时又痛苦，我想我们应该直接放弃，继续做我们自己的事情就好。 | 我们已尽了最大努力分享我们的战略优先事项，但是我们不知道如何整合它们，所以这次我们需要一些帮助来支持我们整合所有的目标。 | 我们一定不能放弃，因为我们的员工需要我们制定一个统一战略，让我们寻找一些可以帮助我们在这个环节做得更好的外部支持者。让我们问问OD团队他们是怎么想的。 |

遇到这种情况，我会给你两个小建议：第一，将这一理念融入你每天的工作方法中，而不是为它扯起一面大旗。换句话说，要像从人类学视角看待文化一样，隐蔽地使用它，用它来影响人们的日常交互界面或人们“之间”的互动。第二，召集一小群来自客户组织的渴望学习的人并向他们展示如何来做。一旦他们对这个方法感到兴奋，就把他们作为秘密的推动者派出去，通过引入新的说话方式在潜移默化中让模式发生转变。每隔一段时间让他们重新聚集在一起，回顾他们每个人所用策略的结果，进而提升他们更进一步的应用。

## 案　例

组织X当时正在经历一次非常复杂的变革项目。公司文化对知识严谨度、专业度和完美度有高追求——类似“我们为成功而构建，不给错误留空间”的标准短语几乎在每一场景都会被使用。由于组织把创新和实验视为高风险行为，这一复杂的变革要求那些在原来的文化环境下形成的行为发生彻底转变。组织对变革的准备度不高，而我的变革团队成员全部来自公司的精英人才库。因此我很早就意识到，我需要暗中开启这一变革过程——通过介绍一些新的词汇和短语来为完美主义、专业导向和聚焦任务的文化提供替代。然后，我引入了“小插曲”（blip）一词，而不用“不可预见或意外的后果”这样的说法。

表9.2展示了我使用的替代语言的样例。

表9.2　我所使用的替代语言的样例

| 原有用语 | 替代语言 |
| --- | --- |
| 那是个很糟糕且不应该发生的错误。 | 每一个错误都是一次非常好的学习机会，让我们获得更大成长。 |
| 这次高管活动大家的反应就像一场噩梦。 | 当120个绝顶聪明、头脑发达的领导者一起工作时出点小插曲太正常了！他们的反应表明他们关注的能量仍然在那里，只等我们开发利用。 |
| 这么做无异于炒自己鱿鱼。 | 这真是一个壮举，但我们需要更多考虑它背后的权力和政治因素。有这样的想法了不起。 |
| 为什么那个部门总碍我们的事？ | 他们是在阻碍我们，还是由于对未来的焦虑也在阻碍他们自己？让我们看看如何一起努力，为彼此带来双赢。 |
| 作为中层管理者，我们从来没有权力按我们的理想行事。 | 如果没有中层管理者，组织会怎样？让我们讨论一下中层管理者对这次变革的重大贡献。我们可以召开一个中层管理者会议来展示你们已经取得的成果吗？ |

与此同时，我开始把那些已经被遗忘的过去的组织英雄们的故事重新找出来。他们也犯过错，但仍完成了伟大的工作，受到了大家的尊敬。当然，改变用词、语言、叙述不仅仅是这样——你是在直接地（尽管轻微地）用有效的替代物干扰组织及其成员的认知模式、日常的思维模式和假设，这样做在他们没有意识到的情况下开启了微小的转变。每当这些微小的转变带来了新的积极结果时，把变革团队召集起来，让大家共同探索这些发生的意义，并鼓励他们列出其他阻碍组织变革前进的文化语言，并寻找替换性词语和叙述来改变对话。

另一种引入这些原则的方法是在诊断工作过程中植入“微教学”。询问那些和你一起工作的人（如变革工作组）以下这些问题：

- 什么样的话语（叙述、故事、隐喻等）导致组织内的事情按现在的样子发生？
- 你们如何用好对话带来的机会来建立新的前提和可能性？
- 我们的日常对话是如何让组织内的主流叙述得到强化的？我们如何改变那些对话？
- 你们可以引入什么样的替代性叙述或语言，为这场改变“什么可以做、什么不可以做”增加不同视角？
- 哪些现存的社会话语是对此次变革有利的？你们如何能让类似的社会话语成倍增长？
- 你们如何能在多个层面上改变话语来支持此次变革？
- 为了扭转视角并促成新行为的产生，你们能够利用哪些形式的组织权力和政治过程来处理相反的论调？
- 在你们尝试转变社会话语时，以系统中的哪些层面（个体、人际、团体、团体间、全系统等）作为目标，会为变革带来最大影响和最高时效？

马夏克（Marshak）总是鼓励我们要更多关注改变对话方式和对话内容的力量，你应该在帮助客户转变意义和行动方面提供更多支持，这样做会转变对话方式和对话内容，而转变对话方式和内容又能促进客户转变意义和行动，如此形成了良性循环。

基于这些理论洞见，我们实践者应该留意组织不同部门成员的当前故事/叙述，这些故事/叙述可能支持或破坏行为改变。从根本上说，要始终有兴趣评估当前叙述对人员和组织的影响。然后，你就可以进一步来看组织可以有哪些替代性故事和叙述能够积极地支持到变革。利用一些简单的介入方法，比如让成员两两一组，彼此分享影响他们对变革看法的当前叙述/故事，然后再让他们讨论他们愿意尝试哪些有助于缔造“不同未来”的替代性故事和叙述。将这种介入方法与“期望的未来vs可能的未来”（preferred vs probable future）方法相结合，或与“以解决方案为中心”的方法（solution-focused methodology）相结合，会让我们看到人们不可思议的行为转变。

最后，有一条需要告诫实践者的是，有一个重要影响因素需要你的妥善关注和管理，那就是你自己作为变革推动者所持有的、关于客户系统的话语和叙述。通常，你难以对自己使用的词语、头脑中关于客户的故事、对于他们权力运用的情绪反应、如何看待他们的抗拒程度、是否尊重他们的价值观，以及自己对变革可能性的希冀等进行反思。如果你不能检视自己，那么你的谈话，以及关于客户系统、人员和变革可能存在的偏见将会“露馅”，使你陷入言行不一的窘境。如果你对有关客户的言论不负责任，会让你和客户都极易受伤。这也是对你运用自我的终极检验之一。

### 助推理论和系统一、系统二思维

1987年，理查德·泰勒（Richard Thaler）教授发表了一篇关于“选择心理学与经济学假设”的文章，随后于1991年出版了《准理性经济学》（*Quasi Rational Economics*）一书。他被认为是行为经济学之父，在当时，行为经济学是一个相对较新的领域，它结合了心理学、判断和决策以及经济学的观点，以更准确地理解人类行为。由于其工作的巨大贡献，2017年，他获得了诺贝尔经济学奖。泰勒启发了不同学科的学者，从根本上改变了我们对人类行为的思考方式。丹尼尔·卡尼曼（Daniel Kahneman）是受泰勒启发的人之一，他于2011年出版了自己的书《思考，快与慢》（*Thinking，Fast and Slow*）。这本书问世时引发了很大的反响，它向人们揭示了一种不一样的决策和经济行为的思考方式。投资银行家、政府政策制定者及其他领域的决策者们均对他的这一研究成果心悦诚服。他向大众展示了两种改变行为的方法（从经济交易、健康习惯、纳税，到制定重要的公司决策等）。

第一种改变行为的方法是基于影响人们有意识的思维方式。这种方法通常被称为“理性”或“认知”模型。大多数传统行为方面的介入都是参照这一模型。其背后的假设是，个体会先分析来自他人（如政府、监管者、高层领导者、消费者、市场分析师等）的多种信息，然后再决定是否改变自己的行为。变革发起者们所提供的不同激励措施即是这种方式的例证——变革发起者们认为这些激励措施能让人们为了自己的最大利益来采取行动。但这一方法的历史记录却一点也不令人信服。

第二种改变行为的方法不再是仅仅从事实和信息出发，而是使用对比模型，该模型更关注个体在行动环境有所改变后发生的自动化的（无意识的）判断和影响过程。换句话说，其目标从单靠理性、有说服力的论据转变到影响自动化的（无意识的）行为方式。

这种方法通常被称为行为转变的“环境”模型，该模型认为有时候人们所做选择似乎不合理、不一致的原因是受到了周围因素的影响，这些因素能够触发个体内部的自动杠杆，而且通常是在其无意识的情况下。

这种“不基于思维改变来改变行为”的方法来源于行为的自动化和环境驱动因素的概念和原则，它们来自“行为经济学”，该学科旨在将心理学的研究与经济学进行结合。这两者之间不仅关系紧密，而且它们也和神经科学对变化反应的洞见有着相似的根源。

第一种行为改变法被称为系统二（System 2），而第二种方法被称为系统一（System 1）。这套方法在卡尼曼的弟子兼同事，伦敦经济学院教授保罗·朵兰（Paul Dolan）的努力下变得更容易理解和流行。

这套方法告诉我们，行为转变的理性模型是受限的，因为尽管分享信息对那些领导变革的人来说是极为重要的，但信息提供的限制却真实存在。分享信息是一项关键的介入，但是它并不会帮助人们选择不同的行为。系统二思考背后的假设是人们被给予的信息越多，就会越理性地选择新的行为方式。例如，了解吸烟的危害应当带来吸烟人数的减少，对卡路里的标记应当会造成高脂肪食物消费的明显改变。但在所举的这两个例子里，实际情况都不是这样的。实际上，大多数旨在防止青少年怀孕、肥胖、吸烟等的健康研究和后续教育项目都没有带来自发的行为改变。

表9.3总结了系统一和系统二的思维方式。

表9.3　系统一思维和系统二思维

| 系统一思维 | 系统二思维 |
|---|---|
| 自动化的 | 深思熟虑的 |
| 不费力的 | 费力的 |
| 更快行动 | 更慢行动 |
| 习惯性的 | 智力性的 |
| 被动反应的 | 自觉主动的 |
| 特定目的 | 一般目的 |

来源：改编自Stanovich and West（2000）。

这个领域发表的作品要比神经科学领域的作品更通俗易懂，在行为转变方面也提供了更具实践性的方法。在接下来的这部分，我们将聚焦于朵兰教授的研究成果，朵兰教授长期致力于帮助英国内阁思考如何改变公民行为。我建议实践者们可以深入学习他的模型——MINDSPACE。我会简单描述这个模型并介绍一些实践运用的示例。

朵兰的MINDSPACE模型中有九个元素，这九个元素被研究者认为是（很大程度上，但不完全）自动运行的最有力的元素。它们说明了个体、社群和政策制定者能够影响行为的一些主要方式。这九个方面对人类的行为及改变有强大的影响，这一点已经得到了社会心理学和行为经济学大量研究的支持。

下面这张关于MINDSPACE模型（表9.4）及其解释的表格改编自朵兰给政府研究所的报告《MINDSPACE：通过公共政策影响行为》（*MINDSPACE: Influencing behavior through public policy*，2010）。想要获得更完整的解释，请参阅报告全文。

| 表9.4　MINDSPACE模型 | |
|---|---|
| 信息传递者 | “信息由谁传递”会对我们产生很大影响。 |
| 刺激因素 | 我们对刺激因素的反应会受可预测的心理捷径（如厌恶损失）的引导。 |
| 规范 | 我们很大程度上会受他人行为的影响。 |
| 默认 | 我们被预设选择“牵着鼻子走”。 |
| 凸显 | 我们的注意力会被新颖的、与我们相关的事物吸引。 |
| 启动效应 | 我们的行为常会受到潜意识暗示的影响。 |
| 情感 | 我们的情绪色彩会对我们的行动产生重要影响。 |
| 承诺 | 我们力求坚守我们的公开承诺和互惠行为。 |
| 自我 | 我们会按照能让我们自我感觉更好的方式采取行动。 |

来源：Dolan（2010）。

我会总结朵兰对MINDSPACE每个变量的定义，简要解释它们的含义并给出其对行为模式改变的实践启发的简短示例。

**信息传递者**——我们深受“信息由谁传递”的影响。

● 我们对信息的回应在很大程度上取决于我们对于信息来源的反应；

● 我们会受到我们眼中信息传递者（无论是正式还是非正式）的权威性影响；

● 我们更愿意依据专家以及和我们有相似人口特征和行为的信息传递者传递的信息采取行动；

● 我们也受到我们对信息传递者的感觉的影响。

*实践启发：*

● 我们需要慎重考虑在组织的各个层面请谁来领导变革并发表关于变革的言论，因为高层的变革倡导者可能不会对底层员工产生太大的积极影响；

● 找到那些受到各层尊敬和“爱戴”的领导者，并从变革一开始就和他们合作。如果他们认识到了变革的意义，就会成为向其他人传递“变革的原因”的最佳人选；

- 让这一群体率先进行行为改变，发挥其榜样作用。

**刺激因素**——我们对刺激因素的反应会受可预测的心理捷径（如厌恶损失）的引导。刺激因素的影响力明显取决于其重要性和时机等因素。

- 我们对损失的厌恶甚于对收益的喜爱；
- 我们看重他人对我们的积极感受；
- 我们有避免当众丢脸的倾向；
- 我们倾向于保持对我们有用的做法和事物；
- 如果有人向我们展示运用某种新方式工作可带来更高回报时，我们有重复这个新行为的倾向；
- 我们会高估小概率事件的可能性；
- 相对于更大的但是遥远的回报来说，我们通常更喜欢虽然小但更即时的回报。

实践启发：

- 让人们参与变革试验，并确保试验能带给人们所需的前期鼓励——如果他们看到变革会带来回报，就会倾向于改变自己的行为来支持变革。
- 鉴于人们对损失的厌恶甚于对收益的喜爱，制造合理的“心理焦虑”并提供一些安全措施来帮助人们转换到新的行为方式，尤其是当他们不想当众（让自己、所属单元、组织）出丑时会更有效。
- 当人们展现了新的行为模式时，要尽可能频繁地给予即时奖励（表扬、肯定、做大项目的机会、一定的金钱奖励等）。这将有助于强化新行为的实践。

**规范**——我们有参照周围人行事的倾向。

- 社会和文化规范是社会或群体中对行为的期待或约束；
- 规范可被清晰地表述（公共场所“不能吸烟”的标识）或隐藏在可观察的行为中（女性在会议中发言较少）；
- 人们常常通过他人的行为来了解社会规范，这意味着社会规范可以通过社交网络或有关他人行为的环境线索（如地上的垃圾）快速发展和传播；
- 一些社会规范会对行为产生强大的自动化影响（如在图书馆里保持安静）；
- 利用社会规范进行行为层面的介入在很多领域都取得了成效，大部分都是基于告诉人们类似情形下他人是如何做的。

实践启发：

● 有的放矢地利用团体动力来重新建立新的规范。借助较为出色的业务单元或一个高绩效团队来开展变革的“试运行”，并邀请他们找到团队需要建立和培养的“合适”模式，从而帮助他们维持高绩效。在他们取得一定进展时，将他们的故事进行传播以刺激更多的行为改变。

● 展示其他团队是如何尝试使用不同模式和方法而取得不凡成果的。

● 利用OD的核心方法来支持主动自发的行为改变。

**默认**——我们被预设选择“牵着鼻子走”。

● 我们每天做的许多决定都有一个默认设定选项，不管我们是否认识到这点；

● 默认选项是在个体没有做出主动选择时预先选择设立的；

● 默认对我们的影响很大——因为个体存在接受默认设置的内在偏向，即使这会带来严重后果；

● 重建默认选项能在不限制个体选择的条件下影响行为。

实践启发：

● 鼓励试点、持续和多样化的试验，旨在重置现有的默认行为。一旦在此期间做出的决定被证明是成功的，默认行为将很快开始改变。

● 利用系统整合这一流程来重新设置默认行为模式，借助HR相关政策和流程来支持“默认”行为的改变。例如，使用类似“我们（公司）秉持着礼貌、坚定和谦恭的态度将客户放在第一位”这样的简洁格言。

**凸显**——我们的注意力会被新颖的、与我们相关的事物吸引。

● 我们的行为很大程度上会受我们的关注点影响。在我们的日常生活中，面对各种刺激物的轰炸，作为一种应对策略，我们往往会无意识地过滤掉很多信息。人们更容易注意到那些新奇、易懂又简明的信息。

● 简洁明了非常重要，因为我们的注意力更容易被我们可以理解的事物所吸引，因为我们有能力轻松解读这些事物。

实践启发：

● 利用有创造力的和新颖的流程作为变革方法的一部分（例如，某组织把一个旧仓库改造成一个创新基地，然后把领导者们载到这个基地，体验如何结合各项技术实现创新，通过“视觉体验—联合行为—深度合作”将实际结果向前来听取汇报的高层展示，就像真实版的《龙穴》[①])。

- 采取“令人意外”的领导力行为，例如，去一个呼叫中心接两个小时的电话，然后请接线员教授他（以及他们的团队）如何提供优质的客户服务。

**启动效应**——我们的行为常会受到潜意识暗示的影响。

- 启动效应指的是当人们接触到某种视觉、言语或感觉时所引发的人的行为的改变。换句话说，如果事先被某些线索“启动”，人们的行为就会有所不同。
- 启动效应的运作通常不在意识觉察的范围内，这意味着它不同于简单的记住事物。
- 启动效应的发现引发了相当大的争议——借助其能够操纵我们去买（做）一些我们并不真正想要的东西（事情）。
- 后续的研究表明启动效应并不一定是在潜意识下发挥作用的。
- 启动效应是真实而强大的，我们每天都会接触成千上万的启动因素，但我们并不知道其中哪些对我们的行为产生了重大影响。

实践启发：

- 邀请市场和销售部门的职员以及一位启动效应方面的外部专家共同开展对变革团队的培训，从而让这些变革推动者们能更精通如何去启动人们行为的改变。
- 对于那些需要使其行为模式发生改变的目标群体，利用音乐、之前员工身上真实发生的感人故事和图像来启动其情感的投入。

**情感**——我们的情绪色彩会对我们的行动产生重要影响。

- 情感（体验情绪的行为）在影响决策制定方面拥有强大力量；
- 对言语、图像和事件的情绪反应是迅速且自动化的，因此会出现在人们

---

① 《龙穴》为一档商业投资真人秀节目，由5位至少坐拥千万英镑身家的成功企业家（Dragon）担任评委，每一集都有来自不同行业经过筛选的创业者带着自己的商业创意和投资计划在他们面前进行简短的游说，以求在30分钟内说服他们给自己投资。

意识到自己的反应之前就先有了行为反应的情况；

● 心情和情绪反应能够凌驾于甚至推翻“理性”或认知性的决策，导致我们做出一些看起来不符合逻辑的决定；

● 例如，心情好的人会做出过分乐观的判断，而心情不好的人则会做出过于悲观的判断。

实践启发：

● 尽可能使用基于优势的方法（如欣赏式探询），从而唤起人们有关过去真实经验的积极情绪和自豪感。

● 在变革过程中持续进行组织内部的希望建设工作，肯定人们过去所做的以及他们为了更大的组织利益转变自身模式的信心，让他们参与建立新的行为模式，并坚定他们能够维持这些行为模式的信心。

● 确保变革团队成员是富有幽默感、充满活力的人。当变革团队能量高涨时，他们能够为行为改变对象营造一种“轻松”的情绪氛围。

**承诺**——人们力求坚守自己的公开承诺和互惠行为。

● 我们往往拖延做出决定，特别是面对长期利益问题时；

● 许多人觉察到自己的意志力薄弱，并通过做出承诺的方法来帮助自己做决定；

● 研究表明，通常情况下，不履行的代价越高，承诺越有效，例如，当众做出承诺，如违背承诺会导致声誉受损；

● 把承诺写下来，这一行为会提升履行承诺的可能性；

● 我们拥有很强的互惠本能，举例来说，这意味着当我们接受了帮助，会让我们产生在未来某一时刻做出回报的强烈内在承诺。

实践启发：

● 邀请领导者公开承诺他们想要去实现及引领的行为改变。同时邀请组织各层的领导者每周对他们会尝试的不一样的行为做出一次小小的承诺，这样他们就能为新行为的实践起到带头示范作用。

● 在每场活动的最后，邀请人们站起来与大家分享自己愿意为改变跨出的一小步，私下作好记录并在2—3周以后询问他们是否有这样去做。

**自我**——我们会按照能让我们自我感觉更好的方式采取行动。

- 我们倾向于以维护我们正向的、拥有一致性的自我形象的方式行事。
- 在我们一帆风顺时，我们会把一切归功于自己；然而当遇到挫败时，我们会认为这是他人造成的，或认为是我们所处的境遇不好，这一情况被称为“基本归因误差”（fundamental attribution error）。
- 我们会与自己认同的群体的思考方式保持一致，这从某种程度上来说改变了我们看待世界的方式。
- 我们还倾向于认为自己是始终如一的。
- 那当我们的行为与我们的自我信念发生冲突时，会发生什么？通常情况下是我们的信念做出让步，而不是我们的行为。研究表明当人们的行为开始发生细小变化时，对持续行动的强烈愿望就会出现。
- 最初的行动不仅会改变我们的自我形象，还给予了我们同意后续要求的理由。
- 这一点挑战了我们“要改变行为，先改变态度”的惯常信念。

实践启发：

- 尽可能借助常识来顺应（而不是违反）人的本性和需求——需要被爱、被肯定、被认可，需要有意义感、有能力做出贡献，需要一个超越自我的机会。如果我们这样做，我们不仅能满足“自我”（这个词没有任何负面含义）的需求，还能帮助人们进一步开展自发性的行为转变。
- 找人帮助变革团队一起思考如何转变他们团队的行为，当他们产出了好的想法，邀请他们带头开展行动并公开认可他们的贡献。

朵兰的MINDSPACE工作不断发展，并影响了“行为洞察团队”，它也被称为“助推单元”（Nudge Unit），帮助政府改变公民的行为——从减少英国西北部的少女怀孕，到提高纳税申报和支付的及时性，以及解释日常生活中如何做出决定。他的工作的优点得到了很好的证明，内部变革团队应该聚在一起，将这些概念与他们的变革工作结合起来。

自朵兰的MINDSPACE工作以来，美国的促进自力更生的行为干预（BIAS）项目在儿童保育、儿童支持和工作支持等工作中进行了15次随机对照实验，并提出了SIMPLER框架。构成SIMPLER框架的有7个概念，它们是：

1. **社会影响力：** 社会、同伴或个体对一个人决策和行动的影响力。

2. **促动实施：**鼓励人们对完成任务所需的行动制定规划。

3. **规定期限：**设定一个固定的期限可以减少拖延的可能性，并制定行动框架来强调其紧迫性。

4. **个性化：**如何对信息进行个性化处理或为困难的任务提供个人帮助。

5. **损失厌恶：**建立激励或沟通机制，利用对避免损失而非获得收益的偏好。

6. **轻松：**尝试通过默认或简化使行为自动化。

7. **提醒：**通过给予提示和反馈来鼓励完成一项行动，尽量减少所需的脑力劳动。

BIAS和MINDSAPCE的工作不仅依赖于系统一来改变行为，还提倡帮助人们创造新的习惯，作为改变行为的合理尝试。你必须记住的一点是，习惯的形成对行为改变至关重要，因为大多数行为都是自动的，我们的大脑主要依靠我们快速、直觉反应的系统一来保存有限的认知能量。

## 借助团体动力撬动行为改变

我们在第八章已经谈过团体动力的重要性。帮助实现行为改变的第三种方式会让许多应用行为科学家感到不适。我们都清楚团体的力量，关于这一点，历史的伤疤时刻提醒着我们。团体动力可以滋生深不见底的罪恶，同样也会点亮良善之光。就像琼斯牧师（Reverend Jones）可以命令数百名信徒集体服用氰化物自杀，并在他们自杀前先喂他们的孩子们喝下；就像黑帮势力可以在某个区域内盘根错节，并可以操控这么多年轻人的行为。这些事实表明，群体压力有助于滋生反社会和不文明行为。而与上面这些形成对比的是，许多人在决定加入甘地的游行和支持纳尔逊·曼德拉时不仅是出于宗教信仰或对人权事业的承诺，更多是因为他们所属的团体拥有强有力的规范，这种规范能够激发特定的团体行为。团体不仅拥有巨大的影响力，还能明确哪些行为是可接受的、哪些是不可接受的、怎样的行为是继续成为团体成员所必需的、怎样的行为会导致被排斥发挥影响力并获得服从。

团体一旦成立，不论善恶，其领导力规范、团队决策和团队行为即会对成员产生强大的压力。因此，不少人对于运用团体动力来改变行为会感到不适。

从霍桑实验[①]（Hawthorne Study）到许多团体动力的研究学者（Bernstein，1968；Dent and Goldberg，1999），均认为团体是行为改变的关键所在。勒温（Lewin，1947b）认为聚焦在改变个体行为上只是徒劳，因为孤立的个体会受到团体压力的限制而选择顺从。因此，许多OD实践者（包括我在内）相信行为改变的关注点必须放在团体层面，而介入也应当围绕创建新的团体规范、团体角色、改变团体成员间的互动关系品质、重塑社会化过程从而打破平衡带来变化等因素展开。

那么，如何借助团体动力来改变行为呢？

实践者需要考虑团体是如何走到一起并形成模式的。基于对这个过程的了解，我们就可以改变其中某些环节，从而推动团体及个体模式的转变。简化来看，当人们在任一场合下聚集在一起（例如一起工作、在俱乐部聚会、参加某个议题的社群活动），他们会从分享一些自己的基本假设开始，这些假设包括：自己如何看待世界和要做的事情，是否可以用某些方法来开展自己感兴趣的任务等。通过稳定成员身份和解决人与人之间的权力差异，团体开始建立规范并依此招募、同化新的成员。经过多年持续不断地分享经验、成功和学习，团体开始被共同的历史联结起来，并且根据团队的稳定性和成功度形成强有力的模式。图9.3更详细地展示了这一过程。

团体一旦形成，团体和个体都将体验到一个非常强大的行为“容器”。在这个“容器”中，一些行为被贴上很棒的、有帮助的、支持性的和可接受的标签；而另外一些行为则被认为是“出格的”或不可接受的，比如“知道的人就不会这样做”。这样的界定将会通过人们头脑里的叙述变得更加清晰，继而传递给新进入的成员。

由于团体或系统并不是活在真空环境中的，这个容器早晚会受到外部的挑

① 霍桑实验因在美国芝加哥的西方电器公司的霍桑工厂进行而得名。该项实验系由梅由（E. Mayo）、狄克逊（W.J. Dickson）等人负责进行。其主要目的乃试图借由电话交换器装配实验，发现物理环境与工作绩效的关系。结果却发现，组织成员的心理与社会因素反而是构成工作绩效提升的关键。

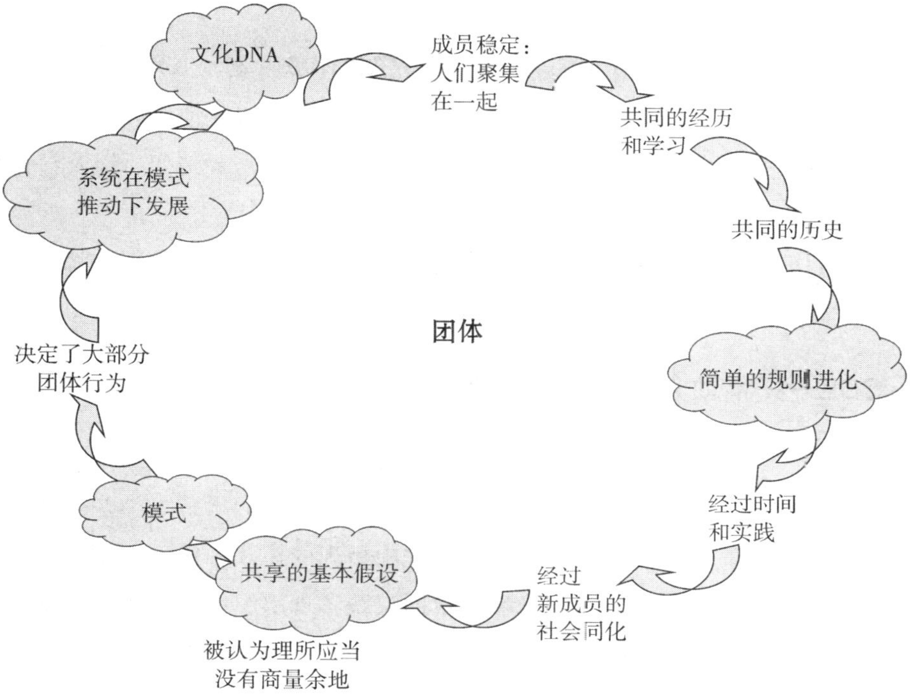


图9.3　团体模式是如何形成的

战。它的僵化导致它对任何的系统反馈都无动于衷，不消多时那些模式就会导致它与外部世界的互动“脱轨”，这也是团体重新探索和更新现有模式的时机。然而，这个过程将会是痛苦的，因为在目前隶属的团体中，我们满足了自身大多数的社会需求和心理需求。因此，作为变革推动者的任务之一，就是支持团体完成他们自己的模式更新。

参考图9.3，我们可以有目的性地开展下列行动，协助团体就其行为模式进行自我引导式的改变：

- 邀请其他系统的成员分享观点，并就团体执行任务的情况给予反馈。
- 邀请人们列出有益的和无益的团体模式。
- 邀请成员分享过往历史中那些未被载入系统“史册”的部分。
- 邀请新成员在经历了初步的系统工作后提供反馈。
- 邀请系统内部的志愿者寻找形成目前行为模式的那些“隐藏的或未成文的规定”，然后回到系统，组织一场工作坊，共同讨论这些模式“是什么”“那又怎样”“现在如何”。

- 组织一次工作坊，让大家共同识别外部的环境转变及其对团体的影响。然后，请大家就变革以及变革对团体的意义展开讨论。再让他们找出驱动系统目前行为的模式，确定哪些需被保留为文化DNA、哪些需要转变，以及讨论他们彼此之间如何互相支持。

在此，我想鼓励你在设计强化团体规范的流程时发挥创造力，这将会带来有助于实现变革目标的个体和团体行为的改变。

## CDE——借助人类系统动力学方法转变团体之间的行为

格伦达·欧阳（Glenda Eoyang）创立了人类系统动力学（HSD）的一套方法和相关机构。HSD提供了一系列概念和工具，帮助我们了解人类在团体、家庭、组织以及社群里工作、相处的混乱过程中呈现的模式。HSD引用了来自物理学、数学和计算机科学方面的隐喻，帮助实践者理解组织和团体在日常动态交互过程中的发生。这些概念以科学为基础，同时在我们探索人类系统复杂行为的过程中不断呈现。

如同在第七章中所提到的，欧阳和奥尔森在2001年出版的《引导组织变革：来自复杂科学的经验》（*Facilitating Organization Change: Lessons from Complexity Science*）一书中说明了如何从复杂科学中吸取经验来引导组织变革。对格伦达来说，所有行为转变都指向了以自组织的方式采取行动的能力——“自组织是我们需要了解的重中之重，也是我们学习与之打交道的基本内容”（Olson and Eoyang，2001）。欧阳和奥尔森认为，复杂科学揭示了一个既存在模式又不乏意外，既拥有秩序又杂乱无章的世界。

欧阳对模式的定义是“具有时间和空间意义的相似性、差异和关系”。复杂性领域的研究者们相信，模式一旦形成就必将限制我们，因此每个变革推动者的工作就是学会**看见**、**理解**和**影响**模式。

欧阳相信，OD的核心工作是帮助系统自我揭示。因此，任何时刻，都应该鼓励系统成员对他们如何在环境中保持自己的相似性和差异性，以及目前他们联结的质量保持好奇。她鼓励系统成员带着好奇探询：此时此地，我们解决哪些差异可以带来真正的影响，从而不会消耗我们的精力？我们的哪些相似之处足够强大，以至于我们可以利用它们将我们团结在一起？我们彼此联结的方式哪些是有助于我们的工作的，哪些造成了阻碍？换句话说，我们在系统内彼此之间的交互质量如何？

图9.4展示了格伦达·欧阳对模式的定义，同时也解释了她的CDE模型（Glenda Eoyang，1997）。C代表“相似性/容器”（similarities/container）——过多或过少，太紧或太松；D代表“差异性和张力”（differences and tensions）——未解决的差异过多或过少；E代表“交互的质量”（quality of exchange）——目前系统成员如何进行交互。

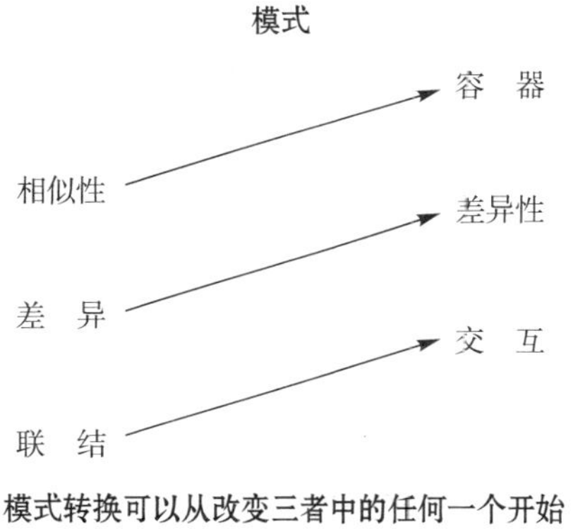


图9.4　CDE概念（HSD Institute，2013）

当一群个体或不同工作单元运作不良时，我们可以利用这一简单可行的方法帮助改变个体和团体的行为。我下面描述的这一流程是CDE完整流程的“菜鸟入门版”，想获取更多细节请参考相关出版材料或查询人类系统动力学研究所网站。

## 案　例

某家技术服务公司，在客户现场工作的人员与总部运营人员存在矛盾。眼下彼此的沟通氛围非常紧张，双方都怨声载道。大家都清楚他们需要携手合作，但他们的行为却背道而驰。因此我按照CDE流程步骤帮助两个团队进行自我诊断，并尝试转变他们的行为以提高交互质量，从而能作为一个整体共同服务客户。

**第一步**，我们安排了一次活动，邀请双方团队派代表参加。活动是他们年度聚会的一部分，我们的环节之前是他们的战略重点规划会议。我们的活动被安排在中午时段，有3个小时时间来完成。

**第二步**，双方共有大约100人参与，因此我们安排了8块区域，每块区域安排大致相同数量的两方代表（来自公司总部和客户现场的）。

每块区域都有一位已在我的帮助下了解了CDE方法的组织内部的引导员，每块区域放置了一张大白纸（4张白板纸拼起来的大小），纸的上半部分并排分为两个区域。

**第三步**，为了接下来120分钟的工作，团体共同探讨出几条简单的规则，用来帮助他们在这过程中能够进行良好对话。他们确立了诸如“有话直说”“实事求是”“带着同理心倾听”“保持探询而不是提出主张”的规则。之后邀请他们围绕3个问题进行讨论。我先就这一流程进行总的说明，然后由8个组各自的引导员进行组内引导。我们邀请团体讨论的3个问题是：

1. 两个团体之间存在哪些相似性？

2. 两个团队之间存在哪些差异？

3. 描述我们目前互动和彼此联结的特点。

在这3个问题的讨论过程中，引导员鼓励双方成员按照大家先前同意的简单规则，确保彼此之间能发生真诚的交互。

**第四步**，团体开始进入下一步的4个问题，每次讨论一个问题，还是先由我在台前做引导（以确保理解一致）：

1. 我们可以利用哪些相似点帮助我们建立一起合作的强大容器？

2. 在我们列出的所有差异中，哪些会对两个团体的合作带来重大影响——即如果我们愿意努力解决一些差异，哪些差异解决后能对我们的合作产生重要影响？

3. 目前我们之间交互的质量是怎样的？

4. 我们可以采取哪些行动步骤来改善我们之间相互联结的方式，提高我们的交互质量？

这个过程鼓励了双方就困难问题展开真正的对话，特别是聚焦于每天交互中非常令人沮丧的行为。

**第五步**，在回到整体大组之前，引导者邀请两个团体先了解并讨论适应性行动（Adaptive Action）的4个问题。引导员借助表9.5里的一些子问题，鼓励大家展开更加诚实的对话：

1. 是什么？——他们刚刚做了什么？

2. 那又怎样？——他们发现的那些模式对他们有什么启发？目前的模式对于支持他们实现目标和任务的匹配程度如何？

3. 现在如何？

4. 哪些简单的规则可以帮助他们达成？

**表9.5 适应性行动问题**

| | |
|---|---|
| ● 是什么？ | ——目前的模式是什么？<br>——它们在支持还是限制我们的目标？<br>——过去的哪些历史过节在阻碍我们？我们需要改进哪些方面以便继续前进？<br>——其他 |
| ● 那又怎样？ | ——你看到了这些模式有什么启发？<br>——我们的模式与我们的目标、任务之间的匹配状态如何？<br>——有可选择的行动吗？<br>——其他 |
| ● 现在如何？ | ——我们现在要做些什么才能转变到替代模式？我们实际落地的最初步骤有哪些？<br>——我们要让谁参与进来一起做些事情？<br>——其他。 |
| ——哪些简单的规则可以帮助我们达成？ | |

来源：改编自人类系统动力学文献（HSD，2013）。

**第六步**，最后60分钟，所有人回到大组，我们请每个小组分享他们讨论的结果、他们“现在如何”的行动要点，以及为支持他们新的CDE而确立的简单规则。

在所有小组分享完后，我们请他们返回所在小组，确定他们个人有意愿开始实施哪些可行的行动，以及他们希望领导者和管理者提供的支持是什么。

**结果，**在3个小时的工作结束的时候，我们完成了一轮快速的诊断——确定了“是什么”，讨论了（对于自己和客户的）“那又怎样”，然后回归到“现在如何（行动）”以及一套简单的可以支持他们建立新的行为模式的规则。

当天的流程开启了以下几项工作：帮助两个子系统直面自己和对方的行为数据；没有深挖那些行为背后的原因，而是让双方看到在形成模式的三个核心维度方面可以考虑的替代性行为；接着，他们开始打破过去无益于客户和自己的模式，并开始认识到自己的一些行为让工作场所成为一个令自己和他人都不开心的地方。

在这次会议结束之后，又开展了几项简单的后续跟进工作（行为支持性的）和强化调整工作，例如，如何进行沟通、分配任务、谁来授权工作、如何协商交付时间等。在CDE工作结束之后9个月，两个团体的行为持续向着他们所期盼的方向转变。这个案例中的行为转变在基于人类系统动力学的CDE方法的支持下获得了成功。

以上描述的是CDE方法的简易流程，它可以在比已经描述的更广泛的场景中使用。我极力推荐读者浏览HSD的官方网站及参与他们的在线课程。

**关于CDE的最后说明**

在这一变革理论中，人们之间发生实时互动（根据人类学视角，文化存在于人和人、团体和团体之间）。在他们互动的过程中，系统就产生了整体模式（互动产生模式，其中的一些能帮助系统达成所需，另一些则不起作用）。最终，那些系统成员认可的模式会被保留下来。

这些系统成员与其他系统中的成员进行互动，突然之间，他们的互动帮助他们体验到了彼此之间的相似和差异。如果他们能有一个强健的容器、一组共同的目标，就会希望找到彼此之间相似的部分来强化彼此之间的联结（容器），并希望消除彼此之间的部分差异——这些差异可能正是冲突的源头。由于彼此的差异可能不计其数，他们可以只选择其中起决定性作用的那些。透过化解这些差异，他们就可以更有效地实现彼此共同的目标。

在这个建立新模式的过程中，他们互动的品质起到了决定性的作用——它是肯定的、合作性的，还是敌对的、竞争性的。如果他们“之间”能产生高品质的互动，不仅会让新模式浮现，而且各部分会采取从整体出发的行动。透过在复杂适应性系统中的互动，系统成员以自组织的方式创造出自然生发的模式。

## 总结：对于实践者的实践启发

行为改变是一个复杂议题。生态学家、认知科学家、心理学家、心理分析师、人类学家、社会心理学家、社会学家、行为经济学家等在过去数十年花了大量时间和资源试图帮助我们理解人类的行为，包括我们自己的和他人的。几十年来围绕着我们的行为是内因还是外因决定的辩论进一步加深了我们的理解。因此出现了像需求理论、期望和操作条件反射理论、公平理论、目标理论、人类基础需求在行为塑造方面所起作用等理论，这些理论为应用行为科学家们提供了很多思考的养料。

我在本章所谈论到的内容只是关于“我们如何提升在变革中改变行为的能力”浩瀚汪洋里的一瓢。但是，我想要激发你对更多人类行为方面的学习兴趣。在本章最后说明这些，我想与实践者分享以下几个实践要点：

- 对于OD和HR实践者的新人来说，尽全力深入了解人类行为吧！因为这个领域中的任何知识都会在你的实践中很好地帮到你。
- 对于领导力发展的伙伴们，尝试将更好理解人类行为的需求纳入你所在组织的领导力发展项目中吧！探寻“我们是谁”以及“我们是如何工作的”，何时开始都不晚。
- 对于实践者来说，请确保你永远不会对人类的行为感到厌倦或悲观。放下你的评判，保持好奇，持续探询。在你想说“我已经全部知道了”的时候，我敢保证在人类行为方面，你没有看到全部。同时，持续追寻你对自我行为的理解，因为我们无法将他人带到自己未曾去过的地方。

组织发展领域的特别之处在于，尽管我们自身存在着人性脆弱，我们每天都必须要与人的行为打交道，希望在应用行为科学研究的指导帮助下，我们能够设立一些流程和条件来支持其他人扭转其行为模式。这份工作不容小觑，因为我们与那些我们要去影响的人处于同样的位置——每天都在努力转变自身的行为。让我们带着更多的谦卑、对提升自己OD能力的更坚定的承诺以及更大的同情心，投入到我们所做的一切中去。

我还想以一个文化（模式）的“原型”来结束这一章，这个“原型”是由一批复杂和混沌领域的同仁们搭建起来的，他们认为它可能适合在动荡的世界中运作的组织。其前提假设是，如果这些文化特征存在，组织更有可能拥有

| | | | |
|---|---|---|---|
| 各级人员都了解外部环境，愿意与任何需要相关信息的人分享知识，以采取行动并做出更稳健的决策。 | 有专人负责监控内部组织工作如何与外部环境需求相匹配，并跟踪内部变化的速度是否与外部变化的速度相匹配。 | 所有领导者都是训练有素的系统思考者，决策都是基于整个系统的视角而做出的。 | 领导者、员工和合作伙伴将建立有效的关系作为他们的首要工作。他们知道，正是通过人际关系，事情才能快速完成。他们拒绝让结构性约束成为障碍。 |
| 人们往往更积极主动，而不是被动应对——他们提前思考，并为不同情况的发生做好准备。他们靠活在混沌的边缘而茁壮成长。 | 领导者和员工的关系更像学院社团，而不是等级式。任何能尽己所能的人都会得到帮助。等级和智慧没有相关性。所有系统成员均采用对话和探询的工作方式。 | 领导者有意识地鼓励人们和单元不断提高自组织的能力，使组织中的每个人都能在最佳水平上发挥作用。 | 人们欢迎多元化，因为它给组织带来了优势。人们有足够的技能来展现多元化、张力和差异，以获得更具创新性的工作方式。 |
| 组织中的人面对模糊性、两极化和两难局面时不觉得有困难。他们可以轻松地以复杂的方式完成工作，而不会过早地结束辩论/思考。 | 组织招募、培训和发展人员，以培养敏捷的心智模式和适应性行为——因此，事情可以在没有时间延迟的情况下改变。这种行为也会得到奖励。 | 支持人们通过成就、失败和错失的机会等参与转型学习。每种情况都为个人和组织提供了学习如何从长远来看变得更好的机会。 | 转型学习要求领导者和员工尽量减少自负，愿意分享错误、弱点、经验教训、资源、知识、信息以及对集体利益的思考。 |

"不断改变"的能力。下面表格的内容不是来自学术出版物，而是来自这些同仁之间的对话。由于没有好的或坏的文化，只有对应特定环境下战略目标的"适合"或"不适合"的文化，不妨探索下这个表格，看看我们能否在想要进入"不断变化"的世界的组织中观察到其中的一些特征。

试着反思和整合你的经验和见解，看看这个表格对你来说是否有意义。这就是我所说的时机已到——我们中的更多人需要反思和整合，这样我们的工作理论才能够出现。

# 第四辑

# OD实践者

身为不少OD实践者的导师，我明显察觉到那些有进行深度内在成长工作的人和那些没有这样做的人之间的差别。这些差别主要体现在三个方面：

1. 他们对自己是谁以及如何呈现自己的觉知程度。这可以从他们对自己内心反应的追踪能力以及对他人的影响中看出，也可以从他们在混乱和突发情况下如何管理自己看出。例如，当他们的设计不起作用时，或者当他们在公共场合受到批评时，又或者当他们投入巨资做介入没有达到预期结果时。

2. 在从事艰巨工作时，他们对自己的焦虑和担忧的接触和管理方式。如果OD实践者不清楚自己的焦虑的运作方式，那他们会经常采取一些被裹挟的行动，让自己看上去不错、感觉好一些，或者作为一种应对和减少这些焦虑的方法，而不是为了客户的更大利益而采取有力的行动。

3. 他们处理权力和政治议题的方式，包括在客户系统内和他们与客户之间。OD的权力使用方式是基于OD的价值观和原则，积极运用权力，走权力的大道（Greiner and Schein，1988b）。他们能够光明正大地展示权力策略并公开采用，例如在决策过程中合作，关注那些权力较少的人，维护他们的利益，支持权力精英主动面对和改变其对其下属的行为。

这三方面的差别要求OD实践者先向内探索再向外拓展。通过了解我们的价值观和个性如何在工作中发挥作用，我们可以在一对一的交流中，在团队中，在我们与客户、合作伙伴和利益相关者的关系中，管理我们的行为对他人的影响。

这种运用自我的能力，可以借约瑟夫·坎贝尔（Joseph Campbell，2008）对“关系的巨龙”和“权力的巨龙”的描述生动展现。

“关系的巨龙”在OD中尤为重要，因为为了获得帮助的权力，OD实践者必须认真、真诚地对待关系构建，而不仅仅是想要被他人接受、有魅力或能吸引他人——不是说寻求他人的认可有什么错，而是说这种关系能量的本质是感觉到自己作为比自己更大的事物的一部分，这样的感觉转化为一种关注：为创造所需的影响和可传承的事物，将自我的部分抛诸脑后去实现改变。健康的关系能量表现在伙伴关系、协作关系和社群关系上。用坎贝尔的话来说，为了与关系的巨龙成为朋友，你需要“消灭”两种类型的恐惧：对拒绝的恐惧和对被抛弃的恐惧，因为这两种恐惧会扭曲和削弱关系中的巨龙。

为了让我们的工作有影响力，我们还需要与“权力的巨龙”建立强有力的伙伴关系，它的能量来自对效能感和力量感的需求。权力能量是指有信心和资源来完成事情。当这种能量正常运作，OD实践者在支持客户取得成就的过程中会感到具有英雄般的能力、影响力、技巧和智慧。

当OD实践者能让“关系的巨龙”和“权力的巨龙”和谐共处时，会在做事情时体会到谋略、能力、真诚、社群和信心。

这就是本书上半部最后一部分所关注的内容——我们如何到达一个知道自己是谁的境地，并以此为起点，与客户建立独特的伙伴关系，以最大化我们的影响力和权力，从而帮助系统正常运行。实现了这样的运作，我们与任何组织的合作都将产生神奇的作用。OD实践者的“英雄之旅”通常是集体的——需要许多人参与修复系统——但同时也给个体带来了快乐、成就和满足，因为他们在为他人服务的过程中实现了有价值的事情。

阅读最后这两章时，请你回顾一下自己的旅程：若视自己为工具，你在哪些方面做得不错，哪些方面还需继续打磨。

# 第十章　OD实践者

第一章中曾提到过组织发展领域最独特的方面在于OD实践者在组织提升过程中所扮演的角色及其实践。在这一章中，我想通过以下几方面的内容来更全面地剖析其独特性：

1. OD实践者的角色及任务。

2. “自我”和“运用自我作为工具”的概念及其在OD理论和实践中的作用。

3. OD实践者的能力要求；

4. OD实践者的必要发展道路。

## OD实践者的角色及任务

OD实践者可以扮演的角色很多。有些OD实践者是作为参谋、合作伙伴、导师、教练，一些人是设计师和方法论领导者，还有一些人是引导师、过程管理者、团体过程专家、团体动力监查者、培训师等。一部分OD实践者会作为内部的变革推动者，另一部分会作为外部顾问；他们可能聚焦在不同的系统层面工作，例如，有的实践者主要专注于个体内在的工作，一些会把注意力集中在团体层面，另外一些会锁定在团体之间的工作，还有其他的会聚焦于组织层面、组织之间或社区层面，有些人会在多个层面都有所涉猎。这些涉及的范围侧面回答了“有实力的OD实践者是什么样的”这个问题。

表10.1总结了这个领域的作者们对OD实践者角色所做的多样描述。

表10.1 OD顾问的角色

| 作者 | OD顾问的角色 |
|---|---|
| 伯克(Burke,1982) | 提供帮助、咨询、建议及支持的人。 |
| 施罗德(Schroeder,1974) | 参谋、意见提供者、与客户直接工作的顾问的密友(将其他顾问作为自己客户的影子顾问)。 |
| 李皮特(Lippitt & Lippitt,1978) | OD顾问有能力担任以下8种角色的任一种,按从指导性到非指导性的排列顺序,分别是倡导者、技术专家、培训师或教育者、问题解决协作者、选择辨别者、事实发现者、过程专家、反馈者。这些角色并不互相排斥,根据不同的委托/任务,OD顾问可能会同时扮演好几个角色。 |
| 沙因(Schein,1988a、b) | 过程咨询的关键作用,就是帮助客户感知、理解其环境中的过程发生并采取相应行动,从而改善客户发现的现状。 |
| 蒂希(Tichy,1974) | 变革推动者所起的主要作用可以概括为以下4点:<br>外部压力——成为某项变革的提倡者,并为所做倡议规划策略;<br>帮助高层分析——为客户组织开展某项调研,并向高层管理者提供报告;<br>关于人的改变的技术——为组织内部的个体提供服务;<br>组织发展——作为外部顾问来帮助系统发展。 |
| 比尔(Beer,1980) | 比尔列出了他认为重要的两大角色:<br>1. 通才和专才——"OD顾问在组织管理方面是通才,而在组织诊断和介入的过程中就是专才";<br>2. 整合者——OD顾问有职责建立客户与其所需资源的连接,建立不同子系统间的连接,建立高层管理者与普通员工的联结。 |
| 弗格森(Ferguson,1968) | 弗格森罗列了OD顾问的18种角色,从获得数据到营造合适的心理氛围,到在其中扮演"水管工"或"助产师"的角色来帮助管理冲突等。 |

续表

| 作者 | OD顾问的角色 |
| --- | --- |
| 耐维斯（Nevis，1987） | 耐维斯列出了完形流派顾问的五大基本角色/活动：<br>1. 关注客户系统，观察并有选择性地分享你的观察——你看到的、听到的内容等；<br>2. 关注自身的体验（感受、感知、想法），并有选择性地分享这些，在这样做的时候就是在创建你的临在状态；<br>3. 关注客户系统中的能量，以及在能量聚集之处是否有议题（共同的前景）呈现或缺失：采取行动支持能量的调动（汇聚）从而带来不同发生；<br>4. 促进客户系统中成员之间清晰的、有意义的、有深度的接触（也包括与你的接触）；<br>5. 帮助团体在完成工作单元的过程中能有更高的觉知，并且学会如何完成工作单元，让问题和未尽事宜得到完结。 |

来源：Cheung-Judge（2001）。

一些作者通过描绘其扮演的角色来定义OD实践者，另一些则会通过界定其参与的过程来定义，还有一些人通过描述他们参与的活动类型来定义。然而，除去这些不同之处，大多数OD实践者都是：

- 应用行为科学家；
- 支持他们服务的系统，以改善其外部表现和内部健康；
- 主要使用过程技能而不是专家技能来支持客户自己完成工作（旨在改善或维持系统的“自我更新”能力）；
- 运用自己（自己是谁以及如何呈现自己）来影响改变和发展，并关注与客户关系的质量。

为充实这些原则，以下是一些良好OD实践的标志：

- 旨在实现OD双管齐下的目标（提升组织绩效和内部健康）；
- 关注人性化企业（以及组织的社会方面）；
- 具有独特的协作和发展方法——让客户在接触你之后变得更强大，并让自己和他人保持终身学习的精神去面对任何一种情况；
- 重视人际关系的建立（重视人与人/部分与部分之间的相互依赖，并致力于在工作过程中建立建设性和发展性的关系)；

- 对过程和任务同等重视（虽然你在追求结果时坚决果敢，但你会使用积极、透明和肯定的过程来完成任务)；
- 扮演“促进过程的教育者”角色，而不是“提供建议的专家”角色（你相信智慧存在于系统的每一个层面，通过进行足够的教育和使用合适的过程，促进系统完成自己的工作)；
- 致力于使用“大我”介入——以自我为工具（当你使用工具和方法时，不管是通过你的过程专业知识还是你的临在状态，你知道自己是影响系统的关键)；
- 总是从整体系统的角度来处理工作（OD实践者是坚定不移的系统思考者，无论你使用什么过程设计，都受系统视角的指引)。

总结一下，下面这段陈述是对OD实践者的描述：

> OD实践者作为行为科学家，他们以提升系统的绩效和内部健康为双重目标，有效利用关系建立技巧，向客户系统提供帮助及支持。他们或许在组织某些具体领域具备专业知识和技能特长，但身为以过程为中心的实践者们，他们的目标是向客户系统传授过程技能，从而让客户有能力独立追求持续发展。OD实践者的实践设计技能很大程度上受到他们的价值观和理论取向影响。

## “自我”和“运用自我作为工具”的概念及其在OD理论和实践中的作用

在本节中，我将回顾“自我”的含义，并讨论“自我作为工具”这一关键概念，这一概念也称为“运用自我”。

### 自我

自古以来就有关于自我的哲学讨论，我的目的是给“自我”一个非常基本的描述，主要是为我们在OD咨询中对“运用自我”的阐述做准备。

“自我”被定义为构成一个人的情感、知觉和认知过程（McCormick and White，2000：2）。在这个自我中，存在已知的和未知的（人格面具和阴影）方面（Jung，1921）。已知的是公众自我，荣格称之为人格面具（persona），戈夫曼（Goffman，1959）认为这是自我在日常社会中的表现。人格面具使生活易于管理，令人愉快，它是自我与社会之间的妥协。阴影（shadow）是一种私人的自我，通常与自卑的自我相关联，这种自卑的自我可能会因为对错（更多情况因为错误）产生羞耻感，但实际上无须如此。

## “运用自我”的相关背景

回溯历史，关于“运用自我”的争论由来已久。那些从实证主义出发的视角主张在与他人（例如，病人、服务对象）一起工作时尽可能保持超然客观的立场。支持这种观点的人认为如果不严格把控，治疗师/帮助者的个人经历将会对客户工作产生不利影响。弗洛伊德也属于这一派系，据说他为保持客观立场在治疗期间会坐在客户背后。

非实证主义的视角则提供了另一种范式。它强调了主观信息的价值，认为社会环境是相对的，因此最好从参与特定活动的个人的视角来理解。介入的成功最终取决于实践者及其在过程中带入了什么。正是在这样的背景之下，自我被视为实践者最重要的工具。

我们必须牢记OD在二战和大屠杀之后进入西方社会时的背景。20世纪60年代，随着人际关系运动的浪潮和敏感性培训的兴起，OD对自身作为一个价值观驱动的职业引以为豪，对人与工作有一套独特的假设，其中一个假设就是实践者对于任何一个改变过程都至关重要，因此他为了影响这个客户（不管这个客户是个体、团体还是组织）而利用个人数据及观察并采取相应行动是无可非议的。正如OD创始人们所相信的那样，运用自我可以在帮助者和被帮助者之间创造出更强烈、更令人向往的互动。

弗里茨·珀尔斯（Fritz Perls）的开创性工作使这一观点受到认可。他认为，重要的是将那些提供帮助的人和那些接受帮助的人一起带到中心舞台上，“以尽可能清楚地照亮他们的实际关系”（Perls，1969）。

以下引述说明了OD创始人们是如何将“自我作为工具”这一概念视为首要的：

- 伯克："OD工作中的首要工具就是顾问/实践者本身。"（Burke，1982：358）
- 伯克："这本书的偏见是OD顾问应该是一个精心打造的工具。"（Burke，1982：350—51）
- 波特（L. Porter）在1997年管理学会年会发表的一篇论文中提道："运用自我这一概念是目前OD实践的核心所在。"
- 柯伦（Curran）、西肖尔（Seashore）和韦尔普（Welp）1995年在华盛顿西雅图召开的ODN全国会议的演讲中提道："或许我们所拥有的能够帮助客户驾驭变化的最强利器就是我们自己。"
- 坦南鲍姆（Tannenbaum）："我们在这个领域里不得不使用的基本工具就是我们自己。我们确实有工具箱，但要有效使用工具箱很大程度上仍取决于我们本身及我们是谁。"（Tannenbaum，1968）

## "运用自我"是什么意思？

为了进一步深入研究这些概念性陈述在实践中的含义，我们对"运用自我"进行了全面的文献搜索（Cheung-Judge and Jamieson，2019）。文献搜索找到了不同作者定义、描述和谈论"运用自我"的60种方式，从纯粹的关于"自我"的心理学讨论，到对何种价值观、特征、心理模式、核心技能和自我意识水平是掌握"运用自我"的核心描述，它们对"运用自我"的探索框架和镜头各不相同。下面列举了一些接受范围较广的关于"运用自我"的描述和定义：

- "运用自我"是一个人根据自己的观察、价值观、感受等采取行动的方式，目的是对另一个人产生影响。（Nevis，1987）
- OD实践者不仅要代表和表达特定的价值观、态度和技能，还要在某种程度上利用这些价值观、态度和技能来刺激，甚至可能唤起客户针对问题采取必要的行动……目的是利用差异性、边缘性和客户感兴趣的议题，以最有影响力的方式"运用自我"。（Nevis，1987）
- "运用自我"是指带着觉知去使用自己的整个存在，有意识地发挥自己的作用，以在当前的情况下取得成效。目的是能够为他人和他们所在的系统有效发挥自己角色的作用，而不受个人内在的干扰（如偏见、盲点、回避和私心）……有明确的意图和选择。（Jamieson *et al*，2010）

● 一个人要想在当下发挥作用，需要他中心稳定、敏感和灵活，能容忍模糊，能关注即刻发生的事情，帮助那些与他一起工作的人重新一起流动。（Tannenbaum，1998）

● 我们知道要谈论“运用自我”，最简单的方法是将自我觉知、感知、选择和行动的概念联系起来，作为我们成为改变的有效推动者的基本能力组成。希望在我们创建一个更美好的世界的过程中，释放出自己最大的潜能。（Seashore *et al*，2004）

● “运用自我”包括有意的、有觉知的、深思熟虑的选择，这些选择会导致为改变而采取的行动/行为。（Seashore *et al*，2004）

● “运用自我”是基于感觉、观察和思想开展行动推进客户的工作。（Rainey and Jones，2014）

● “运用自我”是针对一系列复杂因素采取行动的过程，这些因素与顾问、客户和OD的实践有关。它要求顾问在关注自身和客户的同时，尊重OD的基本价值观……“运用自我”是顾问（价值观、假设、信念、偏见、倾向）、客户（真心实意地参与和投入）和OD（价值观、原则、理论、实践）的融汇。（Rainey and Jones，2014）

对“运用自我”的60条描述和定义被分为9个类别。表10.2和2019年的调研报告（Cheung-Judge and Jamieson，2019）提供了9个类别的详细信息。

表10.2　关于“运用自我”的60条描述的9个分类

| 1. 认知类 | 2. 亲和/情感类 | 3. 勇气类 |
|---|---|---|
| ● 筛选数据的认知能力<br>● 纵观整个系统的战略洞察力<br>● 能够对客户的问题进行界定和重新界定<br>● 对我们的行业有深入的了解<br>● 对情境动态的感性洞察<br>● 能够将数据与解读分离<br>● 作为系统思考者 | ● 能同理他人<br>● 对他人持积极的态度<br>● 对他人表现出同情之心<br>● 表现出对他人的仁慈<br>● 关注情绪反应(自己和他人)<br>● 能够感知人们工作所需要的安全程度<br>● 不怕在工作中表达自己的情感 | ● 对自我效能的觉知<br>● 对自我能动性的觉知<br>● 能在必要时采取唤起和激发的立场<br>● 敢于有所不同并坚持自己的观点<br>● 能够直言不讳，指出难以启齿的问题<br>● 有冒险的勇气 |

续表

| 4. 性格类 | 5. 技能类 | 6. 价值观类 |
|---|---|---|
| ● 值得信赖<br>● 行为谦卑<br>● 尊重他人<br>● 有服务他人的愿望<br>● 以关系为中心——与他人建立良好的联系<br>● 对反馈的动态流动敏感<br>● 渴望不断学习和成长<br>● 尽量不评判他人<br>● 有耐心观察事态的发展 | ● 善于倾听<br>● 能够容忍困惑、在缺乏确定性的条件下工作，而不会催促客户做出不成熟的决定或行动<br>● 表述简洁、清楚、直接<br>● 能够利用差异和边缘性问题<br>● 为取得效果能够承担风险<br>● 能够边试验边行进<br>● 利用探询建立关系 | ● 珍视多元化<br>● 践行平等和包容，正义和公平<br>● 坚持使用民主过程<br>● 学习和发展的立场<br>● 在工作中建立和维护与客户的伙伴关系<br>● 人本主义价值观<br>● 坚持科学探究<br>● 坚持以客户为中心 |
| 7. 个人成长类 | 8. 修炼（自我管理）类 | 9. 持续性提升成长类 |
| ● 致力于加深对自我和他人的觉察；管理边界<br>● 努力做到真实透明<br>● 言行一致<br>● 提倡正念<br>● 持续为人生中未解决的议题努力<br>● 愿意为自己的内在工作投入<br>● 知道如何保持有选择、有意识<br>● 留出时间关照自己 | ● 接受督导<br>● 练习那些对别人有很大影响的技能<br>● 培养那些能提升生成性思维和情感更新能力的习惯<br>● 练习与他人交往时不加评判<br>● 学习适时分享（何时分享/不分享）问题<br>● 不被具有挑战性的情况和人挑起反应性举动<br>● 能够将满足自己的需求与满足客户的需求区分开来 | ● 不断深化个人的内在成长<br>● 寻求反馈和学习机会——愿意接受督导<br>● 行业知识的不断拓展<br>● 持续发展，提高认知、感知和情感能力<br>● 反思型实践者<br>● 追踪个人的行为/习惯会如何影响他人<br>● 通过更多整合性工作有意识地提升个人的临在状态 |

从这些丰富的定义中浮现出“运用自我”这一有实践意义的画面。当实践者有意识地利用自我的各个方面，在他们工作的环境中对其他个人或团体产生积极的影响时，就发生了“运用自我”。要做到这一点，实践者需要花时间和精力去了解他们是谁（包括积极的部分和不满意的部分），他们是如何运作的，他们的默认行为和反应模式是什么，他们如何影响他人和环境来完成事情。只有通过对“此时此地”的动态观察，实践者才能够确定需要什么，并考虑他们可选行

动的范围，同时也清楚他们在使用自身能力有意识地进行介入时带着什么意图。

因此，在“运用自我”领域中，自我觉知（self-awareness）的定义不仅仅是个人对自己内在的理解，它还包括实践者对与他们一起工作的那些“他人”或“多个他人”的兴趣和承诺，同时也能关注到工作所处的具体环境。

## 自我、他人和环境

图10.1向我们展示了在运用自我的舞台上，自我、他人和环境之间的动态相互作用。

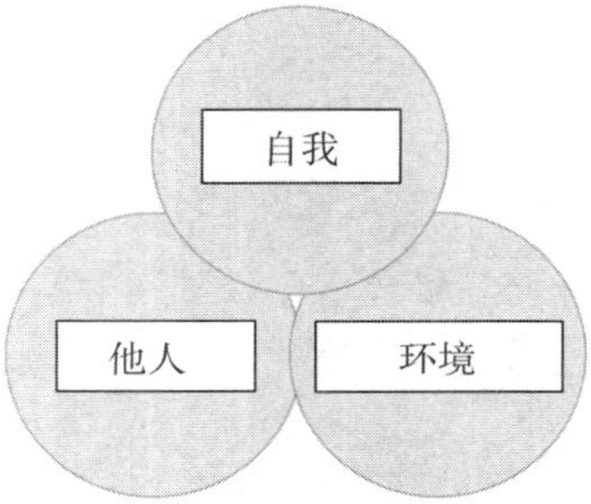


图10.1　自我、他人与环境三者之间的互动是实践者有效工作所必须意识到的

贾米森等（Jamieson er al，2010）指出，OD实践者要有效地施展其角色，需要运用自我。在这个过程中，他们需要时刻在自我、他人和环境中寻找方向，有意识地利用其觉察来推进与客户的工作。

对于OD实践者来说，要在“当下”有效地工作，重要的是他们要学会如何保持觉知，并能够观察“他人”，例如他们的感受、他们的需求、他们在组织内参与许多具有挑战性的问题时所处的位置，以及环境如何影响他们。这一点，再加上你对自己处在什么位置——去为恢复系统的健康和活力提供支持——的内在印象的觉知（就你所能做出的选择而言），将使你能够或独立或与他人一起提供适当及时的介入。

观察系统和他人状态的能力会因为你对自己的认识而增强。这种自我理解——对你的人格面具、阴影、风格、态度、价值观、知识、技能、身份和性格整体的理解——是你成功运用自我的关键。没有这样的自我理解，实践者就会盲目地航行，不知道你为什么要做你所做的或所想的。没有这样的自我理解，实践者就不能有意识地做出选择，而大多数时候是因为你没有意识到有一个选择要做。

经年累月，这种意图会成为第二天性。通过不断地关注一个人的内心世界以及他人的反应，OD实践者越来越能够创造预期的影响。这就是楚迪（Ted Tschudy，2006）所说的“大我”介入。要进行“大我”介入，实践者需要有一种效能感和能动性（这两个概念在很大程度上借鉴了阿尔伯特·班杜拉1997年所做的研究）。自我效能感是指一个人相信自己有能力成功达到预期目标。能动性是指一个人在执行和实施自己的行动过程中作为自己的代理人的能力。这就是为什么你和坎贝尔所讲的“权力的巨龙”的关系很重要。

从第一次与客户接触一直到最后，实践者需要持续对他可以做些什么来改变系统保持觉察。伯克（Burke，1982）以及后来的麦考密克和怀特（McCormick and White，2000）指出了个人的工具性（instrumentality）在进行诊断和介入时的重要性，即利用个人高度的自我觉知，通过运用自我做诊断（情感反应、最初的感知、对个人偏见的理解、延迟判断，以及对图像和幻想的使用），从而开展组织咨询的各个方面。他们指出，自我是收集和分析数据的重要工具。这让我们又回到“大我”的概念上来。

在运用自我的背景下，自我、他人和环境之间的动态相互作用就像一场马拉松式的电影，随着时间的推移，各种不同的主题贯穿着大量的故事情节。在任何给定的点上，人们只能看到一个场景，但随着电影的展开，若具备能力跟踪发生在自我、他人和环境之间的互动，这将有助于实践者开展深思，决定可以采取哪一系列行动来支持组织走向健康。正如贾米森等人（Jamieson *et al*，2010）总结的那样，运用自我是“有意识地使用一个人的整个存在，有意图地发挥自己的角色，以实现对当前情况的有效影响”。

## 临在状态

OD领域鼓励实践者关注在面对不同环境及不同人时自身的反应，不管这一反应是有意识的还是无意识的，并将之视作一个持续的学习过程（Berg，1990）。通过这样做，你会慢慢扩大你的临在状态。所以“临在状态”是什么呢？简单来说，临在状态是更高层次的运用自我。当你持续地运用自我——通过施加、冒险发挥、提供可以被客户感受到的力来创造不同时，你就是在培养临在状态。对于OD实践者来说，利用“临在状态”来指引我们推动系统的行动和意图是至关重要的。

因此，“临在状态”可以说是实践者的DNA。通过增强我们帮助客户审视环境、增添视角、生成想法及探索意义的能力，通过理解他人及其感受，你在培养一种可以深度影响客户系统让其发生改变的临在状态。最终，透过你的风格、睿智洞见、价值观践行、敏锐视角，以及你在建立信任关系的同时处理挑战性情况的方式，你的临在状态会被他人感知与看见。临在状态有不同的类型，根据我的经验，有两种在挑战时期为客户提供支持至关重要——“非反应性的”临在和“仁慈的”临在，它们使人们可以将我们作为自己的参照，尤其是在经历危机的时候。

耐维斯（Nevis，1987：45）总结了运用自我和临在状态的实际运用：

> 实践者不仅要代表和传递特定的价值观、态度及技能，也在某种程度上利用这些去激发客户（或者是从客户身上唤醒）为了改变问题而采取必要的行动。这就意味着相比于过程咨询中的其他形式，实践者通常需要对思想和感受更加开放和坦诚。其目的是为了利用差异性、边缘性问题及客户的关注点来最有效地运用自我。因此，完形流派的组织实践者主要关注与客户的互动，通过这种方式带来组织运作的提升。具体来说，实践者身体力行了一种处理问题的方式，透过这种方式的吸引力引发客户兴趣，希望能够调动客户的能量，将过程技能（process skills）传授给客户系统，使客户能够靠自己持续发展。OD实践者的设计技能深受其价值观的影响。

在结束自我和运用自我这一主题之前，让我们来看看芬奇斯（Funches，1989）的一个经典陈述，他相信每个OD实践者可以给客户提供三种礼物。

## 实践者能提供的礼物

芬奇斯认为，对客户来说最重要的三件礼物是洞察力、临在状态和心灵。这些礼物将由实践者的几个方面驱动：（1）服务他人的动机；（2）希望看到对客户的影响；（3）愿意为客户系统的转变冒险。

● **洞察力的礼物**——包括使用个人的认知能力筛选数据来构建问题框架，获得对当前情况的理解，并看到他们可以做出何种选择来改变情况以实现客户的目标。

● **临在状态的礼物**——能够在“此刻此地”保持完全临在的状态以协助客户评估他们现在处于何处以及想要去到何处，检视不同层面的现实：什么是真实的，什么是想要的或潜在的，什么是可能/不可能的。当客户需要从事艰巨工作时，实践者可以运用不同类型的临在状态来稳定客户。

● **心灵的礼物**——自我调频并将自己连接到你所工作的系统的能力。“这份礼物包括同情心、人道主义、对他人的慈悲、工匠精神，以及在学习和成长的工作中扩展自己的意愿。这个礼物包含了给予和克制自我，认识到人们对爱的无限能力和组织培养关系的无限能力。这不是一份轻易能得到的礼物，因为它要求我们越来越多地把自己投入到与他人的关系中”（Funches，1989：149—67）。最后这件礼物构成了坎贝尔“关系的巨龙”的基础。

芬奇斯强调了将这三样礼物结合起来的重要性，因为它们“就像是《绿野仙踪》中最终帮助多萝西回家的头脑、心灵和勇气”。

芬奇斯还相信，通过无私分赠这些礼物，你将迈向大师级别。她说，当你认真对待运用自我的这些方面时，你将能够引导他人发展你所达到的。实践者也会知道他们自己在这些方面的不足，因为当他们不积极参与个人成长和发展时，教导自我觉知、自我管理和社会意识将会成为一种空洞的努力。

所以，你需要问自己一个难回答的问题：寻求加深自我觉知是你视为个人成长旅程的一部分而始终如一去做的事情，还是只是你读到的东西？

## OD实践者的能力要求

我们不能指责OD领域对专业标准、专业能力和实践不上心，也不能就此指责其不在乎未来的发展。自1952年NTL第一次确定七项能力（Benne，1975），到2016年卡迪和舒普（Cady and Shoup）关于OD能力的最新综合出版物，再到2018年Minahan在美国ODN发表的能力清单报告，学术界和实践者一直对确定什么可以和应该构成OD能力感兴趣。

在此期间，超过45名研究人员和作者对OD能力的研究做出了重大贡献。这是一个保守的估计，因为更多的人在正式或非正式的会议上宣传这一概念，在会议上发言，或参与制定各种专业标准（见表10.3）。

表10.3 OD能力方面已发表成果

| 发表时间 | 作者 | 文章/书籍名称 |
|---|---|---|
| 20世纪50年代 | Benne, K | NTL为OD实践者列出了7项技能清单 |
| 1973年 | Partin, JJ | 组织发展的当前观点 |
| 1974年 | Sullivan, R | 变革推动者技能 |
| 1978年 | Lippitt, G & Lippitt, R | 实践中的咨询过程 |
| 1979年 | Warrick, DD & Donovan, M | 组织发展技能调研 |
| 1980年 | Varney, G | 发展OD能力 |
| 1981年 | Shepard, K & Raia, A | OD培训的挑战 |
| 1984年 | McDermott, L C | OD专业人士的多重面孔 |
| 1984年 | Neilson, E H | 组织变革 |
| 1990年 | Bushe, G R & Gibbs, B W | 基于MBTI和自我发展阶段预测组织发展咨询能力 |
| 1990年 | Eubanks, J L, O'Driscoll, M C, Hayward, G B, Daniels | 组织发展顾问所需行为能力 |
| 1990年 | Marshall, J, Eubanks, J & O'Driscoll, M | OD实践者能力模型 |
| 1992年 | McLean, G & Sullivan, R | 内外部OD顾问的必要能力 |
| 1992—2005年 | Sullivan, R and others | 年刊：实践组织发展的能力——组织发展国际注册专业人员和组织发展手册 |
| 1993年 | O'Driscoll, M P & Eubanks, J L | 行为能力、目标设定和OD实践者有效性 |

续表

| 发表时间 | 作　者 | 文章/书籍名称 |
| --- | --- | --- |
| 1994年 | Church, A H, Burke, W W VanEynde, D | 组织发展实践者的价值观、动机和介入 |
| 1994年 | Head, T C, Sorensen, P F, Armstrong, T & Preston, J C | 研究生教育对成为合格的组织发展专业人士的作用 |
| 1996年 | Church, A H, Waclawski, J & Burke, W W | OD实践者作为变革引导者：调研结果分析 |
| 1998年 | Worley, C & Varney, G | 大师级组织发展和变革项目的通用知识探索：探讨邀约 |
| 1999年 | Weidner, C & Kulick, O | 组织发展的专业化：现状报告和未来预测 |
| 2001年 | Church, A H | 组织发展的专业化：领域进化的下一步 |
| 2001年 | Sullivan, R, Rothwell, W & Worley, C | 组织变革和发展能力(第20版) |
| 2003年 | Worley, C & Feyerherm, A | 对组织发展未来的反思 |
| 2004年 | Davis P, Naughton, J & Roth-well, W | 职业新角色和新能力：你为新一代做好准备了吗? |
| 2004年 | Bernthal, P R, Colteryan, K, Davis, P, Naughton, J, Roth-well, W & Wellins, R | 勾画未来：塑造新的职场学习和绩效能力 |
| 2010年 | Worley, C, Rothwell, W & Sul-livan, R | OD实践者能力 |
| 2015年 | Eggers, M & Church, A | OD实践原则 |
| 2016年 | Worley, C & Mohrman, S | 组织发展和变革能力的新视角——参与和学习模型 |
| 2016年 | Cady, S & Shoup, Z | 制胜能力 |
| 2016年 | OD Network, USA | 在亚特兰大举行的年度会议上公布全球OD能力框架 |

续表

| 发表时间 | 作　者 | 文章/书籍名称 |
|---|---|---|
| 2018年 | Minahan, M | 终于！全球OD能力 |

## OD能力的定义

在我继续之前，让我们看看OD能力的定义：

1. “OD能力是指有助于成功咨询表现的任何个人品质。‘个人品质’一词指的是‘自我’领域，包括价值观、驱动原则、知识领域，包括对相关理论和模型的熟练程度、技能和能力领域，包括成功完成工作所需的行为能力”（Lippitt and Lippitt，1978）。

2. “能力是员工的一个基本特征（动机、特征、技能、自我形象、社会角色或知识体系）。因此，能力与个人在执行工作中的特征有关，包括任何导致成功执行和结果的因素”（Boyatzis，1982）。

3. “一个清晰表述的能力陈述，提供了一个可操作的定义，使理想的行为更易被读者知晓，特别是对于那些需要展示、评估和发展能力的人。它是对知识、技能、能力和态度的清晰描述。其颗粒度越大，就越容易被接受和理解”（Cady and Shoup，2016）。

总之，OD能力是定义OD专业人士成功表现的特征。它们描述了OD实践者需要成为什么样的人，他们需要知道什么，以及他们必须能够做什么。它们是对理想表现者的详细描述。

## OD能力的发展历史

自1952年以来，OD学者和实践者就一直在努力讨论什么可能构成OD的能力标准。表10.3展示了这段旅程的历史。

尽管做出了这些努力，该领域仍然没有就什么构成能力或如何应用能力达成统一意见。这是OD从业者需要担心的事情吗？对于这个领域来说，定义能力重要吗？答案是肯定的——正如沃利、罗斯韦尔和沙利文（Worley，Rothwell and Sullivan，2010）所指出的，该领域应该不断探究OD能力的原因有四个。

**1. 对于OD领域的发展**

与任何领域一样，OD需要明确其专业实践，包括界定其主要目的，以及如何通过规定实践者需要展示的知识和技能类型来实现这些目的。

**2. 帮助OD课程的设计**

指导学术机构和开发者了解需要何种课程来教育和培养不同层次的实践者，并指导那些授予OD学术课程和组织课程认证的机构。

**3. 对于OD实践者个体**

帮助进入该领域的新手了解有效实践的要求，向实践者提供持续的指导，指导他们如何才能成为大师，以及哪些学术和发展项目将帮助他们实现职业目标。

**4. 对于聘请OD专业人员的组织**

为聘用内部OD实践者和外部OD承包商的组织提供一套明确的OD能力，以支持其选择、招聘、安排、评估和发展过程。

## OD能力中应该包含什么?

在回答这个重要问题之前，有必要承认，由于OD是一个多元化的领域，提供一套所有人都赞同的能力既困难又不现实。例如，对于那些专注于个人内在工作（如教练）或专注于团体（如从事团队建设或冲突解决的团体动力学专家）的人来说，哪些是有用的能力，将不同于那些聚焦于大型系统变革的人。

鉴于这种情况，问题在于，除了他们需要就自己的专长获得的能力列表之外，是否还应该有所有OD实践者都应力求胜任的核心领域。

在本书的第一版和第二版中，我建议OD实践者需要具备以下（至少大部分）能力。我在这里提出这些建议并不是想充当权威，而是想抛砖引玉，帮助进一步讨论OD的核心能力应该有哪些（见表10.4）。

表10.4 OD的核心能力参考

| 核心能力 | 子领域 |
| --- | --- |
| 1. 受过良好的应用行为科学训练 | ● 清楚了解人类行为<br>● 精通诊断和介入设计的各种理论框架<br>● 了解并好奇不同的人类动态 |
| 2. 组织运作的概念能力 | ● 了解组织的运作方式<br>● 看到系统画面的能力<br>● 能够进行诊断并能够处理数据生成洞察、设计介入<br>● 了解如何将数据与介入策略和评估联系起来 |
| 3. 较强的团体过程技能 | ● 精通团体动力学，了解团体如何运作<br>● 能够进行过程咨询<br>● 能够进行引导<br>● 能够在任何情况下与团体工作 |
| 4. 咨询和过程技能 | ● 了解OD咨询循环圈<br>● 订立合约、诊断、设计介入措施、执行介入措施和进行评估从而完结的能力 |
| 5. 运用自我 | ● 清楚知道你是谁<br>● 有清晰坚定的自我意识，不受被他人认可需求的驱使<br>● 足够的自尊和自信<br>● 清晰觉察自我对他人的影响<br>● 将建立积极关系作为首要任务<br>● 清楚地了解自己是谁以及自己如何工作<br>● 愿意处理自己尚未解决的议题 |
| 6. 变革能力 | ● 懂得如何开展计划型变革和突发型变革<br>● 了解变革涉及的人类动力学和心理问题<br>● 善于采用OD方法进行变革<br>● 具备复杂变革的实用知识和支持客户在变革中导航的诀窍 |
| 7. 道德与价值观 | ● 清晰了解自己的价值观和道德观，以及如何将其融入实践<br>● 遵循OD价值观<br>● 有明确的道德标准<br>● 对平等、公平、多元化和社会正义的坚定承诺 |
| 8. 专业技能和知识 | ● 发展你的专长和系统工作的层面 |

另一种将这些核心能力分组的方法是将它们归入以下8个领域：

1. 与自我的关系（运用自我）。
2. 与人的关系（应用行为科学）。
3. 组织如何运作的基本知识。
4. 团体洞察力（较强的团体过程能力）。
5. 基本咨询和过程技能。
6. 基本变革技能。
7. 道德和价值观。
8. 专长领域。

如果各大专业协会能够收集所有已经完成的关于OD能力的研究，并将其按照：（1）核心领域；（2）不同的专业领域，进行归纳，让个体实践者可以使用该列表（希望专业协会在电子平台上实现）构建他们的个人能力档案，以指导他们的发展，这将是很有价值的。

关于如何实施OD能力概要的进一步建议，请参阅作者2020年在《组织发展回顾》（*Organization Development Review*）中的文章。

## OD实践者的必要发展道路

实际上，一个人是如何开始成为OD实践者的？不同的人有不同的情况，起点有很多，但目的地只有一个。

林恩（Lynn，1997）在一篇有价值的文章中概述了实践者发展的四个层次，这为OD实践者的发展历程提供了洞见：

- 第一层——初学者；
- 第二层——技术专家；
- 第三层——专业人士；
- 第四层——大师级实践者。

许多初学者从学习如何从事人力资源管理、学习发展或项目管理开始。在这个阶段，你对组织如何运作以及组织内的人和团体如何工作越来越好奇。你开始想知道应用行为科学揭示的关于工作和人类行为的世界，并开始研究组织科学的不同方面。

接着，你会对各种你接触到的方法论感兴趣，因此开始学习特定方法的课程，例如基本的引导技能，或者如何开展团队建设。你可能想要获得一些心理测试认证，并沿着你最感兴趣的介入类型扩展你的工具箱。如果你是一名内部OD实践者，你将开始寻找志愿服务的机会，例如通过作为额外人手支持转型项目变革团队，或协助长期项目团队的开启阶段，或为内部沟通部门开展研究项目。结果，你们中的一些人成了“团队”专家——精通各种团队工具，参加培训以精进团队引导技术，而另一些人则投身成为专业教练。还有一些人选择学习如何使用特定的文化测评工具，从而成为文化变革专家或某项变革管理方法的授权使用者。通常是在这个阶段，你开始能够辨别出你擅长的或者感觉受到激励的工作的系统层面。

过渡到OD专业人士需要你在OD领域获得一些正式的发展，学习当前的OD理论和实践，并开始参加一些体验式的实验室教育（按照NTL和塔维斯托克的传统），了解你是谁以及你是如何工作的。在你的发展过程中（换句话说，如果你渴望成为一名真正的OD实践者），关键是不要让自己停滞在技术专家阶段。这并不是说成为一名高效的技术专家有什么错——许多技术专家在工作中创造了了不起的影响。

然而，由于所有可持续的OD介入都需要你在系统的（至少）三个层面进行最低限度的介入，因此重要的是你不要停留在这一层次，而是要进入下一个发展阶段。

在专业人士阶段，你专注于发展自身成为工具——OD专业人士的标记，这是成为一名大师级实践者的大门。要做到这一点没有捷径，因为好的OD工作需要你深入挖掘自己，以确保在任何咨询情况下都有资源可用。正是在这个时期，你把你的发展重点从工具和技术转移到体验式学习上，深入个人和个人之间，从而一次又一次地完善自我作为工具。直到有一天，在你醒来时，意识到自己可以涉足任何情况，承担任何类型的项目，毫无畏惧地运用自己去获取结果。当意识到这一点时，这是一个明确的信号，说明我们已经进入了大师级阶段。你和我能在这个阶段停留多久，将取决于我们是否仍然有持续学习的态度，以及我们是否有自我关照的习惯。

## 我们发展的阶段和步骤

有人问，什么时候是开始发展自我的好时机？答案是——从开头起并怀着伟大的意图。

以下是柯伦等人（Curran *et al*，1995）和张美恩（Cheung-Judge，2001：14）提出的对于如何不断提升运用自我的指南，分为10个步骤。

1. **养成终身学习的习惯**——不断发展和提高你的核心能力，以提高你的行业知识。试着在OD顾问所需扮演的各种角色之间灵活转换，看看是否有你更愿意参与的角色。与同侪和专业人士建立关系，你可以与他们一起检视观点，讨论挑战和策略，并调整价值观和实践。勇于承担风险以拓宽你的职业舒适区和熟练度。

2. **拓展你的“积极核心”**——识别你内心的“积极核心”，并将其运用于创造你想要的影响。找到你的天赋和激情。分毫不让地坚持对你重要的事情，无论是工作的系统层面，还是激励你的工作类型。能够一觉醒来，带着一颗感恩的心“跃”入工作，这一点很重要。

3. **采取措施定期完善你的工具性**——完善你的工具性意味着定期对自己进行“维护”。在实践中，这意味着花时间持续维护自我认知和技术专长。聘请一位影子顾问、导师、督导，甚至开启一段治疗关系，以不断提高你的自我觉察。每月静修一次，修养整顿和反思也是不错的选择。这和终身学习的习惯相辅相成。

4. **强化你的工具性**——投入时间和精力了解你是谁，以及你的自我认知和自我认同受到什么因素（家族史、性别、种族和性取向等）怎样的影响。积极投入发展你的自我认识和专业知识，以确保你在所选领域的有效性。最后，定期审视和探索你人生的价值观，以及发展你的智力、情感、身体和灵性能力。

5. **“要事优先”原则**（Covey，1995）——努力在工作和生活之间取得平衡，确保你是按指南针而不是按时钟运行的。如果生活方面一团糟，工作也很难维持好的状态。你的工作的完整性要求你清楚在你的价值观里什么是最重要的。例如，我们中的一些人对为南半球或发展中国家的慈善机构做公益工作有很深的情感。

6. **养成重新定义**（reframe）、给予/接受反馈的习惯——重新定义可以让新的视角出现，而反馈有助于促进不断改变和适应。利用他人帮助你做到最好，这是一个重要的习惯。

7. **建立强大的支持系统**——支持系统可以用来提供支持，识别专家资源，培养和保持自我效能感和能动性。这也有助于帮助你处理移情、高度焦虑等问题。参与顾问行动学习小组或建立一个线上导师团队，这些人可以就方法论和咨询方式提供不同类型的建议，这样的做法很值得借鉴。

8. **探知自己的阴影**[①]。贝茨（Bates，1991）曾强调关于探索我们自身未知部分的重要性，这有助于我们探知到自己的阴影。这可以通过进行一些深层次的内在工作来实现，例如参加团体训练法（T group）课程或者其他前沿的实验性课程（例如由塔维斯托克和NTL提供的）。还有一些供应商会开设高强度个人成长工作坊或周末充电活动等。

9. **做有关权力的功课**。制定策略来管理自己和他人的权力动态。这一领域的工作更多的是改变思维模式和积累政治技能，当然从容运用个人权力获得结果也包含在内。

10. **建立自我关照计划**。借助对自我的了解并根据上面所列出的多条建议来建立一套自我关照计划，以确保我们的工具性是可以维持并能够持续发展的。

总而言之，从事OD工作是从事生命的工作。我这么说有两层含义：一是基于我们的价值观，我们用自己的生命去影响那些我们看重的领域；二是通过这样做，我们不断推动自己更好地了解自己。这样的发展要求是合理的，因为这个领域要求我们不仅要运用我们的智慧，还需要带着直觉、观察技巧、能量、承诺、理论知识、过程技巧、个人操守和价值观来从事这份工作。实践者需要培养自我认知的相应提升，这是让我们成为“锋芒利器”的重要方面。

在结束这一小节前，我有一个问题想问你们，在过去的几年里你经历了怎

---

① 阴影（shadow）：荣格认为，每个人的自我里都存在已知的一面和未知的一面（人格面具和阴影）。阴影是私下的自我，与引发自卑的弱势自我常被联系在一起，但事实上两者并没有必然联系。对于任何想要运用自我来触发客户及影响变革的人来说，他们需要有意识地关注对阴影的评估并让阴影面被健康的人格面具同化。

样的发展历程？你是否会像我的一个同事那样，在过去20年里没有做过任何发展的努力并且还引以为豪？还是会像最严谨勤恳的OD实践者那样，认为如果你的目标是有资格进入组织去“做”OD的话，追求不断发展是一种道德义务。

## 总 结

从第一章开始，我就谈及OD实践者作为第三方变革推动者的角色及自我作为帮助关系中的核心工具。在第二章中，我概述了OD实践的5个组成部分：工具和技术、OD咨询循环圈、理论基础、价值观和道德及运用自我。我还细述了实践者通过终身的发展来建立这五大模块的重要性。从第三章到第十章，我希望把OD领域中运用自我的不同方面都悉数汇集。我希望你能明白作为OD实践者的独特价值以及所需开启的发展旅程。

我们都知道自身的工具性永远做不到完美。然而，我们应该朝着这个理想踏上这一旅程，许下终身探索的承诺，让我们工具性的完善永无止境。

让我们畅想一下，如果所有的OD实践者集体同意（无须什么官方许可）通过有效运用自我来为OD领域产生重大影响、创造一个美好未来，情况会如何改变？我相信，世界各个角落的组织都会乐意有一群得力帮手能成为他们的合作伙伴，支持他们的组织追求高绩效和健康发展。经过一段时间，这些OD实践者会把“接力棒”交到管理者（我们的客户）的手里，并辅导他们挑起改变组织运行方式的大梁。最终，当管理者成为实践的主力军，组织就能够自行健康发展。通过这种方式，更多的管理者将理解自由与约束、民主与权威、利润与伦理在组织生活和健康中的必要平衡。

# 第十一章 组织发展中的权力与政治

组织，就像人体一样，有不同的模样和形式。例如，我们知道以下类型：官僚式、层级式、理性式、合议/共识式、协作式、学习式、虚拟式、网络式、合弄制式[1]（holacractic）和双联结构式[2]（wirearchical）。每种类型的组织都有其独特的运作方式，例如如何决策、如何解决问题、如何组织人员、是否有形成联盟或伙伴关系的倾向、如何合作或不合作、如何控制资源、有怎样的操作程序、如何与合作伙伴和供应商合作以及如何对待人力资源。然而，尽管不同类型的组织之间存在差异，它们却有着相似的构造——大多数组织都有其使命、结构、文化、一套操作程序和人力资源管理系统。其中大部分，尤其是在西方，在本质上是多元化的，因为多元化组织是民主的标志。

那么什么是多元化组织？多元化组织由不同的利益团体组成，每个利益团体的目标不同，有各自追求的目的。

多元化组织的特征可以总结如下：

- 由不同的利益团体组成，每个利益团体都正当地追求自己的目标。
- 各个单元都要对自己的职能目的负责，其拥有的权力是取得理想结果的手段。
- 在这种情况下，冲突成了过程中不可避免的部分且时常会发生。
- 谈判和联盟是实现目标的必要手段。

---

① 合弄制，英文holacracy，代表青色进化型组织范式的一种自组织管理模式。（译者注）

② 双联结构式，英文wirearchical，乔恩·赫斯本德（Jon Husband）于1999年提出，它是权力与权威的动态双向流，基于四个要素：知识、信任、可信度和对结果的关注，通过相互关联的人员和技术实现。

● 横向权力的必要性凸显，并被视为有效管理常需借助的力量。

● 政治行为是组织管理者生活中不可分割的部分——当组织里某一方施加的影响力遭遇其他利益方或团体的对抗时，这是无法避免的结果。

既然权力是多元化组织的固有特性，在这样系统内工作的人为了完成工作，就需要精明地分析政治形势，以及学会如何游走于各种权力过程和参与者中来完成工作。那些被要求支持组织更好地工作的OD实践者也需要熟悉权力和政治，否则，你将无法胜任自己的角色。弗伦奇（French）和贝尔（Bell）以及伯克（Burke）都指出了这一点：

> 权力与政治，是组织生活中无可争辩的存在，是想要在组织里有所作为的人必须去了解的……OD实践者既需要理解组织权力和政治方面的知识，也需要掌握这方面的技能。
>
> （French and Bell，1999：282）

> 组织发展意味着改变，要让改变在组织里发生，必须行使权力。因此，就OD而言，顾问必须同时从个人的角度及组织的角度去理解权力的本质，并能够对组织里谁拥有权力、权力是如何被行使的，以及改变的撬动点（运用权力）可能会在哪里做出判断。
>
> （Burke，1982：127）

在这一章里，我会围绕以下几个话题展开：

1. 什么是权力与政治？

2. 为什么权力和政治不是OD实践者喜欢的主题，实践者可以采取哪些不同的措施来改变这种观点？

3. 权力动态在组织中的表现及对OD实践者的现实意义。

4. 如何建立个人权力基础和权力战略，以实现更大的影响力，并成为道德的权力使用者？

5. OD社群需要做什么来建立组织权力基础？

## 什么是权力与政治?

下面这些是OD领域的作者们对于权力的定义:

- 伯克:"权力是一种潜藏的影响力……这种潜力必须透过行动发挥。"(Burke,1982:149)
- 苏:"权力是一种能左右他人信念、情绪及行为的有意的影响。权力的势能是拥有如此行动的能力,权力的动能是这样做的行动。一个人将权力施于另一个人,其程度取决于他能够要求并获得对方服从的程度。"(Siu,1979:31)
- 萨兰西克和菲佛:"权力是指那些拥有权力达成自己期望结果的人所具备的能力。"(Salancik and Pfeffer,1977:3)
- 明茨伯格:"简单来说,权力就是能够实现(或影响)组织结果的能力。法语词'pouvoir'作名词时有'权力'的意思,作动词时有'有能力去做'的意思。拥有权力就拥有能够达成期望、实现结果的能力——能够采取行动与决策来实现。"(Mintzberg,1983:4)

通过分析这些定义,我们看到了权力展现的特性:

- **首先**,权力关乎创造出某人想要的或某种形势下需要的结果——不管它是对行为产生影响或改变行为,还是改变事情发展的路径,还是对抗拒进行管理,抑或是让人们去做他们原本不会去做的事。
- **其次**,权力的行使发生在社会领域里两方或多方群体之间。说它是一种"潜力"意味着若没有关系存在,权力就无法被行使。仅有的例外就是当出现极端形式的权力运用,如独裁和恐怖分子的情况。
- **再次**,权力使用的有效性取决于一个人如何选择合适的活动及行为(权力策略)来对其所拥有的(权力基础)进行利用转化。因此,权力的行使是通过个体的行为及其实施的活动来实现的。

最后我们需要来澄清一下"政治"的含义。政治是指你为了达成期望的影响所借助的过程、行动及行为,正如弗伦奇与贝尔(French and Bell,1999:286)所说:

组织政治是组织里“正在行使的权力”(power-in-action)，它是为了达成自身目的所从事的活动。

我们在表达权力和政治时常常会用一些其他词代替，比如强大的、有效力的、有影响力的等等，它们都指向同样的结果——实现原本无法实现的事情。

## 为什么权力和政治不是OD实践者喜欢的主题，实践者可以采取哪些不同的措施来改变这种观点?

约翰·科特（John Kotter，1995）提醒OD实践者们，随着当今组织复杂性的增加，那些被要求支持组织的人需要在领导力、权力和影响力方面有更多的见识。

尽管有许多关于具备权力意识的重要性的著作，但OD实践者中仍然存在一个持续的政治盲点，因为许多人仍然拒绝看到非正式影响在多大程度上不仅影响了系统内的运作，还影响了决策的制定和人们获取结果的方式。有许多原因可能导致OD实践者们对权力的矛盾态度。其中包括以下两个：

**第一**，OD实践者在其日常经验中常接触到各种负面形式的权力使用，例如：

| | |
|---|---|
| • 操纵 | • 琐碎私人争执 |
| • 投桃报李 | • 只为我和我的团队着想 |
| • 地盘之争 | • 暗中谋划 |
| • 桌面下的交易 | • 幕后决策 |
| • 欺骗 | • 部分披露 |
| • 从局部利益而非组织利益出发的利益互换 | • 助力输赢之争 |
| • 虚假消息 | • 散布贬低他人的信息 |

上述许多行为不一定是出于不道德或恶意，因为它们也很容易受到组织政策和操作的怂恿或强化（例如个人主义与社群主义；基于个人突出表现的奖励

与基于集体付出的奖励；或任务关注与关系关注之间的不平衡等）。由于上述原因，许多OD实践者认为权力与OD价值观不相容，他们目睹甚至遭受了权力的滥用，不希望再参与任何权力被滥用的累积负面体验。

**第二**，大家对不同类型的权力使用了解甚少，如果没有对它们进行明确区分，OD实践者往往会对任何形式的权力使用避而远之。因此，OD实践者必须了解权力的正面使用和负面使用之间存在的真正差异，并知道如何促进前者和抑制后者。

麦克莱兰（McClelland，1970）认为，权力具有两面性且这两面的运作截然不同，不可混为一谈。它们分别是权力的负面与权力的正面。

### 权力的负面

权力的负面是“非社会化”的权力使用方式，即当人们以负面方式使用权力时，他们往往会支配和控制他人，以满足一方（权力使用者）的利益。这种行使方式的特征包括：追求自身利益的最大化、支配他人的非社会化需求、倾向于用输赢胜负看待权力博弈。负面的权力战术常包括秘密、谎言、暗中谋划、信息隐瞒，还有最糟糕的——欺骗。不幸的是，负面权力游戏的这些方面在组织中真实存在且公然当道，这让权力一直被冠以负面、腐败的恶名。负面权力游戏的根源之谜——是由于在游戏中求赢的人性面，还是由于盲目鼓励这种赢输行为的组织环境——我们无从知晓。但对于OD实践者来说，重要的是，不要对它的发生感到讶异，这是你需要预测到并准备好应对的事情。此外，这方面的问题也因此应该成为大多数OD项目需要改进的对象，以帮助组织成员摆脱这种权力游戏，转向更开放、公开、积极和协作式的权力使用。

### 权力的正面

权力的正面一大特征就是权力的社会化使用——权力行使者倾向于赋权他人获得影响。这些人在运用权力及影响力时格外小心，不仅会关心能否达成自己的目的，还会在意他们能否在过程中帮助他人实现目标。因此，正面权力的特点就是追求个人利益和他人利益的平衡，通常行使者倾向于尽可能达成双赢，遵循开放的问题解决方式，并采取相应行动、施加影响。正面权力的策略也全然不同，权力使用者倾向于促进协作、建立同盟、共同付出，而不是利用强权。

支持正面使用权力的人虽然会厌恶权力的负面使用，但他们也能直面任何组织里都存在权力的负面使用者的现实，所以如果他们想要取得成效、拿到结果，就不得不涉足组织中的权力动态。

麦克莱兰的研究鼓励OD实践者要学习如何在组织中精明地运用权力，因为权力的正面使用与OD的核心价值观非常契合，特别是权力均衡、权力的人性化使用、授权的重要性以及帮助组织成员找到另一种利用权力的方式，这将使集体获益。

## OD实践者可以采取哪些不同的措施来改变这种观点

对OD实践者来说，了解正面使用权力对于发挥我们的作用至关重要，回顾一下OD实践者可以为组织在哪里做出真正贡献也很重要。

第一，鼓励**权力均衡**（power equalization）。这是正面行使权力的关键特点，也是OD的核心价值观之一。强调权力均衡的重要性源于OD中的两个信念：解决问题本身优于利用强制手段找到问题解决方案，以及任何实现权力均衡的努力都会带入系统中已经存在的智慧，这反过来会增加组织成员的可用权力，从而提升组织的能量。

第二，OD的创立者们一直致力于帮助组织**更人性化地行使权力**。正如格雷纳与沙因（Greiner and Schein，1988b）所提出的，OD价值观里的信任、合作与协助不仅在“多元化/政治型”组织中是固有的，还能通过赋能员工做出最大贡献让那些组织变得更人性化和高效。

第三，健康组织的特征之一是分布式领导力模式，在这种模式中，各级人员都感到**被授权为组织的建设做出贡献**；因此，如何通过促进OD价值观，如信任、开放、协作、个体尊严，以及个人和组织的能力提升，来帮助组织里的成员建立多种正向权力基础（人人都有更多权力），是所有实践者都应思考的关键问题，也与权力的正面保持一致。

第四，鉴于权力使用是组织中非常重要的一方面，OD实践者们不仅需要自己学习了解权力与政治的积极方面、正面的策略及影响技巧，并采取正面权力行使者的特征和行为，还需要做出表率帮助我们的客户去学习。通过坚持不一样的**权力使用方式**，你能让众人看到负面的政治谈判及不良政治并不是唯一的方式。

换种方式讲，OD工作的目标是要确保在任何大型系统内的个体都不会失去其个体性，不会没有选择的权力与尊严。如果我们自己不熟悉权力的使用，不主动去提倡权力的正面运用，我们关于赋权的讨论将变得毫无价值。

早在1988年，两位在权力研究方面有重要地位的研究者就对权力与OD的关联做了如下简要总结：

> OD与权力的有效结合，我们将其视为组织提升的正道（high road），通过鼓励人们合作做出与他们命运休戚相关的决策，并综合运用以下方式来行使权力：（1）建立自己的权力基础，使其能够接触当权者；（2）利用开放和光明正大的权力策略来影响核心掌权者，帮助他们解决关键的实质性问题，从而证明这样比政治交易更具创造性和有效性；（3）协助权力架构去直面自身和转变，从而让变革可以更持久；（4）维护会受这些改变影响的权力弱势群体的关切和利益。
>
> 而歧途（low road）指的是既定的政治利益群体，在没有OD视角的情况下，只剩下权力和欺骗作为筹码，会因无法挖掘人的潜能而导致组织走向末路。讽刺的是，会走上“歧途”的人不仅有那些将操纵与政治博弈视为成功本质的传统掌权者，还包括那些因为权力而出卖立场的OD“变色龙”。
>
> （Greiner and Schein，1988b：7）

基于他们所说的，我们会发现对于OD实践者的挑战，不仅在于我们自身需选择权力的正道——有技巧地运用我们的权力，并且还要我们一边工作一边利用OD的价值观和方法向权力行使者们展示——为了组织的整体利益——我们有更好的方式使用权力，防止他们误入“歧途”。

事实是，权力不存在中间道路，对于那些在组织中工作和支持这些工作的人来说，权力是无法避免的。

本章的其余部分将进一步探讨如何获得更多的权力和影响力，但目前，你需要了解更多关于权力是如何在组织中体现的。

## 权力动态在组织中的表现及对OD实践者的现实意义

由于权力是组织生活的一个关键方面，权力动态是组织的主导部分，因此OD实践者调查他们支持的组织中的权力使用模式非常重要。权力来源于对所需资源的占有或干预。资源的定义非常广泛——它可以包括奖励和惩罚的能力、拥有关键技能、知识或信息、为组织解决关键问题或紧急情况的能力、同理心、倾听的时间、协作——人们可以交换以支持其负责的组织工作的任何东西。因此，OD实践者在其持续的（正式或非正式的）诊断工作中，很重要的是要试图了解权力是如何运作的，包括决策是如何做出的、资源是如何分配的、人们是如何在幕后交易和谈判的、项目为何停止、冲突由什么开始又怎样得到解决、如何获得后援支持等。没有对这些的理解，你就像一个手里没有地图却还要试图带领你的客户穿越一片茂密丛林的向导。如果不清楚你工作环境中的权力地形是什么样的，就很难帮助你的客户理解眼下工作的要点，从而知道接下来的事情要如何去做成、巩固或取消。

伯克（Burke，1982）还指出，OD实践者应该对组织中的权力是如何分配的给予特别关注，因为权力分配的不平衡将影响绩效和士气。他鼓励OD实践者提出以下问题：

- 有多少比例的员工由于缺乏权力资源，看上去与主流脱离、感到被疏远？
- 多少比例的员工看似因其职位而具有权力，但实际上不管是通过非正式方式还是政治方式都没有与组织的权力中心产生联系？

伯克认为无法获取权力的员工比例越高，组织中弥漫着无力感的可能性越大。如果出现这样的情况，组织士气会无谓地低于正常水平，而员工的效率和整体产能也会低于其潜能。至于变革，除非有人允许使用变革方法来改变现状，否则在这种情况下很难有效管理变革。

坎特（Kanter）也提出类似论点，提醒我们当组织里的大多数群体感到无力时的危险。组织中的无力感意味着一些角色需要承担责任却没有获得系统权力去支持角色的履行。她描绘了一幅非常清晰的图景，即那些需要对他人产出的结果负责的人，他们的正式角色让他们有权发号施令，但缺乏信息和政治影响力，也无法获得资源、外部地位、后援或轮岗的可能性，则导致他们在组织里感到无力。这种无法控制自身命运的空洞的指挥能力使组织中的心灵和激情遭受毁灭（Kanter，1977）。坎特进一步指出，当大多数人处于这种无能为力的状态时，他们会关闭自己的情绪，并试图：

- 将控制他人作为防御及自我保护的一部分，表现出专横、挑剔的行为；
- 建立规则至上的观念，刚性的规则被视为为数不多可以借以行使权力的途径；
- 划分领地或树立山头，保护自己的地盘可以提供权力感。

在这样的状态下，无力感会成为组织中可怕的腐蚀因素。伯克和坎特都认为当人们身上开始出现上述症状，组织将永远无法有脱颖而出的表现，从长远来看这也会影响其未来的生存能力。因此，一旦诊断出来，通过OD计划调整这样的权力差异至关重要，我们要确保那些没有权力的人不管是在变革计划中还是在日常运营中都有权发言。OD实践者的目标是帮助组织创造条件，使人们从这样的无力状态中走出来，让他们能够独自或作为团体行使权力——这对于OD实践者而言也是一个指导方向。

另一个让权力与OD紧密相关的场景就是变革。每个政治系统里，都存在不同的利益团体、非正式派系和多样类型的联盟，当他们试图找到推动或抵制变革的战略时，他们会增加政治活动。手里握权的人害怕失去权力，往往会抓紧他们的控制权；手中权力少的人看到契机，开始琢磨如何分得大块一点的蛋糕。正如纳德勒（Nadler，1998：5）指出的那样，“变革总是涉及权力与政治。改变带来不稳定、动荡和不确定……改变意味着新的权力、影响和控制模式，这可能会带来高风险的办公室政治”。因此，变革推动者需要在变革过程中对人际间的权力动态保持高敏感度并利用一些方法和流程将负面权力的使用降到最低，将隐藏的交易放到桌面上进行公开协商。

权力意味着能量（energy）。在变革期间，要让组织人性化的一面运转起来，需要来自最高权力的能量支持。为了变革能顺畅地按照计划开渠引流，必须先找到能量（权力）并加以利用，比如借助高层领导者对变革的承诺，他们是撬动组织内部权力的关键杠杆。除此之外，OD实践者还需要留心无力感的迹象（正如伯克和坎特所指出的）——在无力感存在的地方，你会发现变革过程中的问题，因为只要有“劣势者”，就会有不健康的冲突。

组织生活中需要关注权力的最后一个领域是组织内“相互依存”的单元使用权力的模式。这些模式是否展示出共享的、正面的权力使用？一个单元会支持另一个单元的成功？或者完全相反？单元是否共享资源并以集体收益而非个人收益为目标？他们是否认为自己是整体的一部分，既有基于局部的目的，又有基于整体的互利，或至少“不损害整体”？在每个人都依赖他人来实现其关键成果的情况下，权力使用模式如何使他们能够共享所需资料、进行利益交换、彼此帮助、在组织内交换知识和信息，从而确保以健康、相互依存的方式支持整体？

本质上，你需要向你的客户展示你自己参与权力和政治的意愿，并表明权力博弈不仅是正当的，而且是必要的，尤其是在变革时期。向你的客户展示，权力基础是可以培养的，因为个人可以使用不同的形式，一旦发现或发展了权力基础，你和你的客户就会用到你的“意志”和“技能”来运用权力、获得结果。你需要问自己：“我是否有意志和技能在正面的框架内参与权力和政治，并为以道德的方式使用权力和政治树立榜样？”

作为本节的结束，我们将引用三句类似的话来强调权力需要在组织内得到接受和使用，在这样做的过程中，你必须以道德的方式投入权力的怀抱：

a. 无力感易滋生腐败，绝对无力感导致绝对腐败。（罗斯・坎特）

b. 软弱容易腐败，无能为力绝对会腐败。（埃德加・弗里登伯格）

c. a和b两种说法都借鉴了阿克顿勋爵在给克利顿主教的信中所说的话：“权力倾向于腐败，绝对权力导致绝对腐败。”

## 对OD实践者的现实意义是什么？

当谈到走权力的大道时，对OD实践者有许多现实意义。以下6个方面尤为重要：

1. 当你与客户或客户系统合作时，你需要了解该组织的政治以及你的客户拥有哪些资源。你需要注意的是，你的客户是否有足够的权力基础，以及他们是否愿意并具备足够的技巧去参与一些活动以取得结果和更大的影响。如果没有，你需要指导他们——政治技能是你可以教的。设计一个项目，向人们展示如何更有头脑地使用权力并不困难，例如在你组建的临时变革团队中。通过传授他们使用权力的技能，他们可能会变得更愿意去用。

2. 重要的是，在前期一开始的时候，你要评估不同客户对他们想完成的工作有什么权力需求，看看你是否可以帮助客户解决他们之间的相互依存关系，并鼓励他们进行交换，分享他们的资源，帮助不同的团体通过共同努力变得有影响力。换句话说，鼓励他们与他人创造双赢局面。OD实践者是将系统内的权力习惯从不择手段转变为道德权力使用的关键介入者。利用影响力，OD实践者需要帮助创造多个赢家，保持议程公开，学习使用文字和承诺建立盟约，传播声望，为达成目标共享权力。这在很大程度上是一种一目了然、光明正大的权力使用方式，你需要向客户传授这些并树立榜样。

3. 帮助客户绘制与其负责改变的问题相关的权力地形图，这是OD实践者要向客户展示的重要活动之一。例如，通过提出以下问题，帮助他们建立自己的行动回顾：

a. 变革议题涉及的关键人物（其主人翁意识和角色对成功实施变革至关重要）有哪些？

b. 他们在组织中的权力和影响力水平是高、中还是低？

c. 他们在多大程度上认同或抵制这些问题？

d. 在他们同类的团体中，谁可以帮助提高他们的主人翁意识？

e. 他们身处什么样的团体？你有没有机会利用团体动力来影响这些变化？

f. 你可以使用什么20%的策略来实现你想要的80%的结果？

关于如何绘制权力和政治地形图的文献有很多，但无论你以何种方式进行绘图，都会在进行分析的过程中获得回报，因为这会提高客户群体自身的觉察和能力，知道如何在其组织内做到这一点。让客户更懂政治（以道德的方式）是推动权力大道的可持续方式。重要的是，一旦讨论结束，就应该抛弃政治地形图，以避免误解。

4. 至于进行诊断，您需要了解权力发挥的各种方式以及对组织绩效的影响。促进行动研究探询的可能问题包括：

a. 就你试图解决的问题而言，你需要影响的主要决策者是谁？他们对这个问题的看法一致吗？如果不一致，分歧在哪里？

b. 管理层的分化在哪里？会有某个团体占上风吗？为了实现权力均衡，你需要采取何种介入措施？

c. 他们通常是如何做出决定的？对于这个团体来说，协作式决策过程是什么样的？为了鼓励这种合作方式，他们需要掌握哪些信息？

d. 你自己的客户和/或其经理似乎拥有哪些权力来源？你如何提高他们的权力？

e. 非正式网络是如何运作的？它对任务是否可以完成能够起到多大的作用？

f. 目前存在什么类型的联盟？他们对于变革有什么看法？

g. 各部门里，除了那些有正式头衔的领导者，哪些人拥有非正式权力？

5. 对于负责支持变革计划的OD实践者，你需要意识到设计变革过程的重要性，以便为受变革影响的个体提供适当水平的分布式领导力，使他们能够将个人精力用于支持变革。利用变革过程来推广权力使用，您将触及组织文化的一个重要方面。

6. 每当引入变革时，都将揭开一场权力博弈的序幕，推销、游说、推动等手段将在这一过渡阶段发挥重要作用。在变革计划开始后，尽最大努力确保人们不会回到保密、结对、使用负面的权力策略和权力来源来破坏变革。重要的是要知道如何稳定所用权力，并尽可能让事情保持公开透明。

7. 在高度不稳定、不确定和紧张的时期，三个关键问题——权力、焦虑和控制——将浮出水面。负责变革的人需要找到各种方法来帮助人们管理这三个领域。例如，提出更多分布式决策过程使权力和控制权回到人们手中。选择一位具有公信力和影响力的领导者来领导变革和沟通过程将有助于抑制人们的焦虑。最后，通过选择具有各种权力基础的人来形成临时变革结构，你可以增强团队的影响力，从而提高控制力。

8. 最后，在实施期间，应大力赋予在地领导者实施变革的自主权和权力，以便建立明确的权力基础，使那些需要参与变革的人有权履行其职责。

## 如何建立个人权力基础和权力战略，以实现更大的影响力，并成为道德的权力使用者？

懂权力和政治是一个有效的OD实践者的关键特征。所以，你需要问自己，为了获得影响力，你需要做些什么来建立你的个人权力。要回答这个问题，你需要理解两个与权力相关的关键概念：什么是权力基础，以及你的“锦囊”中有什么能使你有资格使用权力？什么是权力策略？为了取得结果，你需要使用和部署什么权力策略？

### 权力基础

权力基础是由你所掌握的特殊资源所奠定的。你拥有的权力基础的类型决定了你可以使用怎样的权力策略去影响他人。权力基础是动态变化的，换句话说它们能够被培养、扩大，也会被侵蚀、削弱，这取决于你所处的客观环境以及你采取或不采取的行动。

基于弗伦奇与贝尔（French and Bell，1999）的研究，作为OD实践者，我们有一系列潜在的强大权力基础可以用作我们的优势，其中包括：

- **合法权力**——由角色和职位产生的权力，是正式规定的。例如，当组织决策者正式授权一项OD计划，且OD实践者的任命经由正式的委任过程。
- **专家权力**——实践者拥有大多数领导者不具备的专业领域知识，而组织需要这些知识。为了他人和组织的利益而传播此类专家知识的行为，标志着OD实践者的正式权力。
- **信息权力**——实践者拥有关于组织的丰富信息以及关于团体和组织运作的专业知识。但是，只有当OD实践者为了集体利益而自由传播此类信息，并且其他人看到OD实践者在这方面的行动时，实践者才会被授予这种权力。
- **参照权力**——人们会认同并被OD实践者的临在状态所吸引，它是非反应性、非判断性、宽容且具支持性的。成为这样的人，就会吸引别人。

另外一位作者，迈克尔·贝尔（Michael Beer，1980）确定了另一组相似的权力基础，能让OD实践者们在组织里获得并行使权力。它们是：

- **能力**——证明自己有能力胜任领导者们委派给你的工作。
- **政治性接触和敏感性**——通过为他人提供服务并亲自支持他们的组织议程，培养和培育多种支持来源。
- **后援**——让多名高层领导者提供后援，基于他们见证的你取得的工作结果，公开谈论OD职能为组织提供的价值。
- **地位和信誉**——在任何OD计划中取得早期成功将会有助于地位和信誉的树立。当你的OD计划能展现其对核心管理者的效用时，这些人的满意度就会帮助提升OD的声誉。权力会伴随你取得的成功和成效而积累。
- **资源管理**——权力会流向控制资源的人，因此，能够帮助组织子单元解决紧迫难题的OD专长与能力，是会增强你的权力基础的资源。
- **团体支持**——如果OD团体内部非常强大，那它对外也会表现得很强大。如果OD团体有很高的凝聚力并且远离内部的纷争，就会获得更大的权力。这是内部OD部门需谨记的关键。

所有这些权力基础将帮助你和OD部门发挥影响力。通过一系列权力基础的积累，你和你的同事能处于有利位置，帮助领导者们一次又一次地为组织带来可持续的结果。一旦OD部门建立起自己的口碑，OD计划成功的可能性也会一并上升。重要的是要记住，没有人会把权力给HR/OD部门这样的支持性职能部门拱手送上——不管你获得什么样的权力基础，都必须通过自己的用心付出。

因此，重要的是，在开始每个项目时，抽出时间来审视你和你的客户拥有什么，以及你需要建立什么，从而确保你有足够的权力基础来驾驭权力地形，有效开展工作。

## 权力策略、活动和联盟

权力策略是权力持有者为达成相关工作目的所使用的（行动、活动）。权力策略有多种类型。在一个多元化组织中，当每个人都依赖他人来实现其正当目标时，帮助他人追求其正当利益并给予他人支持是一项关键的权力策略。因此，其他主要权力策略还包括：

- 结盟联手；
- 与有实力的同事为伍；

- 交换利益；
- 聚焦于目标团体的需求；
- 绕开“路障”；
- 利用数据使他人信服；
- 表述有说服力的观点；
- 坚持不懈。

权力策略举之不尽，这取决于你是谁、你拥有什么类型的权力基础以及你工作的文化环境，因为所有文化环境都会视特定类型的活动为合理的、建设性的，反之亦然。

坎特（Kanter，1977）确定了组织中两种主要的权力策略：活动与联盟。基于她的观点，有三种类型的活动是权力的关键，分别是：

- **杰出性活动**——例如，率先参与一些新的尝试，利用创新的方式支持特定的组织变革，帮助组织冒一些风险以获取收益。
- **可视性活动**——例如，向他人展示如何让事情发生，让他们学会如何自助，并通过他们传播你工作的影响。支持有威望的领导者，支持他们主导的活动取得成果，将有助于你被看见，吸引大家关注你正在进行的以及打算要做的事情。
- **相关性活动**——例如，聚焦于解决紧迫的组织问题的相关活动。

坎特认为，前两种权力活动提供了提升影响力的机会，而第三种活动为关键信息的获取提供了保障，也有助于重要联系的搭建，坎特将之称为联盟。

幸运的是，这三种权力活动是OD实践者无论如何都应该做的一部分——通过关注客户的可持续发展，将他们带到新的高地，这会在业务相关领域产生结果。所以，如果你能把自己的工作做好，那么你已经在建立声誉和信用的道路上走了一半了。

作为一种权力策略，**联盟**能带来什么呢？用坎特的话说，联盟能提供通过或源自他人的权力。

首先，OD实践者的客户需要寻求与高层支持者和导师联盟，因为他们会让你的客户和你有机会接触决策者，其提供权力的表现形式通常有：（1）和你并肩作战；（2）在关键时刻带你跨越层级阻碍；（3）表明你有“尚方宝剑”。

其次，OD实践者需帮助其客户与平级缔结盟友。如果说高层盟友是权力的一大重要来源的话，平级盟友亦是如此。事实上，平级同僚常常是组织里提供信息与支持的最宝贵的资源。不管是哪种组织权力基础，平级的接纳都是必不可少的。对于OD实践者来说，当你的客户与战略、财务和人力资源同事以及所有关键职能负责人结成联盟时，他们将处于一个极为有利的位置把事情做成。

再次，这也是权力常被埋没的部分——其“民主”的一面。权力通过授权他人、与下属建立同盟并与他们分享权力、让他们有能力去完成任务而增长。一些OD实践者有自己的下属（特别当你是内部的OD），对于有下属的人，培养你的下属的能力、赢得他们的忠诚，这将会为你接下来要做的打下坚实基础。对于没有下属的人，你可以不断寻找机会支持你的高层客户手下的新晋青年领导者，从而在你启动工作后，有人能够清楚地了解并接管你的工作。培养你高层客户的下属员工，可以说是一件一举多得的事情。你可以帮到你的高层客户，确保其有充足的内部资源来完成工作；又可以扶持新一代青年领导者，让其有实力为其部门贡献价值并能被大家看见；同时还可以加大正在进行的OD项目的成功机会。而所有的这些得益都会为你的信用和声望加分。

联盟的重要性可以借用惠顿和卡梅伦（Whetton and Cameron，1991）的这段话来说明：

> 在任何组织里，获得权力最有力的途径之一就是建立广泛的工作关系和人际关系网络……网络对于绩效表现至关重要，有一个令人信服的原因：除去常规工作内容，没有人拥有足够的信息和资源去完成组织对其抱有的期待。事实上，一项关于管理者绩效的调查表明，决定其绩效高低的一个关键因素是通过网络建立非正式关系的能力。

最后，权力确实有腐败的倾向，因此，重要的是——当你被鼓励累积你的权力基础并增加你的权力策略时——这些权力是基于道德标准的。

## 成为道德的权力使用者

乔尔·德鲁卡（Joel Deluca，1999：49）提出了具有政治头脑的人的特征，即他接受人性和组织政治形影不离的事实。因此，他们会有意选择成为权力和政治中一个积极但又符合道德的参与者。其特点包括：

- 把组织放在首位；
- 相信并关心眼前的问题；
- 将职业生涯视为结果而不是目标；
- 光明正大地行使权力；
- 使任务合理化：避免政治盲点；
- 以道德方式为其关心的理念建立起决定性的支持基础。

在《巨人学舞》（*When Giants Learn to Dance*，1990）一书中，坎特将这种道德型权力玩家描述为商业英雄——他学会了将人际关系作为发挥影响力的关键，并始终与他人合作以取得成果。这种类型的商业英雄非常接近汤姆·兰伯特（Tom Lambert，1996）所描述的“道德影响者”，他们具有与德鲁卡所列互补的特点：

- 接受现实；
- （对事物）保持欣赏的新鲜感；
- 自发性；
- 以解决方案为中心；
- 视旅程为目标；
- 适度的超然；
- 独立于文化和环境；
- 对他们的个性充满信心；
- 渴望为他人服务；
- 民主。

珍妮特·哈伯格（Janet Hagberg，2003）在她的书《真正的权力》中，描述了这些值得信赖的道德权力使用者在他们的权力使用中总会经历一个重大的转变。从无能为力，到通过联盟获得权力，到通过成就获得权力，再到“碰壁”，然后对权力的使用转向通过反思获得权力，通过使命获得权力，以及通过智慧获得权力。

所有这些作者都在试图向那些喜欢权力和影响力并希望在自己的权力中成

长的人传达一个关键信息，即他们需要注意不要被权力所腐蚀，同时要学会如何明智地使用权力来支持组织的变革。他们希望OD实践者保持警惕，警惕权力的诱惑和黑暗面。只有通过正面和道德的方式使用权力，才能让OD社群确信，通过诚信、使命感和授权他人，他们的内在力量将使自身永远锚定在令人敬畏的权力向善领域——服务他人，而不出卖自己的灵魂。

## OD社群需要做什么来建立组织权力基础？

我们已经讨论了实践者个体需要如何建立权力基础和权力策略来为他们的客户实现更大的影响。在这些个人策略之上，你需要思考如何让OD职能部门以及让整个领域成为OD用户和潜在用户不可或缺的东西。以下是为OD职能构建组织权力基础的四种方式：

- **无论是作为个人还是作为专业团体，成为“抢手货”**。成为他人渴望建立联系及相处的人，这意味着做真实的自己，你就会吸引别人。弗伦奇和雷文（French and Raven，1959）称之为“个人参照权力”——也是权力的最高形式。这一权力基础的培养需要你有意识地运用自我，培养自身能力成为优秀的倾听者、沟通者、发展者、教练和顾问，并懂得欣赏他人长处。赢得他人的信赖，在与他们打交道的过程中让他们感受到你的可信、可靠及诚实，这将对你大有裨益。这些技巧与特质在社会交往中尤为重要。然而，这些技能需要在关系领域内通过社会互动练习。那些始终把以关系为中心的价值观和行为放在首位的OD实践者自会吸引人们。当人们感受到被看到、被听到和被关心时，他们反过来也会愿意付出自己的努力来支持他人。

你需要记住的是，与你打交道的那些人绝对有资格来评判你的诚实度、真实性、可信度及关注度。他们在实践者状态低迷、压力重重、传播流言或无力承受反馈时会有所察觉。当实践者无法“说到做到”的时候，会损害个人权力。特别是当客户期待看到你亲身践行OD价值观，但实际上你的行为与你所说的不符的时候，他们就开始丧失兴趣并选择离开。个人参照权力让顾问仅凭他们的临在状态就能影响他人。

从专业角度出发，“抢手货”意味着你具备处理一系列组织相关议题所需的能力、声望及信誉，而不是沉浸在自我感觉良好的世界里。优秀的OD实践者在人际、组织、社会过程及变革方面均有所长，而这些方面的专长对于领导者群体而言是稀缺而珍贵的。所以如果你们不断完善自己在人际、团体、组织方面的技能，在获得结果的过程中同步提升客户的能力，我敢保证，你们一定会成为人人追捧的抢手货。

- **让你的OD项目成为多层级人士眼里的"抢手货"**。基于狭隘的"向内的"视角制订工作计划的OD实践者，与那些在其设计中考虑为组织中多方有影响力的人提供价值的OD实践者之间有很大的不同。当OD项目与组织的战略目标相一致时，这将有助于满足高层管理人员的需求，使其被罩上尊重及保护的光环，让其高踞于大部分政治纠葛之外。因此，一条有用的经验法则是确保你特别关注宏观的、整个系统的问题，这些问题通常是高层管理人员所关心的，因为这是他们需要负责向组织交付的。

当内部OD团队的大部分工作落在人际或团队层面上，如教练和团队发展时，他们就会走下坡路。虽然这两种活动都很重要，但它们还没有达到整体系统范畴。在过去的几十年里，很多OD部门被关闭，因为他们的天平倒向教练和团队发展，而不是支持整个系统进行宏观转型。

话虽如此，与之同等重要的是，你要确保所有层级的人都能参与OD项目。这样，你才能将OD项目推广到多个群体而不是局限于某一单个群体，确保获得更多支持的同时也降低其成为政治活动"靶子"的可能。你不仅对整个系统进行了介入，而且也会获得来自组织各层级的可靠数据，将其反馈给领导者，从而帮助他们做出有洞察力的决策。然后，权力持有者们可能会向你寻求进一步的指导，以确保他们获得那些层级的更大支持。在这之后，决策者们将会对你委以更多工作，也会更多地听取你的建议。

- **战略性管理议题的参与**。如果你是内部的OD实践者，把参与战略规划和执行过程作为你的首要任务之一。OD与战略是密不可分的。战略管理聚焦于外部调整，而你聚焦于内部整合——为确保组织内部有足够的能力去实现其战略宏图，不断询问哪些地方需要做变更或调整，哪些需被摒弃或被引入。在这样做的过程中，你也确保了内部变化的速度能跟上外部变化的速度。当OD项目与组织战略优先事项挂钩时，你就能够展示OD对推动组织走向成功的价值所在。参与组织的战略内容和过程是一项关键的权力策略。早在20世纪80年代，格雷纳与沙因就已明确指出这一点：

> 我们认为，必须出现一种“新的OD”，以帮助权力架构不仅改变自身，而且改变公司与其所处环境的战略一致性。如果设计得当，OD有能力帮助组织当权者解决棘手的战略问题，提供比政治谈判更有效的过程。从本质上讲，OD必须迈入一度被视为权力精英才能涉足的圣地——公司的战略、支撑战略实现的架构、关键领导者在架构中占据的位置以及领导者们的领导方式。
>
> （Greiner and Schein，1988a：60）

- **创造双赢的解决方案**。多元化组织的性质意味着所有成员都需要学习有效的冲突管理技巧以及如何加强稳定、建设性的社会关系，这包括如何让每个人都寻求双赢解决方案。精通冲突管理技术，并能够设计、执行和引导包含冲突解决活动在内的OD项目的OD专业人士将备受青睐。

## 总　结

本章的要点总结：

第一，有组织的地方就有权力，忽视其存在要风险自负。

第二，OD实践者的权力使用有一个规范化方向——帮助组织从负面的权力使用转变为正面的权力使用，这是你OD工作的一部分职责。只要有可能，不管你被要求做什么，你的工作都是帮助客户找到一种打造健康系统的方式，而这种系统的标志就是通过正面方式行使权力。首先教会他们如何成为道德的权力使用者。

第三，OD实践者必须具备政治头脑，积累足够的权力基础，学习各种权力策略。你还需要支持你的团队和OD社群建立其集体权力基础，以便让其工作更具影响力。

第四，OD实践者需要注意他们在与客户的互动中自身对权力的需求。伯克

（Burke，1982：149）告诉我们：有证据表明从事助人职业的人，包括OD实践者，相较于一般人群对权力有更大的需求。麦克莱兰与勃汉姆（McClelland and Burnham，1976）也根据经验证明，越成功的管理者对权力的需求越强。这可能会带来客户与OD实践者之间的“竞争性需求”。

第五，除了要对客户的权力需求及自身的影响力需求保持敏感外，你还必须选好在组织中如何行使权力的立场，尤其在介入的规划阶段，因为这会引导你设计什么类型的活动，以及针对的目标对象。

第六，记住，在OD界，最有效的权力来源是你自身的个人参照权力，致力于成为会被你的客户视作“参照”的人。

# 第五辑

## 其他想法

在本辑里，我试图与读者分享自己最关心的两个问题：(a) 我们实践的稳健性；(b) 我们在职场的地位，以及我们是否会继续被组织召唤去帮助它们蓬勃发展。

在大多数专业领域，都有明确的培训规范，此外还有确定当前最佳实践的方法，比如通过出版物，或者随着更好实践的发现而更新的指南，等等。对于OD领域来说，认同和传播当前的最佳实践并非易事，但这是有充分理由的。组织并不简单，它们的功能取决于多种复杂因素的相互作用，例如，它们所处的环境、所经营的行业或服务领域、基本目标、要完成的核心任务、人力资源等。因此，当一个组织问自己应该如何变得更健康时，我们中的任何人都很难不说"这得视情况而定"，因为很难确定组织健康的标准。

话虽如此，学者和大型咨询公司还是会断断续续地试图描绘什么是健康的组织。在第十二章中，我研究了关于组织健康的各种讨论来源，找到已提出的各种指标列表，将它们整合在一起，以探究某些因素是否变得突出。然后将它们与麦肯锡的一项关于组织健康的研究进行比较，这项强有力的研究已经进行了超过18年。

这样做的目的不是提供一份关于健康组织的权威指标列表，而是让读者了解关于这一主题的不同类型的思考。我希望其中一些人能与同事聚在一起，就他们在建设健康组织方面的工作进行交流，看看他们的咨询经验是否会产生组织健康的相关工作理论。或者更好的做法是，实践者和学者可以联合起来，根据一系列从不同实践中产生的工作理论，对这一主题进行严谨的研究。我们的深切愿望是将这一概念融入组织领导者和OD实践者的范式中，这样，他们不仅可以出于对健康组织的好奇而结成伙伴关系，还可以更好地在塑造和建设这样的组织中发挥作用。

组织如何在追求繁荣兴盛的过程中获得合适的帮助？我相信OD领域（作

为应用行为科学）是一门关键学科，它可以提供关于人性、团体（尤其是工作团体）的本质以及实现人类潜能开发的组织的理解，指引领导者同时提高组织绩效和健康。如果不寻求扩大我们在组织中的“政治”影响力，我们（OD专业人士）将不会成为支持高层领导者追求组织健康的首选群体。因此，我们要更加有意识地找到方法，提高我们在能够建立组织有效性的人群中的地位。在第十三章中，有一些针对个体实践者以及内部OD人员的建议，这些建议扩展了我在第二版中所写的内容。

我相信，不论从商业角度还是经济角度，大型组织都应该有自己的内部OD团队，并且在理想情况下应与人力资源团队分开，但两者要紧密合作，从而让人员议程和组织议程能齐头并进。

最后，我们需要认识到，组织中的权力永远不会轻而易举地获得。我们需要做的是建立我们的声誉，为组织的更大利益服务，并变得具备商业头脑，以至于高层领导会求助于我们，让我们帮助他们将组织战略转化为可交付的结果。当我们取得这样的成绩时，我们不仅建设了组织，也建立了OD的声誉。

我相信，OD在帮助组织及其成员在一个复杂而混乱的世界中继续向更高的层次发展方面有着光明的前景。作为一个由专业人士组成的社群，我们在应用行为科学方面受过的培训将指引我们有效支持组织的良好运行和繁荣发展——不仅是为了组织自身，也是为了它们所服务的人，以及它们所在的社区和社会。毕竟，这是我们的使命，也是世界对OD实践者的召唤。

# 第十二章　什么是组织和组织健康

在诊断阶段结束时，为了实现所需的变革议程，客户通常会根据诊断数据要求OD实践者设计和实施介入措施。除了来自诊断阶段的数据之外，我经常想知道——实践者是否可以使用某种规范性框架和指南来指导设计方向？我很好奇我的客户还有什么可用的，以及我们是否想超越变革议程，确保整个组织（大“O”）的真正发展。我们的很多工作往往不是集中在整个组织上的。如果改变不是发展的同义词，那么组织最终目的达成的可能性将很小。OD实践者的工作就是要不断寻找机会来发展、维持和系统化地同时创建组织的有效性和健康。

虽然在组织科学中借用医学模型并不总是合适的，但我希望有一些“更全面的”关于健康和绩效的“最终状态”的描述可供我们参考。不是作为明确的标准，而是作为我们在进行介入设计时值得考虑的额外参考。你可能会问，那些强大的组织模型不都是用来做这个的吗？例如，伯克和利特温（Burke and Litwin）、韦斯伯德（Weisbord）、加尔布雷斯（Galbraith）、麦肯锡、纳德勒和图什曼（Nadler and Tushman）、弗里德曼（Freedman）（沼泽模型）等提出的框架，难道它们不值得我们参考吗？答案既是肯定的也是否定的。它们值得参考，因为它们中的大多数不仅仅是描述性框架，还是规范性框架——提醒OD实践者，在其理论前提背后，有一种理想的组织运作方式。例如，伯克和利特温认为，当一个组织的12个变量中的大多数相互协调一致时，组织会处于最佳健康状态。他们还认为，形式服从功能，如果变革的压力来自外部，那么必须先对齐和调整转型性变量，变革议程才能产生结果。纳德勒和图什曼一致性模型背后的前提与之非常相似。作为一个开放系统，组织需要警惕（模型）中间的四个方面如何相互“匹配”。一致性可以提高有效性和绩效。但从长远来看，过高的一致性可能会助长对变革的抗拒。韦斯伯德模型的前提是，在他的五个关键方面，正式状况与非正式状况，或者“信奉的理论”与“应用的理论”之间的差距越大，组织就越有可能无法有效运作。因此，基于这些作者的假设，这些框架的确为OD实践者提供了什么构成了最佳组织健康的参考。但每个模型都有一套不同的前提，通常对应的是组织的特定方面或情况，例如伯克和利特温模型是一个针对变革场景的框架，韦斯伯德模型关注的是“现状”与“可能”。纳德勒和图什曼模型关注的是将输入战略转化为输出的工作转换过程。因此，虽然这些框架对组织的某些方面的健康状况提供了有用的见解，但它们都没有提供一个“整体系统”的健康视角。

理想情况下，所有组织在经历任何形式的变革后，都应该“更健康”“更强大”和“更有效”。但不管情境如何，这些词到底意味着什么？本章的目的是通过三个不同的来源了解这些术语背后是否有适用于组织的明确含义。如果有，那么OD实践者应该以什么方式在我们的工作中更认真地对待这些规范性框架，尤其是当我们推行变革、维护组织健康时？OD的核心工作是确保与顾问合作的组织能不断发展，毕竟组织的发展是OD的主要目的。

在本章中，我们将探究组织健康定义的三个来源并将它们进行比较，以确定是否能通过它们生成一套有效的组织健康指标。

本章旨在涵盖以下内容：

1. 通过描述一个运转良好的组织，看看我们能否收集到一些有用的组织健康指标。

2. 关于组织健康的文献综述。我提取了文献中存在的一系列定义和指标，以了解在不同的作者中，是否出现了一套一致的组织健康指标。

3. 回顾麦肯锡关于组织健康的研究。我将麦肯锡的数据和上述两个来源做了对比。

4. 探讨关注组织健康的好处。

5. 讨论如何帮助组织建立一种对绩效和组织健康保持“同等关注”的做法。我对分享如何启动一个组织的健康改善过程特别感兴趣。

如果这一章令你感觉重复，那我要提前道歉，因为它总是会回到“组织健康的指标是什么”这个问题上。因此，人们会觉得这个话题被反复讨论。我希望能确定这三个来源之间是否存在有效且可靠的相似性。如果有，那么我们就更接近于以某种规范的方式看待组织健康，这将是一个巨大的收获。

# 什么是组织？

一旦OD实践者知道一个健康的组织是如何运作的，他们就会知道必须采取什么措施来预防不健康状态，以及必须采取什么措施来将不健康的状况恢复到正常状态。许多作者都写过关于组织的定义，他们每个人都有不同的方式来定义组织的构成。经过一段时间的讨论，人们一致认为一个组织有9个特征。虽然很难追溯这9个特征的起源，但它们让我们了解到组织各个部分的结构和“生理机能”（功能）。虽然这种医学类比并不完全符合OD实践者的工作，但它是有用的，因为我们在清晰地了解了健康组织的构成时，就更容易诊断一个组织是否健康。

## 描述组织的9个特征

一个组织：

1. 活在一个动态的环境中，为了生存，它需要对其做出反应并在其中工作；

2. 组织边界需要足够“紧密”，帮助组织保持其身份和系统完整性，但它也需要足够“宽松”，允许外部反馈渗透进来，从而让组织能生成使命、获得持续发展；

3. 有一个意图明确的发展方向（战略方向和优先事项），与所处的世界保持关联；

4. 推出被认为有价值的产品和服务，从而保持其在世界和市场上的地位；

5. 有一个赋能的基础设施——业务流程、操作程序、政策等，使所有“产出过程”能够协同工作，支持从输入到输出的构建；

6. 有一套信念体系，可以帮助组织开展业务，促进伙伴关系、管理危机、解决问题以及在外部世界中导航，这些信念往往来自过去行之有效的并与未来持续相关的东西；

7. 是一个“有生命的系统”——由充满活力、多样化的个人组成，组织重视并依靠这些人来实现其目标，组织知道如何确保人们有足够的自由来创新和成功，以及通过恰到好处的控制来保持人们的团结一致；

8. 由许多部分组成，每个部分都在支持组织实现战略目的方面发挥着关键作用，各部分之间的界面（关系）质量将确保组织有足够的一致性来实现其战略目的；

9. 通常都有负责人，其行为将决定系统是否能够在动荡中导航前行，是否足够强大，经得起时间的考验。

以上是对一个组织的描述，但它指向了一个可能的“健康组织的规范性描述”。通过描述一个正常的、运转良好的体系（相对于一个功能失调、病态的体系），我们可以感受到一个健康的组织是什么样子的：

1. 是一个开放的系统；

2. 与外部世界有一个半渗透边界，需要在紧密/宽松之间取得平衡；

3. 有使命和发展方向；

4. 它的产出是世界想要的；

5. 有支持组织有效运作的、合适的基础设施；

6. 有支持组织使命的文化；

7. 重视人力资源，给予个人足够的行动自由以及“恰到好处的控制”，以实现一致性；

8. 其各部分之间具有高质量的互动，从而产生一致的身份认同；

9. 领导行为对有效组织至关重要。

我将尝试把上面的描述性列表变成一种叙事形式，希望这将让我们对健康组织有一个初步感觉。稍后，我将在完善这个概念时重复这个过程。

## 健康组织的叙事性描述：第一次尝试

如果一个组织是健康的，它将作为一个开放系统而生存，保持边界的紧密/宽松的平衡：知道它的身份是什么，它的边界在哪里，同时乐于和外部世界定期进行输入/输出交换。它有一个明确的发展方向，知道自己要去哪里，并从外部世界获取输入，确保其对世界的输出是相关的和有价值的。这些是通过拥有合适的基础设施、运营流程和文化来实现的。它珍视其多样化的人力资源，知道如何平衡自由和控制，使员工能够在尊重一致性的同时尽各自的最大努力。组织的各个部分彼此之间有高质量的互动，在恰当的领导力支持下，通过协作和一致的努力实现使命。

我见过任何符合这种叙事性描述的组织吗？答案是肯定的，我见过。它们的组织特征非常符合这些描述，尽管大多数组织不是这样的，它们可能在IT行业和零售业更常见。尽管如此，知道健康组织的存在是件好事。

上述对健康组织的描述将组织健康定义为一种“最终状态”——一张组织应该实现并有望保持的概貌快照。然而，由于每个组织都是一个开放的系统，它总是对外部影响开放的，来自外部的变化会带来干扰并使其脱离平衡，因此，除非通过非常刻意为之、意图明确的维护工作，否则很难实现对平衡和完美终态的追求。因此，看待组织健康的另一种方式是将其视作“一系列过程”，而非“到达状态”。通过这些过程，组织在不断变化的环境中不断适应，以保持最佳功能。因此，组织健康既是一种目标状态，也是一系列适应性过程。关于组织健康定义的许多困惑都是因为没有进行这种区分。

现在让我们来看看有关组织健康的文献的演变。

## 文献中关于组织健康的定义和指标

40多年前，当赫兹伯格（Herzberg）和本尼斯（Bennis）两位学者质疑组织有效性的传统衡量方式时，组织健康的概念首次出现在了文献中。本尼斯（Bennis，1962）认为，到那时为止的做法并没有反映出一系列更广泛的组织健康概念，因为一开始，人们主要从心理学和社会心理学的角度来处理这个问题——将组织健康与员工个人健康等同起来。在那之后，关注点转移到成功的绩效表现和个人幸福感之间的假定联系上。在此期间，来自不同学科的学者开始对该主题产生兴趣，但他们的工作成果以不同的标题发表如组织绩效、组织韧性、组织能力/承载力和个人幸福感。随着大量工作的不断叠加，组织健康成为一个综合所有其他“组织”文献的概念，并开始有一个更加连贯一致的框架。

在这段时期，还有另一个概念上的困惑，使我们无法接受一套连贯的健康指标：不同的作者在组织的不同层面上论述了组织健康。在本章中，我感兴趣的健康层面是在组织层面。在看表12.1之前，让我们快速看一下可以评估健康的4个组织层面。很明显，健康在组织的不同层面有着不同的含义：

- **在个体层面**——健康意味着改善员工的心理健康和内驱力，为专业成长提供频繁且便捷的反馈，增加员工对各种变革项目的参与度。在这一层面上，改善组织健康的介入措施的目标是，在个体层面培养员工的力量、智谋、韧性、情商和信心，提高工作效率。

● **在团队层面**——健康主要是指职场文明度，包括关系得体性、关系文化和组织不同部门之间积极互动的关系准备度。在这个层面上，健康组织的标志是所有团体都有能力一起工作、支持同事，并确保每个团队都能提供（以及接受）足够的社交支持，从而有集体能力共同面对复杂性和挑战。还有许多其他积极的团体行为，可以帮助建立和维护集体幸福感。

● **在组织层面**——组织拥有支持战略的、合适的文化，充分利用员工的技能，并激励他们执行实现战略目标所需的工作。大家都愿意支持组织的各个部门以最佳方式合作。一个健康的组织往往拥有能够助力而非阻碍有效核心工作的无缝完成的流程。这样的组织了解外部，以客户为中心，通晓市场，正是这种导向将有助于推动组织不断改进其工作。

● **在组织间层面**——一个健康的组织是指其边界足够“可渗透”，允许组织与环境（如合作伙伴、用户和其他主要利益相关者）之间有效地进行输入和输出。在这个层面上，重要的是促进与其他机构的合作，努力实现共同目标，或许是全球目标。

在澄清了系统层面后，我们现在可以从文献综述中探究组织健康指标的例子。表12.1的内容是描述性的，记录了不同研究人员和作者对组织健康的定义。

| 表12.1　文献综述中健康组织的指标 | |
|---|---|
| 本尼斯（Bennis，1962） | 1. 适应性<br>2. 一致的身份认同<br>3. 正确理解工作的能力 |
| 加德纳（Gardner，1965） | 4. 健康的组织必须有一套有效的人才招聘和发展计划<br>5. 必须能够持续更新，并且必须为个人提供一个友好的环境<br>6. 必须有自我批评的内在条件<br>7. 内部结构必须具有流动性<br>8. 必须有某种手段来对抗造成人们‘画地为牢”、沦为程序囚徒的流程 |

续表

| | |
|---|---|
| 沙因<br>（Schein，1965） | 9. 具有可靠、有效地接收和交流信息的能力<br>10. 具有内部灵活性（包括结构灵活性）和创造力，能够根据从外部获得的信息进行所需的变革<br>11. 对组织目标的整合和承诺，由此产生变革的意愿<br>12. 提供支持和免受威胁的内部氛围<br>13. 明确的身份认同<br>14. 具有必要的多样性<br>15. 有学习能力<br>16. 其子系统之间在内部充分对齐，运作良好 |
| 迈尔斯<br>（Miles，1966） | 17. 能完成任务（具有相对清晰、可接受、可实现、适当的、容易理解的目标），有良好的沟通流程，在权力使用方面有着最佳权力均衡<br>18. 内部整合（在资源利用、个人角色需求和个人性格之间有很好的匹配度），一定程度的凝聚力和“组织认同、高尚道德”<br>19. 在成长和积极变革方面，一个健康的组织将具有创新性、自主性、适应性和解决问题的能力 |
| 贝克哈德<br>（Beckhard，1969） | 20. 整个组织、重要的子部门和个体根据目标和实现这些目标的计划管理他们的工作<br>21. 形式服从功能<br>22. 决策往往是由信息源或信息源附近的人做出的，无论信息源位于组织的何处<br>23. 奖励制度将奖励主管和管理人员在生产绩效、下属的成长和发展，以及建立一个能够存续的工作团体上的贡献<br>24. 横向和纵向沟通相对不失真，人们通常是开放的、不对抗的<br>25. 极少出现个人之间和团体之间“你输我赢”的不良活动<br>26. 健康的组织在任务和项目上有较高的冲突（观念分歧），而在人际关系难题上的冲突相对较低<br>27. 组织及其各部分之间持续互动，并与更大的环境保持互动<br>28. 一个健康的组织有共享的价值观和战略来支持它<br>29. 组织及其成员以“行动研究”的方式运作 |
| 赫兹伯格<br>（Herzberg，1974） | 30. 个人将持续成长 |

续表

| | |
|---|---|
| 杰米森(Jamieson,2014) | 31. 与环境匹配的使命和方向<br>32. 有效的组织和运营实践<br>33. 具有生产力和幸福感的人性化系统<br>34. 建立学习、改变和公民权利的可持续杠杆<br>35. 在领导和治理方面有一个有效的指导体系 |
| 桑德斯和巴克(Saunders and Barker,2001) | 36. 有明确的愿景、战略和方向(基于"我们在做什么")<br>37. 基于对"谁在做什么"的理解,人们(他们的能力)有一致性和承诺<br>38. 健康的组织总是有一套赋能要素(与"我们如何组织到一起实现交付"相关的流程、结构和系统)<br>39. 领导力——将其他三件事联系在一起 |
| 卡兹勒、科尔德斯坦尼和麦克莱恩(Kaetzler, Kordestani and MacLean,2019) | 40. 选择合适的人(人才管理)<br>41. 保持对外界的强烈关注——开展利益相关方沟通——以客户为中心、建立商业伙伴关系、捕捉外部想法<br>42. 内部管理严格(内部纪律);运行严密的整合流程——财务管理、角色清晰、绩效透明、结果管理 |
| 巴齐戈斯、加农和沙宁格(Bazigos,Gagnon and Schaninger,2016)想让我们看一看导致组织健康的行为阶梯 | 基准行为包括:<br>43. 有效地促进团体协作<br>44. 表达对他人的关心<br>45. 支持期望的变革<br>46. 提供批判性观点<br>47. 做出基于事实的决定<br>48. 有效解决问题<br>49. 积极地从失败中恢复<br>50. 让团体各司其职<br>51. 快速敏捷<br>52. 强有力的结果导向<br>53. 明确目标和结果<br>54. 寻求不同的观点<br>55. 激励并发挥他人最佳状态<br>56. 示范组织价值观 |

让我们把56个指标分组，将一些指标拆开（因为某些指标中有不同的组成部分），分到近似的条目集群中。我希望这将使我们对健康的组织有一个更加一

致的定义。见表12.2。

表12.2更清楚地展示了一个健康的组织可能是什么样子。共有10个特定的集群，它们所讲述的整体故事在下面对健康组织的第二个叙事性描述中进行了总结。

**表12.2　组织健康关键指标概述**

| 类　别 | 该类别内的示例项 |
| --- | --- |
| 1. 了解外部世界，能够形成清晰的发展方向和战略 | ● 保持着强烈的外部关注<br>● 具有与环境相匹配的使命和方向<br>● 确保清晰的愿景、战略和方向，并制定、理解和接受切实可行的目标 |
| 2. 能够驱动人们实现目标 | ● 组织内的人员将根据他们对“谁在做什么?”“我们在做什么?”的理解保持一致并做出承诺<br>● 人们愿意整合并致力于组织的目标<br>● 组织通过明确工作任务和目标来帮助人们正确看待其工作<br>● 对组织目标的整合和承诺，由此产生变革的意愿<br>● 能完成任务（具有相对清晰、可接受、可实现、适当的、容易理解的目标，有良好的沟通流程）<br>● 整个组织、重要的子部门和个体都根据目标和实现这些目标的计划来管理他们的工作 |
| 3. 明确的身份 | ● 组织具有一致的身份认同——清晰的身份<br>● 各种职能和部分之间有良好的配合<br>● 其特点是内部整合性强<br>● 具有一定程度的凝聚力、组织认同感和高尚的道德 |
| 4. 具备作为一个整体来工作所需的结构和运营流程 | ● 组织有一套赋能要素（与“我们如何组织到一起实现交付”相关的流程、结构和系统）<br>● 组织倾向于在内部严格管理（内部纪律），以及运行严密的整合流程——财务稳健，但具有结构流动性<br>● 具有内部灵活性和创造性，能够做出改变——结构上的灵活性<br>● 形式服从功能 |

续表

| 类　别 | 该类别内的示例项 |
| --- | --- |
| 4. 具备作为一个整体来工作所需的结构和运营流程 | ● 有效的组织和运营实践<br>● 组织中的决策往往是由信息源或信息源附近的人做出的，无论信息源位于何处<br>● 在领导和治理方面有一个有效的指导体系，并具有有效的组织和运营实践<br>● 内部整合（资源利用、个人角色需求和个人性格之间有很好的契合）<br>● 具有生产力和幸福感的人类系统 |
| 5. 系统性的运作方式和各部分之间高质量的互动 | ● 其子系统之间在内部充分对齐、运作良好<br>● 各个部分之间以及与更广阔的外部环境之间互动良好<br>● 能够持续更新<br>● 不同部分之间有紧密的对齐和整合 |
| 6. 领导层具备有效行为模式，能支持组织运作 | ● 有将使命、流程、结构和系统关联在一起的领导者<br>● 示范组织价值观<br>● 明确目标和结果，采用强有力的结果导向<br>● 让团队各司其职<br>● 有效促进团队协作<br>● 做出基于事实的决策<br>● 提供批判性观点，支持期望的变革<br>● 有效地解决问题<br>● 积极地从失败中恢复<br>● 亲身示范快速和敏捷的行动<br>● 寻求不同的视角<br>● 激励并发挥他人的最佳状态 |
| 7. 有合适的文化模式，能支持组织的功能 | ● 组织的适应性很强<br>● 极少出现个人之间和团体之间“你输我赢”的不良政治<br>● 在任务上有较高的冲突，而在人际关系难题上的冲突较低<br>● 不囿于程序的僵化<br>● 具有高度的随机应变力，具有明确的问责制、流畅的适应能力、解决问题的能力、创新性和自主性<br>● 强有力的权力运用和最佳权力均衡<br>● 成员以“行动研究”的方式运作 |

续表

| 类　别 | 该类别内的示例项 |
| --- | --- |
| 8. 人力资源管理流程和理念为支持员工创造了条件 | ● 有效管理非常普遍，强调角色清晰、绩效透明和结果管理<br>● 为成员提供了一个友好的环境<br>● 主管和经理会因为他们对下属的支持而获得奖励，员工的成长和发展得到关注<br>● 以具有生产力和幸福感的人类系统为特点<br>● 表达对他人的关心<br>● 提供支持和免受威胁的内部氛围<br>● 良好的招聘和人才管理计划<br>● 知道如何选择合适的人（人才管理） |
| 9. 沟通流程 | ● 能够可靠有效地沟通信息<br>● 横向和纵向的交流相对不失真<br>● 人们是开放的、直言不讳的<br>● 开展利益相关方沟通——以客户为中心、建立商业伙伴关系、捕捉外部想法 |
| 10. 学习和发展的文化 | ● 成长、进化和适应能力<br>● 能够不断更新：具备自我批评的内在条件<br>● 有学习能力<br>● 个人会持续成长<br>● 勇于自我批评，在个体和组织层面都认真对待反馈<br>● 建立学习、改变、发展和公民权利的可持续杠杆 |

## 健康组织的叙事性描述：第二次尝试

一个健康的组织是一个了解外部的组织。它制定了明确的战略和方向以及清晰的目标，使人们与一个共同的愿景保持一致，并有效地实现该愿景。它可以通过创新和创造性思维自我更新。它有一个合适的结构和运营流程，这些结构和流程是流动的、灵活的、但高度整合的，并有一套赋能要素来支持使命的实现。组织领导者和成员了解组织的系统性，并保持高质量的互动。有效的沟通是组织的常态——横向或纵向的信息失真极少，人们相信沟通是可靠和有效的。组织对其人力资源持积极态度，并在处理员工流程方面非常专业。组织中的文化模式是积极的，且能支持组织的抱负。领导者行为的重点在如何将组织的各个方面聚合在一起，例如结构、流程和系统，确保每个人都了解组织的使命和目标，推动结果达成的同时也知道如何让人们发挥出最佳状态。人们还意识到，管理实践可以防止工作压力，同时提高组织有效性。它是一个学习型组织——随时准备通过自我批评来成长、进化、适应和不断更新，能够给予和接受反馈，并不断建立学习、改变和发展的杠杆。

我以前见过这种组织吗？是的，但很少。从文献综述中，可以预见对组织健康有一个更严格的定义，因此，很少有组织能在所有方面都出类拔萃是合情合理的。随着过程向最终状态发展，我看到过在所有10个维度上都显示出良好进展的组织。然而，我看到过某个组织肯定在朝着这个方向发展，但发生了一个关键事件，导致首席执行官离职，砰！——走向最终健康状态的进程陷入僵局，该组织花了数年时间才恢复到原来的状态。在结束本节之前，我将把健康组织的9个特征与文献综述中的10个集群（表12.3）进行比较，看看它们对健康组织的定义有哪些一致的地方。

表12.3　两份组织健康列表的对比

| 文献综述中的10个集群 | 组织的9个特征 |
|---|---|
| 了解外部世界，能够形成清晰的发展方向和战略 | ● 是一个开放的系统<br>● 有使命和发展方向 |
| 能够驱动人们实现目标 | ● 它的产出是世界想要的 |
| 明确的身份 | ● 与外部世界有一个半渗透边界，需要在紧密/宽松之间取得平衡 |
| 具备作为一个整体来工作所需的结构和运营流程 | ● 有支持组织有效运作的、合适的基础设施 |
| 系统性的运作方式和各部分之间高质量的互动 | ● 其各部分之间具有高质量的互动 |

续表

| 文献综述中的10个集群 | 组织的9个特征 |
|---|---|
| 领导层具备有效行为模式，能支持组织运作 | ● 领导行为对有效组织至关重要 |
| 有合适的文化模式，能支持组织的功能 | ● 有支持组织使命的文化 |
| 人员流程和态度为支持员工创造了条件 | ● 重视人力资源，给予个人足够的行动自由，以及“恰到好处的控制”，以实现一致性 |
| 沟通流程 | |
| 学习和发展的文化 | |

### 那么我们现在在哪里？

现在是我们将这两组定义与麦肯锡咨询公司的一项重要的大数据研究工作进行比较的时候了。麦肯锡进行的这项工作可以说是组织健康研究史上唯一一项大数据研究。

## 麦肯锡关于组织健康的研究

早在2003年，麦肯锡咨询公司就开始对组织健康产生了兴趣，并设计了一个“组织健康指数”（OHI），以鼓励领导者对组织的内部健康状况感兴趣。他们认为，任何对绩效感兴趣的领导者也必须同样关注组织的内部健康，因为它会影响绩效。他们的担忧恰逢其时，因为那时出现了一种特别的趋势，竞争越发激烈，蓝海战略变成了红海战略，对绩效的追求也越来越强烈，几乎不惜一切代价。无论员工参与的活动是什么，员工的倦怠率都很高。领导者这种短视的观点需要纠正。通过引入组织健康指数，麦肯锡的工具对这种情况的改善起到了很大的帮助。

从那时到2020年，17年过去了，来自100多个国家的2000多家公司的员工和经理参与了组织健康指数调查，作为其健康评估过程的一部分。随着世界各地不同地区办事处的咨询团队与客户一起使用健康指数，数据开始不断积累。到2020年，该数据库拥有超过10亿个数据点，从这些数据点中，麦肯锡确定了9个关键的组织维度或成果，以及37种管理实践和4个推动组织健康的健康秘诀。麦肯锡通过显示当一个组织做了一系列动作时，它是否会进步，以及在哪些方面取得进步，从而获得跟踪组织健康改善进展的数据。从这个意义上说，第一次有因果关系数据表明是什么导致了某一健康方面的改善。这项研究的一个强大特点是，作为评估后安排的一部分，如果一个组织想要踏上健康改善之旅，他们可以从麦肯锡获得进一步的支持，根据他们的健康数据和未来的愿望，开发一个定制的健康改善计划，并制定明确的改善指标和标准。

麦肯锡已经发表了大量关于这一领域工作的文章，因此我在这里不是给你一个全面的回顾，而是专注于对其框架和数据进行足够的描述，从而使你能够获得关于组织健康的第三个数据源。我希望通过对这项工作的简要介绍，你的兴趣被激发，会对这个领域有进一步的阅读。

## 推动组织健康的9个维度

麦肯锡OHI有9个组织健康维度（表12.4），如图12.1所示。

| 表12.4　组织健康的9个维度的说明 |
|---|
| **发展方向**——战略清晰、员工参与以及共同的愿景，组织有能力围绕清晰的愿景和战略，以及合适的结构和文化进行对标。 |
| **协调与管控（执行优势）**——强调一线持续改进的重要性，创造条件不断提高质量和生产力，同时消除浪费和低效——这意味着分享知识，以卓越的方式运营。 |
| **责任**——角色清晰、绩效契约、结果管理，个人对角色和责任有主人翁意识，以实现对角色的预期。 |
| **外部导向**——聚焦市场和外部（客户、竞争对手、合作伙伴、监管机构和社区），知道如何应对外部趋势，非常了解外部情况。 |
| **领导力**——在各层级培养和部署强有力的领导者，将人才管理作为重点；领导者认真负责、制定基调、树立榜样、鼓励分布式领导力。 |

续表

| |
|---|
| **创新与学习**——组织致力于知识共享、员工持续参与，推动自下而上的创新，鼓励创新和创业式行为成为常态。 |
| **能力**——始终努力打造高质量人才和知识库，努力提高从事新工作的知识和能力，组织不断成长和发展。 |
| **激励**——鼓舞人心的领导者展现出有意义的价值观，团队和一线经理给予适当的支持，以及良好的职业生涯机会、奖励和认可。 |
| **文化和氛围**——组织注重创造适当的文化来支持绩效，以便员工能够发挥最佳水平。 |

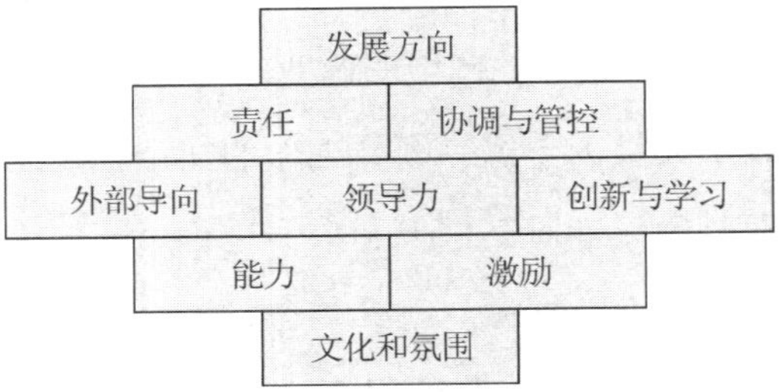


**组织健康指数跟踪组织健康的9个维度及其相关管理实践**

图 12.1　麦肯锡的 9 个维度（Aaron De Smet，Bill Schaninger，Matthew Smith，*The hidden value of organization health and how to capture it*，麦肯锡公司，2004年4月）

看看这9个维度，以及支持这9个维度的37种管理行为（表12.5），我们能看到麦肯锡的研究数据与文献综述的数据具有相似性。这是我第三次尝试把指标列表变成对组织健康的叙事性描述。

## 健康组织的叙事性描述：第三次尝试

根据麦肯锡的研究，一个健康的组织是非常外部导向的（对外部发生的事情非常了解）。它知道，对去往哪里做出明确的决定是至关重要的，它还关注工作的分配，确保组织的使命得以实现。工作分配伴随着明确的结果管理（绩效管理的一部分），工作由良好协调和控制的基础设施支持。为了让一个组织表现良好，它的文化可以创造适合的条件来确保员工有足够的工作动力，并持续努力提高员工的能力，同时为持续创新提供充分的自由。他们知道，组织内部的文化和氛围决不能妨碍灵活性、创造力和创新。最后，健康的组织有催化性领导者掌舵，他们利用自己的力量将其他管理人员培养成“容器”“榜样”和“激励者”，支持组织在健康成果的这9个方面进行改进。

他们研究中的重要发现是一个健康的组织需要在整个组织中有足够的领导力，从而推动9个方面的改进结果。

我见过这样的组织吗？是的，这些组织在9个维度上都有体现，但有些维度比其他维度更强。在所有组织中，一个罕见的领域是“绩效的结果管理”——这是组织生活中一个相对较小的方面，但它往往被忽视，按照麦肯锡的标准，它实际上是组织健康的一个关键方面。

在我们对这三个来源进行最终比较之前，让我们再看看这个模型的两个方面。

## 关于麦肯锡37项管理行为的说明

表12.5显示，麦肯锡发现有37种管理实践/行为支持这9个维度，这些行为对推动组织健康成果尤为重要。

表12.5 推动9项组织成果的管理实践和行为

| 9项组织成果 | 推动成果的管理实践和行为 |
| --- | --- |
| 外部导向 | 1. 捕捉外部想法<br>2. 以客户为中心<br>3. 竞争洞察力<br>4. 商业伙伴关系<br>5. 政府/社区关系 |
| 发展方向 | 6. 共同愿景<br>7. 战略清晰<br>8. 员工参与 |

续表

| 9项组织成果 | 推动成果的管理实践和行为 |
| --- | --- |
| 领导力 | 9. 权威领导力<br>10. 协商领导力<br>11. 支持性领导力<br>12. 挑战性领导力 |
| 文化和氛围 | 13. 开放和信任<br>14. 内部竞争<br>15. 运营上有严格要求<br>16. 创造性和创业精神 |
| 责任 | 17. 角色清晰<br>18. 绩效契约<br>19. 结果管理<br>20. 个人有主人翁意识 |
| 激励 | 21. 展现有意义的价值观<br>22. 鼓舞人心的领导者<br>23. 职业生涯机会<br>24. 财务奖励<br>25. 奖励和认可 |
| 能力 | 26. 人才获取<br>27. 人才发展<br>28. 基于过程的能力<br>29. 外包专业知识 |
| 创新与学习 | 30. 自上而下的创新<br>31. 自下而上的创新<br>32. 知识共享 |
| 协调与管控 | 33. 员工绩效评估<br>34. 运营管理<br>35. 财务管理<br>36. 专业标准<br>37. 风险管理 |

来源：Aaron De Smet，Bill Schaninger，Matthew Smith，*The hidden value of organization health and how to capture it*，麦肯锡公司，2004年4月。

麦肯锡表示，可以从很多地方开始改善组织健康状况。其中一种方法是将这37种管理实践与你的组织现有的领导力或管理能力进行比较，找出相似之处和差距。要开始改善组织健康状况，请加强那些已经在你的能力列表中的领域，并补充那些目前缺乏的领域。

## 麦肯锡的4个变革秘诀

看看麦肯锡的数据，大多数组织都会被为了改变健康状况而需要做的大量工作压得喘不过气来。因此，麦肯锡咨询公司提出了4种特定的健康秘诀供组织选择。他们认为，明智的做法是从一个或两个方面着手，借助最初秘诀成功的势头进入其他方面。

4个秘诀是：

| 组织健康秘诀 | 秘诀的焦点 |
|---|---|
| 领导力工厂 | 在各层级培养和部署强有力的领导者 |
| 持续改善引擎 | 让所有员工参与推动绩效和创新 |
| 人才和知识核心 | 吸引和激励顶尖人才 |
| 市场塑造者 | 通过对客户的洞察和外部导向打造创新 |

这4个秘诀是领导力工厂、持续改善引擎、人才和知识核心以及市场塑造者。这4个秘诀进一步向我们指出了影响组织健康的主要变量。如果一个组织没有外部意识，也不知道外部世界正在发生什么，将影响该组织的运作，它所做的许多事情将毫无意义。如果不同层级的领导者都具有外部洞察力，同时肩负起各自在组织中的领导角色，组织将发现系统的每一个部分都有守护天使在照看。在那之后，如果领导者专注于卓越运营，学习如何领导和发展赋能程序，他们也将开始改善系统的健康状况。重视人才，对于确保组织始终具备训练有素的领导者至关重要。所有这些途径最终将使公司成长并保持健康。麦肯锡相关研究的出版物中有一个方面的发现非常有趣：一个组织可以通过一次尝试一个秘诀来提升组织健康，并且如果它这样做，很快就会发现自己几乎触及了每一个秘诀。

如前所述，我在本节中的目的不是详细解释麦肯锡组织健康框架，而是将麦肯锡研究数据与文献综述中的10个集群数据以及一个组织的9个特征进行比较，如表12.6所示。

表12.6　麦肯锡的9个维度、文献综述中的10个集群和组织的9个特征之间的比较

| 文献综述中的10个集群 | 组织的9个特征 | 麦肯锡的9个维度 |
| --- | --- | --- |
| 了解外部世界，能够形成清晰的发展方向和战略 | 是一个开放的系统，有使命和发展方向 | 发展方向——战略清晰、员工参与以及共同的愿景，组织有能力围绕清晰的愿景、战略和文化进行对标。<br>外部导向——聚焦市场和外部（客户、竞争对手、合作伙伴、监管机构和社区），知道如何应对外部趋势。 |
| 具备作为一个整体来工作所需的结构和运营流程 | 有支持组织有效运作的、合适的基础设施 | 协调与管控（执行优势）——强调一线持续改进的重要性，创造条件不断提高质量和生产力，同时消除浪费和低效——这意味着分享知识，以卓越的方式运营。 |
| 能够驱动人们实现目标 | 它的产出是世界想要的 | 责任——角色清晰、绩效契约、结果管理，个人对角色和责任有主人翁意识。 |
| 明确的身份 | 与外部世界有一个半渗透边界，需要在紧密/宽松之间取得平衡 | |
| 领导层具备有效行为模式，能支持组织运作 | 领导行为对有效组织至关重要 | 领导力——在各层级培养和部署强有力的领导者，将人才管理作为重点，领导者认真负责、制定基调、树立榜样、鼓励分布式领导力。<br>创新与学习——组织致力于知识共享、员工持续参与，推动自下而上的创新，鼓励创新和创业式行为成为常态。 |

续表

| 文献综述中的10个集群 | 组织的9个特征 | 麦肯锡的9个维度 |
|---|---|---|
| 人员流程和态度为支持员工创造了条件 | 重视人力资源，给予个人足够的行动自由，以及"恰到好处的控制"，以实现一致性 | 能力——始终努力打造高质量人才和知识库，努力提高从事新工作的知识和能力。<br>激励——鼓舞人心的领导者展现出有意义的价值观，团队和一线经理给予适当的支持，以及良好的职业生涯机会、奖励和认可。 |
| 有合适的文化模式，能支持组织的功能 | 有支持组织使命的文化 | 文化和氛围——组织关心创造适当的文化来支持绩效，以便员工能够发挥最佳水平。 |
| 沟通流程 | | |
| 学习和发展的文化 | | |
| 系统性的运作方式和各部分之间高质量的互动 | 其各部分之间具有高质量的互动 | |

正如我们所见，我们对组织的9个构成特征、过去40年文献回顾中的10个集群和麦肯锡17年组织健康大数据中的9个组织健康维度（指标）进行的比较，其中有很多相似之处。总结一下：

- 对组织健康指标形成了相当多的共识。
- 如果领导者想要改善组织健康和支持绩效，他们必须注意一些重要的变量。
- 将组织绩效和健康作为一个整合的目标，并对这一目标锲而不舍，将有助于组织保持高效。
- 对绩效和健康保持同等关注将带来巨大的回报。

正如那些论述过组织健康的人所指出的，当一个人走进一个健康的组织时，就可以看到这些生命体征。

## 关注组织健康有什么好处?

麦肯锡的数据证明了关注组织健康的好处。在麦肯锡积累了足够的数据后，他们发现在OHI排名前25%和末25%的组织之间存在绩效差异。根据纵贯性研究数据，他们发现：

- 健康的公司表现显著优于同行。正如他们所说，证据是有力的——麦肯锡OHI中排名前25%的上市公司向股东提供的回报大约是不健康公司的3倍。
- 那些在OHI排名中位于前25%的公司往往获得最大的财务回报。

麦肯锡对健康改善“之前”和“之后”的比较表明，当投入切实的努力改善组织健康时，回报是令人印象深刻的：

- 在采取切实行动改善健康状况的公司中，80%的公司在6—12个月内整体健康状况中位数提高了6分，这些公司的股东总回报（TRS）也增长了18%。
- 通过健康改善工作，使自身OHI排名从前50%提升到前25%的公司，其财务绩效提升幅度最大。
- 健康状况垫底的公司最有可能取得最大的健康改善。在对他们的健康状况采取行动后，排名末25%的公司的整体健康指数的中位数提高了6分。与数据库中的所有其他公司相比，这些公司中的大多数的排名上升了整整25%。

因为样本量通常太小，这种因果关系的证据通常很难找到。我对麦肯锡的数据感到兴奋，因为我们中的许多人从经验上知道，由于对组织健康进行了精心设计的介入，组织的改善确实经常发生。但是，由于我们的工作规模通常很小，而且我们也无法比较来自许多组织的数据，因此我们总是不确定我们的结果是否具有普遍性。然而，有了麦肯锡的样本量，人们可以开始对促成组织健康的因素产生一些信心。

以下是麦肯锡在其研究中提出的一些关键观点：

- 尽可能多地关注内部组织健康，因为良好健康状况带来的红利是可观的。
- 领导者对组织健康感兴趣有着无可争议的好处：当组织对绩效和健康保持同等关注时，他们超越竞争对手的概率将增加一倍。
- 简言之，健康并不是什么调查的产物，这是我们在一家健康的公司里可以看到和感受到的东西，也是可持续绩效的先决条件。

● 不要过于关注根据财务目标衡量进展，相反，关注组织的健康和行为，因为它们也会促成绩效的提高。

## 如何建立一种对绩效和健康保持“同等关注”的做法？

为了启动并植入改善组织健康状况的过程，OD实践者使用与任何变革相同的方法。根据你的组织的起点，你可能需要解冻系统，也可能直接采用改变阶段的变革方法论。如果系统需要更多地了解什么是组织健康，那么它需要相关的教育以及系统成员自己收集行动研究数据，或者你可能需要从高层领导那里征求项目委托，同时让更多的领导者和员工参与共创：（a）组织需要在哪些方面改善健康状况；（b）如何制订并实现一份组织健康改善计划；（c）用什么标准来跟踪健康改善计划的成功。

没错，引入组织健康的三个阶段与一些标准变革原则没有太大区别。然而，一个不同的地方是，健康改善议程应该是一个涉及整个组织范围的议程，无论价值观念和层级如何，每个人都应该参与其中。每个人都需要鼓励彼此创新，找到一种持续生存和蓬勃发展的健康心态，这种心态没有终点——“永远向前和向上”。因此，重要的是，转型要成为一种持续不断的努力，从而不断精益求精。例如，你需要知道将建立什么样的标准来支持一个可持续的健康组织。麦肯锡的数据（不限于此）给了我们以下提示：

● **明确有力的领导力**：组织健康是组织的关键议程。它需要强有力的领导和榜样，才能让变革迅速站稳脚跟。

● **需要各级参与**：由于可持续的主人翁意识来自实施议程的人理解议程的重要性，并发挥主人翁精神来实现议程，因此健康改善需要从上到下、从下到上、横向联动来一起推动。

● **培养在系统局部有高影响力的人**：在分配领导力时，组织需要吸引我们称之为“狂热分子”“影响力大咖”的人（无论标签如何，他们都是受欢迎的人，具有团队精神、态度积极、绩效表现一贯良好，最好是企业公民），让他们带头创造“超级影响力”，激励其他人与他们同行。

● **在清晰边界和局部自治之间取得平衡**：任何局部团体要想取得成功，都需要他们（不同的局部团体）联结在一起，他们将发挥有影响力的话语权，能够向高层反馈数据，向高层提出具体要求，使其采取行动促进组织健康，这是每个人的责任。

- **把握脉搏——有意义但简单持续的衡量**：为了让新的思维模式站稳脚跟，需要建立有意义的、易操作的、快速出结果的衡量方式，以确保每个人都能“把握脉搏”，获得实时反馈，了解自己作为局部推动者所做工作的影响力。应该有每个人都需要衡量的核心领域，但也应该有局部健康改善计划特有的项目。
- **衡量需要与健康和绩效密不可分**：为了有意义地跟踪任何健康改善计划的进展，组织需要同时跟踪个人、团队和组织绩效的改善。对两者的同时监测将有助于我们了解努力是否取得了进展。
- **将结果转化为工作单元的文化**：随着组织改善其组织健康指数，应采取进一步介入措施，确保健康成为组织的内部行为模式。当各种指标结果成为一种默认的运作方式时，我们就知道组织健康文化已经根深蒂固。

## 三个阶段

### 阶段一：解冻和准备阶段

目标：让组织领导者和其他利益相关方对组织健康产生兴趣。

可能的方式：

- 在高层会议或其他领导力论坛期间安排一次正式会议，传授组织健康的概念，激发他们更多探索的兴趣。询问成员是否希望查看有关当前组织健康的一些数据。如果他们说是，那么：
- 整理所有的衡量数据（不仅仅是问卷调查的数据），并将其反馈给各个领导小组。此外，还要设计一个过程，邀请他们在你提供给他们的数据中添加自己的数据——使用行动研究方法——让他们参与诊断，并讨论他们希望探索的可能介入措施，从而改善对他们而言重要的特定领域。
- 在跨职级、跨职能进行完这些“教学/行动研究”介入后，将数据连接在一起，并向每个人提供全景式的“健康快照”，这样人们将有机会在其职责范围内参与、支持这一组织健康改善之旅。

● 当你做到这一点时，回到最高层领导者那里，就组织应该制订的健康改善工作计划获得明确的正式项目委托（连同预算批准）。

**阶段二：将组织健康的“同等关注”方法植入规划和绩效要求以及领导力发展中**

目标：将组织健康方法植入不同的政策、实践、程序和系统中，目的是将其变成一种“默认”的思考和行动方式。

可能的方式：

**让组织健康规划与战略规划双轨并行**

● 时机成熟时，最好将组织健康规划嵌入每个战略规划周期中，使战略规划和组织健康规划成为组织的双轨要求。

将组织健康纳入领导者绩效要求和领导力发展课程。

● 在经过一段时间的教育、能力打造和咨询后，将同等重视组织健康的行为和指标的要求纳入领导者绩效要求，确保他们对其有主人翁精神。

● 在所有领导力发展计划中，将组织健康作为前瞻性领导力的一个组成部分。在创建组织健康上，帮助各级领导者将自己视为建筑师，而不是被动的旁观者，因为高绩效来自健康的组织。

● 将组织健康纳入入职培训、简报、领导力和高管发展计划，并将临时健康改善项目分配给各个领导层的人才库中的人选。

**制定相关衡量方式，跟踪健康改善情况**

● 制定组织健康的相关衡量方式（组织同意使用的健康指数，如麦肯锡OHI或其变体），可以用于定期跟踪和衡量。

● 可以每年、每6个月、每月或每周进行衡量，具体频率取决于系统执行组织健康议程的速度。关键是，无论领导和员工怎么做，他们都会知晓或参与组织健康的衡量。

● 例如，使用简单的工具（由组织健康倡导者提议），像每月最多提出三个问题，以提供实时衡量，而不会造成调查疲劳。或者鼓励主管、经理和领导者定期与团队聚在一起，所有人（而不仅仅是老板）都要寻求并提供即时反馈，采取后续行动。

● 在衡量方面，最关键的是使健康评估和绩效评估尽可能整合在一起，这样当一个领域需要改进时，也会有相应的其他领域得到考虑。

**建立新的思维模式，并将其与财务激励或其他奖励结合起来**

● 这种衡量方法（即“持续把脉”）是为了确保新的思维模式在组织内扎根。“高绩效的组织需要能够协同管理绩效和健康的领导者”，“领导者需要成为设计和执行持续组织健康改善方案的‘建筑师’”。

● 如果你的组织能够支付财务奖励，或者有其他类型的奖励，那么一定要考虑是否可以在完成绩效目标的背景下，将某种奖励与实现健康目标联系起来。这将使你的领导者有责任同时积极参与改善健康和绩效，以及奖励那些临时健康改善团队的成员，这些团队致力于将合适的介入和行为融入组织的各个部分。

**阶段三：正式确定组织健康的“内容”，并将其纳入系统的政策、程序和实践，作为其规范性实践的一部分**

目标：确保在组织文化中建立“促进健康提升流程”。注意绩效和健康目标之间的整体关系——当一个领域得到关注和加固时，跟踪这对其他领域的影响。

可能的方式：

● 在最初的咨询阶段之后，你将通过数据了解系统内的人认为有效的健康指标是什么。一些数据会变得无关紧要，因为当这些数据被收集和传送给提供数据的各个小组时，你才会发现哪些数据是最有共识的，哪些则没有得到人们的进一步支持。然后，你和一个小团队需要对照以下内容，校准系统所揭示的内容：

○ 组织已有的调查数据和其他衡量数据；

○ 关于组织健康的文献检索揭示的9个领域；

○ 文献综述中的10个维度（表12.2）和麦肯锡模型中的9个健康成果（表12.4和图12.1），以及你可能找到的任何其他参考资料。

● 如果比较生成了更大的共性（不要期望完全一致），那么你可以开始利用以上这张列表作为一个“概念验证”的实验阶段，测试来自组织内部行动研究的组织健康“内容”列表。如果这两张列表彼此非常不同，问问自己：（1）词语的用法（及其含义）是相似还是不同；（2）某些条目是否未被归入正确的类别；（3）组织所处的环境是否很独特，因此某些条目是专属于该组织的。

● 基于上述情况，在其他人的帮助下，你可以制订健康改善计划，获得决策者的批准，然后在HR和OD的支持下，组建临时组织健康护理团队（平行于变革团队），来完成组织改善列表，从那些不太难做但仍能给组织带来新活力的条目开始。

● 重要的是，要在各级组建有责任心的局部团队，让他们参与进来并获得支持，给他们很大的自主权来执行健康改善措施。建立一些快速反馈回路，向他们展示他们的介入效果。快速反馈回路通常会产生更大的能量。

● 这可能是借用麦肯锡的"健康秘诀"概念的时候了，看看有多少秘诀可以用来让组织领先一步。或者在领导力发展项目中使用麦肯锡的37种管理实践中的一部分，推行那些能促进组织健康的管理实践。

● 无论你做什么，重要的是要记住两件事：(1）让所有级别的员工参与进来，尽管给予同等关注需要高层领导的推动；(2）以实验的心态迅速行动，赋予局部的组织健康推动者权力，让他们可以按正确的优先事项自主行动，这样做的目的是让这种新习惯保持下去。这就是分布式领导力的意义所在。

## 你还能做些什么来改善组织的健康状况

除了正式的健康改善计划外，还有很多方法可以改善组织的健康状况。主要的方法是利用变革来提升组织健康。

每当组织发生变革时，变革过程总会给组织带来改善组织健康的某些维度的机会。事实上，在OD中，我们总是说变革的过程需要体现最终结果。在本节中，我们将回顾OD变革方法本身已经包含的麦肯锡的9个组织健康维度以及多个"组织健康秘诀"。例如：

**把外面的世界带进来**

● 任何重大转型性变革都是由外部压力引起的。因此，总是有必要让员工参与研究变革的外部原因。通过了解环境对组织运作的潜在影响，领导者和员工将相互合作，理解变革的意义，并评估他们的行动选择。

● 通过了解外部因素，组织成员将收集有关市场条件、客户洞见、竞争对手、外部的关键趋势等方面的信息和知识。这将指导人们可以采取什么行动，发挥个体的主人翁精神，使变革成为可能。

**结果：** 这将提升系统成员的外部导向和对外部的了解，让他们有机会测试和使用自己的能力，以创造性和创新的方式解决问题，并提高他们参与学习的内驱力。

**在领导变革中建立分布式领导力**

OD认为，为了确保可持续的变革结果，来自各个层级的人都应该参与对变革意义的理解，并在引领变革中发挥作用。

- 因此，通常的做法是，在OD变革方法中，我们让各级人员参与确定变革愿景以及如何从他们所处的位置实现变革愿景，从而让他们理解变革。
- 我们鼓励系统让人们参与收集数据、整理数据、解读数据，并选择和设计需要进行的介入类型，创建关于需要做什么的共同愿景。
- 在变革实施过程中提高参与度，这样每个人都可以在改善之旅中担起自己的责任。

**结果：** 要求人们运用自身能力和内驱力，让自己承担责任、支持组织实现变革，从而在此过程中提高分布式领导力。在这样做的过程中，他们还部署和开发人才通道，以确保这群未来的领导者以战略性的方式接受培训和测试。

**从系统角度加强协调和控制**

作为系统思考者和实践者，OD变革实践者鼓励任何系统增加成员之间的相互依赖，在变革过程中实践系统协调。

- 在关注一个部分的变化时，还要考虑其行动对其他部分的影响。任何流程的出色执行都需要通过联合方式的跨界工作，不断提高生产力和效率。
- 通过鼓励知识共享，我们鼓励自下而上的创新和创造性的创业式行为。
- 变革过程也为员工提供了催化剂，让他们将持续改善带到最前线。通过让一线员工发出声音，他们将对自己能够处理的许多问题——如消除浪费和低效——产生主人翁意识并着手处理。

**结果：**在变革期间，系统可以通过将不同的团体——以及他们的不同思维——联结在一起，共同解决全系统的问题，从而提高组织的健康水平。这也是消除“独奏”思维和行为带来的浪费的好时机。通过这种方式，将获得一个改善协调和控制的好机会，从而提高系统的执行优势。

**领导者的激励**

在OD关于变革的文献中提到，没有鼓舞人心的领导者，变革将无法有效和高效地发挥作用——为了以身作则，展示他们的主人翁精神如何转化为期望的个人行为，他们愿意在一线领导，愿意自己经历个人转变。通过让领导者为变革势头定下基调，可持续的变革势头将成为自然结果。

- 因此，在任何变革中，OD实践者都需要设计温和的介入措施，帮助领导者对实现绩效和内部健康的双重目标产生主人翁精神。一旦领导者对变革有了主人翁精神，他们将支持其他人确定哪些需要变革，以及组织应该使用哪些标准来跟踪改善计划。
- 你需要在每一个层级上培养鼓舞人心的领导者，他们将展现有意义的价值观念，领导制定和提高组织健康指数。各层级的分布式领导力将非常重要。HR和OD可能需要设计核心流程，以便在每个层面上，人们都知道如何领导、展示和激励他人认真对待组织健康。
- 你需要成立临时领导小组来调查、验证和建立赋能流程以及合适的文化模式，支持绩效，让人们能够发挥出最佳状态。

**结果：**通过变革，我们在各级领导者中培养了领导才能，提高了集体变革素养，从而提升了他们的随机应变力，让他们能在未来监督持续变革——不管这些变革能否预测。

## 总　结

写这一章很冒险，因为仅仅提到组织健康有某种原型，或者强调麦肯锡的咨询工作，或者从众多作者那里过度汲取未经证实的概念性工作，都会导致一些人忽略这一章。然而，我认为这种风险是值得的，因为如果我们不清楚什么是健康的组织，会发现我们的工作毫无方向。我们中的许多人，尤其是如果从事这一行已有几十年的话，都有我们关于如何建立既健康又绩效出色的组织的工作理论。我们知道，许多这样的组织都具有我列出并交叉验证的三个列表中的特征。虽然不完美，但我已经展示了三组材料，帮助读者仔细思考这三个列表之间的相似之处。请放心，我不是想向你推销一份无效的组织健康列表，我分享的是一份从文献搜索和麦肯锡研究数据中得出的列表。在我们开展工作时，请仔细思考这份列表，进行观察并继续构建组织健康这一工作理论。现在比以往任何时候都更需要健康的组织。让我们共同努力，帮助更多的组织实现这一目标吧。

# 第十三章　如何提升自己的临在状态及对组织生活的影响力

自2015年出版本书第二版以来，全球、区域和国家范围的环境发生了巨大变化，对工作的组织方式产生了重大影响，这些变化甚至早在2020年新冠疫情之前就已发生。各行各业都面临着越来越不可预测、不可知和动荡的环境，这对行业内的组织提出了残酷的要求。即便资源不断缩减，许多组织仍在推动员工保持同样的（有的甚至是更高的）生产力水平。受新冠疫情的影响，特别是在人力资源被使用到极限的情况下，很多地方的组织结构出现了裂痕。数字化、虚拟化的工作方式和环境挑战让所有人都受到了影响，你能从公司各级员工那儿听到“我们能这样持续多久？还有没有别的健康的替代方式？”之类的问题。

与此同时，也有不少令人鼓舞的事态发展。随着越来越多的人寻求意义，在价值驱动和财务驱动两极兼顾的尝试中，涌现出新的商业模式。年轻企业家们跻身企业界权力精英行列，对企业应该如何运营、组织应该如何运作的一些关键假设提出质疑，并经常推动尝试新方法，将工作与更广泛的社会和环境问题联系起来。越来越多的商界领袖在寻找创新的方式来建立一种可持续的、对社会负责的资本主义形式，他们与非营利组织的工作者结成联盟，共同呼吁采用合乎道德和透明的方式开展业务。最重要的是，年轻一代要么选择留在工作世界的边缘，要么在他们选择踏入职场时就要求一种不同类型的工作和生活的平衡——不是因为家庭的要求，而是因为他们希望在工作之外有一种生活来表达他们的价值观和/或其他个人兴趣。所有这些因素都对旧的组织运行方式构成了直接挑战，并将世界各地的组织置于一个不可预见的场景中，这既叫人兴奋，又令人恐惧。

敏捷性、敬业度、变革能力、劳动力规划和部署的转变、知识管理、如何调动远程知识工作者的积极性以及引导行为和文化变革，这些成为领导者和实践者的关键研究领域。那么，谁有资格陪伴领导者和组织在这样的征程上前行？只有那些理解应用行为科学和组织原则背后的理论基础的人，那些不断适应并创造出更具活力、创意性和创新性流程的人，才能帮助组织更好地运作。

在本书OD部分的结尾，我想鼓励OD实践者特别关注两个方面：

1. 努力提升你在组织中的临在状态和影响力。

2. 建立为组织服务的内部OD职能。

让我们从如何使你在组织生活中占有一席之地开始。

## 如何提升你在组织中的临在状态和影响力？

我们有很多方法来保持自己的临在状态，并对我们所服务的组织和领导者产生影响。以下要点将为我们的工作提供帮助、做好准备：

- 成为**领导者值得信赖的谏言者和帮手**。我们需要不断提升自己发展建设性关系的能力，与系统更大范围的成员建立信任。支持领导者而不是评判他们，暗中帮助他们同时关注任务议题和人员议题。请记住，他们也在“不可知”中工作。要成为增强他们信心的鼓舞者和支持者，共同探索如何在“全新”的领域中航行。

- **永葆你对建立健康高效组织的热情**。这是一个人人高度焦虑的艰难时期，没有人有可以依靠的方案，因此OD实践者需要尽最大努力不要被动反应，不让自我保护占据主导地位。无论工作环境多么具有挑战性，不要对人和组织持怀疑态度，这一点很关键。愤世嫉俗的态度一旦滋生，你很快就会失去帮助别人的能力。请记住，健康的个体可以帮助建立健康的组织，无论环境如何，反之亦然。

- 无论是对客户还是对你自己，始终**保持转化式学习**的态度。每一个工作情境都会通过反馈教给你一些关于你自己的东西。做OD工作时，你需要继续做自己人生的功课。随着世界以越来越快的速度不可预料地变化，这是一个让你不断学习的黄金时期。

- **坚守OD的核心**。基于过去几十年的研究，一个可持续、高绩效的组织的标志始终是：高信任度、强烈的社群感、尊重人性（韦斯伯德定义为：尊严、意义和社群），以及组织和员工之间的价值观统一。你要通过与客户的每一次交互、每一场工作的设计去传递这样的价值观。坚守OD的核心原则至关重要，因为它们是永恒的。

● 努力成为**"抢手货"**，提升你在服务客户时的影响力。我的意思是，当你找到帮助他们变得更加有效和成功的方法时，你将成为组织各级人员珍视的服务提供者。他们能力的增长——不光是度过变革，而且知道如何更新和持续他们的旅程，会让他们将你视为其青睐的资源。

● **把人际关系视为你的首要工作**——因为你需要获得帮助别人的权利。你之所以在那里是为了展示组织中缺失的东西，特别是当组织遭受破坏和分裂时，因此，你需要通过与客户群体的关系来展示如何建立合作和抱持善意。在高度不确定的时期，信任关系将成为人们寻找前进动力的强大容器。

● **建立社群并作出贡献**。用西贝特（Sibbet，2003）的话来说，播种、有丝分裂、结出果实——这一自然运作的方式可被借鉴于保障OD的未来发展。你需要分享知识、出版、创造工具并分享、招收学徒、举办研讨、捐献时间、参与全球同业者的逆向学习。为OD领域的教育、教学、网络的发展等做出贡献。

● **与其他职能部门建立战略联盟**——你将持续扩大自己的关系网络和合作伙伴，为客户系统提供更全方位的支持。譬如，你需要与HR和战略规划部门合作，集合三方智慧为组织提供支持。与那些负责组织审计和评估的部门及人员建立合作也很重要，因为我们需要他们帮助我们将组织有效性和健康指数融入审核流程。其他的合作伙伴包括那些面向外部的部门，如客户部门，当然还有其他支持部门，如IT、财务、采购、健康安全、品控等。

● **相信世界可以因你而不同**。分享玛格丽特·米德（Margaret Mead）的观点，"永远不要怀疑一小群有思想、有献身精神的人可以改变世界，事实上，这是唯一能改变世界的方式"©（已征得使用许可）。你需要的是保持对客户的愿景，并磨炼你的技能与其共同缔造改变。

● 还有别忘了和**中层**合作的重要性（Weisbord，2004：470）。

重要的是要记住，你的权力和影响力永远不会无端被授予，无论你有什么样的权力和尊重，都要靠自己去获取。对于OD社群来说，努力付出以赢得这一声誉非常重要。

## 如何在组织中建立内部OD职能?

在我的工作生涯中，已与近400家组织共事，我看到了内部OD职能部门能够为组织做出的真实贡献。OD实践者不仅可以成为高层领导者的知己，还可以将理论付诸实践进行介入、支持变革，并与其他职能部门合作启动重大变革项目。由于他们对组织的深入了解，再加上他们的背景知识，他们能看到每个工作中的系统性联系。

如果说战略专家像是高层管理者的右手，OD实践者就是左手——支持组织，确保其有相应的OD计划来支持战略目标，因为光有战略计划并不能保证这些目标能够实现。OD的关键作用之一是保证组织有足够的内部能力和承载力来实现设定的战略重点。如果战略目标是获得更高的成功机会，那么这种内部协调一致是必须完成的重要工作。

最近，两家国际机构来问我是否可以帮助他们证明设立内部OD职能的正当性。这两种情况背后是共同的关切，即人们都关注OD职能可以给组织带来什么价值，特别是从经济以及能力/文化的角度。

让我们一个一个来看。

### 经济视角

从这个视角出发的关键问题是：

1. 我们为什么需要一个OD职能?

2. 我们要花多少钱?

3. 不设内部的OD会让我们花更多钱吗?

第一个问题已经透过很多方式得到了回答，所以让我们看看后两个问题。要回答这些问题，我们应该看看拥有OD职能的投资回报率（ROI）估算。这并不难确定，因为很可能公司其他职能部门已被问及投资回报率的问题，如财务、IT、公关、人力资源和市场营销等。如果组织是以任务和结果为导向的，则很可能有人可以为计算OD部门的投资回报率提供支持。这样，你就可以依照企业的方式来计算ROI。

另一种看待财务价值的方法是通过“负成本比率”（NCR）的概念来看待它，即没有任何形式的OD支持所产生的成本。负成本比率将利益问题从“我们将从拥有OD职能中获得什么价值和利益?”转换为“没有OD部门的成本是多少?”通过询问如果没有OD职能的支持，组织的战略目标会发生什么变化，以及员工的能力会发生什么情况，答案将变得非常明显。如组织的系统、文化和流程与组织的战略优先目标不协调一致，势必会有后果产生。或者，当出现团队没有得到维护，组织没有定期进行复盘回顾，领导者也没有可以求助的“故障排除单位”等情况时，也会产生后果。这些可能是日常的小型OD维护工作，但就像汽车一样，组织也需要维护。如果这些任务都没有完成，组织的健康肯定会受到影响。当然，另一种选择是聘请外部顾问来做各种工作，但成本要比内部支持高得多。

如前所述，领导者在战略实施方面面临的一个大问题是，当他们改变（外部）战略时，目前谁正在支持他们进行组织内部的调整？我猜他们要么会说他们向谁汇报，要么就说这是部门负责人的责任。但最有可能的是，他们会说自己在不同的项目中使用了不少外部支持。

使用外部顾问不是主要问题，因为考虑到组织的战略重点，总有一些增长或转型领域需要外部支持。然而，组织领导者们需要问自己的问题是：

- 由于我们没有内部资源，我们在外部顾问上花费了多少？我们本可以用这笔钱做什么？
- 我们从目前程度的外部支持中得到了什么？他们为业务增加了什么价值？
- 外部顾问的支持对我们组织的福祉至关重要吗？如果是，我们是否应该有持续的内部支持？
- 这是正常（年度）支出吗？我们能继续支付这样的金额吗？我们是否应该利用这笔资金培养自己的人才，把OD任务作为其发展的一部分？
- 是否容易找到合适且有能力的顾问——既了解我们行业/领域/组织，又能为我们的高层领导所接受？如果不是，我们是否应该招募并发展自己的团队？

根据这些问题的答案，你可以决定是否继续进行设立内部OD部门的经济计算。如果你决定要做，下面是我的做法。

让我们模拟一些数字来进行计算。例如，如果组织有7个部门，在过去一年中，每个部门平均每年聘用50天的外部顾问，那么总数约为350天（这可能是一个非常保守的计算）。考虑到咨询顾问的平均日费用约为1500—2500英镑（2000—3000美元），不考虑其他开支，咨询费用总额将平均在525000—875000英镑（700000—1050000美元）之间。

除此之外，组织成员还需要花费大量时间在建立招标流程，在投标过程之前向顾问介绍情况，审查标书及选择和评估供应商，这些时间和顾问的时间都需要付费。根据外部顾问对组织文化的理解是否正确，他们的介入和支持可能与要求的目标一致，也可能不一致。因此，这种不确定性应该用一个货币数字来表示。

现在，假设组织需要将每年花费在外部顾问上的金额与雇佣一个团队（例如，3名全职为组织工作的OD顾问）的成本进行比较。

如果雇用3名具备组织所需技能的OD顾问，每人每年平均为组织提供180天（他们需要建立关系的时间、设计时间和充电学习的时间）的服务，则每年平均有540天，比上述估计的350天多190天，其成本相近或更低。

如果你是内部OD团队的一员，我鼓励你把过去进行的所有介入活动加起来，计算这些活动在当年的财务价值。这将包括衡量指标的数据，以及如果组织雇佣外部顾问来完成这些工作要花费多少成本，然后减去团队的雇佣成本。在大多数情况下，这一计算将表明，拥有内部顾问的成本效益大于依赖外部顾问。然而，现实的情况是，总会有一些高层领导者更愿意使用外部供应商，特别是如果内部团队的地位不高的话。因此，在你的计算中，应该有一个单独的预算标题，计算为该高层人群聘请外部顾问的费用。通过承认这一点，你将成为高层领导的“经纪人”，从而对组织引入哪些人有一定的控制权。

最后，大多数内部OD顾问不仅仅从事咨询工作。根据他们的工作描述，他们中的许多人还将负责其他一些领域，例如人才管理和/或领导力发展。因此，他们为组织增加的价值将超出上述计算。

## 能力视角

内部OD团队还将为组织做出哪些贡献？我相信，虽然大多数组织都会有一个战略团队和市场情报团队来帮助领导者开展外部适应相关工作，但很少有组织会有人负责支持领导者进行内部适应的工作，至少难以以一种系统的方式。如果没有特定的人员能来管理外部适应和内部适应这两者之间的对接，就会对组织的健康产生长期影响。

理想情况下，大多数领导者，无论级别高低，都应该有能力在两个方面表现出组织领导力，这两个方面包括战略制定和内部组织发展。但从哪里开始建立这种能力呢？以下便是内部OD团队可以起到的帮助：

● 请内部OD同事将OD知识纳入主要领导力教育课程。

●在不同的内部OD顾问的支持下，领导者开始明白如何才能让组织保持健康。换句话说，他们开始了解OD的工作原理。

● 让内部OD顾问指导变革团队的人才池，对他们进行培训和辅导。之后，这些人才有望晋升为新的领导骨干，支持未来的变革。这是另一种帮助领导班子建立变革能力的方法。

● 拥有一支精干的内部OD顾问团队的另一个好处是，随着时间的推移，他们会将OD思维和OD方法注入领导者的行为，从而融入组织的文化。这是许多组织拥有长期内部OD团队时的经验。

那些从拥有超过20年OD支持经验的组织出来的领导者和那些没有相关经验的领导者之间存在明显的区别。如果领导者有与OD团队合作的经验，他们对组织健康、系统性协调一致、以人为中心的变革方法的重要性以及支持变革所需的调整工作的意识会更高。

一些公司（如强生公司）的领导者通过在变革项目中与OD实践者的定期合作，已经成为一批最精通OD的领导者。除了正式的OD领导能力发展计划外，他们中的许多人还受益于与OD实践者的定期对话（非正式教练）。通过这些接触，他们对系统性的组织发展和变革方法有了充分的了解，每当有战略变化，他们会自动要求OD实践者帮助他们协调系统的其他部分，以支持外部目标的实现。从这一方面来看，拥有自己的OD职能会给组织带来更长远的好处。

我知道领导者最终应该具备管理这类对接的能力，但这需要时间，在他们有动力学习和承担这个角色之前，系统需要体验这样的对接匹配是如何处理的。因此，当这种情况发生时，接力棒就会落在受过OD培训的高级人力资源经理和/或OD顾问或员工的手中（他们的角色是帮助一线领导实现战略同步和内部协调）。

### 现在就开始证明你的价值

组织发展团队需要开始认真对待他们为组织所做的事情。如果团队开始着手设计一些更大的介入措施，要求客户评估结果并向高层领导提供评估数据，那么组织将意识到OD活动的投资回报率，从而意识到内部OD团队的价值。

除此之外，OD实践者必须积极寻找机会，向尽可能多的高层领导者提供简短的教育材料，以便他们了解OD是关于什么的、OD的作用、OD的目的，并了解OD介入能够为组织实现什么的具体示例。在会议中，你还可以举例说明，对比没有内部OD部门的组织，那些有内部OD的竞争对手的好的做法，内部OD帮他们取得了什么成绩。通过这种方式，你可以帮助领导团队了解OD有支持组织的正当名义，帮助他们认识到OD是战略的孪生兄弟，因此对于组织实现其战略目标是必要的。如果没有OD是公司合理部门的意识，就很难帮助组织将OD方法嵌入其文化。

总之，无论你对内部OD团队的价值持何种观点，我相信，通过对内部OD咨询职能的投资，所有领导者在实施任何重大变革时都能得到支持。这样，组织将受益于拥有知道如何持续发展和维护系统的领导者。无论公司未来遇到什么困难，他们都有能力应对。让一个组织达到这一阶段是OD实践者的责任。

外部OD顾问是我的终身职业，我希望你了解，在鼓励贵公司建立内部OD团队方面我没有任何私人目的。事实上，如果所有组织都有自己的内部OD团队，就不需要像我这样的外部顾问。但我看到了那些有着长期良好内部OD支持传统的组织和那些从未获得过此类支持的组织之间的差异，这些差异体现在他们的心智模式、他们的视角以及他们在建立长期可持续绩效和组织健康方面的行动选择上。

## 总　结

在第三版第一部分的结尾，请允许我提醒大家，我们所有人都需要着眼未来。在我们学习立足当下的同时，OD的未来正掌握在我们的手里。正如韦斯伯德（Weisbord）一针见血地说道，“未来永远不会到来——今天就是你昨天想象的未来。但此刻它正成为过去”。因此，我认为，我们作为一个实践者社群，唯一可以预测OD未来的方式就是每一天都能践行我们的价值观，去做那些世界需要我们去做的、让我们觉得热血沸腾的事情。为此，我们必须坚持采取积极主动的策略。

不要对该领域能为世界带来什么失去信心：

- 让我们对OD作为一门聚焦于组织健康、有效性、变革与转型的专业学科持有信心。
- OD实践者的手里有应用行为科学研究和文献作为参考宝典，帮助客户组织更高效地改进、发展和进行以人为中心的转型。
- 我们致力于与其他职能部门建立战略联盟，从而能共同触碰组织，并在各个方面产生影响。
- 我们的使命是让人性回归职场，通过这样做，我们帮助建立健康的组织。

迈入职业生涯的最后十年，我依然对未来充满向往。我想邀请大家和我一起，使OD成为应用行为科学的一个关键领域，去帮助组织、社区和社会，让人性绽放。

（本章根据第二版中其他章节的内容汇集整理而成）

下 部

# HR与OD的关系：理论与实践

# 第十四章　HR与OD的关系

本书的前半部分里，Mee-Yan就OD的精髓作了鞭辟入里的分析，并对OD理论和实践给出了丰富的洞见。有一条主线贯穿其中，即虽然OD是一门体系化的专业知识，也有从事OD工作的专业角色存在，但OD本身是一项需要多方共同努力才能完成的工作——由OD专业人士作为帮助者，公司高管、一线管理者和HR等作为关键参与者。因此，无论你是OD实践者、高管、一线管理者、HR还是学习与发展（L&D）专业人士，我们要讲述的这些内容都会对你的工作有一定启发。

本章会重点介绍OD对非OD专业人士的现实意义。因为不管是HR还是L&D专业人士都能明显感觉到，组织对他们能够引领组织变革举措（或至少可以发挥积极作用）的期望愈来愈高。至于他们是否具备足够的能力又是另一说。而关于HR专业人士如何在工作中运用OD、识别何时需要订立OD工作合约，我会在后面几章来介绍。

我将会重点探讨资深HR专业人士越来越被期望引领的一些变革主题，如组织设计、组织转型、文化变革、打造组织灵活性和韧性、促进创新、员工敬业度以及领导力。我还会借助一些HR专业人士的实际工作案例，阐述如何帮助组织在当下风云变幻的复杂环境中顺利前行。不管你是HR通才还是专才（如学习与发展实践者），抑或是希望了解如何建立可持续成功的组织的一线经理/高管，接下来的几章将会告诉你：HR和OD如何共同缔造成功的关键要素，即由满怀激情、创新、高绩效的员工构成的具备韧性、灵活性、敏捷度、高绩效的组织。

这一章会涉及的主题包括：

1. HR为什么要懂OD？

2. HR如何才能成为变革推动者？

3. 战略议程。

4. 如何获得参与资格?

5. HR和OD如何共同发挥作用?

## HR为什么要懂OD?

### 大环境的挑战

近年来，由于银行业危机持久的遗留问题，以及随后不断持续的经济挑战，商业格局发生了翻天覆地的变化。气候变化、抗议运动、种族或宗教冲突、政治不稳定、大规模经济移民、网络安全威胁、自动化等大趋势，构成了一个动荡大背景，而新冠疫情危机则带来了更大的挑战。新的游戏规则还仅处于萌芽阶段，但疫情危机触发了底层变革的“大加速”(Bradley *et al*，2020)，这表明我们可能正处于新旧思维方式之间的转折点，对于企业、工作、职场和劳动者的思考正在发生转变。

可以确定的是，即使不考虑当今的经济与地缘政治动荡，这也是一个全球性高竞争的时代，颠覆式的创新在一夜之间改变市场和消费行为，新的竞争者、创意和产品层见叠出。

尤其是技术正在以越来越快的速度推动业务各个方面的根本性变化。所谓第四次工业革命正在向前发展，经历不同的创新阶段。在第一个创新周期中，数字技术基础设施的快速普及和商业生态系统的演进，大大降低了进入壁垒，促成了来自敏捷、颠覆性公司的极端竞争，例如Uber和Deliveroo(英国美食外卖平台品牌)，它们挑战了垂直导向的传统公司的权力基础。线下零售等行业，乃至以前非常成功的产品和服务，现在都面临着过时淘汰的威胁。

第二个创新周期比第一个发生得更快。颠覆性的创新企业正在以意想不到的方式，改变和改进产品和服务，从而彻底革新市场，产生过去仅存在于头部大企业业务外围的数字驱动型创新。物联网、无人驾驶汽车、可再生能源，只是新行业格局特征的一些例子。

在大多数发达国家，知识和服务性产业已成为经济增长的主要动力。虽然人仍然是首要生产力要素，但机器人技术、3D打印、区块链、机器学习

（ML）、量子计算和人工智能（AI）等技术正在改变职场，带来知识和并行突破的新时代，并使许多人的工作前景变得不确定。当前突破发生的速度是史无前例的（Schwab，2016）。

技术和全球化正在重塑商业运行模式，带来更多、更具流动性的组织形式，以及更多元化的员工队伍和工作方式。组织和客户之间的关系也在改变。传统商业模式和运营方式正受到挑战，等级式管理架构和管理风格日趋消逝。由互联互通驱动的变革过程，让人与人之间可以即时便利地互动。此外，新冠疫情促进了数字化转型，使更多工作在线上完成。事实上，对大多数组织而言，唯一不变的只有变化。

与此同时，在社会不平等不断扩大的背景下，越来越多的人呼吁采用一种平衡各种利益相关者诉求的资本主义形式，来取代以股东价值为最终目标的新自由主义式的资本主义。要求公司考虑多方利益相关者、平衡业务需求与地球可持续性的呼声越来越高；国家和企业都要努力在市场与每一个人的社会保障和健康需求之间，寻求协同效应。人们越来越热衷于一种真正具有包容性的资本主义形式，即真正重视所有人，为每一个人提供所需的生活水平和心理安全感，促进福祉、信心和成长（Collington，2020）。

组织对于有力监管、良好治理、高管薪酬的公平透明、新的领导力风格、责任承担等方面的需求也与日俱增。组织的挑战将是在营造创新氛围的同时，能够平衡好风险管理。而与这些需求相关的诸多实践，都会直接或间接地落入HR的职责范围。

## HR的挑战

因此，HR所面临的挑战包括：既要改进当下的组织实践，又要为未来的商业成功奠定基础。HR能够实现多少成果，很大程度上取决于HR职能的能力，取决于组织成员如何看待HR这一角色，尤其是高层决策者。

HR作为一门学科，诞生于20世纪80年代，这也是英国和美国工业大动荡之后另一个快速变化的时代。当时在这些国家，许多传统工业因为新的竞争国家的生产成本相对较低而失去其原有竞争力。于是，人们呼吁采用新的管理方法，国家也推出了相关立法以限制工会阻碍企业主实施变革的权力。

HR作为新式管理主义的新产物应运而生，代表企业主的利益来管理日趋个性化的雇佣关系。随着自由市场全球化的加快，新的知识密集型产业（如金融服务业）在监管的不断放开下如鱼得水。此类环境中的大部分组织不再有工会，员工集体的声音在不少行业中已彻底消失。

HR是建立在中央集权制假设的基础上的，即企业主在雇佣关系中掌握权力，对企业有利的就是对员工有利的，反之亦然。这一假设在经济增长时期确实成立，但在风起云涌、充满未知的变化时期，其有效性很值得打上问号。随着商业前景的日益竞争激烈和不确定、经济的不稳定和公共部门的削减，组织面临的一个危险选择是强硬地开展一大波裁员与重组，而这会使组织大伤元气。如果发生这样的情况，其隐性成本是巨大的：压力和心理疾病造成的人员和业务成本需要管理，失去员工积极性、创新精神和客户关注的机会成本是不可估量的，而企业对创造一个更公平的社会的贡献也会变得值得怀疑。

企业高管越来越意识到人和组织议题的重要性。不管是CEO、财务总监还是其他业务领导者们都知道，改变是必然趋势，但对于如何着手开展变革却常常茫然无措。这就是为什么他们迫切需要HR——作为组织内部全面负责人员管理的专职部门，能够为管理变革作出有效贡献。他们尤其需要资深HR在变革管理、文化变革、组织（重新）设计和员工敬业度方面的专业建议、经验和实际帮助，而所有这些主题都需要一定的OD知识——即便不必非常精深，但至少拥有基本的了解。

## 组织需能“随机应变”

我们知道，组织想要生存发展，必须足够敏捷。敏捷是指能够快速有效地适应环境变化、应对挑战和机会。敏捷的组织是能“随机应变”的，它们能够从容地持续作出改变，来提升绩效、实现突破，因为它们已将灵活性注入自己的DNA。“随机应变”的组织拥有目光长远的管理团队、快速有效的决策流程，创新与风险管控和谐共舞；它们也具有韧性，善于从失败中吸取教训并调整未来策略；它们能够改造一些组织部门、缩减另一些部门，推出新的产品和服务，满足不断变化的客户需求。

我认为，“随机应变力”或适应能力是组织效能的核心部分，而要建立这一能力是各个行业的组织所普遍面临的OD挑战。组织需要“对的”人，以“对的”方式提供“对的”产品和服务。但谁是“对的”人？许多低技能含量的职位在不断被技术取代，而高技能含量职位的人才通常是稀缺资源，从土木工程到医药，各行各业的人才短缺让企业发展的潜力受到阻碍。

然而，在企业争相吸引和留住业务发展所需人才的同时，他们逐渐发现，当今高素质的知识工作者不再是被动的资源。人们认识到组织不会提供他们可以捧一辈子的“铁饭碗”——年轻一代也不想要这样的“铁饭碗”。他们吸收了这样的观点：伴随劳动年限的增长，他们可以在漫长的职业生涯中有一定的工作变动，甚至是职业方向的改变。因此，他们想自己掌控职业生涯，并越发期望组织能够支持他们追求自己的兴趣。要他们承诺“从一而终”已不再可能，除非这笔“交易”真的合适。因此，在人才吸引与留用的问题上，企业已不再占据掌控者的位置。

## 变革管理的挑战

组织还必须管理持续进行的变革。我们从大量研究项目中了解到，要管理好变革是非常困难的，高达70%的传统的、由业务驱动的变革未能达到预期成效。

为何临门一脚总会射偏？

变革失败的主要原因通常在于变革过程本身是如何被管理的，以及由此引发的对人的影响。深度的组织变革对组织内的人员有深刻影响，由变革引发的“人的问题”最有可能危及企业的声誉。发生的情况往往是，自上而下的业务变革过程不断耗散组织的精力，也就是员工的承诺、自发努力、幸福感等，而这些是组织可持续绩效的命脉。变革的“幸存者”通常被当今职场生活的复杂性困扰——变革的快节奏、超负荷的工作量、资源和责任的模糊性、人岗不匹配的常态——这些都妨碍变革积极成果得以固化。甚至在变革初期目标达成时，也会由于管理层注意力的转移而错失进一步成功的良机。在当前情况下，变革成果付诸流水，令人无法接受。

更糟的是，失败的变革削弱了组织的随机应变力，并留下了深深的伤疤——心怀怨恨、冷嘲热讽、心不在焉的“幸存”员工不再信任组织和领导，也不可能再为组织全力以赴。近几年，诸多HR团队极力追求员工敬业度并将其视作“圣杯”，而这或许正是一边倒的变革经历所导致的雇佣关系错位、员工离心离德的一种症状体现。也许正是这些原因，让许多组织对于如何“迈出前脚”、前瞻性地塑造运营环境，感到实在非常困难。

从需要变革，到毫无建设性的变革过程，再到员工士气和绩效下滑，又引发更多的变革需求——这一恶性循环必须打破。基于这样的背景，能够改变组织、使之更高效、为变革参与者提供更佳体验的人，是组织当前所急需的。而HR应该处于能够帮助组织和员工为变革做好准备的最佳位置。毕竟，HR具备许多能让文化变革产生效果的工具，尤其是招到“对的”人、培养管理者、设计激励体系等。因此，对HR职能来说，要能真正贡献价值、为未来建立能力，或者探索别的选择——变革时期可谓成败在此一举。

## HR如何才能成为变革推动者?

然而，HR对于胜任这一角色的准备程度是怎样的呢？问题就在这里。多年来，HR一直被诟病过于被动和内部导向。特别是在敏捷性、变革管理、文化变革和组织设计等领域，HR价值最受考验，而类似下列原因让诸多资深HR实践者也一筹莫展：

- HR能力不足；
- 技术手段失效；
- 面对领导团队的“推动”和一线经理的“拉动”；
- HR职能内部的变革管理能力欠缺。

戴维·尤里奇（Dave Ulrich）及其同事（2017）定期对HR胜任力进行全球调查。他们看到HR技术和HR分析的重要性正在上升，但也继续发现HR专员难以胜任“文化和变革倡导者”角色，即成为能让变革发生并管理组织文化的人，这实际上比其他任何因素都更能决定HR实践者在他人眼中的可信度。这并不奇怪，考虑到HR角色是快速演变的，实践者的早期职业经历和专业发展可能并不足以让他们承担起领导变革、构建能力的责任。许多文化上的真正挑战是在非正式体系中涌现的，如组织政治的特性、领导者操纵和运用权力的方式等，这些都是专业发展鲜有涉及的领域。

在特定的组织背景下，我们必须认识到管理者真正想要的仅是基础人事服务——其他任何事情都是强买强卖。许多利益相关者认为，HR是一个纯粹控制型的职能部门，并且仍然期望HR只关注运营效率和持续改进：一方面，要为组织提供关键过程，如绩效管理系统、冲突处理、低绩效问题的解决等；另一方面，要保证HR自身运作的胜任力和成本效益。

传统经验认为，所有管理形式无外乎是在做三件事："持续做事""做对事""做新事"。人们倾向于认为，HR角色一般聚焦在前两件事上，对第三件事关注较少。许多成功的HR领导者建立起了个人可信度和知名度，以管理规范、为人可靠、确保招工合法并满足业务需求而著称。他们的自信和影响力可能更多与"做对事"有关，为权力阶层解决问题，而不是挑战或破坏现存模式——因为这听上去就不大合理而且存在风险。然而，如果HR只关心运营效率，又往往会招致人们对HR部门的批评，说其"不接地气"，没有充分帮助一线经理应对日常人员管理的挑战，对组织开展的创新总是说"不"，或很官僚地设卡拦路。而要打破这一认知的恶性循环则充满了挑战。

对于"做新事"，HR的贡献往往受到局限，只能在局部业务合作伙伴的层面开展试验、引入新的政策、制定新的绩效管理框架，或者在HR职能范围内开展创新，比如在学习与发展方面，将技术和新思考运用在学习过程上。最近几年，HR也已开始将"做新事"的能量集中用于重组HR职能以提高效能，往往是按照尤里奇提出的HR三支柱模型——由公司统一整合的共享服务中心、专家中心和业务伙伴三部分组成，其目的是确保HR的常规抓手（如领导力发展、激励、绩效管理、职业发展和员工关系等）能够帮助组织获取人才竞争优势，至少在短期内如此。

然而，今天的经济环境需要HR作出更战略性的贡献。组织面对的挑战和机会如此之大，让侧重于"做新事"变得更加重要，这些"新事"必须结合业务实践才能奏效。

这一战略性贡献当然必须是建立在HR可靠、高质量的运作基础上的。HR的专业机构，如英国特许人事和发展协会（CIPD）、美国战略HR管理协会（SHRM），一直致力于让人们看到HR更重要的价值，即为塑造组织的未来发挥积极影响力。有意思的是，类似的重点转移在企业内部沟通（IC）社群也发生了，他们越来越质疑成为业务伙伴的价值。他们的论点是，为了成为业务伙伴，实践者往往要将精力聚焦在局部的短期项目上，而非推动整个组织实现更远大的目标；因此在某些情况下，业务伙伴的服务似乎正在被重构，目的是提供有限度的业务支持，将资源转而聚焦在关键业务优先事项上。

越来越多的人要求从架构上更加清晰地了解HR如何为大型组织的业务作出贡献。例如，纽瓦尔和兰伯特（Newall and Lambert，in Jacobs，2016）认为，HR行政管理应该开始变得多职能化，而HR应该专注于大大提升OD、绩效、人才、变革等方面的效能。OD应该是HR专业人士拥有的关键技能，使他们与一般业务人员区分开来。

管理和领导力作家拉姆·查兰（Ram Charan）则提出，在HR职能演进到下一个阶段时，首席人力官（CPO）的角色应被取缔。他认为，HR职能应该分解为行政管理（HR-A）以及领导力和组织（HR-LO）。前者主要汇报给CFO（其应将薪酬福利视为吸引人才的方式，而不只是大头成本），后者汇报给CEO，并着重提升业务的人员能力。查兰认为，领导力和组织应该由来自一线的高潜力人才引领，因而“不论通过哪种方式，他们都必须培养商业敏锐度，以帮助组织实现卓越”（Charan，2014）。这个观点也有可取之处，尤其是对于特定的行业、组织类型和领导力环境。当然，领导力和组织的潜在贡献也是我们倡导的。

对于在中小企业中工作的HR专业人士而言，OD和HR挑战可能与在大型组织中不尽相同。中小企业是大多数经济体中总量最大的企业团体，代表着许多行业的大量组织。许多中小企业并不雇用HR专员，直到随着业务的增长需要使人事实践专业化。因此，HR角色的重点因组织而异——取决于员工队伍规模、成长阶段、成熟度、行业、职位角色的性质，以及企业主/创始人对业务的理想抱负。

HR能为中小企业带来什么，可能受限于主导的利益相关者的期望。与企业主/领导者的关系，对HR的角色会产生最大的影响；为了以预期的方式在整个组织中一致地开展人员管理实践，与一线经理的高质量关系是至关重要的。

另一方面，在中小企业工作的HR，能对整个企业及其员工的工作方式获得绝佳的了解。由于中小企业通常具有较短的决策时间，并抱有创业理想，因此

HR可以通过整体的人员和文化议程，直接对整个组织的效能发挥重要的影响力。为了与一线经理紧密合作以实现整合式的人员管理，设定明确的期望是关键，一线经理应负责日常人员管理，HR则负责政策、问题解决、指导和发展，共同促使员工队伍发挥最佳水平。

那么，对HR来说，更广义的“做新事”应是怎样的呢？

## 战略议程

组织在当今快速变化的环境中发展，需要“对的”人以“对的”方式做事，并得到有效且合乎道德的管理和领导；这要求人们以新的方式与速度去适应、学习和工作，因此招聘和发展是极为关键的过程。但即便有了“对的”人，如果在有毒的组织文化里工作，也是不可能成功的。因此，HR应该规划下一步，制定未来愿景，利用今天的决策来实现明天的理想。HR越来越需要利用各种抓手来营造组织文化，使其与共同使命相一致，并能促进高绩效和员工敬业度；HR还需要消除障碍，塑造新行为，激励人们参与组织期望的实践，如知识创造和分享，并确保员工幸福感。这些战略性贡献需要HR具有OD思维和能力，并积极运用HR的已有工具（如建立雇主品牌、绩效和激励系统、领导力发展），从而激发并系统性地巩固组织前行的方向。简而言之，组织需要HR实践者成为变革推动者，能够发起并带来组织需要的转变。

眼下的趋势表明，为了应对扑面而来的挑战，HR的角色正在快速扩展。尤里奇认为，如今的HR正在人才、组织和领导力领域为所有利益相关者作出独特的贡献。接下来几章中的实践者案例研究将表明，HR实践者能够发挥多种有价值的角色的作用，增进组织的利益。他们能作为高效的组织探路者，扫描和解读正在变化的商业环境、预见未来员工队伍的需求、影响利益相关者，并打造能吸引和保留高素质人才的员工价值主张。

HR实践者还能充当组织的建筑师，设计敏捷的组织架构，建立灵活、自我更新、赋能的组织文化，并运用各种HR抓手促进行为改变，引领组织为未来做好充分准备。HR能够通过设计过程提高员工技能，支持一线经理创造条件以激发员工自主投入，从而培养个体、团队和组织的能力。HR能够引导内部协作

图14.1　可持续的高绩效：整合式方法

和知识分享，设计过程将创意转化成知识资本。

HR更具战略性的贡献，是运用这些抓手来实现HR的使命，即通过人来建立可持续的高绩效。可持续意味着更长期的、合乎道德的、能自我更新的；自我更新涉及拿捏业务需求和员工需求之间的平衡。CIPD将其定义为“更好的工作成效，更好的职场人生”。这意味着HR必须作出转变，不再将自己仅仅视为帮助企业追逐商业利益的工具，而是确保商业成功也能够带来人的成功。

这一双重关注可能会给一些实践者带来张力和道德两难的困境。尤里奇认为，这需要HR有能力应对看似互相矛盾的状况。例如，由业务主导的变革可能会让员工感受到威胁，迫使人们重新申请职位会令人焦虑。可以说，更为人性化且最终更有效的方法是：在逐渐改变工作流程的同时，保持员工和职位角色的稳定。因此，HR和管理者是否应该质疑自上而下变革的必要性，并反过来寄期望于迭代或持续改善，尽可能避免旷日持久的重组？总而言之，HR专业人士必须清楚自己在这些问题上的立场，并做好踏上自己认为正确道路的准备。

从快速变化的环境中会衍生出更为复杂的HR议程，以下针对这一议程总结了一些启示。

| 环境驱动因素 | 对职场的启示 | 对HR的启示 |
|---|---|---|
| 动荡、复杂 | 新型领导力的需求 | 培养领导力和领导者思维，制订新的继任计划 |
| 持续不断的变化 | “随机应变力”的需求（敏捷和韧性） | 以积极主动的OD方式来影响文化 |
| 全球化和技术 | 运营和员工队伍的灵活性 | 战略性人力规划、敏捷设计、压力管理、发展、跨界工作引导 |
| 全球劳动力和人才短缺 | 全球人才寻源、多元化、多代人共处、驱动力和敬业度 | 个性化雇佣条件和员工价值主张，提高人员管理、职业生涯、员工幸福感等标准 |
| 超链接：对反应速度的期望提高 | 消费化；内部沟通与社交媒体 | HR移动化；双向沟通、有意义的雇主品牌 |
| 知识作为竞争优势 | 需要有效的流程来支持创新和知识分享 | HR作为创新枢纽、可持续的敬业度：兼具安全感、挑战性和自主权的职位；团队合作 |

## 新冠疫情

在如今动荡的经济背景下，这个有使命感的议程变得更加紧迫。2020年的全球新冠疫情给国家、组织和个人带来了有史以来最大的挑战，导致企业运作方式和我们的生活方式发生了前所未有的变化。

事实证明，面临病毒对经济生活的影响，许多行业是脆弱的；尽管政府提供了前所未有的支持，但许多企业的关闭导致了广泛的失业。世界正在进入可能是史上最严重的经济衰退期之一，人们会在未来数年中持续感受到其影响。

这可能是一个转折点，涉及人们的生活方式，以及对企业和权威人士的期望。各种专家学者预测，我们可能正在经历向利益相关者资本主义的转变，关于组织使命和责任的辩论也体现了这一点。在这场疫情中，许多公司对自己所在社群重新展现出责任感，作出了灵活的反应。例如，为了大众福祉，与往日的竞争对手合作，响应研制疫苗的迫切需求。

诚然，创新（尤其是数字创新）的规模和速度，是这场疫情的一个意外结果。以前需要数年才能完成的变革，现在几周就能完成。为了提高速度，许多公司不得不将决策权下放，促成了对员工更多的赋权。快速反应的能力可能仍然是未来的一个关键能力，并且正在嵌入HR系统、研发系统、制造系统和客户响应系统中。

出于必要性，许多组织的工作方式已经发生了变化。以前在办公室工作的员工，几乎在一夜之间变成了在家里工作。人们似乎受到了一种强烈的共同使命感的号召，而这被证明是灵活性的主要推动力。随着工作变得更加灵活，公司正在实施技术系统和支持，以促进移动或混合工作；领导者也在提高自身的管理能力，以成果和目标而非签到打卡作为管理的依据。

现在的挑战是，如何确保这种有益的变化得以持续。例如，英国国民医疗服务体系（NHS，2020）认识到："我们需要坚持这种新的工作方式，剔除不必要的官僚主义、汇报和监管，因为长期以来这些都有损于服务。我们要让每一个人都乐于接受一种文化，即为当地领导者和临床医生赋权，让他们能为自己服务的社区和合作伙伴作出正确的决定。"

发展组织的敏捷性和韧性是HR系统可以影响的关键能力，因为当人先于流程时，敏捷性就能成功。

## HR的高光时刻?

对于许多HR团队而言，疫情是他们的高光时刻。在疫情管控开始时，他们执行了紧急计划，迅速有效地支持了员工将工作转移到家里，辅导和指导了高管与员工远程沟通，管理了员工无薪休假的流程，确保员工可以获得援助，并制定了针对疫情的身心健康与安全政策。在预期将返回线下办公的情况下，他们针对疫情制订了计划，确保工作场所的安全性，制作了大量工具和指南供管理者和员工使用，并承担了处理大规模裁员的艰巨任务。

这场疫情对于许多人都是一个困难的时期，身心健康的多个方面同时受到挑战，这推升了心理健康在HR议程中的地位。当我们走出这个时期时，HR将需要确保组织通过以下做法促进员工的福祉（Collington，2020）：

- 通过标准明确认识到员工的人身安全是最重要的。
- 心理安全和个人价值应成为每一位领导者的关注重点。
- 了解公司如何在未来的困难时期为员工提供财务保障。

许多HR团队也认识到，为了生存，企业必须适应未来的职场，并建立开展创新、迅速敏捷行动的必要能力。毕竟，可以说，疫情和组织的反应只是加速了潜在的趋势，使这些趋势成了眼下的焦点。包括自动化和机器人在内的技术进步，越来越多地导致某些类型的职位失去意义或被淘汰。组织频繁地进行跨界合作，以追求开源创新和地理覆盖面。由于巨大的竞争压力，速度和灵活性——作为组织敏捷性的基本要素——受追捧的程度高涨。

为了让组织为未来职场做好准备，也为了让自己能在这一发生了根本性变化的背景下继续成长，HR必须重新思考、构想、考虑自己应如何通过前瞻性的HR战略，以新的方式提供服务、加强组织、培养人才。

这就要求HR发挥战略性的作用，包括保持对背景趋势的了解，并引发新的思考。可以说，HR处于能够提供系统性观点的最佳位置，因为他们对流程有全面的了解，并能确保各组织单元、职能部门、业务团体和“筒仓”（silo）之间的协调、沟通与合作。HR可以引导对话，帮助对业务目标进行适度的重塑，以适应客户需求和市场的变化，有效应对新冠疫情造成的危机。

HR可以制定人员和文化战略，使其成为强有力的雇佣关系的平台。一个有效的做法是与员工一起制定新政策和实践，而不是替员工制定。这是工程公司SNC-Lavalin Atkins的HR团队所采取的方法，他们希望重新思考一些基本的HR政策，确保其适合未来的发展。因此，这一HR团队并没有替员工做这些，而是让员工团体参与到未来工作方式的蓝图制定中来，这样做也为政策的成功实施创造了共同的主人翁意识和责任感。

## 文化是关键

鉴于对持续创新的要求，人们可能会越来越重视对文化的管理和有意塑造，从而为提升创造力、探索和解决问题水平创造条件。这将涉及如何鼓励和巩固相关行为，以体现你想要灌输的价值观和规范。

要通过远程工作做到这一点，难度更高，但也更有必要。人们不会相信自己不了解的东西，所以在此时，明确文化和期望比平时更重要。因为大家不在一起，所以特别有必要聚焦讨论一下你们珍视什么、以什么方式完成工作，以及可以和不可接受的事情。

同样，信任也取决于人们对公平的感知。随着各个公司向线上线下混合工作方式过渡，公平性正在被推到议事日程的首位。各种调查显示，许多人担心公司将如何对在家工作的员工作出晋升决定，其他人则担心员工关怀的责任将如何被计入绩效目标。这一点很重要，因为不公平的感受会对员工信任和敬业度产生负面影响。HR还必须做好准备，以建设性的方式挑战组织各个层面的欠佳实践。

因此，HR应主动与高管讨论：组织对员工队伍的未来要求是什么？工作将在哪里进行？如何进行？工作的性质将如何改变？采用的模式会不会是主要依靠临时工？需要什么样的技能？应该如何领导和管理员工？组织如何在心理健康方面支持在家工作的人？同时，HR必须就雇佣性质的变化所带来的道德问题开展讨论和决策。组织对多元化员工队伍的包容性如何？HR如何确保劳动者受到公平对待？

HR必须确保政策在以下方面是公平的：结果（如员工是否根据其绩效获得了相应的认可），程序（如新的绩效和奖励体系的制定方式），以及在绩效和奖励等问题上与管理者的互动（员工是否觉得自己受到了公平和公正的对待）。

## 建设“新”领导力

随着我们周围世界的变化，对新型领导力的需求比以往更加明显。领导者是企业文化的重要部分，因为人们往往根据领导者的立场、行为和选择来对企业文化得出结论。最近见诸报端的许多领导力实践转变都与情感效能有关，情商越来越被认为是危机时期最有效的领导者的关键特征之一。情商是一套指导决策和行为的情感和社会技能，使个人能够适应不同的人、环境和挑战。

疫情危机期间，来自众多渠道的大量信息，使得员工更希望领导者能基于自己公司的背景，解释发生的事情有何意义，因而许多领导者在塑造员工认知和敬业度方面，发挥了更重要的作用。此时，领导者的行动最直观地体现了公司真正的价值观。

经历了这场危机，许多领导者意识到了沟通和真诚的重要性。领导者和远程员工之间通过Zoom开展频繁、定期、推心置腹的线上对话，成为常态。许多领导者变得更具同情心，本着关怀的理念进行业务决策。此外，高层领导者越来越认识到员工福祉的价值，以及拥有多元化员工队伍的优势。

## 管理人才工作

疫情和随后的经济动荡严重扰乱了许多企业，造成了巨大的不确定性。同样地，人才战略的稳定性也被破坏了，必须对其加以重新审视，才能帮助组织适应敏捷未来。

似乎很清楚的是，雇主和雇员之间的“交易条件”正在发生变化。即将到来的经济衰退意味着预算将被削减，影响到职业安全感和薪酬增长。同时，员工能够更加灵活地工作，并有可能在工作时间和工作方式上拥有更多的自主权。

尽管情况不断变化，HR必须确保充沛的人才储备，在人们加入敏捷组织时，对提供的“交易条件”和人们可以期望的工作方式设定明确的预期，并解释敏捷团体如何积极拥抱反馈、透明性、灵活性、持续改进和学习。

HR还必须确保政策不妨碍人才的灵活性。当职位角色在敏捷团队中发生变化时，HR可以找到新的方式来帮助轮换、发展和吸引人才。职位描述和职责调整的流程必须具有足够的普适性，以确保人们能顺利进入可让自身技能发挥最大价值的角色，更好地服务于团队和客户。为了鼓励“成年人与成年人”之间平等的雇佣关系，HR应致力于让员工在职责任务、发展路径甚至工作时间上都获得更多的选择和控制权。

虽然随着团队一起工作和学习，学会以敏捷的方式工作是一个会有机发生的过程，但也应该通过计划和流程来系统地支持这一过程。发展应该是有针对性的，旨在让人们具备未来的工作技能，包括数字化胜任力。HR和L&D专员可以提供有效的入职方法、持续的在职和非在职发展工具以及导师辅导方法。

对于之前可能完全是为了满足合规要求而开展的关键组织事项，HR现在有必要在HR战略中加以积极应对。多元化和包容性在组织议事日程中的地位已经上升。新冠疫情以来，员工的心理和财务健康也进入了各方面业务规划的核心位置。随着新常态的不断演化，多元化、包容性和员工福祉战略将需要跟上步伐。

正如美世咨询（Mercer，2020）所指出的，疫情之后，领导者比以往任何时候都应该更多地倾听员工，并需要在日常工作中表现出同理心、包容性和响应能力。借助新发现的洞察，使技术与人事议程融洽交织，达到这些要求从未如此重要。

HR可以支持这一努力，确保不会丢失危机时期学到的经验，并且使其成为未来更好的工作方式和管理方式的基础。

## 树立榜样

HR团队除了具有显而易见的员工倡导者角色之外，还应树立榜样，以身作则采纳敏捷原则。HR领导者应该为沟通和反应时间设定期望值，并在危机中为每个团队成员制定明确角色。许多组织定期进行危机情景模拟，评估自身在真实事件发生之前的准备度。找到方法让工作更聚焦，使内部流程透明化，更经常地获得客户反馈，并在与客户共创的同时持续不懈地寻求改进——这些都是如何树立榜样的例子。

总的来说，HR需要发挥领导力，进一步做到以下方面：

- 为企业创建关于员工和组织的使命，而非HR议事日程；
- 确保组织在对的时间、对的地方拥有对的人才；
- 推动业务转型，确保其潜力得到充分发挥；
- 建立有助于提升员工敬业度和可持续高绩效的文化。

HR有多种方式来实现这一计划，以下总结了一些“如何去做”的方式。

**胜任其职的HR**

HR的多种贡献必须建立在有力的运营效率基础上，通过以下方式实现：

- 提高HR团队绩效的质量；
- 开发简单高效、以客户为中心的服务；

- 支持一线经理，如为一线经理提供基于技术的自助服务，建立移动化HR；
- 持续确保雇佣实践合乎法律法规要求；
- 平衡效率和效能；
- 管理风险，支持创新。

**助力绩效提升**

- 提升一线管理的质量，培养一线经理成为教练；
- 与管理者和员工共同设计富有趣味、挑战性和成就感的角色，给予角色自主性的同时，又使其与组织使命相连；
- 共同设计简单适用的绩效管理流程，持续提供有价值的反馈，由员工共同自主设定并实现更高的标准；
- 鼓励、支持及培养团队与团队合作。

**人力规划和人才管理**

- 战略性人力规划；
- 建立富有吸引力的雇主品牌，吸引、培养和保留多元人才，并通过以下做法创建名副其实的雇主品牌：
  - 打造具有包容性的职场氛围；
  - 提供员工队伍发展和职业生涯机会；
  - 增强员工福祉和士气；
  - 培养高效的员工管理者。

**恰到好处的管理和领导力**

- 担任高层管理者的教练/顾问；
- 留住并培养富有远见、面向未来的顶尖人才；
- 寻找并培养全球化的领导者；
- 发展分布式领导力；
- 提高领导者的能力和实践，挑战低效的领导力实践。

**恰到好处的组织设计**

- 共同设计新的组织体系、架构、决策流程、问责制、空间利用方式、沟通流程，旨在提高速度、灵活性及以客户为中心的水平等；

- 使薪酬奖励体系与其他体系协同一致。

**管理转型性变革和文化变革**

- 成为组织变革行动的主心骨，管理好裁员、调岗事宜；
- 管理好企业整合，积极利用并购中的文化差异；
- 帮助领导者和一线经理做好准备、承担起管理变革的角色；
- 鼓励实验，从经验中学习；
- 提升沟通和互动质量；
- 决策过程透明化；
- 建设性的劳资关系；
- 培养未来领导者和各个层面的领导者社群。

简而言之，HR通过努力营造一种实验、学习、透明和发展的文化，可以最有力地支持组织敏捷性。换言之，这是一种支持和重视人、挑战人并让人承担责任的文化。

## 上述哪些活动需要OD框架？

针对这个问题，我们很容易会回答说“全部”。当然，贯穿所有这些活动的主线包括变革管理、协同一致、有助于提高绩效的组织能力和文化的培育——所有这些都需要OD的导引，即富有前瞻性、系统性、长期的洞察。这些需要平衡好业务和员工两端的需求，而HR是比大多数人在任何时候都更清楚实际情况的。

因此，对于HR来说，带着对OD框架的理解，开展HR“日常工作”是很重要的，即使HR实践者不必是真正的变革专家。脱离组织大局观的HR项目会有半路夭折的风险。譬如，某L&D专业人士被要求设计一个新的绩效管理流程。因此，他进行了胜任力分析，基于一线经理的意见创建了新的评价表，但是却没有进一步跟踪流程后续运作情况及其带来的改变。结果是，新方案的落地不受欢迎，被认为没有帮助、用处不大。直到他借助OD的方法，与高管层及其他利益相关者（包括员工）共同明确这个设计需要实现的目的，诊断在系统中存在的一些压力点并找到解压方式，简化流程并建立妥善的支持和反馈循环，整个组织才开始收获积极学习、个体/团队表彰和绩效改进的益处。

真正能够“随机应变”的组织通常会展现强力高效的合作。这不仅包括了强有力的一线领导力（真正的OD实践者通过每一天的行为去影响工作环境），还包括OD和HR专家的共同合作——既要实现人员和资源与业务目标一致的短期需求，也要致力于建设组织未来能力的长期目标。在更复杂的变革情境下，HR应该与OD专业人员订立合约，请其管理变革过程，共同合作达成变革结果。不管在什么样的情况下，HR都需要和高层管理者携手合作，帮助他们成为卓有成效的OD发起者，确保业务领导者从变革伊始就能够保持对变革的投入承诺。对HR和OD来说，为了使形成的解决方案更接地气，加速变革的进程，与其他职能人员（如财务、内部沟通、物业管理、IT）形成一体化的团队、开展紧密合作也越发重要。

为什么这样的合作会更高效？传统的变革方法经常失败，主要是因为其中忽略了变革对人的影响，而OD方法能够成功恰好是因为照顾到了员工的需求和个体的反应。HR实践者可能并不是变革专家，但HR政策和实践是打造卓越工作环境的关键因素，这样的工作环境不仅是企业承担得起的，而且能够吸引“对的”员工。HR体系是植入新行为的一种手段，HR和OD的携手合作能够带来更具影响力和双赢的组织发展手段，让组织和员工都能从变革中获益。这种利益互惠是可持续高绩效的根本，也是HR的战略使命。

这就是为什么HR需要懂OD，为什么作为变革专家的OD与作为组织人事专家的HR之间需要紧密合作；唯有这样才能帮助组织度过艰难险阻，厉兵秣马，决胜千里。

## HR和OD如何开展合作？

理论上来说，开展合作并不难。首先，HR和OD存在诸多共性。从系统思考的方面来说，HR和OD共事能够补足CEO的工作——CEO的关注点通常是系统输入（即市场需求的变化和其他外部环境因素）以及系统输出（即结果）。HR和OD的工作聚焦在从输入到输出的产出过程，即组织系统内部发生的事情；他们关注如何改善这一产出过程，确保输出与输入匹配。

HR和OD可谓殊途同归。人力资源管理（HRM）、人力资源开发（HRD）和组织发展（OD）这几个学科都有同一个信念，即个体和组织具备自我更新的能力。他们都关注确保组织中人的一面能有效运作，重视终身学习，致力于绩效提升，并力图推动心态转变、实现文化变革。OD是“一项致力于改善组织的问题解决过程的长期努力”（French and Bell，1999）；HRD的关注点是带来个体与团队的绩效提升，以及个人成长；HRM的关注点落在使HR实践和人力流程协同一致，以满足短期和长期业务需求。

但是这几个学科间存在的现实差异，可能会造成张力和误解。

**价值观**

OD持有强烈的人本精神、民主价值观和参与式方法，确保人们在进行变革时有话语权。变革不是加诸员工之身，而是由员工共同完成的。OD所做的是提供“一个改善组织的过程（及相关技术）”（Margulies and Raia，1984）。相比之下，过去人事职能经常被看作是“员工倡导者”，但随着HR职能的转型，HR对员工幸福度和员工关系的关注反而退居其次。的确，在出现劳资纠纷或裁员计划时，HR坚定地站在了公司利益一方。然而，在当今更具挑战性的员工关系环境下，由于关键人才稀缺，HR需要找到一种更好的平衡，在肩负“组织倡导者”的同时重新赢回“员工倡导者”的身份。

此外，HR确保员工雇佣合法合规的传统责任，在当今日益复杂的监管和立法环境下更加重要。HR不应被视作说“不”的业务拦路虎，而应被视为业务赋能者，通过确保组织合法运行并以合法方式实现其目标，来促进组织的敏捷和创新。

**内容与过程**

OD和HR这两个学科各自遵循了不同的发展道路。OD专业人士长于过程，其角色通常是变革推动者和催化师、过程专家和帮助者，实时地运用技能，解决团体或业务层面的问题。OD专业人士的艺术（Mee-Yan称之为“魔法”）是运用合适的过程，帮助客户自己解决自己的问题。

相比之下，HR更倚仗内容专长，经常扮演顾问角色，对员工问题给予直接建议。在人们眼中，HR发挥着指挥作用——为不想“身陷囹圄”的人们指明边界。他们被视为“处理问题的人”，解决棘手的员工问题，如惩戒或裁员，以避免对公司声誉造成伤害。他们也会扮演倡导者角色，例如运用反馈和其他数据，从业务角度证明新流程的必要性，或支持更优的实践。到目前为止，HR职能的发展更注重内容专长，而非过程或行为，尽管新的HR职业资格应当补上这一缺口。因此，纵使有的HR专员在变革管理上有丰富经验，但整体上HR职能经常被描述为被动反应的、不擅长变革管理的。其实直到最近十年，随着HR的一些职责（和内容）被交还给一线经理，处理变革过程的能力开始被视为HR更具战略性贡献的关键要素。

刻板印象中，L&D专业介于这两种方式之间，既有丰富的内容和特定的方法论，也有超前性，催化和引领个体与团体的学习与培训过程。不断壮大的一小群L&D专业人士正在系统变革的多个方面扮演着OD专家的角色，能够开展一些引导工作，例如促使员工大规模地参与到战略对话中。

怎么定位OD可能转移了人们的注意力，对于组织成功真正重要的是，这两个互补的职能在重要事宜上合作的能力。如果HR和OD的合作不紧密，就给了怀疑和不满滋生的空间；反之，如果他们并肩协作，直面张力并将之化解，那么相互学习和使积极变革真正扎根的可能性就会大很多。

## 如何获得参与资格

当然，变革推动者的角色并不容易，许多HR实践者可能会说，我们提出的这些方法对他们的组织起不了作用——当然他们可能是对的。一方面，如果你的组织环境里布满根深蒂固的权力结构、信任低迷、高层领导思维僵化、一线经理的人员管理能力薄弱，那么“一切照旧”可能是最明智的做法。同样地，如果你的组织环境是业务简单而变化缓慢，业绩也一向不错，那可能只需要有优良的人事服务让“业务继续”就好。另一方面，如果你的组织面临激烈竞争，如果你们的产品是提供知识或服务，如果你们面临人才短缺，如果你们的商业模式面临压力，那可能就需要更具主动性和战略性的HR方法，来帮助你的组织培育生存与发展的承载力。

因此，在采用新的方式之前，盘点组织的准备度很重要：

- 你的组织为什么存在？
- 客户是谁？
- 可能会在中长期影响组织的关键环境因素是什么？
- 业务和组织中驱动变革的主要动力是什么？

- 高层管理者对变革的开放度如何？
- 组织当前面临的重大决策是什么？
- 实现战略目标需要什么样的文化？
- 组织和文化需要在哪些方面有改变？
- 关键利益相关者希望从HR处获得什么？
- 他们是否准备好接受不同于以往的HR服务？

然后需要明确的是，你准备好接受怎样的未来。许多HR专业人士通过多年来娴熟的运营式HR建立了良好的信誉，但他们可能感觉缺乏去承担变革推动者角色的自信，或者缺乏相关知识和经验，例如，不知如何通过劳动力分析，积极说明变革的必要性。如果是这种情况，正如那句老话所言："如果你认为自己会输，你就已经输了。"坎特（Kanter）认为，比起力量感，人的无力感会对人的行为产生更大的打击性影响，因为这会驱使人采取防御、关闭学习。她认为，内部员工觉得自己很容易被外部专家取代时，会采取保护自己地盘、控制信息的应对措施，变得保守并抗拒变革。同样地，高层管理者因缺乏来自组织基层的信息，或感到其正统地位受到挑战时，可能会关注短期结果，采取自上而下的"惩罚"方式，让自己周围充满与自己意见一致的下属。

相反地，正如丹·艾瑞里（Dan Ariely，2013）所指出的，实现有难度的目标能够使我们感觉良好。如果你想更上层楼或作出不一样的贡献，在某种程度上，你需要准备好重新思考并重新设计你自身的贡献。这可能需要你采用与原先不同的关注点，为接下来的角色奠定新的可信度基础。

因此，你需要扪心自问：

- 你做的什么事是有价值的？
- 你能做些什么更有价值的事？
- 什么阻碍了你潜力的发挥？

几年前在我研究HR领导力的本质时（Holbeche，2009），走访了一些非常成功的HR职能领导者，他们都是最广义上的领导者，具备以下共同特点：

- 使命感——这是他们一切行为的基石，清晰地反映在他们的言语和优先事项上。
- 聚焦业务——他们都理解业务运作方式及其环境驱动因素。他们在业务上能全方位地为董事会和管理层会议作出贡献，而不仅仅是HR领域。他们不会被动地等待别人邀请他们参与。

● 能建设高效的职能——他们都认识到自己的职能部门必须做出榜样，提供优秀实践、效率、出色建议等，这是他们信誉的基础。因此，他们招募高潜力和高绩效的员工加盟HR，投入大量时间和精力培训和发展团队。

● 自我认知和情商——能够运用这些认知，调节自己和他人的积极性，知道在什么时候以什么方式传达关键信息。

● 可信度——他们受尊重不仅是因为他们让“一切照旧”，还因为他们能够前瞻性地发起并完成促进业务发展的变革。他们擅长预测、制定策略并干净利落地把事办好。

● 影响力——他们拥有用心选择的人脉网络，对关键利益相关方发挥最大的影响力。最资深的HR专业人士能进入“黄金圈”（即首席执行官、首席人力官和首席财务官的私交关系网），参与关键业务决策，并对其他关键业务领导者的实践提供建议、教练和挑战。

● 绩效驱动者——他们将HR看作是撬动整个组织高绩效工作的手段，并在HR自身工作中率先示范。

● 勇气——他们对提升组织需要做些什么有很强的洞察力，采取谨慎的态度大胆尝试，其判断通常有依有据。

● 韧性——他们常会执行几乎没有机会准备、令人望而却步的新任务，但会从成功和错误中学习经验和教训。

● “爱管闲事”——对人和组织有无法抑制的好奇心，积累了大量让其卓有成效的洞见，但对新想法又总是很开放。

这些HR领导者中没有一个人会自称是尽善尽美的典范，但对于处在个人或职能转型道路上的人们而言，他们的经验或许能提供丰富的启发。

如果你希望采取新方式，盘点自己的价值观和实践，决定你可以强化的优势和可能需要改变的地方，是很有用的做法：

● 哪些要列为关键优先事项？

● 你感觉准备得怎么样？

● 你想要实现什么？

- 你现在为人所知的是什么？你的声誉是有助于还是妨碍你走向想去的地方？
- 你需要擅长什么？

在做盘点的时候，很重要的是要清楚你要保留什么（你核心身份的组成部分）、可以放弃什么，以及希望获得什么（帮助你实现关键优先事项）。

### 积极学习

学习敏捷性是新型贡献的关键促进因素（Miller，2013）。为了增强学习敏捷性，需要借鉴个人变革项目中的学习经验，用新的思维方式行事。走出当下自我的边界去看和做：

- 审视你对组织运作方式的假设。检验你的假设是否与实际运营组织的人的假设一致，进入组织或团体的文化视角，学会通过那些视角看世界，而非强加你自己的视角。
- “知己所能”。当你不知道时，寻求答案或进一步的数据。提问本身就是变革介入的一部分。就变革模型、实践和专长而言，仔细考虑你“工具箱”里的哪些东西可以发挥作用，找到借助各种手段达到理想彼岸的最佳方式。在分析时保持敏锐，针对关于情况、文化、行为和变革结果的分析，不断对自己和各类客户提出问题。同样地，这也是OD介入整体的一部分。
- 培养在复杂性下有效工作的能力。作为HR，你运用教练技术帮助了其他人建立应对模糊性乃至在模糊性中如鱼得水的信心。现在，也要将这一经验运用在自己身上：建立你自己的自信，对于清晰表达和形成你的个人战略定位是极其重要的。为了提升你的“意义建构”技能，借助场景去扫描正在发生的事情，并建立假设和模型。让团队广泛阅读，并一起探索新的想法。建立并保持对变革的开放心态。思考风险最大、问题暴露最多的地方，建立主动管理的计划，聚焦在风险更高、管理不善的关系上，包括：
    - 回顾什么做得好、什么做得不够好，从中吸取经验教训；
    - 给学习和改变留出时间和空间，使之能够渗透与持之以恒；

○ 从长计议。[①]

反思一下你和团队是如何应对新冠疫情危机期间发生的事情的。你们是如何互相保持联系的？你个人经历了哪些意外的挑战？在优先事项和底线原则问题方面，你经历了哪些转变？要在这段时间里维持或深化理想的组织文化，难点在哪里？你珍视这段时间发生的哪些事情，并希望未来在此基础上继续发展？

## 建立信誉

HR若要建立作为内部变革推动者的信誉，必须在维持好运营效率的同时，通过做好新的事情赢得新的声誉。HR专业人士应该通过为变革做好准备、保持与时俱进、完成自身转型、在持续交付结果的同时培养自身承载力，为他人树立榜样。要做到可信，他们必须理解业务及其关键驱动因素，以及业务伙伴的内驱力。因此，HR必须建立商业敏锐度，具备计算能力，避免说HR术语，要说业务的语言，充分洞察如何改善业务、文化和员工的效能。HR不仅需要展现战略和过程导向，还要在新技能和方法（如人力规划和分析、组织设计和发展、内部沟通）的运用上，具备影响力和敏捷度。因此，重要的不仅是保证HR过程正确——如设计出一套良好的绩效管理系统——而且要从数据中提炼有价值的组织信息和观点，并基于此开展行动。

无论其结构如何，HR团队都应该是一支高水平密切合作的团队，树立优秀实践的典范，保持基本原则正确，着眼于短期的同时又兼顾长期，建立高品质交付的记录。高效的HR领导者通过交叉训练及定期轮岗来夯实员工的知识/技能基础。如果你的团队像很多HR职能部门一样，被数不清的项目淹没，你应认识到自己有责任推进工作向前发展，有选择性地聚焦在你最想创造影响的关键事项上。要承认有些项目可留到日后完成，设立优先级，沟通并管理期望。阐明哪些事情是你和团队可以停下不做的，哪些是你们需要开始做的，哪些是可以简单继续维持现状的。

---

① 融入了本书第一版中茱莉亚·提布拉（Julia Tybura）对HR实践者的一些建议。

## 建立你个人的权力和影响力

在第十一章，Mee-Yan探讨了组织政治的本质和力量。作为HR实践者，战略性地、个性化地定位自己，同时支持他人也这样做是很重要的。技能只是全局的一部分。如果在你的角色中，需要和不受你的正式权限管辖的人开展建设性的工作，那么获得权力是至关重要的。根据明茨伯格（Mintzberg，1983）的描述，权力的主要基础是对三个因素的控制：资源、技术技能、知识体系，这三者对组织而言必定是关键的、集中的、不可替代的、紧缺的。除了正式权力之外，另一个关键的权力来源是个人本身，具有信誉的个人之间常常通过互惠互利而获得权力。关键在于利用和共享你的人脉网、想法和实践，辅导人们用不同的框架或视角看清所在组织，让他们能在面对挑战时找到积极有效的自我定位方式。在这个意义上，权力是双向的，并随着共享而增加。

格雷纳和沙因（Greiner and Schein，1988b）的多元/政治模型的假设是，权力所有的展现方式——向下、向上、横向——都是完成工作所必需的。相反，明茨伯格认为，仅靠权力本身并不能做成事情；个体必须变成积极的影响者，精心选择自己的议题，将能量聚焦在对自己最重要的事情上。个体也需要强有力的利益相关方的支持，这种默默的支持可以带到工作单元中。因此，建立政治联盟来施展权力，对高效完成日常工作极其重要。

因而，要真正具有影响力，个体需要能够施展政治技巧，有效利用自己的权力基础。政治敏锐度（PQ）日益被视为领导力的关键必备（Reffo and Wark，2014）。对那些仍将组织视为运转良好的机器的人而言，政治技巧是个难题，因为实践中的政治技巧就是聪明人之间的一系列会话。专注于你想要改变的事情，并找到方法开展不同的对话，是非常关键的。

因此，作为HR实践者，相信自己、鼓励自己很重要，记住你拥有多种形式的权力和影响力——你不仅拥有职位权力和备受信赖的顾问角色，还有个人权力、人际关系和人脉网、专长以及获得资源的能力。大胆一些，别在质量上妥协——接受挑战，运用判断力，快速作出符合价值体系的决策，帮助业务达成目标。

## 赢得对变革的支持

在说明任何变革的必要性时，开展战略（全企业范围）风险评估以确定你的论据基础是一种有益的做法。绘制“政治地形图”有助于确定/实现：

- 谁是你的利益相关者和影响者？谁是关键影响者？他们是怎么看你的？他们是怎么看这些问题的？
- 他们和谁有联系？你的盟友能如何帮助影响决策者？
- 评估领导团队对变革表现出的不同态度，以及他们对组织转型的兴趣大小。使用你工具箱里的变革抗拒分析模型，思考谁可能是支持者，谁是反对者，谁能被说服过来支持你的建议。
- 想好如何处理那些可能反对或口头敷衍的人。
- 他们最大的顾虑/内驱力是什么？你的提议将如何消除/满足这些？

说明变革必要性时：

- 要清楚关键问题是什么，你试图达成什么目标，如何使解决方案可以持续下去。有人会想要数据，那就将数据放在他们面前，例如组织面临的商业风险或机会、你的提议将带来的劳动力成本和收益，运用数据分析，帮助人们自己看到问题所在。
- 其他人想要了解CEO对变革的投入程度。针对领导者，运用事例、故事，突出速赢成效，让他们关注需要改变的事情、他们在变革实施过程中的角色、他们自身的感受——利用你的聚焦，提升他们的聚焦度。

我在探寻建设性政治技巧的本质时（Holbeche，2005），与许多公司总监、管理人员及专业人士开展了访谈，他们都被视为有力的影响者。这个研究表明，为了赢得人们对变革的支持，有必要打下牢固的人际关系、人脉网络和盟友基础，而非仅仅依靠强有力的论据来说明变革的必要性。因此，维系好你的人脉网络和你与利益相关者的人际关系，是非常重要的。

## 实施变革

假设你获得了人们对变革的支持，那接下来要从哪里入手呢？最容易的切入点是业务领导者已经拥护变革的组织部分。从已经向你敞开大门的地方开启，让你可以试验并复盘试点项目，采取接下来第十七章讨论的各种敏捷方法，快速迭代地实施变革，以适应需求的变化。不同于传统的变革方法，客户参与和复盘是贯穿始终的，因此不会在长期项目结束时，因过程中客户需求的改变，出现令其大失所望的结果。

一旦变革起步，HR必须能够快速部署和重新调配所需的资源、人才和技能。因此，保持参与的积极性很重要：了解动态进展并和他人沟通。如果你是团队领导者，即便无法让他人参与决断"为什么"变革及变革"什么"，也至少要在"如何"变革上，邀请其他人参与决策。确保反应灵活，学习两面下注，避免开始时过度承诺，针对关键问题组建快速响应团队。

随着你们共建变革并成功实施，你将有效建立你的"参照权力"——培养出坎特所说的"啦啦队长"，无论你是否在场，他们都会在其他有影响力的利益相关者面前拥护你。与客户及其他专业人士成为一个整合的工作团队，是确保变革获得理想结果甚至超越预期的最佳方式。

## 在压力下保持良好表现

让变革发生是很难的，所以要了解压力会对你和他人的个性产生怎样的影响（运用心理测验、教练等）；思考你需要什么支持，并明确地寻求帮助。管理你自己的能量水平，并帮助他人也这样做。观察他人的状态，准备好灵活运用你的风格，为他人提供所需的支持。

变革产生的活动数量会使决策非常困难。要把命运掌握在自己手里：更快地进行决策——为避免拖延，应采取60∶40法则而非80∶20法则。如果发生拖延或分心，尽可能快速回到正轨。通过学习如何处理计划失败的后果，来锻炼韧性——承受损失并合理回应。避免事态升级，将损失最小化，从过程中吸取教训，帮助下次更好地预见未来。针对正向实践，加以衡量、评估、内嵌。回顾并庆祝你与他人共同取得的进步与学习成果。

最重要的是，记住将你自己作为工具：为你想看到的变革树立典范，建立你的各项权力和影响力，创造对整个系统的积极影响。让自己成为创新的管道，将正在尝试新事物的人们联系在一起，激发辩论、转变沟通。制造新价值观传播者的群聚效应。成为积极的"病毒"——毕竟，"病毒"在根本上是自我更新和自我维生的，通过“病毒”的本质改变“寄主”的性质。

## 总　结

这就是HR和OD需要携手合作的原因。单靠哪一方都不可能产生最优结果。OD的变革使命是提高组织效能，刺激组织更新，增强组织的长远健康。OD从长远角度出发，将组织看作是开放的、常变常新的系统的一部分，并通过让人们直接参与变革的过程，帮助人们实现自助。OD通过聚焦于系统整体，提高系统实现结果的能力。

随着HR在转型中承担越来越多的角色，在HR工作中采纳OD视角，有助于HR专业人士达成：

- 制定并支持组织转型策略，包括设计和实施HR介入手段以支持组织转型；
- 在组织设计中承担引领角色；
- 支持客户开展重大变革项目和组织设计项目；
- 分析并改善个体和组织整体的健康和福祉；
- 运用“HR抓手”响应短期业务需求并构建未来能力。

这样的实践转变，需要HR实践者仔细审视自己的学习和实践——自己是如何应对组织性和专业性问题的，自己的偏好和习惯，包括自己能否自如应对模糊性。对有的人来说，培养OD思维很容易；而对另外一些人来说，这一目标可能遥不可及。因此，关键在于HR职能整体能够采纳OD方法，与专业的OD团队平行协作或交叉合作。

在后面几章，我们将更详细地来看组织转型和文化变革、组织敏捷性和韧性、员工敬业度和高效领导力。尤其重要的是，我们将在第十九章探讨与员工建立更互惠互利的雇佣关系的重要性。下一章中，我们会探讨关于组织设计的一些话题。

# 第十五章　组织设计

组织设计能力，即知道如何灵活使用设计来实现预期结果，在当今全球商业环境中构成了一项重要的竞争优势（Lawler and Mohrman，2003）。组织本质上来说是由很多不连贯的部分构成的。好的设计可以打造组织能力，比如管理好创新能帮助组织赢得竞争。精心设计的工作流程、结构、横向流程、管理实践和系统、激励体系以及人才实践，这些促使知识、惯例和行为综合形成了能力。

当组织努力在技术、经济、政治和社会环境中适应变化时，它们的战略往往是试验性的，它们必须不断重新配置资源、灵活调整设计。结果就是，组织模式越来越多地是围绕项目和关系网络而建立的。这样杂乱的组织现状反映了变革是永恒的，组织想赢得竞争或保持成功就必须敏捷、快速和灵活。换言之，它们必须“为改变而建”（Lawler and Worley，2006）或是“随机应变的”（Holbeche，2005b）。此外，惠廷顿和迈尔（Whittington and Mayer，2005）说过，“在一个快速变化的世界，组织能力是比任何特定的组织结构特点更持久的优势之源”。

资深的HR专业人士越来越多地被期待能成为组织再设计和重组的谋士，即使他们可能并不是组织设计过程的专家。组织设计传统上一直是高管和外部顾问密切合作的领域。因此，HR和很多一线管理人员可能对如何设计与建立“随机应变”的组织只是一知半解。当今充满挑战的环境正迫使高管团队更系统地考虑外部和内部的结构、关系以及联结，这些既把组织维系在一起，又使得它与重要的利益相关方保持连接。

由于变革与重构的过程可能会不断持续，提高内部的组织设计和发展能力将大有裨益。即使是最有才华的员工也很难在一个结构、流程和管理程序功能失调的组织中有很好的发展，因此，HR实践者确实需要理解在创造对于人和工作而言最有利的环境的过程中，组织设计发挥了什么影响。最起码，HR专业人士（和委托进行组织再设计的高管）需要对组织设计的原则有基本的理解，确保他们希望发生的变化更有机会能够发生。OD实践者也需要同时精通组织设计和组织发展：做到既是建筑师又是发展者。毕竟，团体动力的问题往往是由于组织设计失败而产生的，这种失败会表现为恶劣的人际关系。

本章将探讨以下几个问题：

1. 什么是组织设计？
2. 对业务和HR的挑战。
3. 处于变化中的组织设计领域。
4. 星模型。
5. 一种HR和OD的组织设计方法。

## 什么是组织设计？

组织设计（ODS）是“有目的地将组织元素配置起来以高效地实现战略，并交付预期的业务、客户与员工成果的过程。最终形成的配置就是组织设计”。（Mohrman，2003）

设计（或再设计）工作的目的是建立一家公司的价值主张，并通过把公司员工以最佳方式组织起来以实现这个主张。因此，好的组织设计被认为与创造高人均利润的能力是紧密相关的。它能做到这点，是通过促进并最大化组织一些特殊能力的发展和运用，从而帮助组织积极应对当前不稳定的、模糊的环境。组织设计聚焦在内部能力——组织结构、人才、商业模式、管理风格和其他无形资产，这些对实现业务战略都是必不可少的。能力是胜任力、技能和技术的综合产物，而不是某一孤立的技能或具体职位。它们是“组织得以获得预期的成果并实施战略的诀窍”（劳勒将之称为“核心竞争力”）。

### 组织发展和组织设计的区别是什么？

组织设计和组织发展（ODV）是完全互补的，并且越来越多地被认为是设计并执行一份真正的战略性组织计划所必需的核心能力。这两个领域在历史上本来就是既有区别又紧密相连的。从传统意义上说，组织设计涉及的是组织结构和系统变革中技术性的、自上而下的方面。它的基础前提是经济效益的合理化，包含了作出战略选择，确定预期收益，设计结构、关系网络、流程和角色，使组织可以围绕战略和业务需求做到协同一致（align）。通常，组织设计会驱动结构改变并影响文化的变革。组织设计成功与否的一个重要因素，是组织整体层面的协同一致（alignment）能在多大程度上得以实现。

如同之前讨论过的，组织发展是关于建立健康而高效的组织。组织发展的成功因素是组织有效性得以实现和维持的程度。它通过改善人们一起工作的方式并运用基于行为科学和过程引导的技术来实现这点。组织发展通过实现战略要求的内部变革来推进组织设计的实施。然而，正如加尔布雷斯（Galbraith，2005）指出的那样，组织设计并不总是需要实现文化变革："战略的任何改变——从全球化扩张到一对一营销、商业竞争模式的转型、重组或一次并购——都需要设计介入。但是组织发起的文化变革不需要组织设计——那是组织发展的工作。"

组织发展（聚焦在团体动力）和组织设计（聚焦在协同一致）的恰当综合运用，可以促进高绩效环境和实践的建立，这也是可持续的竞争优势的来源。

## 对业务的挑战

再设计的真正价值在于它的实施是否能够产生预期的收益。随着商业环境和战略变化，高管们面临的典型挑战包括：

- 为一线人员下放并定制控制权；
- 改善跨业务单元的管理；
- 更好地使用知识，更充分地利用关系网络；
- 提升速度和灵活性；
- 在一家全球性组织中对关键流程实现集中控制；
- 重新设计绩效管理和财务管控措施。

然而，这些目标在实践中可能很难实现，因为重新设计组织会困难重重。组织设计往往被视为一个自上而下、战略驱动的过程，其重点是业务绩效和控制的协同一致。组织设计自身在近些年也因其与高昂的咨询报价和一时的管理风潮（如被证明难以实施的业务流程再造）的关联，而受到负面影响。通常，再设计的重点是结构、流程和薪酬，这些对涉及的人都是敏感问题并会影响人们的雇佣关系。“精益的”（lean）方法变得与“刻薄的”（mean）同义。因此，新设计对人的影响很少被考虑，也很少被视为优先事项。所以，人们往往不愿意在新的设计中工作，变革的努力有时会倒退，也就不足为奇了。

理论上理想的协同一致在实践中很难实现。很多组织的战略缺乏聚焦并且结构过时，从而抑制了发展；资源与战略和优先事项错配；协调和客户接口是低效的；流程与需要获得的产出矛盾，而人和职能也相互矛盾。相反，一些组织追求彻底的协同一致这一神圣目标，又到了另一个极端，使得组织过于僵化而不能适应环境的改变。许多设计让组织为了稳定而不是改变做好准备。

尤其是结构调整，经常是拼拼凑凑地完成，导致不一致和重复性。一个新来的高管可能感到有必要通过改变组织结构图打上自己的烙印，因而推动了一次再设计，但较低层面的变革却可能带来更好的结果。而设计实施得不好会导致混乱。考虑到任何组织中平均50%—60%的成本是员工成本，这便会是潜能的巨大浪费。如同盖厄斯·佩特罗尼乌斯（公元1世纪）所说，设计组织是“创造发展幻象的一种绝妙的方法”。

在很多情况下，组织可以通过改善团体动力或信息流通让当前的设计更好地运作，而不是重新设计组织。在实践中，当团队解决了协作问题，发现并实施更佳的工作实践，或者找到新的、更好的资源配置方式的时候，许多协同一致的问题就会被发现并在大多数情况下被非正式地解决了。

## 对HR的挑战

有时候，组织再设计是必需的，因为不管人们是多么的用心良苦，组织设计也可能阻碍良好的工作安排，比如经理与直接下属之间的关系因为不尽如人意的设计而不在最理想状况。一些不佳的设计如：

- 有太多或太少的层级，导致无法创造价值；
- 无法从经理那里获得有品质的时间和关注；

- 工作分配不清晰；
- 太多的优先事项、缓慢的决策，导致问题不断升级；
- 基本工资不合适；
- 与竞争对手比，成本过高；
- 竞争优势的丧失。

许多HR实践者至少在某种程度上都参与过组织设计，比如为了响应变革要求而主动重新设计绩效管理或激励机制。有些HR参与到重新安置和物理空间使用的设计活动中。然而，通常只有当决策来自董事会层级时，HR才能参与到大型的重组中。因此，只有相对较少的一些HR资深实践者参与过组织再设计从决策到实施的完整过程。HR越来越被期待能在高管身边发挥新设计生成过程的谋士或促动者的作用，所以HR有充分的理由与组织设计顾问和OD专家成为合作伙伴。

展望未来，我相信HR实践者如果想帮助组织获得灵活性与可持续的高绩效，就很有必要加强对组织设计的理解和/或能力。灵活的组织需要灵活的人员。人力资源战略能发展人和组织的能力。虽然组织设计的一些方面是技术性的，要求特别的专长，但是HR还是有很多本专业的设计杠杆可用，比如用奖励来促成新的行为。运用这些杠杆来获得灵活的协同一致是最好的选择。HR需要支持管理团队，并作为一个整合的变革团队的一员，创建新的组织设计。他们能就变革、学习、职位和工作设计提供内容与过程知识，能围绕系统协同一致开展工作帮助系统平衡学习和执行。

## 处于变化中的组织设计领域

当代组织设计理论的前身可以溯源到20世纪20—30年代的科学管理、工业操作效率研究和经典的等级制度研究。这些对组织的思考反映了这样的假设：组织应该像被理性地设计并精心保养的“机器”一样运转，组织更多偏向技术方面而基本忽略人的因素。20世纪60—70年代，随着一批关于设计和结构的出版物的出现，组织设计作为一个独立领域开始崭露头角。组织设计的重要思想家包括了勒温、本尼斯（Bennis）和达夫特（Daft），一些最有名的著作和成果比如加尔布雷斯的《设计复杂的组织》（*Designing Complex Organizations*，1973）及其星模型（Star Model），还有戴维斯和劳伦斯（Davis and Lawrence）的《矩阵》（*Matrix*，1977）。

组织发展通过社会技术系统的概念影响了组织设计，即把社会性和技术性的工作系统元素交织混杂，产生一种自上而下的有效组织的设计。一些撰文研究过组织设计的OD实践者，比如纳德勒和格斯坦（Nadler and Gerstein，1992）也强调过结构、人、工作、技术和信息之间的系统性协调一致是至关重要的。到了20世纪80年代，各种分析框架被开发出来，比如帕斯卡莱和阿多斯（Pascale and Athos）的7-S框架，加尔布雷斯的星模型，韦斯伯德（Weisbord）的六盒模型，纳德勒和图什曼（Nadler and Tushman）的一致性模型，以及伯克—利特温模型（the Burke-Litwin model），这些框架和模型把组织设计和组织发展连接了起来。所有这些框架都强调组织作为一个由人构成的系统与环境匹配或者协同一致的重要性。换言之，成功的组织设计必须既做到结构与商业模式和相关的系统协调一致，又同时考虑到组织的文化层面和人的动力。

到了20世纪90年代，马什等人（Marsh *et al*，2009）指出，一种变化正在发生，即从传统的等级结构和控制文化转向更灵活、以承诺为导向的组织。比如韦斯伯德（1993）就超越了协同一致，进而思考驱动重组的民主式价值观，这种价值观关注自主自发的工作设计过程，该过程对于产生高绩效的工作单元是至关重要的。这导致了一系列传统上与组织发展并无关联的新方法成为人们关注的焦点，比如全面质量管理、员工授权和参与、“整体任务”的分工、关系网络结构、获取与保留人才，以及创建“学习型组织”。

在近些年，组织设计领域正变得由外部顾问主导，顾问协助CEO和HR总监们进行复杂的重组，比如在企业并购期间，协助解决与企业结构有关的流程（如岗位评价）。这样的结果就是，HR专业人员可能会缺乏关于组织设计过程的具体知识。

此外，为了提升价值，降低成本，近些年来HR部门和其他的辅助职能部门本身也经历了重大的重新设计。例如，事务性的HR流程正越来越多地通过由技术支撑的自助服务或者外包安排来实现。HR的转型过程在一些情况下被证明是既耗时又耗力的，这就说明把组织设计和组织发展综合运用来创造好结果的重要性。许多HR团队发现，即使有最好的IT辅助式的自助服务工具，很多一线经理仍不愿意承担一些移交给他们的HR活动，除非他们能得到实际的支持来帮助他们主动负责此类新的安排。

## 星模型

有许多组织设计模型和框架可用于数据收集和分析。杰伊·加尔布雷斯（Jay Galbraith）的星模型或许仍然是最有名、最有影响力的组织设计框架之一。星模型强调了战略、结构、流程、人员和激励这五个方面的彼此关联。举例来说，为了让一个矩阵式结构发挥作用，就需要部门间建立良好的关系，为了达成一致的目标就需要计划流程，一致的目标必须落实到激励体系中，而精通矩阵的人必须被选拔出来并加以培养。

### 1. 运用

加尔布雷斯运用星模型有五个主要目的：

（1）提供一个整体性的组织设计视角；

（2）澄清模型中的要素是如何被看待的——战略、结构、流程、人、薪酬和奖励；

（3）辨识当前设计的优点和缺点；

（4）评估当前围绕战略重点的协同一致的水平；

（5）帮助管理者推广战略性变革的理念以及管理变革的实施。

星模型指导组织的诊断和设计活动。它包括了一系列设计策略，可以辅助组织技术、流程和结构的再设计，以满足变化中的战略性需求。这些设计策略由以下假设作为基础：

- 形式服从功能——为了完成组织的战略目标，结构和组织的所有要素都必须支撑战略。
- 针对复杂性的本质而设计——为工作的分层和组合提供基本逻辑。
- 匹配并澄清职责和权力——做到深思熟虑和明确清晰——要授权到最低

的层级。

- 规划好经理与直接下属之间的关系——明确定义并做好沟通。
- 管控范围——应该由工作产出和管理要求来决定。

劳勒（Lawler）增加了组织能力或核心组织竞争力这一维度，他强调，这些要素共同构成了一个组织与众不同的身份。这些要素随着时间不断发展，而且不能与星模型的其他角分隔开——它们是社会技术系统的组成部分。由于变革必须持续进行，组织的成长和敏捷就要求星模型的所有要素都具备灵活性。

加尔布雷斯建议不要沉溺于组织设计。相反，要澄清目的、期望和角色，对重新设计可能实现的目标要现实，包括优势、困难和所需的取舍。

### 2. 设计标准

设计标准要回答的是：在战略的驱动下，要想在我们所处的环境中取得成功，我们要试图通过设计实现什么？

- 考虑到环境的挑战，哪些领域将需要我们保持、巩固和扩张？
- 哪些领域需要发展？
- 我们需要放弃什么？
- 哪些数据会证实我们自己的观察？
- 哪些领域需要介入？

然而，如果急着回答这些问题，却不先问问什么对我们是重要的，什么是我们需要知道的，什么标准是我们正在使用的，那就是犯了一个错误。换言之，重要的是在开始设计之前先明确设计的标准，因为它会直接影响问题及其答案或解决方法。标准与潜在绩效改进领域有关，这些领域与组织当前的状况和经营策略在战略上和战术上高度相关。设计标准的例子包括：

- 推动对市场变化的快速响应；
- 加速新产品的开发；
- 助力与其他组织的结盟；
- 促进成本效率的提升；
- 培育网络服务的交付；
- 衡量机制——应该用来指导并评估设计。

这样就可以针对成功需要的标准来选择设计特点。设计标准也可以在出现冲突的需求时用来管理必需的取舍，或者对照其他方案来评估当前设计的有效性。

### 3. 星模型的关键要素

加尔布雷斯（2005）建议，一旦战略重心清晰了，你应该首先确定合适的组织结构，接下来就要调整岗位、职责、运营与职能的决策。工作系统设计（区别于组织设计）是“由（星模型）内而外”的次一级重点，解决的是如何让组织的活动实现最佳配置，从而让给客户创造价值的工作流程变得最高效的问题。

**战略**

战略是所有设计决策的框架，一个好的设计应该确保“工时”（person hours）要用于组织利益的最大化。不同的战略会生成不同的结构。高效组织中心认为，一个强大的战略既需要一种长期的身份特征（一种相对经久不衰的暗喻，用来表述组织是如何实现目标的），又需要战略意图的要素。这些包括：

- 逻辑性：驱动组织的商业模式或生成利润的方法；
- 幅度：战略的复杂性，如提供的产品和服务、服务的市场或者当前与未来所寻求的技术的范围；
- 进取性：与竞争对手、客户和供应商有关的体现经营紧迫性的组织目标；
- 差异化：产品和服务的突出特色。

不同的战略需要不同的组织。舒勒和杰克逊（Schuler and Jackson，1987）、特里西和维尔思马（Treacy and Wiersama，1997）以及波特（Porter，1980）分别提出了有关战略重点的三四个宽泛领域，它们相关的设计要素如下：

- 以运营为中心：
  - 以最低的成本产生最大的价值；
  - 强大的市场竞争力；
  - 关注流程和改进的团队；
  - 系统卓越；
  - 关注效率和数字的文化。
- 以产品为中心：

○ 为客户提供最佳的产品组合；
○ 尖端的产品设计、特点及应用；
○ 建立产品中心和相关团队；
○ 产品开发卓越；
○ 注重新产品的文化/创新。

● 以客户为中心：

○ 为客户提供最佳的解决方案；
○ 擅长客户定制化/个性化服务；
○ 客户细分并组建相应团队；
○ 开展客户关系管理；
○ 聚焦客户/解决方案的文化。

● 以知识为中心（如专业服务公司）：

○ 提供独特的智识服务；
○ 强大的内部/外部知识网络；
○ 多学科的专家团队；
○ 一对一的市场营销/服务；
○ 虚拟的、知识分享型文化。

舒勒和杰克逊（1987）特别明确了与每种战略类型（创新、质量提升和成本降低）相关的角色行为类型和人力资源管理战略要素。

战略是一个嵌套式的概念，有着不同层级（公司级、业务单元级和职能级），而且互相制约。举例来说，战略也许是正确的，人们也可能有合适的能力，但没有了准确的信息，这些能力会一点点浪费掉。如果设计基本合理，则需要组织发展（比如高管发展、能力建设和人才管理）来转移重点。

所有层级的战略都必须考虑到它们所处的环境。每一个组织都需要随着它的业务的改变而能快速变革。动态能力理论关注那些创造、使用和保护无形的、难以复制的资产（比如知识和创新）的技能、流程和组织结构。这种关于战略的方法反映了当信息受到限制、环境变得不可预测时，技术、市场和组织的持续动态。感知风险、实现机会的能力是竞争性优势的关键。任何战略的主要调整都将从某种程度触及组织设计的所有方面：

- 需要什么改变和能力？
- 会给客户带来什么新价值？
- 什么样的工作流程/能力对于战略是至关重要的？
- 这与当前的优势/劣势有什么关联？差距是什么？

加尔布雷斯认为，当一个公司缺乏可持续的有竞争力的产品优势时，优胜者将是那些创造了一系列短期的临时优势的人。他指出："在这种情况下，领导者将是未来导向的，并会持续创造能够带来客户价值的能力。"

作为确定可能需要何种组织再设计的参考，企业研究论坛（the Corporate Research Forum，2004）有如下建议：

- 将关注力放在有战略性优势的"特长"上，你能提供什么，你能改善什么。要切合实际。
- 如果你需要一个不同的战略，重新选择一个聚焦的"中心"（见上）。
- 为了实现转变，决定需要的是组织设计还是组织发展，还是两者都需要。
- 决定要使用什么模型或方法，包括内部专业知识资源。
- 任何新的焦点以及相应的设计，都必须体现在战略、结构、流程和人上。

**结构**

要实现敏捷，组织及其结构需要具有可重构性。即使是今天，大多数组织的结构仍然是等级制的，一般是职能型组织的形式。等级制有许多优势，尤其是：

- 清晰的命令和控制；
- 容易理解谁做什么；
- 高效；
- 让人感到熟悉和舒服，而且绝大多数的职业通道仍是延续等级制的路径。

另一方面，它们常常：

- 难以跨层级开展工作；
- 让综合管理能力的发展成为挑战；
- 建立了很多职能性的专业活动，这些活动其实可能在总体上对企业没有什么价值；
- 如同铁板一块，变化缓慢。

从另一方面来看，敏捷结构倾向于扁平化等级结构。人们倾向于以小团队［通常称为“小分队”（squad），它们构成了“部落”（tribe）的一部分］的形式工作，每个团队都有明确的任务简介，基本上是自我管理的。授权通过问责来平衡，团队成员对彼此的贡献负责，小分队对部落负责。

## 横向整合机制

由于在一个单独的垂直“筒仓”里难以找到应对复杂问题的解决方法，组织在通过垂直的职能等级来满足更复杂的需求时举步维艰，所以今日充满挑战的环境正在催生一种不同的组织逻辑，需要横向整合机制来提供更大的灵活性。这类机制包括特定的人员，形式有非正式的跨职能团队，也有与之相对的正式的整合团队和角色。例如，在敏捷组织中，“行会”（guild）将来自不同部落的、技术背景相似的人聚集在一起，以实现信息共享和发展目的。HR也是一种职能型整合者的例子。其他常规的整合机制包括如下流程：

- 计划流程，包括设定衡量标准并确保目标是一致的；
- 标准流程，这些流程保证工作交接是清晰的，以避免重复和浪费，有效利用“工时”。

然而，当事情变得更加复杂时，还需要其他能把组织黏合在一起的方法。多事业部型组织（比如GE）的结构如此设置的目的，是帮助它们获得产品与职能的卓越，同时触达新的细分市场和地域。然而，组织越大，整合的挑战就越大。3M公司特意保持每个部门都在较小的规模（每个业务单元不超过300人），以提高面对市场的响应能力，同时中央职能部门发挥黏合作用，制定关于投资或拆分哪个部门的战略性决策。在这类组织结构中，将什么放在中心（比如人才管理）是关键性的业务决策，因为这应该保证组织获得最大的杠杆作用和速度，并能更经济高效地使用资源。例如，一个共享的采购系统应该确保组织从供应商那里获得更高的价值。相似地，一个共享的跨部门IT平台应该降低成本、提高效率。

## 可重构的组织

组织和工作的设计方式，对组织的绩效以及人才的运用和发展都会有影响。

为了更加敏捷，阿什克纳斯等人（Ashkenas *et al*，1995）认为，组织需要“无边界”。加尔布雷斯（1994）也主张，组织需要是“可重构的”，并具备如下特点：

- 跨部门的团队和关系网络；
- 组织使用内部价格、内部市场和类似的机制来协调团队的复杂性；
- 组织结成伙伴关系以获得本身没有的能力。要结成伙伴关系，需要建立外部关系网络的能力。

总之，结构评估的问题包括：

- 需要哪些核心单元来实现对战略成果的聚焦？
- 什么样的横向结构？
- 差距在哪里？

## 管理流程

加尔布雷斯认为，可重构的组织需要会计系统、数据结构和计划流程，这些能保证组织以微型业务单元的形式运转。信息和目标设定流程需要特别的关注，新产品开发、订单履行和战略规划需要统一的流程。最重要的是，一个灵活的、可重构的组织需要强大的管理团队，这样的团队善于频繁地作出优先级决策、分配资源、有效沟通并能及时地处理冲突。确保管理团队能够按照这样的方式来工作，是HR领导者首先要关注的。

关键的评估问题包括：

- 管理团队的优势和劣势是什么？
- 管理流程需要作出什么改变来实现对战略的聚焦？

## 人

HR的职能和政策必须协同一致，以创造相应政策和思维模式，支持培育一种“随机应变”的文化。例如，招聘应该吸引适合组织而不只是适合某项工作的人，这样的人能在团队中良好地工作，有成长和学习新技能的热情与潜力。职业生涯管理以及任务分配也是要跨职能的，让人们不仅可以制造重要的产品、建立职能性知识，还能发展新技能、建立新关系。培训要是持续的、有针对性的，比如，帮助组建新的跨职能团队的培训。培训活动也用于建立社会资本，尤其是在越来越多的员工远程工作的情况下。HR专业人士需要具备跨职能的技能，有良好的内部和外部关系网络。

关键的问题包括：

- 我们的人才差距是什么？
- 我们的人才管理/知识管理模型的优势和劣势是什么？

### 薪酬和奖励

由于薪酬奖励对很多人是一个敏感的话题，薪酬奖励体系一般是变革的最大障碍。与旧有的制度相比，灵活的薪酬奖励制度通常会有更少的职级、更简单的工资标准和评分等级，并且会有更多的可变参数。个体将基于技能和绩效（包括对团队绩效的贡献），而不是基于职位描述，得到报酬和奖励。评估流程也变成基于团队和反馈的模式。

关键的问题包括：

- 当前奖励的是什么？如何奖励？
- 考虑到我们的新战略和能力要求，差距是什么？

## 组织设计流程

设计过程本身是一个组织变革过程，也必须按照变革来进行管理（Galbraith and Kates，2007）。

虽然没有一种“正确的方式”来设计组织，但让部分员工参与进来的开放式设计过程，而不是简单地采取自上而下的方法，更有可能符合实际情况。加尔布雷斯建议把以下流程作为贯穿设计流程战略选择要素的指导框架。

设计过程应从CEO/总经理和直接向总经理汇报的团队（高管团队）开始。讨论的目的是让高管团队适应开放式设计过程。

下一阶段是在启动研讨会上制定标准（加尔布雷斯建议研讨会要3天）。这个研讨会应该为人们提供一个共享的框架和语言，以及当前的相关最佳实践。其中至少有两天应该花在高管团队或其子团队上，后者将成为设计团队。基于

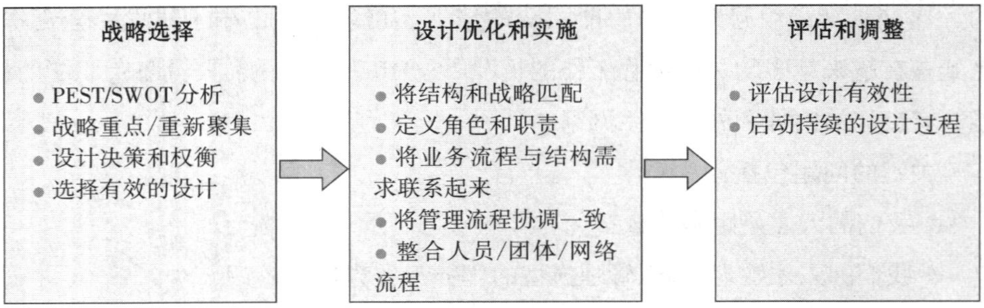


图15.1　组织设计流程图（Galbraith，2002）

业务战略，设计团队应大致勾勒出未来组织的发展方向，并得出新组织应满足的5个标准。

设计团队的下一个任务（通常是以小组为单位）是创建几个备选设计，包括结构和关键的横向流程，这些设计应能解决当前的组织问题，并朝着理想的未来迈进。然后对每种设计的优缺点进行权衡，得出1—3种备选设计。这些备选方案必须在组织的不同部门中进行测试，这样做既可以让组织知晓设计团队正在做什么，也可以获得输入。研讨会的其余部分用于规划本次测试的访谈流程，并制定标准的访谈形式。

在测试阶段，来自整个组织的60—70名人员应对设计备选方案进行评审，这些人都是会受到最终设计影响的。测试应通过由设计团队成员（成对）引导的访谈来完成。在此之后，设计团队必须整合和分析访谈的回应，以查看人们是否对所有或部分备选方案达成了共识，然后与高管团队分享这些反馈。

接下来，根据组织的输入，设计团队对标准和结构备选方案进行修改。可以通过标杆研究和收集额外数据来获取更多信息。考虑到这些额外的数据，设计团队作出取舍，并尝试就一种特定的组织备选方案达成一致，然后再次与高管团队讨论，并进行最终修改。

接下来，向组织的最高三级和其他贡献者概述拟议的设计，获得他们的反馈和修改的建议。再将建议提交给高管团队，他们将作出决策。设计实施的成功在很大程度上取决于设计过程的开放程度和参与程度，因此要让那些受设计影响最大的人对设计产生强烈的主人翁意识，并知道他们的想法和观点已被听取。

南加州大学马歇尔商学院高效组织中心开发的“自主设计过程”（Self-Design process）也是一种类似的方法。

## 一种HR和OD的组织设计方法

我很感激贝姬·斯皮尔斯（Becky Spears），她是甲骨文公司组织人才与发展团队中负责全球OD咨询实践的领导，她描述了自己在太阳微系统公司时开发并使用的组织设计流程，当时她是负责组织咨询团队的高级人力资源总监。贝姬最初于1999年加入太阳微系统公司，当时她是支持首席信息官的HR业务伙伴（HRBP），从这一阶段开始，她就在太阳微系统公司开始了组织设计工作。甲骨文公司在2010年收购了太阳微系统公司。

### 1. 太阳微系统公司的组织设计

贝姬作为HRBP与客户一起工作，客户每年都会进行一次组织重构，每次的成效都不同。贝姬想提高设计成功的可能性，因此她和一个客户提出了一种不同的方法。贝姬建议离开工作场所，为设计团队和关键的利益相关方举办一场为期两天的工作坊，以开展宏观的设计，从而使组织自身接下来能将设计一直执行到微观层面。最初客户对要花这么多时间是有怀疑的，但实践后发现这两天是很有价值的投资。

项目的结果远超期待，贝姬也因此开启了在组织设计方面的深入实践。确实，这个流程变得如此成功，以至于其他HRBP和内部客户不断找贝姬帮忙，贝姬最终担任了太阳微系统公司OD咨询团队的负责人。工作坊内容和流程的详细信息可以在贝姬的博客（changinglikeariver.blogspot.com/2009/08/whoson-first.html）上找到。贝姬继而与高管合作发展全球IT领导团队，将实践与太阳微系统公司的业务需求对接，规划员工的发展，完善奖励和认可战略，分析并领导行动计划，以响应员工和领导反馈系统。

虽然这是贝姬经常与客户一起使用的流程，但不同的OD咨询项目因范围、业务问题和组织复杂性的不同而存在显著差异。组织设计是这项工作的“大脑”，根据涉及的范围可能要花费几个月的时间，这期间集思广益的效果会更好，而且协调和引导对这个过程也是有益的。实施（以及相关的变革管理）是这项工作的“心脏”。这个步骤也会持续几个月，通常以评估为开端，而且理想状态下要包括衡量。

## 2. 一种自主设计的流程

贝姬的组织设计实践模型建立在“自主设计战略”的基础上，这一战略是由南加州大学马歇尔商学院的高效组织中心开发的。“自主设计战略”的假设是：没有一种设计模板能适用于所有的情境。一个好的设计只在某一特定的组织场景中是合理的。自主设计流程是一种让利益相关方都参与进来的方式，使得各相关方有共同的主人翁精神和承诺，让新的组织设计发挥作用。此外，既然组织再设计是持续的，自主设计流程也是反复迭代的，包含一个持续的设计、测试、学习、再设计和面对新挑战的循环。

- 自主设计流程包括：理解业务环境和战略重点、与关键利益相关方签约、制定设计概念、将设计元素与设计标准和战略彼此之间匹配起来。加尔布雷斯指出要包含“4个D”，即对话（Dialogue）、决策（Decisions）、设计（Design）和发展（Development）。
- 这是一个反复迭代的过程，包括：

——准备；
——签约；
——评估；
——有规划的学习；
——组织设计的成功标准；
——组织设计；
——变革实施。

- 实施要以让其他人参与设计过程作为开端，这个过程通常会花费几个月时间。接下来会衡量实施过程，并引发学习和更新，因为变化的环境会驱动新战略。

### 3. 设计团队

贝姬建议要和一个团队共同进行设计，特别是当新成立一个新公司或部门，或者应对规模的巨大变化（成长或收缩），或者组织表现欠佳时。当领导、战略、内外部环境有变化时，与设计团队一起工作也很重要。

设计团队由利益相关者构成，包括高级经理、领导者、HRBP、OD和技术专家以及外部专家资源（如果需要的话）。团队要把设计汇报给高管赞助者，也就是再设计的主要客户。对于大型的组织设计项目，经常会有两个（或更多）团队直接参加到设计过程中——高管团队和一个（或多个）设计团队。高管团队中的一名成员通常会成为核心设计团队的积极成员和倡导者。将高级经理纳入设计过程有很多益处。这有助于改进业务绩效、创造最佳的设计、强化领导团队，帮助领导团队为管理变革做好准备，打造并协同领导团队，培育未来的领导者，以及发出变革重要性的信号。因此，组织设计作为一种活动，对于参与的个人和整个组织都有着巨大的发展意义。

### 4. 阶段

#### （1）准备、研究和计划

做好准备工作，然后与客户签约是至关重要的第一步。在一个组织设计项目的开始阶段，贝姬一般会与HRBP以及其他了解业务问题的人一起紧密工作，准备和客户的第一次会议，客户可能是组织中的任何一位领导者，但一般会是高管团队的一员并且负责太阳微系统公司业务的重要部分。她接下来会与这位高管探讨情况，如果讨论的结果是需要一次组织（再）设计，贝姬会与这位高管、HRBP建立合作伙伴关系。

贝姬指出，作为一名组织设计实践者，你需要从领导者那里获得大量的信息，以确保你规划的设计流程能满足业务的需求。在与领导者会面之前，重要的是要先了解组织及其已知挑战，收集背景信息，比如与熟悉这个业务和正从事这个业务的人交流，查看网上的信息，理解范围、规模、章程（如果有）、已知的挑战和战略。

策划好签约会议很重要，例如，如何安排客户会谈以及要探讨哪些领域；

如果与一个伙伴一起出席会议，要决定好各自的角色。仔细思考设计团队工作坊这种方式的潜在收益。准备好讨论以团队方法进行设计的相关益处。然而，如果领导者自己已经知道要获得什么结果，关键的设计决策已经作出，那带领一个团队经历一个令人沮丧的过程——要么试图找出领导者想要的答案，要么就被驳回——就将是无效的做法。举例来说，一位高管已经想好了某种特定的结构，而且不准备改变意见，只有当贝姬问到“那么谁将做这件事（实施结构）”时，那位高管才开始放松控制，团队式组织设计的流程才得以开启。

**（2）（与领导者）签约**

签约和商议是开端，而且会贯穿整个项目。与领导者恰当地签约，有助于在组织设计实践者和领导者之间建立信任与伙伴关系。这包括了组织设计实践者和领导者共同确定的在过程中对彼此（和他人）的期待，因为成功将取决于相互依赖和承诺的明确性。

所以，聆听并理解领导者的观点是极其重要的：

- 他们的业务挑战和问题；
- 组织绩效；
- 战略、计划、关键目标；
- 业务进行变革的准备程度；
- 领导团队内的团体动力。

贝姬指出：“他们是业务的领导者，他们要对业绩负责，而且他们对需要什么比你知道的要多；满足他们的需求很重要。”贝姬建议，一个好的对话时间的平衡应该是，大约80%的时间是领导者讲，20%的时间是ODP讲，主要是在交流的最后。组织设计实践者向领导者学习很重要，只有通过先学习，组织设计实践者才能提供正确的解决方案。如果领导者和组织设计实践者之间的关系很尴尬，那设计流程就会处于危险状态。

就预期产出达成一致

作为签约流程的一部分，对领导者和组织设计实践者很重要的一点是，就设计项目的预期产出达成一致。这些随后会成为组织设计实践者管理设计流程的绩效指南。预期产出一般有三类：组织设计实践者有信心实现的产出；很有可能实现，但某一外部问题有可能会使计划跑偏，导致无法实现的产出；以及更像是设计流程附属的产出（它们可能会实现，也可能需要其他OD工作来实现）。问题一般容易发生在后两类的预期产出上。领导者和组织设计实践者必须决定如何管理风险。领导者尤其必须积极参与，而不是被动地同意组织设计实践者提出的关于什么是可实现的、什么是雄心勃勃的观点。

设计团队就项目的细节达成一致

签约流程的开始阶段就需要决定设计团队的构成。这取决于项目的范围（包括什么、不包括什么、工作的重点）。重要的是就时间的投入、日程安排（与预期产出直接相关的）和各自的角色（他们对我的期待、我对他们的期待、其他人的角色）达成一致。例如，HRBP可能作为组织设计实践者的助理参与进来（经常是在评估流程中或者引导团队分组环节时），但有时他们就是设计团队的成员。决定谁会参与进来以及这些团队将如何一起工作，会避免很多问题，而且有助于生成可靠的标准和设计。

团队之间一定要有良好的沟通和定期汇报，包括讨论有关概念及选项。如果高管团队没有密切地参与到这些领域，问题就会产生。贝姬回忆起一次有位高管团队成员被派来与设计团队一起工作，然而事实上他并没有被授予代表他的同事们决定设计方案的权力，情况因此变得很糟糕。果不其然，设计团队的提案被高管团队否决了，因为他们提议的方案削弱了几位高管的权力基础。在那个时候，通过澄清反对的原因，贝姬洞察了“什么是真正重要的”，并运用这个洞察帮助设计团队重新制定了一个方案，这个设计从内部政治角度更容易被接受，同时仍能提供对业务战略至关重要的关键绩效要素。

**（3）评估**

评估对于洞察问题和机会是很重要的，当一些共性要素出现时就可以促使团队协同一致。评估流程定义了那些可能干扰或正在干扰业务战略的问题。评估主要涉及识别当前状况，其中包括进展良好的事情，也可能包括关于需求的建议。星模型提供了一个检查访谈问题的模板，可以用于确保访谈问题涵盖所有的议题。

贝姬改造了星模型的要素，使其更适合太阳微系统公司的组织文化。例如，星模型的“薪酬和奖励”部分，在太阳微系统公司遇到了文化方面的挑战，很多经理因为无法控制金钱激励而难以落实这一要素。通过将星模型的“薪酬和奖励”一角改为“规范和行为”，将重点放在强调认可而不是物质激励上，贝姬发现改造后的星模型更适用于太阳微系统公司的文化，并能鼓励人们实现所需的绩效，达成组织未满足的或变化中的需求。

就标准达成一致

就组织设计的成功标准达成一致是最重要的一步。这项战略性的活动提供了一个方向，将组织设计与简单地作出改变（比如调整架构、更换领导者、修改章程）区分开来。战略是评估流程的重要起点，因为从逻辑上讲，标准定义了组织为了实现战略所必须做的事情。

有时，组织并没有一份书面的战略——特别是在快节奏的、高竞争性的、关注持续技术变革的行业。在这种情况下，战略工作可能需要先于组织设计。如果客户抗拒这样做的话，可以把识别设计标准的过程作为制定战略的一种替代，尽管这不是最理想的做法。有时业务战略没有改变，但问题是人们没有围绕战略协同一致或者表现不佳。太阳微系统公司的情况是，在2009年春天作出的被甲骨文公司收购的决定，让员工面临较长一段时期的不确定性。那时的挑战是，在新战略明确之前，让聪明能干的员工与既有战略保持一致。

访谈/数据收集

典型的诊断问题有助于指导评估。这类问题的选取，大多基于其与当前业务战略的相关性：

- 基于你的了解（如对新的技术领域），我们团队正面临的机会和挑战是什么？
- 当前公司面临的挑战，对于我们的组织有哪些影响？
- 在你看来，我们的工作流程支持战略执行的状况怎么样？
- 我们组织当前最关键的绩效差距是什么？
- 我们当前的竞争力与我们未来的需求匹配得如何？
- 作为一个组织，我们面临的最关键挑战是什么？
- 这个过程中，你认为我们应该聚焦的关键问题是什么？
- 我们的管理团队管理业务的状况如何？

其他常见的话题包括：

● 询问对变革的准备程度——开始为组织设计做好准备，这也需要变革管理。

● 为领导者收集建议和反馈——影响领导者的行为，特别是在组织设计项目中。

● 检查、确保这一系列问题能涵盖星模型的所有要素；如果没有，补充一些关于所缺要素的具体问题。

作为向访谈对象询问当前现实情况的引导，贝姬还让访谈对象阅读并评论以下高绩效的特点［摘自加尔布雷斯、莫尔曼、沃利（Galbraith，Mohrman，Worley）等人的著作］，增强了讨论的效果。

**高绩效的特点**

- 对一个可以为消费者或客户提供价值的整体工作流程负责。
- 无须管理层日常控制就能实现这种价值的能力。
- 高效地实现目标。
- 明确的责任和决策权。
- 指导并发展组织能力的领导者。
- 扁平/精益的管理结构。
- 强的横向联结：

——各个团体要负责与其他单元整合；

——高效的横向团队。

- 对结果的衡量和问责机制。
- 帮助组织学习和改进绩效的机制：

——标杆研究；

——共同学习。

- 成员共享业务的成功，并知道自己的贡献。

贝姬并没有让他们拿自己当前的组织与这些特点比较，而是：

● 按主题分析，而不是按访谈问题分析，并生成报告。

主题可能包括：团队间缺乏协同一致、需要决定全球化还是本地化、制定决策、需要提高速度、需要统一的接口来面对客户等。

- 在第一次团队会议前与领导者一起审查这份报告，先不要与团队分享报告。

（4）学习

对贝姬来说，学习不是流程中一个特别的或单独的步骤，因为学习和改变自始至终都在发生。然而，学习是一个重要的因素，需要被规划进设计流程。在项目开始之前，规划需要先考虑到设计团队对组织设计的认知度和已有的知识。举例来说，一些团队可能已经对星模型和一种设计流程很熟悉——对其他人而言，“设计标准”这个概念可能都是全新的。组织设计实践者需要基于设计团队和业务情况，确定理论和工具的正确组合。有的情况下，设计团队可能需要一些与自身职能或技术相关的特殊信息。这也会成为他们学习曲线的一部分，也同样需要规划。

组织设计的学习领域可以从以下方面选择：

- 星模型本身——提供关于设计需求的视角和范围；
- 来自评估的数据——创造共享的觉察、绩效重点；
- 组织模型——职能、产品、矩阵、客户等——理解设计的影响、取舍等；
- 组织设计标准——界定何谓标准；
- 横向能力和其他设计需求（设计中常会用到的）；
- 变革管理——设计流程启动了这项工作，具体方式包括激发参与、协同一致、鼓励倡导、探查变革准备度、实施规划等。

（5）实施变革

变革管理常常被嵌入整个设计流程中，即变革管理由评估开始，并被设计流程推动深化。一个设计好的变革，能给领导团队带来实施上的优势：

- 建立在对标准思考上的沟通；
- 通过激发参与，培育倡导者以及理解变革方向的人；
- 为了完成设计工作通常要建立团队——拓宽了理解变革并参与设计的人群基础；
- 变革倡导者通常被安排到新的重点领域；
- 检查和调整流程可以确保变革的完成。

小结——哪些做法是有效的：

● 不只关注结构。运用框架，比如星模型、横向设计、决策矩阵或职责分配矩阵（RAM，又名RACI矩阵）。使用星模型为变革前后的评估提供良好的基础。在现实世界，许多因素之间复杂的相互作用会影响设计，一个协同一致的设计更有可能实现业务目标。设计应力求充分，但要简化。

● 让团队参与到设计中——这开启了变革管理流程，也创建了良好的团队合作以及倡导。由于有更多的知识、觉察和洞察力可供借鉴，因此它也会带来更好的设计。理想的团队是一个熟悉一些概念并对业务战略和完整性有明确认识的团队。

● 在设计之前先确定完善的和有优先顺序的标准至关重要，开发多个设计选项以对照标准进行审查也一样重要。

贝姬建议，设计团队一开始就要对自己的责任和产出有务实精神。而且，尽管有评估，她认为组织设计实践者应该允许团队在优先顺序上追随自己的热情，因为业务和成果都是他们自己的。然后运用再评估来推动余下工作的完成——优雅的坚持是会获得回报的！

**（6）组织设计思想的发展趋势：设计灵活的、高绩效的组织**

越来越多的组织设计思想家将外部环境考虑进来，组织正是要在这样的环境中实现自己的战略。根据沃利和劳勒（Worley and Lawler，2010a）所说的，需要的是“表面积最大化的结构”，这样的结构将注意力与资源聚焦在创造和实现价值的能力上。这些将通过实现强有力的外部关注而支撑持续的变革。层级将更扁平，会围绕客户建构组织。驱动力包括：

● 客户的全球化；

● 客户需要定制化的解决方案；

● 他们想要伙伴式的安排；

● 关系会减少但更密切、更长久和更有盈利性；

● 电子商务的发展；

● 交易中的买方权力。

团队和职能整合的小型业务单元将被大量应用。组织将通过管理流程被整合，决策将会下移，由协同一致创造透明的信息系统，而职位说明和预算机制将被淘汰。

在后来的著作中，加尔布雷斯也认同组织设计应该更关注如何围绕客户而不是产品来建构和安排组织。很多组织，比如思科系统、索尼、诺基亚网络，都采用了更横向化的组织设计，来促进客户导向和客户响应能力。真正以客户为中心的组织是以横向化的组织形式、流程和安排来设计的，这样做可以让组织“智能、快速和灵活”。在实践中，所有的组织都需要某种客户维度，这种维度根据组织的战略重心、理想抱负和环境情况而以不同的方式来定义。

加尔布雷斯认为，最发达的横向组织形式是人际网络，这会促进矩阵式的工作。采用这种“以关系网络为中心”或“企业模型”的组织，能快速地增加新事业、同化并购对象并高效地变革。然而，加尔布雷斯（2005）也指出：“这里的悖论是，好的组织设计会简化并润滑面向客户的流程，但通过引入以客户为中心的团队、网络和关系来支撑社会资本，也会使组织更加复杂。这是组织设计的未来。”

被沃利和劳勒（2010b）称为“为变革而建的”组织，会运用整合的设计和发展方式，这样的组织是高参与式的。这对HR有着清晰的启示：有效性的关键是招聘政策，招聘不仅有技能而且还愿意随着业务一起变化和成长的人。他们会得到变革赋能过程的支持，如丰富的工作设计、参与式决策结构、社群、共同领导、对人员发展的承诺和按技能付费。

任何设计都有需要权衡的正面和负面因素。领导层的任务是在设计过程的早期，如在制定标准阶段，暴露负面因素，并找出克服方法。当组织设计运作良好时，组织就能更好地应对其环境、客户和市场机会，跨领域的想法和合作将会大量涌现。

然而，设计没有“唯一的正确方法”，学习的最好方法就是实践。因此，要和组织设计与组织发展的专家合作，确保技能和输入能交融互补。毕竟，组织设计仅仅是实施过程的开始。组织发展和变革管理提供了关于设计“如何做”，即如何调动关键的人按相同的方向前行，如何在变革中激发并保持能量和承诺。在下一章，我们将探讨变革管理与文化变革如何带来健康、高效的组织以及可持续的业务成果。我们还将更详细地探讨如何以双赢的方式管理激进的变革，例如收并购背景下的组织再设计。

# 第十六章　转型与文化变革

## 动荡的背景

在当今富有挑战性的竞争环境中，任何地方的组织都处于不稳定的状态，变革成为常态。虽然目前这种形势似乎史无前例，但早在1994年，戴韦尼（D'Aveni）就已经将当时的状况描述为“超级竞争”（hyper-competition），用于形容当组织尽力增长或保持竞争优势时，所产生的狂乱环境及组织变革举措的数量。在2008年的经济危机开始之前，智库Demos（Miller and Skidmore，2004）把组织中出现疯狂的、过量的重组和变革举措称为“超级组织”（hyper-organization）——一切都是为了让组织变得精益、削减岗位和人员、外包非核心业务以提高盈利。与此同时，还要提升绩效、产生创新并增加市场份额！

难怪很多组织似乎永远不能够在另一波变革来临前，实现之前的变革目标。甚至看起来似乎变革本身成了目标，而不是目标就是目标，变革只是实现目标的手段。

组织转型或许是OD专家、高管、部门经理和HR专业人员所面临的最大挑战。在上一章中，我们研究了组织设计的战略选择和过程要素。在本章中，我们将用并购的案例来展现HR对成功融合的潜在贡献，看看HR如何能够支持组织设计的实施和转型变革。战略性变革不仅要求在现有商业模式中开展深层变革，同时还要商业模式本身的创新。而且，很多领导者面临的挑战是：改变战略、结构和系统是不够的，促成了这一切的思想也同样需要发生改变。这将要求文化变革，包括思维、关注点和能力的巨大转变——不仅仅是在高层管理者之间，还要包括所有工作人员。

当我们朝前看，我们可以得出这样的结论：变革的节奏将加速，因此成功的组织——从最大型的组织到最小的实体——需要在其文化DNA中植入变革的能力。变革管理已不再是管理一个具体的变革项目，而实际上关乎培育组织应对持续变革的能力，即组织的“随机应变力”，我们在下一章将会进一步阐述。

在前面的几章中，Mee-Yan描述了理解并影响模式和规则的流程，这些模式和规则支撑着文化或“我们在这里做事的方式”。在这一章中，我们将探讨能否建立和如何建立随机应变、高绩效的文化以及HR在其中扮演的角色。本章将涵盖以下内容：

1. 深层变革的挑战。
2. 人对变革的反应。
3. 计划性变革的理念与方法。
4. HR与转型性变革。
5. HR在文化变革中的角色。
6. 多元化和包容性。

## 深层变革的挑战

在深层的、转型性的变革中，如大规模裁员、并购或“公司再造”，战略和文化是双胞胎，领导力是两者之间的重要管道。很多变革仍是由上至下地开始的，然而由上至下的变革过程越来越被看作是无效的，而且据报道大部分的重大变革是失败的（常被引用的数据是70%）。在收购方面，麦肯锡研究发现，60%的收购案的回报低于资本成本（Rivlin，2004）。并购的高失败率在过去被归因于变革的内容——缺乏合理的依据及战略契合度。如今更多人认识到，失败的主要原因在于变革的过程以及如何开展变革，尤其是变革对人和文化的影响。OD涉及所有三个范畴，特别是变革的流程及与人相关的方面。

### 变革的内容

在并购的情况下，大量的精力主要放在找到收购的目标公司或充实收购计划，而不是搞清楚如何充分发挥新组织合并后的能力。如果在组织设计中没有这种更大的愿景，在运用人才和获取关键资源上就会优化不足，限制了组织实施最终战略的能力。用一个数学公式类比，大多数并购的处理方式带来的结果是1+1=1而不是3、4或5。

### 变革的过程方面

并购融合过程的处理方式影响着公司重组后的文化。

#### 关于文化

文化是“共同的信念和价值观的模式，反映了‘人们在这里思考事情的方式’”（Louis，1983），它“为一个机构的人员赋予意义，为他们提供组织中的行为规则”（Davis，1984）。人们感知到的东西，以及获得这些感知的方式，就会成为个人或团体的现实，并反映在共同记忆中——人们的历史和经验，以及对组织的感受和看法。这些感知驱动着共同的行为模式——战略、运营、决策、信息流、管理和领导力的模式——随着时间的推移逐渐稳定并沉淀到意识层面以下，变得理所当然而被组织中的成员视而不见（Holbeche，2005）。正如中国谚语所说：鱼不见水。

相反，在并购的情境下，员工通常对自己的文化有极强的意识。将两个或更多办事风格不同的公司合并到一起，这个过程如果处理不好，便会带来文化冲突及数年的低效。类似地，糟糕的人员管理会导致熟练员工的非自愿离职，以及商誉、组织知识和智力资本的损失。

融合过程很容易被当作一个单纯的事务性活动来处理。确实，很多收购者都以他们的“百日”计划为荣，尽可能在最短的时间里把不同的财务、IT、人力资源和客户处理系统整合在一起。这是可以理解的，因为在进行融合的同时，通常必须维持业务照常而且还要让客户满意。然而，如果速度带来的是困惑、不满意的客户或员工关系的恶化，这种快节奏的好处可能就会失去。由于组织可以被看成是一个复杂适应性系统，变革过程中发生在组织中某些部分的变化，会对新生成的组织文化产生深刻的连带影响。正如参与了一家自助家装连锁店收购的一位HR总监所说：“文化不是可以在事后补上的一道漆。”

当一家公司收购另一家公司时，另外一个文化问题与企业融合的深度相关。通常收购方会以高压的方式把自己原有的文化全盘强加到被收购方。文化的差异和误解不解决，会导致紧张的氛围、文化冲突以及“他们与我们”的态度。以这种方式被同化的人们，即使职位“保住了”，也会感到原来公司的品牌和好的做法被毫不留情地清除了。在某个制药公司，这种做法对开发新药的科学家的影响是巨大的；工作被放缓，直到人们看清事情会如何发展，以及确定他们是否喜欢未来的公司。这种现象被称为“掩埋我们的孩子”——人们藏匿自己最好的创意，防止万一要跳槽。

常见的流程错误包括糟糕的沟通——现有沟通渠道闲置、崩溃或堵塞，上层传达的信息不一致。低效的过渡及管理不善的退出，导致员工的责任感和工作动力减弱，关键人才（和知识）流失。缓慢的决策、不切实际的时间安排、不可预见的成本、预算不足、缺乏结果追踪都是失败的因素。高层领导不够团结也加重了问题。

变革可能会使一些员工受益，但如果人们最终的工作量增加了，角色和职责被再设计，被“强制性”调岗、降职或改变工作标准/做法，员工的福祉也会受损，员工可能要忍受焦虑、压力、工作不稳定、对组织失去信心和信任。这些会对员工的敬业度造成负面影响，导致工作努力度降低、生产率低下、工作中断、变革疲劳、人为错误及员工关系紧张。这些问题反过来又导致优秀人才、创意、能力、经验和知识的流失——要么是因为伤害太深，要么是因为人们在其他地方寻求更稳定的前景。这还会影响业务的有效性：客户服务、与供应商的关系及公司的声誉也会受到损害。

具有讽刺意味的是，在并购时，人们可能期待并准备接受变化，然而，典型的信息缺失、延迟和并购过程的不确定性，可能会导致人们对并购自身可能造成的负面影响作出最坏的假设。过去在领导那儿积攒的印象分被清零；职业生涯通道上挤满了新的竞争对手；被强加新的工作方式；猎头开始出没，关键人员离开。

## 变革中人的因素

无视、忽略或错误地处理变革中的人的问题是失败的罪魁祸首。由于在当今基于知识和服务的经济中，企业的成功主要取决于员工的技能以及他们是否愿意尽全力服务于企业的利益，因此，对员工的欲望和需求应该予以重视。但是，在今天富有挑战的环境中，尽管员工的敬业度已经在近些年被称为HR的“圣杯”，员工的声音又多久才被听到一次呢？

变革中一些主要的人员风险包括人们的情绪反应和行为，以及他们对变革的投入度、接受度和担当度。当变革是从上至下强压下来的，通常很难让人们认可或投入其中。甚至，人们会抗拒或破坏强加的变革。深刻的变革——触及人们的思维方式、信念、世界观——是几乎不可能通过要求人们顺从而实现的。

如果变革中人的因素如此重要，为什么通常处理得如此糟糕？

很多组织的变革以线性、机械的方式进行，忽视了人际动力和文化契合的重要性。正如我们在上一章中讨论的，当组织改变其设计，涉及的大量运营方面的工作很容易分散领导者的注意力，使他们关注不到这些改变对全体员工心理和情绪的影响。尤其是管理者，他们经常试图平衡花在架构重组和追求业务目标方面的时间。他们可能对重组的理由并不真正支持，或几乎没有重组的经验。他们也许没有准备好处理棘手的情况，比如不得不裁员，特别是那些忠诚和有价值的同事。他们自己可能也面临裁员，必须处理自己的担忧，同时还要管理团队和组织层面的员工反应。尽管他们要忍耐由重组带来的个人问题，如变革疲劳和压力，但他们仍被期望在与他人合作时保持积极和活力，因为他们处于重新唤起员工热情的前线。从人对变革的反应的多数理论视角来看，这些反应都是典型的。

### 人对变革的反应

关于变革对个人的情感影响有大量的研究和理论，这点我在其他地方有论述（Holbeche，2005）。很多模型解释了众多员工受变革影响时所经历的心理转变，其中伊丽莎白·考尔伯-罗斯（Elizabeth Kulber-Ross）的“丧亲之痛曲线”（Bereavement Curve，1973）和威廉·布里奇斯（William Bridges）的“过渡管理模型”（Transitions Model，2004）是管理界最为著名的模型。这些表明人们通常在变革循环的不同阶段会经历不同的情绪。在早期阶段，人们可能会有强烈的反应——焦虑和不确定性；在随后的阶段，人们放下过去，学习新的东西，开始感到放松和有成就感，但也可能抓住过去不放并逐渐疏离。在情感上疏离的员工可能会对组织及其管理层挑剔不满，绩效受到影响，通常会一有机会就离开。HR、OD及领导者的挑战是对不同的阶段进行预判，创建沟通和支持，帮助人们尽可能轻松地完成过渡。

如果员工不接触新的现实并改变他们的预期和行为，重组就不会成功。因此，环境越不确定，对于要做什么的意见越不一致时，就越需要员工更多地参与和投入变革。

在第八章，Mee-Yan已经讨论了行为改变和处理“抗拒”问题的方式。勒温（Lewin，1948）认为，需要提供一个让员工参与的流程，以帮助他们改变行为。他开发了行动研究和著名的变革三阶段模型——解冻、改变、再冻结。他提出可以借助危机来启动文化变革（解冻），因为此时系统更加开放、可渗透和脆弱。正常的规则被暂停，包括根深蒂固的文化潜规则。如果并购带来的机会像这样被恰当利用的话，并购便会有力地催生更新更好的事物。

布里奇斯的过渡管理模型与勒温的模型在结构上类似，更多地强调情感改变的过程，把它看成是在变革的不同阶段发生的一系列过渡，其特征如焦虑、绩效下降、两极分化和冲突，应该被预见并进行相应规划。变革的主要教训是应该让人们参与到变革中，因为正如圣吉（Senge，1999）指出的，真正的变革是关于“激活深切关心变革的人们自发的投入感和能量”。因此，即使在管理传统的自上而下的变革时，也必须采用对话式的、重视参与的变革的方法。

## 计划性变革的理念与方法

由于变革的节奏加快，线性“变革管理”的概念开始受到质疑。因此我们需要重新思考如何能让组织的变革可以持续——至少保持一段时间。Mee-Yan

之前引用了马夏克（Marshak）、欧阳（Eoyang）及其他人的著作，来描述传统变革管理与OD方法的不同。在此基础上，我们可以看到在管理复杂变革中 新旧方法的混合应用。

## “变革管理”

有计划的、由上至下的变革符合“组织是机器”的隐喻，认为变革能够有效地被操控，达到可预测的结果，并假定将计划、资产和文化适当组合起来，就能产生极高的绩效。此类变革还要求人们调整信念、价值观和假设，以确保用恰当的行为模式来实施战略。

这样的变革通常被当作一个项目，有明确的开始和结束，需要正式的变革模型和精心策划的方法，来应对变革过程的机制和人的问题。变革过程通常用到项目管理的工具，如甘特图（Gantt charts）、“上线”日期（“go live” dates）等。例如，约翰·柯特（John Kotter，1995）著名的“八步法”变革框架被广泛使用，并且体现在Prince2（受控环境下的项目管理）项目软件中：

1. 建立紧迫感——审视市场和竞争状况，发现潜在的危机和机会，让至少75%的管理人员相信现状是不可持续的。

2. 组建一个有力的指导同盟——鼓励有共同承诺的人在现有等级体制外组成一个团队。

3. 创建一个指引变革的愿景，并制定实现愿景的策略。

4. 沟通愿景——利用一切可能的手段，通过指导同盟成员树立榜样来传授新的行为。

5. 改变阻碍愿景实现的系统或架构，赋能他人践行愿景。

6. 规划并创造短期的成果——创造明显的绩效改善，并奖励对此作出贡献的人。

7. 巩固成绩并推动更大的变革——在已经取得的改善带来的更高可信度基础上，加大变革力度。

8. 将新方法制度化——例如建立与新方法一致的领导者继任计划。

这种方法的批评者认为，不应该把变革看成是一个单一、线性的“瀑布”流程，因为可能需要回头再看战略——例如，由于法规或公司制度的变革，战略不再有相关性。因此，变革管理需要不断监控是否需要返回到前期阶段，调整修正后再继续，哪怕“火烧眉毛”或紧急的需要已经不存在了。阿克塞尔罗德（Axelrod，2010：19）认为，这种方法建立在4种旧的变革理念基础上，也就是：

- 少数人为多数人做决定；
- 解决方法第一，人第二；
- 恐惧带来紧迫感；
- 不平等是惯例，生活不是公平的。

这4个信条造成了巨大的敬业度差距，因为这个过程向人们传达的信息是：他们的声音不重要。结果是个体与其他人分离，人们既不相信机构也不相信领导，自我利益滋生了自我防卫。

### 系统性变革

自20世纪80年代以来，越来越多的人认识到：组织是有机发展的生命系统，也可以有意识地发展和更新。“有机体”和“生态系统”是与经典OD最常关联的比喻。典型的OD过程模型有其顺序步骤、介入措施和基本理念。它涉及确定关键利益相关者，聆听并把他们的想法体现在方案中，向着观点、目的及执行的一致性努力。这种方法利于渐进的流程变革或支持正式的变革模型。因此，经典的OD方法与机械论仍然有相同的元素。例如，对一般性的系统理论、概念和过程的探寻，明显体现了传统方法中对因果关系的探寻。

当然，两者也有不同。在有计划的变革中，管理者的角色是实施计划，而在系统性变革中，管理者的工作重点是人际动力。领导者传达愿景，员工进入“拉动模式”，模式被认可，反馈回路得到加强。这种假设是：在变革和寻找共同点时，一定要彰显多元化；多赢是可能的，参与对保持变革动力至关重要。

新近的OD方法更多是建立在社会建构主义原则基础上，强调对话，认为人与人之间的对话和共创是实现变革的主要手段。其包含的模型有欣赏式探询、世界咖啡馆、以解决问题为焦点的对话，以及反思性探询。布希和马夏克（Bushe and Marshak，2008）的一般性对话方法（创建生成性图景、主持生成性会谈、发起自然生发的变革）越来越受到欢迎，不仅作为一整套工具和技术，更重要的是作为一种存在方式。

因此，OD作为一个学科有责任将变革过程“民主化”，更加关注：

- 生命系统范式——尊重人际动力的本质，尊重自主性、自由、能动性，以及渴望作出贡献的需求等；
- 每个人都有价值——无论级别，让每个人的声音都被听到；
- 以终为始——在流程一开始就让主要的团体参与实施；
- 帮助人们对变革的意义和过程进行个性化、发挥影响并参与共建；
- 提出问题并让人们制定解决方案，始终使用大型团体方法来消除权力差异。我们坚信智慧存在于团体中。

阿克塞尔罗德（2010）认为，领导者的任务是拓宽参与的范围，将人们联结在一起，创建行动社群并促进公平。领导者的挑战在于统一思想、管理张力，让人们自己找到协同一致、满足利益相关者群体需求的最佳方法。归根结底，OD相信“人们会支持自己帮助建立的事物”（Weisbord，1978）。

因此，无论你的组织在考虑使用哪种变革模型或方法，都应该评估其对人们可能产生的影响：

- 用单一的方法进行变革对你的组织来说是明智之举吗？
- 它可以帮助你的组织管理更多的变革吗？可以更快更好吗？
- 这种模型设定的变革的范围、规模和速度适合你的组织情况吗？
- 这个模型会调动变革中的人、行为、文化维度，以匹配你组织的愿景和能力吗？

当然，大多数组织仍然使用流行的传统范式。如Mee-Yan指出的，从实施变革的传统方式中汲取有用的方法和技术，然后再与OD的系统性和复杂性理解相结合——这应该是主要的基础，这对HR/OD实践者而言可能是明智的。其结果是HR/OD能够帮助客户学会如何以不同的方式进行变革。

## HR与转型性变革

在彻底而复杂的变革（如并购）中，使用正式的变革（项目）管理方法，并拥抱更具对话性的经典OD方法，是有特别充分的理由的。考虑到“做好人的工作”的重要性，罗菲·帕克（Roffey Park）的研究指出（Devine *et al*, 1998），从一开始HR就应直接参与规划。并购活动有清晰的阶段——准备期到交易结束，两个组织并到一起的转型期，两个公司有效地成为一体的长期融合。每个阶段都以不同层面的活动为标志，很多团体在其中扮演着角色。理想情况下，HR应该参与到三个阶段中，但通常HR被仅限于在准备阶段向过渡团队提供数据。

罗菲·帕克发现，由HR主导的兼并能预见并解决兼并过程中的许多人员问题，实现真正的融合和协同增效。那是因为并购的体验塑造了新兴的组织文化和氛围，决定了人们对新业务的投入。由于智力资本是很多并购背后的主要驱动力，不能保留关键人才会成为收购方的乌龙球。

在变革项目中，HR和OD在分工问题上需要达成一致。管理整个变革流程，并与CEO和高管团队密切合作设计变革方法，这可能是OD专家的任务，而HR需要与高级管理者进行密切的全程合作，在人员问题上提供建议，确保领导者意识到他们的价值观和行为将对其他人产生重大影响。

## 设计高绩效的新组织

正如我们在上一章讨论的，转型性变革提供了一个机会，将组织设计的重点重新聚焦于价值创造和其他理想产出，促进新的组织提升绩效，并着手追求新的战略机会。HR能够在帮助重新设计组织方面发挥重要作用，需要关注：

- 提醒自己变革的目标是什么，然后挖掘最大的潜能，使新组织能发展到更高的绩效水平，并着手追求新的战略机会；
- 设计相应的结构、工作流程、员工角色和价值主张，使其体现你们理想中的业务形态、你们努力实现的商业模式、你们珍视的价值观，以及你们为了有效运转商业模式所需吸引和保留的人才；
- 什么样的角色、知识、技能会为业务创造价值？需要多少员工？
- 什么会有助于产生高绩效的氛围？

对于你要实现的意图，保持积极主动且果断的态度很重要。确保你拥有一个稳健而灵活的流程——越短、越快速越好。尽可能严格地执行这个流程并让合适的人管理它。

## 严谨的方法

变革过程需要分阶段地、严谨地设计和实施，使用项目管理规范并持续跟踪关键指标，确保过渡顺利、员工士气良好。需要制定新结构的商定流程和变革时间表。过渡项目的管理者与一线经理之间交接要明确，一线经理必须在动荡中保持业务照常进行，同时也要实施变革计划。

HR必须领导以下行动：

- 保留关键人才；
- 处理裁员和其他离职；
- 支持一线经理；
- 支持个人和团队；
- 保证有效沟通；
- 使留下来的人重新投入；
- 融合行动与学习。

尽早发现和解决敏感的人力资源问题非常重要。为了使HR具备完成任务的能力，需要：

- 准备一个尽职调查资料库，以及不同国家的所有福利成本的算法；
- 制定任命、调岗和离职的指导原则，并进行沟通；
- 对关键岗位和人才进行风险分析；
- 处理裁员时，要善待即将离职的和留下来的人；
- 考虑如何支持承受巨大压力的一线管理者、个人和团队；
- 明确为了高质量地实施岗位变动，需要哪些支持资源。

要特别注意重组中的技术和实践问题以及人的方面。要作出真正有效的贡献，HR需要能够随时迅速获得关键信息，因此要确保信息系统运行良好。快速设定好人力资源结构，避免人们因为自己职位的不确定而分心。支持沟通活动并设立帮助平台。

在适当的时候使用外部专家。HR可能参与裁员选择小组、融合项目团队、新资源论坛、项目工作组和再就业项目。可能有必要引入额外的管理和人力资源来应对工作负担过重和压力问题，尤其是如果有大量的离职人员的话。

留意可能发生的领导力和高层管理的问题，包括如何维持他们对实施重组的投入程度。

## 保留关键人才

变革对人们造成困扰，即使是那些没有裁员风险的人。如果你想为未来保留关键人才，在变革过程中尽早确认这些人并让他们知道。CIPD（2020a）研究表明，人们通常离开组织去寻求更好的发展机会，因此，在重大的变革过程中，坚持人才管理和发展至关重要，这通常是竞争者挖角的时候。寻找机会让你的关键人才拓展自己，为他们提供新的职责或将他们借调到变革项目团队中。给关键员工提供机会领导变革过程的某些方面，会让他们保持参与、兴趣和学习。

可能还需要留才激励，但“金手铐”并不总是最佳选择。HR也应该鼓励一线经理通过对员工的担忧表示理解、诚实和开放、认可卓越的绩效来帮助留住人才。管理人员应该找到明智的方法来认可和奖励杰出的表现并忠于组织的价值观。不过要小心谨慎，如果你过于关心关键员工，其他人会对自己的前途表示担忧。

## 处理裁员及其他离职

HR可能需要挑战具体的重组决定，特别是如何选择解聘的个体员工。出于种种原因，不只是避免损害雇主品牌，HR应该鼓励一线经理考虑裁员的替代方案，比如内部调动、减少工时/工资、外部安置、共享工作、休假和教育/学习计划。

如果必须裁员，HR必须从一开始就与员工和/或他们的代表公开透明地商讨。充分的事先计划有助于减少或抵消裁员的困难。HR必须处理裁员相关的计划、后勤、行政和隐患问题，还要明确解聘流程，以及如何在其他管理者、HR员工、临时经理、法务专家、外部中介以及再就业提供者的帮助下，有效管理或支持解聘流程。为岗位被调整或取消的员工提供再就业安置和其他支持，使他们能够获得中立的外部观点以及HR等内部专家的支持。

处理离职的方式将不仅影响要离开的人（他们可能成为未来的客户），同样也会影响要留下来的人（“幸存者”）。关于如何敏感地管理这个流程，并且在裁员磋商期间仍然维持业务照常运行，管理者和领导者都需要具体的指导。HR 应该为管理者提供如何处理艰难谈话的培训，以及通过内部/外部再就业服务提供者为离职者开办工作坊。在所有问题上，无论他们受到何种影响，HR 必须对他们表示同情，公平对待他们，消除他们的疑虑并给予支持。

## 支持一线管理者

HR 必须让经理做好管理变革的准备，确保他们理解重组、有明确的事关重组的角色和责任，并对照这些来进行评估。即使在情况发生变化时，经理们也必须让员工“像平常一样专注于业务”（即关注客户）。他们必须在不确定的时期让人们更易于做困难的工作并减少压力。HR 能够提供的帮助有：

- 为管理者提供工具和方法，以管理变革及处理棘手的状况。这些包括：通常由 HR 引导的重组、变革和转型工作坊/场外会议；在流程开始之前及过程中，由 HR 和其他专家做的有关重组的技术/法律方面的完整介绍；流程计划、指引、程序说明书、常见问答、桌面支持、脚本化采访等。
- 协助一线经理管理他们自己的压力水平，让他们能够更好地支持自己的团队。

## 支持个人和团队

当然，人们抗拒变革的程度不同，但是如果人们感觉对变革有充分准备并参与到变革的决策中，他们更有可能把变革看作是机会而不是威胁。因此重要的是：

- 不要淹没在大量的项目工作中，这样会妨碍你帮助别人。利用顾问及其他人来分散负担。
- 把握员工士气的脉搏并密切关注脆弱的个体，提供切实的支持和咨询。为员工安排人人可参加的变革觉知工作坊；为新的或转型中的团队提供团队建设。
- 鼓励高管团队现身、建立信任、表达尊重并帮助人们告别过去。

## 保证有效沟通

变革沟通的一个关键原则是：怎么沟通都不为过。沟通必须持续并且对接受者是有意义的。就像我们已经讨论过的，当一个重大变革过程开展时，人们一般会经历各种情感，而其中的一些阶段是能够预测和计划的。

首先，人们必须了解为什么需要变革。在发动变革时，高管们必须定义背景，向所有员工传达组织试图达成什么以及必须如何变革。他们必须讲清楚变革项目与长期战略之间的关联，明晰目标与关键的里程碑（Mohrman，2007）。但是，考虑到在重大变革中会发生很多重叠的变革举措和不间断的调整，因此，领导者必须全程与员工进行积极的沟通，越双向，效果越好。

**辅导领导者和经理进行有效沟通**

与沟通专家密切合作，HR能够帮助辅导高级管理者如何在潜在的挑战时期进行有效沟通，尤其是面对面沟通。“领导者积极参与”体现了变革的战略性，提供了强有力的愿景，将组织黏合在一起，并使个人、工作组和公司目标保持一致（MacLeod and Clarke，2009）。愿景来自组织更高的使命，应该是一个非常简单、有力、扣人心弦和富有洞见的理念，能让这个组织统一起来，并驱动这个组织所做的每一件事。它从根本上回答了“为什么”：为什么我要在乎？为什么它是重要的？

可以使用各种论坛和渠道（包括线上形式，特别是面对面的全员会议和路演）。人们通常想知道为什么要发生变革，尤其是变革如何影响到他们，他们是否还会有工作。如果他们还会保留工作，他们会想知道自己将扮演什么角色，以及在有关职业生涯前途、条款和条件方面，对他们是有利还是不利的（会赢还是输）。他们会想了解自己在新的组织中如何获得成功、绩效如何管理、会获得哪些培训和发展。因此，需要和他们沟通回答这些问题的时间表，然后严守这个时间表。

要创建变革的氛围，就需要真正的对话。因此，有效的沟通策略会逐渐引入双向的沟通，这样人们才能获得主人翁的感觉。

**针对不同的人群进行特定的沟通**

员工会在不同的时间受到变革的影响。HR应该确保内外部的沟通是专业的、有的放矢的和及时的，并与管理人员一起将信息本地化。一线员工需要提前了解正在发生的事情以便他们能够处理客户的疑问，传达正确的信息。

随着变革过程的展开，HR需要密切关注人们的感受，察看人们是否了解正在发生的事情，变革如何影响到他们以及前景如何。重大的变革可以有助于人们“团结在一起”，但是人们需要相信变革是在做对的事情。由于变革的好处可能并不显见，变革的原因可能需要经常被重申。当必须作出艰难的决定时，人们需要相信已经作出了正确的决定，而且公平处理了所有担心。

HR是员工、员工代表和管理层之间的重要渠道。员工必须有机会提出问题。HR必须让高管们意识到关键的人员风险，从而使这些问题得以解决。坚持做员工调研很重要，找出关键领域进行改善并收集反馈。例如，在某个大型的收购过程中，HR经理建了一个组织融合网站，员工可以在上面谈他们的想法、感受和问题，HR会进行回应。年度的员工调研反映了这一做法带来的敬业度方面的提升。

## 重振“幸存者”的士气

组织必须作出特别的努力，提振留存员工的士气，包括承认人们可能感受到的损失（特别是关于同事的离开及他们自己职责的变化）。因此，至关重要的是，管理人员不要在危机时期采取“碉堡心态”，致使沟通和团队合作失效。他们必须首先采取行动，安抚焦虑的员工，因为这些员工对公司方向的信心可能已经减弱。他们必须坦诚、直接，与员工保持更频繁的沟通，定期更新业务绩效和财务状况，尽可能分享最新的成功，重申价值观，并传达组织的新战略和业务计划、优先事项和目标。强调变革的第一波积极影响，激励人们开始第二波的变革。确认新的架构、职责和新的工作方式，宣告进入新的业务常态。

这不应该只是从上至下的沟通（这种方式实际上会阻碍参与），而是坦诚的真正的对话，这样才能够建立信任。HR还可以帮助人们把通常会伴随战略性变革产生的各种措施联系起来，从而看到更大的图景；从HR的有利位置，能够更好地看到这些碎片。HR这样做可以降低人们心中的不确定感，有助于人们更好地应对变革。在很多组织中，HR通过成为定期的“博客写手”，帮助CEO与员工进行直接的沟通；HR还在一系列活动中发挥了关键作用，例如成立创新小组、组织愿景描绘/团队建设工作坊，以及安排标志着新起点的外出活动日。

## 加速变革

一般地说，HR能够通过以下变革领导力活动来加速变革：

● 明确新的雇佣关系。组织员工讨论依据新的设计/工作/业绩及行为要求，新组织对他们的期望是什么。这是关于定义成功的标准和奖励方式。

● 帮助人们成功。与一线经理合作，设计可提供发展机会和真正业务价值的拓展性角色。确保员工能很好地融入新的团队并清楚未来的路。帮助人们提升他们真正需要的技能和能力，将与业务相关的学习与岗位设计结合在一起。为个人、团队和业务单元创造学习成长的机会，如通过指导、在线学习、团队发展会议、培训项目、参观其他组织、分享事例和想法等方式。这是关于给人们时间和其他资源来学习，即便他们在试验新的方法时犯了错误，也不用担心受到惩罚。

● 持续关注人才管理，招聘“对的”人。高质量的任命很重要——撤销任命不是一件容易的事。让合并后的组织充满高绩效者，特别是一线的管理岗位，尽管这在最初可能显得不公平。

● 确保现有员工有学习和成长的机会。很多员工希望变革后会重新评估个人和职业生涯发展的需要。重要的是HR通过提供支持、指导和辅导及开发顺畅的职业通道，使人们在充满挑战的时期仍然可以在事业上取得进步，以此重振人们对雇主品牌的信心。这是关于给人们提供机会改变角色，重新使他们自己和组织充满活力。

● 建立绩效文化。培训一线经理，教会他们如何辅导并发展他们的团队，如何澄清目标和优先顺序并让人们负起责任。

● 鼓励建立跨职能和跨组织的团队，开展重大的新举措。与OD顾问一起协助这个流程。

● 简化绩效管理和其他人员流程。鼓励经理们设立清晰的短期目标。

● 让人们感到自己受到重视。使用非经济的奖励，例如人们最看重的认可形式和灵活工作的机会。提供目标感和成就感。尊重过去的成绩，庆祝新时期的成功。稳固并分享利益。

总之，在变革中重视人的方面不是件容易的事情。无论是对转型变革的短期影响还是长期影响，HR都需要作出可信赖的、快速的回应。通过熟练的HR规划、组织设计和发展介入，HR能够对可持续的商业成功作出重大贡献。

## 关于文化变革

当谈到成功地实施战略，文化（即“我们在这里做事的方式”）可能会比任何其他因素都更有影响力。如果战略聚焦客户，而组织的规范、标准、工作实践和价值观却使人们的能量和行为聚焦到另外一个方向，这肯定是不好的。正如彼得·德鲁克（Peter Drucker）所说：“文化把战略当早餐吃掉了。”

文化变革本质上包含人们行为的改变。它可以由很多因素引发，如新的CEO、业务危机、并购，或是当组织文化变得有毒性、信任度低时，即当“筒仓现象”和内部政治使组织聚焦内部、反应迟钝时。这种症状在“指责文化”和部门之间不愿意分享资源时是很明显的。

很多文化的问题都与权力相关——有的人利用权力，有的人缺乏权力。高层领导的示范会滋生其他人的不理想行为。功能失调的领导团队往往缺乏决策能力。在强大的、成功的、傲慢的文化中，一个操纵和惩罚型的领导者倾向于被唯唯诺诺的人围绕着，高管们为他们的品牌沾沾自喜而忽略了市场变化的迹象。

另一类文化挑战涉及偏爱的（信奉的）文化（反映在组织价值观陈述中）与现实的实践（现实中的文化）之间的不匹配程度。例如，如果一个公司提倡团队合作和道德行为，却让只为自身利益行事的人得到晋升，那么人们就知道什么做法才是真正行得通的。同样，当组织的HR和管理实践与包容性相去甚远时，声称组织重视多元化也是毫无用处的。特别是当管理人员在价值观上不能以身作则，而且组织中还留有变革失败的阴影的时候，员工的不满就会迅速滋长而使变革管理愈加困难。被强大的雇主品牌吸引来的新员工可能会发现现实完全不同于预想。即使是“对的”人也不能够在“错的”环境中茁壮成长。

然而，由于组织是复杂适应性系统，刻意地由管理层驱动的文化变革很少会奏效。而且，勒温（1948）指出，专注于改变个体的行为是徒劳的，因为独立的个体受到团体压力的约束会选择顺从，否则会被完全排除在外。变革应该聚焦改变环境，从而改变习惯、惯例，在诸如团队规范、角色、互动和社交流程等要素中创造“不均衡”。因此，文化变革主要是通过信息和关系网络，致力于团体动力以及管理意义的工作。因此，CEO需要对团体动力有所理解，建立新的团体，改变人、团体、组织互相关系的质量。

## 文化变革的原则

为了使文化变革持续下去，应采用以下原则：

- 让文化根植于绩效和要完成的工作中，由此确保其关联性。否则人们（包括领导者）有可能会回到旧有的操作模式中，从而限制组织实施新的商业战略和设计的有效性。
- 领导必须鲜明地展示对变革的投入，为个人、团队和业务单元的变革营造氛围并作出榜样。
- 文化变革的重点是实践新的行为，而不是改变态度。
- 文化变革为人们创造以新的方式做事的体验和机会。
- 文化变革涉及对理智与情感的识别和运用。
- 文化变革需要时间，不是线性或可程序化的；不确定性、模糊性、风险和挫折是其固有的。
- 重要的是，文化变革的实施方式必须强化新的工作方式。

## 领导者和文化变革

各级领导者对组织的文化有巨大的影响。沙因（Schein，2004）认为，文化创建和管理的动态过程是领导力的精髓；领导力和文化是硬币的两面：“我相信文化始于领导者将他们个人的价值观和假设注入一个团队。如果团队成功了，那么假设就被认为是理所当然的了，之后我们就拥有了一种文化，为后来者说明什么样的领导力是我们所接受的。这时候，文化便定义了领导力。”

因此，文化源于领导者对“成功”的**信念**，这是**核心价值观**的写照——“什么是重要的”，并由**规范**和**行为**表现出来。

领导者使用沙因所说的以下**主要植入机制**来传播并植入文化：

1. 领导者关注、衡量和控制的事；

2. 领导者对关键事件和组织危机的反应；

3. 领导者以身作则、言传身教；

4. 奖励和职位的分配标准；

5. 招聘、选拔、提升、退休和开除的标准。

还会使用以下**次要强化和稳定机制**：

1. 组织设计和结构；

2. 组织系统和流程；

3. 物理空间、外观和建筑的设计；

4. 关于重要事件和人的故事、传奇、神话和寓言；

5. 组织哲学信条和宪章的正式宣言。

很多失败的发生是因为CEO试图把在一个组织中有效的方法移植到另外一个组织中而不考虑新的情况。这种从上至下的方法会让员工产生怀疑态度。

彼得·圣吉（Peter Senge，1999）认为，以下三类领导者的相互作用是维持变革举措的关键：

- **当地一线领导者**：对结果直接负责，并有足够的权力改变地方一级的工作组织方式。
- **内部关系网络沟通者**——“关系网络领导者”：发挥促进作用，是天生的“播种机”，在组织内传播思想、支持力量和故事。
- **核心高管**：对组织的绩效负有全面的责任，创造条件使他人直接参与到价值创造活动中，并通过以下途径获得成功：
  - 定基调并“以身作则”；
  - 领导变革运动，倡导变革的理由和益处；
  - 在变革过程中投入支持；
  - 把变革放在最重要的位置；
  - 传达清晰的信息；
  - 评估变革结果，让员工负起责任。

文化变革的成功主要依赖于这些关键群体的接受和认同，以及他们实施变革的能力。他们必须能使组织的各方面要素协同一致，并能接受这个过程需要时间这一事实。如果不是这样，文化变革就会被组织中的其他优先事项取代。HR和OD专业人士必须确保所有的领导者明白他们在文化变革中的角色，当领导者的行为和价值观不一致时，提供反馈并挑战他们。

## 帮助人们提升意识

新兴的方法与从上至下的领导力方式截然不同，其基础理念是分布式领导力会使变革持续；因此，受到变革最大影响的人需要直接参与其中。“改变参与的方式，就能改变组织。在21世纪，公司的核心问题是参与。参与的核心是知识型员工的思维和精神。”（Seely Brown and Gray，1995）

除非有充分的理由改变文化，而且有高度一致的原则和价值观证实变革的必要性，否则文化变革会被看成走走过场而已。因此人们必须意识到文化是如何真正运作的，并确定变到什么程度是可能的且是大家想要的。为了提升人们对变革必要性的意识，领导者可以让员工有机会接触现有组织职权范围之外的情境和经验，体验真正变革的发生。系统成员需要在公司每个关键维度审视“我们做事情的方式”——共享的假设、信念、价值观、规范，特别是隐性的维度——以及这些因素产生的、限制机构发展的行为模式。理想情况下，这种审视本质上通过对话进行。要认识到团体是激发和延续变革的基本单位，重要的是找到团体认同的身份，并帮助团队明确是哪些因素巩固了这些行为模式，例如在战略、运营、架构、岗位设计、人力资源管理或领导力方面。

领导者必须能够使人们热情地参与到变革中来，利用他们的知识和经验，建立他们对未来的主人翁意识。要让员工知道，公司需要他们的想法和潜在的解决方案。对话式、话语式或会谈式方法假定组织是共同创建的现实，能量与变革的逻辑一样重要。人们需要从一开始就参与到变革的计划中，使得变革个性化。正是这种对话帮助员工理解变革的目的，并有机会重新设计工作方式以便为客户带来价值。因此，共建而非协商是释放能量的关键。正如惠特利和凯尔纳-罗杰斯（Wheatley and Kellner-Rogers，1998b）指出的：“参与不是一种选择……人们只支持他们帮助创建的东西。人生要坚持参与的自由，永远不能被收买或被迫接受别人的计划。”

可以通过探询、生成性相互联结、变革会谈、利用现有的及建立新的网络来加速变革。这些方法关注的不是诊断现有的系统，而是开发叙事或故事，这些叙事有助于建立更有效的组织方式。因此，领导们需要的不是改善沟通计划，而是“一方面要注重发起谈话，就变革的逻辑构建新的共同意义；另一方面也要同样注重就人们合作创造新成就的方式，建立新的共识”（Mohrman，2007）。在这种情形下，人们可以找出如何以对自己有意义的方式作出贡献。设立一个正式的流程，重要的是让人们通过这个流程能够尝试，并从成功和失败中学习。

彼得·布洛克（Peter Block，2008）同样认为，领导者能做的最重要的事，就是为人们创造机会和流程来讨论/辩论正在发生的事以及如何能使变革更快一点。实质上，文化变革是发起一场社会运动，即“个体自发汇聚起来，致力于通过协调的活动推动或阻止变革，产生持久的自发效果，并同时创造共享的身份认同”（Bibby *et al*，2009）。这样的网络不仅可以进行学习回顾，同时还提供反馈和前馈。变革过程注重学习，将学习当作个人和团体的活动，同时也是影响他人的手段，变革过程不仅产生更成功的业务，而且同样帮助人们成长和成功。

要让足够多的人朝着一个方向前行，就要使用大规模参与方法，而不是一次针对一个群体采取“由上至下命令”的方式。鼓励人们共创对他们来说重要的未来，因为人们支持他们帮助创造的东西。利用人际网络传播积极的“病毒”。例如，IBM在网上开展了一次全球员工参与的“价值观大讨论”，人们有机会谈论并弄明白正在发生的事情，该过程为产生重大变革创造了能量及动力。人们的谈话很少是关于“变革什么时候结束”，而更多的是关于“下一个变革是什么”。

当然，在基于权力的文化中，这些新式的OD可能对领导者以及认为领导者应该解决组织所有问题的人产生威胁。重要的是高层对这些实践的真正支持，因此管理团队必须树立开放的榜样，并准备好接受各种想法。

**改变、强化或者平衡文化？**

关于文化发展的另一种想法源于斯托克斯与哈里森（Stokes and Harrison，1992）。他们认为更多地思考强化和平衡一个组织的文化比改变它更好。强化一个文化涉及增强文化的表达，特别是在更高的层面，做同样的事情，只是做得更好。平衡一个文化是如果你想保留文化好的方面，增加一些制衡的元素或鼓励文化差异性时使用的一个方法。只有当文化中的某些部分真正阻碍成功的时候，谈论变革才是必要的。即便如此，“多数情况下，变革不需要诱导或强迫。相反，变革可以被释放”（Kelman，2005）。因此，要明确为了让变革持续，组织文化的哪些部分需要强化或改造，并采取行动（如将架构、绩效管理、奖励、行为、技能协调一致）以应对这些变化。

欣赏式探询（Cooperrider and Srivastva，1987）或许是最著名的基于优势的方法。欣赏式探询（AI）的假设是，并不存在有待人们发现的、固有而实在的社会组织形式；相反，AI寻求激发新的建设性想法，这些想法会产生自组织的变革。例如，两家英国NHS医院信托基金会处于合并的早期阶段，每家信托基金会派出40个人接受AI培训，并开始在彼此的组织中开展探询，了解当提供最好的患者护理时会发生什么。当人们汇集了这次活动获得的信息时，他们发现来自两个信托基金会的实践对提供好的患者护理都有帮助，但是需要加入一些新的东西来超越以前的标准。从基于优势的方法入手，让人们在讨论新想法时没有防御心理。

通过从一开始就寻求包容性的方法并逐步让整个组织参与进来，领导者有更多机会达成他们的目的，因为员工会对改进产生主人翁精神，并且会更加理解变革在组织进程中的作用。变革将成为每个人的第二天性和工作的一部分。

## HR在文化变革中的角色

HR在转变文化方面发挥作用的方式有很多，包括制定有效的政策。在许多组织中，需要改变文化的关键领域之一是多元化和包容性。

### 多元化和包容性

近年来，工作场所变得越来越多元化，反映出不断变化的人口结构和市场趋势。例如，欧洲默认退休年龄的结束导致了老龄化和所谓的“四代人共存”劳动力大军。近年来，多元化和包容性（D&I）已成为备受关注的话题，随着各种令人发指的事件成为头条新闻，以及BLM、LGBT和MeToo等抗议运动的此起彼伏，这一话题变得更加紧迫。这些运动提高了公众对种族和其他形式的不公正的认识，人们希望结束各行各业的不道德做法。事实上，这些问题非常有争议，以至于一些公司因为脸书处理仇恨言论不力而撤回了在该平台上的广告投入。

在新冠疫情的背景下，将这些看似不同的问题联系在一起的是健康和幸福感。正如布朗（Brown，2020）指出的：

> 该病毒在许多方面加剧了现有的不平等现象，低收入工作者，如护理人员，主要由女性担任，而且以黑人、亚裔和少数民族（BAME）为主，他们的健康状况最差（因病毒死亡率最高、病假工资计划覆盖率最低）、经济收入堪忧（可能被迫停职和裁员）。

越来越明显的是，如果没有公平和富有同情心、包容性强、以人为本的工作场所，健康和幸福感就会受到影响，同时，生产力也会受到影响。在工作场所，长期存在的团体之间的不平等在很大程度上仍未解决。例如，根据世界经济论坛（WEF）发布的《2018年全球性别差距报告》，尽管开展了许多引人注目的消除性别差距的运动，但性别薪酬差距仍平均为32%。

多元化和包容性是一个复杂的领域，涉及多方面的问题、法律框架和频繁的法律雷区。为了改善社会和工作场所层面的多元化和包容性，政府需要发挥带头作用。但企业也必须作出承诺，改善其多元化，消除种族薪酬差距，并确保在企业高层拥有更多元的代表性。邓肯·布朗博士（Duncan Brown，2020）提出：

> 我们不仅需要全面恢复性别薪酬报告，还需要将其扩展到涵盖种族和残疾人。需要迫使雇主公布范围更广的人事管理统计数据——接受最低工资和无最低工时保障合同的工人人数、他们的病假工资和产假政策、旷工率和员工流动率——以便我们作为消费者、投资者、未来雇员以及一个社会，能够选择我们想要投资和支持的组织。

然而，新冠疫情导致报告的进一步缺乏，如果要改善情况，信息及其透明度将变得更加重要。提高D&I数据的质量至关重要，例如，利用内部人力资源系统以外的信息来源，如员工心理援助项目（EAP）提供方、健康保险公司、团体风险保险公司，甚至还可能有员工多元化数据的养老金服务提供方。

然而，这一流行病也推动了多元化和包容性问题的解决。在家工作使更多的人能够以新的方式作出贡献。然而，由于许多员工现在显然长期在家工作，孤立感和员工对其雇主整体环境不包容的看法可能会增加，这可能是因为他们认为在获得资源或支持方面存在不公平（McKinsey，2020b）。

组织和团队不应错过危机带来的机会，引入新的、改进的习惯，增强联结和公平感。组织不应将多元化和包容性视为逐条检查的合规活动，而应寻求建立包容的工作环境，让所有员工都能参与其中，无论是谁、无论身处何位，每个人都能作出有意义的贡献。

建立包容性的工作环境不是凭空发生的，而需要持续的努力，尤其是HR必须带头创建包容性文化。偏见性做法是系统性的，这要求我们具有OD的视角和坚定的行动，来确定并克服许多业务的、结构的和其他方面的障碍，发展一支高效、多元化的员工队伍。

需要揭露和清除歧视性偏见。偏见往往被嵌入人工智能（AI）中，例如通过面部识别和其他软件，人工智能被越来越多地用于招聘过程中的潜在候选人筛选。这样的结果就是，人工智能使许多女性和有色人种人选被过滤掉。这些偏见可能是人工智能领域本身缺乏多元化造成的。WEF（2018）发现，2018年，全球人工智能专业人士中只有22%为女性，而男性占比为78%。同样，黑人员工仅占谷歌全部员工的2.5%，占脸书和微软员工的4%。考虑到人工智能在组织的业务流程、产品开发和产品本身中发挥着越来越大的作用，人工智能专业人士缺乏多元化以及女性和有色人种的缺位应该引起关注。如果不尽快解决这些偏见，它们可能引发许多危机。

**说明工作场所多元化的重要性**

为了改善多元化和包容性，HR必须提出变革方案，为工作场所的多元化和包容性提供财务、道德和绩效方面的依据。在危机期间和之后，HR必须强调公司文化和品牌，帮助经理和领导者了解D&I与业务结果（包括应对危机的韧性）之间的联系。例如，包容性不仅是正确的做法，还可以带来更好的业务结果，因为工作场所的多元化为如何完成任务带来了不同的视角。“多元化的高管团队更有可能专注于创新，并且与同质化团队相比，更有可能引入产品创新”（Levine，2020；McKinsey，2020a）。

此外，缺乏多元化会使组织失去潜在的关键人才。麦肯锡（McKinsey，2020a）的研究发现，39%的受访者表示，因为认为某个组织缺乏包容性，他们已经拒绝或不会申请该组织的工作。高德纳公司（Gartner）发现，最年轻的员工（Z世代）尤其渴望为重视多元化的组织工作（Bryan，2020）。

伴随着疫情的流行，HR和许多企业领导人都看到，变革的障碍以及领导者参与多元化和包容性的准备和意愿的障碍，已经软化甚至完全消失。因此，在为变革提出基于实证的理由时，HR可能正在推开一扇敞开的大门。

第一步是评估你的组织在多元化和包容性方面的做法。从数据开始——你的组织是否具有种族多元化？你们的政策和实践是否以积极庆祝和鼓励差异以及确保公平的原则为基础？你们组织的D&I如何与业务战略相联系？它是否对业务至关重要？是否有一个对管理者来说非常清晰的衡量、激励和制裁的业务框架？在创建包容性工作场所方面，不仅仅是性别薪酬差距，还有更广泛的各种多元化和包容性问题，你们是在进步还是退步？如果没有进步，维持工作场所不平等的结构性和文化上的障碍是什么？

**重点放在哪里**

反思自己公司的政策和做法，你认为你们有没有资格获得多元化方面的全国奖项？你们是在引领多元化最佳实践，还是远远落后、仅在满足法律要求？你的组织的立场可能不容易确定，同时如何使员工或客户不以两极分化的方式进行沟通也很困难。各公司仍然倾向于在这方面各自为战，而不是与其他公司合作。找到至少一家其他公司作为合作伙伴，加入或建立标杆俱乐部，有助于你有所对照，从而获得看待公司实践的外部视角。

为了帮助你的领导者与整个公司建立联结，了解每个人是否都感到被包容，重要的是去倾听和学习可能感受到不公平待遇的个人和团体的体验。你是否有机制让员工可以表达关于不平等的问题以及改进建议？在招聘、晋升、分配和绩效衡量方面，不同的多元化群体在多大程度上感觉融入了贵公司？阻碍他们前进的问题和障碍是什么？

诊断当然是一种可以产生积极变化的介入形式。通过收集和评估各种来源的信息，并为高级管理层提供深度报告，HR可以突出在哪些领域采取行动最有可能对棘手问题产生积极影响。

以选拔和招聘为例。你如何确保你们的招聘实践没有偏见和歧视？你们使用什么渠道招聘人才？你是否在改变对外寻找人才的方式？你们使用的图像和语言是否具有包容性，并且不会阻碍人们申请加入贵组织？如果有一位招聘人员代表你来行事，他们是否知道你的价值观和对多元化的承诺？你是否确信你的一线经理在公平招聘？

许多组织现在采取性别、年龄和种族中立的招聘做法，并在招聘广告中屏蔽歧视性信息，以确保不会忽视合适的候选人。高德纳公司表示，“需要有意识地关注人才流程和团队管理，去除其中的偏见，以确保所有员工都有公平的体验”（Bryan，2020）。有必要检查所有HR流程，包括福利和奖励设计，确保没有无意中的偏见。正如高德纳公司指出的那样，“你不仅需要多元化，还需要包容性来实现多元化”（Bryan，2020）。

**如何成功培养多元化的工作场所**

即使在看起来最不灵活的公司中，也有许多方法可以在正式系统中实施变革。为特定员工群体制订多元化计划既费时又困难，可能需要专家就任何可能绊倒你的潜在法律问题提供建议。在所有这些复杂的协商中，很容易忽视最重要的参与者，即你的目标受众。因此，确保让接受这些服务的人员参与创建这些服务的决策过程，就需要关注将要参与的人，不仅关注你将如何招募他们，以及你将如何启动该计划，而且还要关注如何形成一种彼此联结的协作心态。

例如，在一家公司，所有多元化网络团体都在早期参与了多元化领导力项目。甚至在制订计划草案之前，主要人员就密切参与，以更好地了解人们想要什么，同时也尤其需要了解哪些方面可能显得高高在上或具有冒犯性。相比之下，另一家公司在推出一项针对初级职位的高潜力女性的辅导计划时，只经历了很少的磋商或公开讨论。虽然一些女性员工对这一想法表示赞赏，但回应总体是礼貌而冷淡的；大多数人认为辅导计划的设计，尤其是其组织者持有的假设是居高临下的，尽管其出发点可能是好的。

**行为改变**

创造一个包容的环境，和正式的制度变革关联很少，更多的是关于个人（领导者及其同僚）的非正式行为，他们是否将包容作为有意识的日常实践。

团队领导者尤其必须表现出包容性行为，因为有效的人员管理涉及支持所有员工并确保他们能够作出有意义的贡献。解决无意识偏见已成为许多管理者学习和发展计划的默认要素。面临的挑战是如何采取措施提升意识，使人们的行为发生有意义的变化。

鉴于远程工作在增多，社交隔绝感可能成为一个关键的心理健康问题。调查公司Qualtrics的研究发现，75%的受访者表示，他们比疫情暴发前感到更加孤独，人们在家工作的时间越长，所承受的精神压力就越大。具体而言，在家工作两周或两周以上后，人们表示自己有更多慢性悲伤和疲劳的可能性增加了50%（Qualtrics，2020）。

HR必须努力确保员工免受过度压力的影响，例如，支持和指导经理了解在高压力远程环境中的哪些行为是具有包容性的，以及如何帮助所有员工感到被融入。例如，毕马威（KPMG）扩大了员工援助计划，每周提供心理健康网络研讨会，并提供各种支持，从基于手机短消息的心理咨询到冥想和在线锻炼课程。

一家领先的能源公司已将建立信任和包容作为其行为改变的五大战略目标之一。他们制定了此类行为的正面和负面指标，以帮助经验丰富的和中级的管理人员了解这在实践中的意义。

正面指标包括：

- 真诚地问候他人，建立融洽的关系，让人们感到受欢迎。
- 在专业和个人方面对他人表现出真正的兴趣。
- 尊重人们在思想、观点和意见上的差异。
- 鼓励交流观点和经验，以提高成果。
- 当他人分享时，倾听并回应他人的贡献，使他们感到被倾听和被包容。
- 建立一个正当和安全的结构，使人们能够公开提出可能引发冲突或误解的问题。
- 用心安排会议，确保人们能够出席，尽可能考虑到个人情况。
- 有效管理团队之间的任何冲突。

- 发展和培养积极的团队精神和工作环境。
- 有效管理团队，避免在特定时间对特定团队成员施加过大压力。
- 鼓励和帮助人们发展自己，发挥潜力。
- 利用团队的多元化，发挥员工的优势。
- 主动管理自己的发展，寻求反馈以及学习和成长的机会。

负面指标包括：

- 主要关注自己的议程，而不是团队的议程或共同利益。
- 不鼓励他人的意见输入。
- 公开嘲笑他人的意见。
- 压制意见分歧。
- 隐瞒事情，防止其他人参与。
- 很少尊重个体差异。
- 给人的印象是冷淡和漠不关心。
- 决策时不考虑对人员的影响。
- 个人情绪对行事风格有负面影响。
- 纵容冲突或不良情绪得不到解决。
- 在同一群人身上频繁出现过度压力。
- 未能提供明确的方向或动机。
- 允许不当行为和表现不佳的问题得不到解决。
- 阻碍人才流动，即使这会损害个人和组织利益。

对管理者进行评估，看他们在多大程度上表现出这些包容性行为，并为有困难的人提供指导。无法或不愿在包容性方面积极作为的经理，将被调到非人员管理岗位或被要求离开公司。

**衡量**

如果不开展衡量，那么当你发现几乎没有变化时，就不要感到惊讶。为了确保你的公司按计划顺利推进多元化，请思考将使用哪些措施来评估和奖励多元化方面的进步——用“大棒”和大量的“胡萝卜”来鼓励人们。那么，“做得好”的标准是什么？员工怎么知道我们正在创造多元化和包容性方面的可持续变化？哪怕只是开展相关对话也会带来不同，并为下一阶段的旅程提供支持。

**不仅仅是网络……还有影响力的网络**

为不同的多元化群体创建关系网络是有价值的，但太多的公司错误地认为，允许员工以少量资金运营志愿者网络就足够了。虽然这可能表明公司作出了一些承诺，但如果你将每个由代表性不足的人才构成的“员工资源组”（ERG）与不同的高管倡导者匹配，这些小组最有可能产生重大影响；而那些提供支持的高管已经是董事会级别的人，可以获得资源并促进网络所需的东西。领导者在塑造团队和组织动力方面发挥着关键作用。作为回报，他们也会学到很多东西。ERG可以充当变革的推动者，为高级领导和HR提供建议，帮助他们创造更加多元和包容的环境。

是否有多元化和包容性的高管倡导者？不是一个会时不时地优雅露面的傀儡领导者，而是一个会像推动任何其他业务一样推动该计划的人，例如确保有实实在在的人力和财力资源，以及明确的个人或部门的成功衡量标准。

**强化积极行为**

除了价值观声明之外，奖励和展示早期成就将对多元化和包容性产生重大影响，因为行动胜于雄辩。寻找能成为当地倡导者的人，设立部门奖项，鼓励一点竞争精神，以奖励和展示谁取得了最大的成就。你可能会惊讶于这是多么有用。

当然，走向多元化和包容性的旅程需要时间和努力，需要大量的计划和持续的关注，因此在过程中暂停从而去反思和学习是必不可少的。建立包容性和多元化的组织是可行的，而且需要一个OD视角来确定如何实现重大转变。正如埃德加·沙因（2016）所指出的，“感知到自身文化局限性并适应性地发展文化的能力，是领导力的本质和最终挑战”。

## 培训是文化融合的促进力量

以下案例研究概述了如何利用培训促进文化融合，并同时满足业务和员工的双重需求。

## 案例研究：阿什菲尔德会议和活动公司

阿什菲尔德会议和活动公司（Ashfield Meetings & Events）是两个主要的活动管理公司环球普光（Universal Procon）和世界活动（World Events）兼并的产物。从一开始意识到两个不同文化的公司合并可能引发混乱起，阿什菲尔德管理层便着手了解这对业务会造成的潜在负面影响，并制订战略性计划来应对这些问题。

为了更好地了解合并后的公司员工的想法和感受，公司在2012年进行了丹尼森文化调查（Denison Culture Survey）。该调查评估了一个组织在达成高绩效文化方面的进展。从调查中清楚地看到一些弱点，特别是有关组织的使命与新合并公司的一致性。显然，员工需要了解公司的未来。因此，高级管理层要求员工和他们一起制订并明确公司的使命和价值观。

同样地，丹尼森模型中的能力发展和学习模块也显示了需要提升的领域。随着公司的发展，非常重要的是让每个人不断地达到阿什菲尔德的最低标准，并确切地知道要采取什么步骤才能达成。所有员工必须按照法律合规的高标准操作，熟悉日常工作所需遵循的最新法规，同时熟悉技术的发展、首选供应商的变化以及阿什菲尔德的内部标准操作流程和最佳实践。

**“一小口”项目**

阿什菲尔德雇用了一个专职的培训和发展经理来明确需求并排出优先顺序。活动管理行业节奏快、时间紧，因此让员工离开工作参加公司文化变革的会议是不现实的。2013年构思、开发和引入的“一小口”（Bitesize）培训项目到现在已经成了一个经常性项目，其目的是提供最新的、每个人都能获得的、与自己相关的培训，这样有价值的培训，员工都想（且觉得他们有时间）参加。

如名称所示，“一小口”会议时间短（通常只有一个小时）、具有互动性、信息丰富并且形式多样（包括面授）。项目以敏捷的方式每季度举办，以克服任何障碍，并确保课程与公司的文化保持一致。尽管有些课程是必须参加的，但课程本质上是流动的、不断变化的。为了保证培训与员工的日常工作相关，会邀请员工对他们未来想要在课程表中看到的课题提出建议。2013—2014年，在7个国家开设了74门“一小口”课程，涵盖了33个主题。在一个日历年内，每位员工平均参加了6门课程。

除“能力发展”外，“授权”在丹尼森文化调查中的分数也很低，因此管理层想给员工提供平台，让他们感到被授权并能掌控自己的发展。很多课程与发展员工个人能力和特质的软技能相匹配，向员工提供发展职业生涯的信息和工具。员工被授权自己报名“一小口”课程，课程计划提前6个月就制定好，使员工能提前安排时间。一线经理会定期与员工一对一交流所参加的培训，并为他们提供指导，让他们知道什么样的课程适合自己的个人发展。培训的同时确保员工有机会结交朋友，学习相关的技能，在广泛的领域分享最佳实践。

“一小口”培训利用了公司现有的大量专业资源，从高级项目管理者到业务总监，所有人都可以开设“一小口”课程。管理层相信员工知识与最佳实践的分享在激励个人的同时，也能提升他们在公司的知名度。参与“一小口”课程和内部晋升有紧密的联系。2013—2014年度，70%获得升职的人都曾为同事开设“一小口”课程。

**收益**

迄今为止，“一小口”培训为员工沟通提供了有效的方法，并产生了新的流程和程序。“一小口”培训成了新员工入职项目的关键部分，使他们快速适应新的角色，拥有所需要的全部工具。“一小口”培训同样构成了员工发展计划的重要部分，该计划会定期通过评估进行监控。同时，阿什菲尔德与首选供应商合作，在内部提供特定的“一小口”培训课程，比起标准的供应商课程，这些课程具有更高的互动水平，参与人数也更多。这样不仅培训了员工，也让阿什菲尔德与关键供应商建立了有意义的关系。

“一小口”培训有助于激励员工，让他们了解最新情况，使他们把自己的能力发挥到最佳，通过分享最佳实践提升跨业务间的关系。通过这种方式进行流程变革，阿什菲尔德获得了更加有效的转型，并培养了更具合作意识的员工。阿什菲尔德经常收到客户的反馈，表扬他们员工的知识和专业水平。

“一小口”课程开始一年后，阿什菲尔德公司又进行了一次丹尼森文化调查。仅仅12个月的时间，阿什菲尔德的分值从41%提升到90%。从结果来看，"一小口"课程显然在公司内部达到了预期的效果，在公司使命和一致性方面提升了分数。所有的员工对公司整体的目标和前进的方向有了更清晰的认知。这种提升在整体业务中能够被明显感知到，并表明"一小口"课程需要继续下去。与此同时，阿什菲尔德在行业竞争激烈的时期创造了两位数的税前利润增长。

正如案例中提到的，让人们有发言权，帮助他们提升做好工作的技能，让他们对自己的成长负责，这些能够带来更强的敏捷性和韧性。"授权"是贯穿个人绩效的一条主线，"授权"原则需要作为新的"我们在这里做事的方式"嵌入其中。因此，在统一了共同的使命之后，一个组织需要通过一套质量标准将使命具体化：比如指导一线员工提供理想的客户体验的优先事项。信任人们去开展工作，并给予他们清晰的期望，而不只是一本指导手册，这样他们会感到自己更受重视、获得更多授权——在他们提供给客户的体验中，这一切都会无法掩饰地显示出来。

## 激发文化变革

- 与真实的文化搏斗，与权力掮客一起把现实展示出来。问一些"天真的"甚至是"无礼的"问题："为什么我们以这种方式做事？""这样做的目的是什么？"
- 特别要了解领导团队的文化。如果很难接触到高级经理，可以借助360度反馈和调查结果与他们沟通。他们对文化变革的态度是什么？在准备度和能力方面，个人和集体的差距在哪里？
- 所有的变革领导者清楚他们的角色和目标吗？
- 他们有积极正面地参与吗？
- 领导者和管理者展现了期望的文化特质吗？有作出好的榜样吗？
- 制定一个领导力策略，聚焦领导梯队及未来高潜人才。这样的领导力策略还应该把重点放在发展领导者的集体能力和共享的领导力文化方面。应该实施什么类型的主人翁精神管理和过渡管理流程？

- 高管团队转型。辅导高级领导者（针对个人和团体），提升他们领导文化变革的准备度。

- 将文化变革与每个重要的项目、计划或变革活动连接，鼓励员工密切关注战略目标的实施。这些做法很有道理，因为很多变革的失败源于没有考虑文化现实的因素。

- 建立由高潜人才和其他领导者组成的行动小组，他们跨边界工作，为组织的运营开发新的更好的方式。

- 支持“小题大做者”和“特立独行者”。

- 聚焦并放大。例如，在一个组织里不断有来自员工对低劣的管理层沟通的批评。HR团队没有攻击功能失调的态度和规范，而是在组织内为改善沟通全面展开行动。这种正式的活动持续了一年。最终有足够的人转化到新的思维模式，并有足够的倡导者推动它，新的文化驱除了旧的文化。

- 积极推广新的价值观。如果你想要新的文化，那么就开展促进该文化的培训，建立支持性的基础设施，通过激励塑造团队规范。

- 利用象征性的行为表明从旧文化向新文化的转变。放宽或去除旧的规则和控制。尽管象征性的行为本身并没有改变什么，但可以传达强有力的信息。

- 建立信任：这是“随机应变”文化的基石——不是注定会失望的盲目信任，而是基于互惠和人们言行一致的信任。这个特别适用于（高层）领导（在变革时期的刻板印象是，员工对他们的信任会降低），也适用于HR。针对员工调查结果的某些方面展开行动，向人们表明：管理层听取了他们的意见，也希望大家的生活更轻松一些。信任必须要去赢取。

- 庆祝与过时的价值观和规范斗争胜利的里程碑。

- 与人才流程保持一致，招聘灵活和有合作意识的人。

- 为人们提供自我管理的工具。确保人们通过日常工作能清楚地看到组织的目的、使命和目标，并有机会在一些挑战性的工作中成长。与一线经理一起创造积极的工作环境，使人们感受到自己是一个成功团队的一分子。确保人们获得适当的奖励和认可，即使很大一部分奖励与财物无关。这样一来，员工就会成为新文化的大力倡导者。

## 结 论

当今充满挑战的商业环境，使得了解组织文化与引发变革的方法比以往任何时候都更为重要。既然我们可以自信地预测环境会不断变化，组织为了追求更大的敏捷性，就需要多次的重组。正如我们所讨论的，组织转型和文化变革不是一件容易的事。任何类型的变革成功的关键，是让主要员工全面参与到变革中，帮助形成可持续的变革成果。敏捷的组织需要“随机应变”的文化，例如丰富的学习活动，良好的员工关系，开放、坦诚以及参与式的管理风格，以及各个层级被授权、多元和负责任的员工。

为了帮助建立健康的、“随机应变”的文化，HR有很多传统的手段，如招聘、入职、升职、培训和发展。从组织发展中获得的洞见，可以帮助我们理解如何系统地利用这些手段，加强理想的文化特征，并创造新的“做事情的方式”。对于OD和HR实践者来说，这将意味着不断地学习，并熟练掌握对其组织有效的文化变革方法。在下一章中，我们将更详细地阐述这个主题，并关注组织的敏捷性和韧性。

# 第十七章　建立组织的敏捷性及韧性

过去十年空前动荡的全球经济及地缘政治，让许多公司和组织面临了极端的竞争条件和经营压力，只得缩减预算和利润。技术的发展（包括高速网络、低成本设备及直观的社交媒体平台）创造了新的社会连接方式，打开了新的交流渠道，甚至改变了消费模式；类似的科技进步推动了一系列的市场改变。这些科技发展不仅带来了持续性、颠覆性的创新，其创新步伐还在日益扩大。譬如iPhone的发明动摇了原已饱和的移动电话市场，并在短时间内就开辟了可穿戴设备（如智能手表）等全新品类。这些只是环境背景中的一些挑战，企业要能根据时代的要求，打造具有灵活性和创造力的组织。

这么看来，组织敏捷性目前被各行各业的组织高层和董事会排在其议程前列就一点也不奇怪了。经济学人智库（EIU）在2009年展开的大规模研究显示，绝大多数高管（88%）同意敏捷性是取得全球性成功的关键。敏捷组织善用其敏捷性，作为驱动竞争优势的战略。这样做的好处是相当可观的。敏捷组织不仅比非敏捷同行增长快37%，利润率也高出30%（EIU，2009）。

既然我们能有信心地预测充满挑战的业务环境将会持续变化，组织如果不想被淘汰，就必须具备“与时俱变”的能力，即敏捷、灵活、创新、能够快速行动并以客户为中心。这提出了一个巨大的OD挑战，并让理解组织文化和实现文化变革比以往任何时候都更意义重大。

在这个章节中，我们将会思考如何建立体现组织“改变力”（change-ability）或者说适应能力的敏捷性和韧性，以及这对组织成员和文化的意义。把握好平衡至关重要——这两者少了哪一个，剩下的一个都起不了作用。若只关注敏捷性（尤其是通过成本削减），破坏了关键信任及员工敬业度，那无异于零和游戏；但若只一味强调韧性，就可能会导致惧怕风险、行动缓慢的文化。

我们会重点探讨作为人事管理实践者该如何基于共同的使命、价值观及信任，助力“随机应变”文化的打造。我们会论及一些HR在组织架构和文化转型方面常用的其他工具，如人力规划、变革管理、组织设计、人才招聘及发展和绩效管理（Gartside *et al*，2013）。最后，我们会思考如何让HR职能本身变得更富敏捷性和韧性。

1. 何谓组织敏捷性？
2. 敏捷性和韧性难在何处？
3. 解密组织敏捷性和韧性。
4. HR如何助力组织敏捷性和韧性？
5. HR自身的敏捷示范。

## 何谓组织敏捷性？

最早提出敏捷性（agility）的概念是在20世纪90年代，最初是与精益生产、即时供应链及流程改进相关，在复杂性科学的影响下，现在被更广泛地定义为一个组织对其环境变化迅速有效的响应能力和适应能力（McCann *et al*，2009）。敏捷原则经过演进，现已超越软件开发的范畴，涵盖了所有类型的创新项目、产出和行业。

敏捷企业最明显的特征包括高绩效文化、管理实践和资源的灵活性，以及支持协作、快速决策及执行的组织架构（EIU，2009）。这需要具备一系列能力。对于许多成熟的组织而言，变得敏捷可能是一个挑战，而且越来越灵活的框架和传统框架通常共存于同一个组织中，形成“敏捷—阶段—关口”的混合模式（Karlström and Runeson，2006）。有些组织则走得更远，进展更快。采用敏捷方式的老牌制造业和服务业公司的例子包括萨博、3M、博世、ING Direct（Rigby *et al*，2018）。

要做到敏捷，组织首先必须做好变革的准备，因为要让个体打破习惯并采取不同的行动是很不容易的（Witell *et al*，2016）。人们适应变革之前，需要先意识到变革的必要性，并拥有一种将变革视为机遇而非威胁的心态。毕竟，人们“无法适应他们看不到的变革”（Joiner，2019：143）。因此，管理层必须制定前进方向，愿意让人们抓住机会或承担风险，同时尽可能减少对个体造成的后果。

敏捷还要求组织能够快速变化、服务市场，并更快地抓住机会。在今天全球化趋于竞争白热的阶段，速度成为一切的关键——科技进步所带来的连接日益紧密的供应链，对成本和价格造成了压力，将利润空间挤压得更小，让我们对可持续竞争优势这一概念心生疑虑——微软、诺基亚、黑莓的沉浮妇孺皆知。实际上，丽塔·冈瑟-麦格拉斯（Rita Gunther-McGrath，2013）曾提出，比起追求可持续竞争优势，组织反而应该将目光转向多重短暂优势（TA）。

如果组织不能快速反应以满足客户的需求，或是未能抓住机遇、创新、降低成本和避免重大失误，不需多久就会被淘汰。只要看看英国零售业就知道了——面对艰难的贸易环境、消费支出的下降及线上零售商的激烈竞争，近些年像Debenhams、Comet这样的大牌零售企业相继倒闭。尽管EIU研究中的大多数高管将组织敏捷性视为竞争的必要条件，许多人承认自己所在公司不够灵活，无法成功开展竞争。

对于产品和服务即将被市场淘汰的企业来说，可供选择的战略寥寥无几。要想顺应市场、保持竞争力，他们必须找到突破传统的全新方式来发挥自身长处。他们可能需要实行多种商业模式，而不是单靠一种。想要保持领先，需要战略的创新和新鲜思考。以柯达为例，该公司自1892年成立即致力于让摄影进入千万家庭，但却没能在数码摄影出现后成功调整其商业模式。2012年1月，柯达根据《破产法》第十一章申请破产保护。形成对比的另一家公司是富士胶片，虽然其主业曾是相机胶卷，但在这一行业随数码摄影的出现而衰落时，富士选择了不同的道路，深思如何将自身专长运用于全新的市场。近年来，富士胶片在现代成像技术和医学信息学等方面进行了创新。

面临市场整体情况的突然变化、新竞争对手的出现，以及改变行业的新技术的发展，敏捷组织可以作出迅速且果断的反应。他们快速作出明智决策，灵活执行战略，并开发出能够满足不同客户的一系列创新产品。

有意思的是，麦肯锡（2020a）在研究中发现，在管理新冠疫情危机影响方面的能力排名较高的公司，敏捷实践也更深深地嵌入了其企业的运营模式。也就是说，这些是成熟的敏捷组织，在疫情前就已对全企业的流程进行了最广泛的变革。这些组织经历了“大加速”（McKinsey，2020a）。例如，在短短4天内，联合利华将生产香体露的工厂生产线转换为生产消毒洗手液。在一周内，许多公司从10万人在办公室工作，转变为10万人在家工作——这一转变需要系统和政策转型，在正常情况下可能需要数年时间。这表明，当有明确和宏观的原因来统筹努力和敏捷实践时，组织可以克服多年的惯性，在短时间内变得更加敏捷和创新。

## 组织韧性

仅具备敏捷性并不能确保持续的成功。在一个充满模糊性、不可预测性、复杂性、多方利益相关者及快速变化的未来，组织还需具备韧性——能够快速应对无法预见的、棘手的改变，并能迅速且果断地从挫折中恢复（Marcos and Macauley，2008）。2020年的新冠疫情危机就是一个最佳例子。

韧性组织对内外部环境的变化（包括机遇和威胁）保持警惕，并以及时、灵活、力所能及的相关方式回应这些变化，从而能够预见并应对影响其业务的关键事件。重新确定优先级是敏捷公司的一项关键胜任力。这样的组织会在各个层面持续对变化的背景环境进行广而深的扫描，以发现趋势。以客户为中心的理念已嵌入其流程，业务和IT部门并肩合作，收集集体智慧并转化为行动，由此实现组织去层级和赋权。

约翰·路易斯合伙公司（John Lewis Partnership）是零售企业的成功典型，这家公司成立于1864年，通过对不断变化的客户喜好的敏锐预测及线上业务的及时开发，在2014年成了英国最大的多渠道零售商。从那时起，零售环境再次发生变化，在撰写本书时，该公司领导层正在重塑和丰富其业务战略，以应对实体零售的下滑和线上销售的崛起。

麦肯锡公司（Bradley *et al*，2020）提出，在应对疫情危机的技术和业务趋势“大加速”期间，公司如果能以具有韧性、为未来做好准备的商业模式来驾驭这些趋势，那就已经与同行进一步拉开了距离。例如，拥有流媒体直播服务的媒体公司，绩效优于传统卫星电视同行；预制菜供应商也从居家健康烹饪的加速趋势中获益匪浅。

好消息是柯达已走出破产保护，带着新的商业计划重返市场，开始专注于包装、图像沟通及功能印刷。如果这家公司想在高度竞争的市场中东山再起，那么领导者就需要引领文化变革，找到新的方法，为客户提供更快、更简单、更低成本的业务。

## 敏捷性和韧性难在何处?

阻碍组织获得“随机应变力”的许多因素都与组织“有形的”方面相关。成熟组织目前的运营模式都经历了一段时间的演化，并形成特定的组织方式——通常都是极为复杂的，包含七零八落的旧有系统、烦琐重复的业务流程、有待优化的IT系统。因此，许多公司可能难以真正理解其已经获取的大量信息，数据管理通常也很成问题，致使决策脱离事实和数据。

敏捷性要求组织具有一致性。一致性意味着组织的不同部分之间互相契合、和谐，相关人员之间的关系良好。然而，组织文化和既得利益可能会使跨部门协作变得困难。系统失调的证据随处可见，反映在部门优先事项和目标的冲突、复杂的决策过程及局部封闭的信息。这些因素会提升运营成本，减缓开展实验的节奏，有损于组织调动资源、抓住市场机遇的能力。

在对英国国民医疗服务体系（NHS）开展的有史以来最大规模的文化和行为研究中（Dixon-Woods *et al*，2013），研究者们发现，不明确的目标、过多的条条框框、规则及糟糕的组织信息系统，导致员工在寻找信息上浪费了宝贵时间、难以有效实施医护、无力采取改善行动、缺乏有效的医护质量洞察。

然而，组织敏捷性的主要阻碍，通常与人力管理实践及组织“无形的”方面有更直接的联系，即存在于人们的思维模式、行为和文化中，同时也存在于雇主与员工之间雇佣关系的性质和状态之中。例如，新冠疫情促使公司给予员工更多的自主权，因为当高级领导者处于危机管理模式时、当人们在家工作时，管理者无法行使与之前相同的监督，必须信任各级人员会做正确的事情。这种信任很容易被破坏。一家大型组织在疫情期间成功地将工作方式转为在家工作，其CEO表面上希望在危机结束后继续实施永久性的混合工作模式。然而，管理团队并未调整其期望，认为疫情结束后员工应该回到办公室，并假定继续在家工作的人可能在消极怠工。因此，继续在家工作的人被边缘化了。

HR实践者可以发挥重要作用，疏通人员和文化上的挑战，培养组织在快速变化时代生存与发展的能力。学习如何变得更敏捷是有益的。采用敏捷实践的公司，似乎往往也能很好地适应远程工作方式，这在疫情期间至关重要。正如劳伦兹等人（Lorenz *et al*，2020）指出的，小型自我管理团队（通常称为“小队”）很适合远程工作。每周线上敏捷“仪式”（团队用于设定期望、开展协作的规划会议）和日常虚拟聚会，让团队内部实现更紧密的横向和纵向协同一致。

## 领导方式

特别要提出的是，领导风格及其与战略的匹配度、领导力的可信任度、决策的稳健性和速度、交流沟通的清晰度，对于组织的敏捷性和韧性都有至关重要的影响。考虑到业务的复杂程度及快速回应变化的需求，传统的自上而下的领导方式越来越多地受到质疑。除非你在像Spotify或脸书这样的敏捷性已嵌入其基础的公司中工作，否则想要践行敏捷，就需要学会一种新的领导方式。

许多大型组织身陷囹圄。为首的通常是风险规避派的CEO们，他们通常只做短期的打算，被称作“季度资本主义”。在监管和审查加强的大背景下，许多组织形成了规避风险的文化，这使得他们只懂消极应对而不会先发制人。对意外结果的恐惧会导致发展停滞并扼杀创新。

讽刺的是，事实证明那些之前在市场上占有领先地位的企业，在压力冲击下往往是最缺乏韧性的。一旦公司高管开始为自己成功品牌的华丽外衣所迷，就可能会忽视下个拐角的机会，小觑新的竞争对手，或者低估新的科技应用改变消费者口味的潜力。同样，即使有了明确的战略，在组织战略意图和落地实施之间往往还是有很大的差距。所有这一切都在向领导者及董事会施加压力，让他们在如今这样没有简单答案且过去的成功秘诀已不再灵验的大背景下，去探求新的经营方式。德勤（Renjen，2020）认为，有韧性的组织往往由有韧性的领导者领导；定义这些领导者的特征，首先是他们具备的五种基本品质，然后是他们在三个关键时间阶段——响应、恢复、发展——的所作所为。在危机的恢复阶段，有韧性的领导者认识到并强化了团队心智模式从“今天”到“明天”的关键转变。

## 敏捷性对人的影响

要想保持韧性，组织必须能够善用员工的能力和意愿，为组织的生存发展作出调整和付出。然而，目前组织追求敏捷性的普遍手段是减少核心运营成本及接受非固定劳动力，这常会削弱员工的敬业度并导致工作量增加、外包、裁员、短期合同和员工保护下降。

许多企业正在以前所未有的速度扩大自动化规模，并在多个业务职能部门部署机器人或“数字工人”。机器人流程自动化（RPA）等新兴技术可以提高效率，并在合理之处免去手动操作流程。由于此类技术突破，人类执行的工作任务与机器和算法执行的工作任务之间的边界正在迅速变化，人机协作已经模糊了人与技术之间的界限。因此，全球劳动力市场可能会发生重大变革，进一步要求人类以新的方式工作，具备与技术并肩合作的新技能。

当然，有人怀疑自动化会导致广泛的失业。毕竟，颠覆性平台推动了临时工作的增加。已有迹象表明，劳动者执行体力和手工任务的需求正在显著下降，让人执行基本认知杂务的需求也在下降。例如，2020年8月，英国TSB银行宣布，由于新冠疫情危机加速了客户向数字服务的转移，并导致银行分行的现场客户量下降，因此将削减1000个在银行分行工作的柜员职位。将来，客户只会去分行讨论更复杂的问题，这些问题需要更高水平的熟练响应，因此只针对少数员工设立了新的职位。这反映了对具有更高水平大脑技能、先进技术能力和客户关系技能的员工的需求将显著增加。

因此，员工可能会承受敏捷性带来的冲击，由此丢掉工作、失去保障、满意度下降。不仅如此，高管与余下员工在报酬上的巨大差异更是削弱了大家对共同使命的感觉，使“我们风雨同舟”这样的口号显得可笑。当雇主和员工之间的雇佣关系在相对风险和回报方面严重不平衡时，往往会使关系变得更具交易性并缺乏信任。甚至在没有失业风险的情况下，面对持续变化的需求，一些员工可能会逐渐表现出懈怠，被动抵抗任何可能会影响他们当前工作的事情。在这样的情况下，速度、创新和加倍努力的意愿就沦为空谈。

然而，对建立一种全新关系的需求正与日俱增。人才短缺、不断变化的劳动人口特征以及回应员工期待的需求，将会引发更多对新的管理方式和领导方式的呼声。正如德斯梅特等人（Desmet *et al*，2015）指出：

> 数字革命催生了一个互联互通的世界，它将客户、员工、经理和系统联系在一起，形成一个前所未有的复杂性和机会交织的网络。为了理解这些联系并创造价值，需要一种新的跨学科工作模式，而这正在重新定义当今企业成功的方式。

在这种情况下，仅对组织作为工具的一面修修补补，而忽略对人和文化的潜在影响，以这样的方式提升敏捷性无异于扬汤止沸。

在敏捷组织中，随着核心工作的转型，员工体验成为变革的焦点。敏捷组织专注于制定高度以客户为中心和敏捷的自动化战略，增强（而非取代）人的能力，并确保人与机器人之间的无缝交互，共创未来的员工队伍。由人来推动客户导向，在最终决策和战略中拥有发言权，而数字化工作者将贡献生产力和一致性，从而与人的努力互补。换言之，人类劳动力和数字化的劳动力必须并肩工作，才能打造真正数字化的企业。为了应对这一挑战，需要制定人才战略，培养员工的关键数字化和认知能力、社交和情感技能，以及适应能力和韧性。对于公司来说，现在是时候投资于员工发展，并致力于提高员工技能和再培训了。

## 解密组织敏捷性和韧性

在讨论如何建立组织敏捷性之前，让我们更近距离地看一看敏捷性所涉及的内容。这不像围绕组织“是”一种文化还是“有”一种文化的争论，透过复杂适应性系统的视角，我认为敏捷性和韧性都属于组织DNA中的一部分，而且还可以通过特定的实践、路径和行为来强化，打破组织僵化并释放能量。在这一部分，我将会结合我的韧性敏捷模型来总结敏捷性和韧性的相关方面（Holbeche，2018）。模型中大的分类包括制定战略、实施、连接、人、文化和基于价值观的领导力。

## 制定战略

敏捷的组织战略聚焦于核心——其最具差异性的地方，同时还保持着与不断变化的客户需求之间的强力连接。专注于核心及以客户为中心，这样的方式为创新提供了参数，助力价值创造，还确保了灵活性。制定战略可能需要思维模式的转变——从依赖传统线性思考，到能够更轻松地处理看似自相矛盾的情况，并相信直觉。重点应放在引入外部视角，借助不同情境进行超越组织（甚至行业）的观察，逐渐建立战略性预见的过程，并推动对未来机会的辨识、测试及挖掘利用。

在今天这样快速发展的时代里，将决策权完全集中在权力中心是毫无建设性的。制定战略能缩小实施缺口，因为最佳战略的制定和实施是由被授权的跨职能团队来完成的。采用新的战略制定方式，需要高层团队对敏捷性的承诺。所以，领导者需要改变其将战略制定视作年度业务规划仪式的看法，让其他人参与战略的共创，将制定战略变成一个持续的过程。从一开始就让“对的”群体（包括业务各方面的专家）共同参与非常重要，沟通战略意图并鼓励内部对话。特别鼓励邀请“80后”的年轻人参与，他们在网络高度连接和交互的时代长大，希望能知情且能发声。

## 实施

实施包括将战略意图通过一个目标操作模型转化为实践，并使组织成功实现所需改变。在许多组织中，挑战在于如何保持对产品创新、质量改进、成本管理的专注。敏捷组织将实验、测试、细化和学习视为日常规范，使工作实践既能实现短期效益又能满足中期创新的要求。高绩效的工作实践备受拥护——其运营理念中的授权与结果导向的成功标准，让每个角色享有高度自治。

在敏捷组织中，公司的架构、渠道、流程、系统、组织和数据都经过简化、标准化与协同，从而落实战略，并使组织能够快速且高效地回应市场变化。领先的敏捷组织拥有扁平化的管理结构，具有跨职能的自组织团队，并在各级明确下放决策权。在对的时间得到对的信息的能力至关重要。基础知识共享流程的有效整合和自动化很有价值，能帮助人们利用关键数据解决问题、作出正确决策、将信息转化成洞见并带来优越创新。领导者的角色在于意义建构——给予决策者和员工必要工具，帮助他们发现、筛选并聚焦所需的信息。高层管理者必须有效分配资源，在冒险和保险之间取得良好平衡，在确保持续创新的同时，又将风险降到最低。

职能部门专员与其他主题领域专家并肩合作，为了实现他们作为一个团体需要负责的共同目标，贡献出各自的专业技能。不同于传统的层级化组织架构，项目的领导权会根据需求和技能而变化。对职能部门专员而言，这就意味着必须谨慎管理与业务伙伴的互动，因为需要更多考虑更大的目标。

敏捷组织的架构特征包括拥有适应力强的供应链与强有力的运营和流程，同时还有流程改进和团队合作作为既定规范。诸如敏捷项目管理、Scrum、看板等精益工具和敏捷方法都被采用。这些都服务于组织的长远目标，但同时又会根据需求的改变给战略和执行留有升级的空间。传统的项目管理会根据预先设定的目标，严格遵循瀑布状设计和生产流程，与之相比，敏捷的工作流程更为灵活，将项目分解成小规模或短距离的可管理组块，并使之叠加在一起构成迭代。在整个过程中，会持续进行检视和客户反馈，允许调整、改良和学习，以实现理想结果。

新冠疫情促使组织积极采用敏捷工作实践，因为他们必须快速调整运营模式，以适应远程工作。麦肯锡的研究（Handscomb *et al*，2020）发现，许多组织设计了基于线上虚拟聚集地的结构化活动或团队层面仪式，这样一来，即使优先事项迅速变化，团队成员也不在同一办公地点，仍可让团队保持自己的步伐和节奏。面对变化，这些方式为团队提供了有效、快速决策的机会，确保了团队内部更好的沟通，并提供了定期的社交互动。然后，远程协作工具帮助团队继续合作，并透明地跟踪进度，即使在远程工作时也是如此。

## 连接

与过去不同，现在的商业成功需要全球化的布局。这就意味着组织必须跨越文化、地域和时区进行交流，以满足全球客户的需求——他们不仅要求准时交付，还需要24小时客户服务。多亏有了庞大而复杂的通信网络，让业务、项目、任务和工作得以传输至知识所在的不同地点。开发、生产、销售、后勤和管理职能分布在全球各地已司空见惯。散布全球的员工必须能够像同一个团队一般无缝衔接，为客户提供服务，并最大限度地提高营收。因此管理者和HR必须协调多元文化的全球员工，与其建立连接并为其提供资源，而且这些往往以线上方式进行。

在一个资源开放和网络协作的时代，敏捷组织是通过合作关系动态连接的，这其中包括外包供应商，他们就像传递环境突发变化的传感器，同时也是新市场的共同建设者。跨组织边界的合作对员工是有挑战的且充满模糊性。员工需要建立团队合作技能和方法才能有效工作，HR在这方面可以发挥重要的帮助作用。HR同时也可以帮助传播来自结盟合作的经验，通过为整个组织建立发展计划，普及这些更复杂的关系技能。

灵活的工作地点、时间和环境都是支持协作和高信任度的工作关系的条件（CIPD，2008）。在建立灵活的工作选项的同时，HR可能还需要给在线上工作的管理者和团队提供一些培训，包括以结果为导向的管理、有效沟通及其他远程工作规范。对于在全球化团队中工作的人来说，团队建设与文化意识训练可能会有帮助。

## 人

敏捷又兼具韧性的组织需要灵活、多技能且有能力的员工，他们需要具备参与精神并富有成效、愿意并能够适应不断发生的改变。因此，与人相关的流程也必须是敏捷的。面对关键领域日益严重的人才短缺问题和组织形式的快速进化，战略人力规划成为当务之急，从而使业务能够安排好理想人手并建立员工、服务需求及生产力提升之间更优良的匹配。劳动力组合随着时间的推移可能需要改变，而“随机应变力”的加速，可以通过激发和培养员工与合同工具备在高度不确定、高度无组织的环境中高效运作所需要的技能和行为来实现。

因此在人员选择、发展和支持方面必须有一个系统性的战略，来提高人才的被吸引和保留。一些员工在适应新环境的过程中可能会需要支持，而所有人都应该在技能发展上持续下功夫。

这一战略应该考虑到不断变化的劳动力的期望，即越来越多人希望在职业生涯中尝试多项工作，包括横向而不是向上的调动。这就意味着人才管理和继任计划的战略必须是和员工共同创造的，以确保能够同时满足雇主和雇员的需求。

当然，即便是有合适的员工，如果员工不敬业，这家组织也是无法做到敏捷的。我们将在第十九章中讨论如何创建有利于员工敬业的环境。

## 文化和基于价值观的领导力

正如之前所讨论的，领导者关注的内容会对文化产生不可忽视的影响。因此领导力成了问题的一部分，换个角度，也是解决方案的一部分。如果人们不信任他们的领导者，他们就不太可能有意愿去改变自己的行为和工作实践，或为组织贡献更多的努力。基于价值观的领导力这一概念是领导者建立信任的关键，即确保管理行为与组织的核心价值观一致。

《敏捷宣言》中反映的敏捷价值观，源于敏捷概念在软件开发中的起源，更重视个人和交互，而不是流程和工具；更重视能运作的原型，而不是全面的文档记载；更重视响应变化，而不是遵循计划；更重视客户协作，而不是合同谈判。这些价值观是营造敏捷文化的核心所在。领导者需要重视员工，公开承认并乐于接受自己作为员工管理者和文化建设者的角色，确保组织的方方面面，尤其是他们自己的行为，正在向员工传达与组织价值观一致的信息。因此，为了重建信任并与员工建立更具韧性的雇佣关系，领导者必须确保杜绝“说一套做一套”的现象。比如喊着“我们以客户为中心”的口号，却在现实中一味拿物质激励销售，而对服务、关怀及质量却关注甚少，又或者装自己荷包时慷慨大方，对待员工却积财吝赏。

作为文化的创建者，领导者们需要发展自我觉知、反思以及有效沟通的技巧，以促进建设性对话的开展。他们要愿意分享权力并让员工参与决策，因此沟通必须是双向的，对员工和客户传递一致信息，并真诚邀请他们参与组织战略“怎么做”乃至“做什么”和“为什么做”的共创。领导者还需要系统地了解（从组织开发和设计角度）自己可以如何影响文化。事实上，许多与敏捷性相关的技巧长期以来一直被认为是心理学和变革管理的研究范畴。

卓越领导者的不同之处在哪里呢？根据工作基金会（Work Foundation）的研究（Tamkin *et al*，2010），卓越领导者善于系统思考，着眼长远行动，将意义化为现实，遵从精神而不是教条，借助业绩帮助员工成长，有自我觉察且发自内心地将领导力放于首位、自己的需求放在其次。他们明白说到就要做到，他们会给他人时间和空间，把“我们”放在“我”之前。一旦有了真诚的领导力，对于帮助他人自助的坚定信念，以及在共启愿景时高管、客户、员工和OD/HR之间的无间合作，任何组织都能变得更加敏捷。

## HR如何助力组织敏捷性和韧性？

HR可以透过多种方式帮助组织为数字时代建立敏捷性和韧性。这意味着在HR职能部门本身和整个组织内，采取积极主动的转型方法。这要求HR加深和运用自己对组织发展和设计的理解，从而增强自身促进变革的能力，同时要让自己具备一种新的技能工具包，其中包含数字和分析技能，从而推动采用循证的方法发现和解决问题。作为值得信赖的顾问，HR实践者必须不断提高自己对企业业务的了解以及一般人际关系技能，并不断借助工作成果和自身地位，提升自己的影响力和可信度。

在HR数据分析的帮助下，HR专业人员可以采用循证方法解决与人有关的问题。使用数据分析工具，可以帮助HR合并和分析收集的数据，发现全新和实用的洞察。这为他们提供了作出更好决策所需的信息，这些信息基于客观数据，而不仅是直觉和本能反应。

谈及组织治理，HR还需积极承担“组织管家”的角色，例如确保组织妥当地使用数据，并在建立的所有雇佣关系中都公平地对待人们。

以下是HR可在自身角色中作出的一些其他关键贡献：

### 1. 加快战略更新的步伐

第四次工业革命的第二个周期对劳动力具有深远的影响，因为它涉及重建组织和体制，以提高敏捷性和创新能力。员工队伍面临的挑战是以新的方式工作，这需要新的技能，并最终导致下一波制度创新浪潮。世界经济论坛（WEF，2018）的研究表明，到2022年，技术可能会为许多现有职位提供辅助，成为人类劳动力的补充，因为技术可以将劳动者从大多数数据处理和信息搜索任务中解放出来，并且还可能越来越多地支持他们从事推理和决策等高价值任务。因此，员工仍将是未来职场的关键枢纽，将承担越来越复杂的任务，而机器将以比人类更快的速度解决重复的和数据分析的问题。

正如世界经济论坛所指出的，使用新技术将带来的变革，既有可能颠覆现有职位，也有可能创造就业机会，并提高员工的现有工作质量和生产力。新技术还提供了扩大各行各业劳动生产力的可能性，提供工具以补充和增强人类劳动。核心员工将面临新的智力挑战和生产力途径，同时需要以更灵活和敏捷的方式开展日常业务。但是，要实现技术在提高生产力和敏捷性方面的潜力，就需要制定以员工为中心的员工队伍战略：

> 员工队伍敏捷性的关键在于以人为先、技术助力的战略。着眼于业务成果，领导者将制定人才战略，旨在帮助释放人的潜力，塑造一支能够自信面对未来变化的敏捷员工队伍。
>
> （Lyons *et al*，2017）

借助人力规划，组织能够正视商业环境和模式的改变所产生的影响。其目的并不是要精准描绘未来的劳动力布局，而是要让组织能够建立自身的能力和承载力，去实现提升、创新、领导、传播、扩张及持续发展。为了更好地理解企业的人才需求以及人才招聘、留用、部署挑战，必须利用技术有效地处理已有的和收集到的数据。

**展望未来**

- 你们的未来员工需要哪些技能？与今天所需的技能有何不同？
- 你们需要什么样的人才？
- 对于组织和员工而言，哪种雇佣形式最合适？永久、临时、灵活或自由的职业？
- 团队架构将如何变化？会有更多的人以团队形式工作，还是独自工作？
- 你们在哪里有缺口？

正如以下案例研究所示，公司应评估技术对其组织内的现有角色会产生什么预期影响。正确的评估有助于发现新员工和现有员工队伍中未开发的潜力，帮助人们创建高度个性化的职业路径，充分识别自身胜任力并发展自身能力，对个人和公司盈利能力都大有裨益。如果员工的工作将被自动化替代或改变，可以通过充分提前的预警，并在关键的数字胜任力领域提供培训，使其成为面向未来的内部人才储备。

## 案例研究：Nationwide的未来分行

我要感谢Nationwide集团零售业务HR主管克雷格·波科克（Graig Pocock），为我们提供了以下案例。本案例描述了如何通过人力规划和其他有效的HR实践，促成一场体现前瞻性思维的业务转型。

### 关于Nationwide

作为一家零售银行，Nationwide享有英国最受信赖大众银行的有利地位，提供排名第一的客户服务和活期账户。与其他银行一样，Nationwide受到严格监管，必须负责任地对待客户和员工，也在这两个方面都保持着良好的记录。与清算银行不同，Nationwide在走出金融危机和衰退期之后，声誉未受负面影响，还有所增强。

作为一家互助银行，Nationwide的所有者是其会员（客户）而不是股东，因此保障会员的经济利益是其核心所在。该银行以成为大众金融服务的首选为愿景，为人口特征多元化的会员群体提供一系列金融产品，以满足不同年龄和背景的会员的需要。Nationwide在全英国有700家分行，一直以来金融交易在分行中以面对面的形式开展。

### 变革的推动力

零售银行业环境的快速变化，已威胁到其运营模式的存亡。近年来，英国的低利率意味着零售银行的利润空间变小，雪上加霜的是，来自大型银行的竞争也在加剧，因为大型银行在监管机构的压力下，被迫将零售银行与投资银行业务分离，现在想要从Nationwide的市场中分一杯羹。此外，主要由于数字化和网上银行的日益普及，特别是自2013年以来，随着iPhone的出现，分行的面对面交易明显减少。

Nationwide预见了这些趋势的影响，认识到应该提高其数字化市场份额，其分行网络也应该变革。该银行对自身和其他品牌进行了研究，以掌握线下网点不断变化的格局，并探究实体分行是否仍然重要。研究结论是，虽然很多人可能不再需要亲自到实体分行，但是消费者仍然希望能在商业街上看到Nationwide。这证实了一个反直觉的趋势——连亚马逊都在考虑开设其实体门店。调查还证实了银行会员希望从分行机构得到哪些服务，而与坐在柜台后面的柜员进行基本的金融交易并不在这些需求里。

**未来分行的概念**

因此诞生了“未来分行”这一项目，它代表着Nationwide品牌的战略重构。其构想包括维持在全英国各地设立的分行，但会将全方位服务集中由大型分行提供，并在接下来的五年里，小心细致地将更多的销售和服务转向数字化。随着金融交易的日益自动化，柜台操作将被取消。英国各地的多家分行正尝试按照这一新方式运行。

该项目应对的另一个问题是如何以数字化的方式重塑Nationwide人人称赞的客户服务。在实体分行里，员工将继续维持与客户面对面的连接，为他们提供帮助或建议类的服务，而专业服务将会以数字化的形式提供。例如，在较小的分行里，抵押贷款顾问通常只在特定的日子上班，所以会员以往必须提前确认相关人员是否有空。“Nationwide Now”是目前正在试行的一个数字屏幕频道，让客户能够在方便的时候访问任何分行，并在保密环境中通过电视屏幕，从相关专家那里获得抵押贷款建议或其他建议。文件会立即打印，并由当地分行员工处理。

基于这些试点尝试的学习，Nationwide产生了一项强有力的行动计划，并受到了董事会和执行委员的支持。董事会为了确保在人力方面的应对措施是合适的，在此项计划中纳入了能力、文化、人才、资源、奖励和表彰，以及推进组织向前发展所需的领导力等要素。对于新的组织设计会有强有力的治理，确保以合适的方式对人（与技术）进行投资。HR在打造及实施这一计划的过程中，扮演着重要的角色，有经验的HR项目经理也是推进变革实施的主力军。

**HR的角色**

战略人力规划对于实现最终理想状态是至关重要的，有助于明确应该采取哪些步骤，实现平缓过渡，将裁员降到最低。这涉及展望未来，明确未来所需的能力，员工可能会从哪里来，他们可能的期望是什么。虽然Nationwide有很多为之长期服务的现有员工，但如今的雇佣模式已然改变。因此，Nationwide一方面对现有员工提供支持，另一方面也对其雇佣价值主张进行了改革，这将帮助其从激烈的竞争中脱颖而出。

对于HR而言，为员工考虑变革旅程的适用性和为会员考虑同样重要，因为员工是Nationwide的形象。这意味着要预先描绘未来旅程，以鼓舞人心的方式去创建、沟通真实的愿景。同时，还意味着要与工会进行咨询和协商，花时间制订计划，从而让员工了解正在发生的情况并愿意接受变革。

对一些员工而言，适应新的工作方式可能具有一定挑战。如今的客户期望一周7天、每天24小时随时得到服务，所以对于习惯于朝九晚五的员工来说，工作时间可能需要调整。由于有监管压力，工作人员给出的建议必须达到一定标准。对于Nationwide来说，其挑战在于既要确保为特定区域的特定的客户群提供达标的服务，又不能损害员工的利益。尽管一些员工可能无法实现所需的技能转变，但Nationwide高度重视对于员工的重新培训，在试点分行中几乎没有发生任何裁员。HR在一线管理者的培养上投入精力，使他们能够持续地领导变革、提高绩效。

Nationwide案例研究说明，HR能发挥关键的作用，通过培训让员工为新角色做好准备，帮助他们做好过渡。HR可与一线经理共同设计角色，确保员工获得有乐趣、有挑战、有成就感的角色。

## 2. 人才招聘和保留

目前，对于性质不断变化的工作所需的技能和人才，人们正在进行根本性的重新评估。HR将越来越需要帮助寻找和打造敏捷团队，并发展和培养敏捷管理者/团队领导者。然而，发展和领导企业所需的人才在全球都出现了短缺，新的“人才争夺战”正在进行。

两种投资决策问题，对于塑造职场的未来尤其至关重要：是否优先考虑自动化或技术增强？是否要投资于员工队伍的再培训？（WEF，2018）来自怡安

（AON）的研究（2019）表明，公司通常采用以下三种策略之一以弥合技能缺口：大多数公司期望雇用已经具备新技术相关技能的新人成为固定员工；有些公司寻求使相关工作任务完全自动化；还有一些公司会重新培训现有员工。一半到三分之二的公司可能会寻求外部合同工、临时工作人员和自由职业者，以解决技能缺口。

**招聘**

雇主吸引人才的方式正在发生变化。Haymarket传媒集团在2016年进行的一项调查显示，虽然薪酬仍然是首要因素，但在决定是留在公司还是担任新角色时，公司文化被评为第二重要的因素。超过一半（58%）的员工表示，如果一个组织具有更多元化、更具吸引力的文化，他们愿意减薪为其工作。

如今，许多企业主想使用大数据分析和其他新方法来锁定潜在的招聘候选人，让原本充满艰辛的人才搜寻和招聘流程变得更具科学性。作为一家政府技能专家机构，英国就业与技能专家委员会（UKCES）发表的“2014年雇主视角调查”表明，尽管社交媒体（如推特、脸书、领英）以及其他网站（包括在线论坛、求职网站、博客）迅速崛起，但只有7%的雇主表示使用过这些渠道招募新员工。从那时起，使用社交媒体平台已经日益成为吸引候选人和树立雇主外部形象的一种重要方法。通过社交媒体，雇主能够建立自己的品牌，同时也增加了他们在招聘时可以触达的人才池和社群。到2020年，近90%的雇主称自己已通过领英雇用了员工。

怡安（AON，2019）认为，了解员工如何创造价值，有助于判断需要评估哪些数字胜任力，以及他们需要哪些素质以创造更大的价值。重要的是，采用的人才模型应该评估人的整体经验，以确定其技能将如何转化为商业价值。采用整体评估方法来衡量这些能力，有助于识别出那些能想到解决方案并能学会所需技能以实施解决方案的人才。

在人才评估中运用人工智能和机器学习技术，有助于快速识别高潜力的团队成员，并发展他们的技能。人工智能可以让评估过程更动态、响应更快。通过将人工智能纳入评估，可以完全重新构思企业现有的人才模型，并根据优秀员工的胜任力，制定高绩效的标准，并借助该标准识别潜在人才中的高绩效者。

Nationwide是利用技术开展招聘的先行者。直到最近，这家银行的招聘实践仍是非常传统的，包括在其官网招聘页面上登广告，在求职网站上发布职位空缺，或利用人才招聘机构。Nationwide一直奉行公平、透明的评估流程，旨在确保一开始就能招到"对的"人。然而，在当今高度互联的时代，招聘团队愈发意识到，在数字化的一代人中，目标技能人群对Nationwide知之甚少，而传统实践已很难触及这些人群。因此，他们需要一个不同以往、成本效益高的创新方法。

一切先从研究开始，仔细倾听拥有不同背景、技能和能力的广泛人群的声音，关注人们的行为及其对于Nationwide品牌看法的新兴趋势。显然，求职者的期望已经发生了转变——对生活方式和平衡的追求似乎比薪水更为重要。毋庸置疑的是，社交媒体是潜在求职者如今进行互动的主要方式。因此，数字化工具成了解决方案的一部分，需要IT部门的支持来帮助招聘团队开发官网招聘页面，并通过社交工具吸引更多候选人。

如今，Nationwide一直持续关注于通过增加社交媒体和其他富有想象力的渠道，抓住潜在求职者的眼球，提升品牌的认知度。当潜在求职者扫描了招聘材料上的条形码时，会在他们的智能手机上跳出相关视频。他们还利用一些主动出击的方法，扩大候选人基池，其中包括使用"地理围墙"（Geo-fences）来确定合适的候选人可能会出现在哪里，并让这些人注意到潜在的招聘机会。招聘战略为人才战略注入了养料，而人才战略又为企业规划输送了血液。尽管Nationwide在提供超高额的薪资和福利方面可能无法与有钱的大银行相提并论，但它力求公平，这也符合它的互助精神。该银行根据其员工价值主张，投入资源为员工提供明确的职业道路和发展机遇，并配备了一支专门负责重新调配的团队，支持员工在组织内的转岗。

### 3. 培养管理者的能力

在变化已成为常态的商业环境中，成功的组织可能需要新的能力，尤其是"随机应变力"。变革的重担直接压在管理者的肩上，不论其级别，因为是他们在管理员工和业务资产。今天的管理者是否有足够的经验和韧性来承受压力？能否公平、明断、有效地管理变革？

HR可以通过招聘及培养具有相关变革管理能力的新式一线管理者，提升这一能力建设的速度。这些管理者可以应对模糊的情况，具有韧性以及良好的沟通、互动、建立信任和聆听的技能。他们将向自己管理的团队提供实际支持和教练辅导，并利用数据帮助自己作出客观的选择和决策。他们将理解并能够应对自己和员工所处的压力环境，并对积极发展团队和个人的能力有强烈的意愿。因此，他们不是控制团队的“技术/专业”型管理者，而是“更具战略性”的管理者。

### 4. 提升领导力的质量

今天的环境变化对高层领导者提出了更高的要求，他们必须能够在复杂的环境中进行领导、建立关系和网络、发展文化、管理变革、培养人才并开启共享式领导力。高层领导者必须展现对组织敏捷性的坚定承诺，并树立前进道路的榜样。他们必须真正愿意赋权于他人，分布式领导力模式才能发挥作用。对于许多领导者而言，这可能意味着走出他们的舒适区，培养新的技能，打开思维接触新的领导力方法，以及学习新的技巧。

为了培养敏捷领导力，HR应采取一个系统性的整合方法，充分考虑除去领导者态度的扭转外还需要哪些改变。长期沿袭的实践可能需要被重新审视，领导者和管理者当下的价值观也需要被放在聚光灯下。例如，组织会奖励什么？领导者是怎样选拔出来的？高层管理者如何紧密联系实际，让整个系统协同一致？系统协调一致的工作需要有广泛的包容度才能成功。未能践行理想价值观的领导者会面临什么后果？这一旅程并不容易，也会遇到很多反对变革的阻力。

谈及未来领导者，HR可以帮助招聘和培养人才，这些人才意识到需要新的领导模式，并在学习上具备敏捷性。领导力发展介入项目的设计应以激发人们对开启实验的好奇心和自信心为出发点。学习方式应该侧重于从外部引入新的东西——让员工接触新的思维、体验和洞察。学习方式也应该由内而外，领导者要能找到自己可以信任的建议来源，如教练、学习团体和导师，以促进自我觉察和反思。

继任计划就是通过调整来适应不断变化的需求。许多组织正着手将继任计划与整个人才管理方案整合起来。尽管继任计划仍旧主要围绕高管和管理者角色，但也越来越多地用在组织中不同级别的特定关键岗位上，通常是在组织的薄弱环节。运用混合搭配的方法来填补职位空缺，既借力于开放的人才市场又不忘内部的职位调动，合理兼顾外部人才的辨识与内部接班人的选用。特别要注意的是，敏捷继任计划需要个体参与，让个体对自己的技能和职业发展进行规划和落实。

### 5. 员工发展

从长远来看，在人才稀缺之时，员工发展的成本会比招聘低得多。员工越来越了解知识的价值，员工发展将成为数字时代的职场资本。帮助员工提升新技能（包括数字化技能），符合雇主的利益，因为这将提升他们的有效性和生产力，也有助于建立组织的灵活性和韧性——这对公司的成功和盈利能力有直接影响。这也是非常有远见的做法，可以帮助员工和组织建立承载力，持续改善并适应业务需求变化。

在如今和未来流动性更高的职场中，需要什么技能？由于未来的劳动力必须能够应对越来越快的变化和外部干扰，一些集体能力将变得至关重要：

- 变革敏捷性——员工队伍在面对行业不确定性和变革时的敏捷能力。
- 协作——包括跨越边界，确保每个人都在为共同的目标而努力。
- 互动——以更有影响力的方式与同事、合作伙伴、客户、供应商和更广泛的社群互动。
- 聚焦于目标，实现高效率运营。
- 沟通和信息技能。
- 持续的流程改进和项目方案管理技能。

由于技术在不断发展，数字生态系统正在改变传统的工作实践，在传统培训环境中学习的“硬技能”现在保质期很短。因此，学习敏捷性成为一项关键胜任力。雇主应该识别出具有较高学习敏捷性的员工，同时支持终身学习模式。技术正在提高许多工作对数据分析、数字和认知技能的要求，因此员工需要发展保质期更持久的技能，如批判性思维、复杂问题解决能力、开放心态，以及广泛的商业认知和对战略重点的正确把握。

随着自动化的趋势和对机器人可能淘汰哪些职位的关注，人们对于体现独特个人主义和人文主义的领域重新产生了兴趣。一些人预测，为了平衡机械化的流程，创造性技能的价值将会凸显；情绪韧性、创造性思维、复杂沟通等技能将受到高度重视。近年来，许多人开始关注情商，而这得到了神经科学观点的补充。越来越多的培训和发展项目旨在提高人们的自我觉察、人际关系技能，以及在团队和流动性更强的工作环境中茁壮成长的能力。这些能力包括：

- 建立关系：良好的举止、融洽的关系、友善、慷慨。
- 建立信任的能力：直接沟通，解决问题，对新机会持开放态度。
- 文化敏捷性和差异管理：必要时调整个人风格。
- 谈判和解决冲突。
- 对模糊性的容忍度和管理复杂性的能力。

这种对“软技能”的关注也与客户的期望一致。例如，麦理根（McLagan）的一项研究表明，高净值个人希望理财经理不仅仅和他们一起分析电子表格——他们现在可以很容易地自己完成这项任务，他们还希望理财经理具有出色的沟通技巧，首先倾听他们的需求并建立情感联系，然后推荐适合的产品。虽然数据在为客户提供循证且更加个性化的推荐方面可以发挥关键作用，但人与人之间的接触仍然是必不可少的。

学习者必须发展21世纪的技能、能力和素质。每一个劳动者都需要更广泛、更有创业者精神的技能组合，以促进人的技能和数字技术的成功整合。LDS（2019）建议，劳动者要能够快速适应、自如应对变化、不怕承担风险、善于协作，并具有批判性和系统性思维。未来研究院（IFTF）建议评估以下10项关键就业技能：

1. 意义建构；
2. 社交智慧；
3. 新颖和适应性思维；
4. 跨文化胜任力；
5. 计算性思维；
6. 新媒体素养；
7. 跨学科性；
8. 设计思维；
9. 认知负荷管理；
10. 线上协作。

拥有这些技能的人从哪里来？人才和知识的流动越来越多地超越了公司和

地域的界限。成功的创新企业从自己的生态系统中获取他人的技能和才能，在创新中获得了巨大的回报。这些企业还提升了其现有员工队伍的技能。

人才管理机会将越来越多地适用于“关键价值创造者”，这一人群的范围比过去更广泛，组织希望培养和发展他们。对于拥有热门技能组合的人才，可以为其创建个性化的途径，发现和发展他们的能力，使其更上一层楼。目前正在发生的转变趋势是：培养不同类型的人才，在之前没有想到的地方寻找人才，并同时采用排他性和包容性的人才方法。对于更具创新性、以客户为中心的组织而言，需要一支具有多元化技能的多元化员工队伍。

为了采用系统性的方法来发展员工队伍，将会需要：投资于团队，而不仅仅是职位角色；投资于建立动态的培训能力；投资于建立可持续性，支持经过拓展的新职位角色。这将涉及利用技术支持员工队伍，了解员工队伍的需求，明确新的技能组合，包括“学习如何学习”。学习和发展工作（L&D）的重点，可能需要从信息传递（甚至是技能或胜任力发展）转向促进心智模式的转变，发展横向成长思维，并以团队、合作伙伴或社群为中心的方式创造知识。

**学习设计**

随着学习格局的转变，学习的设计、用户的认知和期望也在不断变化，传统的培训和发展途径不再被认为像以前那样有效。虽然一些传统的课堂培训可能仍有其作用，但研究表明，劳动者很快就会恢复到旧的习惯。因此，转变正在发生，包含引导和实际运用的学习方法蔚然成风，背后的主要推动力是知识在线上的数字化呈现和获取。因此，L&D必须重新设计教育计划，采用数字学习形式，提高人们的技术技能，还必须找到适当的工具和方法，在现代学习生态系统中不断激励和吸引跨世代员工队伍的参与。各种新形式的培训和基于技术的学习，可以帮助人们通过日常工作，针对可能尚不存在的职位角色，提前发展新的技能，例如：

- 虚拟/增强/混合现实；
- 人工智能；
- 游戏；
- 物联网；
- 解绑分拆；

- 适应性学习；
- 数字素养。

学习必须融入日常工作生活，并与个人对未来的理想相一致。这样一来，员工就会更容易看到如何将自己的工作和学习与新的问题解决方式实际联系起来。

学习和支持需要便于扩大规模，以适应变革过程中不同角色的人们的需要。需要更广泛地提供关键技能和工具，并且需要及时/按需地提供，以便人们能够快速反应，并在实现其业务部门所需的变革中发挥自己的作用，这对个人和公司盈利能力都大有裨益。

所以，通过为每个人提供实时发展，例如，通过同伴教练和团队学习，在初级员工身上进行投入（比如通过学徒制或公司内部资格认证的学习机会），雇主可以向员工传递积极信号，让员工了解公司的优先事项及对员工的重视。发展已然成为第四次工业革命"新政"的一部分。通过与学习课程供应商或者其他热衷于为员工创建共享学习机会的组织建立创新合作，HR可以控制成本并放大学习的价值。促进流动性的政策、发展一线管理者成为教练、提供自我评估工具、全方位的继任计划和创新式的职业生涯管理，这些只是HR在新的"人才争夺战"中可以借助的一部分工具。

## HR自身的敏捷示范

伴随全球市场环境的日益复杂，HR职能必须发生相应转变并成为积极的敏捷模范。这也会让HR作出不一样的贡献。随着HR开始扮演变革和文化倡导者的角色，其定位正在从简单的服务职能部门（虽然胜任力非常强），转变为战略文化推动者。

正如我们在前面几章中讨论的，作为变革推动者的HR，应该充分了解业务的运营，并知晓可能会对业务带来影响的内外部的变革推动因素。对待变革举措，HR应该采取积极主动的方式，而不是等待别人的邀请；运用分析准确指出问题，从业务角度说明变革和投资的必要性，并与其他内部专家合作推进变革举措。

变革推动者的角色可能还需要HR转变其关注点。可以说自"业务伙伴"这个概念出现以来，HR业务伙伴对于管理者需求的有效识别和回应（即便这些需求可能并不会促进组织整体的发展）确实创造了不少局部的商业效益。现在的挑战就是要以提升企业整体为目标，最大化利用HR资源，将关注点转移到企业重大目标的实现上，直接造福终端客户。

## 简化和标准化

但是，HR要成为具有可信度的敏捷变革推动者，必须带头示范，去除HR服务本身的复杂性。这意味着采纳敏捷原则（如以客户为中心、简单高效、反馈、共创、复盘、学习），并将敏捷工作实践（如迭代、精益、敏捷项目管理原则）运用于HR的服务交付。这适用于HR职能部门如何统筹其服务交付，也适用于HR的“可交付成果”（如提高员工敬业度）。

所以，有必要采用流程视角来看待HR目前在组织中交付服务的方式，明确关键的“实施缺口”和基础性问题，借助敏捷问题分析和团队合作以消除障碍。HR应该从其服务的用户那里收集当前流程运作状况的数据，形成现状基准。然后，对照以客户为中心的领先实践，评估当前实践，真正理解并挑战目前工作的性质和成本，发现流程中出现重复或割裂的地方，并以此为基础找到更好的新工作方式。

普华永道（2011）提出，HR职能应采用“3S”流程：简化（simplify），简化过于复杂的过程；标准化（standardize），对可以降低成本并改善客户体验的流程进行标准化；分享（share），传播新的有效实践使整个组织受益。简化诸如绩效管理等流程能产生实际效益。例如，Adobe公司已经用更具发散性的评估模式取代了正式的绩效评估，新的模式不仅能为员工提供有价值的反馈，还能为其节省出时间和精力用于业务发展。制定每个人都能理解的标准流程模型，为创造改进想法和机会提供了框架。

为了实现预期成效，可能意味着需要改变客户与HR互动的方式，例如推出客户自助服务。HR服务应该根据终端用户的需求，以终为始地设计，而且应该一周7天、每天24小时随时可用。考虑到移动化的趋势，HR必须充分借助技术，提升回应速度，提供个性化的服务，并提升服务品质的一致性。为了改善HR流程，可能会改变业务单元之间工作互动的方式，例如，推出交易性共享服务或业务支持模式。理解转型项目中的各种相互依存关系是非常重要的，因为这些变革可能影响支持业务发展所需的管理架构、信息系统和数据。

可以设计出一个有效的实施计划，来确保尽早实现成效。然而，不应采用线性规划方式，因为其假设是变革会按预期发生；相反，应当采用适应性的迭代规划方式，以提升适应能力，并在变革发生的过程中随时调节和学习。例如，关于如何提升员工敬业度：在流动的环境中，敬业度水平会上下浮动，所以为了取得最大的进展，从员工在特定时间点会投入大量情绪能量的事情上入手尤为重要。这是一个发现速赢和战略性商机的问题，可以优先考虑这些机会，创造一系列可以在短期内实现的改进，同时提供中长期的效益。

因此，转型是通过一系列的变革迭代来实现的，而不是一个单独的重大变革项目。在达成通往愿景的里程碑后，庆祝所获进展，让理想更为远大。这为变革的持续提供了理由，也让员工能够自发开启变革，激发创新。员工们已经准备好迎接下一个挑战——毕竟，实现一个鼓舞人心的使命是一个旅程，而不是一个终点。

## 总　结

具有敏捷性和韧性的组织，正成为21世纪竞争优势和商界生存能力的典范。韧性组织意识到，任何事情都不能保证，做不到预见未来就意味着更大的失败风险。拥有“随机应变”文化的组织，更善于及时发现机会并快速实施战略。因此，组织变得更具创新能力，能更快地满足市场需求和抓住机会，付出的成本更低，造成的压力和混乱也更少。此外，除了不再害怕变革之外，具有“随机应变力”的员工将会拥抱变革、追求变革，为变革做足准备，并找到自我调节的方法，为实现组织的整体成功作出贡献。员工也更倾向于相信组织的领导者，相信他们真的知道该如何领导组织的变革战略。

为了建立一支能够以新方式工作的未来员工队伍，需要提升人们真正需要的技能和胜任力，特别是对于担任新角色的人。企业主要能识别具有较高学习敏捷性的员工，并采用以候选人为中心的方法来招聘最适合组织的候选人。在充分提前通知的情况下，那些工作将被自动化或改变的员工可以在关键能力领域接受培训，从而成为面向未来的内部人才储备。要让现有员工为数字化的未来做好准备，不断帮助他们再培训和提升技能，打造一支能力强的员工队伍，鼓励持续发展作为职场资本；在此过程中，对于人与人之间以及人与机器之间的合作关系中，应强调人的优势。为了建立组织所需的能力，HR可以招聘和培养敬业的管理者和领导者，让他们提供教练辅导和培养，促进团队发展。今天乐于接受这些挑战的公司，将更好地创造一支员工队伍，他们能在数字化时代蓬勃发展，并产生组织期盼的创新。

但敏捷转型也必须使员工受益。技术是一把潜在的双刃剑，既能使一些职位获得助力，也能让一些职位被迫淘汰。因此，雇主处于关键位置，可以通过其对待员工的方式，更广泛地影响社会。毕竟，正如世界经济论坛（2018）指出的：

> 这些转变如果管理得当，可以为所有人带来一个有好工作、好职位、更优生活质量的全新时代，但如果管理不善，就会造成技能缺口扩大、不平等加剧、两极分化扩大的风险。在许多方面，塑造职场未来要从现在开始。

HR需要加快自身转型的速度，提升一线管理者的技能，这样HR就能将注意力放在新的责任上。管理者必须以行动为导向，在聚焦于达成结果的同时，也懂得如何帮助他人发挥潜力。HR必须帮助一线管理者培养在人员管理、变革管理、压力管理和冲突管理方面的能力。HR在发展组织未来敏捷领导力方面，应扮演关键角色，同时，要对与公司价值观脱节的高层管理者行为提出挑战（并提供教练辅导）。员工也需要愿意发挥积极性，为组织利益的进一步提升付出努力。

综上所述，组织敏捷性和韧性的构成要素并不复杂，都是基于以下几个基础原则：（1）加快战略更新的步伐；（2）高度关注客户；（3）跨界创新；（4）展示基于价值观的领导力；（5）建立一种重视使命、赋权、信任、意义和问责的文化；（6）挑选、激励、支持拥有必要技能的人才，助力他们在模糊和不确定的环境中充分发展。

HR与OD同事合作，可以为奠定这些基础要素作出重要贡献。HR应从长计议，关注客户、员工队伍和文化，帮助建立适应能力和创新能力强的组织，让员工愿意奉献自己的力量。下一章中，我们将探讨HR如何支持发展一种有利于创新的学习文化。

# 第十八章　有利于创新和学习的文化

## 前　言

如今，组织必须创新，否则就会死亡。正如我们在前面的章节中所讨论的那样，基于信息物理系统（Cyber-Physical Systems）的第四次工业革命，释放了颠覆性的数字力量，对公司和市场产生重大影响并加剧了竞争。在这一缺乏连续性的时期，对于任何市场中的成熟企业而言，快速技术变革的周期变得尤其具有挑战性（Ansari and Krop，2012）。的确，时至今日，可持续的竞争优势似乎越来越成为例外，而不是常规。为了取得成功，公司不仅要敏捷，还要采用短期的业务战略，专注于开发多方面的创新，以便快速获得暂时的竞争优势。与以往的战略相比，此类业务战略往往更以客户为中心，流动性更强，更少受到行业限制或产品主导的影响。

因此，创新能力必须成为公司DNA的一部分，嵌入“我们在这里做事的方式”中，而不是成为常规业务可有可无的配件。德·扬等人（de Jong *et al*，2015）认为，如果没有一个充分发展的创新系统，大型组织可能无法成功创新，无论他们的洞见生成过程多么有效。同样，学习必须跟上或超过变化的速度。这种转变的核心不仅在于技术，更在于组织文化，以及员工和客户的能力、经验、期望、行为。由此，用OD方法开展HR工作，成了实现系统、文化、人员能力动态转型之关键，并将助力组织及其利益相关者在动荡格局中取得成功。

本章中，我们将探讨为了营造有利于创新和学习的文化，HR可以发挥的系统性作用：

1. 创新势在必行。

2. 创新过程。

3. 敏捷创新方法。

4. HR在营造创新和学习文化中的作用。

## 创新势在必行

与“创新”这一概念直接相关的，是如何产生成功的想法，进而促成有利可图的产品、流程、服务或商业实践（Schumpeter，1982；Tidd and Bessant，2018）。创新与创造力的区别在于：创新包含实施，而不仅仅是想法的产生（Sarooghi *et al*，2015）。创新可能是偶然发生的，尽管德·扬等人（de Jong *et al*，2015）认为，大多数创新发生在三种因素的交汇处：一个有价值的待解问题、一种能促成解决方案的技术，以及一套能从中赚钱的商业模式。提德与贝桑（Tidd and Bessant）提及以下四种变革方向时，认为创新可以沿着从“渐进”到“激进”的维度，在任何一点上发生：

- 产品创新——组织所提供的产品/服务之变化。
- 流程创新——创造和交付方式的变化。
- 定位创新——引入产品/服务的背景环境之变化。
- 范式创新——框定了组织行为的底层心智模式之变化。

可以说，最后一个方向提供了最大的创新潜力。虽然人们都想要创新，但大多数大公司会错过新的创新浪潮，也很难将自己重塑为领先的创新者（de Jong *et al*，2015）。大多拥有传统商业模式的公司，在落后的道路上渐行渐远。阻碍勇气和速度的，与其说是技术限制，不如说是关于增长和可能性的心态。往往正是这种文化——价值观、规范、无意识发出的信号、领导者和员工的细微行为——限制了创新的表现。太多固定的惯例程序和文化因素，可能变成绊脚石——例如官僚主义的指挥链，又如拖累速度却不被质疑的隐性或显性的公司政策。

正如德·扬等人（de Jong *et al*，2015）指出的：

> 很多时候，公司在尝试创新时简直就是自缚手脚。惊人数量的出色创新，实际上是公司里那些特立独行者的成果，他们成功地绕过了早期审批流程。显然，需要保持一种平衡：一方面必须控制住官僚主义，另一方面

不应让追求快速推向市场的冲劲破坏了跨职能合作、持续学习周期以及有助于创新的清晰决策路径。

同样，商业战略在实践中也会阻止创新。试图采纳新技术、希望拥抱可持续商业模式的公司，必须承担初始风险；但许多公司除非地位明显受到威胁，否则不敢改动自己的核心商业模式。当一家公司使用某种技术或以某种方式运营时，其常规做法往往是保护自身业态，创新仅限于其当前业务和商业模式的范围之内（Archibugi *et al*，2013；O'Reilly and Tushman，2004；Seebode *et al*，2012）。由于商业模式与学习周期有关，公司往往最终会停滞不前，一味重复自己已经熟知的做法。人们认为的创新，往往只是对现有资源或方法的重新设计，以求产生不同的效果。同样，成熟企业往往一心针对要求最苛刻（通常也是带来最高利润）的客户改进产品和服务，却忽视了其他客户的需求，这样做让成熟企业在小型颠覆性公司的创新方法面前不堪一击。

的确，市场外部的玩家往往能开展更大程度的创新（Seebode *et al*，2012）。因此，克里斯滕森等人（Christensen *et al*，2015）认为，无论在哪个行业，拥有成熟产品的成功公司都会被推到一边，除非管理者知道如何、何时放弃传统商业实践。他们还指出，颠覆者往往专注于设计恰到好处的商业模式，而不仅是产品。当颠覆者成功时，他们从边缘（市场的低端或新市场）进入主流，首先会侵蚀在位企业的市场份额，然后侵蚀其盈利能力。

学习以及对人才的充分利用，是创新的又一关键特征。然而，在当今兼具流动性和颠覆性的全球市场环境中，公司不能再仅仅依靠内部知识来追求市场优势。正如人工智能、机器人技术、认知计算的大规模发展产生了数据浪潮，全球经济也使人才、产品、资金得以跨边界流动，创新也因而常常涌现自外部伙伴关系。随着各类企业在整个生态系统中寻求灵活性和协作，将专有知识留在公司内部独享的政策正日益岌岌可危，单单是员工流动这一因素就对此构成了威胁。

想要真正创新的公司，必须挑战市场和企业的双重边界（Ansari and Krop，2012），参与"创造性破坏"（Schumpeter，2018），消除变革和创新的障碍。波士顿咨询公司（Reeves and Whitaker，2018）认为，虽然新技术可以加速单个流程步骤的学习，但为了营造整体的组织学习和竞争优势，还必须转变商业文化、战略、架构和核心工作，才能实现组织创新。对于许多公司而言，这很难实现。

## 组织双元性

许多成熟公司想采用“短暂优势”的方法，但他们面临的困境是要在哪里开展创新。对此，参考“组织双元性”（organizational ambidexterity）这一概念是有益的（Archibugi *et al*，2013；O'Reilly and Tushman，2004；Seebode *et al*，2012）。也就是说，企业需要在“利用”（保持效率，充分利用现有商业模式）和“探索”（新机会和新商业模式）之间达到动态平衡，这一平衡将根据具体情况而变化。企业必须在效率和创新之间进行权衡取舍。

重点的选择（创新还是效率）往往是体制化的，既反映了战略偏好和文化实践，也反映了个人选择和行为。如果组织真的倾向于维持现状而不是创新，这将反映在培训和奖励等HR实践中，而HR实践反过来又将塑造个人和团队的行为。

效率被认为是成功实现“利用”的关键，但这可能导致对节省成本和最小化风险的偏重，而创新可能需要一些投资和风险承担。事实上，偏重于效率的代价可能是牺牲新产品开发，因为未经尝试的新产品似乎是有风险的投资。因而，许多组织更支持通过创造性的资源整合维持和改进其现有的商业模式，即在新的背景环境中，再次利用资源和实践，从而提高价值创造。有些人可能会试图通过规模和成本成为行业领先者，他们给新产品尽可能低的定价，以占领细分市场；若事实证明不可能做到，则退出。为了以理想的数量和质量推出新产品或服务，必须集中资源和能力，确保快速生产和交付。另一种方法是通过精简业务流程，确保公司率先将高质量、低成本的产品推向市场。挑战在于既要在现有商业模式中实现一些创新，又要进行持续改进。

虽然创造性的资源整合在当时可能不被认为是创新，但往往随后会被公认为聚合式的创新。所谓聚合式创新，就是通过整合资源，实现服务和产品的创新和突破，并迅速扩大规模，进而促成实践的变革，在更高的层面上聚合并产生价值。没有学习，这是不可能发生的（Drejer，2004）。真正的创新，需要两者兼有、互相平衡：一方面要积极探索新机会，另一方面要创造性地整合资源、推动持续改进。

## 创新过程

创新过程有很多变体。麦肯锡（de Jong *et al*，2015）提出了实现卓越创新的8个重叠、迭代的步骤。前4个步骤（理想、选择、发现、进化）本质上是战略性和创造性的。通常由最高管理层决定发起创新并设定理想，在创新、战略、绩效之间建立起紧密的联系。如果创新效果良好，而且领导层认为以创新引领的增长至关重要，那么机会管理就会成为领导层会议/对话以及业务/战略规划的一部分，持续进行下去。领导者通过定义市场空间、为创新设定财务目标，让人们的思想聚焦。领导者会积极识别各种新机会，确定和调整优先级别，并提供适当的资源。追求什么、为什么而追求，始终是清晰的。

这样的领导力行为，为创新奠定了框架和条件，让创新更有可能生机蓬勃。麦肯锡的一项研究（2010）发现，当高级管理人员参与制定能力议程（如创新能力）时，公司将更能成功地使能力议程与对绩效最重要的能力协调一致，并更有效地建立所需技能。

麦肯锡实现卓越创新的后4个步骤（加速、扩大、延伸、动员）涉及如何一次又一次地、有节奏地、逐渐地交付和统筹创新，产生足够价值，为整体绩效作出有意义的贡献。“延伸”意味着公司必须创建并利用外部网络，以刺激创新。“动员”涉及如何组织、激励、奖励人们，促进他们不断创新。

大多数创新模型将这一过程描述为线性的，从最初产生想法，一直进展到最终传播新产品或服务，其中包含一系列关键阶段，如研发、测试、制造、传播（Kanter，1988；Tornatzky and Fleischer，1990）。一些“阶段—关口”模型描述了将创新推向市场所涉及的过渡步骤，从用户对创新的认知，到选择、采纳和实施该创新，后续则是常规化（Greenhalgh *et al*，2005；Karlström and Runeson，2006）。在大多数线性模型中，关键阶段包括采纳和实施创新。

### 采纳

采纳是指一个组织实施一项创新的决定，这是想法产生阶段和评估阶段之间的关键中间阶段。一项创新要触达市场，必须首先得到创新过程的所有参与者的采纳——从第一次听到这个想法的管理层，到参与其生产制造的人员，再到推销这一新产品或服务的销售人员。毕竟，虽然创新通常由个人推动（往往是能够看到新机会，并有动力付诸行动的“特立独行者”），但如果未能将一个有创意的想法推销给任何人，这一创新被采纳的机会就相对较小，其价值也相对较小。

即使管理者和领导者已经认同需要“蓝海”战略，他们也可能难以决定采纳哪些创新，也难以回答如下问题：我们怎么知道这个想法是否值得落地？我们是否找到了正确的解决方案？针对这个新产品或服务，最佳商业模式是什么？研究表明，人们能否感知和权衡各种机会，受先前经验和能力的影响（Kuckertz *et al*，2017），因为先前经验和能力会创造心理模式，为感知新信息提供框架。此外，能否在机会出现时就感知到，取决于个人敏锐度，敏锐的人即使不在积极寻找机会，也能发现机会。敏锐度和联想能力，至少部分来自智力和创造力等认知能力（Benedek *et al*，2012）。

另一方面，福尔和戴尔（Furr and Dyer，2014）认为，即使创新技能或许与传统管理思维和实践背道而驰，也是可以学习掌握的。戴尔等人（Dyer *et al*，2009）对成功的创新者进行了全面研究，找到了构成“创新者DNA”的5种行为和认知方面的“发现”技能组合：（1）联想：将不相关领域中的问题、疑难或想法联系起来；（2）提问：提出挑战常识的疑问；（3）观察：仔细审视客户的行为；（4）实验：构建互动体验，激发非常规的反应，看看会产生什么洞察；（5）结交人脉：结识具有不同想法和观点的人。此外，试错很可能涉及失败，并需要纠正。因此，可能需要采取“把握关键支点”等行动（Furr and Dyer，2014）。

评估你的组织：具有合适知识、技能、经验的管理者能否及时作出关键决策，使创新不断在组织中流动，创造和保持竞争优势，同时避免让公司面临不必要的风险？你的公司如何对待特立独行者？如何支持决策者培养“发现”技能组合？

## 实施

创新过程中，对已充实的想法开展的评估，可以视为想法产生和采纳阶段的结束，以及实施阶段的开始（eg Amabile，1988），即创新的应用或使用（Choi and Chang，2009；Klein *et al*，2001）。挑战在于如何将潜在的创新转化为实践，并扩大规模。这可能涉及对解决方案进行原型设计，并验证商业模式的市场进入策略。必须提前预留资金，对新想法进行试点，若成功则扩大规模。

虽然高层领导为实施创新提供了推动力（Lewin，1947），但他们可能会遇到员工团体的抗拒，尤其是在员工的职位受到威胁的情况下。能否成功实施创新，归根到底往往是相对权力的问题（Damanpour and Schneider，2006）。领导者如果试图强推一项创新，可能会使用各种推动式做法，例如理性说服，试图让员工相信创新及其可行性，以及创新带来预期收益的可能性（Bersin and Sosik，2007）。如果最高管理者仍遇到抗拒，可能不得不退而求其次，采纳相对简单、渐进式的创新，此类创新可能更容易被员工接受，特别是在不对其职位造成威胁的情况下。

实施创新的传统做法是，由HR等人员帮助高级领导者创建一系列正式的促进体系，鼓励或迫使员工实施一项创新。促进体系包括沟通、奖励政策、培训方案、绩效评估标准和组织重组。这样，高级领导者就可以同时使用“胡萝卜和大棒”，获得人们对创新的接受，例如，根据创新实施情况提供经济激励、威胁职位稳定性或开展组织重组。然后，当一个又一个项目在整个公司中开始实现预期的理想结果时，领导者可以通过明确责任、使用适当的激励和奖励，使创新生根。

然而，埃德蒙森（Edmondson，2008）认为，此类推动式行为策略，具有机器时代的深刻烙印，产生了至今仍困扰许多职场环境的不幸遗产——一种恐惧的暗流。其结果是，关键信息和想法往往无法向上触达最高层。此外，正如埃德蒙森指出的，促进有效执行的管理思维，往往会抑制员工的学习和创新能力：“一心只想把事情做完、做好，挤压了对可持续成功至关重要的实验和反思的空间。”埃德蒙森提倡一种完全不同的组织心态，她称之为“执行即学习”（execution-as-learning），其重点不在于确保一个过程被执行，而在于帮助它演变成日常工作。

读者将意识到，如果领导者在创新过程的早期就让员工参与进来，并让他们参与对采纳创新的决策，就更有可能提高员工的驱动力和对创新的接受度

(Sung and Choi，2012)。

## 敏捷创新方法

为了实现“执行即学习”，需要一种敏捷的创新和学习方法。在官僚主义的尺度上，一端是往往可预测和按顺序进行的传统创新过程（Eriksson *et al*，2005)，相反的一端则是敏捷的资源整合和创新方法（Holbeche，2019)。这种方法倾向于采用灵活的流程，以便快速响应不断变化的环境或客户需求。

采用敏捷创新方法，与在长期战略框架内运作并不矛盾，但这样做可以使组织更善于响应不断变化的环境，并相应地调整方法。席尔瓦和迪·赛瑞尔（Silva and Di Serio，2016）认为，为了让组织不断创新，应该维持一种系统性的学习过程，使组织能充分利用新的想法。能这样做的公司之所以脱颖而出，是因为他们了解所在市场的创新动态，能捕捉并响应环境中的变化和信号。然而，这两位作者也认为，即使是最主动出击的方法，也有被动响应的一面，因为创新的重点往往基于假设的客户需求。

敏捷发现过程是迭代式的：积极使用原型，有助于公司一边持续学习，一边对创新进行开发、测试、验证、完善。将尝试性的工作流程设为一个起点，这一流程并非按部就班地遵循蓝图，而是通过实验不断发展。敏捷创新者乐于接受反馈，特别是来自客户的反馈，这样客户至少在某种程度上参与了创新共创。创新者将变化甚至危机视为机遇，而不是挑战（Williams and Cockburn，2003)。因此，敏捷创新方法的重点是实验、犯错并从中学习（Paluch *et al*，2020)。在这里，人们不是先计划后行动，而是行动、学习、计划同步进行，确保抓住和吸收成功和失败的教训。敏捷创新是在自然生发的基础上再接再厉，以及肯定创新努力，哪怕这种努力还没有完全成功。

## “随机应变”的创新文化

如前所述，创造性适应力的促成条件，既包括有效的领导力，也包括“随机应变”的文化和工作实践，而后者也有利于创新和持续学习。从复杂适应性系统的角度来看，就像在学习型组织中一样，促成条件包括团队精神、协作、机会主义，以及在整个系统中广泛、持续产生和分享洞察与新想法，包括借助内部和外部网络（本章后面的案例研究将举例说明）。这种文化可能需要多年才能建立起来，特别是在已经树立强大文化和工作方式且能有效符合先前需求的大型成熟公司中（Pisano，2019）。为了开展这种系统性的行为和文化变革，HR/OD需要帮组织做好准备。

组织和个人“随机应变”的能力有多高，取决于许多因素。研究表明，许多人很难接受主动学习（即在需求发生之前，就开始培养新技能或更新胜任力）（Annosi *et al*，2018），可能需要发生一场危机，才能发起变革（Callander，2011）。

机构的情况可能也是相同的。工作实践的改变，通常需要很长时间才能实施。然而，在全球疫情大流行期间，许多组织似乎在一夜之间改变了运营方式。虽然危机导致一些组织只关注现金流和短期生存手段，但也有组织利用此次危机，转而开始了组织或商业模式转型。例如，2020年8月，英国石油公司（BP）公布了疲软的业绩，并削减了传统石油业务的分红，也借此机会向利益相关者强调了业务转型和新战略方向的潜力。该公司现在的目标是减少对化石燃料的依赖，迅速增加对低碳技术和可再生能源发电的投资，成为全球“最绿色”的电力生产商。新冠疫情危机期间的组织适应力的此类证据表明，当出现压倒性的紧迫挑战，或具备统一人心的使命时，文化和战略变革可以更快地发生。

## 看似自相矛盾的文化

然而，正如皮萨诺（Pisano，2019）指出的，创新文化看似自相矛盾，为了激发所需的实践，可能需要“软硬兼施”：一方面需要容忍失败（从而促进实验），另一方面又不能容忍胜任力的缺失（需要加强问责和交付）。建立胜任力文化，需要高层领导者和管理者清晰阐明预期的绩效标准，并鼓励员工自身发展。可能需要提高招聘标准，即使这会暂时减缓公司的增长。

同样，虽然乐于接受实验的组织能自如应对不确定性和模糊性，但皮萨诺认为，为了让人们有实验的意愿，还需要建立严格的纪律，要求人们从失败中学习，让失败产生有价值的信息，从而带来成效。在重视纪律的文化中，人们会根据潜在学习价值的大小，仔细甄选实验，并且精密地设计实验，用相同的成本产生尽可能多的信息。

赋权和协作，必须以个人问责制为基础。问责文化就是期望个人作出决定并承担后果。扁平架构需要扁平文化，人们在其中拥有采取行动、作出决定、发表意见的广泛自由。要通过胜任力而不是头衔，来赢得人们的遵从。为了鼓励赋权和问责，领导者要让自己公开接受问责，哪怕这样做会产生个人风险。皮萨诺认为，必须精心管理这些看似矛盾的做法造成的张力，否则打造创新文化的尝试将会失败。

## HR在营造创新和学习文化中的作用

为了营造“随机应变”、乐于创新和学习的文化，HR需要一种OD思维方式，系统地利用各种抓手，转变人们的心态和实践，以支持创新。

### 通过设计嵌入创新

当然，创新可以随着时间的推移而自然生发，也可以通过设计而嵌入组织。为了营造敏捷且可大规模扩展的学习文化，可能需要进行结构性变革，以促进协作、学习、实验。

#### 敏捷架构

敏捷组织的构成元素包括扁平的组织架构、灵活的资源，以及负责产品开发和发布的跨职能、自我管理的团队。各种流程不再互相孤立地存在于职能层级架构中，而是由技术娴熟的团队网络来管理，他们运用人工智能和机器学习等技术，挖掘和利用海量数据。在凯文·凯利（Kevin Kelly，1999）所谓的“分块”（chunking）概念中，组织中相互依赖的各部分共享控制权，各自平行地在局部开展行动，因为在分布式网络中，中央命令式的架构会减慢速度。领导力不仅是自上而下的，还是分散的；形成了真正的社群感，许多来自各个层面的人承担个人责任，积极主动地推进工作。

敏捷公司通常在不断扩大的商业生态系统中，参与强有力的合作伙伴关系。持续学习、数字素养、流程快速迭代、标准化任务、创业者导向、角色流动性、对应用下一代技术的坚定，都是敏捷公司的典型特征。

特别是HR政策和实践（如绩效管理和奖励体系），可以使主导性的战略倾向和偏好得到有力的巩固。因此，如果对效率的偏重反映在了大多数架构流程中（即人们因效率而得到奖励和晋升），人们就会专注于做好自己目前的本职工作，并忽略创新（如果创新被视为可有可无）。故而有了敏捷学习型组织的架构特征，还需要相应的HR实践来巩固新方向，而不是回到之前的状态，这样才能为未来的成功奠定更坚实的基础。

**盘点**

你的组织需要哪些技能和能力，才能在包含众多合作伙伴的生态系统中取得成功？这对人们要开展哪些工作意味着什么？所需的人才从何而来？需要怎样的领导力和管理？为了帮助人们获得新职场所需的数字化等相关技能，我们如何促成终身学习的巨大飞跃？

## 支持个人创造力和驱动力

员工的创造力——体现在他们提出的新颖、原创、相关、实用的产品、想法或流程中（Drazin *et al*，1999）——是创新的一个关键组成部分。创造力等式的一边是个人胜任力，另一边则是驱动力（Burroughs and Mick，2004；Findsrud *et al*，2018）。研究表明，鼓励积极主动的文化，加上良好的个人与组织契合度，可以提升驱动力，让个人创造力对组织创新产生更大的影响。

HR或学习与发展（L&D）可以提供实际支持，帮助员工学习如何创新。例如，Intuit公司（2013）使用设计思维，开发了名为Catalyst的工具包，为员工提供了有助于支持创新过程的工具和方法。这一工具包中的活动体现了Intuit创新理念的关键要素：深刻的客户同理心、先拓展后聚焦、与客户开展快速实验。通过工具包的支持，个人和团队的能力和驱动力得到了增强。工具包也表明了公司珍视什么（包括对员工的尊重），还促成了该公司内部发起的许多创新。

**心理安全**

为了创建一个执行即学习的环境，特别是在知识不断变化的组织中，员工需要协作。员工必须能在没有管理层介入的情况下，作出明智的决定。因此，他们要愿意承担风险。诚实的批判性反馈能使想法得以发展和改进，因而对于创新必不可少。员工愿意在多大程度上冒险开展实验（并可能失败），主要取决于组织如何处理过往决策的后果。指责型文化会扼杀创新，而学习型文化能促进创新。

HR的任务是与领导者合作，营造一个心理安全的环境（Edmondson，2008），包容人们的挑战、实验、学习和偶然犯错。这意味着，要确保任何人在寻求帮助或承认错误时，不会受到惩罚。为了培养心理安全并提升执行水平，管理者应该为员工设定方向并赋权，而不是仅仅自上而下地指挥和控制；也应该提出合适的问题、提供有价值的信息，以指导员工的判断并促成协作，而不是提供标准答案；还应该重视灵活性，而不是墨守成规。作为榜样，领导者必须注意自己如何对待新思维，避免不假思索地评判并垄断决策。领导者必须激发可能性，展现正能量，并让人们看到。如果管理者表明希望聆听员工、重视员工建议并鼓励双向反馈，人们就更有可能提出创新的建议，例如如何降低成本、提升质量。

HR可以帮助领导者学习如何培养心理安全，例如通过教练辅导、组织高管走访采用创新实践的组织，以及借助发展计划和公司会议，来鼓励领导者与一线管理者共同学习新方法、分享错误教训和最新的最佳实践。

**“有张有弛”**

为了鼓励创新，在系统中嵌入一些松弛是至关重要的。虽然从效率的角度来看，松弛通常被视为浪费，但在实践中，松弛为想法的活跃涌现提供了重要的喘息空间。松弛可以采取这样的形式：让从事创新的人们更容易获得技术，增加对L&D的投资以充实员工知识，提供支持人员以确保在创新过程中常规工作能继续完成。松弛的另一种形式，可以是招聘具有稀缺技能的人才，例如用数据驱动的思维方式，将所需的能力引入组织。这些行动都提供了时间和资源的缓冲，减轻了匆忙交付次优解的压力。谷歌有个著名的工作规则，要求员工将10%的时间用在不属于本职工作的创新项目上，无论这些项目是否符合谷歌当前的商业计划。有时间进行创新，这件事本身就可以成为一种奖励：Intuit为其最佳业务创新者提供3个月的“非结构化”时间用于兼职探索新机会，创新者可将这段时间整块利用，也可分散在6个月以上。这其实是一种设计：建立一条纽带，将公司的显性战略与人和人、人和组织的实际关系联系起来。如果将创新融入人们要实现的团队目标，创新就可以成为每个人日常工作的一部分。

## 团队创新实践

无论个人的创造力多么杰出，也很少能实现成功的创新；正如众所周知的苹果开发iPhone的故事所证明的，创新通常是团队努力的结果。如何帮助人们自由分享想法和知识，通常被视为一个组织设计上的挑战。公司可以将从事不同类型创新的团队安排在同一地点工作；也可以定期审视项目团队的架构，确保团队中一直有新的贡献者。思科（Cisco）投资于创新技术，融合线下和线上工作环境，鼓励员工互动和知识共享。IBM研究发现，许多成功的组织都建立了由内部和外部协作者组成的创新团队。一些公司建立了“臭鼬工厂”（skunk works），小型团队可以在正常工作环境之外从事重要项目，建立新的工作方式，并扩大其规模使其被整个组织吸收（Rigby *et al*，2018）。

在团队环境中，团队成员之间的知识共享对于创造力和创新至关重要。难以编纂成文的隐性知识，可以为组织提供竞争优势，也不易被竞争对手模仿（Nonaka，1994；Thomas，2002）。然而，在团队中分享知识往往存在驱动力和政治上的障碍，因为知识会给个人带来价值和竞争优势，所以有人可能不愿与他人分享知识（Lin，2007）。人们需要感到安全，觉得受到公平对待，然后才会愿意冒险将自己的最佳洞察分享给可能解雇自己的公司。对一些人而言，即使职位可能无法得到保证，但是能获得增长技能和经验的机会，也是一种充分的补偿。

### 支持协同工作

无论团队架构如何，生成性的行为与人际关系以及成长的心态，对于有效的团队运作和知识生成都至关重要。许多公司现在以半线上的方式运营，团队遍布世界各地，员工在家工作。这种获得赋权、互联互通的员工网络，往往会自我组织，形成学习和辅导的实践社群，并有权参与、领导、组织团队，开展实验，承诺采取行动，完成所需工作。包括社交媒体在内的技术，可以为员工创建在线空间，让他们与世界各地的同事分享想法、创建项目、追踪绩效，从而培养协作文化。以线上或线下的方式，让员工有机会相识、与高管实时互动聊天、召开虚拟圆桌会议和全员大会，有助于大家持续参与并了解最新情况。

当HR和其他组织流程得到简化时，有助于营造一种相互联系的感觉。

HR可以通过多种方式支持协作式工作的开展。例如，通过鼓励或协调知识网络和实践社群，将关键的专业知识和责任领域聚集在一起，有助于促进知识共享和共创。一家公司提供办公场地，供各种小公司租用，每月组织一次晨间咖啡会，让在此场地上工作的、来自不同公司的人们互相见面、建立联系、创造新的商机。出于同样的目的，大型组织的HR也可以组织这样的“碰撞”聚会，将整个企业的人员聚集在一起。像黑客马拉松、开放空间等OD方法，让许多人可以参与到产生想法的过程中来，而不必害怕失败。

HR可以提供团队技能培训，帮助员工建立关系，促进整个组织的协作和想法产生。可以培养跨文化胜任力，例如同理心、建立关系的能力、开放性思维、韧性、灵活性和学习导向，帮助人们与来自不同社群和背景的人有效互动。HR可以制定有效的多元化和包容性政策，从而使各种各样的人才能够参与创新过程。

员工仍将是新职场中的重要黏合剂，用灵活敏捷的方式开展日常业务，承担更复杂的任务，将重复的日常琐事留给机器。至关重要的是，要让个体充分参与进来，也应认可他们对企业更高水平的贡献。HR可以设计绩效管理、奖励和认可计划，以加强创新、团队合作和知识共享。评价应基于产出而不是主要关注投入，人们的绩效应根据其产出结果（而不是其投入的小时数）来衡量，持续的双向反馈将成为关键特征。HR可能还需要帮助管理者厘清关于成功的标准。

关于如何奖励员工，薪资结构应当透明，薪资决策也应当去中心化。虽然外在激励措施（如绩效工资等）往往被用于加强团队中的知识共享和创新，但实际上却可能会降低个体主动付出的满意度和驱动力。应避免使用仅限于个人奖金的激励措施，这样的措施有很大毒害。取而代之或同样应该具备的，是由HR设计的奖励和认可流程，以调动人们参与知识创造和分享的内在驱动力。研究表明，如果环境中具有高水平的工作参与度、员工自我效能、自主性、支持和资源等特征，员工的创造力将达到最高（Amabile *et al*，1996）。当团队成员之间建立起了强大的社会资本，就能通过互相联结、信任、共识，为人们提供内在激励，例如队友情谊，以及对知识共享相关工作的成就感（Kalman，

1999）。

**使用适当的衡量指标**

同样，衡量指标将人们的注意力集中在什么是“好”的绩效。对于创新，以客户为导向的目标和衡量标准至关重要。促进组织创新的其他指标包括：

- 在一定时间段（如上一财年）推出的产品或服务占收入的百分比。
- 新想法的管道中，有一定比例的短期产品或服务，也有一定比例能在长期改变竞争局面的产品或服务（如短期产品或服务占75%，长期的占25%）。
- 接受过培训并获得创新工具的员工占比。
- 投入于能带来收入的新产品、服务或商业模式的发现、原型设计和测试过程的工作时间占比（如10%—20%）。

（Kaplan，2013）

## 打造充满信任和共同使命的氛围

共同使命是知识共享和创新的关键，因为在这样的氛围下，信任、尊重、灵活性——创新的主要动力——都将蓬勃发展。个人信任调和了商业道德与个人创造力之间的关系，因为人们的创新驱动力可能直接受到组织的性质和使命的影响。最振奋人心的企业使命，明确了组织努力的最终受益者——无论是患者、客户、环境还是整个社会。越来越多的证据表明，具有此类企业使命的组织，更有可能涌现更多的创造性努力和创新（Choi *et al*，2009）。

这样的使命吸引和激励着人们，并提供了参考范围，让他们能够在其中发挥创造力、得到赋权，服务客户的需求。人们对于与自己有着共同价值观的公司，往往会有更多的认同感和归属感（Jones *et al*，2014）。新冠疫情为企业培育使命感的议程增添了紧迫性，并凸显了企业与其所有利益相关者的相互联系和相互依存性，制药公司合作紧急开发疫苗就是一个例证。在疫情危机期间，各种规模和行业的公司践行了自身的价值观，以自己的方式用实际行动支持了国家和国际间应对疫情的努力。例如，奢侈品牌LVMH调整了生产战略，助力满足激增的医疗用品需求；3M的CEO宣布，公司计划为受疫情影响的城市增加关键医疗用品的产量。这种做法彰显了公司价值观，支持了员工，并帮助了当地社区和整个社会。

一家公司要做到真正可持续，必须首先采纳可持续的商业模式，不仅关注流程、服务和产品，最重要的是人道地对待员工。劳动力与社会和环境实践一起，构成了社会、环境、经济可持续性“三脚架”的基础（Silva and Di Serio，2016）。无论员工在哪里或何时工作，他们都是人，都会赞赏人性化和个性化的职场管理方法。例如，NHS的一项研究主张，医疗机构应该“将患者置于他们所做一切的中心，获得智能信息，专注于改善组织系统，培育关怀文化，确保员工感受到重视、尊重、互动和支持”（Point of Care Foundation，2014）。在这样的组织中，各级领导者必须加强以客户为中心的理念和非正式的工作方式，并言行一致地践行价值观和使命，从而建立信任。人们担任的角色可以帮助其成长，并让他们清楚地看到自己的工作或项目如何促进使命的实现。这样一来，长期目的将为短期行动提供指引。

对于许多公司而言，新冠疫情可能是考验他们能否坚定地将使命应用于员工身上的第一个机会。在危机时期，有效的领导者成为信任、稳定、意义、韧性的重要来源，还对周围的人起到了“意义构建”的关键作用。澳大利亚保险集团（IAG）是澳大利亚和新西兰最大的综合保险公司，其即将离任的董事总经理兼CEO彼得·哈默（Peter Harmer）表示，IAG“让你的世界更安全”这一使命是其所有决策的框架，并从IAG的员工和客户开始践行。担任CEO的5年任期内，他优先培养信任文化，“将韧性与真实信念绑定在一起”（Blackburn，2020）。他认为，这种对使命的坚定承诺，解释了IAG在新冠疫情期间的韧性。同样，设施服务公司欧艾斯（ISS）的使命是为其每天服务的数百万人的生活带来积极影响。他们已经摸索出如何将有力的公司治理和财务成功与员工福祉联系起来，同时减少对气候和环境的影响。这一整体使命促进了客户参与度，降低了员工流失率，也提升了利润率（Deloitte，2020a）。

对于彼得·哈默（Blackburn，2020）来说，信任包括四个重要元素。一是可靠性。如果你说你要做某事，那就坚持到底，把它做完。二是接受管理层并不知道所有答案这一事实。更多时候，答案会从生产车间现场出来，管理者需要认识到对这些想法持开放态度的重要性。三是开放性和透明度。“这包括让人们了解我们决策时面临的全部情况，而不是为他们遮盖住一些不太好看的真相，同时还要帮助他们实际使用这些信息来整理自己关于既定决策的思考过程”。四是一致性，确保言行一致。

信任也可以通过让员工参与职场决策来建立。这可以提高员工的能力，促使他们表现得更好，还能改善员工和组织部门之间的沟通和协调，并有助于整合不同职位或部门，促成整体任务的完成。员工参与（EI）作为一种介入方式，可以提高员工的驱动力，特别是当这种介入能满足重要的个体需求时。当人们拥有必要的技能和知识、能够发挥良好表现时，当技术和工作条件让人们能够积极影响生产力时，驱动力就会转化为绩效的提高。关于团体问题解决和沟通的技能培训，可以提高员工对决策的参与度（Cummings and Worley，2015；Cheung-Judge and Holbeche，2015；Dignan，2019）。我们将在下一章中再次探讨信任和使命的主题。

**盘点**

领导者能否对价值观和使命做到言行一致？领先的企业如何将创新和学习嵌入其文化？他们如何在合适的人群中激发、鼓励、支持、奖励创新行为和思维？

## 案例研究：在家乐氏发展敏捷和创新

这一案例研究展示了一个非常成功的组织是如何不断发展创新文化的。在此，我谨对家乐氏公司（Kellogg Company）前HR总监、欧洲职能与文化变革负责人斯蒂芬妮·阿特金森（Stephanie Atkinson）和她的同事致以由衷的谢意。

大多数人都听说过家乐氏公司，这家拥有100年商业成功历史的美国公司，在全球最出名的大概就是其早餐麦片品牌了。2008年全球经济衰退之后，商业环境充满挑战，早餐食品趋势也发生了转变，这些因素为公司敲响了警钟：必须转变工作方式。电商的出现导致零售业快速变化，困难的交易条件、零售商整合以及持续的超市价格战，使得公司运营环境更具挑战性和竞争性。

到2016年，家乐氏公司在这种背景环境下面临的显著挑战在于：如何快速进入市场、开展创新、重新确定各主要品牌的优先级，并提供多样化的零食潮流产品，例如通过收购当时正处于两位数增长上升通道的流行零食品牌“品客”（Pringles）。

**OD 挑战**

家乐氏公司的欧洲HR副总裁斯蒂芬妮·阿特金森和山姆·托马斯–贝瑞（Sam Thomas–Berry）认识到了这一业务挑战，坚信拥抱组织敏捷性可以成为关键推动因素，为家乐氏实现新的增长，并管理变革遭遇的阻力。虽然敏捷性早已是家乐氏公司的全球战略要务，但在此之前，敏捷性只存在于小型项目团队中。例如，基于敏捷原则的“力量团队”概念，已在企业中作为一种促进创新的手段有过运用：此前两年，“谷物力量团队”在面临实际压力时，已创新开发了有机产品。

斯蒂芬妮认识到，建立有利于敏捷性的文化，能让组织迅速适应变革，更好、更快、更低成本地把事做好，并且更有智慧地作为一个整体团队一起工作。她还知道，对于任何组织，大规模开展敏捷工作都是一项重大任务，对于一家具有长期成功传承的企业更是如此。这样的未来可能令人生畏，尤其是如果将敏捷性主要当作一种组织设计挑战来处理的话。然而，在许多组织中，真正的挑战在于文化，尤其对于成熟公司而言，既定的工作方式可能很难改变。

在家乐氏的案例中，可以越来越明显地看到，组织文化既是增长的障碍，又是增长的推手，这看似自相矛盾。像许多美国公司一样，家乐氏往往会庆祝积极向上的公司文化，但公司不同地点的不同团队自然也有自己的文化。调查显示，员工喜欢为家乐氏工作的最重要原因是公司体现出的家庭价值观，以及全心全意促进员工发展的真正承诺。然而，这种文化中的许多优势有可能被过度发挥，造成盲点和自满。例如，组织非常注重人际关系驱动，过度强调协同一致，导致决策速度变慢。组织对变化的反应不够快，关键流程阻碍了敏捷性，人们看不清自己的绩效目标与企业战略之间的关系。

**从业务角度说明必要性**

山姆·托马斯–贝瑞、斯蒂芬妮·阿特金森和一个核心HR团队围绕如何营造一种增长文化，互相交换了想法。他们意识到，为了使敏捷性成为组织DNA的一部分，必须得到高层的支持，并将其嵌入“我们这里的做事方式”中。他们采用了由内而外的方法，诊断了需求，并从业务角度说明了营造新文化的必要性。他们研究了组织中哪些地方已经具有敏捷性，哪些地方存在令人挫败的增长障碍。他们研究了麦肯锡和贝恩等咨询公司的报告，与其他公司进行了对标和外联，以了解有意思的实践。

至关重要的是，他们在2017年的一系列会议上（包括与欧洲领导团队的会面），就开展文化工作的想法获得了支持。领导团队第一次开始认真对待这一挑战并主导文化举措，欧洲区总裁成了项目赞助者。第一个任务是在2018年2月的年度会议上，向140位最资深的领导者展示敏捷领导力。斯蒂芬妮知道，如果不以有形的方式展现敏捷领导力行为，领导者就不会买账。正如她指出的，必须向人们展示新文化的样子，将其纳入商业战略并提供工具，让领导者能在自己的团队中树立这种文化。

**为变革做准备**

为文化变革做准备通常是最大的挑战，对于考虑采纳敏捷工作方式的组织而言尤其如此。这将需要改变管理层和员工的态度，并制定关于新工作方式的共同愿景。对于许多人而言，转向更敏捷的工作和管理方式之后，未来可能看起来具有威胁性。

斯蒂芬妮认为，要在文化上取得突破，必须明确对人们的期望，尤其是对担任管理角色的人。管理者和员工都需要接受教育，了解新文化。管理者需要认识到，工作的价值在于衡量产出和结果，而不是花在任务上的时间。如果按成果进行管理并非常态，管理人员要有信心，相信通过给予团队更大的自主权，团队会负起责任、积极响应、履行工作承诺。信任是敏捷工作的关键。因此，重要的是，如果担任管理角色的人之前没有接受现在也不愿接受新方法，也不愿为团队赋权，那么未来他们不应继续成为员工的领导者。

**力量团队**

建立新的工作方式，关键在于让业务人员参与到思维的建立中来。在力量团队的概念中，着重体现了敏捷性的原则。由于敏捷性是业务成功的关键，斯蒂芬妮需要一个力量团队来代表敏捷性挑战。

敏捷力量团队于2017年8月首次相聚，此前一项全球意见调查凸显了公司围绕决策方面持续面临的文化困境。团队成员包括来自欧洲不同业务部门的初、中级管理级别的顶尖和新兴人才，他们已经建立了广阔的人脉，拥有不同的想法，能够说服自己的经理同意自己加入敏捷力量团队。辛妮德·柯林斯（Sinead Collins）是麦片营销和财务部的HR总监，从一开始就是敏捷力量团队的成员。在她看来，“这个团队的组成真正做到了跨职能和跨业务，成员来自组织的不同层面，这是一项关键优势”。该团队以敏捷性的实现和榜样示范为己任，意在让团队成员利用自身人脉网络内的集群来发起变革，帮助建立增长文化，产生新的工作方式，使组织的服务和产品能够更高效地交付。

斯蒂芬妮为力量团队提供了运作框架，并帮助团队聚焦重点。正如她指出的，在完成了大部分对标之后，运用自身OD专长是正确的做法，因为“不可能凡事皆民主”。最初，人们认为敏捷性就只是关于速度。力量团队制定了自己对敏捷性的定义，主要是“获胜心态”，要足够灵巧，可以纠偏，同时拥有灵活而坚实的核心。该团队还制定了支撑敏捷性的关键行为和价值观：好奇、大胆（更坚定、更快的决策），由外而内（关注外部），互联互通（打破筒仓）。

为了明确敏捷性的主要障碍和“大赌注”，斯蒂芬妮与力量团队合作，使用麦肯锡的敏捷性问题，发起了一份组织问卷调查。调查结果有助于确定哪些是实施敏捷工作方式的真正障碍，哪些可以通过新的也许更具想象力的方法克服。涌现出三个优先事项：

- 鼓舞人心的领导力；
- 角色清晰度和决策；
- 流程改进。

然后，将这些优先事项分为三个工作分支，分别由力量团队处理。文化变革的关键工具包括：用新的眼光看待企业使命，将使命视为人与公司之间的黏合剂；明确增长所需的各项胜任力；以及认可。在各次会议之间，团队成员借助Yammer（一种企业社交网络平台），跨职能地交流了想法。就这样，业务与HR/OD合作，确保了正在发展的变革是有价值的且可实施的。

**迈向敏捷领导力**

建设领导能力是一个具体的优先重点领域。通过研究，团队已经确定了哪些敏捷行为可以解锁新的可能性，因而需要成为组织DNA的一部分，尤其是在高层。他们积极采纳了“仆人式领导力”模式，将其作为营造敏捷文化所需的领导力理念和行为转变的关键所在。

但是，如何为领导者和管理者提供所需的相关支持，帮助他们发展这些敏捷行为呢？他们开发了“敏捷工具包140计划”，其中包括自我评估元素，旨在帮助管理者在新角色中获得支持，特别是在培养人才方面。开发这一工具包时，力量团队认识到了敏捷“测试＋学习”方法的益处。

为了向组织介绍工具包内容，让更多人认识到敏捷行为的价值，他们需要克服的挑战在于如何获得支持，并让管理者发挥榜样示范作用，在可能出现冷嘲热讽的情况下，以身作则展现新行为。他们认为，借鉴市场营销等传统学科的方法，可以提供帮助。例如，就把这个挑战当作一次新产品发布——它看起来如何？带给人们什么感受？如何让组织参与其中？

向组织推出这一工具包的第一步，是在2018年2月举行的为期三天的欧洲领导力峰会上。敏捷力量团队要组织这场面向140位高层管理者的会议，激励和鼓动管理层以更敏捷的方式进行领导。最初，组织这次活动的任务吓坏了团队，所以斯蒂芬妮帮助他们建立了完成这一任务的信心。在活动现场，为了传播新理念，力量团队成员展示了公司的价值观和敏捷行为——测试和学习、实验、大胆、迭代和演进。

这场成功的领导力会议发出了一个强有力、具有象征性的信号，向组织展示了采用敏捷工作和领导方式的价值。做到这一点的关键是获得了欧洲区总裁戴夫·劳勒（Dave Lawler）及其前任克里斯·胡德（Chris Hood）的直接赞助，后者现在是家乐氏北美业务的总裁。他们在欧洲领导力峰会上对140名高层管理者发出的直接挑战是：负起责任，采用正在开发的模块化工具包，在各自领域嵌入新的实践。

**巩固**

为了在这一提升意识觉知过程的基础上，利用工具包为领导者提供支持，力量团队设计了实用工作坊。所有领导者都有机会带领各自团队参加一场名为“团队敏捷性引擎”的会议，在主持人的引导下，检视团队和自身作为管理者在实践中的敏捷性水平，并透过表象深入实质，探究在行为和心理上有哪些因素阻碍或促进了敏捷性，包括限制性信念和对失败的恐惧。这一自我评估工具是工作坊的关键，因为它为个体竖起了一面镜子，并指出了团队层面有哪些集体高发行为可能会限制敏捷性，以及如何克服这些问题。

浮出水面的问题之一是信任，人们最初不愿意分享自己的想法和脆弱性，特别是在为他人赋权方面。因此，团队开发了一个工具包，针对基于脆弱性的信任和赋权。为了大力促进团队发展，他们举办了第二场工作坊，探讨了如何在实践中发挥赋权的作用——如何创造心理安全，并放手让团队作出自己的决定。兰西奥尼（Lenzioni）的《团队协作的五大障碍》（*The Five Dysfunctions of a Team*）一书成了探索需关注领域的有益催化剂，特别是关于放弃控制和承担风险。人们得到鼓励，分享了为什么自己可能阻碍了敏捷性。他们学会了用一种新的语言，让彼此之间能够寻求帮助，促进行为改变，并作为一个团队更多地相互发出挑战，例如当人们感觉事情没有按照正确的意图来做时。如果团队感到建立信任的结果是积极的，而且这也是团队鼓励和发起的，那么就会产生“茅塞顿开”的时刻。

第三个工具包关注的是流程，许多流程是笨拙过时的。基于来自整个组织的反馈，以及通过“流程黑客”（process hack）的方式，他们开展了研究，挖掘出了一些关于如何增强和改进流程、放弃控制权的想法。

自从领导力工具包在欧洲领导力峰会上推出以来，有许多迹象表明，敏捷领导行为正在落实为实践。通过对领导者和管理者的360度反馈过程，“仆人式领导力”得到了加强。140位高层管理者在鼓励下分享了各自的故事，讲述了各自所在领域在敏捷性方面发生了什么。鉴于敏捷性被认为是公司战略的重要推动因素，并且考虑到最高管理层的明确要求，领导者这种讲述故事和榜样示范的做法，已经不是可有可无的了。

斯蒂芬妮·阿特金森利用自己作为HR总监的角色，成了组织中的一座桥梁，例如将“文化”团队连接到一个松散形成的文化变革推动者网络中。除此之外，还有致力于解决具体业务挑战的“冲刺”（Sprint）团队。敏捷力量团队继续其工作，就传播理念而言，采用了“拉动”和“推动”结合的方式。虽然到目前为止，大部分的工作重点都是自上而下推动的，但下一个挑战是如何促成“拉动”，也就是让团队自发地希望走上敏捷道路。这一切都是为了提高人们的技能，并建立他们与学习的联系（例如，如何承担风险），让人们更容易获得各种学习机会（包括课程）。该团队制作了大量材料，所有人都可通过一站式门户网站获得。这为人们提供了自助式工具，例如自学如何开展一场“流程黑客”行动。本着敏捷性的精神，这一切都是为了推动业务的更大增长，并让人们工作和生活得更轻松。人们开始感受到这些影响。敏捷性背后的行为正在渗透到日常对话中，团队不断在Yammer上分享想法。正如辛妮德·柯林斯所说的，参与发展敏捷性本身就是“一个绝佳的学习机会”。

在让文化变革完全扎根于组织DNA的过程中，该公司仍处于早期阶段，而且目前向新文化过渡的阶段也并非没有张力。正如斯蒂芬妮指出的，许多大公司经年累月形成的等级制度和运营模式过于根深蒂固，能提供的职业生涯道路不足以有效地激发和激励人们。解决根深蒂固的等级制度问题，可能需要一些手术。例如，如果高级领导者未能使用这些工具包或展示理想的行为，那么新文化就将无法落地。然而，“让这一切变成现实”的新文化和设计，深深植根于家乐氏的文化价值观和使命中，文化变革正在积聚一些关键势头。公司变革的愿景是建立一个充满活力的组织，有意识地释放创新活力，让一部分团队致力于开发客户喜爱的、令人兴奋的新产品。通过使命将人们联系起来，结合有效的OD支持，为业务找到新的前进方向，让企业走上充满活力、长久持续的成功之路。

正如本案例研究所示，要营造这样一种充满活力的学习文化，需要创新型领导力，重点是打造卓越的客户体验，促成开展实验的意愿，并培养将知识转化为价值的能力。高层领导者需要积极支持前进的方向，立下理想，明确重点，带动节奏，设定优先级别，制定无法通过“一切照常”的老做法实现的目标。关键在于要让员工感受到挑战，进而去创新，去推动变革，去对结果（而不仅是产出）负责。制定角色范围时，应留出空间让人们发挥积极性并有所成就，这样才能让个体体验到意义，重视自己的工作，感到自己的贡献得到认可和重视。领导者的任务变成了构建意义、即兴发挥、学习、注意自然生发的方向，以及巩固有效的实践。

## 结　论

我们距离第四次工业革命的第三个创新周期（即体制创新）还有很长的路要走，这将在很大程度上由生态系统内合作伙伴关系之间的知识流动来推动，尽管在医药等行业中这已经发生。然后，公司将从关注可扩展的效率转向可扩展的学习，这将加快创新速度，因为更多的生态系统伙伴将联合起来，发现为客户和生态系统伙伴创造价值的新方法（McKinsey，2019）。组织要在这一波浪潮中繁荣发展，必将在业务实践中作出巨大改变，因为跨职能和组织间的协作有助于确保最终用户参与整个发展过程，而高度进化的数字基础设施也将有助于加速绩效提升。

对于选择敏捷方法的组织而言，敏捷价值观和方法需要逐步灌输到整个组织中，从而实现更有效的协作，并且快速适应日益动态变化的市场。里维斯和惠特克（Reeves and Whitaker，2018）认为，为了在学习能力上竞争，必须随时做好学习的准备，并且拥有终身学习的模式。因此，领导者必须重塑自己的组织，协同利用人和机器的能力，扩展学习的时间尺度，提升学习的速度和反思性。建立一支反应快而敏捷的21世纪员工队伍，不仅关乎短期内聘用员工的技术技能，更是关乎打造一种以人和学习为中心、强有力且独特的职场文化。

下一章，我们将探讨具有韧性的敏捷文化的一个基本要素——员工敬业度。我们将考虑如何建立有利于增长敬业度的环境，以及发展更双向的雇佣关系的重要性，因为这种雇佣关系构成了可持续员工敬业度的基础。

# 第十九章　员工敬业环境的营造

随着大流行危机后新的工作方式的出现，人们对员工敬业度的兴趣正在增加。有人担心危机之后可能会出现一波精神疾病，并担心远程工作可能会导致员工幸福感下降，而这是员工敬业度的一个关键因素。这从侧面肯定了员工敬业度对业务壮大及可持续变革所起到的关键作用。在当下以知识密集与服务密集为标志的经济环境下，人是创新、生产及优质服务的源头。高绩效理论中，员工敬业度——“员工对其工作的智识及情感依附”（Heger，2007）——被视为决定绩效表现的关键，特别是对于知识工作者群体来说。

当然，每个组织都想拥有全情投入的员工，对员工敬业度的关注并不只是风靡一时的管理风潮。大量证据表明，拥有敬业员工的企业，其增长及盈利对比其同业（竞争）者有明显优势。然而有不少调研显示，英国职场的员工内驱力出现大幅衰减，仅有一小部分劳动者在特定时间段里会积极投入工作。员工敬业度的蒸发如同给生产力踩了刹车，每年让英国经济遭受高达258亿英镑（合426亿美元）的损失（MacLeod and Clarke，2009）。而根据此前对美国经济所作的估测，此问题带来的影响甚至更大。

正如我们之前所讨论的，组织需要变得更能“随机应变”——更敏捷、更灵活，能在不断改变的环境中保持活力。然而令人语塞的是，企业向敏捷靠拢的意向加上资源紧缩的波澜，让员工的韧性和敬业度均受到损伤。当下“少投入多产粮”的大环境让员工背负着持续的压力，长此以往，这极有可能导致员工的倦怠情绪和低落士气。因此，员工的幸福感正日益受到威胁。许多组织都依赖于临时劳动力来实现灵活性，而临时劳动力的使用改变了劳动力结构，雇主通常会对永久性和临时性工人给予不同的待遇。因此，员工敬业度的形势已危如累卵。

英国政府对此也给予了高度重视，于2009年支持筹建了一支工作小组来专门测验员工敬业度、绩效及生产力三者之间的关联假设。其结果报告“敬业度之于成功”，又叫“麦克劳德报告”（MacLeod Report），作出了这样的总结：员工敬业度对商业的必要性是毋庸置疑的。而后续的调研结果也让这一论点得到持续印证（MacLeod and Clarke，2009）。

那么对组织而言，怎样才能在提升组织敏捷度的同时，维持好自己与员工的积极关系呢？组织如何才能激发出员工的最大潜力？这些问题并不是新问题，但今天有不少雇主想透过建立员工敬业环境来寻找答案。以下是这一章我们会重点讨论的内容：

1. 何谓员工敬业度？
2. 敬业度与雇佣关系。
3. 员工敬业度的商业必要性。
4. 员工敬业度由谁来管？
5. 什么会激励人做好工作？
6. 雇主如何为敬业创造环境？
7. 变革时期的敬业度维护。

我们还会特别关注HR如何帮助雇主和员工彼此之间建立积极的、相互负责的雇佣关系。

## 何谓员工敬业度？

所谓的敬业并不单纯是一种满足，也并不仅是一种承诺。建立一支感到满足并愿意投入承诺的员工队伍是值得企业努力的目标，但仅这样还不足够。觉得满足的员工可能会是幸福的，但可能对组织的贡献有限；愿意投入承诺的员工可能一头扑在了错误的目标上。关于敬业的定义众说纷纭，但大部分都认同员工敬业度是进步与绩效提升的核心驱动力，正如英国就业研究所（IES）所给出的定义：

> 敬业度是……员工对组织及其价值观所持的积极态度。出于组织利益的考虑，敬业的员工会了解业务背景，并与其他员工共同提升工作绩效。
>
> （Robinson et al，2004）

员工敬业状态的普遍特点，用席克真特米哈依（Csikszentmihalyi，1990）的话来说就是“心流”（flow）：当人们是如此地沉浸在工作的愉悦之中，他们的自主努力自然地得到充分释放。这种承诺、激情和活力的感觉转化为对即使是最困难的任务的高度坚持，使人们超越期望并发挥主动性。调查表明，敬业的员工会在工作中找到更大的意义及自我实现。敬业度高的员工会有更高的生产效率、更注重服务、更少浪费、更倾向于提出好主意、更能主动地采取各种行动帮助组织达成目标。此外，研究还表示敬业员工的韧性也普遍更强。

然而，敬业度的另一端是倦怠（Maslach *et al*，2001）。一些员工过度投入（也可能是由于压力、野心或不安全感）——长时间地超负荷工作，最终付出了失去健康的代价。雇主们有责任关注并预防这一事态的发生，而且员工身心健康是任何员工敬业度策略的关键元素。所以，员工敬业并不是高强度工作的代名词；事实恰恰相反，高敬业度与富有弹性的工作模式是联系在一起的。

## 敬业度与雇佣关系

组织是员工敬业环境的提供者。敬业度往往反映了某一时间点上劳动者与雇主之间的雇佣关系。IES认为，敬业发生的前提条件之一是劳动者与雇主之间建立了健康的心理契约（即员工和雇主之间以信任为基础的不成文的相互期望）。能感知到公正，是信任的基础。如果雇员和雇主对彼此的期望与他们提供给对方的东西相匹配，那么至少在雇员的心目中，一种积极的心理契约被认为是存在的。在这样的情况下，员工会更倾向于积极主动地投入工作，而且“……有证据表明，公平、诚信和敏感对待员工的组织，其员工更有可能会以更高的承诺和生产力作出回应”（CIPD，2013）。

对比其他当代管理哲学，员工敬业度是与“多元化”概念最为接近的，而这也是很多关于劳资关系的学术思想的基础。换句话说，员工敬业度是紧密围绕雇佣关系的，并被视为维持高绩效的关键，当然这需要员工与雇主双方均为此作出实际贡献。由此达到的绩效高度，是自上而下（或者说“中央集权主义”）的管理方式无法企及的（Emmott，2009）。

而对于HR而言，其挑战在于提升雇佣关系质量，“努力让雇主与员工彼此之间的关系得到双向发展，从而发展和培养员工敬业度”（Robinson *et al*，2004），“……为员工创造与同事、经理和整个组织联系的机会。同时，这也是关于创造一种工作环境，激发员工积极地与工作建立情感连接，并发自内心地想把工作做好……这一概念将灵活应变、不断改进视为21世纪职场中身为雇员和雇主意义的核心。”（Gatenby *et al*，2008）。

### 员工敬业度的商业必要性

英国人力资源协会（CIPD）调研表明（Alfes *et al*，2010），敬业的员工不仅表现要优于其他员工，他们也更愿意向其他人推荐自己的组织，其病假率和离职率也更低。同时，他们对工作的满意度更高，可以带着更积极的态度和心情投入工作。这意味着员工敬业度的提升会为劳动者与雇主带来双赢。不同行业的企业，如金宝汤业公司、联合利华、万豪酒店、阿斯利康和汇丰银行，均发现员工敬业度对其业务结果产生了十分显著的正向影响。

不少咨询领域的研究也纷纷表明员工敬业度对企业绩效产生的影响，例如：

- 企业领导力协会在2004年进行的一项研究中发现，员工敬业度在可观测的绩效提升里占了40%的比例，情感投入高的员工相较于低敬业度员工而言，其努力程度要高出57个百分点，绩效表现高出80个百分点，而离职可能也少了87个百分点。
- 韬睿惠悦于2008年针对16个国家和地区的大中型企业中超过85000名员工进行的一项调研表明，对比那些员工敬业度不高的企业，员工敬业度高的企业会有更高的营业利润率（最高的超出19个百分点）、净利润率、收入增长及每股收益（最多的高出28个百分点）。
- 华信惠悦针对115家公司进行的研究发现，拥有敬业员工的企业，其财务表现要比员工态度欠佳的企业高出4倍。

## 员工敬业度的主要驱动因素

关于敬业度，有两种类型的员工投入——感性投入与理性投入，其中感性投入在驱动员工付出方面的影响比理性投入要高出4倍。当员工认为他们之所以选择留在企业里是出于自身利益考虑时，这是理性投入。但当员工相信自己的工作、团队和组织的价值时，他们会毫无保留地贡献自主努力，这是感性投入。

不少有关员工敬业度的调研里出现了一些共通的元素，可以归纳为如下三类：

- 社会性——我是否感觉到自己已经融入这个组织了？自己是否已成为一支不错团队的一员？我的组织有在为社区服务吗？
- 理性——我能否获得成长？我的工作既有挑战又有意思吗？我了解现在发生的事情吗？我的意见受重视吗？
- 感性——我是否在意我的组织并觉得有归属感？我是否有被重视？

（Kahn，1990）

再深挖，我们在这些元素背后发现的两个核心原则是：（1）声音："我的声音被听到了吗？我是否被告知发生了什么？"（2）公平："我有被公平对待吗？" 要在相互需要和利益的基础上建立成人之间的互惠关系，需要正确的领导和跟随。

麦克劳德研究报告表明，"敬业型管理者"与"敬业型领导者"会对建立员工敬业环境起到关键作用。但在其2009年发布的有关英国员工敬业度情况的报告中，大卫·麦克劳德发现大批英国高层管理者出现"敬业度赤字"的有力证据。在此之前DDI开展的一项调查显示（Pomeroy，2006），在全球的业务领导中，只有61%的人觉得自己具备"挖掘他人最大潜能"的技能。这可能是由于部分领导者和管理者并没有意识到员工敬业度的重要性。另一部分领导者可能对处理涉及人的方面的问题有顾虑，担心有带来更大复杂性的风险，或觉得出结果见成效的时间周期太长。还有一些领导者，他们了解这样做的重要性，但在执行敬业策略时似乎有些力不从心——“问题似乎出在他们不愿说到做到，不愿真正放弃命令与控制的领导方式来建立彼此互惠的关系”（Accor，2009 in MacLeod Report）。

员工敬业度的下降某种程度上反映了信任的降低，因为信任可以说是敬业非常重要的先决条件。现代人遇事总会先持怀疑态度而不是先信任，所以也越来越不愿意全力以赴。

阻碍敬业与信任的因素诸多，其中包括（CIPD，2009）：

- 被动型决策，会亡羊补牢，不会未雨绸缪；
- 管理风格缺乏一致性，主要取决于管理者的个人态度，让人觉得有失公平；
- 受限于刻板的沟通渠道或文化规范，沟通及知识分享缺乏灵活性；
- 受加班文化影响，工作生活难以平衡；
- 人们存在负面感知，认为被高层看见的机会有限及无法有力向下沟通。

在雇佣关系中，如果员工觉得心里不平，面对当下人才匮乏、职涯自我管理性强的情形，员工敬业度不高的雇主不仅会面临失去核心骨干的风险，还要为吸引和留住新人才这一持久战做好心理准备。最糟糕的是，那些选择留下的员工也可能会变得敷衍了事，不愿为了组织全力以赴。

## 员工敬业度由谁来管?

大家通常都期待人力资源部门来设法处理员工敬业度的问题，但要提升员工敬业度，需要多方的共同努力。员工敬业度与人员管理的好坏至少有一定关系。高层管理者们必须率先创造相应的文化，而基层管理者们对员工的工作认知会产生深远的影响。因组织而加入、因个别管理者而离开的人并不少见。基层管理者必须确保员工有学习和成长的机会。HR 专业人士可以透过提升基层管理者的水平，来帮助员工敬业度的提升。

提升员工敬业度的战略，不仅需要完善人员管理和发展政策作为基础，而且需要与更宏观的业务战略协同一致。这些政策需要获得基层管理者的积极响应，当然，组织里任何一项重要举措的成功，高层管理者的支持都必不可少。一旦我们能将员工敬业度培养成组织业务战略不可分割的部分，员工自己就成了战略的有力推手，员工和组织之间的互动过程会变成双向的。相比敷衍了事的员工，敬业的员工有更大可能成为组织的拥护者，扮演关键角色，帮助组织建立“最佳雇主”的美名。

HR部门可以通过多种途径来帮助营造敬业氛围，但是想要有效解决敬业度相关的问题，就需要跨部门的团队合作。在那些将员工敬业度纳入其战略视角的组织里，如何更好地管理与推广员工敬业是其HR部门持续学习的内容。越来越多的内部/员工沟通实践者与HR人士紧密配合，在员工敬业方面起了很好的带头作用，这不仅是基于我的观察，巴兰（Balain）与石柏罗（Sparrow）在2009年就曾指出这一现象。关于心理契约的研究，强调了站在员工的角度，觉得雇主值得信赖、觉得自己受到公平对待并有发言权的重要性，这些内容在当下被纳入了雇主品牌的思考，也顺理成章地成了市场推广、内部沟通及HR部门有交集的地方。

所以，在雇主品牌的建立过程中，HR需要学习借鉴当前有关客户行为和沟通的研究（例如，如何让外部客户参与你的品牌互动，如何建立企业价值观或产品及服务价值主张），并将重点转换为如何让员工作为内部客户可以主动参与，通过创造吸引人的“员工价值主张”（EVP）来打造雇主品牌。这些EVP需要根据员工细分群体的不同特性来进行调整。抱诚守真的EVP能构建员工与雇主之间积极的心理契约，有利于招聘与留用优秀人才。

组织也应审视其沟通，特别是其在倾听员工意见方面所作的安排，包括设计并开展员工态度评估的调查，再由焦点小组对所获发现进行测试，接着确定需要关注的领域，并向高层管理者谏言引起其重视。然而，大规模调查应辅以及时、频繁和匿名的员工反馈，以真正了解员工的个人需求，并找出敬业度和幸福感问题的根本原因。

在调研中，关于哪些因素需被衡量有一些普遍看法，其中包括员工承诺、组织公民、满意度、对管理层的看法、工作与生活的平衡以及离职意向。但是，在调研结束后，如果不能及时有后续跟进行动来有效解决发现的问题，对员工心态及后续调查的响应率都会产生负面影响。因此，需要在整个公司范围沟通结果和计划的行动，以激励持续参与。这些改进行动应该让员工参与进来，这样大家就认为调查完的相应行动不是强加于他们身上的，而是和他们一起采取的。

## 心理契约的变化

虽然调查可以帮助管理者深入了解激励员工的因素，但很明显，随着劳动力人口结构和动态的变化、受教育程度的提高以及各代人激励因素的不同，在吸引、调动和留住员工方面，并没有一刀切的做法。

据报道，目前劳动力中有5代人，即“传统主义者”“婴儿潮一代”“X世代”“千禧一代”（即“Y世代”）和“Z世代”，可以说，每一代的管理都需要基于对其具体需求、期望和动机的理解。“X世代”是数量最少的一代。有预测称，劳动力中的代际张力日益加剧，尤其是在技能最低的群体中，他们将面临激烈的就业竞争，因为年轻人将与年龄较大的劳动者竞争，后者推迟退休，以补充养老金不足和持续的生活成本。

随着传统职业模式的消亡，创业者的生活方式和组合式的职业生涯将越来越普遍，人们在其中各个阶段都会同时将各种有偿和无偿活动结合起来。我们越来越多地看到，人们有生之年在多段职业生涯（不相同并且跨越多个行业）之间取得进展。为员工提供培训和发展机会、为未来职业发展积累经验的公司，更有可能吸引和留住最优秀的人才。

随着职业期望的变化，人们关于何时何地工作的标准也在变化，员工价值观亦然。对许多人来说，工作不再是生活的中心。在2005年英国CIPD报告中，50%的受访者表示工作对他们的生活至关重要；而2014年，这一比例为28%（Zheltoukhova，2014）。随着世界许多地区“Y世代”劳动力所占比例变成最大，人们越来越重视灵活性和企业社会责任，这与报告的“Y世代”价值观一致。

在新冠大流行之前，许多公司都有灵活的工作计划。例如，百事在澳大利亚和新西兰推出了一项“一件简单的事”（One Simple Thing）倡议，该倡议提供了一个框架，允许员工——女性、男性、父母和非父母——与他们的经理谈论一件对于构建更灵活、更可持续的工作生活平衡最重要的事情。这带来了工作时间表的变化。然而，在许多组织中，灵活工作选择的使用率较低，原因有很多，包括人们认为远程工作者的职业前景会受到损害。

新冠大流行后，灵活工作已成为许多员工的普遍愿望。对许多人来说，灵活工作意味着能够改变工作日的开始/结束时间，减少工作小时数，改变工作天数，能够每天改变工作模式，以及线上工作。在制定灵活的工作政策时，HR必须确保灵活性对组织及其员工都有利，并且确保灵活员工的职业生涯不会停滞不前。

问题是，雇主和雇员是否需要同样的灵活性，这是否会带来一个互利的“新政”?

## “零工经济”

雇主也希望有灵活性，但越来越多的企业希望通过减少固定劳动力的规模，转而使用“零工经济”（gig economy）中临时工人的服务来实现这一目标。零工经济的特点是承包商或自由职业者的普遍存在，而不是永久雇员。零工经济是劳动力市场重大结构性转变的一部分，在劳动力市场中，高技能和低技能员工之间的差距越来越大。在这个日新月异的世界中，零工经济的灵活性为大型、成熟的企业带来了巨大的好处。虽然零工工人以前是组织的外围人员，组织可以在需要时利用他们来解决劳动力和技能短缺问题，但今天的临时劳动力可能是企业成功的关键。然而，许多人并没有享受到与永久劳动力相同的福利。

如何满足雇主和雇员对灵活性的需求，将在很大程度上取决于在日益呈沙漏形的劳动力大军中，人们对于劳动者价值的感知。拥有受人追捧的技术、管理、领导或创意能力的人才处于沙漏的上部。这些人最能受益于这一机会，为自己创造灵活、自主且富有意义的工作生活。许多拥有多种工作选择的技术工作者，都有机会创造零工工作模式所提供的有理想回报的、组合式的职业生涯。安永研究（Storey *et al*，2018）发现，灵活性是零工工作模式在人们心目中最大的益处，其次是在家办公和控制。

然而，虽然零工工作可以为一部分人提供奢侈的选择，但对其他人来说，在零工经济中扮演角色可能是不得已的。被挤在中间的通常是初级管理人员或面临被自动化与人工智能所取代的职位。沙漏底部的是技术含量低或可有可无的工人，他们可能缺乏与甲方讨价还价的能力。有人批评零工从业者在Uber和Deliveroo等行业挑战者中权利的缺失，这种情况正在发生改变。

零工经济前所未有的增长给工作者和企业领导者带来了许多挑战。对HR来说，以前相对同质的员工队伍现在由多个团体组成，各自拥有不同权利，与组织的联结程度也不同。当然，这也带来了机会，尤其是如果零工工作者融入组织并参与其中的话。无论零工工作者代表着沙漏的哪一部分，只要受到尊重，他们都可以成为组织的有力倡导者。

关键是要认识到零工工作者是劳动力的重要组成部分，并将他们视为员工，而不仅仅是一种灵活的资源。为你的固定员工制定的政策，包括你的员工价值主张，也应该同样适用于你的临时员工。这包括花时间与临时员工进行人性化沟通，并为他们创建一个有意义的入职流程，以确保他们了解公司的使命、目标和文化，并成为业务不可或缺的一部分。

同样，即使考虑到不同级别的保密性，与零工工作者沟通并更新公司新闻，让他们参与新的业务计划，以及寻求零工工作者的反馈，也会帮助他们更有干劲，并希望与你同行。许多零工工作者都是前雇员。将他们视为组织的宝贵校友，可能会鼓励他们重返合同工作岗位，尽最大努力为组织服务。

临时员工可以成为长期员工的知识来源，也可以成为变革的催化剂。安永的研究发现，43%的美国企业认为现有员工从临时员工技能的转移中受益。组织的学习发展战略应考虑零工工作者的学习和发展需求，以及组织将从他们的技能发展中获得的好处，尤其是当随着时间的推移组织可能需要这些员工的技能时。即使对临时员工进行全力投资超出了HR的能力范围，也应考虑对相关培训提供部分资助，或提供其他支持资源，如访问在线知识门户的权限。

就像固定员工一样，临时员工希望知道他们正在为企业作出有效的贡献。如果他们知道自己是如何作出贡献的，他们往往会更有效率，更积极参与。鼓励经理定期提供（并寻求）反馈，庆祝成功，并向临时员工和固定员工展示他们共同贡献的重要性，为临时员工提供良好的财务福利计划。

随着零工经济持续且高速地增长，让零工工作者积极参与，并将他们视为组织的重要组成部分，将为所有人带来回报。

## 什么会激励人做好工作?

你需要问自己的关键问题是“你需要员工参与什么?员工想要的回报是什么?”在我们之前为写《参与:通过员工敬业度释放组织潜能》(*Engaged: Unleashing your organization's potential through employee engagement*)(Holbeche and Matthews, 2012)这本书进行调研时,我和我的搭档、书的另外一位作者杰弗里·马修斯(Geoffrey Matthews)搜寻了大量研究资料,试图搞清楚员工想要及需要从工作中获得什么。虽然有以偏概全的风险,但我们当时将这些诉求进行了归类,总结了联结、支持、声音、空间这四大类。

● **联结**

大部分员工都渴求职业安全感,渴望拥有稳固的工作关系以及为有使命感的组织工作——这些与员工愿意投入企业的激情、承诺以及最终的付出能量关联甚密。IES也发现,敬业的员工认同其所属组织的价值观,信赖其产品和服务,展现出对其组织的忠诚及对其业务发自内心的认可,换句话说,他们会拥抱其组织所代表的主张,并能理解组织运作的背景环境。

● **支持**

员工渴望获得重视,渴望获得他人对其贡献和价值的肯定,渴望被一视同仁。薪酬固然重要,但其他形式的认可与奖励(如灵活性)也同样重要。

● **声音**

员工渴望能对影响自己日常工作的事情产生影响,因此需要被告知相关信息,并能参与组织的发展方向。

● **空间**

员工还会渴望工作的成长空间和品质,让他们有机会去探索意义、获得拓展、基于自己的判断把控任务。

### 如何操作?

我们找到了一些在挑战环境下员工敬业度也很高的企业,并对其管理实践作了一些研究。以下是我们发现的一些有借鉴意义的实操做法。

### 1. 建立联结

领导者行为对于人们产生联结感至关重要。敬业的领导者拥有战略目光，能穿透眼下挑战看得更远，胸怀业务宏图的同时还能开辟出一条通往成长的道路，真正做到谋远虑、解近忧。他们还会为了绩效提升，为了让自己独特的竞争优势得以施展而去重新塑造工作环境和文化。

敬业的领导者也会注重对人的关注。他们主动领导文化变革，努力创建共同的使命，描绘让人向往的未来——那些能让大家建立联结的共同目标。麦克劳德指出，敬业的领导者会就组织要去向哪里及其原因作出清晰的战略陈述，透过这样的方式让员工获得与自己工作相关的信息与洞察。他们会明确方向及优先级，让员工知道自己需要做什么并有信心能交出满意的结果，不再需要事无巨细地进行管理。

同时，麦克劳德还提出驱动敬业度的一大关键在于组织的价值观践行，即员工相信组织在真的践行其价值观，相信该价值体系所倡导的行为规范得到了遵守，这有助于信任及诚信感的建立。这方面做得出色的企业里，其价值观和行为是一致的；这两者之间的任何偏差都会滋生猜忌与嘲讽。超越纸面的愿景与价值观为人们的行动提供参考，因此敬业的领导者勇于以身作则、躬身践行这些价值观，做到言必信、行必果。他们利用360度评估及其他评估工具来展现承诺，并采取行动。他们培养各级领导能力。这样的工作环境，会引发强烈的、正向的社群感与团队感。其中的人们往往享有一定的工作安全感，因为组织的立场是重视员工的贡献，而不是“招人与开人”。

尤其是在危机时期，为了保持与组织的联结，人们希望知道他们的组织及其领导者关心他们的遭遇。这一信息的传达变得极其重要。

### 2. 员工支持

基层管理者尤其肩负着支持员工、保持或鼓舞员工士气的日常挑战，尽管他们自己可能面临来自各个方面的压力，在管理变革的同时还要照常处理业务。在工作氛围积极的环境里，基层管理者会感受到来自管理高层的支持，并被培养为领导者，能够获得新工具、技能和想法。

敬业的管理者认真了解每一个员工，关心员工，创造积极开放的工作环境并打造团队。他们通过赋能的方式开展任务，试图维持员工的积极性，挖掘员工的潜能。在当今的环境下，过去的“胡萝卜＋大棒”的激励措施早已不再奏效。作为敬业的基层管理者，支持他人的理想方式是通过设计有趣且有价值的职位，并确保员工具备结果交付必要的技能、权限和资源。有助于“心流”（Csikszentmihalyi，1990）和高绩效的岗位设计原则包括：

- 清晰的目标；
- 聚焦在有限关注范围里；
- 自我意识的放下；
- 直接而及时的反馈；
- 能力水平与挑战大小的平衡；
- 个体对于形势或活动的掌控感。

敬业的管理者会设立清晰的目标，让员工了解自己需要做什么，但也会放手让他们自己找到做的方式。他们会肃清工作中不必要的官僚作风，让人们透过自己的日常工作就能清晰看到组织的宗旨、使命和目标。

敬业的管理者会努力兑现雇主品牌的承诺，确保员工能获得公平的待遇。尽管没有哪个组织能拍胸脯说其岗位绝对稳定，敬业的管理者能够帮助员工处理好压力和焦虑。向员工提供实际支持，不仅会让员工觉得自己受到了重视（即便他们的工作岌岌可危），还能帮助那些保住饭碗的员工（裁员后留下的员工）继续专心有效地工作。审时度势也是敬业的管理者的特点，他们能够判断何时该让员工参与、何时该直接给指示。HR可以帮助管理者了解如何让员工参与实施变革，并培养管理者的教练式风格。当变革变成每个员工工作的一部分，变革就有可能真正激发创新与进步。

HR还可以提供一些福利政策，让员工可以有途径获取有益身心的资源，如本章后面的JUICE案例研究中所讲述的。在危机时期，有些人可能需要更多的支持——实用的建议、获得技能发展的途径、财务建议或获得心理咨询服务的途径——以帮助他们应对长期的不确定性。

### 3. 声音

CIPD研究（2006）提出的有关员工敬业度提升的关键因素包括：

- 员工有机会把自己的看法向上反馈；
- 关于组织里发生的事情感到有被充分告知；

● 相信他们的管理者对组织投入了心力。

这些发现再次体现了双向沟通的重要性，以及管理风格向咨询式、参与式转变的需要。这要求管理者有意愿倾听他人并且不害怕放松掌控。在这方面做得不错的企业里，会有贯穿组织上下的想法持续流动，员工会在遇到问题和挑战时共同分担、协力解决。对结果有重要影响的因素还包括处理问题时的公平管理、对多元性的重视以及对员工的尊重。

危机时期的声音和线上办公。频繁而诚实的沟通对于（重建）员工的信任、韧性和敬业度至关重要，特别是在困难时期。新冠疫情期间，许多组织提倡远程办公或灵活安排工作，以确保员工的安全。这加速了线上办公的潜在趋势。在许多情况下，居家办公正成为新常态的一部分。这意味着许多人在一个不寻常的背景下，不得不学习新的方法进行协作并尽可能保持业务正常。

为了帮助团队从容应对远程工作，需要熟练且真诚地使用不同形式的沟通。在疫情封锁期间，不同公司为突然被迫在家工作的员工提供的支持千差万别。效率高的公司开始与人们进行线上交流，在领英和其他社交媒体上发布更多信息，以分享其价值观、意见和更新。许多领导者通过Slack、Zoom、Microsoft Teams和其他平台定期直接与员工沟通。挑战在于危机结束后维持这种做法。对的沟通方式是关键。企业主需要建立清晰的沟通结构，如视频通话日程安排和定期用来建立融洽关系的团建会议。保持联系——从线上聚会到全公司范围的活动——对于支持员工和保持文化活力至关重要。内网、聊天应用程序和社交平台等数字通信工具，尤其有助于让长期员工和合同工建立忠诚和持久的联系。分享来自员工的积极向上的故事，讲述线上协作、沟通和以团队为本的工作环境中的点点滴滴，可以让员工保持高昂的情绪，更感受到对团队的支持。例如，乐高集团通过趣味性的线上沟通和活动，彰显了公司文化。

虽然技术对合作至关重要，但这场危机清楚地表明了使雇主品牌人性化、发展更具包容性和同情心的文化的重要性。很明显，许多人都有过与世隔绝的感觉，而且彼此越来越疏远。对未知的恐惧、对就业和隔离的焦虑，使许多以前未受心理健康问题影响的人感到焦虑、抑郁和紧张。一些领导与员工的沟通方式比以前更加个人化，通过表达同理心的信息或新闻把大家联系在一起，展现出团结。

在地理位置分散、流动的劳动力新常态中，我们应该在享受其益处的同时，实施相应的方法管理随之而来的压力。领导者需要以身作则，创造一种让远程工作者也感觉受到重视的文化。无论是面对面还是远程，敬业的领导者和管理者都是可见的、可接近的和平易近人的。他们就大局、战略和方向进行真诚持续的沟通，也愿意倾听并根据所听到的内容采取行动。盖洛普的研究（Mann and Adkins，2017）发现，最投入的远程工作者觉得工作中有人关心他们，鼓励他们的发展，并与他们谈论他们的进步。不管是在业务问题的处理上还是在对成长的培养上，敬业的领导者都会联合彼此来发现新的想法，让业务里的不同团体与个体参与对话、达成共识。进步的标志十分重要，所以敬业的管理者们会为取得的阶段性成果进行庆祝，让变革的效益得到巩固与分享。

**4.空间**

尽管变革会带来种种挑战，但也可以创造机会、促进发展，带来更大的自主性/任务自由裁量权、更好的工作生活平衡和成长，并帮助人们获得新的技能、人脉和责任。敬业的管理者致力于提高人们真正需要的技能和能力，对于进入新岗位的员工给予特别关注。他们搜寻员工发展的机会，并积极辅导团队，让他们参与解决实际业务问题，提供反馈和指导。他们有意激励员工改变自身角色/重新激发自己的活力，鼓励员工观摩学习其他岗位的工作，在国内和国际部门之间流动，或从一个国家调往另一个国家。这可以让他们获得新的经验，帮助发展业务的不同部分，同时也是一个很好的激励因素。毕竟，当人们感到受重视并有机会成长时，通常会有好的表现，并为自己的行为承担责任。

在危机时期，空间——包括有意义的工作和职业发展的途径——很可能和以往同等重要。在越来越多的组织中，人力资源部正在进行敏捷的劳动力规划和人才甄选，并通过将员工转移到组织中的新角色或新机会来提供有意义的成长机会。

一些人力资源团队正在帮助管理者为员工构建职业道路。在过去，这种功夫通常只下在快速晋升到高级职位的人身上，而今天，越来越多角色和技能对业务成功至关重要的员工都在获得精心设计的职业道路。例如，某地方政府机构认识到，最能处理好民众咨询的呼叫中心工作人员是宝贵的资源，但人才保留是一个问题。培训这些员工需要很长时间，但大多数人会很快跳槽到组织外薪酬更高的工作岗位，因为他们没有机会在呼叫中心取得职业进展。人力资源部与整个组织的利益相关者合作，为呼叫中心员工制定了内部职业发展道路，这些员工被纳入其他业务部门的人才库，不少人后来在机构内承担了要职。人力资源部还建立了一个覆盖整个组织的教练网络，以提供个人职业教练。这起到了赋能员工主动管理职业生涯的作用。

## 雇主如何为敬业创造环境？

如果组织希望获得可持续的高绩效，那么敬业度就应被纳入战略议题，不能放任其自行发展。员工敬业应作为基层管理者与HR共同的责任。正如前文所说的，HR专业人士可以透过多种方式来帮助提升敬业度，特别是：

- 对基层管理者进行教练；
- 落实有益于员工工作生活平衡、幸福及多元性的有效政策；
- 建立包容性的员工建言机制；
- 帮助基层管理者处理工作压力并进行岗位设计，保障员工的成长以及与组织使命和目标的无障碍联结；
- 制定职业道路和发展的选择。

除此之外，HR还必须基于员工敬业度调查的发现开展行动。

对于采纳员工敬业度策略已有若干年的组织来说，不是必须提升整个组织的敬业度水平，焦点应该放在个别团体上。人力资源部门通过敬业度调查和其他信息来源（如离职谈话等）获得系统数据，并针对这些系统数据显示的状况提供方法和框架；而真正的挑战在于，要能区分出个别案例，万不可一刀切。因此，利用员工参与平台，针对特定的员工/团体进行有针对性的“把脉”调查，以收集有关影响他们的问题的信息。根据拥有相同（但区别于他人的）价值观和需求的团体，对数据加以分类。确保让员工知道，管理者对他们的看法非常重视，并至少就最关键的反馈采取行动。这不仅有助于信任的建立，还让员工看到他们的观点有被听到并受到了重视。

## 信任与参与度的建立

相较于强制要求员工敬业，更健康的方式是以人性化的方式管理变革，从而鼓励员工提升敬业度。值得强调的是，对于可能会阻碍积极雇佣关系的问题，敬业策略应提供一个发现及解决的框架，并处理好信任、尊重、参与等对高绩效和承诺起关键作用的核心议题。要强化信任，我们可以借助：

### 共同的使命

组织心脏的跳动，单靠卓越的流程、战略和技术还不够。

正如我们在第十八章中所讨论的，明确的组织使命和坚定的价值观往往会吸引志同道合的人，他们愿意归属于自己所认可的组织。人们想要为做好事并受到尊重的组织工作。有效的领导者能认识到并培养出一种包容性的社群感，服务于一个有价值的使命。

使命和价值观也是员工体验的关键。员工希望在工作中找到意义，这再次反映了工作和他们的生活是多么密不可分。这反过来又与更高水平的员工敬业度、更强的组织承诺以及更高的幸福感和健康有关。

要成为一个使命驱动型组织，其使命和价值观必须嵌入组织的决策过程和人力资源政策中。人力资源部可以与管理者合作，确保员工在工作中对使命有清晰的认识，从而以与使命一致的方式发挥员工的能量。例如，澳大利亚保险集团（IAG）基于“让世界变得更安全”的使命，承诺灵活工作，创造一个更具包容性和协作性的工作环境。IAG讨论的不是工作与生活的平衡，而是工作与生活的结合，因为更分散的工作方式实际上有助于工作与生活的结合。

但领导者和人力资源部也必须扫清组织的障碍，消除阻碍人们看清使命的官僚主义和其他障碍。IAG认识到，实施灵活工作的最大障碍是中层管理人员所起的作用。正如其前首席执行官彼得·哈默（Peter Harmer）所言，“中层管理人员必须有信心，相信自己仍然具备管理工作完成方式的工具，并确保工作的完成。这需要技术，但也需要对我们的人有良好的、旧日的信任”。特别是在危机时期，管理者应该避免只是为了实现控制和微观管理，就强加频繁的检查，这样做只会徒增员工压力，进而破坏信任。相反，管理者应该定期与直接下属进行有引导性和同理心的对话，以了解员工的状态，并获悉如何支持他们。

作为组织建筑师，HR可以帮助各级领导创建和传达一个强有力的、促进统一、能引发人们共鸣的组织使命。当员工的个人价值观与组织的价值观相似时，这种共鸣最强。HR可以确保这两种不同形式的使命——组织的和个人的——相辅相成，并反映在每一项HR实践中，从招聘、反馈、鼓励心理健康、激励、学习，到将个人与他们最向往的工作相匹配。

价值观在关键时刻会起到关键作用，其意义必须是超越纸面的，必须融入组织的方方面面，体现在其行为及优先考虑之中。HR应当关注并消除价值观上的言行不一，将价值观纳入评估，加强多元化，鼓励各个层级的开放、诚实及道德的行为，及时扑灭互相指责的文化。

## 公平的待遇

公正平等的待遇是信任的基础，也是健康的心理契约的基本前提。尽管薪水对于大部分人来说并非首要激励因素，却是员工觉得是否受到公平对待的关键影响因素，对薪水的不满也常被列为员工选择离职的原因。然而，真正问题往往出在薪酬和晋升决策对于每个个体是否透明公正。对不少人来说，工作的内容及管理的质量会比薪酬和条件的激励作用更大。因此，虽然参考标杆调查、建立完善的薪酬体系对于优秀人才的挽留十分重要，但是HR还可以仔细考虑岗位的结构并持续提升工作环境，帮助管理者为每一个员工创造有意义的工作。

## 促进幸福感

幸福感是员工敬业度的一个基本要素，正如所讨论的那样，它提升了业务成果的多个方面，包括降低缺勤、减少不必要的流失和带来更健康的利润。在现今高强度的职场里，压力与心理健康问题（如焦虑、抑郁等）对于个体和雇主的挑战日趋严峻。研究表明，一个人休病假的时间越长，成功重返工作岗位的可能性就越低。疫情也让人们关注到员工健康和幸福感问题。世界卫生组织在2020年开展的一项研究发现，如果现状得不到改善，到2030年全球每年将因抑郁和焦虑而损失120亿个工作日。无法保护幸福感对企业有重大的经济影响，因为长期的压力最终会导致倦怠。根据世界经济论坛2018年的数据，这估计每年会给全球经济造成3234亿美元的损失。这场危机还暴露了雇主在员工幸福感和员工韧性策略上的巨大漏洞。

因此，对于HR来说，挑战在于要让员工拥有积极的工作生活，维持健康的职场氛围，向有需要的人提供心理咨询等支持，并制定促进工作与生活平衡、幸福感、多元化的政策。普遍来说，人力资源部门应该基于员工的真正诉求，制定简单而创新的政策，而不是提供意图良好但用途有限的通用服务。

在此我要感激安德鲁·多德曼（Andrew Dodman）先生，作为英国谢菲尔德大学的人力资源总监，他为我们提供了这一方式的实践示范。

## 案例：谢菲尔德大学的JUICE项目

谢菲尔德大学是英国名校联盟“罗素集团”（以研究型大学为代表）的一所大型院校，现拥有超过7000名教职工。在大多数组织中，确保员工公平待遇的业务驱动因素通常围绕着雇主的需求，例如提高生产力或减少缺勤。安德鲁·多德曼在担任谢菲尔德大学人力资源总监期间，成功扭转了这一范式，2012年，他推出了JUICE项目——一项员工健康幸福计划，目的是鼓励员工对自身的健康、幸福及快乐负责，项目设计从每个个体出发，贯穿其中的是对员工的重视，并为他们提供自助助人的机会。

安德鲁意识到大学里的各类体育及其他健康和福利机会的利用率较低，他和员工一起开展了一项调查，想要找到人们真正重视的东西，结果就有了JUICE项目。这个项目不仅实现了资源的重组，还将一系列为员工服务的免费活动、信息及建议汇集并整合在一起。它关注到员工全方位的健康和幸福，如身体的、社会的、心理的，人们透过一个充满活力的、有趣而新颖的网站以日常轻松的方式获得信息。JUICE很快就获得了员工的青睐，该网站的访问量相当可观。而JUICE活动的参与注册主要依赖社交媒体。

在JUICE项目运作的第一年里，平均每天会提供两项活动，包括绘画、体育运动、合唱团、太极、交谊舞等。有1/4的员工参与了在120个场地之一举行的至少一项活动。

不同于传统的自上至下的职工健康计划，JUICE的开放性让员工的主人翁精神和参与度都有所提升。员工作为项目成员自发提议要做什么，并把其他人一块带进JUICE里。项目唯一的管理者负责帮忙安排房间。“JUICE活跃分子”（教职工们）自己组成了指导小组，并通过学校的谷歌和领英网站收集建议和反馈。大部分参加过活动的人在点评时给了五星好评。

JUICE的成效也日渐显现，特别是在员工敬业度方面，有94%的员工表示他们为在这所大学任职深感自豪，并且病假率也有了明显下降。

| | 2012年 | 2013年 |
|---|---|---|
| 我会推荐他人来大学工作，这是理想的工作选择 | 75% | 87% |
| 我觉得自己受到了重视 | 55% | 65% |

伴随项目的有机发展，JUICE成了一项富有灵活性的、综合性的身心健康福利项目，包括职业健康和与体育系的合作。这种“成年人对成年人”的方式与“父母对子女”的家长式政策截然不同，而其对员工幸福感的影响也毋庸置疑。当然，这一做法现在也传播到了其他大学，这些学校也想要为其教职工提供实质性支持，帮助他们获得健康愉悦的工作生活。通过将幸福感纳入关键业务指标，HR可以跟踪健康的投资回报。

## 基层管理者的技能提升

提升员工敬业度的关键在于基层管理的有效性。对其直属管理者及高层管理者持积极看法的员工，工作敬业度往往更高，表现更优，离职的可能性也较低。然而，诸多调研结果显示，员工对其被管理方式普遍感到不满。员工觉得基层管理者在很多基础方面都存在不足，比如不能很好地对员工表现给予反馈，并让员工感受到自己的价值贡献，而这会阻碍积极态度的建立。

所以，必要的时候，HR必须对基层管理者进行教练辅导，帮助他们有效管理团队。通过与管理者分享调查的实时见解，HR可以支持他们采取果断行动和预防性行动，评估他们的行动并衡量他们的成功。特别是在快速变化的环境中，HR可以帮助基层管理者：

- 鼓励并让人们为改变做好准备；
- 让人们能看清使命；
- 为人们进入新角色做好准备；
- 有意识地发展人，发挥积极作用，提供教练和鼓励；
- 使困难的工作更容易做；
- 管理绩效，而不是找碴；
- 诚实透明地处理困难情况；
- 提供使命感和进步感；
- 帮助人们建构意义并保持积极的态度；
- 为人们提供职业机会。

HR也应当确保基层管理者们在员工敬业方面所作的努力收获认可。不少大型雇主，包括百安居（B&Q）这样的零售企业将员工调研结果纳入其绩效管理流程，并用团队敬业值来辨别基层管理者的表现优劣。一方面敬业值可以与管理者的评价体系相结合，另一方面个别业务单元的敬业值较低或较高能提供很多有价值的信息。这么做并不是为了处罚分值低的个体，而是利用部门和团队的结果来辨别需要帮助的管理者，向他们提供相应的教练和发展支持。

类似地，冲突、霸凌或缺乏尊重都有损于员工敬业。因此，HR一方面可以制定一些简单有效的政策（如多元化及冲突管理），另一方面必须警惕哪里会出现问题并及时介入。这样的介入可能会涉及给管理者反馈、鼓励基层管理者在早期发现问题并采取行动化解、为管理者们提供相关方面的培训或教练（如调解技能等）。除此之外，如果管理者容许个别员工长期表现不佳，可能是因为他们对解决这个问题感到力不从心，这时候HR可以辅导管理者们如何处理“高难度对话”。类似的介入方式对于正向组织文化的建设而言是有价值的投资。当部门、团队或个体之间出现任何有损员工士气或绩效的反常行为时，HR可能需要直接介入，快速解决潜在的长期问题。这不仅会减少花费在冲突处理上的时间与精力，还会让员工觉得自己被重视，并能增进组织内部的关系。

## 变革时期的敬业度维护

在重要变革时期，当企业与员工间的关系出现间隙危机时，使命与价值观的回归尤为重要。调研显示，当雇佣环境出现变动，特别是在有人丢饭碗的时候，员工的心理契约会因此遭到破坏性的损害。正如我们在第十六章讨论的，“对工作安全感的焦虑”会分散员工的注意力，消耗他们的热情，特别是在公司裁员的时候。这同样也会影响到那些“幸免”的员工，他们的岗位虽未被裁，但他们会因为同事的离开而感到不安、愧疚或导致工作的超负荷，结果也背负上压力。

处理好“幸免者”的后遗症对于企业恢复元气至关重要。各层级的领导者，特别是HR，必须在变革期间对员工守信，确保在个体层面及集体层面对员工的联结、声音、支持、空间都有良好维系。兑现承诺也很关键，在2008—2009年金融危机之后的经济衰退时期，形势的挑战让各地企业纷纷降薪，而JCB与约翰·路易斯合伙人公司仍继续向其员工发放他们应得的分红。

鉴于人对于变革的部分反应是可预见的，HR应当帮助管理者采取相应行动，将变革对员工的负面影响降到最低。员工援助项目能够给予帮助，且至少能给予员工与他人一对一和团队说话的机会。在挑战时期，保持员工积极性的策略的基本元素包括：

- 保持员工对事情的进展有所了解，即便没有实质性的消息；
- 借助所有可用媒介渠道粉碎谣言；
- 让所有基层管理者了解全部的进展，让他们能够进一步传达给自己的团队——面对面沟通是最理想的；
- 思考一些创新的非财务性的激励方式，如表彰计划、团建日等。

如果降低人力成本势在必行，采用以下方式会比透过强制性裁员更有助于维持员工的忠诚度：

- 利用自然缩减（因退休或辞职而离开）及/或提供自愿离职计划；
- 削减招聘及复盘临时雇员的使用情况；
- 对那些技能不再在组织需求范围内的员工进行重新培训，并委派到组织中其他有需要的部门；

- 减少或摒弃加班；
- 考虑缩减工作时间或暂时性解聘或休假。

正如我们在之前章节所讨论的，面对科技发展的日新月异，选择提升员工技能使其能满足今日工作的新需求，而不是选择让他们离开，会给企业带来多重回报。

### 协商

考虑到在激励员工敬业的过程中双向对话的重要性，真诚的协商可以帮助在变革时期维护员工敬业度水平。在拥有工会组织及员工建言机制的企业里，管理层与工会之间建立起一种合作关系，工会支持敬业策略会有益于其声望的提升。

感谢NPT的前人员管理及组织发展总监罗尚·艾萨尼（Roshan Israni），为我们提供了下面这个公共部门的案例。该案例描述了一家大型机构在牢固的员工关系、敬业度和信任的基础上，如何取得了变革的成功。该案例研究在本书上一版中有所介绍。

#### 案例研究：诺森比亚缓刑信托公司在变革期的敬业度维持

屡获殊荣的诺森比亚缓刑信托公司（NPT），作为英国东北部仅有的两家缓刑信托公司之一，负责针对被判处缓刑监管的服刑者的所有服务，这其中包括服从社会服务令、获得临时释放许可的服刑者。NPT的员工人数在580名左右，其监管的服刑者人数平均在7000名左右。整个诺森比亚有20个社区监管团队，负责对服刑者的日常监管工作。NPT的负责范围覆盖了诺森伯兰郡、纽卡斯尔市区、北泰恩赛德、盖茨赫德及桑德兰地区。NPT的杰出表现受到了欧洲质量管理基金会（EFQM）的认可，并获得了“人力投资者”（IIP，英国人才发展品质评估体系）大使这一殊荣。当然，这一切来得并不容易。

2005—2006年，当尼克·豪（Nick Hall，NPT前任CEO）作为人力

管理总监加入NPT时，这还是一家层级分明的组织，甚至可以用封闭、传统来形容。尽管他们也会做一些标杆学习，但学习的对象仅仅是其他缓刑服务公司。员工和管理层之间普遍缺乏信任，HR部门也只顾闭门造车、消极应变，有关灵活性、年龄规定及退休的核心政策并没有跟上时代的变化，人事纪律等流程制度也相当陈旧过时。然而，HR团队没有选择根据当地情况进行政策更新，宁愿等待全国范围的统一改革。当罗尚·艾萨尼在2006年离开当地政府部门，以人力管理及OD总监身份加入该组织时，她一开始抱着的愿景就是能将HR转变为真正的OD职能。

**与员工建立积极的关系**

2005—2006年间，公司的管理层与工会之间的关系一度不太理想。工会代表对管理层有成见，而双方之间的谈判也一直像在“买卖交易”。尽管工会代表大部分情况下都非常尽责尽职，智力和口才也不弱，但他们在工会技能方面没有跟上，他们对工会立法方面的见解倾向于发自内心，而不是基于真正的知识。

罗尚下决心要与工会建立全新的合作关系，邀请他们参与创建绩效文化。罗尚对工会采取开放诚实的态度，让他们能获得更多知识赋能。2006—2007年间，HR开始与工会以一种非对抗性的方式合作，共同制定HR政策。整个政策制定工作历时18个月，尽管前进的每一步都迈得很小，但用这种合作的方式，1/3的政策改变是通过协商代替谈判而达成的。

2010年可以说是有突破性进展的一年。随着全国层面的变革推行，曾经的诺森比亚缓刑局如今要成为一家独立的信托公司。管理层也决心要让这次变革不仅是更名，带头开展了有建设性意义的文化变革——建立开放、诚实、敬业、互信的企业文化，并确定了9个理想文化特性。

**员工敬业计划**

新做法的前期测试之一，是决定开展一次员工调研——上一次是在2005年。调研的开展方式起到了很好的示范作用。

本着诚实守信的原则，HR团队坦白了2005年所作调研的（有限）后续跟进。HR进行了一系列沟通，通过“你们说过……我们做了……”这样的陈述句，回顾了那些采取了后续行动的事项。此外，也同样陈述了“你们说过……我们没有做……”的事项。罗尚指出，起初这些让董事会大为震惊，但“员工感受到我们是诚实的”。除此之外，还有一些让员工恼火的问题，如全国IT系统的问题，实际上是超出地方管理层控制范围的。对于社会工作者及缓刑工作者群体而言，他们本就对全国性的目标倍感厌倦，明确管理层的管控范围分外重要。所以又延伸出一类“你们说过……但我们没有能力这样做”的讨论内容。这在员工身上产生的效果相当理想，也为与员工和工会进一步讨论组织所需改变的细节奠定了基调。

Capita公司被选为开展2010年调查的机构，因为他们可以提供丰富的外部对标数据。罗尚和她的团队组织了路演和员工通气会来启动员工敬业计划，甚至整个项目的宣传口号“进步，因人而成”（Progress Through People）也是由员工评选的。事实上，罗尚和高层管理者们明确鼓励Capita的工作人员，在无管理层的场合访谈员工。因此，整个调查比以往活跃了更长时间，因为调查期间正好碰上员工休假期。员工焦点小组也帮助设计了调查问卷，这样确保了员工重视的内容有被囊括。各种“噱头”——比如抽奖——被用来鼓励员工填写调查问卷。讽刺的是，这样的做法也引发了员工的一点疑虑，有人质疑如果他们匿名完成了调查，怎么可能赢得抽奖。但坚持带来了回报，最终的应答率为74%。员工对于管理层的信任逐步开始建立。

在调查结果出来之后，管理者从上到下在各层向员工汇报，并制订行动计划。管理层分享结果的方式，让员工了解到管理层愿意接受员工的监督。要将反馈转化为行动，需要高层管理者的真正承诺。领导者们接受了欣赏式探询的技能培训，从而可以进一步推动进展。为解决发现的主要问题，设立了若干核心工作小组，并开展了多次工作坊和焦点小组来制订可实施的行动计划。这种欣赏式的探询方式定下了良好的基调——重点在于从做得好的方面汲取经验，而不是仅仅抱怨需要改变的方面。

**管理者的技能提升**

然而，员工敬业计划并没有止于调查本身。2009—2010年缓刑局转型为信托，在此之前，组织最薄弱的环节就是中层管理者。当时的中层管理者更倾向于站在员工及工会一边，而没有将自己视为管理者。他们从未有过任何的管理培训，而按罗尚的观点，培训虽然只是OD的一个方面，但同时也是很重要的一个方面。正如她指出的："如果他们没有发挥职责，我们认为这个链条会断裂。这是我们必须投入培养的团体。"因此，她与当地大学合作设计了一个管理者发展项目，前后共有三批管理者参与。管理人员表示，他们之前从来没有见过类似的课程。采用心理测量提升自我觉察，加上持续的中层管理技能工作坊，这样的结合被证明非常有效。事实上，该培训项目在技能解锁方面起了关键性作用，甚至有15名经理攻读并获得了高阶教练证书。

2013年，公司进行了最新一期调查。可以说，在员工敬业度方面所作的努力，为迎接政府的缓刑局私有化进程所带来的更多变革打下了坚实的基础。特别值得一提的是，员工重视管理者的开放性和非正式的反馈，正如某员工所说，"大家都是成年人——你听到的同时也让我们听听"。NPT一如既往地坚持密集开展员工通气会。罗尚和她的团队还发起了一项健康幸福计划，其中包括一个名为"我的选择"（My Choice）的健康检查。

**收益**

员工敬业计划还带来了其他诸多收益。2010年调研之后，NPT在42家公共部门理想雇主中位列前十。另一项成功体现在公司荣获IIP评级上。2011年，当公司开始着手IIP再评估时（上次评估是在2005—2008年），管理层大胆选择了按照完整标准进行再评估，希望可以获得银级。工会代表、CEO以及65名员工接受了访谈。让人喜出望外的是，该组织达到了金级标准，并受邀作为IIP大使来传播员工敬业度的重要性。之后，该公司对当地企业进行了多次参访，也接待了各种想要了解如何达到金级标准的专业人士。可能最重要的是，员工的看法反映了正向改变的发生创造了新的敬业文化。当被问及组织是否以及如何得到了改善，绝大多数员工在9个文化特征方面都作出了肯定的回答。

这一案例研究表明，变革时期并不一定要把员工敬业度先搁置一旁。案例里的员工和工会作为管理层的合作伙伴，大家共同实现了组织新的前行方式。共同的使命和价值观是在变革时期保持组织凝聚力的强力胶。信任是积极员工关系的基础。雇主必须公正地对待员工，维持员工信心，并确保基层管理者会给予员工关于未来的一致信息。非常关键的是，各级领导者做到真诚（说到做到）且开放（不向员工隐瞒真相），并邀请员工参与变革的旅程，尽可能确保结果的双赢。基层经理的技能提升也很重要，让每个人都有机会去学习和发展，从而能在新的文化中发挥自己的作用。

总结一下，想要建立员工敬业的环境，应当做到以下几点：

1. 让敬业成为整个组织各个层级的优先事项。如果公司开展的行动没能在各个员工团体中产生共鸣的话，其努力可能就白费了。反过来，别把敬业度完全看作一线主管的责任，业务领导者们也必须说到做到。

2. 耐心诊断员工不敬业的根本原因并主动解决。让员工敬业度成为管理者日常的关注点，而不仅仅是年度调查的一个环节。每个组织都有自身的问题，不同的员工团体会被不同的组合因素影响，也不存在一个标准样板来决定什么样的政策和实践对敬业度最有益。因此，组织需要认真思考自己的员工最重视什么，可以运用员工意见"把脉"调查先"测测体温"，再让员工以焦点小组的形式提取出能够产生积极影响的关键因素。在解决已知问题的行动过程中，也应让员工参与进来，并给予他们相应的资源和权限。

3. 核对每个人对前进方向的理解。在变革期间，业务战略可能会面临大幅调整。沟通与说明是必不可少的，要让员工了解业务的走向，并能与新的业务规划建立关联，知道自己如何作出贡献。

4. 对职场健康话题的重新思考。有效的身心健康计划能够帮助人们向变革平稳过渡，并能承接好新的需求。从长远来看，这方面的良好支持有助于韧性的培养。

5. 要砍成本，就该减工作。在裁员之后，如果想让剩下的员工继续承担原先的工作负荷，可能会造成员工的压力并让工作的质量下降。管理者们可以通过教练的方式帮助他们的员工，调整其工作重点，聚焦在优先事项上。

6. 保持对核心人才的关注。由于职业机会可能会在企业艰难时期更为有限，在进行岗位部署时，一定要把最优秀的员工放心上。人才招聘公司已经察觉到了大量职场人士受压抑的挫折感，随着劳动力市场的缓解，关键人才的高流动率将在未来几年出现。核心知识和稀缺技能型人员和岗位的风险管理及留任计划应被考虑。即便没有工作晋升的空间，是否可以进行交叉培训、战略项目分配或丰富工作内容？例如，零售银行Nationwide的员工就业实践就很好地体现了互惠理念。该公司在经济衰退期依然保持对其员工的投入，这一点备受赞誉。

7. 衡量行动结果。把关键的敬业度指标纳入平衡计分卡。对提升员工敬业度所采取的行动进行跟踪，不仅能保持大家的关注，还能让我们及时庆祝取得的成绩。

8. 公平对待员工。世界经济论坛披露的全球风险报告指出，收入差距的持续扩大已成为当今企业面临的最大风险。危险在于，企业成功的受益者不是所有人，而是拥有特权（如获得股权奖励）的少数人。公平对待员工，让组织各层级的人都能共享成功带来的利益，对大家为此作出的共同努力给予认可，这是建立员工敬业和承诺的最佳方式。

## 总结：建立互惠性更强的雇佣关系

正如我们从这些案例中所看到的，员工敬业度是持续提升员工绩效、组织敏捷性及商业成功的关键。新冠疫情的危机，让企业文化的重要性前所未有地凸显。敬业乐业的工作环境，有利于强化组织敏捷性和韧性，提升员工的士气、投入度和生产力，并吸引高质量人才，以及提升组织在利益相关者群体里（如社区、监管机构、客户等）的口碑。

现今职场工作的高强度和不稳定，可能时常会破坏人们对意义的追求。有关职场意义的调研显示（Holbeche and Springett，2005），大部分人都想要获得发展的机会、充分释放自身的潜能、为他人提供有用的服务，成为创造价值的社群的一分子。他们想要被视为有价值的人，而不仅仅是资源。对于领导者、管理者，特别是对于HR而言，需要突破的挑战包括：扫除意义追求的常见障碍，帮助员工成长，建立受共同使命召唤的社群，以及对取得的成就进行庆祝。公平透明地对待员工不是可有可无的额外任务，当员工感觉受到了雇主的善待，自己的组织也在做有价值的事情时，他们的幸福感会更高、压力感会降低、成就感和对社会的贡献感也会更强——他们的工作效率自然也会更高。

因此，如果组织及其员工想要在变革时期维持发展的话，必须加强公司和个体需求之间的平衡。作为雇主，应当努力建立基于公平及"成年人对成年人"的雇佣关系，而不是带着家长式作风按照"父母对子女"的设想去处理问题。那些有前瞻能力的雇主会持续在他们的员工身上投入，不断帮助员工发展自身能力，这会帮助激励并留住优秀员工，从而维持企业的竞争优势，为增长做好准备。归根结底，如果变革的结果能带给员工更好的环境、更棒的团队、更高的能力和更大的授权，让他们能够从经验中学习，并有工具来支持其自我管理的话，他们会愿意向变革张开怀抱。确保组织和员工的共同利益（以及风险），将为更可持续和诚实的雇佣关系提供基础，也更适合当今动荡的全球经济的需求。

敬业度对绩效的潜在影响毋庸置疑，然而要实现敬业需要包括领导者、管理者、HR/OD、内部沟通人员和员工自身等多方的努力，因为员工敬业度是在整个组织上下流通的。建立和保持员工敬业度没有捷径，但为此付出的时间、精力和资源投资将得到长期持续的绩效、健康和声誉收益的充分回报。任何组织及其员工都可以通过激励人心的使命，以员工敬业度为核心的文化，有效的领导、管理和追随，变得具备"随机应变力"，并实现其应得的双赢结果。

在下一章里，我们将会探讨如何发展适合21世纪的领导力。

# 第二十章　有效领导力的培养

全球化、科技和新冠疫情所造成的影响，在很大程度上重新塑造了组织创造价值所处的环境。21世纪带来了迅猛的变化和以不确定性、模糊性、不连续性和公司间激烈竞争为特征的运行背景。因此，组织对于变革和创新的追求也几近于成为常态。

在这一充满挑战的背景下，领导任务愈发复杂。为了取得成果，领导者必须与多方利益相关者沟通，克服日益激烈的竞争，创造新的商业机会，扩大客户基础，开发新市场、产品和服务，通过自动化或新一代技术的实施改进流程，保护和提升品牌。维持绩效要求组织具备敏捷性，而为了发展组织敏捷性，领导者需要作为变革推动者积极开展行动。他们必须能够透过多种方式调整组织文化，使之更加灵活和敏捷，留住未来人才并提升员工的敬业度，从而在不确定时代激发员工的自主努力。

加里·哈默尔和比尔·布林（Gary Hamel & Bill Breen，2007）认为，这些挑战如此之大，现今众多的管理者并不具备处理能力。这是因为管理思想与实践的演进如蜗牛爬，仍停留在解决静态效率（日常运营、开发利用）问题的层面，而无法应对动态效率（创新、探索）问题；当竞争态势和技术发生变化，将会使常规的管理方式变得站不住脚。这两位作者以极有说服力的方式指出，“最终约束组织绩效的，不是运营模式，也不是商业模式，而是管理模式”“现行的管理实践是组织成功的绊脚石”。事实上，他们宣称“管理已经过时”。

我同意他们的观点，并且相信“对的”领导力是组织在持续的经济挑战中维持并提升绩效的核心所在。然而，考虑到人口结构及员工期望的变化，今天我们关于“对的”领导力的定义可能与过去已相差甚远。

为什么领导力如此关键？不管你接受与否，许多调查报告称：雇主是否具备领导力，是人们选择留下尽心尽力工作或离开，甚至在更糟糕的情况下选择留下，但变得愤世嫉俗，觉得工作毫无意义的主要原因。领导者和管理者是真正的OD实践者。一个组织的健康状况往往与各级领导的态度、行为和优先事项直接相关。他们通过自己的言行创造和改变组织文化。

HR在提高领导力实践的质量、确定和培养未来领导者的工作上起着关键作用。在本章中，我们来看一看HR实践者如何基于OD框架培养21世纪成功所需的领导力。

本章节，我们将会探讨：

1. 定义领导力。
2. HR在领导者培养工作中的角色。
3. 助力领导者胜任。
4. HR践行管家式管理。
5. 制定领导力发展策略。

## 定义领导力

当然，各种领导力理论从来都不缺——通过互联网随便搜索一下，就能找到上百篇从不同方面论述领导力的文章。但是，恐怕我不得不同意奥吉尔和蒂斯（Augier & Teece，2005）提出的观点："作为一个科学概念，领导力就像一团乱麻。"成功领导当今组织需要什么还远不够清晰。通过对发表于2003—2020年间的领导力相关文献的回顾，我们发现了两方面的重要转变：一个是领导者需要具备什么特质，一个是"有效"领导力的定义发生了怎样的变化。

领导力越来越少被定义为领导者是怎样的或领导者做什么，而是被定义为一个过程；这个过程促使关系发生，并且是关系的产物；这一关系的重点在于领导者与其他合作对象的互动，而不是仅聚焦在领导者的能力上。人们对于以老板为代表的组织权威的依赖越来越小，相反，他们更多地依赖自身权威的内化形象。

用"千人一面"的领导力标准来培养和评估领导者，正在面临越来越大的挑战。对领导力的关注重点从"英雄式"领导者转为透过领导力系统，让组织各个层级的人均有可能发挥领导力。然而，也有越来越多的共识认为，高层管理行为——包括领导者的容忍范围——对文化塑造有着重要的作用，因为这比其他任何东西都更能让人们了解组织真正的价值观。

此外，大家还特别关注对于领导者的要求，并日益意识到新要求的必要性。例如，涉及首席执行官和政界领导人的各种企业丑闻，以及公众对公司剥削供应商或污染环境的做法的担忧，都使商业道德成为人们关注的焦点。那么，领导力在为异议和实验精神正名方面的作用是什么？领导者应该建立什么样的组织文化？

为了打造面向未来的企业，我们需要新的管理实践，但也需要新的原则声明吗？德勤全球千禧一代调查（Deloitte，2020b）发现，75%的受访千禧一代认为企业过于关注一己私利，不够关注公众利益和社会影响。如果说新冠疫情对此有什么影响的话，那就是它加强了千禧一代帮助推动所在社区乃至世界各地积极改变的愿望。那么，针对领导者的问责和奖励机制又应该是怎样的呢？

同样，随着第四次工业革命的快速推进，领导者在为组织做好准备、迎接未来职场工作方式方面发挥着关键作用；未来职场需要人与技术的合作，以比过去任何时候都更加灵活、有效和高效的方式完成任务。虽然自动化程度的提高将在未来的劳动力中发挥关键作用，但参与变革过程的人远比技术更重要。领导者如何以一种能为企业和员工带来双赢的方式来领导这场变革？

为了回答这些问题，在最近的领导力文献中，越来越多的人达成了共识，即需要新的或进化的管理和领导力形式，这些形式更基于价值观，更适合复杂、快速变化的知识经济的需求。这包括转向以人为中心的方法，不仅满足千禧一代的期望，而且让所有世代和各行各业的人都能在支持福祉和发展的组织中茁壮成长。这些新的领导理念提倡自我管理、赋权、团队合作、价值观、敏捷流程和情商。

## 从“我”到“我们”——分布式领导力

文献中出现的另一个关键主题是共享式或分布式领导力。重点是培养各级领导能力，即赋权的、积极主动的员工队伍，以及建立健康的领导力系统。人们用“共享的”“我们”“分布式”等词语描述这样的领导力。斯皮尔斯（Spears，2004）提出，“我们观察到传统的、等级式的领导力模式逐渐被另一种截然不同的工作方式所取代，一种基于团队合作及社群、追求参与式决策、牢牢植根于道德观及关怀行为的领导力模式”。

特别是在知识密集型和服务密集型的环境里，员工渴望并期待被视为有思想、有能力的成年人。瑞林（Raelin，2005）认为，在当今有领导力的组织里，领导力被认为是并行的、集体性的、合作性的、有同情心的；与之相对，传统组织倾向于将领导力认为是串行的、个体主义的、控制的、不带感情的。分布式领导力从何而来？ 正如本章将提到的奥克尼斯（Oxleas）案例所述，分布式领导力似乎就是在这种强调员工发展、强调管理者营造氛围让员工释放潜能的环境里 “自然”涌现的。

## HR在领导者培养工作中的角色

培养新型领导力思维和实践可能是HR岗位最具挑战性的内容之一。尤里奇等人（Ulrich *et al*，2008）提出，HR需要主导人才发展，并拥抱多种领导力角色的组合——组织战略家、组织策略执行者、人才管理者、人力资本开发者——这一切以高水平的个人能力为支撑。然而，HR专业人员经常发现自己处于进退两难的境地：在组织期待他们成为业务运营过程中的领导者和伙伴的时候，他们却经常被要求推行各种他们没有正式权力开展或自己并不认同的计划和项目。领导模式的变迁会让人不安；领导者可能不愿意分享权力，而员工可能依然盼着领导者展现理想化的领导力。在进入未知领域时，HR必须负责照顾好人们的（也包括自己的）焦虑。

另一方面，HR有很多机会对发生的事情施加影响。毫无疑问，在这个抗议频发的时代，考虑到许多高层管理人员在高管奖金、短期取向和利己主义等问题上普遍受到质疑，道德标准和领导者的表里如一，已成为越来越多的领导力文献浓墨落笔之处。业务领导者必须展现强烈的价值观并践行道德领导力。HR需要确保公司价值观反映在所制定的标准中，并且这些标准适用于所有人，包括管理团队和董事会。HR必须有勇气处理标准低下的问题，尤其是在价值观的言辞和实践之间存在明显差距的情况下。

本质上，这是HR在践行管家式管理——通过转变心智模式和领导力实践来提升领导力质量。因为HR领导者可能直接或间接参与高层任命，他们有机会影响高层对于组织需要何种领导力的认知。任命之前，HR必须评估可能导致高管脱轨的潜在风险领域。一旦CEO或高管上任，HR应该使用这些数据来进一步建立关系，发展并维护“对的”行为。

在管理团队内部，HR作为CEO和高管的镜子，可以提供一种独立见解，在支持和挑战组织领导力之间找到一个恰当的平衡点。在缺少其他观点的时候，HR领导者和/或OD专业人士需要怀着建设性冲突的精神，或具备像彼得·德鲁克（Peter Drucker，2007）所描述的“有组织的分歧”精神，去征求意见。

克里斯·阿吉里斯（Chris Argyris，1991）在其开创性的文章《教聪明人如何学习》（*Teaching smart people how to learn*）中指出，防御性思维在知识工作者当中是多么普遍。阿吉里斯所指的“单环学习” 常会抑制怀疑和模糊性。然而，怀疑、争论和内省（或“双环学习”）对促进真正的学习、增强组织知识是至关重要的。知识工作者尤其如此，包括领导者。对于领导者而言，倾听和提问非常关键。他们通常可能会听到不想听的内容，例如相反的观点。

开启这样的谈话对内部顾问而言看上去像是在给自己的事业制造绊脚石，但这是一个真正考验HR/OD实践者勇气的挑战，因为许多领导班子会因既得利益选择维持现状。这不是不计后果的叫板或螳臂当车，而是关于学习如何更好地施加影响，了解要打响哪场战斗以及如何建立联盟。显然，要有效地影响这个级别的领导者，HR必须是令人信赖的——对业务有真正的理解、对CEO的驱动因素和动机有深刻的赏识。真诚地施加影响需要高度的自我认知、强大的价值观、良好的判断力和内在的勇气（谈判技巧培训也会有用!）。HR专业人士必须找到方法成为CEO真正的合作伙伴。问题在于如何成为一位领导者的合作伙伴，同时还要保持好自身的领导力行为。

## 助力领导者胜任

尤里奇认为，组织所需的领导力技能与行为不应该从一些理想的胜任力模型中推断而来，而应该来自领导者必须达成的实际商业结果。因此，“领导力品牌”应该将领导力发展与商业绩效、组织绩效和个人绩效相关联。领导者和管理者所面临的挑战是什么？帮助领导者应对这些挑战需要哪些发展？关于这个话题尽管没有一张完整的蓝图，但是领导力文献及我个人的咨询实践中呈现的发展趋势包括以下几个方面。

## 领导力挑战（一）：树立新业务方向

传统上，高层领导与方向设定相关。在快速变化的市场中，领导者必须适应并提高决策速度。领导者思考和管理团队的方式需要变得敏捷和灵活，以便跟上变化的速度，有效执行新的增长和恢复战略。按照惯例，领导者通常努力在当前业务模式下进行创新，从而最大限度地发挥模式的潜力。他们扫描环境，咨询利益相关者并让其参与进来。在决策信息获取方面，今天的业务领导可以获得比以往多得多的数据。人工智能（AI）等技术将可用数据转化为见解，并可以帮助领导者以未曾想象过的方式使用这些数据。

当然，即便在"正常"时期，决策和确定业务方向也会面临足够多的挑战，更何况是在模棱两可、快速变化的环境中，这或许会越来越多地要求领导者就业务模式本身作出创新，可能同时运行多个业务模式。他们面临的挑战是为所需的业务、文化和数字转型制定可靠的路线图，包括创建新的目标运营模式，设定成本缩减、效率、生产力要求，以及实现战略增长。企业领导者的关注点可能还需要转向构筑组织能力，从而增强组织的战略增长潜力，而不仅仅是实现当下节点的成本效益。这种思维模式对于在既定业务模式下创新而升至高位的领导者来说，可能不是自然而然就产生的。

即使在当前的危机之前，不断变化的技术和新的工作方式已经对工作和员工完成工作所需的技能产生了颠覆性的影响。新冠大流行给企业领导者带来了前所未有的重大挑战。业务绩效的各个方面都受到了影响，包括业务连续性，员工的工作方式、时间和地点，客户的行为以及供应链的运作方式。许多领导者勇敢地迎接了危机带来的挑战。例如，一些制造公司迅速改变了其常规产品，转而开发洗手液、呼吸机和其他与流行病相关的产品。

不少CEO还改变了他们的领导方式，他们与员工沟通的人性化和个人化的方式所产生的影响有可能在这场危机之后延续。麦肯锡（McKinsey，2020a）发现CEO行为发生了四个转变，这些转变被视为领导公司的更好方式：就利益相关者理想成果而言，释放更大胆的（“10倍”）愿望；在运营模式中，将“待成为”清单（“to be” list）提升到与“待办”清单（“to do” list）相同的地位；充分拥抱利益相关者资本主义；并充分利用CEO同侪网络的力量。麦肯锡认为，如果这些转变成为永久性的，就有可能彻底重新校准组织及其运作方式，重置组织的绩效潜力及组织与关键组成人员的关系。事实上，麦肯锡认为，CEO的部分角色是充当首席校准者，决定所需变革的程度和范围，领导者必须有意识地改变其角色的本质和影响。

提供明确的方向不仅仅是发布业务指令和战略计划。作为人类系统的组织，会受到各种情绪、愿望、挫折、焦虑和权力动态的影响。正如马夏克（Marshak，2006）所指出的，工作中的隐性过程（covert processes）既可能削弱个体效力也可能促使事情做成。在变革时期，员工寻求鼓励、方向和重点。在这种情况下，领导力不再是自上而下的指导，而是更注重管理人际动力和意义构建。领导者需要提供愿景和支持，消除障碍，投资于人，建立共享同一使命的社区。事实上，随着人工智能和机器学习等技术使劳动力的不安全感加剧，有效的领导者需要展现强大的人际交往能力，如情商和同理心，以支持组织和员工面对第四次工业革命的需求。

**对HR而言**：我们需要发展的领导者——能够应对模糊，管理变革，有效处理矛盾，受内在的道德标准引领，帮助建立方向感和使命感，使员工对组织保持敬业，从而带来可持续的高绩效。

文献表明，有效的领导者通过反思性对话来应对不确定性，他们必须找到可信任的建议来源，任何领导力发展旅程的第一步都需要领导者认真而批判性地审视自己，即领导者必须发展自我洞察力，并与自己的阴暗面进行斗争。领导者需要具备与其所处环境同样复杂、多样化和细微的道德准则。

HR可以通过提供关系网、行动研究小组和高管教练的方式来帮助领导者们，在这些活动里，领导者能够在信任的环境里分享困境，有机会进行反思，了解他们所面临的挑战的复杂性，尤其是他们自己的困惑。

HR还可以确保CEO与员工进行有效沟通，并确保对话是双向的，毕竟CEO也可以向员工学习。沟通和行动的一致性是信任的主要源泉，是组织中使事情运转的关键黏合剂。正如仁杰（Renjen，2020）指出的那样，新冠肺炎在信任的四个维度——身体、情感、财务和数字——上提高了利益相关者的敏感性。信任始于人际层面，例如，当领导者竭尽全力保住尽可能多的工作岗位而不仅仅是保住利润时，与员工之间就可能建立起信任。同样，当组织添加额外的安全措施以保护客户数据免受网络威胁时，与客户之间可能会建立信任。

### 领导力挑战（二）：管理变革与组织文化

沙因（Schein，2004）认为，创造文化是领导力和管理的最终区别，“如果想将领导力与管理或行政管理区分开来，可以说领导力创造和改变文化，而管理或行政管理在文化中发挥作用”。沙因还认为，“领导者所做的唯一真正重要的事就是创造和管理文化；领导者的独特才能是他们能够理解文化并与文化共舞；当文化出现机能失调的时候，领导力的终极行为是摧毁这种文化”。

“对的”领导者全然拥抱自身作为组织领导者的角色，并有意识地专注于构建可持续的组织文化，使用符号和对话创造道德团结，并通过讲故事的方式来丰富文化内涵。像OD专家或HR一样，这些领导者使用他们的“自我作为工具”，就像尤里奇所说的那样，“有态度”地行事。塔布斯和舒尔茨（Tubbs & Schultz，2006）认为，领导者的价值观强烈影响着周围人的行为。说到底，领导者必须成为价值观方面的“言出必行”的榜样，“也许，最重要的任务是建立一套对人才具有充分吸引力的组织价值观和身份认同”（Devine，1999）。

在瞬息万变的大背景下，许多作者认为，领导者必须是多面手，既能制定战略又能强化运营，既要决断强势又需赋能于人。他们可能需要接触全新的思维方式。“因为领导一场转型变革与管理或领导一个稳定的组织完全不同，在这个全新的世界里，领导者要想成功不能单纯依靠过去的思维方式、行为方式和运营方式”（Anderson and Ackerman-Anderson，2001）。领导者可能需要新的技能、知识和方法，才能胜任变革推动者的角色，“领导者必须继续领导，顾问必须继续提供咨询。然而，要转型取得成效，领导者必须培养先前让咨询顾问专门负责的人际及流程技能，咨询顾问也必须在先前主要是领导者所擅长的核心业务技能和策略领域变得越来越熟练”。

**对HR而言：**一般来说，高层管理者并没有接受过相应的培训，不会将自己视为文化发展者。即使受过培训，他们可能也不知道该如何下手。HR和OD专业人士能够支持和培养领导者，使他们在文化变革和变革管理中发挥作用。变革领导者的培养，其重点在于真实性、情商与智识，以及将这种自我意识转化为行为的能力。有效的领导力行为包括：了解全局、展示令人向往且可实现的愿景、激励他人、积极倾听、重新表述、鼓励他人发挥创造力、创造转型性变革、发展以团队为本的文化。

我很感激鲍勃·蒙哥马利（Bob Montgomery）为我们提供了以下这个简短的案例研究。鲍勃是洛克希德·马丁公司（Lockheed Martin Corporation）卓越组织发展中心的领导者，负责绩效管理、领导力和组织发展相关的工作。

## 案例：培养敬业的管理者

洛克希德·马丁公司在危机时期调整产品。该公司是世界头号军事承包商，在航空航天工业中坚定地站在美国国防/政府一边，事实上，美国政府的订单约占了公司销售额的85%。这种对美国政府的依赖是一把双刃剑：可以避免商业航空领域的动荡，但很容易受到军事开支削减的影响。作为一家政府承包商，该公司无法承担沉重的日常开支。鉴于当前世界各国政府面临的经济形势，其挑战将是在成本日益受限的环境中继续提供卓越的产品和运营。

**人才短缺**

与类似行业的其他组织一样，洛克希德·马丁公司在未来几年面临潜在的人才短缺问题。公司雇佣的员工队伍是军民融合的，其主要专业团队是工程师，其中许多人是“婴儿潮一代”，他们在公司积累了丰富的经验和宝贵的专业知识。

在接下来的几年里，许多员工将退休，目前全球工程人才短缺，预计几年内都不会缓解。因此，洛克希德·马丁公司的人力资源部门非常注重留住人才，以及建立人才和领导力梯队。有帮助的是，洛克希德·马丁公司是一个众所周知的好雇主。该公司被誉为女性、工程师和少数族裔的最佳工作场所之一，还被视为全球领导者发展排名前25的公司之一。

**领导力——文化变革的杠杆**

该组织的文化一直以来都是结果驱动，集军民融合的价值观以及等级式管理风格的传统于一体。管理岗位上的工程师非常典型，他们感兴趣的是工作的技术方面，而不是人员管理方面。随着组织着手应对当下更具挑战性的经济形势，公司内部越来越认识到，组织文化、管理和领导力的性质的改变，才能让公司在保持对质量、客户和创新的关注的同时，变得更加敏捷且更具成本效益。

鲍勃·蒙哥马利认为，组织需要从指挥和控制的管理风格，转变为更注重通过员工取得成果的领导风格。员工调查和民意测验也验证了这一点。由于资源更加有限，在不改变管理风格的情况下，试图执行公司命令很可能会出现问题。正如鲍勃所言："我们应该利用众人的智慧，而不是少数人的智慧。我们需要创建一个高敬业度的工作环境，培养管理者的能力，创造这种工作环境。"

为开启这次文化转变，洛克希德·马丁公司CEO鲍勃·史蒂文斯（Bob Stevens）引入了一个包含招聘、人才管理和发展的综合性领导力流程，被称为"全方位领导力"。鲍勃·蒙哥马利认为，试图只通过一个子系统（如培训和发展）来应对重大转变，不太可能取得所需的成果；所需要的是一个全系统方法（正是该计划意欲实现的），在这种方法中，有潜在冲突的多个子系统能与战略保持统一。

根据以下关键领导能力领域，招聘和培养人员：

- 塑造未来；
- 建立有效关系；
- 激励团队；
- 交付结果；
- 以身作则、追求卓越。

从高层管理者到一线主管，都设立了360度反馈流程。在新员工入职时，就向他们介绍领导力发展计划，并着重介绍新的做法。当行为开始朝着期望的方向改变时，鲍勃认为，下一个阶段是建立更强有力的交付责任制，以确保管理者和领导者“言行一致”——拥有可以衡量、监督和评估的目标和目的。

鲍勃认为，直接引入一套解决方案的做法是危险的。真正的成功将取决于与环境的同步性，以及子系统就这些战略需求的统一。最重要的是，它将取决于“你适应和改变的能力”。

我发现这个案例的有趣之处在于，通过培养不同类型的领导者，系统地向更敏捷的文化转变。同步使用各种人力资源策略和其他杠杆，并在过程中回顾复盘。对高层管理者而言，变革领导力是指创造新的能力并使之持续发展。必须创造环境，使人们能够在新环境中发挥作用。在这个案例里，该流程是作为一项当务之急的业务从顶部推动的，因为这样做有明确的环境驱动因素。

## 领导力挑战（三）：培养明日领袖

许多高管和HR团队都在努力寻找所在组织需要的未来领袖。因此，建立一个强大的人才梯队，提高当前领导力和一线管理的质量和能力，是关键的优先事项。继任计划现在被视为人才管理的关键要素之一，这一流程的所有权被广泛认为属于业务领导者，而流程设计及其成果质量的责任则由HR承担。

一个典型的“领导力品牌”（Ulrich and Smallwood，2007）继任计划流程，首先包含对未来5—10年市场变化的预测，接着设想组织想在市场中占据怎样的地位。通过展望未来管理者需要获得的各种结果，可以预测管理者将需要管理越来越多样化的劳动力，包括年龄多样性，以及进行跨时区、跨文化的远程管理。

从这一点出发，我们应该能够设想未来5年内潜在的领导者需要实现什么样的目标，并开始确定和培养领导者，使其具备取得成功所需的品质和能力。

这些领导者将能够以客户为中心，建立灵活的组织结构和岗位角色，能够为团队提供教练和发展，在面临模糊的情况下建立共同的方向感；他们是可信赖的，其行动和日常行为展现了其价值观。然后是扩大人才库，让高潜力员工在发展岗位上待得更久，以便他们能够在进入下一段经验之前实现有意义的绩效。

感谢奥克尼斯英国国家医疗服务信托基金会（Oxleas NHS Trust）的人力资源总监西蒙·哈特（Simon Hart），为我们提供了下面的短篇案例。

## 案例研究：让管理者做好领导变革的准备

奥克尼斯英国国家医疗服务信托基金会的业务战略需要大量的组织变革，因此组织战略的一个关键要素是让管理者和HR为其管理变革的角色做好准备。

CEO期望组织尽其所能做到最好——他对自己和他人都有很高的期望，并且在组织的各种地方都能见到他的身影。这些高期望渗透到组织中，并为高级管理者的行为制定了标准。CEO在整个组织中受到广泛尊重。他的个人风格非常开放、平易近人，这鼓励了员工和管理层之间以解决方案为中心的高水平沟通。CEO主动及亲力亲为的方式成为高管团队的榜样，例如，护理部主任每星期至少花一个下午的时间在临床区，听取用户、护理人员和员工的意见。

**全面领导力发展过程**

这家信托基金会对于管理者能够有效地管理绩效有很高的期望。有效的管理者不仅能积极管理绩效，还能认识到他们自身的优势和劣势。人力资源总监西蒙·哈特认识到，管理者会发现领导变革是具有挑战的，而这很可能对总监级别的管理者造成压力。西蒙正在开发一个高级管理人员领导力项目来支撑公司的质量提升计划。公司的质量提升计划和服务发展战略的要求非常重要，所有高级管理人员，而不仅仅是那些被视为未来总监的高级管理人员，都要有能力满足这些要求，这一点至关重要。

其组织战略的关键支柱之一是战略人才和继任规划，以及建立上至总监级别的人才库。优先事项是打造持续、优秀的领导力，尤其关注总监级职位的内部申请者的缺乏。因此，提升总监级以下管理者的管理质量至关重要。胜任力要求被制定出来后，作为人才招募、管理能力发展与培训、绩效管理的标准。同时，也为中层管理者（如现任和未来的病房管理人员）建立职业发展通道和联系，这些都是综合培训、发展和继任规划过程的一部分。

建立各个级别的领导者社区，并使领导者能够主动塑造身边的部分环境，通过高绩效、高积极性和高承诺的团队拿到成功结果——这一转变对人力资源提出了特殊的挑战。如果要实现分布式领导力，权力平衡会发生什么变化？领导者在分享权力方面准备得如何？如果人们已经展示出分布式领导力，是什么让这成为可能？这么做有什么好处？HR对找到这些问题的答案特别感兴趣，因为这些是员工敬业度的核心。

## 领导力挑战（四）：管理员工关系

正如我们在上一章讨论到的，让“对的”人将精力集中在“对的”事情上，以及全身心投入在大家共同努力的地方，这对于业务成功的重要性再怎么强调都不过分。在挑战加剧的时代，敬业度岌岌可危，这对个人、组织和经济而言，都可能造成严重后果。

敬业的员工——他们与组织目标保持统一，愿意付出额外的汗水，并作为组织的倡导者，其付出的志愿努力超出了薪酬对他们的最低要求。越来越多的证据表明，年轻员工在选择未来雇主时所使用的标准——其重要性甚至超过了薪酬——包括学习和成长的机会、对个人的尊重、公司的道德和价值观。

基于低信任、高控制信条的旧式管理与领导力风格，与“志愿型”知识工作者的范式格格不入。知识工作者期望被赋予责任、被授权，愿意并且能够创建共享的学习与智力资本。为了应对敬业度的挑战，领导力风格需要从指挥和控制、英雄主义或魅力型领导力，向更基于相互信任和尊重的合作型领导力演变。“敬业领导者”是平易近人的，他们表达真诚的关心并建立共同的愿景，行事正直、诚实、始终如一。简而言之，他们表里如一，为人处事和所说无二。

在新时代，就业关系需要建立在“成人与成人”关系的基础上，而不是建立在类似于“父母与子女”关系的基础上。在提升灵活性和持续创造高绩效方面，对于组织和员工而言，需要考虑彼此之间共同的利益（和风险）。

**对HR而言：培养敬业的管理者和领导者**

正如我们在上一章中所讨论的，HR在支持当前领导层实现所需转变，以及帮助选择和培养下一代领导层方面发挥着关键作用，这些领导者真正理解敬业员工的重要性。当前的领导力发展趋势包括使用神经科学的概念来帮助提高领导者的自我意识。越来越多的人认为，能在众人面前展现自己的脆弱，其实是领导者的一种优势，而不是弱点。从这个有利的角度来看，领导者开始通过他们所领导的人的眼睛看到企业的未来。因此，他们的领导行为、关注点和互动方式都会发生变化。每个人都能从中受益。所以HR应该考虑领导团队的成熟度。他们是否能够展现脆弱、表里如一？当他们走出房间后，他们是否信任彼此会言行一致？有时这样的工作本身就是一种针对领导团队有效性的介入。例如，在阿什里奇商学院（Ashridge Business School）的帮助下，世界第二大奶制品生产商菲仕兰坎皮纳（Friesl and Campina）在领导力发展中采用了这种思维。在有相当多的管理人员经历了这种做法之后，建设授权性的组织文化的积极效果，已在全球范围呈现。

## 领导力挑战（五）：领导多元化的员工队伍

正如前几章所讨论的那样，一般来说最困难的文化挑战之一可能是在机会平等、包容性和多样性方面真正改变人们的心态和行为。通过巧妙地提高人们对多样性的认识，HR可以帮助人们在态度和行为上变得更具包容性。我很感激安永（Ernst & Young）欧洲、中东、印度和非洲的多元化和包容性总监弗勒·博思威克（Fleur Bothwick），她提供了下面这个关于在多元化和包容性方面如何转变管理者的心智模式及行为的案例。

## 案例研究：安永的包容性文化建立

近年来，安永作为一家专业服务公司已经成为一个全球性组织，在进行相应的重组后，将业务所在的87个国家分成12个子区域。在日益全球化和多元化的环境下，员工越来越需要能够有效地跨界开展工作，建立合作伙伴关系和达成共识。在一个拥有12个以上的跨国多元化利益相关者、通过电话和电子邮件进行线上工作的组织，人们需要能够建立融洽关系和团队合作，换句话说，他们必须能够出色应对多元化和包容性挑战。

弗勒·博思威克指出，建立多元化和包容性文化的商业理由十分具有说服力。安永对其他全球化公司的调研发现，大多数跨国公司缺乏应对全球业务所需要的多元化思考和文化，这些公司的董事会很少反映出其业务的全球性。在25个或以上国家运营的公司中，近一半承认其董事会中最多只有几名外籍人士，但他们指出，拥有国际经验丰富的员工是在全球成功开展业务的主要文化因素。正如他们所指出的，高管层缺乏多元化的思考方式和经验，将会使公司在竞争中落后。

可以预见，安永制定了相关政策鼓励优秀实践，实现多元化和包容性文化的重要性得到了高层认可。然而，尽管在新员工层面吸引了大量女性员工，高管层的女性数量和少数族裔数量还是相对较少。似乎在中层管理层（所谓的“永久冻土层”），付诸实际的政策与起初制定时的意图不符。例如，虽然公司有关于灵活工作的政策，但在成本更为有限的环境中，当有人休产假时，管理者很难找到临时的替代人员。

由于人口结构的变化，管理多元化成为企业的必要课题。在某些地区，根本没有足够的传统招聘人员来推动增长，因此，管理者必须以不同的方式思考如何寻求人才的来源，从而拓宽人才库的储备。发展雇主品牌以吸引更多优秀人才，需要积极支持真正多元文化的政策。同样，潜在的新客户在与安永建立业务关系之前，越来越想知道，安永自身的多元化和包容性政策是什么。

一项开始转变心智模式的举措是推出了一个由肯达拉（Kandola）等人研发的网络学习工具。该工具着眼于工作流程中会破坏多元化的“无意识偏见”，帮助管理者在考虑问题时放下防御，因为偏见是很自然的，而且人们大多不会意识到自己的偏见。它可以让学习者了解转变心智模式去拥抱多元化和包容性的好处。该工具不仅被大量管理者使用，现在已被纳入新人入职流程。随着人们开始使用这个术语，“无意识偏见”现已成为一个参照系。弗勒将它视为一系列举措中的一个，这些举措将会慢慢创造态度的“转折点”，届时将会反映出新的“我们这里做事的方式”。

这再一次证明了，一个公司的文化转变不需要大张旗鼓，通过使用一个简单的工具在公司内建立对话，并通过其他人力资源管理流程（如入职培训）就可以逐步嵌入新的实践。在这里，多元化并不被认为是锦上添花，而是一个商业必要条件。

---

有时候，意识提升并不足以转变根深蒂固的社会态度与行为，还需要有力地激发辩论，并亲身示范优秀实践。下面的案例描述了英国旅行、观光和酒店行业技能训练机构“以人为本”（People First，简称PF）的前首席执行官布莱恩·威兹德姆（Brian Wisdom）如何着手改善这些行业的多元化实践。这些行业将会成为英国未来GDP的主要来源。布莱恩描述了他想要在这个复杂行业领域如何推动一场社会运动，为该领域创建更具代表性的未来高级管理人才库。

## 案例研究：打破旅行、观光与酒店行业的公平性壁垒

在PF公司，我们的职责是缩小行业所面临的技能差距，确保所提供的行业培训和资格认证由需求驱动，而不是由供应决定（这也往往是管理培训所面临的情况，特别是在公共部门）。在PF工作的早期，我们研究了5000家酒店行业的企业，以了解行业的实际需求，并在其中发现了常见的差距问题所呈现出的典型主题：

一、人才保留。这是一个人才保留情况特别不理想的行业。它吸引年轻人，但是随着人口结构的变化，年轻人越来越少，对于整个行业来说，这是一个高成本、高威胁的问题。

二、行业面临技能缺失，尤其是管理技能，此外还有客户服务技能和

一些技术技能，例如厨师的短缺情况严重。

然后我们更深入地挖掘问题的根源。最令我们头疼的问题是管理和领导力。因为如果是技术能力，我们很容易看到问题所在（如需要一套像样的资格认证），但是遇到管理和领导力的问题，就难以看清问题所在。

最近，我们对劳动力市场进行了第二轮研究。我们突然发现一个趋势，那就是在这个行业里我们留不住女性员工。在入门阶段，约72%的行业进入者是女性——由于各种因素，这对处于职业生涯初级阶段的女性来说是一个非常有吸引力的行业；但是到了中级管理层时，女性员工占比已降至40%；再到高级管理层时，占比下降到20%；而到了董事会，只有6%，还没能达到全国所有行业平均水平的一半。

因此，该行业70%的可用人才正在流失，众所周知的是，这是一个你可以通过自身努力跻身最高层的行业。如果你想一想女性通常带来的技能，尤其是人际交往技能，以及我们在留住人才方面面临的挑战，你就会开始想，“好吧，也许这与留住人才无关，也许只是因为我们没有帮助女性进入管理岗位，而我们没有得到足够的正确管理和领导力正是因为这方面的失败”。

以上是我们按照传统诊断方法得到的结论。但是，就我所知，在一些国家已有更加系统性的支持，尤其在美国，有一个叫“女性进入服务业”（Woman into Service）的组织，有针对职场女性的培训系统。

所以几年前，我派了一位很有潜力的管理者、我们的业务解决方案部门总监莎朗·葛兰西（Sharon Glancy），去参加那个组织在美国达拉斯的会议。她回来后深受鼓舞和启发地说，“你看，我们可以这样做”。所以，就是从这一启发开始，莎朗主动和我们的很多政府人脉联系，并设法获得了10万英镑的种子资金。然后我们踏上了一段旅程，试图为我们行业的女性创造适合的支持机制，使其进入各类企业的议事日程，帮助创造支持性环境来应对女性在职业旅程不断流失的问题。

**“女性优先”项目**

我们已经启动了“女性优先”项目——还处于非常早期的阶段，这个项目关乎文化及组织如何自组织。例如，我们建立了女性管理者的区域网络，而且非常成功。我请到了前第一夫人切丽·布莱尔（Cherie Blair）来启动该项目，这自然使项目有了一个非常高调的发布会，现场简直人山人海。

一方面我们在建立区域网络，另一方面我们也试图创建关于女性取得成功突破的案例研究。我们发现很难找到好的案例研究，于是不得不去看看其他拥有类似挑战的行业是如何应对的，成功故事背后的东西是什么。例如，我们想要更好地理解为什么在建筑施工业，尽管运营类岗位的艰苦程度与酒店业差不多，但入门级女性数量相对更少，而跻身高层的女性比例却更高。

**进一步调研和案例研究**

通过“女性优先”项目，我们试图为女性提供信心和驾驭职场的技能，同时也想提升公司的意识和支持水平。一个问题是酒店业的总体文化——我认为这绝对是一种“俱乐部式的”排外文化。目前，我们已在积极找寻本行业的案例研究，这样我们可以通过行业媒体和全国新闻机构做宣传。有一两家公司一直致力于此，因而它们入选“女性最想入职的50强公司”也就不足为奇了。

显然，我们有本行业特定的挑战，比如特殊的工作时间。其中一个问题是，很多职业路径是通过经历运营岗位来实现的，运营岗位的工作时间对于那些有孩子或有家庭承诺的人来说太难了。除非本行业对这种环境采取积极措施，否则她们将继续挣扎。我一直记得在先前的一家公司，有两个区域经理，她们共同分担一个职位的工作（job share）。这确实会让我们付出不少额外成本，但那样的工作模式效果很好。

我们与赫特福德大学下设的一个培训公司合作，为本行业女性提供一个终身培训架构，向其展示可以有怎样的培训和发展路径选择。这家公司还做了相当多的就业工作来支持在职场和其他地方的女性。我们的目标是设立支持性的基础设施。

我们在做不少提升意识的工作。例如，我们即将发表案例研究，并赞助了一个奖项来提升行业里高绩效女性的形象。最终，我们试图积累起一股势能，让一群希望有所作为的人和公司聚在一起，并准备好与其业内同事讨论如何打破毫无裨益的文化。

这个案例说明了有据可依的良好诊断和洞察力的力量，强调了持续对话以及通过影响行业中正在发生的事情来建立变革势头的重要性，这些做法使新举措以一种有效的方式不断生发，并且融入正在开展的工作当中。布莱恩评论说："有趣的是，这段旅程一部分是启发和洞察力，一部分是你逐渐显露的担忧，还有一部分是如何把担忧转化为改变，譬如在招聘实践中引入新的标准。"该案例说明了整个行业的 HR 和高管以及 HR 专业人士之间的紧密伙伴关系能加强积极转变，并让新方式嵌入其他 HR 实践，比如通过发展和晋升指导。

实际上，布莱恩一直是这项文化变革举措背后的驱动力，但同时也是 OD 发起者。在这个案例里，交付工作是由另一位高级经理通过行业人脉网络实现的。另外，这项变革议程之所以能够成功，一个原因是变革议程由业务需求驱动，另一个原因是这位领导者认为这是应该做的正确的事。解决长期存在的文化和系统性问题，也许超出了任何一个组织的能力；但是，对布莱恩而言，这是个人领导力的追求："无论如何，出于长远考虑你必涉及，还不如尽己所能有所作为。"

## HR践行管家式管理

为了帮助建立健康的组织，HR 需要发挥强有力的管家式管理（stewardship）角色，确保组织实践符合道德规范并为社会作出贡献。正如库柏里德和斯里瓦斯塔瓦（Cooperrider and Srivastva，1998）所指出的："当今社会不仅要受组织深度塑造，而且能够被组织塑造得更好……组织不断地采取行动来解决复杂的问题，这些问题不仅仅影响到其股东、雇员和客户，还影响到世界各地众多社区和城市中人们的生活质量、全球生态环境以及所有国家。"

另一个管家式管理问题涉及调整奖励制度，以清楚地显示输入（员工的行为）与输出（企业主具体的可衡量的增值）的联系。绩效管理过程必须确保这些联系是透明且一目了然的。清晰阐述业绩成果，在计分卡中平衡这些成果，并确保严格的评估和反馈，是任何奖酬制度的核心要素。同样，HR必须准备好挑战包括晋升机制在内的，只注重财务结果而忽视其实现手段的做法。在奖励标准的另一端，HR必须带头确保临时工和其他低工资劳工得到公平的奖励。

非执行董事们的糟糕表现是2008—2009年银行体系濒临崩溃所反映出的一个关键问题。HR现在需要介入这个领域，并制定成功标准。这意味着要定义所需的能力（联系到组织的价值观），不仅要在任命之前对董事进行评估，还要将其纳入现任董事有效性评价体系。要坚持将高管和非执行董事的独立档案分析作为工作流程的一部分。

HR和OD在致力于发展健康和合乎道德的实践方面并非孤军奋战。一线管理者是真正的变革实践者。通过他们的日常行为、关注点和奖惩标准，他们可以教育员工什么是好的可接受的、什么是不可接受的。高层管理者能够对组织系统产生重大影响。在高管层面，他们能够对更广泛的外部系统产生影响，作为行业大使促进政策出台，建立有影响力的外部关系网。当变革领导者怀着积极意图采取行动，促进健康的实践，他们将会产生巨大的影响。

## 制定领导力发展策略

通过发展更具敬业精神的管理和领导力，HR能够为组织打造吸引高技能员工的人才磁场。在制定领导力发展策略时，需要选择聚焦点：

- 在制定人才管理决策时，我们应该在多大程度上将业务需求置于个人背景或需求之上？
- 我们如何发现人才（考虑到才能并不外显）？我们要自己培养吗？
- 我们应该更青睐内部人才，还是外部人才？
- 发展骨干队伍时，我们应该提携大多数员工，还是聚焦少数的特殊高潜力人才？
- 我们需要更强调哪个：长期的战略性思考，还是短期的卓越运营？
- 我们如何确保在识别和发展领导者的时候，充分考虑了公平性和多元性？

有效的管理和领导力发展策略不仅仅关注发展个人领导力，也要在各层级建立共享的领导力。该策略要求HR团队建立相应技能，以辅导管理者并支持他们创造真正的发展机会。使用混合式的发展方式，有助于确保学习的实用性，并且弥合普费弗和萨顿（Pfeffer & Sutton，1999）所说的“知行差距”。虽然培训仍然是最常见的管理发展形式，但现在主要是在线培训。

领导者倾向于认为特别项目、同侪小组讨论、基准对标、导师和个人教练辅导是更有效的发展形式，而新形式的团体学习可以起到一定作用。一家历史悠久的公司为建立敏捷文化，在高层领导中推动了一次深入的个人变革过程。其中1000多名领导者受邀通过为期4天的沉浸式课程，学习一种新的、更敏捷的领导方法，了解领导敏捷组织所需的心态和能力。该课程旨在帮助领导者从一种限制性的、被动的心态转变为一种赋能的、创造性的心态。它还帮助领导者开启了一段旅程，学习如何将一个力图指挥、控制和价值捕获的传统组织，转变为一个力图创新、协作和价值创造的敏捷组织。

其他有用的方法包括行动学习、影子见习和借调，以及工作之外的发展机会，诸如社交网络和参观。可以借助大型团体方法论（如未来探索、情景规划）来加速建立领导者社群，并促成战略对话，创造具有共同使命的跨组织网络。

有必要评估领导者经过发展后受到的影响，以确保领导者学以致用、提升运营有效性。越来越多的HR总监主张设定成果指标，以反映管理者经过发展后应达到的预期成果，例如能否培养其下属以充分发挥其潜力，以及能否奖励优秀领导力。

## 总 结

培养领导能力及改进领导力实践的道路可能布满荆棘，但从根本上来说是值得的。真正的诀窍是建立领导力系统，使各级领导者都能尽己所能，并在积极的方向上影响同事。一线管理者是组织发展的主要实践者。领导者发挥监护人的角色，维护和提高组织的健康度和绩效。HR需要与高管密切合作，把他们变成OD发起者——使他们理解自身在改进组织方面的角色，能够诊断组织健康程度，将组织视为一个由人组成的有机系统而不仅是一个技术系统。

HR需要帮助领导者应对挑战，在当今充满挑战的环境中取得可持续成功。

为了确保组织与主要利益相关者保持密切联系，领导者必须能够理解所看到的数据，形成有效的战略，并规划组织绩效结果。他们还需要聚焦组织内部，以确保组织的愿景、使命和文化保持一致。他们需要对人际动力有足够的理解，从而激励人们同行。换句话说，领导者需要确保组织内部的能力与外部的战略目标相匹配。所以，HR必须不断推动发展的边界，促使各级领导者接触新的思维和行为方式来多方位提升能力。

总而言之，通过培养现在的和未来的领导者，使其重视员工敬业度、拥抱转型性而非仅是事务性的变革方式，HR可以帮助培育组织的健康度和有效性。真正的员工敬业是基于组织和员工之间相互的承诺、责任、义务、需求、风险和收益的，因此，HR必须支持领导者、管理者和员工一起，踏上更加敏捷、民主、参与式的领导力之旅。

要想被视为优秀领导者的可靠供应者，HR领导者必须自己发挥领导力。人力资源职能部门必须了解业务；作为有凝聚力的团队运作；以有效的方式交付工作成果，创造价值和能力；超越自己的边界，积极分享学习成果。特别是，他们必须表现出以客户为中心、有韧性和变革能力。HR领导者必须率先践行他们想要看到的改变。正如本章的案例所示，当HR实践者从系统框架出发、展示其领导力，并聚焦于发展未来及当前组织成功所需的领导力时，他们可以为组织带来真正和持久的利益。

# 后记：迈向更好的明天

从Mee-Yan和我写完这本书的第一、第二版到现在完成第三版，这几年时间里的变化不可胜数，整个商业环境更是沧海桑田。组织作为开放系统，其成功受全球性大趋势的极大影响。在我们刚开始落笔的时候，数字时代还处于萌芽阶段。而现在，伴随全球化和数字化的一日千里，消费者喜好的转变，“数字”甚至几乎已成为明日黄花——为“移动”所取代。特别是这场疫情，对于企业能否在动荡的市场取得成功，起到了改变游戏规则的作用。似乎在一夜之间，许多组织都采用了线上线下相结合的工作方式，为了打造一个聚焦于做正确事情的有效社群，联结和沟通变成了关键。

在HR群体中，关于组织必须学会快速适应的认知也更为普及，在HR实践中融入OD思维愈发关键。我们注意到不少学习发展实践者开始发展他们的OD能力，比如，不少人会开展利益相关者访谈、引导大型活动、促进组织各层级的战略会谈等。越来越多的学习性介入被开发出来，帮助人们提升其自我觉知、获取新的洞见——利用戏剧、科技及其他模拟方式来实现思维和技能的转变，帮助组织及其成员跟上环境变化的步伐。领导力发展和个人成长也在不断从新的土壤中汲取养分，如对正念、神经科学等领域的概念的借鉴。

至于在人才方面，劳动力的人口结构变化及全球性的人才短缺，让各行各业的组织都急于找到新的人才吸引方案和手段。在劳动力未来趋势预测方面，数据分析发挥了很大的作用，甚至被用作精准定位潜在候选人才的雷达。在不少组织里，HR与市场营销部门携手，建立令人心驰神往的雇主品牌及“员工价值主张”来吸引关键人才。社交媒体也开始在目标人才甄别及员工入职预热等方面发挥重要作用。

## 聚焦于人并且……

伴随工作、劳动者和需求的持续演化，“最佳雇主”的定义也不断在变化。这一向被视为HR的腹地，而如今动荡的环境更是给了HR前所未有的机会——在组织的健康与可持续发展上大展拳脚。令人啼笑皆非的是，近几年HR不断将重心向业务靠拢的做法致使其对员工的关注不够充分。某软件公司的CEO在一场面向HR专业人士的演讲中问道：“你们有多少人认为HR应该关心投资回报率?”几乎全体听众都举起了手。这位CEO接着说，“真遗憾，因为我需要HR做的是关心员工，请走所有‘猪队友’，让我的公司成为顶尖人才想来的地方。”这位CEO的说法可能有些极端，但他的确一语道破。因此，或许我们真的需要反思我们有关自身角色的信念并据此下力。

劳动力组成的变化，特别是互联一代对于即时回应、信息共享及贡献机会的期待，让我们更加重视员工的发声。社交媒体正在使人人变得平等。对于今天职场里本着“自愿精神”的员工，层级制已不再是推动转型性变革的有效机制。劳动力市场流动性的增强，预示着人们只会在当他们觉得自己是关键利益相关者、被及时告知并参与到组织当下的动态时，才选择留下并全力以赴。

基于此，HR必须努力了解什么会让员工关键群体愿意投入、什么会阻碍其投入，并在敬业度提升方面有所行动。要想建立员工情感上的投入，光靠物质方面的员工待遇或心理契约是远远不够的。尽管并不存在什么万能灵药，但人们一般会渴望工作的意义性、对使命的认同感，及工作安排的灵活度；渴望受到重视，被授予相应的权力，及拥有进一步发展的机会。HR需要能量身定制出既公平又能满足个体不断变化需求的员工价值主张。对于HR而言，要想在变化莫测的环境中管理好员工关系，需要不断找寻员工和业务利益之间的平衡点，力求双赢。

因此，尽管今天HR手里的主要人力事宜，如人才管理、管理者教练技能培训、绩效管理体系搭建等，依然非常重要，但在未来，这些工作应该互相整合，放在更为前瞻性的大方案里考虑，帮助企业建立能够吸引、激励并保留住所需人才的竞争优势。这是HR展现其敏捷性的机会——能预见重大的人员问题、做好人力规划，运用敏捷流程招聘思维灵活的人才，与一线经理紧密合作，助其赋能并发展自己的团队，培养他们为新的工作方式做好准备。

HR不能只引领思想，还要能有效实施，找到产出最大利益的最佳方式。发挥商业头脑，拥抱科技，创建稳定精准的移动化HR服务，提升效率与效力，建立能力强、绩效高的HR团队——完成这些事务性工作是HR创造贡献的基础。因此，HR实践者们需要带着OD系统视角务实地去思考和行动，从而能有机结合各项活动，帮助组织持续改善、提升实力并走向成功。譬如，HR可以在设计激励体系时，重点鼓励创新和团队合作，以此帮助创造价值。通过简化HR流程，聚焦于人才和领导力发展，HR能够帮助强化雇主品牌形象，提升员工敬业度。

关键的要点还包括：

● 铭记你为什么要成为HR——不只是为了投资回报率，还有人。

● 培养员工敬业文化。先从基本原则开始——没有唯一“正确”的方式。你所在的组织里，好的人事实践是怎样的？

● 找到员工在工作中最想获得的意义。你如何才能知晓人们重视什么？寻找答案时需用心去聆听和感受。将收集的员工数据按照不同年龄段划分，找到不同人群的真正激励因素。离职访谈也不失为一种有效获取此方面洞见的方式——亡羊补牢，为时未晚。

● 关注员工福祉，制定包容的政策和工作实践。

● 确保你所做的事情与你的文化相契合。挑战并铲除不道德的做法。

● 注重关键优先问题的处理，如解决员工流失问题、提升产能、降低病假率。找到员工离心离德的根源。让管理者也参与进来。明确阐述你想实现的目标。

● 想要让重要利益相关者支持“投资于人”的活动，要先了解他们需要知道哪些内容。比如，为了获得对于员工敬业度提升活动的支持，或许值得按不受控制的离职率测算对公司造成的损失；又比如，为了改善招聘做法，测算单次招聘失败的成本（通常计算下来该成本是首年薪资的30%左右）。你们需要投入多少时间和金钱？

● 在建立雇主品牌的时候，管理好人们的预期，从而让新员工在加入后感到惊喜。同样的道理，让在职员工不会觉得自己被亏待了。

- 从基本做起。越简单越好。制定简单的政策（如关于在家办公）；减少不必要的官僚作风；改变会议中的低效做法，加强沟通。
- 让基本流程创造价值。譬如，不仅能设计出完善的绩效管理流程，还能从中提取真实的组织数据及洞见，让领导者可以有所行动。

## 文化与氛围

展望未来，我认为对于HR而言，在保持对于企业人事方面的一贯关注的同时，还需要关注到组织文化和氛围的提升，促进跨界连接、知识分享与学习。不可否认的是，很多职场环境已经处于持续高压而丧失人性化的边缘。若想要员工朝气蓬勃、全力以赴，就需要为他们提供健康而高效的组织文化，让他们能够感受到组织对自己及自身贡献的重视。

组织文化及人事管理都担负着很大的声誉风险，一旦操作不当，透过社交媒体的传播，顷刻就会暴露于公众面前，对企业造成不利影响。除了抓紧对部分部门的严格监管及对所有部门的仔细审核，透明、真实和负责应该成为公司运营的基本信条。因此，尽管HR的第一要务并不是充当“公司警察”，但HR有责任确保公司在雇佣（及业务）方面的操作既合法又合乎道德，确保员工受到公平对待。HR可以向OD学习借鉴如何挑战存在潜藏问题的做法以及如何处理组织的非正式事宜，激励有建设意义的组织政治，推进更好的工作方式。

同样，业务上对于敏捷性、速度和创新的需求，正在驱动新的组织形式、治理方式、技能要求和高绩效工作实践。基于以下原则，HR和OD能够携手建立组织敏捷性和韧性所需的基本要素：

- 加快战略更新的速度；
- 始终保持对客户的聚焦；
- 跨边界创新；
- 展示以价值观为基础的领导力；
- 建立富有使命感、赋权、信任、有意义和责任感的文化；
- 挑选拥有所需技能的人才，激励、培育并支持他们在模糊、不确定的环境中全然绽放。

考虑到文化，OD对于HR大有裨益。根植于人文主义精神的OD，能促动建立在信任基础上的、真正意义的转型性变革。OD具有系统视角和流程方法论，从不孤立地处理组织的单个部分，而是着力于组织不同部分之间的联系。譬如，如果根本问题是出在架构上，那做再多的培训也无济于事。OD系统性的方式，有助于确保具体举措在组织的不同部分内部之间，取得更强的一致性，创造更多价值。

借助OD思维，HR能够作出的贡献远超出其各部分的总和，将能以全新的形式实现组织效能，这意味着HR实践者们必须具备战略思考。他们应当牵头讨论变革事宜，使用日常语言，善用员工数据和其他数据找到问题症结所在，根据希望对终端用户或客户产生的影响力，以终为始地制定策略。他们必须致力于设计能够促进更高敏捷性、员工赋权和敬业度的工作流程和岗位。

HR还需要与其他部门有效合作，共同实现战略目标并发挥影响力。在不少组织中，HR的工作与员工沟通部门的工作日益重叠——包括领导力行为、变革沟通、使命、员工敬业度与参与度、战略转型、实践社群营造。每个专业群体都能带来不同的专长，互相补足，为保障各方举措都能够有效落地并逐步形成新的运作方式，携手合作势在必行。在整合式的团队中与其他变革领导者合作，更有助于产生可持续的变革。

需要特别强调的是，HR需要通过提供工具，助力组织领导者完成21世纪要求他们做的转变。高层领导者们需要关注盈利能力，创建令人向往的工作环境，确保组织与其环境和社群互动良好。当员工被赋予了更多权力之时，领导者角色中控制掌管的部分大大减少，更多的是关注结果，培养能抓住市场机会的能力，鼓励试错和学习，兼顾长期愿景和短期目标。HR应当既要向领导者们提供支持，也要向其提出挑战，帮助他们应对张力，为他们竖起“镜子”，确保其行动与价值观吻合。这些转变不可能发生在一夜之间，需要双方共同的努力，去根据新的要求调整现行实践，建立更整合的方式，帮助人们理解正在生成的新兴组织。

此外，以下重点也值得关注：

- 悉心打造文化——通过业务实操和日常行为中的开放透明来建立信任。

- 询问员工会如何形容当前文化，他们理想中的文化是怎样的？
- 给予资浅员工支持性环境。关注新人的声音——透过向上反馈、欣赏式探询等方式为他们赋能。
- 释放潜藏天赋——重视多元化。
- 鼓励人们多尝试。

## 打造“随机应变”的组织

为了跟上环境的变化，组织需要不断改变，也必须学会以恰当的方式开展变革，避免伤及员工的情感和投入。当前的环境告诉我们，很多商业模式很快就会面临淘汰，而引入新的商业模式会对组织运营的方式及所需人才和技能造成重大影响。HR能够帮助组织建立“随机应变”的能力。在“随机应变”的文化中，组织各层级的员工都能积极主动地向前看。他们能预见大的商业趋势，做短期决策时不忘长远，并能有效利用反馈循环。在这里，决策和行动的速度更快，结构和思维更加灵活，持续改进成为常态，风险与创新平衡，成本与投资相权。

敏捷组织始终保持对客户和员工的关注。人们了解为什么需要变革，并参与到解决方案的设计和执行中来。因此，变革领导者们必须建立有效的员工建言机制，并让变革最终的落地执行者参与变革举措的共创。通过参与战略对话及规划，员工得以了解更大的蓝图，理解为什么（Why）需要变革，并有机会分享他们关于怎样（How）变革，甚至什么（What）需要变革的思考。这会让他们对变革项目有更大的主人翁意识，并能从工作中获得更大的意义。一旦人们开始改变他们的行为，就轮到HR施展其“十八般武艺”（如员工发展和激励）来帮助新行为的建立了。

成功落地的变革能为所有相关方打开新的未来。经历深度变革的组织，不仅会做新事，还会建立用新方式做事的能力——实际上，组织建立了持续改变的能力（Senge，1999）。HR通过对变革、文化和领导力的关注，能够帮助组织变得更为敏捷，建立在快速变化的环境中持续获得成功的能力。变革是一场永不停止的旅程，获得成功可能需要假以时日，所以记得要为一路取得的突破举杯庆祝。

## 现在就行动——迈向更好的明天

我个人对于HR前行发展的方向非常乐观。眼下正是帮助组织建立持续成功能力的绝佳时机。OD和HR实践者作为疫情期间变革的引领者，已经证明了自身的敏捷能力，在确保业务如常运作的同时，促成了组织的重大转型。展望未来，HR应该利用疫情带来的“熔断”，反思并发展新的工作方式，帮助组织为明日的成功做好准备。为了实现这一点，HR需要采用战略框架，了解并影响组织中的各种动态，培养并运用洞见、能力和勇气，尽己所能发挥最大影响力。其目的是影响人们、塑造环境并提出挑战，从而产出更优实践。不管是OD实践者还是HR，都必须在开展具体变革举措时心怀长远、以身作则、树立榜样，并运用自我，成为战略变革中最有影响力的工具。要知道——引用圣雄甘地的话——在这世间，你想要看见的改变能由你开启。

在人本主义价值观的驱动下，HR与OD能够证明一种新型的组织效能既值得追求，又能够实现。HR与OD携手能够建立双赢的雇佣关系，让组织和员工均能从变革中受益。HR与OD携手能够培养“随机应变”的可持续发展组织，让组织不仅能应对眼下挑战，更具备长远的竞争优势。这事关组织成功的新的定义，正如大卫·库柏里德（David Cooperrider）所说（1998：4）：

> 建立美好社会的最佳途径，就是建设能够滋养并放大人类最可贵品质的伟大组织。

吾辈值得为此奋斗，今日之组织及利益相关方也值得去争取！

# 主要参考文献和更多推荐书目


Ackoff, R R (1974) *Redesigning the Future*, Wiley Interscience, New York, NY.

Alfes, K, Gatenby, M, Rees, C, Soane, E C and Truss, C (2010) *Creating an Engaged Workforce*, CIPD, London.

Allport, G W (1948) Foreword, in *Resolving Social Conflicts*, ed G W Lewin, Harper & Row, London.

Amabile, R C, Conti, R, Coon, H, Lazenby, J and Herron, M (1996) Assessing the work environment for creativity, *The Academy of Management Journal*, 39 (5) pp. 1154–84.

Amabile, T M (1988) A model of creativity and innovation in organizations, in *Research in Organizational Behavior*, ed B M Staw and L L Cummings, vol 10, pp. 123–67, JAI Press, Greenwich, CT.

Anderson, D and Ackerman–Anderson, L (2001) Beyond Change Management: Advanced strategies for today's transformational leaders, John Wiley & Sons, New York, NY.

Annosi, M C, Martini, A, Brunetta, F and Marchegiani, L (2018) Self–managed, team–based organization, *Journal of Business Research*, 110, May.

Ansari, S S and Krop, P (2012) Incumbent performance in the face of a radical innovation: towards a framework for incumbent challenger dynamics, *Research Policy*, 41 (8), pp. 1357–74.

AON (2019) [accessed 13 February 2021] Why HR leaders must seize the opportunity to act now [online] https://insights. humancapital. aon. com / talent–assessment–rewards–and–performance / aon–how–hr–leaders–can–respond–to–top–business–risks–whitepaper (archived at https://perma.cc/QS7X–5QDY).

AON Hewitt (nd) [accessed 12 February 2021] Engagement 2.0: Focus on the right people, build the excitement, preserve the passion, Aon Hewitt [online] http://www.aon.com/attachments/engagement_2%200_oct2010.pdf (archived at https://perma.cc/FQY5–SGBP).

Archibugi, D, Filippetti, A and Frenz, M (2013) Economic crisis and innovation: is destruction prevailing over accumulation? *Research Policy*, 42 (2) pp. 303–14.

Argyris, C (1957) *Personality and Organization*, HarperCollins, New York, NY.

Argyris, C (1962) *Interpersonal Competence and Organizational Effectiveness*, Dorsey Press, Belmont, CA.

Argyris, C (1964) T groups for organizational effectiveness, *Harvard Business Review*, 42 (2), pp. 60–74.

Argyris, C (1970) *Intervention Theory and Method: A behavioral science view*, Addison–Wesley, Reading, MA.

Argyris, C (1991) Teaching smart people how to learn, Harvard Business Review, 69 (3), pp. 4–14, https://hbr.org/1991/05/teaching–smart–people–how–to–learn (archived at https://perma.cc/2S64–DAG8).

Ariely, D (2013) [accessed 18 February 2015] What makes us feel good about our work? TED [online] https://www.ted.com/talks/an_ari_ely_what_makes_us_feel_good_about_ our_work (archived at https://perma.cc/9RNA–WK58).

Armstrong, M (2009) *Handbook of Human Resource Management Practice*, 11th edn, pp. 65–81, Kogan Page, London.

Ashkenas, R, Ulrich, D, Jick, T and Herr, S (1995) *The Boundaryless Organization*, Jossey–Bass, San Francisco, CA.

Augier, M and Teece, D J (2005) Reflections on (Schumpeterian) leadership: a report on a seminar on leadership and management education, *California Management Review*, 47 (2), pp. 114–36.

Axelrod, R H (2010) *Terms of Engagement: New ways of leading and changing organizations*, Berrett–Koehler, San Francisco, CA.

Bak, P (1997) *How Nature Works: The science of self–organised criticality*, Oxford University Press, Oxford.

Balain, S and Sparrow, P (2009) Engaged to Perform: A new perspective on employee engagement, White Paper dated 4 September, Centre for Evidence–Based HR at the University of Lancaster.

Bandura, A (1997) *Self Efficacy in Changing Societies*, Cambridge University Press, Cambridge.

Bargal, D and Bar, H (1992) Introduction: The heritage of Kurt Lewin, *Journal of Social Issues*, 48 (2), pp. 3–13.

Baron, A and Walters, M (1994) *The Culture Factor: Corporate and international perspectives*, CIPD, London.

Barrett, F, Thomas, G F and Hocevar, S P (1995) The central role of discourse in large–scale change: a social construction perspective, *Journal of Applied Behavioral Science*, 31 (3), pp. 352–72.

Bate, P, Bevan, H and Robert, G (2002) Towards a Million Change Agents, NHS Modernisation Agency, London.

Bates, C (1991) *Pigs Eat Wolves: Going into partnership with your dark side*, Yes International Publishers, Saint Paul, MA.

Bazigos, M, Gagnon, C and Schaninger, B (2016) Leadership in context, *McKinsey Quarterly*, 1 (January) pp. 72–9.

Beckhard, R (1969) *Organization Development: Strategies and models*, Addison–Wesley, Reading, MA.

Beckhard, R (1981) Who needs us? Some hard thoughts about a moving target–the future, *Organization Development Practitioner*, 13 (4).

Beckhard, R (1997) *Agent of Change: My life, my practice*, Jossey–Bass, San Francisco, CA.

Beckhard, R and Harris, R T (1977) *Organizational Transitions: Managing complex change*, Addison–Wesley, Reading, MA.

Beer, M (1980) *Organization Change and Development: A systems view*, Goodyear Publishing Company, Santa Monica, CA.

Benedek, M, Könen, T and Neubauer, A C (2012) Associative abilities underlying creativity, *Psychology of Aesthetics, Creativity, and the Arts*, 6 (3), pp. 273–81.

Benne, K D (1975) *The Laboratory Method of Changing and Learning: Theory and application*, ed K D Benne, Science and Behavior Books, Pal Alto, CA.

Bennis, W G (1962) Towards a 'truly' scientific management: the concept of organization health, *General Systems Yearbook*, 7, pp. 269–82.

Bennis, W G (1966) The coming death of bureaucracy, *Think*, Nov–Dec. pp. 30–35.

Bennis, W G (1967) Organizations of the future, *Personnel Administration*, Sep–Oct, pp. 6–19.

Bennis, W G (1969) *Organization Development: Its nature, origins, and prospects*, Addison–Wesley, Reading, MA.

Bennis, W G (1970) A funny thing happened on the way to the future, *American Psychologist*, 25, pp. 595–608.

Berg, D N (1990) A case in print, *Journal of Applied Behavioral Science*, 26 (1) pp. 65–8.

Berger, P and Luckmann, T (1966) *The Social Construction of Reality*, Anchor Books, New York, NY.

Bernstein, L (1968) *Management Development*, Business Books, London.

Bernthal, P R, Colteryan, K, Davis, P, Naughton, J, Rothwell, W and Wellins, R (2004) *Mapping the Future: Shaping new workplace learning and performance competencies*, The American Society for Training and Development, Alexandria.

Bersin, Y and Sosik, J J (2007) The relationship between self – other rating agreement and influence tactics and organizational processes, December, *Group & Organization Management*, 32 (6), pp. 675–98.

Bibby, J, Bevan, H, Carter, E, Bate, P and Robert, G (2009) The Power of One, The Power of Many: Bringing social movement thinking to health and healthcare improvement, NHS Institute for Innovation and Improvement.

Bion, W R (1961) *Experiences in Groups*, Basic Books, New York, NY.

Black, J A (2000) Fermenting change: capitalizing on the inherent change found in dynamic non-linear (or complex) systems, *Journal of Organizational Change Management*, 13 (6), pp. 520–25.

Blackburn, S (2020) [accessed 12 February 2021] Rallying around purpose: An interview with the managing director and CEO of Insurance Australia Group, McKinsey & Company, 8 September [online] https://www.mckinsey.com/featured-insights/asia-pacific/rallying-around-purpose-an-interview-with-the-managing-director-and-ceo-of-insurance-australia-group (archived at https://perma.cc/7BLB-JG67).

Blackburn, S, Ryerson, S, Weiss, L, Wilson, S and Wood, C (2011) [accessed 12 February 2021] How do I Implement Complex Change at Scale? McKinsey & Company [online] https://www.mckinsey.com/~/media/mckinsey/dotcom/client_service/public%20sector/pdfs/how_do_i_implement_complex_change_at_scale.pdf (archived at https://perma.cc/7R8H-X6RF).

Blake, R R and Mouton, J S (1976) *Consultation*, Addison-Wesley, Reading, MA.

Blake, R R and Mouton, J S (1978) *The New Managerial Grid*, Gulf Publishing Co, Houston, TX.

Blake, R R and Mouton, J S (1985) *The Managerial Grid III: The key to leadership excellence*, Gulf Publishing Co, Houston, TX.

Block, P (2008) *Community: The structure of belonging*, Berrett-Koehler Publishers, San Francisco, CA.

Boudreau, J W and Ramstad, P M (2007) *Beyond HR: The new science of human capital*, Harvard Business Publishing, Boston, MA.

Boury, D, Lucy, D, Sinclair, A and Jackson, C (2013) [accessed 12 February 2021] The Management Agenda 2013, Roffey Park [online] http://www.wales.nhs.uk/sitesplus/documents/1096/The-Management-Agenda-2013-with-covers1.pdf (archived at https://perma.cc/CW3V-XY6M).

Boyatzis, R and McKee, A (2005) *Resonant Leadership*, Harvard Business Publishing, Boston, MA.

Boyatzis, R E (1982) *The Competent Manager: A model for effective performance*, John Wiley & Sons, Hoboken, NJ.

Brache, A P (2001) Prescription for improving organizational health, ASQ's Annual Quality Congress Proceedings, Milwaukee, pp. 720–5.

Bradford, D L and Burke, W W (eds) (2005) *Reinventing Organization Development: New approaches to change in organizations*, Pfeiffer, San Francisco, CA.

Bradley, C, Hirt, M, Hudson, S, Northcote, N and Smit, S (2020) [accessed 12 February 2021] The great acceleration, McKinsey & Company, 14 July [online] https://www.mckinsey.com/business-functions/strategy-and-corporate-finance/our-insights/the-great-acceleration (archived at https://perma.cc/V3YA-LDVC).

Bridges, S W (2003) Managing Transitions Making the Most of Change, Da Capo Press, New York, NY.

Bridges, S W (2004) *Transitions: Making sense of life's changes*, revised 25th anniversary edn, Da Capo Press, New York, NY.

Brown, D(2020) [accessed 12 February 2021] HR and diversity management choices in the low touch economy, Womanthology, 26 August [online] https://www.womanthology.co.uk/hr-and-diversity-management-choices-in-the-low-touch-economy-dr-duncan-brown-author-researcher-government-adviser-and-womanthology-associate/(archived at https://perma.cc/7QZ3-RXC8).

Brown, E H (1997) Improving organizational health by addressing organizational trauma, *Journal of Organizational Change Management*, 10 (2), pp. 175–8.

Brown, S L and Eisenhardt, K M (1997) The art of continuous change: linking complexity theory and time-paced evolution in relentless shifting organizations, *Administrative Science Quarterly*, 42 (1), pp. 1–34.

Bryan, J (2020) [accessed 12 February 2021] How 2020 accelerated conversations on diversity, equity and inclusion, Gartner, 11 September [online] https://www.gartner.com/smarterwithgartner/how-2020-accelerated-conversations-on-diversity-equity-and-inclusion/ (archived at https://perma.cc/CMU8-X5AQ).

Buchanan, D and Dawson, P (2007) Discourse and audience: organizational change as multi-story process, *Journal of Management Studies*, 44 (5), pp. 669–86.

Bunker, B B and Alban, B T (1996) Large Group Interventions Engaging the whole system for rapid change, Jossey–Bass, San Francisco, CA.

Bunker, B B, Alban, B T and Lewicki, R J (2005) Ideas in currency and OD practice: has the well gone dry? in *Reinventing Organization Development*, ed D Bradford and W Burke, Pfeiffer: an Imprint of Wiley, San Francisco, CA.

Burke, W (1982) *Organization Development: Principles and practices*, Little Brown, Boston, MA.

Burke, W (1994) *Organization Development: A process of learning and changing*, 2nd edn, Addison–Wesley, Reading, MA.

Burke, W (1997) What HR practitioners need to know for the 21st century, *Human Resource Management*, 36 (1), pp. 71–79.

Burke, W (2002) *Organization Change: Theory and practice* (Foundations for Organizational Science), SAGE, London.

Burke, W (2006) Where did OD come from? in *Organization Development*, ed J V Gallos, pp. 13–38, Jossey–Bass, San Francisco, CA.

Burke, W and Litwin, G (1992) Burke–Litwin Model of Organization Performance, *Journal of Management*, 18 (3), pp. 523–45.

Burke, W W and Hornstein, H A (eds) (1972) *The Social Technology of Organization Development*, University Associates, La Jolla, CA.

Burnes, B (2004) Kurt Lewin and the planned approach to change: A re–appraisal, *Journal of Management Studies*, 41 (6), pp. 972–1002.

Burroughs, J E and Mick, D G (2004) Exploring antecedents and consequences of consumer creativity in a problem–solving context, *Journal of Consumer Research*, 31 (2) pp. 402–11.

Bushe, G (2013) Dialogic OD: a theory of practice, *Organization Development Practitioner*, 45 (1), pp. 11–18.

Bushe, G and Nagaishi, M (2018) Imagining the future through the past: organization development isn't (just) about change, *Organization Development Journal*, 36 (3), pp. 23–36.

Bushe, G R and Gibbs, B W (1990) Predicting organization development consulting competence from the Myers–Briggs Type Indicator and stage of ego development, *Journal of Applied Behavioral Science*, 26 (3), pp. 337–57.

Bushe, G R and Marshak, R J (2008) The postmodern turn in OD, *Organization Development Practitioner*, 40 (4), pp. 9–11.

Bushe, G R and Marshak, R J (2009) Revisioning organization development: diagnostic and dialogic premises and patterns of practice, *Journal of Applied Behavioral Science*, 45 (3), pp. 348–68.

Bushe, G R and Marshak, R J (2015) *Dialogic Organization Development: The theory and practice of transformational change*, Berrett–Koehler Publishers, San Francisco, CH.

Cady, S, Auger, J and Foxon, M (2010) Situation evaluation, in Practicing Organization Development: *A guide for leading change*, 3rd edn, ed W Rothwell, J M Stavros and R L Sullivan, pp. 269–86, Jossey–Bass, San Francisco, CA.

Cady, S H and Shoup, Z D (2016) Competencies for success, in Practicing Organization *Development: Leading transformation and change*, 4th edn, ed W J Rothwell, J M Stavros and R L Sullivan, pp. 117–34, Pfeiffer, San Francisco, CA.

Calarco, A and Gurvis, J (2006) *Adaptability: Responding effectively to change*, CCL Press, Greensboro, NC.

Callander, S (2011) Searching and learning by trial and error, *American Economic Review*, 101 (6), pp. 2277–2308, October.

Campbell, J (2008) *The Hero with a Thousand Faces (The Collected Works of Joseph Campbell)*, 3rd edn, New World Library, Novato, CA.

Carmeli, A and Vinarski–Peretz, H (2010) Linking leader social skills and organisational health to positive work relationships in local government, *Local Government Studies*, 36 (1), pp. 151–69.

Chan Allen, R (2002) *Guiding Change Journeys: A synergistic approach to organization transformation*, Pfeiffer Jossey–Bass, San Francisco, CA.

Change Fusion (2014) Our Collaborative Approach, www.change–fusion.com (archived at https://perma.cc/DXU7–TTKZ).

Charan, R (2014) [accessed 12 February 2021] It's time to split HR, Harvard Business Review [online] https://hbr.org/2014/07/its–time–to–split–hr (archived at https://perma.cc/5VYU–V5XJ).

Cheung–Judge, M Y (1993) Report for Employment Department and Commission for Racial Equality, Oxford, UK.

Cheung–Judge, M Y (2001) The self as an instrument: a cornerstone for the future of OD, *Organization Development Practitioner*, 33 (3).

Cheung–Judge, M Y (2012) The self as an instrument: a cornerstone for the future of OD, *Organization Development Practitioner*, 44 (2).

Cheung–Judge, M Y (2015) A response article on navigating the not so friendly landscape with grace and savviness, *Organization Development Practitioner*, 47 (4).

Cheung–Judge, M Y (2016) Constructive use of power for organization development practitioners, in *Practicing Organization Development: Leading transformation and change*, 4th edn, ed W J Rothwell, J M Stavros and R L Sullivan, Wiley, New Jersey.

Cheung–Judge, M Y (2017) Future of organizations and implications for OD practitioners, *Organization Development Practitioner*, 49 (1).

Cheung–Judge, M Y (2017) Future of organizations and implications for OD practitioners, summary, *Organization Development Practitioner*, 49 (3).

Cheung–Judge, M Y (2018) Making value–based decisions and dealing with value dilemma and conflict while working on OD in a global context, in *Enacting Values–Based Change–Organization Development in Action*, ed D W Jamieson, A H Church and J D Vogelsang, Palgrave MacMillan.

Cheung–Judge, M Y (2018) What more does OD need to do to become a 'must have' and a 'desirable' function for organizations, *Organization Development Practitioner*, 50 (2).

Cheung–Judge, M Y (2019) A short note on the 'use of self' and gestalt, in *Gestalt Practice: Living and Working in Pursuit of wHolism*, ed M A Rainey and B B Jones, Libri Publishing Ltd, UK.

Cheung–Judge, M Y (2019) Response article 'A response to change our name, change our game: it's time for strategic change' to M Minahan article, *Organization Development Review*, 51 (1).

Cheung–Judge, M Y (2020) Organization development core principles, competency, and the way forward? *Organization Development Review*, 52 (3).

Cheung–Judge, M Y and Henley, A (1994) *Equality in Action: Introducing equal opportunities in voluntary organisations*, NCVO, London, UK.

Cheung–Judge, M Y and Holbeche, L (2015) *Organization Development: A practitioner's guide for OD and HR*, 2nd edn, Kogan Page, London.

Cheung–Judge, M Y and Jamieson, D (2018) Providing deeper understanding of the concept of use of self in OD practice, *Organization Development Practitioner*, 50 (4).

Cheung–Judge, M Y and Jamieson, D (2019) [accessed 19 February 2021] Global Use of Self Research Report, Quality & Equality, April [online] https://www.quality–equality.com/uosreport (archived at https://perma.cc/RGT7–9KP8).

Cheung-Judge, M Y and Jamieson, D (2020) Summary of the Global Use of Self (UoS) Research Report, *Organization Development Review*, 52 (1).

Cheung-Judge, M Y and Minahan, M (2017) Building OD education for the infinite world of tomorrow, *Organization Development Practitioner*, 49 (3).

Choi, J N and Chang, J Y (2009) Innovation implementation in the public sector: an integration of institutional and collective dynamics, *Journal of Applied Psychology*, 94 (1), pp. 245–53.

Choi, J N, Anderson, T A and Veillette, A (2009) Contextual inhibitors of employee creativity in organizations: the insulating role of creative ability, *Group & Organization Management*, 34 (3), pp. 330–57.

Christensen, C M, Raynor, M E and McDonald, R (2015) What is disruptive innovation? Harvard Business Review, December, https://hbr.org/2015/12/what-is-disruptive-innovation (archived at https://perma.cc/U8FR-39FE).

Church, A H (2001) The professionalization of organization development: the next step in an evolving field, in *Research in Organization Change and Development*, ed R Woodman and W Pasmore, pp. 1–42, JAI Press, Oxford.

Church, A H, Burke, W W and Van Eynde, D (1994) Values, motives and interventions of organization development practitioners, *Group & Organization Management*, 19 (1), pp. 5–50.

Church, A H, Waclawski, J and Burke, W W (1996) OD practitioners as facilitators of change: an analysis of survey results, *Group & Organization Management*, 21 (1), pp. 22–66.

CIPD (2003) *Understanding the People and Performance Link: Unlocking the black box*, Chartered Institute of Personnel and Development, London.

CIPD (2004) *Employee Well-Being and the Psychological Contract*, Chartered Institute of Personnel and Development, London.

CIPD (2006) *How Engaged are British Employees?* Chartered Institute of Personnel and Development, London.

CIPD (2008) *Smart Working: How smart is UK PLC?* Chartered Institute of Personnel and Development, London.

CIPD (2009) *Employee Outlook*, Chartered Institute of Personnel and Development, London.

CIPD (2013) *Employee Outlook*, Autumn 2013, Chartered Institute of Personnel and Development, London.

CIPD (2020a) *Resourcing and talent planning survey 2020*, Chartered Institute of Personnel and Development, London.

CIPD (2020b) *Employee turnover and retention*, Chartered Institute of Personnel and Development, London, July, https://www.cipd.co.uk/knowledge/strategy/resourcing/turnover-retention-factsheet (archived at https://perma.cc/5XZA-8U7H).

Cohen, A M and Smith, R D (1976) *The Critical Incident in Growth Groups: Theory and technique*, University Associates.

Cohen, J and Stewart, I (1995) *The Collapse of Chaos: Discovering simplicity in a complex world*, Penguin Press Science, London.

Collington, M (2020) [accessed 12 February 2021] The New role for HR following the Covid-19 Pandemic, *The HR Director*, 28 April [online] https://www.thehrdirector.com/features/cultural-change/the-new-role-for-hr-following-the-covid-19-pandemic/ (archived at https://perma.cc/FN7W-ZUAE).

Collins, J C (2001) *Good to Great: Why some companies make the leap... and others don't*, HarperCollins, London.

Cooperrider, D L (1998) An invitation to organizational wisdom and executive courage, in *Organizational Wisdom and Executive Courage*, ed D L Cooperrider and S Srivastva, Lexington Books, Lanham, MD.

Cooperrider, D L (2000) Positive image, positive action: the affirmative basis of organizing, in *Appreciative Inquiry*, ed D Cooperrider et al, pp. 29–53, Stipes Publishing, Champaign, IL.

Cooperrider, D L and Srivastva, S (1987) Appreciative inquiry in organizational life, Research in *Organizational*

*Change and Development*, 1, pp. 129–69.

Cooperrider, D L and Srivastva, S (eds) (1998) *Organizational Wisdom and Executive Courage*, Lexington Books, Lanham, MD.

Corporate Leadership Council (2004) [accessed 19 February 2015] Driving performance and retention through employee engagement, Corporate Executive Board [online] https://docplayer. net / 19735955–Driving–performance–and–retention–through–employee–engagement. html (archived at https://perma. cc / FJG7–9WXE).

Corporate Research Forum (2004) *Designing Effective Organisations*, CRF, London.

Corporate Research Forum (2009) *Configuring HR for Tomorrow's Challenges*, CRF, London.

Covey, S (1995) *First Things First*, Fireside, New York, NY.

Covey, S (2004) *The 8th Habit: From effectiveness to greatness*, Free Press, New York, NY.

Creasey, T and Scott Ross, D (2016) Measurement to determine the return on change management, in *Practicing Organization Development*, 4th edn, ed W Rothwell, J M Stavros and R L Sullivan, Wiley, New Jersey.

Csikszentmihalyi, M (1990) *Flow: The psychology of optimal experience*, Harper, New York, NY.

Cummings, T G and Worley, C G (2001) *Organization Development & Change*, 7th edn, South–Western College Pub, Cincinnati, OH.

Cummings, T G and Worley, C G (2015) *Organization Development & Change*, 10th edn, Cengage Publishing.

Curran, K, Seashore, C and Welp, M (1995) Use of self as an instrument of change, presented at The 1995 ODN National Conference, 17 November, Seattle, Washington.

Damanpour, F and Schneider, M (2006) Phases of the adoption of innovation in organizations: effects of environment, organization and top managers, *British Journal of Management*, 17 (3), pp. 215–36.

D'Aveni, R A (1994) *Hyper–competition*, Free Press, New York, NY.

Davis, P, Naughton, J and Rothwell, W (2004) New Roles and new competencies for the profession: are you ready for the next generation? *T+D*, 58 (4), pp. 26–36.

Davis, S M (1984) *Managing Corporate Culture*, Ballinger Publishing Company, Pensacola, FL.

Davis, S M and Lawrence, P R (1977) *Matrix*, Addison–Wesley, Reading.

DDI/CIPD Research Insight (2007) *Leadership Transitions: Maximising HR's contribution*, Chartered Institute of Personnel and Development, London.

De Jong, M, Marston, N and Roth, E (2015) [accessed 12 February 2021] *The eight essentials of innovation*, McKinsey & Company, 1 April [online] https://www. mckinsey. com / business–functions / strategy–and–corporate–finance / our–insights / the–eight–essentials–of–innovation (archived at https://perma. cc / 93JW–ZXQP).

Deloitte (2020a) [accessed 12 February 2021] Why doing good is good for business, *Forbes*, 21 January [online] https://www.forbes. com / sites / deloitte / 2020 / 01 / 21 / why–doing–good–is–good–for–business/#2851b5ce6b29 (archived at https://perma.cc/6WGF–693P).

Deloitte (2020b) [accessed 12 February 2021] Global Millennial Survey [online] https://www2.deloitte.com/uk/en/pages/about–deloitte–uk/articles/deloitte–global–millennial–survey–2020.html (archived at https://perma.cc/37ZX–PRB6).

Deluca, J R (1999) Political savvy: systematic approaches to leadership behind–the–scenes, EBG, Berywn, Pennsylvania.

Dent, E B and Goldberg, S G (1999) Challenging resistance to change, *Journal of Applied Behavioural Science*, 35 (1), pp. 25–41.

Desmet, D, Duncan, E, Scanlan, J and Singer, M (2015) Six building blocks for creating a high–performing digital enterprise, McKinsey & Company, 1 September.

Devine, M (1999) *Mergers and Acquisitions Checklist*, Roffey Park, Horsham.

Devine, M, Hirsh, W, Garrow, V and Holbeche, L (1998) *Mergers & Acquisitions: Getting the people bit right*, Roffey Park, Horsham.

Di Fabio, A (2017) Positive healthy organisations: promoting well-being, meaningfulness and sustainability in organisations, *Frontiers in Psychology*, November.

Digital/McKinsey: Insights (2018) [accessed 12 February 2021] *Winning in digital ecosystems*, McKinsey Practice Publications [online] https://www.mckinsey.com/~/media/McKinsey/Business%20Functions/McKinsey%20Digital/Our%20Insights/Digital%20McKinsey%20Insights%20Number%203/Digital-McKinsey-Insights-Issue-3-revised.ashx (archived at https://perma.cc/F4J3-CQ53).

Dignan, A (2019) *Brave New Work: Are you ready to reinvent your organization*? Portfolio Penguin.

Dixon-Woods et al (2013) [accessed 14 February 2021] Culture and behaviour in the English National Health Service: overview of lessons from a large multimethod study, *BMJ Quality and Safety*, 23 (2) [online] https://qualitysafety.bmj.com/content/23/2 (archived at https://perma.cc/2N2Q-75KZ).

Dolan, P (2010) [accessed 12 February 2021] MINDSPACE: Influencing behaviour through public policy, Institute for Government [online] http://www.instituteforgovernment.org.uk/sites/default/files/publications/MINDSPACE.pdf (archived at https://perma.cc/DG7H-3P8D).

Drazin, R, Glynn, M A and Kazanjian, R (1999) Multilevel theorizing about creativity in organizations: a sensemaking perspective, *Academy of Management Review*, 24 (2), pp. 286-307.

Drejer, I (2004) Identifying innovation in surveys of services: a Schumpeterian perspective, *Research Policy*, 33 (3), pp. 551-62, April.

Drucker, P F (2007) *The Effective Executive*, Classic Drucker Collection Edition, Butterworth-Heinemann, Oxford.

Dyer, J H, Gregersen, H and Christensen C (2009) [accessed 12 February 2021] The innovator's DNA, *Harvard Business Review*, December [online] https://hbr.org/2009/12/the-innovators-dna (archived at https://perma.cc/LC5J-VP79).

Eccleston, J (2010) [accessed 12 February 2021] CIPD defends 'Think HR, Think Again' campaign following backlash, *Personnel Today*, 1 October [online] http://www.personneltoday.com/hr/cipd-defends-think-hr-think-again-campaign-following-backlash/ (archived at https://perma.cc/H9D3-2S84).

Economist Intelligence Unit (2008) *Securing the Value of Business Process Change*, a study commissioned by Logica Management Consulting, London.

Edmondson, A C (2008) The competitive imperative of learning, *Harvard Business Review*, July-August.

Egan, G (1988) *Change Agent Skills: Assessing and designing excellence*, Pfeiffer & Company, San Diego, CA.

EIU (2009) [accessed 14 February 2021] Organisational Agility: How business can survive and thrive in turbulent times, Economist Intelligence Unit [online] http://graphics.eiu.com/marketing/pdf/EMC_OrganisationalAgility.pdf (archived at https://perma.cc/95C2-3QXC).

Emerson, R (1962) Power dependence relations, *American Sociological Review*, 27, pp. 31-40.

Emery, F E and Trist, E (1973) *Towards a Social Ecology*, Plenum/Rosetta, New York, NY.

Emmott, M (2009) [accessed 12 February 2021] An HR director's guide to employee engagement, CIPD [online] http://www.digitalopinion.co.uk/files/documents/An_HR_Directors_Guide_to_Employee_Engagement.pdf (archived at https://perma.cc/UNZ3-SHFX).

Eoyang, G (1997) *Coping with Chaos: Seven simple tools*, Lagumo, Circle Pines, MN.

Eoyang, G (2010) [accessed 12 February 2021] Complexity demands simplicity, blog relating to Systems Week, AEA [online] http://aea365.org/blog/systems-tig-week-glenda-eoyang-on-complexity-demands-simplicity/ (archived at https://perma.cc/AN37-FHEP).

Eoyang, G H and Holladay, R J (2013) *Adaptive Action: Leveraging uncertainty in your organization*, Stanford

University Press, Stanford, CA.

Eriksson, M, Niitamo, V P and Kulkki, S (2005) State-of-the-art in utilizing Living Labs approach to user-centric ICT innovation - a European approach, Centre of Distance, 15 December.

Ernst and Young (2010) *The New Global Mindset: Driving innovation through diverse perspectives*, Ernst and Young, London.

Eubanks, J L, O' Driscoll, M C, Hayward, G B, Daniels, J A and Connor, S H (1990) Behavioral competency requirements for organization development consultants, *Journal of Organizational Behavior Management*, 11 (1), pp. 77-97.

Evans, C (2003) *Managing for Knowledge: HR's strategic role*, Butterworth-Heinemann, Oxford.

Evered, R D (1985) Transforming managerial and organisational research: creating a science that works, in *Human Systems Development*, ed R Tannenbaum, N Margulies and F Massarik and Associates, pp. 419-57, Jossey-Bass, San Francisco, CA.

EY (2020) [accessed 12 February 2021] Five ways companies must redefine social contracts, 26 August [online] https://www. ey. com / en_gl / megatrends / five-ways-companies-must-redefine-social-contracts (archived at https://perma.cc/Q5L6-F7LF).

Ferguson, C K (1968) Concerning the nature of human systems and the consultant's role, Journal of Applied Behavioural Science, 4, pp. 179-93.

Findsrud, R, Tronvoll, B and Edvardsson, B (2018) Motivation: the missing driver for theorizing about resource integration, *Marketing Theory*, 18 (4), pp. 493-519.

French, J and Raven, B (1959) The bases of social power, in *Studies in Social Power*, ed D Cartwright, pp. 150-67, University of Michigan, Ann Arbor, MI.

French, W and Bell, C (1978) *Organization Development: Behavioral science interventions for organization improvement*, 1st edn, Prentice Hall, New Jersey, NJ.

French, W and Bell, C (1999) *Organization Development: Behavioral science interventions for organization improvement*, 6th edn, Prentice Hall, New Jersey, NJ.

Funches, D (1989) Three gifts of the organization development practitioner, in *The Emerging Practice of Organization Development*, ed W Sikes, A Drexler and J Gant, NTL Institute, Alexandria, VA.

Furr, N and Dyer, J (2014) [accessed 13 February 2021] Choose the right innovation method at the right time, *Harvard Business Review*, 31 December [online] https://hbr. org / 2014 / 12 / choose-the-right-innovation-method-at-the-right-time (archived at https://perma.cc/JR53-FHER).

Gagnon, C, John, E and Theunissen, R (2017) Organisational health: a fast track to performance improvement, *McKinsey Quarterly*, September.

Galbraith, J R (1973) *Designing Complex Organizations*, Addison-Wesley, Reading, MA.

Galbraith, J R (1977) *Organization Design*, Addison-Wesley, Reading, MA.

Galbraith, J R (1994) *Competing With Flexible Lateral Organizations*, 2nd edn, Financial Times/Prentice Hall, London.

Galbraith, J R (2002) *Designing Organizations: An executive guide to strategy, structure and process*, Jossey-Bass, San Francisco, CA.

Galbraith, J R (2005) *Designing the Customer-centric Organization: A guide to strategy, structure and process*, Jossey-Bass, San Francisco, CA.

Galbraith, J R and Kates, A (2007) *Designing your Organization: Using the Star model to solve five critical design challenges*, John Wiley, New York, NY.

Gallos, J V (2006) *Organization Development*, ed J V Gallos, Jossey-Bass, San Francisco, CA.

Gardner, J W (1965) How to prevent organizational dry rot, *Harper's*, October.

Gartside, D, Gossage, W, Silverstone, Y, Tambe, H and Cantrell, S M (2013) *Trends Reshaping the Future of HR: HR drives the agile organization*, Accenture, London.

Gatenby, M, Rees, C, Soane, E and Truss, K (2008) Employee Engagement in Context, Chartered Institute of Personnel and Development, London.

Gellermann, W, Frankel, M S and Landenson, R F (1990) *Values and Ethics in Organization and Human Systems Development*, Jossey–Bass, San Francisco, CA.

Gilpin–Jackson, Y (2013) Practicing in the grey area between dialogic and diagnostic organization development: lessons from a healthcare case study, *Organization Development Practitioner*, 45 (1), p. 60.

Goffman, E (1959) *The Presentation of Self in Everyday Society*, Doubleday, Garden City, NY.

Golembiewski, R, Billingsley, K and Yeager, S (1976) Measuring change and persistence in human affairs: types of change generated by OD designs, *Journal of Applied Behavioral Science*, 12 (2), pp. 133–57.

Grant, D and Marshak, R J (2011) Toward a discourse–centered understanding of organizational change, *Journal of Applied Behavioral Science*, 47 (2), pp. 204–35.

Grant, K, Hardy, C, Oswick, C and Putnam, L (2004) Introduction–Organizational discourse: exploring the field, in *The Sage Handbook of Organizational Discourse*, ed D Grant, C Hardy, C Oswick and L Putnam, pp. 1–36, Sage, London.

Grawitch, M J, Gottschalk, M and Munz, D C (2006) The path to a healthy workplace: a critical review linking healthy workplace practices, employee well–being, and organizational improvements, *Consulting Psychology Journal: Practice and Research*, 58 (3), pp. 129–47.

Greenhalgh, T, Robert, G, Bate, P, Kyriakidou, O, MacFarlane, F and Peacock, R (2005) *Diffusion of Innovations in Health Service Organisations: A systematic literature review*, Blackwell, Oxford.

Greiner, L and Schein, V E (1988a) A revisionist look at power and OD, *The Industrial–Organizational Psychologist*, 25 (2), pp. 59–61.

Greiner, L E and Schein, V E (1988b) *Power and organization development: Mobilizing power to implement change*, Addison–Wesley, Reading, MA.

Guest, D et al (2003) Human resource management and performance, British Journal of Industrial Relations, 41 (2), pp. 291–314.

Gunther–McGrath, R (2013) The End of Competitive Advantage: How to keep your strategy moving as fast as your business, Harvard Business Review Press, Boston, MA.

Hackman, J R and Oldham, G R (1975) Development of the job diagnostic survey, Journal of Applied Psychology, 60 (3), pp. 159–70.

Hagberg, J (2003) Real Power: Stages of personal power in organizations, Sheffield Publishing Co, Salem, Wisconsin.

Hall, A D and Fagen, R E (1956) Definition of system, General Systems: Yearbook of the Society for the General Systems Research, 1, pp. 11–17.

Hamel, G (with Breen, B) (2007) The Future of Management, Harvard Business Publishing, Boston, MA.

Handscomb, C, Mahadevan, D, Schor, L, Sieberer, M, Naidoo, E and Srinivasa, S (2020) [Accessed 13 February 2021] An operating model for the next normal: lessons from agile organizations in the crisis, McKinsey & Company, 25 June [online] https://www. mckinsey. com / business–functions / organization / our–insights / an–operating–model–for–the–next–normal–lessons–from–agile–organizations–in–the–crisis (archived at https://perma.cc/R7ZZ–ZHSK).

Hanna, D P (1988) *Designing Organizations for High Performance*, Addison–Wesley, Reading, MA.

Hardy, C and Phillips, N (2004) Discourse and power, in *The Sage Handbook of Organisational Discourse*, ed D Grant, C Hardy, C Oswick and L Putnam, pp. 299–316, Sage, London.

Head, T C, Sorensen, P F, Armstrong, T and Preston, J C (1994) The role of graduate education in becoming a competent organization development professional, *Organization Development Practitioner*, 28 (1/2), pp. 52–60.

Heger, B K (2007) Linking the Employee Value Proposition (EVP) to employee engagement and business outcomes, preliminary findings from a linkage research pilot study, *Organization Development Journal*, 25 (2), p. 123.

Heracleous, L and Barrett, M (2001) Organizational change as discourse: communicative actions and deep structures in the context of information technology implementation, *Academy of Management Journal*, 44 (4), pp. 755–78.

Herzberg, F (1974a) The wise old Turk, *Harvard Business Review*, 52 (5), pp. 70–80.

Herzberg, F (1974b) Motivation–hygiene profiles–pinpointing what ails the organization, *Organizational Dynamics*, 3 (2), pp. 18–29.

Hiatt, J and Creasey, T (2012) *Change Management: The people side of change*, 2nd edn, Prosci, Loveland, CO.

Holbeche, L S (1997) *Motivating People in Lean Organizations*, Butterworth–Heinemann, Oxford.

Holbeche, L S (2005) *The Power of Constructive Politics*, Roffey Park, Horsham.

Holbeche, L S (2005a) *The High Performance Organization*, Butterworth–Heinemann, Oxford.

Holbeche, L S (2005b) *Understanding Change Theory, Implementation and Success*, Butterworth–Heinemann, Oxford.

Holbeche, L S (2009) *HR Leadership*, Butterworth–Heinemann, Oxford.

Holbeche, L S (2018) *The Agile Organization*, Kogan Page, London.

Holbeche, L S (2019) Designing sustainably agile and resilient organizations, *Systems Research and Behavioral Science*, 36 (5), pp. 668–77.

Holbeche, L S and Matthews, G (2012) *Engaged: Unleashing your organization's potential through employee engagement*, Jossey–Bass, San Francisco, CA.

Holbeche, L S and Springett, N (2005) *In Search of Meaning*, Roffey Park Institute, Horsham.

Holman, P (2013) A call to engage: realizing the potential of dialogic organization development, *Organization Development Practitioner*, 45 (1), pp. 18–24.

Holman, P and Devane, T (1999) *The Change Handbook: Group methods for shaping the future*, Berrett Koehler, San Francisco, CH.

Holman, P, Devane, T and Cady, S (2007) *The Change Handbook: The definitive resource to today's best methods for engaging whole systems*, Berrett–Koehler Publishers, Inc, San Francisco, CA.

Human Systems Dynamics (2013) [accessed 8 April 2015] Frequently Asked Questions about HSD Institute [online] www.hsdinstitute.org/about–hsd/what–is–hsd/faq–about–the–hsd–institute.html (archived at https://perma.cc/TU87–4TBN).

Huselid, M A, Becker, B E and Beatty, R W (2005) *The Workforce Scorecard: Managing human capital to execute strategy*, Harvard Business Publishing, Harvard, MA

Intuit (2013) [accessed 13 February 2021] Catalyst–an Intuit innovation experience [online] https://www.slideshare.net/IntuitInc/catalyst–booklet–draftrev13spread–16227043 (archived at https://perma.cc/H2Q6–XJUC).

Jacobs, K (2016) [accessed 13 February 2021] A blueprint for HR: now and in the future, HR Magazine, 24 November [online] https://www.hrmagazine.co.uk/article–details/a–blueprint–for–hr–now–and–in–the–future (archived at https://perma.cc/L2EM–EJ7D).

Jaimez, M and Bretones, F (2011) Towards a healthy organisation model: the relevance of empowerment, *Journal of Industrial Relations and Human Resources*, 13 (3), pp. 7–26.

Jamieson, D (2014) A practical view of organization health: five core components to lead, *American Management*

*Association Playbook*, 17 December.

Jamieson, D W, Auron, M and Shechtman, D (2010) Managing use of self for masterful professional practice, *Organization Development Practitioner*, 42 (3).

Jenner, R A (1998) Dissipative enterprises, chaos, and the principles of lean organizations, *Omergo: International Journal of Management Science*, 26 (3), pp. 397–407.

Johnston, A, Tesvic, J and Lefort, F (2017) Secrets of successful change implementation, McKinsey & Company, 5 October.

Joiner, B (2019) Leadership agility for organizational agility, *Journal of Creating Value*, 5 (2), pp. 139–49.

Jones, B B and Brazzel, M (2006) *The NTL Handbook of Organization Development and Change: Principles, practices and perspectives*, ed B B Jones and M Brazzel, Pfeiffer: A Wiley Imprint, San Francisco, CA.

Jones, D A, Willness, C R and Madey, S (2014) Why are job seekers attracted by corporate social performance? *The Academy of Management Journal*, 57 (2), pp. 383–404.

Jung, C (1921, translated 1923) *Psychological Types; or, The Psychology of Individuation*, Paul, Trench, Trübner, London.

Kaetzler, B, Kordestani, K and MacLean, A (2019) The secret ingredient of successful big deals: organisational health, *McKinsey Quarterly*, 9 July.

Kahn, A W (1990) Psychological conditions of personal engagement and disengagement at work, *Academy of Management Journal*, 33 (4), pp. 692–724.

Kahneman, D (2011) *Thinking, Fast and Slow*, Penguin, London.

Kalman, M E (1999) The effects of organizational commitment and expected outcomes on the motivation to share discretionary information in a collaborative database: communication dilemmas and other serious games, PhD thesis, University of Southern California, Los Angeles, California.

Kanter, R M (1977) *Men and Women of the Corporation*, Basic Books, New York, NY.

Kanter, R M (1979) Power failure in management circuits, *Harvard Business Review*, 57 (4), pp. 65–75.

Kanter, R M (1988) Three tiers for innovation research, *Communication Research*, 15 (5), pp. 509–23.

Kanter, R M (1990) *When Giants Learn to Dance*, Free Press, New York, NY.

Kaplan, S (2013) [accessed 13 February 2021] 6 ways to create a culture of innovation, Fast Company, 21 December [online] https://www. fastcompany. com / 1672718 / 6-ways-to-create-a-culture-of-innovation (archived at https://perma.cc/BQF2-733W).

Karlström, D and Runeson, P (2006) Integrating agile software development into stage-gate managed product development, *Empirical Software Engineering*, 11 (2), pp. 203–25, June.

Kast, F E and Rosenzweig, J E (1985) *Organization and Management: A system approach*, 4th edn, McGraw-Hill, New York, NY.

Katz, D and Kahn, R L (1966) *The Social Psychology of Organizations*, Wiley, New York, NY.

Katz, D and Kahn, R L (1978) *The Social Psychology of Organizations*, 2nd edn, Wiley, New York, NY.

Kauffman, S A (1993) *The Origins of Order: Self-organization and selection in evolution*, University Press, New York, NY.

Kauffman, S A (1995) Escaping the red queen effect, *McKinsey Quarterly*, 1, pp. 119–29.

Keller, S and Price, C (2011) *Beyond performance: How great organizations build ultimate competitive advantage*, Wiley.

Kelloway, E K and Day, A (2005) Building healthy workplaces: where we need to be, *Canadian Journal of Behavioural Science*, 37 (4), pp. 309–12.

Kelly, K (1999) *New Rules for the New Economy: 10 radical strategies for a connected world*, Penguin, London.

Kelman, S (2005) *Unleashing Change: A study of organization renewal in government*, Brookings Institution Press,

Washington DC.

Kippenberger, T (1998a) Planned change: Kurt Lewin's legacy, *The Antidote*, 3 (4), pp. 10–12.

Kippenberger, T (1998b) Managed learning: elaborating on Lewin's model, *The Antidote*, 3 (4), p. 13.

Kirkpatrick, D (1969) Techniques for evaluating training programmes, *Training and Development Journal*, 13, pp. 3–9.

Kirkpatrick, D (1998) Evaluating Training Programmes: The four levels, Berrett–Koehler, San Francisco, CA.

Klein, K J, Conn, A B and Sorra, J S (2001) Implementing computerized technology: an organization analysis, *Journal of Applied Psychology*, 86 (5), pp. 811–24.

Kotter, J (1995) Leading change: why transformation efforts fail, *Harvard Business Review*, March–April.

Kotter, J and Cohen, D (2002) *The Heart of Change: Real life stories of how people change their organizations*, Harvard Business Press, Boston.

Kotter, J and Schlesinger, L A (1979) *Choosing Strategies for Change*, Harvard Business Publishing, Boston, MA.

Kransdorff, A (1998) *Corporate Amnesia*, Butterworth–Heinemann, Oxford.

Kriger, M P and Hanson, B J (1999) A value–based paradigm for creating truly healthy organizations, *Journal of Organizational Change Management*, 12 (4), pp. 302–17.

Kübler–Ross, E (1973) *On Death and Dying*, Routledge, London.

Kuckertz, A, Kollmann, T, Krell, P and Stöckmann, C (2017) Understanding, differentiating and measuring opportunity recognition and opportunity exploitation, *International Journal of Entrepreneurial Behavior & Research*, 23 (1), pp. 78–97

Lambert, T (1996) *The Power of Influence: Intensive influencing skills in business*, Nicholas Brealey, London.

Lawler, E E (1972) Secrecy and the need to know, in *Managerial Motivation and compensation*, ed H L Tosi, R J House and M D Dunnetter, pp. 455–76, Michigan State University Press, East Lansing, MI.

Lawler, E E (1973) *Motivation in Work Organizations*, Brooks/Cole, Monterey, CA.

Lawler III, E E and Mohrman, S A (2003) HR as a strategic partner: what does it take to make it happen, *Human Resource Planning*, 26 (5), p. 15.

Lawler III, E E and Worley, C (2006) *Built to Change: How to achieve sustained organizational effectiveness*, Jossey–Bass, San Francisco, CA.

Lawrence, P R and Lorsch, J W (1969) *Developing Organiziations: Diagnosis and action*, Addison–Wesley, Reading, MA.

Levine, S R (2020) [accessed 13 February 2021] Diversity confirmed to boost innovation and financial results, Forbes, 15 January [online] https://www.forbes.com/sites/forbesinsights/2020/01/15/diversity–confirmed–to–boost–innovation–and–financial–results/ (archived at https://perma.cc/XB2U–VMDT).

Levinson, H (1972) *Organizational Diagnosis*, Harvard University Press, Cambridge, MA.

Lewin, K (1943) Psychological ecology, in *Field Theory in Social Science*, ed D Cartwright, Social Science Paperbacks, London.

Lewin, K (1946) Action research and minority problems, in *Resolving Social Conflict*, ed G W Lewin, Harper and Row, London.

Lewin, K (1947) Frontiers in group dynamics I: concept, method and reality in social sciences; social equilibria and social change, *Human Relations*, 1, pp. 5–41.

Lewin, K (1947b) Frontiers in group dynamics II: channels of group life: social planning and action research, *Human Relations*, 1, pp. 143–53.

Lewin, K (1948) *Resolving Social Conflicts: Selected papers on group dynamics*, ed G W Lewin, Harper and Row, New York, NY.

Lewin, K (1951) *Field Theory in Social Science: Selected theoretical papers*, ed D Cartwright, Harper, New York,

NY.

Lewin, K (1958) Group decision and social change, in *Readings in Social Psychology*, ed E E Maccoby, T M Newcomb and E L Hartley, pp. 197–211, Holt, Rinehart and Winston, New York, NY.

Likert, R (1961) *New Patterns of Management*, McGraw–Hill, New York, NY.

Likert, R (1967) *The Human Organization: Its management and value*, McGraw–Hill, New York, NY.

Lin, H–F (2007) Knowledge sharing and firm innovation capability: an empirical study, *International Journal of Manpower*, 28 (3/4), pp. 315–32.

Lippitt, R and Lippitt, G (1975) *Consulting Process in Action: Examining the dynamics of the client–consultant working relationship*, Development Publications, Washington, DC.

Lippitt, R and Lippitt, G (1978) *The Consulting Process in Action*, University Associates, La Jolla, CA.

Logical Design Solutions (LDS) (2019) [accessed 13 February 2021] Five major lessons learned from the first wave of the Fourth Industrial Revolution [online] https://www.lds.com/wp–content/uploads/2019/08/5–Lessons–4thIndRev.pdf (archived at https://perma.cc/MK6M–SVS7).

Lorenz, J–T, Mahadevan, D, Oncul, B and Yenigun, M (2020) [accessed 15 February 2021] Scaling agility: a new operating model for insurers, McKinsey & Company, 14 September [online] https://www. mckinsey. com / industries/financial–services/our–insights/scaling–agility–a–new–operating–model–for–insurers (archived at https://perma.cc/MC7Z–S67A).

Louis, M R (1983) Organizations as culture–bearing milieu, in *Organizational Symbolism*, ed L R Pondy et al, CTJAI Press, Greenwich, NY.

Lynn, G T (1997) Levels of development for OD consultants: moving from self–acceptance to mastery, in *Organization Development Classics*, ed D F Van Eyde, J C Hoy and D C Van Eyde, pp. 195–201, Jossey–Bass, San Francisco, CA.

Lyons, M, Biltz, M and Whittall, N (2017) [accessed 13 February 2021] Shaping the Agile Workforce, Accenture Strategy [online] https://www. accenture. com/_acnmedia / pdf–60 / accenture–strategy–shaping–agile–workforce–pov.pdf (archived at https://perma.cc/6QMY–FSQZ).

MacDonald, G (2012) [accessed 13 February 2021] Four keys to changing employee behaviour, *Financial Post*, 7 December [online] http://business. financialpost. com / 2012 / 12 / 07 / four–keys–to–changing–employee–behaviour/ (archived at https://perma.cc/QW2K–ZWQG).

MacIntosh, R, MacLean, D and Burns, H (2007) Health in organization: towards a process–based view, *Journal of Management Studies*, 44 (2), pp. 206–21, March.

MacLeod, D and Clarke, N (2009) Engaging for Success: Enhancing performance through employee engagement, UK Department for Business (BIS), London.

Mann, A and Adkins, A (2017) [accessed 13 February 2021] How engaged is your remote workforce? Gallup, 22 March [online] https://www.gallup.com/workplace/236375/engaged–remote–workforce.aspx (archived at https://perma.cc/T3P2–SCGN).

Mann, F (1957) Studying and creating change: a means to understanding social organization, in *Research in Industrial Human Relations*, pp. 146–68, Harper, New York, NY.

Marcos, J and Macaulay, S (2008) *Organisational resilience: the key to anticipation*, adaptation and recovery, Cranfield School of Management, Bedford.

Margulies, N (1978) Perspectives on the marginality of the consultant's role, in *The Cutting Edge: Current theory and practice in organization development*, ed W W Burke, University Associates, La Jolla, CA.

Margulies, N and Raia, A P (1984) The politics of Organization Development, in *The Best of Organization Development*, ed R A Hill, pp. 90–93, American Society for Training & Development, Alexandria, VA.

Marrow, A J (1969) *The Practical Theorist: The life and work of Kurt Lewin*, Basic Books, New York, NY.

Marsh, C, Sparrow, P, Hird, M, Balain, S and Hesketh, A (2009) *Integrated Organisation Design: The new strategic priority for HR directors*, Lancaster University Management School, Lancaster.

Marshak, R J (1993) Managing the Metaphors of Change, *Organizational Dynamics*, 22 (1), pp. 44–56.

Marshak, R J (2002) Changing the Language of Change: How new contexts and concepts are challenging the ways we think and talk about organizational change, *Strategic Change*, 11 (5), pp. 279–86.

Marshak, R J (2006) *Covert Processes at Work: Managing the five hidden dimensions of organizational change*, Berrett-Koehler Publishers Inc, San Francisco, CA.

Marshak, R J and Grant, D (2008) Organizational discourse and new Organization Development practices, *British Journal of Management*, 19, S7–S19.

Marshak, R J and Grant, D (2011) Creating change by changing the conversation, *Organization Development Practitioner*, 43 (3), p. 2.

Marshak, R J, Grant, D S and Floris, M (2015) Discourse and dialogic organization development, in *Dialogic organization development: The theory and practice of transformational change*, eds G R Bushe and R J Marshak, pp. 77–99, Berrett-Koehler Publishers, Oakland, CA.

Marshall, J, Eubanks, J and O'Driscoll, M (1990) A competency model for OD practitioners, *Training and Development Journal*, 44 (11), p. 85.

Maslach, C, Schaufeli, W B and Leiter, M P (2001) Job Burnout, *Annual Review of Psychology*, 52, pp. 397–422.

Maslow, A H (1943) A theory of human motivation, *Psychological Review*, 50 (4), pp. 370–96.

Maslow, A H (1954) *Motivation and Personality*, Harper and Brothers, New York, NY.

McCann, J, Selsky, J and Lee, J (2009) Building agility, resilience and performance in turbulent environments, *People and Strategy*, 32 (3), p. 44.

McClelland, D (1970) Two faces of power, *Journal of International Affairs*, 24 (1), pp. 29–47.

McClelland, D and Burnham, D (1976) Power is the great motivator, *Harvard Business Review*, 54 (2), pp. 100–10.

McCormick, D and White, J (2000) Using one's self as an instrument for organizational diagnosis, *The Organizational Development Journal*, 18 (3), pp. 49–61.

McDermott, L C (1984) The many faces of the OD professional, *Training and Development Journal*, 38 (2), p. 14.

McGregor, D (1960) *The Human Side of Enterprise*, McGraw-Hill, New York, NY.

McKinsey & Company (2010) [accessed 13 February 2021] *Building organizational capabilities: McKinsey Global Survey results* [online] https://www.mckinsey.com/business-functions/organization/our-insights/building-organizational-capabilities-mckinsey-global-survey-results (archived at https://perma.cc/2NXZ-B4HV).

McKinsey & Company (2019) [accessed 13 February 2021] How the best companies create value from their ecosystems, 19 November [online] https://www.mckinsey.com/industries/financial-services/our-insights/how-the-best-companies-create-value-from-their-ecosystems (archived at https://perma.cc/J9JE-PFC2).

McKinsey & Company (2020a) [accessed 13 February 2021] Understanding organizational barriers to a more inclusive workplace, Survey, 23 June [online] https://www.mckinsey.com/business-functions/organization/our-insights/understanding-organizational-barriers-to-a-more-inclusive-workplace (archived at https://perma.cc/H5QP-CP4L).

McKinsey & Company (2020b) Sustaining and strengthening inclusion in our new remote environment, 22 July [online] https://www.mckinsey.com/business-functions/organization/our-insights/sustaining-and-strengthening-inclusion-in-our-new-remote-environment (archived at https://perma.cc/W2CN-7ET6).

McLagan, P (1989) *Models for HRD Practice*, American Society for Training and Development, Alexandria, VA.

McLean, G and Sullivan, R (1989) Essential competence of internal and external OD consultants, cited in W J Rothwell, R Sullivan and G N McLean (1995) *Practicing Organization Development: A guide for consultants*, Jossey-Bass/Pfeiffer, San Francisco, CA.

McLean, G and Sullivan, R (1990) OD skills: An ongoing competency list, *Organization Development Practitioner*, 22 (2), pp. 11–12.

McLean, G and Sullivan, R (1992) Essential competencies for internal and external OD consultants in Handbook of Organizational Consultation, ed R Golembiewski, pp. 573–77, Marcel Dekker, New York, NY.

Mead, G H (1934) *Mind, Self and Society From the Standpoint of a Social Behaviorist*, University of Chicago Press, Chicago, IL.

Mercer (2020) [accessed 16 April 2021] Win with empathy: 2021 global talent trends study, [online] https://www.mercer.com/our-thinking/career/global-talent-hr-trends.html (archived at https://perma.cc/N82F-D7EC).

Michelman, P [accessed 13 February 2021] Methodology: how great managers manage people. Harvard Management Update, *Harvard Business Review*, 28 February [online] http://blogs.hbr.org/hmu/2008/02/how-great-managers-manage-peop-1.html (archived at https://perma.cc/G6L2-VRQT).

Miles, M B and others (1966) Data feedback and organization change in a school system, paper given at the American Sociological Association.

Miller, L (2013) [accessed 13 February 2021] Leading change: nine keys to success, Management Meditations, 31 October [online] https://www.lmmiller.com/leading-change/ (archived at https://perma.cc/PTU6-P6EQ).

Miller, P and Skidmore, P (2004) *Disorganisation: Why future organisations must 'loosen up'*, Demos, London.

Minahan, M (2018) Finally! Global OD Competencies, Organization Development Practitioner, 50 (3), pp. 19–22.

Mintzberg, H (1982) *Power and the Life Cycles of Organizations*, McGill University, Montreal.

Mintzberg, H (1983) *Power In and Around Organizations*, Prentice-Hall, New Jersey.

Mirvis, P (2006) Revolutions in OD: The new and the new, new things, in *Organization Development*, ed J V Gallos, Jossey-Bass, San Francisco, CA.

Mohrman, S A (2003) Designing work for knowledge-based competition, in *Managing Knowledge for Sustained Competitive Advantage: Designing strategies for effective human resource management*, ed S Jackson, M Hitt and A Denisi, pp. 37–58, Jossey-Bass, San Francisco.

Mohrman, S A (2007) *Leading Change: Do it with conversation*, CEO publication, Los Angeles, G 07-6 (516).

Mohrman, S and Mohrman, A Jr (1997) *Designing and Leading Team-Based Organizations: A workbook for organizational self-design*, CEO Publications, Los Angeles, CA.

Morgan, G (1997) *Images of Organization*, 2nd edn, Sage, London.

Nadler, D A (1977) Feedback and Organization Development: Using data-based methods, Addison-Wesley, Reading, MA.

Nadler, D A (1998) *Champions of Change: How CEOs and their companies are mastering the skills of radical change*, Jossey-Bass, San Francisco, CA.

Nadler, D A and Gerstein, M S (1992) *Designing High Performance Work Systems: Organizing people, work, technology, and information*, Jossey-Bass, San Francisco, CA.

Nadler, D A and Tushman, M (1989) Organisational frame bending: principles for managing reorientation, *Academy of Management Perspectives*, 3 (3), pp. 194–204.

Neilson, E H (1984) *Organisation Change*, Prentice-Hall, Englewood Cliffs, NJ.

Nevis, E C (1987) *Organizational Consulting: A gestalt approach*, GIC Press, Cambridge

NHS (2020) [accessed 13 February 2021] NHS Reset: a new direction for health and care [online] https://www.nhsconfed.org/resources/2020/09/nhs-reset-a-new-direction-for-health-and-care (archived at https://perma.cc/5PNK-QT5F).

Nilsen, P (2015) Making sense of implementation theories, models and framework, *Implementation Science*, 10 (53).

Nolan, J (2006) Organization diagnosis phase, in *The NTL Handbook of Organization Development and Change: Principles, practices and perspectives*, ed B B Jones and M Brazzel, Pfeiffer: A Wiley Imprint, San Francisco,

CA.

Nonaka, I (1994) A dynamic theory of organizational knowledge creation, *Organization Science*, 5 (1), February, pp. 14–37.

O'Driscoll, M P and Eubanks, J L (1993) Behavioral competencies, goal setting and OD practitioner effectiveness, *Group & Organization Management*, 18 (3), pp. 308–27.

O'Reilly, C and Tushman, M L (2004) The ambidextrous organization, *Harvard Business Review*, 82 (4), pp. 74–81.

OD Network, USA (2016) Unveils the Global OD Competency Framework at its Annual Conference in Atlanta.

Olson, E E and Eoyang, G H (2001) *Facilitating Organization Change*, Jossey–Bass Pfeiffer, San Francisco, CA.

Paauwe, J (2004) *HRM and Performance*, Oxford University Press, Oxford.

Paluch, S, Antons, D, Brettel, M, Hopp, C, Salge, T–O, Piller, F and Wentzel, D (2020) Stage–gate and agile development in the digital age: promises, perils, and boundary conditions, *Journal of Business Research*, 110, pp. 495–501.

Parker, L and Bevan, S (2011) *Good work and our times*, UK Commission for Employment and Skills, The Work Foundation, London.

Partin, J J (1973) *Current Perspectives in Organization Development*, Addison–Wesley, Reading, MA.

Pascale, R T (2006) Spotlight on Richard T Pascale, *Management Decision*, 44 (7), pp. 973–79.

Pascale, R T, Millenmann, M and Gioja, L (2000) *Surfing the Edge of Chaos: The laws of nature and the new laws of business*, Crown Business, New York, NY.

Patton, M (1997) *Utilization–focused evaluation*, 3rd edn, Sage, Thousand Oaks, CA.

Patton, M Q (2010) *Developmental Evaluation: Applying complexity concepts to enhance innovation and use*, Guilford Press, London.

Perls, F (1969) *Ego, Hunger and Aggression*, Vintage Books, New York, NY.

Peters, T and Waterman, R (1982) *In Search of Excellence*, Harper Row, New York, NY.

Pfeffer, J and Sutton, R I (1999) *The Knowing–doing Gap: How smart companies turn knowledge into action*, Harvard Business Publishing, Boston, MA.

Phillips, H and Hardy, C (2002) *Discourse Analysis: Investigating processes of social construction*, Sage, Thousand Oaks, CA.

Phillips, J (1996) *Measuring ROI: The fifth level of education*, American Society for Training and Development, Alexandria, VA.

Phillips, J J, Stone, R D and Phillips, P P (2001) *The Human Resources Scorecard: Measuring the return on investment*, Butterworth–Heinemann, Boston, MA.

Phillips, P P (2002) *The Bottom Line on ROI: Basics, benefits, and barriers to measuring training and performance improvement*, ed J J Phillips, CEP Press, Atlanta, GA.

Pisano, G P (2019) The hard truth about innovative cultures, *Harvard Business Review*, Jan–Feb issue.

Point of Care Foundation (2014) [accessed 13 February 2021] *Staff care: How to engage staff in the NHS and why it matters* [online] https://s16682.pcdn.co/wp–content/uploads/2014/01/POCF_FINAL–inc–references.pdf (archived at https://perma.cc/72KL–34VT).

Pomeroy, A (2006) Rules can't ensure ethical behaviour, Executive Briefing, *HR Magazine*, 51 (11), p. 14.

Porras, J I and Berg, P O (1978) The impact of Organization Development, The Academy of Management Review, 3 (2), pp. 249–66.

Porter, L (1997) Paper presented at the 1997 Academy of Management Annual Meeting

Porter, M E (1980) *Competitive Strategy*, Free Press, New York, NY.

Prigogine, I and Stengers, I (1984) Order Out of Chaos: Man's new dialogue with nature, Bantam Books, New York, NY.

Purcell, J (2003) *Understanding the People and Performance Link: Unlocking the black box*, CIPD, London.

PwC (2011) [accessed 14 February 2021] The Agile Enterprise, May [online] https://www.pwc.co.uk/assets/pdf/the-agile-enterprise-may-2011.pdf (archived at https://perma.cc/KZQ8-7MPU).

Quade, K and Holladay, R (2010) *Dynamical Leadership: Building adaptive capacity for uncertain times*, CreateSpace Publishing, Charleston, SC.

Qualtrics (2020) [accessed 14 February 2021] The other COVID-19 crisis: mental health, 14 April [online] http://www.qualtrics.com/blog/confronting-mental-health/ (archived at https://perma.cc/W2JY-DLGN).

Raelin, J A (2005) We the leaders in order to form a leaderful organization, *Journal of Leadership and Organizational Studies*, 12 (1), pp. 18-31, Fall.

Rainey, M A and Jones, B B (2014) Use of self as an OD practitioner, in *The NTL Handbook of Organization Development and Change*, 2nd edn, ed B B Jones, and M Brazzel, Pfeiffer, San Francisco, CA.

Rainey Tolbert, M A and Hanafin, J (2006) Use of self in OD consulting: what matters is presence, in *The NTL Handbook of Organization Development and Change: Principles, practices, and perspectives*, ed B B Jones and M Brazzel, pp. 69-82, John Wiley & Sons, New York, NY.

Reddy, W B (1994) *Intervention Skills: Process consultation for small groups and teams*, Jossey-Bass/Pfeiffer, San Francisco, CA.

Reeves, M and Whitaker, K (2018) [accessed 12 February 2021] Competing on the rate of learning, Boston Consulting Group, 24 August [online] https://www. bcg. com / publications / 2018 / competing-rate-learning (archived at https://perma.cc/USZ8-8MAE).

Reffo, G and Wark, V (2014) *Leadership PQ*, Kogan Page, London.

Renjen, P (2020) [accessed 14 February 2021] The essence of resilient leadership: business recovery from COVID-19, *Deloitte Review*, July, pp. 9-23 [online] http://www. deloitte. com / deloitte-review (archived at https://perma.cc/6KKG-LNVC).

Rice, A (1958) *Productivity and Social Organizations: The Ahmedabad experiment*, Tavistock Institute, London.

Rigby, D K, Sutherland, J and Noble, A (2018) Agile at scale. how to go from a few teams to hundreds, *Harvard Business Review*, 96 (3), pp. 88-96.

Rivlin, G (2004) *Mergers, Acquisitions and Divestitures*, McKinsey, New York.

Robinson, D, Perryman, S and Hayday, S (2004) [accessed 14 February 2021] The Drivers of Employee Engagement, Institute for Employment Studies [online] http://www. employment-studies. co. uk / resource / drivers-employee-engagement (archived at https://perma.cc/5C7D-RMKC).

Rogers, C (1968) Interpersonal relationships: USA 2000, *Journal of Applied Behavioral Science*, 4 (3), pp. 265-80.

Rothwell, W, Sullivan, R and McLean, G (1995) *Practicing Organization Development: A guide for consultants*, ed W Rothwell, R Sullivan and G McLean, Jossey-Bass/Pfeiffer, San Francisco, CA.

Rousseau, D M (2005) *I-deals: Idiosyncratic deals employees bargain for themselves*, Routledge, Oxford.

Russ-Eft, D, Bober, M, de la Taja, I, Foxon, M and Koszalka, T (2008) *Evaluator Competencies: Standards for the practice of evaluation in organizations*, Jossey-Bass, San Francisco, CA.

Salancik, G and Pfeffer, J (1977) Who gets power and how they hold onto it: a strategic-contingency model of power, *Organizational Dynamics*, 5 (3), p. 3.

Sarooghi, H, Libaers, D and Burkemper, A (2015) Examining the relationship between creativity and innovation: a meta-analysis of organizational, cultural, and environmental factors, *Journal of Business Venturing*, 30 (5), pp. 714-31.

Saunders, I and Barker, S (2001) Organisational health: a framework for checking your organisation's fitness for success, *Journal of Change Management*, 2 (2) pp. 173-83.

Schein, E H (1965) *Organizational Psychology*, Prentice-Hall, Englewood Cliffs, NJ.

Schein, E H (1969) *Process Consultation: Its role in organization development*, Addison–Wesley, Reading, MA.

Schein, E H (1980) *Organizational Psychology*, 3rd edn, Prentice–Hall, Englewood Cliffs, NJ.

Schein, E H (1988a) *Organizational Psychology*, 3rd international edn, Prentice–Hall, London.

Schein, E H (1988b) *Process Consultation: Volume I*, 2nd edn, Addison–Wesley, Reading, MA.

Schein, E H (1996) Kurt Lewin's change theory in the field and in the classroom: notes towards a model of management learning, *Systems Practice*, 9 (1), pp. 27–47.

Schein, E H (2004) *Organizational Culture and Leadership*, 3rd edn, Jossey Bass, San Francisco, CA.

Schein, E H (2006a) Foreword: Observations on the state of organization development, in *Organization Development*, ed J V Gallos, pp. xv–xix, Jossey–Bass, San Francisco, CA.

Schein, E H (2006b) *Organization Development*, ed J V Gallos, Jossey–Bass, San Francisco, CA.

Schein, E H (2016) *Organizational culture and leadership*, 5th edn, Wiley, Hoboken, NJ

Schmuck, R A and Miles, M B (1976) *Organizational Development in Schools*, University Associates, San Diego, CA.

Schroeder, M (1974) The shadow consultant, *Journal of Applied Behavioral Science*, 10 (4), pp. 579–94.

Schuler, R S and Jackson, S E (1987) Linking competitive strategies with human resource management practices, *The Academy of Management Executive* (1987–1989) 1 (3), (August), pp. 207–19.

Schumpeter, J A (1982) *The Theory of Economic Development: An inquiry into profits, capital, credit, interest, and the business cycle (1912/1934)*, Transaction Publishers.

Schumpeter, J A (2018) *Capitalism, Socialism, and Democracy*, 2nd edn, Wilder Publications.

Schwab, K (2016) [accessed 14 February 2021] *The Fourth Industrial Revolution: what it means, how to respond*, World Economic Forum, 14 January [online] https://www.weforum.org/agenda/2016/01/the-fourth-industrial-revolution-what-it-means-and-how-to-respond/ (archived at https://perma.cc/DQ7Z-RP7N).

Scott, J and Tesvic, J (2014) McKinsey Global Survey Results: Implementing change with impact, *McKinsey Quarterly*.

Scriven, M (1991) *EvaluationThesaurus*, 4th edn, Sage, Thousand Oaks, CA.

Sears, L (2010) *Next Generation HR Research Paper*, CIPD.

Seashore, C N, Shawver, M N, Thompson, G and Mattare, M (2004) Doing good by knowing who you are: the instrumental self as an agent of change, *Organization Development Practitioner*, 36 (3), pp. 42–6.

Seebode, D, Jeanrenaud, S and Bessant, J (2012) Managing innovation for sustainability, *R&D Management*, 42 (3) pp. 195–206.

Seely Brown, J and Solomon Gray, E (1995) The people are the company, Fast Company, 1.

Senge, P M (1990) *The Fifth Discipline: The art and practice of the learning organization*, Doubleday, New York, NY.

Senge, P M (1999) *The Dance of Change: The challenges of sustaining momentum in learning organizations (with others)*, Nicholas Brearley, London.

Sengupta, J, HV, V, Dietz, M, Chung, V, Ji, X, Xiao, L and Li, L (2019) [accessed 14 February 2021] How the best companies create value from their ecosystems, McKinsey & Company, November [online] https://www.mckinsey.com/~/media/mckinsey/industries/financial%20services/our%20insights/how%20the%20best%20companies%20create%20value%20from%20their%20ecosystems/how-the-best-companies-create-value-from-their-ecosystems-final.pdf (archived at https://perma.cc/7Y6B-ATAE).

Shepard, K and Raia, A (1981) The OD training challenge, *Training and Development Journal*, April, 35 (4), p. 90.

Sibbet, D (2003) *Best Practices for Facilitation*, The Grove Consultants International, San Francisco, CA.

Silva, G and Di Serio, L C (2016) The sixth wave of innovation: are we ready? *RAI Revista de Administração e Inovação*, 13 (2), April–June, pp. 128–34.

Siu, R (1979) *The Craft of Power*, John Wiley, New York, NY.

Skinner, B F (1971) *Beyond Freedom and Dignity*, Knopf, New York.

Smith, M K (2001) Kurt Lewin: group, experimental learning and action research, *The Encyclopedia of Informal Education*, pp. 1–15.

Snowden, D (2002) Complex acts of knowing: paradox and descriptive self awareness, *The Journal of Knowledge Management*, 6 (2), pp. 100–11.

Snowden, D and Stanbridge, P (2004) The landscape of management: creating the context for understanding social complexity, *Emergence: Complexity & Organisation*, Special Double Issue 6 (1–2), pp. 14–8.

Sparrow, P, Wong, W, Otaye, L and Bevan, S [accessed 14 February 2021] The changing contours of fairness: can we match individual and organisational perspectives? CIPD [online] http://www. cipd. co. uk / binaries / the-changing-contours-of-fairness_2013-individual-organisation-perspectives. pdf (archived at https://perma.cc/WHB7-9R7R).

Spears, L C (2004) Practicing servant-leadership, *Leader to Leader*, Fall, 2004 (34), pp. 7–11.

Stacey, R D (1992) *Managing the Unknowable: Strategic boundaries between order and chaos in organizations*, Jossey-Bass, San Francisco, CA.

Stacey, R D (1993) *Strategic Management and Organisational Dynamics*, Pitman, London.

Stacey, R D (1996) *Complexity and Creativity in Organization*, Berrett-Koehler, San Francisco, CA.

Stacey, R D (2003) *Strategic Management and Organisational Dynamics: The challenge of complexity*, FT / Prentice-Hall, Harlow.

Stacey, R D, Giffin, D and Shaw, P (2002) *Complexity and Management: Fad or radical challenges to systems thinking*? Routledge, London.

Stake, R (1975) *Evaluating the arts in education: A responsive approach*, Charles E Merrill, Columbus, OH.

Stanovich, K E and West, R F (2000) Individual Differences in Reasoning: Implications for the rationality debate? *Behavioral and Brain Sciences*, 23, pp. 645–726.

Stokes, H and Harrison, R (1992) *Diagnosing Organizational Culture*, Pfeiffer, San Francisco, CA.

Storey, D, Steadman, T and Davis, C (2018) [accessed 14 February 2021] How the gig economy is changing the workforce, EY Global, 20 November [online] https://www. ey. com / en_gl / tax / how-the-gig-economy-is-changing-the-workforce (archived at https://perma.cc/TL36-JVL7).

Stouten, J, Rousseau, D M and Cremer, D (2018) Successful organisational change: integrating the management practice and scholarly literatures, *Academy of Management Annals*, 12 (2), pp. 752–88.

Sujansky, J (2003) 20 keys to leadership, Healthy Wealthy Wise, *Leader to Leader*, 34, p. 7.

Sullivan, R (1974) Change agent skills, *Minnesota Organization Development Newsletter*, pp. 4–7.

Sullivan, R and Sullivan, K (1995) Essential competencies for internal and external OD consultants, in *Practicing Organization Development: A guide for consultants*, ed W Rothwell, R Sullivan and G McLean, pp. 535–49, Jossey-Bass, San Francisco, CA.

Sullivan, R and others (1992–2005, annually) Competencies for Practicing Organization Development, *The International Registry of Organization Development Professionals and Organization Development Handbook*, Organization Development Institute, Chesterland, OH.

Sullivan, R, Rothwell, W and Worley, C (2001) [accessed 14 February 2021] 20th Edition of the Organization Change and Development Competency Effort [online] https://cdn. ymaws. com/ www. odnetwork. org/ resource/ resmgr/docs/od_competencies.pdf (archived at https://perma.cc/E9NY-G9C4).

Sung, S Y and Choi, J N (2012) Effects of team knowledge management on the creativity and financial performance of organizational teams, *Organizational Behavior and Human Decision Processes*, 118, pp. 4–13.

Tamkin, P, Pearson, G, Hirsh, W and Constable, S (2010) *Exceeding expectation: The principles of outstanding leadership*, The Work Foundation, London.

Tannenbaum, R (1968) *Control in Organizations*, McGraw-Hill, New York.

Tannenbaum, R and Massarik, F (1957) Leadership: a frame of reference, *Management Science*, 4, pp. 1–19.

Tannenbaum, S I (1998) Enhancing continuous learning: diagnostic findings from multiple companies, *Human Resource Management*, 36 (4), pp. 437–52.

Tanser, G and Lee, P (2012) Using change to stretch talent, achieve real time leadership development and change culture, *Organization Development Practitioner*, 44 (4), pp. 42–46.

Tawse, A, Patrick, V M and Vera, D (2019) Crossing the chasm: leadership nudges to help transition from strategy formulation to strategy implementation, *Business Horizons*, 62 (2), pp. 249–57.

Thaler, R (1987) Psychology of choice, and the assumptions of economics, in *Laboratory Experimentation in Economics: Six points of view*, ed R E Alvin, Cambridge University Press, Cambridge.

Thaler, R (1991) *Quasi Rational Economics*, Russell Sage Foundation, New York.

Thaler, R (2009) *Nudge: Improving decisions about health, wealth, and happiness*, Penguin Books, New York.

Thomas, M J W (2002) Learning within incoherent structures: the space of online discussion forums, *Journal of Computer Assisted Learning*, 18 (3), pp. 351–66.

Tichy, N M (1974) Agents of planned social change: congruence of values, cognitions, and actions, *Administrative Science Quarterly*, 19, pp. 164–82.

Tidd, J and Bessant, J R (2018) *Managing Innovation: Integrating technological, market and organizational change*, 6th edn, Wiley.

Tornatzky, L G and Fleischer, M (1990) *The Process of Technology Innovation*, Lexington Books, Lexington.

Towers Watson (2008) *Closing the Engagement Gap: A roadmap for driving superior business performance*, Towers Watson, London.

Treacy, M and Wiersama, F (1997) *The Discipline of Market Leaders*, Perseus, New York, NY.

Trist, E (1960) *Socio-technical systems*, Tavistock Institute of Human Relations, London.

Trist, E L and Bamforth, K W (1951) Some social and psychological consequences of the long wall method of coal-getting, *Human Relations*, 4, pp. 3–38.

Tschudy, T (2006) An OD map: the essence of organization development, in *The NTL Handbook of Organization Development and Change: Principles, practices and perspectives*, ed B B Jones and M Brazzel, Pfeiffer: A Wiley Imprint, San Francisco, CA.

Tubbs, S L and Schultz, E (2006) Exploring a taxonomy of global leadership competencies and meta-competencies, *Journal of American Academy of Business, Cambridge*, 8 (2), pp. 29–34.

Tyler, R (1942) General statement on evaluation, *Journal of Educational Research*, March, 35 (7), pp. 492–501.

Ulrich, D (1997) *Human Resource Champions: The next agenda for adding value and delivering results*, Harvard Business Publishing, Boston, MA.

Ulrich, D and Brockbank, W (2005) *The HR Value Proposition*, McGraw-Hill, NY.

Ulrich, D and Smallwood, N (2007) Leadership as a brand, *Leadership Excellence*, 24 (1), pp. 3–4.

Ulrich, D, Brockbank, W, Johnson, D, Sandholtz, K and Younger, J (2008) *HR Competencies: Mastery at the intersection of people and business*, Society for Human Resource Management, Alexandria, VA.

Ulrich, D, Kryscynski, D, Ulrich, M and Brockbank, W (2017) *Victory Through Organization: Why the war for talent is failing your company and what you can do about it*, McGraw-Hill Education, New York.

University of Chicago (1886) The Journal of Proceedings and Addresses of the 35th Meeting of National Education Association.

Vaill, P B (1989) *Managing as a Performing Art*, Jossey-Bass, San Francisco, CA.

Varney, G (1980) Developing OD competencies, *Training and Development Journal*, 77, pp. 30–3.

Von Bertalanffy, L (1950) The theory of open systems in physics and biology, *Science*, 111, pp. 23–8.

Von Bertalanffy, L (1956) General system theory, *General Systems: Yearbook of the Society for the Advancement of General Systems Theory*, 1, pp. 1–10.

Vroom, V (1964) *Work and Motivation*, Wiley, New York.

Walton, R E (1969) *Interpersonal Peacemaking: Confrontations and third-party consultation*, Addison-Wesley, Reading, MA.

Warrick, D D (2010) Valuable insight on OD from the contributors, in *Practicing Organization Development: A Guide for Leading Change*, 3rd edn, ed W J Rothwell *et al*, Pfeiffer, San Francisco, CA.

Warrick, D D and Donovan, M (1979) Surveying organization development skills, *Training and Development*, 33 (9), pp. 22–5.

WEF (2018) [accessed 14 February 2021] The Future of Jobs Report 2018, World Economic Forum [online] http://www3.weforum.org/docs/WEF_Future_of_Jobs_2018.pdf (archived at https://perma.cc/EZQ8-GHCB).

Weidner, C K and Kulick, O A (1999) The professionalization of organization development: a status report and look to the future, in *Research in Organizational Change and Development*, 12, ed W A Pasmore and R W Woodman, pp. 319–71, JAI Press, Greenwich, CT.

Weisbord, M (1973) The Organization Development contract, *Organization Development Practitioner*, 5 (2).

Weisbord, M (1977) How do you know it works if you don't know what it is? *Organization Development Practitioner*, 9 (3), pp. 1–80.

Weisbord, M R (1978) *Organizational Diagnosis: A workbook of theory and practice*, Basic Books, Reading, MA.

Weisbord, M R (1987) *Productive Workplaces: Organizing and managing for dignity, meaning, and community*, p. 402, Jossey-Bass, San Francisco, CA.

Weisbord, M R (1993) *Discovering Common Ground, Berrett-Koehler*, San Francisco, CA.

Weisbord, M R (2004) *Productive Workplaces Revisited: Dignity, meaning, and community in the 21st century*, Jossey-Bass, San Francisco, CA.

Weisbord, M R (2006) The Organization Development contract, in *Organization Development*, ed J V Gallos, Jossey-Bass, San Francisco, CA.

Wheatley, M J (1992) *Leadership and the New Science: Learning about organization from an orderly universe*, Berrett-Koehler, San Francisco, CA.

Wheatley, M J and Kellner-Rogers, M (1998a) Bringing life to organizational change, *Journal of Strategic Performance Measurement*, April/May.

Wheatley, M J and Kellner-Rogers, M (1998b) *A Simpler Way*, Berrett-Koehler, San Francisco, CA.

Wheatley, M J, Griffin, P and Quade, K (2003) *Organization Development at Work*, Pfeiffer, San Francisco, CA.

Whetton, D A and Cameron, K S (1991) *Developing Management Skills*, 2nd edn, Harper Collins, New York, NY.

Whittington, R and Mayer, M (2005) *Organising for Success in the Twenty-first Century*, CIPD, London.

Whyte, D (1994) *The Heart Aroused: Poetry and the preservation of the soul in corporate America*, Doubleday, NY.

Williams, L and Cockburn, A (2003) Agile software development: it's about feedback and change, *IEEE Computer*, 36 (6), pp. 39–43.

Witell, L, Snyder, H, Gustafsson, A, Fombelle, P and Kristensson, P (2016) Defining service innovation: a review and synthesis, *Journal of Business Research*, 69 (8), pp. 2863–72.

Worley, C G and Feyerherm, A E (2003) Reflections on the future of organization development, *Journal of Applied Behavioral Science*, 39 (1), pp. 97–115.

Worley, C G and Lawler, E E (2009) Building a change capability at Capital One Financial, *Organizational Dynamics*, 38 (4), pp. 245–51.

Worley, C G and Lawler, E E III (2010a) Agility and Organization Design: A Diagnostic Framework,

*Organizational Dynamics*, 39 (2), pp. 194–204.

Worley, C G and Lawler, E E (2010b) Built to change organizations and responsible progress: twin pillars of sustainable success, in *Research in Organizational Change and Development*, eds R Woodman *et al*, Volume 18, Emerald Group Publishing Ltd, Bingley, UK.

Worley, C G and Mohrman, S A (2016) A new view of organization development and change competencies–the engage and learn model, Chapter 2 in *Consultation for Organization Change Revisited* (Research in Management Consulting and Contemporary Trends in Organization Development and Change), ed D W Jamieson, R C Barnett and A F Buono, Information Age Publishing, Charlotte, North Carolina.

Worley, C G, Rothwell, W J and Sullivan, R L (2010) Change process and models, in *Practicing Organization Development: A guide for leading change*, 3rd edn, ed W J Rothwell, J M Stavros, R L Sullivan and A Sullivan, pp. 43–70, Pfeiffer, San Francisco, CA.

Worley, C G, Rothwell, W J and Sullivan, R L (2010) Competencies of OD Practitioners, in *Practicing Organization Development: A guide for leading change*, 3rd edn, ed W J Rothwell, J M Stavros, R L Sullivan and A Sullivan, pp. 107–35, Pfeiffer, San Francisco, CA.

Worley, C G and Varney, G (1998) A search for a common body of knowledge for Master's level organization development and change programs: an invitation to join the discussion, *Academy of Management ODC Newsletter*, 1–4.

Xenidis, Y and Theocharous, K (2014) Organizational health: definition and assessment, *Procedia Engineering*, 85, pp. 562–70.

Yates, J and Orlikowski, W J (1992) Genres of organisational communication: a structurational approach to studying communication and media, *Academy of Management Review*, 17 (2), pp. 299–326.

Zheltoukhova, K (2014) *Getting Smart About Agile Working*, CIPD, London.

翔知羽白OD中心
Innovative OD Center

## 翔知羽白OD中心（IOC）致力于成为最具中西创新融合的组织发展咨询机构和最专业的OD实践者学习平台

翔知羽白OD中心自2010年创立以来，与国际领先的组织发展研究中心及学院缔结了战略合作伙伴关系，并与多位组织发展领域的资深教授、顾问结成了长期的合作伙伴关系，不断把西方经典和前沿的组织发展课程引入中国，并在本土实践的过程中生成了融合东西方智慧的课程，为中国OD专业人才的培养贡献了一份力量。

翔知羽白OD中心从2017年起开办了一年一度的中国OD实践者（CODP）年会，不断探索由企业内外OD实践者共同设计和主持，有CEO/业务领导者与HR共同参与的体验式组织发展社群活动。在新冠疫情期间，开启了“OD大师成长故事系列”线上课程，以及每个月2期的“OD云茶室”和多元的OD实践者社群交流活动。

目前，翔知羽白OD中心开办包含OD核心专业能力认证课（COD）、有影响力的组织诊断、T-group、完形组织系统发展（OSD）、基于HSD理论的混沌复杂下的领导力和组织变革、搭场与Hold场等贴着战略落地闭环的OD实战系列课程，助力HR、OD实践者和业务领导者提升组织发展的视角和能力。更多信息请关注翔知羽白微信公众号：ioc-od。

**我们的使命**

将世界领先的组织发展（OD）理论和实践方法带到中国，为国内的相关从业者提供最专业的组织发展学习培养体系，并对融合了东西方智慧的本土OD方法进行创新探索和实践。翔知羽白OD中心为中国企业提供领导力提升和组织发展咨询服务，助力组织战略有效落地，帮助组织适应外部变化并绽放活力。

**我们的愿景**

成为最专业的OD实践者学习平台和最具中西创新融合的OD咨询服务提供者。

**我们的独特存在意义**

催化新生态领导力和组织发展！

**何谓新生态组织？**

新生态组织的企业家和领导者视组织为生命体，崇尚道法自然的理念，以借假修真的胸怀和修为引领组织可持续发展，焕发组织的使命感，激发组织中人的潜能，使之绽放生命的活力。

## 翔知羽白咨询生态团队（IOCC）

IOCC是翔知羽白OD中心（IOC）与生态顾问共同探索的一种面向未来的生态型顾问组织。

IOCC致力于与CEO/高管团队形成有力合作关系，助力企业实现从0—1到1—N阶段的关键跨越和组织突破。

从使命愿景价值观梳理，战路落地的组织匹配，核心团队的容器构建和混沌复杂下领导力扩展，到内部HR/OD团队的赋能，IOCC生态型顾问团队以授人以渔、借假修真的理念，助力客户由内而外释放组织潜能，在复杂不确定性下找到业务突破、组织健康发展的独特路径。

## 翔知羽白OD系列丛书

21世纪，人们对大脑机制有了更深入的了解，脑科学的发展让我们了解大脑如何掌控身体并塑造每一个人。

本书有三位作者，保罗是组织神经科学教授和高管教练，琼是临床和组织心理治疗顾问，而苏在企业中工作多年，有着丰富的企业领导经验。三位作者在超过30年的时间里致力于研究大脑系统与心理生活，以及组织的管理绩效之间的联系。本书通过脑科学研究揭示了恐惧在各个方面给个体带来的破坏性影响，分析了人际关系对大脑的影响，以及信任背后的生物学基础。信任是恐惧的最好解药，也是新型组织范式的内核。

领导和管理者通过阅读此书，能更加理解工作中人际关系的真正意义，从而有效调动组织和个体的能量，实现组织目标。HR和OD实践者也可以从本书大量知识和案例中获得启发，人不仅仅是生产者或执行者，而且是拥有无限潜能的个体（如果人的大脑能够被释放出来，导引大脑能量追寻有意义的目标）。正如后记中所言，有证据表明没有恐惧的系统能催生非凡的业绩，为企业带来健康的可持续发展。

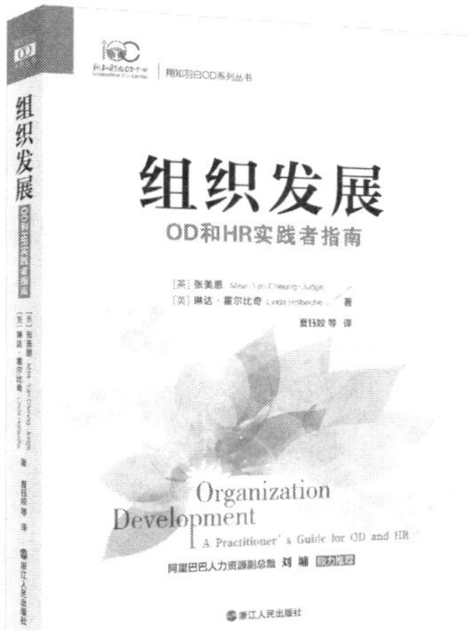


这本书（第二版）是翔知羽白OD中心2017年引进翻译的，是国内第一本系统性介绍OD发展历史、核心理论、实践案例和要点的书籍。本书影响了国内各行业、企业内外的OD实践者。

这本书是为所有的HR和OD实践者而写的。

对于刚刚进入相关领域的新手而言，本书会提供关于该领域发展进化及丰富历史的基础知识。

对于经验丰富的实践者来说，本书可以供他们回顾和提醒自己有关该领域的核心实践原则。

对于那些被企业期待成为业务伙伴的HR实践者来说，本书的下半部分，将展示如何将OD的方法和HR工作，例如组织设计，结合使用来驱动业绩和业务增长。

无论您是一位有经验的实践者还是初学者，本书包含了一系列的理论、技巧和国际案例研究，可以帮助您促进组织变革，指导您的OD实践。